Lexikon Altersversorgung 2026

Die Betriebsrente von A bis Z

von

Ralf Fath, Diplom-Wirtschaftsmathematiker, BASF SE Ludwigshafen

Christian Urbitsch, Diplomkaufmann, Schwetzingen

22. Auflage

Rechtsstand: 1. Dezember 2025

rehm

Bibliografische Information Der Deutschen Nationalbibliothek

Die Deutsche Nationalbibliothek verzeichnet diese Publikation in der Deutschen Nationalbibliografie; detaillierte bibliografische Daten sind im Internet über http://dnb.ddb.de abrufbar.

Bei der Herstellung des Buches haben wir uns zukunftsbewusst für umweltverträgliche und wiederverwertbare Materialien entschieden. Der Inhalt ist auf elementar chlorfreiem Papier gedruckt.

Hersteller:
Verlagsgruppe Hüthig Jehle Rehm GmbH
Im Weiher 10, 69121 Heidelberg

Kontakt und Informationen zum Thema Produktsicherheitsverordnung:
kundenservice@rehm-verlag.de
Telefon: 0800 2183 333
https://www.rehm-verlag.de/produktsicherheitsverordnung

ISBN 978-3-8073-2939-0
22. Auflage

Satz: Reemers Publishing Services GmbH, Krefeld
Druck: Westermann Druck Zwickau GmbH, Crimmitschauer Str. 43, 08058 Zwickau

Vorwort

Vor 50 Jahren wurde mit dem Betriebsrentengesetz der gesetzliche Rahmen für die betriebliche Altersversorgung geschaffen. Diese hat vor dem Hintergrund der spürbaren Einschnitte in der gesetzlichen Rentenversicherung immer mehr an Bedeutung gewonnen. Aber vor allem bei klein- und mittelständischen Unternehmen ist der Verbreitungsgrad der zweiten Säule der Alterssicherung kaum ausgeprägt. Um die Attraktivität der betrieblichen Altersversorgung zu erhöhen hat der Gesetzgeber mit dem Betriebsrentenstärkungsgesetz und der damit einhergehenden Einführung des Sozialpartnermodells und der reinen Beitragszusage im Jahr 2018 eine umfassende Reform durchgeführt. Mit dem Gesetzesvorhaben eines zweiten Betriebsrentenstärkungsgesetz soll nun die Verbreitung der betrieblichen Altersversorgung weiter gefördert werden.

Die in 2025 neu gewählte Bundesregierung sieht in ihrem Koalitionsvertrag „Verantwortung für Deutschland" unter dem Stichwort „Rente, Alterssicherung, Reha und Sozialversicherungen" folgende Passage zur betrieblichen Altersversorgung vor:

„Zusätzlich werden wir die betriebliche Altersversorgung stärken und deren Verbreitung besonders in kleinen und mittleren Unternehmen und bei Geringverdienern weiter vorantreiben. Die Geringverdienerförderung werden wir verbessern. Wir werden die betriebliche Altersvorsorge digitalisieren, vereinfachen, transparenter machen und entbürokratisieren. Die Portabilität der betrieblichen Altersvorsorge für Arbeitnehmerinnen und Arbeitnehmer bei einem Arbeitgeberwechsel wollen wir erhöhen."

Das bereits in der 20. Legislaturperiode begonnene Gesetzgebungsverfahren zu einem zweiten Betriebsrentenstärkunggesetz, das die Verbreitung der betrieblichen Altersversorgung fördern und die Rahmenbedingungen im Arbeits-, Finanzaufsichts- und Steuerrecht für einen freiwilligen Auf- und Ausbau verbessern soll, konnte nicht abgeschlossen werden und wurde daher in der 21. Legislaturperiode erneut eingebracht. Zum Zeitpunkt der Drucklegung des Lexikons war das Gesetz noch nicht verabschiedet bzw. in Kraft getreten.

Nicht nur in der öffentlichen Diskussion, sondern vor allem auch in der betrieblichen Praxis gerät das Thema betriebliche Altersversorgung immer stärker in den Fokus. Es werden viele Fachbegriffe verwendet, deren Kenntnisse zum Verständnis der grundlegenden Zusammenhänge unverzichtbar sind.

Das „Lexikon Altersversorgung – Die Betriebsrente von A bis Z" setzt hier an und soll den Einstieg in die Materie erleichtern. Hierzu sind die wichtigsten im Zusammenhang mit der betrieblichen Altersversorgung stehenden Fachbegriffe erläutert. Dabei steht das Ziel einer auch für den „Altersversorgungslaien" verständlichen Darstellung im Vordergrund.

Zusätzlich wurden im Anhang die aktuellen Gesetzestexte mit aufgenommen, damit die Leser keine aufwendige Recherche nach relevanten Vorschriften betreiben müssen.

Für Anregungen und Verbesserungsvorschläge – auch die Aufnahme weiterer Stichworte – unserer Leser sind wir jederzeit dankbar. Um uns die Bearbeitung Ihrer Anfragen und Hinweise zu erleichtern, möchten wir Sie darum bitten, uns diese per E-Mail an den Verlag: *sabine.schreiner@hjr-verlag.de* zu schicken.

Dezember 2025

Die Verfasser

Inhaltsverzeichnis

Gesetzestexte

Abkürzungsverzeichnis

aba	Arbeitsgemeinschaft für betriebliche Altersversorgung e.V. (aba)
AGG	Allgemeines Gleichbehandlungsgesetz
AltEinkG	Alterseinkünftegesetz
AltvDV	Verordnung zur Durchführung der steuerlichen Vorschriften des Einkommensteuergesetzes zur Altersvorsorge (Altersvorsorge-Durchführungsverordnung)
AltZertG	Altersvorsorgeverträge-Zertifizierungsgesetz
AO	Abgabenordnung
ArEV	Arbeitsentgeltverordnung
AVmEG	Altersvermögensergänzungsgesetz
AVmG	Altersvermögensgesetz
Az	Aktenzeichen
BaFin	Bundesanstalt für Finanzdienstleistungsaufsicht
BAG	Bundesarbeitsgericht
BBG	Beitragsbemessungsgrenze
BDA	Bundesvereinigung Deutscher Arbeitgeberverbände
BDI	Bundesverband der Deutschen Industrie
BetrAVG	Gesetz zur Verbesserung der betrieblichen Altersversorgung
BetrVG	Betriebsverfassungsgesetz
BGB	Bürgerliches Gesetzbuch
BGBl.	Bundesgesetzblatt
BMF	Bundesministerium der Finanzen
BOLZ	Beitragsorientierte Leistungszusage
BRSG	Betriebsrentenstärkungsgesetz
BRSG II	Betriebsrentenstärkungsgesetz II
bspw.	beispielsweise
BStBl.	Bundessteuerblatt
BT-Drucks.	Bundestagsdrucksachen
BVerfGE	Entscheidungen des Bundesverfassungsgerichts
BZML	Beitragszusage mit Mindestleistung
BZSt	Bundeszentralamt für Steuern
CTA	Contractual Trust Arrangements
DB	Defined Benefit
DBA	Abkommen zur Vermeidung der Doppelbesteuerung
DC	Defined Contribution
DeckRV	Deckungsrückstellungsverordnung
DEÜV	Datenerfassungs- und -übermittlungsverordnung
DGB	Deutscher Gewerkschaftsbund
EigRentG	Eigenheimrentengesetz
EIOPA	European Insurance and Occupational Pensions Authority (Europäische Aufsichtsbehörde für das Versicherungswesen und die betriebliche Altersversorgung)
EStDV	Einkommensteuer-Durchführungsverordnung
EStG	Einkommensteuergesetz
EStR	Einkommensteuer-Richtlinien
FVG	Finanzverwaltungsgesetz
GDV	Gesamtverband der Deutschen Versicherungswirtschaft e.V.
gem.	gemäß
ggf.	gegebenenfalls
GVG	Gesellschaft für Versicherungswissenschaft und -gestaltung e.V.
HGB	Handelsgesetzbuch
i. d. F.	in der Fassung
i. d. R.	in der Regel
i. H. v.	in Höhe von
IFRS	International Financial Reporting Standards
INSM	Initiative Neue Soziale Marktwirtschaft
IORP	Institutions for Occupational Retirement Provisions
IWG Bonn	Institut für Wirtschaft und Gesellschaft Bonn e.V.
KVdR	Krankenversicherung der Rentner
KWG	Gesetz über das Kreditwesen
LStR	Lohnsteuer-Richtlinien
LVU	Lebensversicherungsunternehmen
MEA	Mannheimer Forschungsinstitut Ökonomie und Demografischer Wandel
PEPP	Pan European Personal Pension Product
PFAV	Pensionsfonds-Aufsichtsverordnung
PIA	Produktinformationsstelle Altersvorsorge
PSVaG	Pensions-Sicherungs-Verein auf Gegenseitigkeit
PUEG	Pflegeunterstützungs- und -entlastungsgesetz
RBZ	Reine Beitragszusage
RentÜAV	Rentenübersichtsanbindungsverordnung
RentÜG	Rentenübersichtsgesetz
RV	Rentenversicherung
SGB IV	Sozialgesetzbuch Buch IV
SGB V	Sozialgesetzbuch Buch V
SGB VI	Sozialgesetzbuch Buch VI
SGB XI	Sozialgesetzbuch Buch XI
SprAuG	Sprecherausschussgesetz
SvEV	Verordnung über die sozialversicherungsrechtliche Beurteilung von Zuwendungen des Arbeitgebers als Arbeitsentgelt

TVG	Tarifvertragsgesetz
u. a.	unter anderem
US-GAAP	Generally Accepted Accounting Principles
u. U.	unter Umständen
v. a.	vor allem
VAG	Versicherungsaufsichtsgesetz
VAG-InfoV	VAG-Informationspflichten-Verordnung
VAStrRefG	Gesetz zur Strukturreform des Versorgungsausgleichs
VersAusglG	Versorgungsausgleichsgesetz
VersAusglKassG	Gesetz über die Versorgungsausgleichskasse
VPI	Verbraucherpreisindex
VVaG	Versicherungsverein auf Gegenseitigkeit
VVG	Gesetz über den Versicherungsvertrag
WaChaG	Wachstumschancengesetz
z. B.	zum Beispiel
ZfA	Zentrale Zulagenstelle für Altersvermögen
ZfDR	Zentrale Stelle für die Digitale Übersicht
ZÖD	Zusatzversorgung des öffentlichen Dienstes

Bearbeiterverzeichnis

Ralf Fath, Diplom-Wirtschaftsmathematiker
BASF SE Ludwigshafen
Mitarbeiter im Bereich „Grundsatzfragen der betrieblichen Altersversorgung“

Altzusage, Änderung von Versorgungszusagen, Anrechnung, Anspruch, Anwartschaft, Arbeitnehmerähnliche Person, Ausfinanzierung Pensionsverpflichtungen, Auslagerung von Pensionsverpflichtungen, Auszahlungsplan, Auszehrung, BAV-Förderbeitrag, Beitragsorientierte Leistungszusage, Beitragsorientierte Zusage, Beitragszusage, Beitragszusage mit Mindestleistung, Beleihung, Betriebliche Übung, Betriebsrentner, Betriebsübergang, Bilanzierung (Direktzusage), Bilanzierung (mittelbare Zusagen), Blankettzusage, Contractual Trust Arrangements, Defined Benefit, Defined Contribution, Direktversicherung, Direktzusage, Drei-Stufen-Theorie, Eigenbeiträge, Einstandspflicht des Arbeitgebers, Einzelzusage, Ersatzverfahren Direktversicherung, Förderbeitrag für Geringverdiener, Gesamtversorgungszusage, Gesamtzusage, Gesetzlicher Arbeitgeberzuschuss, Gleichbehandlung, Halbwaisenleistung, Hanau-Arteaga-Gutachten, Insolvenzsicherung, Kapitalkontenplan, Kapitalleistung, Kaufpreisrente, Kiesewetter-Gutachten, Kollektive Versorgungszusage, Lebensgefährte, Lebenspartner, Leistungsart, Leistungsform, Leistungsplan, Leistungszusage, Lohnsteuerpauschalierung, Mitbestimmung, Mittelbare Versorgungszusage, Nachgelagerte Besteuerung, Neuzusage, Novation, Outsourcing, Past service, Pauschalierung der Lohnsteuer, Pay and forget, Pensions-Sicherungs-Verein (PSVaG), Pensionsfonds, Pensionskasse, Pensionsverpflichtungen, Pensionsrückstellungen, Pensionszusage, Pflegeunterstützungs- und -entlastungsgesetz (PUEG), Pflichtzuschuss, Portabilität, Quotierungsprinzip, Ratierliches Verfahren, Reine Beitragszusage, Rente mit 63, Rente für besonders langjährige Versicherte, Rentenleistung, Rentnergesellschaft, Rückdeckungsversicherung, Schattengehalt, Schließung der Versorgung, Sicherungsbeitrag, Sozialpartnermodell, Spätehenklausel, Statusbezogene Versorgungszusage, Sterbegeld, Sterbetafel, Tarifdispositát, Tariföffnungsklausel, Tarifvertrag, Technischer Rentner, Trägerunternehmen, Übernahme, Übertragung, Übertragungswert, Umfassung, Unisex-Tarif, Unmittelbare Versorgungszusage, Unterstützungskasse, Unverfallbarkeit, Unverfallbarkeitsfristen, Unverfallbare Anwartschaft, Unverfallbare Versorgungsanwartschaft, Veränderungssperre, Verfallbare Anwartschaft, Verfallbare Versorgungsanwartschaft, Verschaffungsanspruch, Versicherungsmathematische Abschläge, Versicherungsmathematische Rechnungsgrundlagen, Versicherungsvertragliche Lösung, Versorgungsanspruch, Versorgungsanwärter, Versorgungsanwartschaft, Versorgungsberechtigter, Versorgungsfähiges Einkommen, Versorgungsfall, Versorgungsleistung, Versorgungslücke, Versorgungsordnung, Versorgungsregelung, Versorgungsträger, Versorgungsverpflichtungen, Versorgungszusage, Vertragliche Einheitsregelung, Vollwaisenleistung, Vordienstzeit, Vorschaltzeit, Vorzeitige Altersleistung, Waisenleistung, Waisenrente, Wartezeit, Widerrufsvorbehalt, Wiederverheiratungsklausel, Witwen-/Witwerleistung, Witwenrente, Witwerrente, Zahlstelle, Zillmerung, Zuwendung

Christian Urbitsch, Diplomkaufmann
Schwetzingen

Abfindung, Abfindungsverbot, Abgeleiteter Zulagenanspruch, Abgeltungssteuer, Abtretung, Aktuar, Aktueller Rentenwert, Allgemeines Gleichbehandlungsgesetz (AGG), Allgemeinverbindlicherklärung (eines Tarifvertrages), Altenquotient, Altersabstandsklausel, Altersdifferenzklausel, Alterseinkommen, Alterseinkünftegesetz (AltEinkG), Altersentlastungsbetrag, Altersgrenze, Altersleistung, Alterspyramide, Altersrente, Altersstruktur, Altersvermögensergänzungsgesetz (AVmEG), Altersvermögensgesetz (AVmG), Altersversorgung, Altersvorsorgeaufwendungen, Altersvorsorgebeiträge, Altersvorsorge-Durchführungsverordnung (AltvDV), Altersvorsorge-Eigenheimbetrag, Altersvorsorge-Produktinformationsblattverordnung (AltvPIBV), Altersvorsorge-Verbesserungsgesetz (AltvVerbG), Altersvorsorgevermögen, Altersvorsorgevertrag, Altersvorsorgeverträge-Zertifizierungsgesetz (AltZertG), Altersvorsorgezulage, Anbieter, Anbieterbescheinigung, Anbieternummer, Anbieterwechsel, Anlagegrundsätze, Anlageverordnung (AnlV), Anleger, Anpassung, Anrechnungszeiten, Antrag auf Altersvorsorgezulage, Antrag auf Förderung, Anwartschaftsdeckungsverfahren, Arbeitgeberzuschuss, Auskunftsanspruch, Auskunftspflichten, Auskunftsrecht, BaFin, Banksparplan, Barber-Urteil, Barlohnumwandlung, Basisrente, Basisrentenvertrag, Basisversorgung, Begünstigte Person, Beitragsbemessungsgrenze der Sozialversicherung, Beitragsbemessungsgrundlage, Beitragssatz, Beitragszuschlag für Kinderlose, Beitreibungsrichtlinie-Umsetzungsgesetz (BeitrRLUmsG), Berichterstattung an die BaFin gem. PFAV, Betriebsrentenstärkungsgesetz II, Berufseinsteiger-Bonus, Berufsunfähigkeitsrente, Bescheinigung nach § 92 EStG, Besteuerung von Renten, Besteuerungsanteil, BetrAVG, Betriebliche Altersversorgung, Betriebsrente, Betriebsrentengesetz, Betriebsrentenstärkungsgesetz, Betriebsrentenstärkungsgesetz II, Bevölkerungspyramide, Bezugsberechtigter, Bezugsgröße, Bezugsrecht, Biometrisches Risiko, BOLZ, BRSG, BRSG II, Bruttoumwandlung, Bundesanstalt für Finanzdienstleistungsaufsicht (BaFin), Bundeszentralamt für Steuern (BZSt), BZML, Chancen-Risiko-Klassifizierung, Dauerzulageantrag, Deferred Compensation, Digitale Rentenübersicht, Doppelverbeitragung, Dotierungsrahmen, Drei-Säulen-Modell, Drei-Schichten-Modell, Durchführende Einrichtung, Durchführungsweg, Durchgriffshaftung, Durchschnittsentgelt, EbAV, EbAV-Richtlinie(n), Eckrente, Eckrentner, Ehegattenförderung, Ehezeitanteil, Eichel-Förderung, Eigenheimrente, Eigenheimrentengesetz (EigRentG), Eigenvorsorge, Einrichtungen zur betrieblichen Altersversorgung (EbAV), EIOPA, Entgeltumwandlung, Ergänzungsbogen Kinderzulage, Ertragsanteil, Erwerbsminderungsrente, Erwerbsunfähigkeitsrente, Externe Teilung, Festbetragssystem, Festrentenzusage, Finanzierungsform, Firmenrente, Flexirentengesetz, Förderantrag, Förderberechtigte Personen, Förderhöchstbetrag, Förderkriterien, Förderobergrenze, Förderstufen, Förderung, Förderverfahren, Frührente, Future Service, Garantieanpassung, Garantiezins, Geförderte Beiträge, Geförderter Personenkreis, Gehaltsabhängige Zusage, Gehaltsumwandlung, Generationenvertrag, Gesetz Digitale Rentenübersicht (RentÜGEG), Gesetz über den Abschluss der Rentenüberleitung, Gesetz zur Förderung der zusätzlichen Altersversorgung und zur Änderung des Dritten Buches Sozialgesetzbuch, Gesetz zur Umsetzung der Mobilitäts-Richtlinie, Gesetz zur Verbesserung der betrieblichen Altersversorgung (BetrAVG), Gesetzliche Rentenversicherung, GKV-Betriebsrentenfreibetragsgesetz, GKV-Modernisierungsgesetz (GMG), GKV-Versichertenentlastungsgesetz (GKV-VEG), Gnadenquartal, Grundrente, Grundrentengesetz, Grundrentenzeiten, Grundsatz der Halbteilung, Grundsatz der unternehmerischen Vorsicht, Grundsicherung, Grundzulage, Günstigerprüfung, Halbteilungsgrundsatz, Hartz IV, Hinterbliebenenleistung, Höchstbetrag (nach § 10a EStG), Höchstrechnungszins, Identifikationsnummer, Informationspflicht des Anbieters, Informationspflicht gem. PFAV, Interne Teilung, Invalidenrente, Invaliditätsleistung, IORP-Richtlinie, Jährliche Informationspflicht des Anbieters, Kapitaldeckungsverfahren, Kinder-Berücksichtigungsgesetz (KiBG), Kindererziehungszeiten, Kinderzulage, Klassifizierung, Kleinbetragsrente, Kohortenbesteuerung, Kommission „Verlässlicher Generationenvertrag“, Krankenversicherung der Rentner (KVdR), KVdR-Zahlstellenverfahren, Leibrente, Maschinelles Zahlstellen-Meldeverfahren, Mindestbeitrag, Mindestehedauerklausel, Mindesteigenbeitrag, Mindestversicherungszeit, Mitnahmerecht, Mittelbare Zulageberechtigung, M/ntel-Methode, Mobilitäts-Richtlinie, Mütterrente, Mütterrente II, Nicht geförderte Beiträge, Nur-Pension, Obligatorium, Öffnungsklausel, Opting-Out, Optionssystem, Organisationsreform in der Rentenversicherung, Pan European Personal Pension Product (PEPP), Pension, Pensionsfonds-Aufsichtsverordnung (PFAV), Pensionsfonds-Richtlinie, PEPP, Pflegeversicherung der Rentner, PIA, Portabilitätsrichtlinie, Portierung, Private Eigenvorsorge, Produktinformationsblatt, Produktinformationsstelle Altersvorsorge (PIA), Prudent Person Principle (PPP), RBZ, Rechengrößen, Rechnungszins, Rechtsanspruch, Regelaltersgrenze, Reiner Zulagenvertrag, Rente, Rentenabschlag, Rentenanpassungsverordnung, Rentenanwartschaft, Rentenbezugsmitteilung, Rentenbezugsmitteilungsverfahren, Renteneintrittsalter, Rentenkommission „Verlässlicher Generationenvertrag“, Rentensplitting, Rentenüberleitungs-Abschlussgesetz, Rentenübersichtsanbindungsverordnung (RentÜAV), Rentenübersichtsgesetz (RentÜG), Rentenwert, Rentenwertbestimmungsverordnung, Riester-Banksparplan, Riester-Faktor, Riester-Förderung, Riester-Rente, Rückforderung, Rückrechnungsmethode, Rückzahlung von Zulagen, Rürup-Rente, Ruhegehalt, RV-Altersgrenzenanpassungsgesetz, RV-Leistungsverbesserungsgesetz, RV-Leistungsverbesserungs- und -stabilisierungsgesetz, Säulenübergreifende Renteninformation, Schädliche Verwendung, Sockelbetrag, Sonderausgabenabzug (nach § 10a EStG), Sozialversicherung, Sozialversicherungsentgeltverordnung (SvEV), Sozialversicherungs-Rechengrößenverordnung, Spätehenklausel, Splittingmethode, Standardrente, Sterbevierteljahr, Steueränderungsgesetz 2007, Steueridentifikationsnummer, Tarifvorbehalt, Teilrente, Treuhand-Modell, Überschussanpassung, Übertragung von Altersvorsorgevermögen, Überzahlung,

Umlageverfahren, Unmittelbare Zulageberechtigung, VAG, VAG-Informationspflichten-Verordnung (VAG-InfoV), Verbraucherpreisindex (VPI), Verrechnungsabrede, Versichertenentlastungsgesetz (GKV-VEG), Versicherungsaufsicht, Versicherungsaufsichtsgesetz (VAG), Versicherungsvertragliches Verfahren, Versorgungsausgleich, Versorgungsausgleichskasse, Versorgungsbeginn, Versorgungsbezug, Versorgungsehe, Versorgungseinrichtung, Versorgungsniveau, Vervielfältigungsregelung, Vollrente, Vorsorgeaufwendungen, VPI, Wachstumschancengesetz (WaChaG), Wohnförderkonto, Wohnriester, Zahlstellenverfahren, Zeitrente, Zentrale Stelle, Zentrale Stelle für die Digitale Rentenübersicht (ZfDR), Zentrale Zulagenstelle für Altersvermögen (ZfA), Zertifizierung, Zertifizierungskriterien, Zertifizierungsnummer, Zertifizierungsstelle, Zertifizierungsverfahren, ZfDR, Zinszusatzreserve, ZöD, Zugangsfaktor, Zulage, Zulageantrag, Zulageberechtigter, Zulagenamt, Zulagenausschöpfung, Zulagenförderung, Zulagenkonto, Zulagenstelle, Zulagenummer, Zulagenverfahren, Zulagenvertrag, Zurechnungszeiten, Zusage, Zusatzversorgung des öffentlichen Dienstes, Zuständige Stelle

Abfindung

Vor Einführung des → *Alterseinkünftegesetzes* (AltEinkG) konnten gesetzlich → *unverfallbare Versorgungsanwartschaften* bis zur Höhe bestimmter Höchstgrenzen mit und ohne Zustimmung eines Arbeitnehmers abgefunden werden. Damit wurden künftig zu erwartende Rentenleistungen gegen Zahlung eines Kapitalbetrages abgegolten. Weitere Ansprüche auf betriebliche Rentenleistungen gegenüber dem Arbeitgeber waren damit erloschen. Durch das AltEinkG wurde die Abfindung (§ 3 BetrAVG) betrieblicher → *Anwartschaften* und laufender → *Betriebsrenten* mit Wirkung ab dem 01. Januar 2005 neu geregelt. Aufgrund der zunehmenden Bedeutung der → *betrieblichen Altersversorgung* sollen daher betriebliche Versorgungsansprüche und laufende -leistungen grundsätzlich bis zum Lebensende erhalten bleiben.

§ 3 Absatz 1 BetrAVG sieht grundsätzlich ein Abfindungsverbot für Anwartschaften und für solche laufende Leistungen vor, die nach dem 31.12.2004 erstmalig gezahlt werden.

Auf Betriebsrenten, die vor dem 01.01.2005 erstmalig gezahlt wurden, findet § 3 BetrAVG keine Anwendung (§ 30g Absatz 3 BetrAVG). Somit können diese im Einvernehmen zwischen Arbeitgeber und Arbeitnehmer abgefunden werden.

Die Vorschriften des § 3 BetrAVG gelten sowohl für die arbeitgeberfinanzierte betriebliche Altersversorgung als auch die → *Entgeltumwandlung*.

§ 3 BetrAVG

- sieht ein einseitiges Abfindungsrecht des Arbeitgebers vor: Anwartschaften und Betriebsrenten können nur noch dann abgefunden werden, wenn der monatliche Rentenbezug nicht mehr als ein Prozent der monatlichen → *Bezugsgröße* nach § 18 SGB IV beträgt. Abzufindende Kapitalleistungen dürfen $^{12}/_{10}$ der monatlichen Bezugsgröße nach § 18 SGB IV nicht überschreiten. Eine Zustimmung des Arbeitnehmers ist dann in beiden Fällen nicht erforderlich,
- schränkt das Abfindungsrecht des Arbeitgebers durch eine Übertragungsoption des Arbeitnehmers ein (Absatz 2): Die Abfindung ist nicht möglich, wenn der Arbeitnehmer von seinem Recht auf → *Übertragung* der Anwartschaft auf einen neuen Arbeitgeber Gebrauch macht (§ 4 BetrAVG),
- sieht einen Abfindungsanspruch des Arbeitnehmers vor, wenn die Beiträge zur → *gesetzlichen Rentenversicherung* erstattet wurden (Absatz 3). Erst wenn die Anwartschaft aus der gesetzlichen Rentenversicherung abgefunden wurde und dem Arbeitgeber ein Erstattungsbescheid vorliegt, können betriebliche Anwartschaften abgefunden werden,
- regelt die Abfindung im Rahmen einer Insolvenz (Absatz 4) (→ *Insolvenzsicherung*),
- legt die Berechnung des Abfindungsbetrages fest (Absatz 5). Hier gilt § 4 Absatz 5 BetrAVG entsprechend,
- sieht die Pflicht des Arbeitgebers zum gesonderten Ausweis und einmaliger Zahlung der Abfindung vor (Absatz 6).

Nicht unter das Abfindungsverbot fällt die Abfindung von vertraglich unverfallbaren Anwartschaften sowie die Abfindung von Anwartschaften bei bestehenden Arbeitsverhältnissen. Letztere ist allerdings nur zulässig, wenn sie in keinem sachlichen oder zeitlichen Zusammenhang mit der Beendigung des Arbeitsverhältnisses steht.

Der Abfindungsbetrag einer Versorgungsanwartschaft ist grundsätzlich zum Zeitpunkt der Auszahlung zu versteuern. Die Abfindung von Anwartschaften und laufenden Leistungen aus → *Direktzusagen* sowie von → *Unterstützungskassen* stellen Einkünfte im Sinne des § 19 Absatz 1 Nummer 2 EStG dar und sind bei Zufluss zu versteuern. Die steuerliche Behandlung der Abfindungszahlungen aus → *Direktversicherungen*, von → *Pensionskassen* und → *Pensionsfonds* hängt von der steuerlichen Behandlung der Beiträge während der Anwartschaftsphase ab: Wurden die Beiträge pauschal versteuert oder stammen diese aus individuell versteuertem Einkommen, so ist der auszuzahlende Abfindungsbetrag grundsätzlich nicht zu versteuern. Allerdings sind Zinsen, die Einkünfte nach § 20 Absatz 1 Nummer 6 EStG darstellen, der Kapitalertragssteuer zu unterwerfen (§ 43 Absatz 1 Nummer 4 EStG). Wurden die Beiträge hingegen steuerfrei zugewendet, so ist der Abfindungsbetrag gem. § 22 Nummer 5 Satz 1 EStG einkommensteuerpflichtig.

Aufgrund des → *Betriebsrentenstärkungsgesetzes* kann bei einer reinen → *Beitragszusage* gem. § 22 BetrAVG die Versorgungseinrichtung Anwartschaften und laufende Leistungen bis zur Wertgrenze des § 3 Absatz 2 Satz 1 BetrAVG abfinden. § 3 Absatz 2 Satz 2 BetrAVG gilt auch entsprechend für reine Beitragszusagen.

Erfolgt eine Abfindung von Anwartschaften gem. § 3 BetrAVG, die auf nach § 10a/Abschnitt XI EStG geförderten Beiträgen beruhen, handelt es sich gemäß § 93 Absatz 2 Satz 3 EStG um keine → *schädliche Verwendung*, soweit dieses → *Altersvorsorgevermögen* zugunsten eines auf den Namen des → *Zulageberechtigten* lautenden zertifizierten privaten → *Altersvorsorgevertrag* geleistet wird.

Abfindungsverbot

→ *Abfindung*

Abgeleiteter Zulagenanspruch

Gehört bei Ehepaaren ein Ehegatte selbst nicht zum zulageberechtigten Personenkreis (→ *Zulageberechtigter*, → *mittelbare Zulageberechtigung*), so kann dieser dennoch ohne eigene Beitragsleistung eine teilweise oder volle → *Zulage* aus der → *Riester-Förderung* erhalten. Voraussetzungen hierfür sind ein eigener → *Altersvorsorgevertrag*, die Entrichtung von Altersvorsorgebeiträgen bzw. des → *Mindesteigenbeitrags* durch den unmittelbar berechtigten Ehegatten (→ *unmittelbare Zulageberechtigung*) sowie die Beantragung der Zulage durch beide Ehegatten für den jeweils eigenen Vertrag.

WICHTIG!

Der mittelbar zulageberechtigte Ehegatte kann die volle Zulage ohne Entrichtung eigener Beiträge erhalten. Hierfür muss dieser einen eigenen Altersvorsorgevertrag – einen sogenannten → *Zulagenvertrag* – abschließen.

Hat der unmittelbar Zulageberechtigte den erforderlichen Mindesteigenbeitrag geleistet, so erhält dieser als auch der mittelbar Zulageberechtigte die ungekürzte Grundzulage (und ggf. → *Kinderzulage[n]*) gezahlt. Wurde vom unmittelbar Zulageberechtigten der erforderliche Mindesteigenbeitrag zugunsten seines Vertrages/seiner Verträge nicht gezahlt, so werden sowohl für den unmittelbar als auch den mittelbar Zulageberechtigten die Zulagen gekürzt. Die Kürzung der zu gewährenden Zulagen erfolgt nach dem Verhältnis der geleisteten Altersvorsorgebeiträge zum Mindesteigenbeitrag.

Neben der → *Grundzulage* können auch Kinderzulagen auf den Zulagenvertrag des mittelbar Zulageberechtigten fließen.

Der abgeleitete Zulagenanspruch entfällt für den mittelbar Zulageberechtigten, wenn eine Versicherungspflicht (in der → *gesetzlichen Rentenversicherung*) wegen Kindererziehung eintritt. Um für diese Zeiten eine Zulage zu erhalten, müssen nunmehr eigene Beiträge entrichtet werden. Diese betragen nach § 86 Absatz 1 Satz 4 EStG 60 Euro (→ *Sockelbetrag*). Nach Ablauf der Kindererziehungszeiten lebt der abgeleitete Zulagenanspruch wieder auf, sofern nicht ein unmittelbarer Zulagenanspruch aufgrund der Aufnahme einer sozialversicherungspflichtigen Tätigkeit entsteht.

Abgeltungsteuer

Ab dem 01. Januar 2009 werden auf alle Kapitalerträge und Veräußerungsgewinne von Geldanlagen, Wertpapieren, Aktien und Fonds pauschal 25 % Abgeltungsteuer plus Solidaritätszuschlag und ggf. Kirchensteuer fällig. Steuerfrei bleibt gem. § 20 Absatz 9 EStG nur ein Sparer-Pauschbetrag von 1.000 Euro (für Ehepaare 2.000 Euro).

Bei allen Geld- und Kapitalanlagen, die bis zum 31.12.2008 erworben wurden, besteht grundsätzlich Bestandsschutz, d. h., die „alten" steuerlichen Vorschriften gelten grundsätzlich weiter.

Auch bei den privaten Lebens- und Rentenversicherungen gelten die Regelungen der Abgeltungsteuer nicht. Hier gilt weiterhin das Halbeinkünfteverfahren (Verfahren zur steuerlichen Entlastung von Einnahmen aus Beteiligungen an Kapitalgesellschaften).

Bei Leistungen aus → *Altersvorsorgeverträgen* im Sinne des § 82 Absatz 1 EStG sowie auf Leistungen aus → *Pensionsfonds*, → *Pensionskassen* und → *Direktversicherungen* ist § 22 Nummer 5 EStG anzuwenden. Korrespondierend mit der Freistellung der Beiträge, Zahlungen, Erträge und Wertsteigerungen von steuerlichen Belastungen in der Ansparphase werden die Leistungen erst in der Auszahlungsphase besteuert (→ *nachgelagerte Besteuerung*), und zwar auch dann, wenn zugunsten des Vertrags ausschließlich Beiträge geleistet wurden, die nicht nach § 10a oder Abschnitt XI EStG gefördert worden sind. Dies bedeutet, dass die ab dem 01.01.2009 geltende Abgeltungsteuer in diesen Fällen keine Anwendung findet. Dies gilt auch für Pensionszahlungen durch → *Unterstützungskassen* und aus → *Pensionsrückstellungen*.

Abtretung

Bei einer Abtretung stehen Rechte und Ansprüche aus dem Versicherungsvertrag einem Dritten zu. Während ein → *Bezugsrecht* nur den Anspruch auf Auszahlung der Versicherungsleistung umfasst, beinhaltet die Abtretung weitere Gestaltungsrechte, z. B. die Versicherung zu kündigen. Der Versicherungsnehmer ist dabei verpflichtet, die Beiträge weiterhin zu entrichten.

Eine Zustimmung des Versicherungsunternehmens zur Abtretung ist nicht erforderlich. Die Abtretung wird gegenüber dem Versicherungsunternehmen allerdings erst dann wirksam, wenn sie dem Versicherer schriftlich zugegangen ist.

Aktuar

Wissenschaftlich ausgebildeter Experte, der anhand mathematischer Methoden der Wahrscheinlichkeitsrechnung und Statistik verschiedene Risiken unter Berücksichtigung der rechtlichen und wirtschaftlichen Rahmenbedingungen z. B. in der → *Altersversorgung*, im Bank- und Bausparwesen oder der Versicherungswirtschaft analysiert und bewertet.

Aktueller Rentenwert

Gem. § 68 SGB VI ist der aktuelle Rentenwert der Betrag, der in der → *gesetzlichen Rentenversicherung* einer monatlichen Rente wegen Alters entspricht, wenn für ein Kalenderjahr Beiträge aufgrund des statistischen Durchschnittsentgelts gezahlt worden sind. Wer ein Jahr durchschnittlich verdient (das Durchschnittsentgelt in der gesetzlichen Rentenversicherung entspricht dem durchschnittlichen Bruttolohn und -gehalt eines beschäftigten Arbeitnehmers) und auf dieser Basis Beiträge zur gesetzlichen Rentenversicherung entrichtet, erhält eine Altersrente in Höhe des aktuellen Rentenwerts. Dieser wurde zum 01. Januar 1992 erstmals eingeführt.

Der aktuelle Rentenwert wird jedes Jahr zum 01.07. neu ermittelt, zuletzt zum 01. Juli 2025 durch die Verordnung zur Bestimmung des Rentenwerts in der gesetzlichen Rentenversicherung und zur Bestimmung weiterer Werte zum 01. Juli 2025 – → *Rentenwertbestimmungsverordnung* 2025 – RWBestV 2025 vom 23. Juni 2025 (BGBl. 2025 I Nr. 148), in dem der bisherige aktuelle Rentenwert mit den Faktoren für die Veränderung der Bruttolöhne und -gehälter je Arbeitnehmer, des Beitragssatzes zur allgemeinen Rentenversicherung und dem Nachhaltigkeitsfaktor vervielfältigt wird. Dies kann dann bei der jährlichen Rentenanpassung zu einer Rentenerhöhung als auch zu einer Rentenminderung führen. Allerdings verhindert § 68a SGB VI, dass es zu einer Minusanpassung von gesetzlichen Renten kommt. Damit werden die laufenden Renten in der bisherigen Höhe weiter gewährt.

Da die Einkommensverhältnisse zwischen den neuen und den alten Bundesländern unterschiedlich waren, wurde zwischen dem Rentenwert West und dem Rentenwert Ost differenziert. Daher sollte durch das Gesetz über den Abschluss der Rentenüberleitung spätestens ab dem 01. Juli 2024 in ganz Deutschland ein einheitlicher aktueller Rentenwert gelten.

Seit dem 01.07.2023 gilt sowohl in den alten als auch in den neuen Bundesländern ein **einheitlicher Rentenwert**. Ab dem 01.07.2025 beträgt er 40,79 Euro.

Aktueller Rentenwert

Zeitraum	Ost	West
01.01.2002 – 30.06.2002	22,06	25,31
01.07.2002 – 30.06.2003	22,70	25,86
01.07.2003 – 30.06.2007	22,97	26,13
01.07.2007 – 30.06.2008	23,09	26,27
01.07.2008 – 30.06.2009	23,34	26,56
01.07.2009 – 30.06.2011	24,13	27,20
01.07.2011 – 30.06.2012	24,37	27,47
01.07.2012 – 30.06.2013	24,92	28,07
01.07.2013 – 30.06.2014	25,74	28,14
01.07.2014 – 30.06.2015	26,39	28,61
01.07.2015 – 30.06.2016	27,05	29,21
01.07.2016 – 30.06.2017	28,66	30,45
01.07.2017 – 30.06.2018	29,69	31,03
01.07.2018 – 30.06.2019	30,69	32,03
01.07.2019 – 30.06.2020	31,89	33,05
01.07.2020 – 30.06.2021	33,23	34,19
01.07.2020 – 30.06.2022	33,47	34,19
01.07.2022 – 30.06.2023	36,02	35,52
01.07.2023 – 30.06.2024	37,60	37,60
01.07.2024 – 30.06.2025	39,32	39,32
01.07.2025 – laufend	40,79	40,79

Quelle: Deutsche Rentenversicherung

Allgemeines Gleichbehandlungsgesetz (AGG)

Das Gesetz zur Umsetzung europäischer Richtlinien zur Verwirklichung des Grundsatzes der Gleichbehandlung (Allgemeines Gleichbehandlungsgesetz – AGG) vom 14.08.2006 (BGBl. I S. 1897), zuletzt geändert durch Artikel 15 des Gesetzes vom 22. Dezember 2023 (BGBl. I Nr. 414), ist am 18.08.2006 in Kraft getreten. Mit dem AGG werden vier europäische Richtlinien, sogenannte Antidiskriminierungsrichtlinien, in nationales Recht umgesetzt.

Ziel des Gesetzes ist es, Benachteiligungen aus Gründen der Rasse oder wegen der ethnischen Herkunft, des Geschlechts, der Religion oder Weltanschauung, einer Behinderung, des Alters oder der sexuellen Identität zu verhindern oder zu beseitigen (§ 1 AGG). In welchem Umfang die → *betriebliche Altersversorgung* durch das AGG tangiert wird, ist derzeit noch unklar. Gem. § 2 Absatz 2 Satz 2 AGG gilt für den Bereich der betrieblichen Altersversorgung das → *Betriebsrentengesetz*. Nach der Gesetzesbegründung zu § 2 AGG soll für die betriebliche Altersversorgung damit klargestellt werden, dass die im Betriebsrentengesetz geregelten Benachteiligungsverbote gelten. Allerdings enthält das Betriebsrentengesetz keine speziellen Benachteiligungsverbote. Lediglich in § 1b Absatz 1 Satz 4 BetrAVG wird auf den allgemeinen arbeitsrechtlichen Gleichbehandlungsgrundsatz verwiesen. Dieser reicht jedoch nach der Rechtsprechung des Europäischen Gerichtshofes allein nicht zur Umsetzung der Antidiskriminierungsrichtlinien aus. In § 10 Absatz 3 Nummer 4 AGG ist zudem eine spezielle Regelung für die betriebliche Altersversorgung enthalten, wonach unterschiedliche Altersgrenzen in betrieblichen Altersversorgungssystemen grundsätzlich zulässig sind. Wie weit solche Differenzierungen möglich sind, ist noch völlig offen. Viele Fragen sind derzeit im Zusammenhang mit dem AGG zu klären. Dies gilt auch für den Bereich der betrieblichen Altersversorgung.

Allgemeinverbindlicherklärung (eines Tarifvertrages)

Das Bundesministerium für Arbeit und Soziales kann gem. § 5 Tarifvertragsgesetz (TVG) einen → *Tarifvertrag* im Einvernehmen mit einem aus je drei Vertretern der Spitzenorganisationen der Arbeitgeber und der Arbeitnehmer bestehenden Ausschuss (Tarifausschuss) auf gemeinsamen Antrag der Tarifvertragsparteien für allgemeinverbindlich erklären, wenn die Allgemeinverbindlicherklärung im öffentlichen Interesse geboten erscheint. Die Allgemeinverbindlicherklärung erscheint i. d. R. im öffentlichen Interesse geboten, wenn der Tarifvertrag in seinem Geltungsbereich für die Gestaltung der Arbeitsbedingungen überwiegende Bedeutung erlangt hat (§ 5 Absatz 1 Satz 2 Nummer 1 TVG) oder die Absicherung der Wirksamkeit der tarifvertraglichen Normsetzung gegen die Folgen wirtschaftlicher Fehlentwicklung eine Allgemeinverbindlicherklärung verlangt (§ 5 Absatz 1 Satz 2 Nummer 2 TVG). Durch die Allgemeinverbindlicherklärung wird der Geltungsbereich eines Tarifvertrages auch auf die nicht tarifgebundenen Arbeitgeber und -nehmer ausgedehnt.

Altenquotient

Demografische Messzahl zur Darstellung des Verhältnisses der nicht mehr erwerbstätigen Menschen (z. B. ab der → *Regelaltersgrenze*) zur erwerbstätigen/erwerbsfähigen Bevölkerung (z. B. ab 20 Jahren bis zur Regelaltersgrenze). Je nach Untersuchungsgegenstand bzw. Datenbasis können die Altersgrenzen variieren.

Altersabstandsklausel

Regelung, die den Versorgungsanspruch eines überlebenden Ehegatten/Lebenspartner aus der Hinterbliebenenversorgung der betrieblichen Altersversorgung vermindert oder ausschließt, wenn dieser eine bestimmte Anzahl von Jahren jünger als der verstorbene ehemalige Arbeitnehmer ist.

Altersdifferenzklausel

→ *Altersabstandsklausel*

Alterseinkommen

Bezeichnet das Einkommen eines Pensionärs oder Rentners (Rentner), das sich aus den verschiedenen Säulen der Alterssicherung (→ *Drei-Säulen-Modell*) zusammensetzt: Hierzu zählen insbesondere Leistungen aus der → *gesetzlichen Rentenversicherung*, der → *betrieblichen Altersversorgung*, der → *Zusatzversorgung des öffentlichen Dienstes*, der Alterssicherung der Landwirte, der Beamtenversorgung und der berufsständischen Versorgungssysteme. Aber auch weitere Leistungen z. B. aus anderen staatlichen Systemen, aus privatem Vermögen (z. B. Dividenden, Mieteinnahmen) oder aus einer Erwerbstätigkeit werden hierzu gerechnet.

Alterseinkünftegesetz (AltEinkG)

A. Allgemeines

Das Bundesverfassungsgericht entschied am 06. März 2002 in einem Urteil (BVerfGE 105, 73), dass die unterschiedliche Besteuerung der Beamtenpensionen und der Renten der → *gesetzlichen Rentenversicherung* gegen das Gleichbehandlungsgebot des Grundgesetzes verstößt. Beamtenpensionen waren voll zu versteuern, während die Renten der gesetzlichen Rentenversicherung lediglich mit dem → *Ertragsanteil* der Besteuerung unterlagen. Der Gesetzgeber wurde durch das Gerichtsurteil aufgefordert, die Besteuerung der Pensionen bis zum 01. Januar 2005 neu zu regeln und somit eine Gleichbehandlung aller Versorgungsempfänger zu gewährleisten.

Mit der Verabschiedung des Gesetzes zur Neuordnung der einkommensteuerrechtlichen Behandlung von Altersvorsorgeaufwendungen und Altersbezügen (Alterseinkünftegesetz – AltEinkG) vom 05.07.2004 (BGBl. I S. 1427), geändert durch Artikel 117 der Verordnung vom 31. Oktober 2006 (BGBl. I S. 2407), wurde insbesondere die Neuregelung der Rentenbesteuerung der gesetzlichen Rentenversicherung umgesetzt. Ab dem 01. Januar 2005 begann somit der Einstieg in die → *nachgelagerte Besteuerung* für alle Alterseinkünfte. Dies bedeutete eine grundlegende Umgestaltung der einkommensteuerrechtlichen Behandlung der → *Altersvorsorgeaufwendungen* und der Altersbezüge: Schrittweise werden bestimmte Beiträge zur → *Altersversorgung* steuerfrei gestellt.

Bei den Abzugsmöglichkeiten für Vorsorgeaufwendungen wird unterschieden nach Altersvorsorgeaufwendungen und sonstigen Vorsorgeaufwendungen. Zu den Altersvorsorgeaufwendungen zählen Beiträge

- zur gesetzlichen Rentenversicherung,
- zur landwirtschaftlichen Alterskasse,
- zu berufsständischen Versorgungseinrichtungen und
- zu privaten Leibrentenversicherungen (→ *Leibrente*), bei denen die Ansprüche nicht vererblich, nicht übertragbar, nicht beleihbar, nicht veräußerbar und nicht kapitalisierbar sein dürfen (§ 10 Absatz 1 Nummer 2 EStG). Außerdem dürfen die → *Rentenleistungen* nicht vor Vollendung des 60. Lebensjahres bezogen werden.

Darüber hinaus bestehen weiterhin der → *Sonderausgabenabzug* für Beiträge zur → *Riester-Rente* sowie besondere steuerliche Vorschriften bei der → *betrieblichen Altersversorgung*.

Die Abzugsfähigkeit der Vorsorgeaufwendungen führt dann ebenfalls stufenweise zur vollen nachgelagerten Steuerpflicht der Altersleistungen.

B. Gesetzliche Rentenversicherung

1. Allgemeine Grundsätze

Sowohl Beamtenpensionen als auch Renten der gesetzlichen Rentenversicherung unterliegen der Besteuerung. Während die Beamtenpensionen grundsätzlich in voller Höhe besteuert wurden, unterlagen die Renten der gesetzlichen Rentenversicherung bislang nur mit dem Ertragsanteil der Einkommensteuer. Durch das AltEinkG werden die Alterseinkünfte beginnend ab dem 01.01.2005 steuerlich gleich behandelt.

2. Besteuerung der Altersvorsorgeaufwendungen

Seit dem 01. Januar 2005 werden Altersvorsorgeaufwendungen steuerfrei gestellt. Zunächst nur 60 Prozent, dann steigt der steuerfreie Anteil der Vorsorgeaufwendungen jährlich um zwei Prozent. Im Jahr 2025 sind dann die Altersvorsorgeaufwendungen zu 100 Prozent steuerlich begünstigt und können bis zu einem Höchstbeitrag von 20.000 Euro bei Ledigen und 40.000 Euro bei zusammenveranlagten Ehegatten als Sonderausgaben steuerfrei gestellt werden (§ 10 Absatz 3 EStG). Über die Höchstbeiträge hinausgehende Beiträge werden steuerlich nicht berücksichtigt. Im Jahr 2005 waren zunächst höchstens 60 Prozent (von 20.000 Euro) einschließlich des Arbeitgeberanteils als Sonderausgaben abziehbar.

3. Besteuerung der Rentenleistungen

Da Altersvorsorgeaufwendungen steuerfrei gestellt werden, erfolgt im Gegenzug eine nachgelagerte Besteuerung der Rentenleistungen.

Zunächst wurden im Jahr 2005 die Rentenleistungen der Neusowie aller Bestandsrentner einheitlich zu 50 Prozent besteuert. Der Differenzbetrag zwischen dem Jahresbetrag der Rente und dem zu versteuernden Betrag der Rente ergibt den steuerfreien Teil der Rente. Dieser steuerfreie Betrag wird ab dem Jahr, das auf das erste Rentenbezugsjahr folgt, für die gesamte Laufzeit des Rentenbezugs festgeschrieben (§ 22 EStG). Künftige Rentenerhöhungen sind somit voll steuerpflichtig.

Beispiel:

Renteneintritt zum 01.07.2005; Rentenhöhe: 1.000,00 Euro.

Rentenerhöhung zum 01.07.2006 um 2 Prozent auf 1.020,00 Euro.

Rentenerhöhung zum 01.07.2007 um 1,5 Prozent auf 1.035,20 Euro.

Im Jahr 2005 liegt der Besteuerungsanteil gem. § 22 EStG bei 50 Prozent.

Der Rentner hat im Jahr 2005 folgende Rentenleistungen zu versteuern:

6 × 1.000,00 Euro	**6.000,00 Euro**
davon 50 Prozent	**3.000,00 Euro**
abzüglich Werbungskosten-Pauschbetrag	**102,00 Euro**
zu versteuern	**2.898,00 Euro**

Der Rentner hat im Jahr 2006 folgende Rentenleistungen zu versteuern:

6 × 1.000,00 Euro	**6.000,00 Euro**
6 × 1.020,00 Euro	**6.120,00 Euro**
insgesamt	**12.120,00 Euro**
davon 50 Prozent	**6.060,00 Euro**
abzüglich Werbungskosten-Pauschbetrag	**102,00 Euro**
zu versteuern	**5.958,00 Euro**

Für die gesamte Laufzeit des Rentenbezugs wird ein steuerfreier Betrag von 6.060,00 Euro festgeschrieben.

Der Rentner hat im Jahr 2007 folgende Rentenleistungen zu versteuern:

6 × 1.020,00 Euro	**6.120,00 Euro**
6 × 1.035,20 Euro	**6.211,20 Euro**
insgesamt	**12.331,20 Euro**
abzüglich (festgeschriebener) Freibetrag	**6.060,00 Euro**
abzüglich Werbungskosten-Pauschbetrag	**102,00 Euro**
zu versteuern	**6.169,20 Euro**

Da der zu versteuernde Betrag der Rentenleistung unter dem gem. § 10 Absatz 3 EStG zu ermittelnden Höchstbetrag liegt, muss der Rentner, wenn er keine weiteren Einkünfte bezieht, keine Steuern zahlen.

Für jeden neu hinzukommenden Rentnerjahrgang wird der steuerpflichtige Anteil der Rentenleistung in Schritten von zwei Prozent bis zum Jahr 2020 auf 80 Prozent angehoben. Anschließend erhöht sich die zu versteuernde Rente jährlich bis zum Jahr 2040 um jeweils 1 Prozent. Ab dem Jahr 2040 ist somit der Gesamtbetrag der Rentenleistungen voll zu versteuern. Die Rentenleistungen von Personen, die ab dem Jahr 2040 oder später in Rente gehen, unterliegen dann unter Berücksichtigung der dann geltenden steuerlichen Freibeträge in voller Höhe der Besteuerung. Im Gegenzug wird im gleichen Maße der Versorgungsfreibetrag von Pensionen schrittweise verringert. Renten und Pensionen werden dann ab dem Jahr 2040 einkommensteuerrechtlich gleich behandelt.

Die Besteuerung der Leibrenten soll durch jährliche → *Rentenbezugsmitteilungen* sichergestellt werden.

C. Sonstige Vorsorgeaufwendungen

Für Beiträge zur Kranken-, Pflege- und Arbeitslosenversicherung sowie andere Vorsorgeaufwendungen (z. B. private Haftpflicht-, Unfall- oder Risikoversicherungen, die nur für den Todesfall Leistungen vorsehen), die nicht zu den Altersvorsorgeaufwendungen gehören, existiert ab dem Jahr 2005 ein eigenständiger Sonderausgabenabzug. Hier können Steuerpflichtige, die ihre Beiträge zur Krankenversicherung allein tragen müssen, jährlich bis zu 2.800 Euro steuerlich geltend machen (§ 10 Absatz 1 Nummer 3 und 3a EStG i. V. m. § 10 Absatz 4 Satz 1 EStG). Bei allen anderen Steuerpflichtigen steht ein Abzugsvolumen von bis zu 1.900 Euro zur Verfügung (§ 10 Absatz 4 Satz 2 EStG). Werden Ehepaare steuerlich zusammen veranlagt, steht jedem Ehegatten das Abzugsvolumen gesondert zu.

D. Betriebliche Altersversorgung

Auch die bisher geltende unterschiedliche steuerliche Behandlung der → *Durchführungswege* der → *betrieblichen Altersversorgung* wird weitgehend abgeschafft und durch eine einheitliche nachgelagerte Besteuerung ersetzt. Konnte bislang der § 3 Nummer 63 EStG auf Beiträge für → *Pensionskassen* und → *Pensionsfonds* angewandt werden, so erstreckt sich der Anwendungsbereich nun ab dem 01. Januar 2005 auch auf Direktversicherungsbeiträge (→ *Direktversicherung*). Der bisher steuerfreie Dotierungsrahmen von 4 % der BBG der gesetzlichen Rentenversicherung wird für Neuzusagen ab 2005 um 1.800 Euro erweitert. Dieser Festbetrag ist jedoch im Gegensatz zum bisherigen Dotierungsrahmen beitragspflichtig in der Sozialversicherung. Dadurch kommt es für den Festbetrag im Bereich der gesetzlichen Krankenversicherung zu einer Verbeitragung sowohl in der Anwartschafts- als auch in der Leistungsphase.

Reine → *Kapitalleistungen* unterliegen ab Januar nicht mehr der steuerlichen Förderung nach § 3 Nummer 63 EStG. Förderunschädlich ist aber die Vereinbarung einer Option, die die Abwahl von Rentenleistungen durch eine Einmalzahlung ermöglicht.

Bislang bezog sich die Steuerfreiheit der Beiträge nach § 3 Nummer 63 EStG auf das Kalenderjahr. Seit Januar 2005 kann der Freibetrag bei einem Arbeitgeberwechsel erneut in Anspruch genommen werden.

Die Möglichkeit der Anwendung des § 40b EStG (→ *Pauschalierung der Lohnsteuer*) auf Arbeitgeberbeiträge für eine → *Direktversicherung* und an eine Pensionskasse ist für Zusagen ab Januar 2005 nicht mehr möglich. Die vorgelagerte Besteuerung bleibt allerdings für Zusagen vor dem 01. Januar 2005 erhalten.

Trotz der Abschaffung des § 40b EStG bleibt die Möglichkeit der Nutzung der → *Vervielfältigungsregelung* erhalten. Sie wurde durch das AltEinkG für Neuverträge ab Januar 2005 neu geregelt und findet sich jetzt in § 3 Nummer 63 Satz 4 EStG (siehe auch Direktversicherung, D. Steuerrecht, 2. c). Die Vervielfältigungsregelung nach § 3 Nummer 63 Satz 4 EStG).

Im Bereich der betrieblichen Altersversorgung wurden außerdem im → *Betriebsrentengesetz* die Regelungen zur → *Portabilität* von → *Anwartschaften* sowie zur → *Abfindung* unverfallbarer Anwartschaften (→ *Unverfallbarkeit*) und laufender Leistungen geändert.

E. Private Eigenvorsorge

Beiträge zu Kapitallebens- und Rentenversicherungen, die vor dem 01.01.2005 abgeschlossen wurden und ein erster Versicherungsbeitrag bis zum 31.12.2004 gezahlt wurde, werden ebenfalls als sonstige Vorsorgeaufwendungen (siehe C. Sonstige Vorsorgeaufwendungen) steuerlich anerkannt. Beiträge zu solchen Versicherungen, die nach dem 31.12.2004 abgeschlossen werden, lassen sich nicht mehr steuerlich absetzen.

Bei der privaten → *Eigenvorsorge* verlieren die Erträge aus Kapitallebensversicherungen den Status der Steuerfreiheit. Diese werden für Neuabschlüsse ab dem 01. Januar 2005 künftig besteuert. Wird eine Mindestlaufzeit von zwölf Jahren eingehalten und die Versicherungsleistung nach Vollendung des 60. Lebensjahres ausgezahlt, dann unterliegen 50 % der Erträge der Besteuerung.

Das Verfahren der → *Riester-Förderung* wurde durch Einführung eines → *Dauerzulageantrags* vereinfacht. Weiterhin muss der Steuerpflichtige keine Angaben zu den beitragspflichtigen Einnahmen machen; diese kann die → *Zentrale Zulagenstelle für Altersvermögen (ZfA)* beim Rentenversicherungsträger erfragen. Mit einer entsprechenden Vollmacht des Steuerpflichtigen kann der Anbieter bis auf Widerruf den → *Zulageantrag* für die Folgejahre stellen. Darüber hinaus wurden die Zertifizierungskriterien (→ *Zertifizierung*) vereinfacht. Für nach dem 01.01.2006 abgeschlossene → *Altersvorsorgeverträge* ist die Anwendung von sogenannten → *Unisex-Tarifen* vorgeschrieben.

Altersentlastungsbetrag

Gem. § 24a EStG erhalten Steuerpflichtige, die das 64. Lebensjahr vollendet haben, für bestimmte Einkünfte einen Altersentlastungsbetrag gewährt.

Der Altersentlastungsbetrag wird in Abhängigkeit des auf die Vollendung des 64. Lebensjahres folgenden Kalenderjahres ermittelt und auf den Arbeitslohn und die Summe der positiven Einkünfte, die nicht solche aus nichtselbstständiger Einkünfte sind, angewandt.

Bei der Bemessung des Altersentlastungsbetrages werden folgende Einkünfte nicht berücksichtigt:

- Versorgungsbezüge
  im Sinne des § 19 Absatz 2 EStG,
- Einkünfte aus Leibrenten
  im Sinne des § 22 Nummer 1 Satz 3 Buchstabe a EStG,
- Einkünfte
  im Sinne des § 22 Nummer 4 Satz 4 Buchstabe b EStG,
- Einkünfte
  im Sinne des § 22 Nummer 5 Satz 1, soweit § 22 Nummer 5 Satz 11 anzuwenden ist sowie
- Einkünfte
  im Sinne des § 22 Nummer 5 Satz 2 Buchstabe a.

Durch das → *Alterseinkünftegesetz (AltEinkG)* wird der Altersentlastungsbetrag in den Jahren ab 2005 bis 2040 abgeschmolzen. Mit dem → *Wachstumschancengesetz (WaChaG)* wurde analog dem verlangsamtem Anstieg des → *Besteuerungsanteils* auch der Altersentlastungsbetrag beginnend ab dem Jahr 2023 angepasst und verringert.

Altersgrenze

Für den Eintritt in das Rentenalter gilt allgemein für Männer und Frauen die Vollendung des 65. Lebensjahres. Durch das → *RV-Altersgrenzenanpassungsgesetz* wird die Altersgrenze in der → *gesetzlichen Rentenversicherung* vom Jahr 2012 an beginnend mit dem Geburtsjahrgang 1947 schrittweise über einen Zeitraum von 19 Jahren von 65 auf 67 Jahre angehoben. Die Anhebung erfolgt zunächst um einen Monat pro Jahrgang, ab dem Geburtsjahr 1959 um zwei Monate. Die Regelaltersgrenze liegt dann ab dem Geburtsjahrgang 1964 bei 67 Jahre.

Nimmt ein Arbeitnehmer die gesetzliche Rentenversicherung vor Erreichen der Altersgrenze in Anspruch, kann der Arbeitnehmer, wenn er die sonstigen Leistungsvoraussetzungen seiner betrieblichen → *Versorgungszusage* erfüllt, auch → *vorzeitige Altersleistungen* aus dieser Zusage verlangen (§ 6 BetrAVG). Voraussetzung hierbei ist, dass der Arbeitnehmer endgültig aus dem Erwerbsleben ausgeschieden ist.

Altersleistung

Das biologische Ereignis Alter wird durch das altersbedingte Ausscheiden aus dem Erwerbsleben ausgelöst. Im Rahmen betrieblicher → *Versorgungszusagen* werden ab dem Erreichen einer bestimmten (festen) Altersgrenze i. d. R. Leistungen in Form von Renten- und Kapitalzahlungen (vgl. hierzu → *Rentenleistung*, → *Kapitalleistung*) gewährt.

Als → *Altersgrenze* wird in betrieblichen → *Versorgungsregelungen* häufig an die Regelaltersgrenze der → *gesetzlichen Rentenversicherung* angeknüpft. Durch das → *RV-Altersgrenzenanpassungsgesetz* wird die Altersgrenze in der → *gesetzlichen Rentenversicherung* vom Jahr 2012 an beginnend mit dem Geburtsjahrgang 1947 schrittweise über einen Zeitraum von 17 Jahren von 65 auf 67 Jahre angehoben. Die Anhebung erfolgt zunächst um einen Monat pro Jahrgang, ab dem Geburtsjahr 1959 um zwei Monate. Die Regelaltersgrenze liegt dann bei 67 Jahre.

→ *Vorzeitige Altersleistungen* können ebenfalls bezogen werden. Diese werden als → *betriebliche Altersversorgung* grundsätzlich nur dann anerkannt, wenn sie nicht vor dem 60. Lebensjahr beginnen. Für nach dem 31. Dezember 2011 erteilte Versorgungszusagen tritt an die Stelle des 60. Lebensjahres i. d. R. das 62. Lebensjahr (siehe BT-Drucksache 16/3794 vom 12.12.2006, S. 31 unter „IV. Zusätzliche Altersvorsorge" zum RV-Altersgrenzenanpassungsgesetz vom 20.04.2007, BGBl. I S. 554). Arbeitsrechtlich wurden die Altersgrenzen für die betriebliche Altersversorgung durch Änderung in § 2 Absatz 1 BetrAVG und § 6 BetrAVG bereits angehoben.

Alterspyramide

Bezeichnung der grafischen Darstellung der Verteilung einer Altersstruktur der nach männlichem und weiblichem Geschlecht getrennten Bevölkerung eines Landes, bei der die Verteilung der Lebenden mit steigendem Alter abnimmt. Die Basis bildet ein breiter Sockel (Kinder und Jugendliche), die älteren Jahrgänge nehmen zur Pyramidenspitze hin ab.

Der Begriff stammt aus der Zeit der ersten Darstellungen der Anfang des 20. Jahrhunderts pyramidenförmigen Altersstruktur und wird auch heute weiterhin verwendet, obwohl die Altersstruktur in Deutschland nicht mehr pyramidenförmig ist, sondern sich bei den jüngeren Jahrgängen verschlankt (Rückgang der Geburten) und nach oben hin verbreitet (Alterung der Bevölkerung).

Altersrente

Geldleistung, die regelmäßig wiederkehrend bei Vollendung eines bestimmten Lebensalters (→ *Altersgrenze*) lebenslang erbracht wird (vgl. auch → *Leibrente*).

Altersstruktur

→ *Alterspyramide*

Altersvermögensergänzungsgesetz (AVmEG)

Mit dem Gesetz zur Ergänzung des Gesetzes zur Reform der gesetzlichen Rentenversicherung und zur Förderung eines kapitalgedeckten Altersvorsorgevermögens (Altersvermögensergänzungsgesetz – AVmEG) vom 21.03.2001 (BGBl. I S. 403), geändert durch Artikel 1 des Gesetzes vom 17. Juli 2001 (BGBl. I S. 1598), soll die Stabilität der Beitragssätze zur → *gesetzlichen Rentenversicherung* durch eine schrittweise Absenkung des Rentenniveaus erreicht werden. Damit soll der Beitragssatz der gesetzlichen Rentenversicherung bis zum Jahr 2030 auf höchstens 22 % begrenzt werden. Um das bisherige Versorgungsniveau im Alter dennoch zu erreichen, ist eine zusätzliche Altersvorsorge im Rahmen der → *betrieblichen Altersversorgung* oder durch private → *Eigenvorsorge* auf freiwilliger Basis erforderlich. Die Einführung einer solchen staatlich geförderten, zusätzlichen kapitalgedeckten Altersvorsorge (→ *Riester-Rente*) wird mit dem → *Altersvermögensgesetz* (AVmG) geregelt. Das AVmEG, dass das AVmG ergänzen soll, ist allerdings schon vor dem AVmG verabschiedet worden.

Altersvermögensgesetz (AVmG)

Der Deutsche Bundestag hat am 11.05.2001 das Gesetz zur Reform der gesetzlichen Rentenversicherung und zur Förderung eines kapitalgedeckten Altersvorsorgevermögens (Altersvermögensgesetz – AVmG) vom 26.06.2001 (BGBl. I S. 1310, BStBl. I S. 420) verabschiedet. Es trat am 01.01.2002 in Kraft und wurde zuletzt geändert durch Artikel 7 des Gesetzes vom 20. Dezember 2001 (BGBl. I S. 3858).

Für den Bereich der → *gesetzlichen Rentenversicherung* wurde die Rentenanpassung neu geregelt, die sich nun wieder an der Lohnentwicklung orientiert. Verschämte Altersarmut soll verhindert werden, indem eine bedarfsorientierte Grundsicherung eingeführt wird und die Rentenversicherungsträger sollen zukünftig allen Versicherten eine Mitteilung über den Stand ihrer Rentenanwartschaften zusenden.

Kernstücke der Rentenreform und des Altersvermögensgesetzes sind allerdings die Einführung einer staatlich geförderten, zusätzlichen kapitalgedeckten Altersvorsorge (→ *Riester-Rente*), die in der → *betrieblichen Altersversorgung* oder als private → *Eigenvorsorge* abgeschlossen werden kann und die Aufnahme eines sofort unverfallbaren (→ *Unverfallbarkeit*) → *Rechtsanspruchs* des Arbeitnehmers auf betriebliche Altersversorgung durch → *Entgeltumwandlung*. Die mit der Durchführung der Förderung beauftragte Einrichtung ist die → *Zentrale Zulagenstelle für Altersvermögen* (ZfA) bei der Bundesversicherungsanstalt für Angestellte.

Weiterhin können Beiträge aus dem ersten Dienstverhältnis bis zu 4 % der Beitragsbemessungsgrenze in der gesetzlichen Rentenversicherung (→ *Beitragsbemessungsgrenze in der Sozialversicherung*) der Arbeiter und Angestellten (West) steuerfrei in eine → *Pensionskasse* oder einen → *Pensionsfonds* eingebracht werden. Bei den Beiträgen handelt es sich sowohl um rein arbeitgeberfinanzierte Beiträge, die zusätzlich zum Arbeitslohn erbracht werden, als auch um Beiträge des Arbeitgebers, die durch Entgeltumwandlung finanziert werden. Seit dem 01.01.2005 sind durch das → *Alterseinkünftegesetz* auch Beiträge des Arbeitgebers für eine → *Direktversicherung* in die nach § 3 Nummer 63 EStG auf 4 % der Beitragsbemessungsgrenze beschränkte Steuerfreiheit zum Aufbau einer kapitalgedeckten betrieblichen Altersversorgung einbezogen. Weiterhin sind für Beiträge gem. § 3 Nummer 63 EStG für Entgeltbestandteile bis zu 4 % der Beitragsbemessungsgrenze in der gesetzlichen Rentenversicherung keine Sozialversicherungsbeiträge zu entrichten. Durch das → *Gesetz zur Förderung der zusätzlichen Altersvorsorge und zur Änderung des Dritten Buches Sozialgesetzbuch* vom 10.12.2007 (BGBl. I S. 2838) bleibt die Entgeltumwandlung auch zukünftig unbefristet von der Sozialversicherungspflicht befreit.

Altersversorgung

Unter Altersversorgung wird die Gesamtheit aller Einkommensquellen zur Sicherung des Lebensunterhalts im Alter verstanden. Sie basiert auf dem → *Drei-Säulen-Modell* und umfasst die → *gesetzliche Rentenversicherung*, die → *betriebliche Altersversorgung* und die private → *Eigenvorsorge*.

Altersvorsorgeaufwendungen

→ *Alterseinkünftegesetz (AltEinkG)*

Altersvorsorgebeiträge

Leistet ein → *Zulageberechtigter* bis zum Beginn der Auszahlungsphase Beiträge zugunsten eines nach § 5 AltZertG zertifizierten → *Altersvorsorgevertrages*, so liegen Altersvorsorgebeiträge gem. § 82 Absatz 1 EStG vor.

Die dem Altersvorsorgevertrag gutgeschriebenen → *Zulagen* stellen keine Altersvorsorgebeiträge dar. Zulagen sind somit auch nicht selbst zulagefähig.

Zahlungen aus dem individuell versteuerten Arbeitslohn des Arbeitnehmers im Rahmen der → *betrieblichen Altersversorgung* in die → *Durchführungswege* → *Pensionsfonds*, → *Pensionskasse* oder → *Direktversicherung* zählen ebenfalls zu den Altersvorsorgebeiträgen, wenn diese Einrichtungen den Zulageberechtigten eine lebenslange Altersversorgung gem. § 1 Absatz 1 Nummer 4 AltZertG gewährleisten (§ 82 Absatz 2 EStG). Beiträge für eine betriebliche Altersversorgung liegen nur dann vor, wenn die Beiträge für vom Arbeitgeber aus Anlass des Arbeitsverhältnisses zugesagte → *Versorgungsleistungen* erbracht werden. Dies gilt sowohl für ausschließlich vom Arbeitgeber finanzierte als auch für → *Eigenbeiträge* des Arbeitnehmers (§ 1 Absatz 1 und 2 BetrAVG).

Durch das → *Eigenheimrentengesetz* wurden auch Tilgungsleistungen als Altersvorsorgebeiträge mit in § 82 Absatz 1 Satz 1 Ziffer 2 EStG aufgenommen.

Auch Beitragsanteile für die Absicherung der Erwerbsminderung des Zulageberechtigten oder zur Hinterbliebenenversorgung gehören zu den Altersvorsorgebeiträgen, wenn die Leistungen in Form einer → *Rente* ausgezahlt werden (§ 82 Absatz 3 EStG).

Beiträge, die über den → *Mindesteigenbeitrag* hinausgehen, sind ebenfalls Altersvorsorgebeiträge.

Sieht ein Altersvorsorgevertrag jedoch eine vertragliche Begrenzung auf einen Höchstbetrag vor (z. B. den Betrag nach § 10a EStG oder den nach § 86 EStG erforderlichen Mindesteigenbeitrag zuzüglich Zulageanspruch), handelt es sich bei Zahlungen, die darüber hinausgehen, um zivilrechtlich nicht geschuldete Beträge. Dem → *Anleger* steht für diese Beiträge ein Rückerstattungsanspruch gegen den Anbieter zu. Diese Beträge stellen grundsätzlich keine Altersvorsorgebeiträge im Sinne des § 82 Absatz 1 EStG dar. Der Anbieter darf diese Beträge daher nicht in den amtlich vorgeschriebenen Datensatz durch Datenfernübertragung an die zentrale Stelle nach § 10a Absatz 5 Satz 1 EStG aufnehmen.

Beiträge zugunsten eines Vertrags, die nach Beginn der Auszahlungsphase geleistet wurden, sind keine Altersvorsorgebeiträge i. S. d. § 82 EStG. Für diese Beiträge kommt demnach eine steuerrechtliche Förderung nach § 10a Abschnitt XI EStG nicht in Betracht.

Keine Altersvorsorgebeiträge gem. § 82 Absatz 4 EStG sind

- Aufwendungen, für die eine Arbeitnehmer-Sparzulage nach dem Fünften Vermögensbildungsgesetz gewährt wird,
- Aufwendungen, für die eine Wohnungsbauprämie nach dem Wohnungsbau-Prämiengesetz gewährt wird,
- Aufwendungen, die im Rahmen des § 10 EStG als Sonderausgaben geltend gemacht werden,
- Zahlungen nach § 92a Absatz 2 Satz 4 Nummer 1 EStG und Absatz 3 Satz 9 Nummer 2 EStG oder
- Übertragungen im Sinne des § 3 Nummer 55 bis 55c EStG.

Altersvorsorge-Durchführungsverordnung (AltvDV)

Mit der Verordnung zur Durchführung der steuerlichen Vorschriften des Einkommensteuergesetzes zur Altersvorsorge und zum Rentenbezugsmitteilungsverfahren sowie zum weiteren Datenaustausch mit der zentralen Stelle (Altersvorsorge-Durchführungsverordnung – AltvDV) vom 17.12.2002 (BGBl. I S. 4544) in der Fassung der Bekanntmachung vom 28.02.2005 (BGBl. I S. 487), zuletzt geändert durch Artikel 10 der Verordnung vom 19. Dezember 2022 (BGBl. I S. 2432), hat der Arbeitgeber der Versorgungseinrichtung, die die → *betriebliche Altersversorgung* durchführt, spätestens zwei Monate nach Ende des Kalenderjahres oder nach der Beendigung des Dienstverhältnisses im Laufe des Kalenderjahres jeweils gesondert je Arbeitnehmer für jedes Kalenderjahr mitzuteilen:

- steuerfrei belassene Beiträge (z. B. Beiträge des Arbeitgebers für → *Pensionskassen* oder → *Pensionsfonds*),
- pauschal besteuerte Beiträge (→ *Pauschalierung der Lohnsteuer*, → *Direktversicherung*),
- individuell versteuerte → *Altersversorgungsbeiträge*.

Eine Mitteilung kann u. a. unterbleiben, wenn die für den einzelnen Mitarbeiter im Kalenderjahr geleisteten Beiträge

- insgesamt pauschal besteuert wurden oder
- für teils individuell und teils pauschal oder insgesamt individuell besteuerte Beiträge keine Förderung über Zulagen und ggf. zusätzlichen Sonderausgabenabzug möglich ist oder der Arbeitnehmer erklärt hat, dass er für individuell besteuerte Beiträge insgesamt keine Förderung in Anspruch nehmen will.

Altersvorsorge-Eigenheimbetrag

Für den Bereich der → *betrieblichen Altersversorgung* ist die Möglichkeit der Auszahlung eines Altersvorsorge-Eigenheimbetrages gesetzlich nicht vorgesehen. Dies gilt auch dann, wenn das → *Altersvorsorgevermögen* aus Beiträgen im Sinne des § 82 Absatz 2 EStG gebildet wurde.

Altersvorsorge-Produktinformationsblattverordnung (AltvPIBV)

Das → *Altersvorsorge-Zertifizierungsgesetz (AltZertG)* regelt in § 7 Absatz 1, welche Angaben das Produktinformationsblatt beinhalten muss:

1. die Produktbezeichnung,
2. die Benennung des Produkttyps und eine kurze Produktbeschreibung,
3. die Zertifizierungsnummer,
4. bei Altersvorsorgeverträgen die Empfehlung, vor Abschluss des Vertrags die Förderberechtigung zu prüfen,
5. den vollständigen Namen des Anbieters,
6. die wesentlichen Bestandteile des Vertrags,
7. die auf Wahrscheinlichkeitsrechnungen beruhende Einordnung in Chancen-Risiko-Klassen,
8. bei Altersvorsorgeverträgen in Form eines Darlehens und bei Altersvorsorgeverträgen im Sinne des § 1 Absatz 1a Nummer 3 AltZertG die Angabe des Nettodarlehensbetrags, der Gesamtkosten und des Gesamtdarlehensbetrags,
9. eine Aufstellung der Kosten,
10. Angaben zum Preis-Leistungs-Verhältnis,
11. bei Basisrentenverträgen nach § 10 Absatz 1 Nummer 2 Buchstabe b Doppelbuchstabe bb EStG die garantierte monatliche Leistung,
12. einen Hinweis auf die einschlägige Einrichtung der Insolvenzsicherung und den Umfang des insoweit gewährten Schutzes,
13. Informationen zum Anbieterwechsel und zur Kündigung des Vertrags,
14. Hinweise zu den Möglichkeiten und Folgen einer Beitragsfreistellung oder Tilgungsaussetzung und
15. den Stand des Produktinformationsblatts.

Durch die Verordnung zum Produktinformationsblatt und zu weiteren Informationspflichten bei zertifizierten Altersvorsorge- und Basisrentenverträgen nach dem Altersvorsorgeverträge-Zertifizierungsgesetz (Altersvorsorge-Produktinformationsblattverordnung – AltvPIBV) vom 27. Juli 2015 (BGBl. I S. 1413), zuletzt geändert durch Artikel 2 Absatz 1 der Verordnung vom 12. November 2021 (BGBl. I S. 4921), wurden die Kriterien für die Produktinformationsblätter der zertifizierten Altersvorsorge (→ *Altersvorsorgevertrag*) und → *Basisrentenverträge* festgelegt.

Während nach § 1 der Verordnung der Produktname weiterhin vom Unternehmen vergeben werden darf, sind für die Benennung des Produkttyps gem. § 2 Absatz 1 AltvPIBV nur folgende neun Bezeichnungen zulässig:

- Rentenversicherung,
- Fondssparplan,
- Banksparplan,
- Bausparvertrag,
- Genossenschaftsanteile,
- Darlehen,
- vor- oder zwischenfinanzierter Bausparvertrag,
- Erwerbsminderungsversicherung oder
- Berufsunfähigkeitsversicherung.

Neben der Bezeichnung ist die Förderart durch ein Logo darzustellen. Hierbei ist nach folgenden Förderarten zu unterscheiden (§ 2 Absatz 2 AltvPIBV):

- Riester-Rente,
- Wohn-Riester,
- Basisrente-Alter,
- Basisrente-Erwerbsminderung.

Die Produktbeschreibung nach § 7 Absatz 1 Satz 2 Nummer 2 AltZertG muss folgende Informationen beinhalten:

- Bei Rentenversicherungen Konkretisierungen zur Vertragsform;
- bei Altersvorsorgeverträgen im Sinne des § 1 Absatz 1a Satz 1 Nummer 3 AltZertG Hinweise auf die unwiderrufliche Vereinbarung, dass das Vor- oder Zwischenfinanzierungsdarlehen durch auf dem Vertrag angespartes → *Altersvorsorgevermögen* getilgt wird;
- Der → *Anbieter* muss in der Produktbeschreibung informieren, wenn ein → *Rechtsanspruch* auf Gewährung eines Darlehens vorliegt;
- Bei Altersvorsorgeverträgen ist die → *Zusage* des Anbieters aufzunehmen, dass mindestens die eingezahlten Beiträge und Altersvorsorgezulagen (→ *Zulage*) nach Abzug von Beitragsanteilen für eine eventuelle Zusatzabsicherung zu Beginn der Auszahlungsphase zur Verfügung stehen und für die Leistungserbringung genutzt werden;
- Bei Basisrentenverträgen ist auf den Abzug von Beitragsanteilen zur Absicherung des Risikos der Erwerbsminderung oder zur Hinterbliebenenabsicherung hinzuweisen;
- Bei Basisrentenverträgen nach § 10 Absatz 1 Nummer 2 Buchstabe b Doppelbuchstabe bb EStG ist anzugeben, ob und inwiefern die Höhe der zugesagten Rente vom Alter des Vertragspartners bei Eintritt des Versicherungsfalls abhängt.

Wesentliche Bestandteile des Vertrages (§ 7 Absatz 1 Satz 2 Nummer 6 AltZertG) sind gem. § 4 AltvPIBV z. B.

- der geplante Vertragsbeginn,
- die Höhe und die Zahlungsweise des zu Vertragsbeginn geplanten laufenden Eigenbeitrags oder der zu Vertragsbeginn geplanten laufenden Rate in Euro,
- die Höhe und die Zahlungsweise einer geplanten einmaligen Einzahlung oder Tilgung zum Vertragsbeginn in Euro,
- der geplante Beginn der Auszahlungsphase und eventuelle Optionen auf einen früheren oder späteren Beginn der Auszahlungsphase sowie die geplante Dauer der Beitragszahlung oder Tilgungsleistung in Jahren und gegebenenfalls Monaten; dies gilt nicht für Basisrentenverträge nach § 10 Absatz 1 Nummer 2 Buchstabe b Doppelbuchstabe bb EStG,
- bei Basisrentenverträgen nach § 10 Absatz 1 Nummer 2 Buchstabe b Doppelbuchstabe bb EStG die geplante Rentenleistung,
- die Ausgestaltung der Altersleistung,
- bei Bausparverträgen und Altersvorsorgeverträgen nach § 1 Absatz 1a Nummer 3 AltZertG die geplante Bausparsumme des Bausparvertrags sowie der voraussichtliche Zuteilungszeitpunkt und
- Möglichkeiten des Vertragspartners einer Beitragserhöhung, einer Beitragssenkung und einer Beitragsfreistellung.

Weiterhin sind gem. § 5 AltvPIBV Altersvorsorge- und Basisrentenverträge nach § 7 Absatz 1 Satz 2 Nummer 7 AltZertG in Chancen-Risiko-Klassen (CRK) einzuordnen (Klassifizierung), die regelmäßig zu überprüfen ist.

Die Verordnung enthält weiterhin Regelungen zum effektiven Jahreszins, zur Kostenangabe (Abschluss- und Vertriebskosten, Verwaltungskosten) sowie Angaben zum Preis-Leistungsverhältnis (garantiertes Kapital, garantierte monatliche Leistung ab Beginn der Auszahlungsphase als Gesamtbetrag, zur Wertentwicklung des Vertrags).

Bei einem Anbieterwechsel bzw. einer Kündigung des Vertrags sind insbesondere die Wechselkosten und der Übertragungs- oder Auszahlungswert anzugeben.

Die Verordnung ist am 01. Januar 2017 in Kraft getreten.

Seit dem 01. Januar 2017 sind die Anbieter von Altersvorsorge- oder Basisrentenverträgen dazu verpflichtet, vor dem Vertrieb des jeweiligen Vertrages vier Muster-Produktinformationsblätter zu erstellen und auf der Internetseite des Anbieters zu veröffentlichen. Der entsprechende Link zu den Muster-Produktinformationsblättern ist der → *Zertifizierungsstelle* des → *BZSt* unter Angabe des Datums der erstmaligen Freischaltung der Internetseite mitzuteilen.

Die Produktinformationsblätter im Sinne der AltvPIBV sind nach amtlich vorgeschriebenem Muster gemäß dem überarbeiteten Schreiben des Bundesministeriums der Finanzen vom 14. März 2019 (BStBl. I S. 240) zum Produktinformationsblatt nach § 7 Altersvorsorge-Zertifizierungsgesetz sowie dem Schreiben vom 14. März 2019 (BStBl. I S. 230) zur Altersvorsorge-Produktinformationsblattverordnung (AltvPIBV) zu erstellen.

Altersvorsorge-Verbesserungsgesetz (AltvVerbG)

Mit dem Gesetz zur Verbesserung der steuerlichen Förderung der privaten Altersvorsorge (Altersvorsorge-Verbesserungsgesetz – AltvVerbG) vom 24.06.2013 (BGBl. I S. 1667) sollen weitere Anreize für die kapitalgedeckte zusätzliche Altersvorsorge geschaffen werden. Hierzu wurde zur Verbesserung des Verbraucherschutzes ein verpflichtendes normiertes → *Produktinformationsblatt* für die Anbieter von Basis- (→ *Rürup-Rente*) und → *Riester-Rente* eingeführt. Anhand des Produktinformationsblattes müssen die → *Anbieter* über die wesentlichen Merkmale der von ihnen angebotenen Altersvorsorgeprodukte informieren. Darüber hinaus soll der Wechsel zu einem anderen Anbieter durch Deckelung der Wechselkosten auf maximal 150 Euro zukünftig erleichtert werden. Weiterhin hat der Anbieter den → *Anleger* spätestens drei Monate vor Beginn der Auszahlungsphase über die Auszahlungsbeträge zu informieren. Auch bei der → *Eigenheimrente* sollen z. B. neue Regelungen bei den Entnahmebeträgen zu mehr Flexibilität führen.

Altersvorsorgevermögen

Mit der Einführung der staatlich geförderten Altersvorsorge (→ *Riester-Rente*) soll der Aufbau eines privaten Altersvorsorgevermögens unterstützt werden. Über die private → *Eigenvorsorge* und die → *betriebliche Altersversorgung* soll dem Altersvorsorgevermögen als Ergänzung zu den laufenden Renten aus der → *gesetzlichen Rentenversicherung* zusätzliches laufendes Einkommen zufließen. Die im → *Umlageverfahren* finanzierte gesetzliche Rente soll durch eine kapitalgedeckte Altersvorsorge (→ *Kapitaldeckungsverfahren*) ergänzt werden, die durch → *Zulagen* und einen → *Sonderausgabenabzug* gefördert wird. Geregelt wird der Aufbau eines Altersvorsorgevermögens durch das → *Altersvermögensgesetz*, das am 01.01.2002 in Kraft trat.

Altersvorsorgevertrag

Gem. § 1 Absatz 1 des → *Altersvorsorgeverträge-Zertifizierungsgesetzes (AltZertG)* liegt ein Altersvorsorgevertrag vor, wenn zwischen dem → *Anbieter* und einer natürlichen Person eine Vereinbarung in deutscher Sprache geschlossen wird, die folgende Kriterien erfüllt:

- Der Altersvorsorgevertrag muss Zahlungen in Form einer lebenslangen monatlichen Leistung vorsehen (§ 1 Absatz 1 Nummer 2 AltZertG);
- bei Vertragsabschluss muss der Anbieter zusagen, dass zu Beginn der Auszahlungsphase mindestens die eingezahlten → *Altersvorsorgebeiträge* für die Auszahlungen zur Verfügung stehen (§ 1 Absatz 1 Nummer 3 AltZertG);
- die Leistungen aus dem Altersvorsorgevertrag müssen während der gesamten Auszahlungsphase gleich bleiben oder steigen (§ 1 Absatz 1 Nummer 4a) AltZertG);
- die Leistungen müssen eine lebenslange Verminderung des Nutzungsentgelts für eine selbst genutzte Genossenschaftswohnung vorsehen (§ 1 Absatz 1 Nummer 4b) AltZertG);
- bei Erwerb von Geschäftsanteilen an einer eingetragenen Genossenschaft für eine selbst genutzte Genossenschaftswohnung müssen bei Ausschluss, Ausscheiden des Mitglieds oder Auflösung der Genossenschaft mindestens die eingezahlten Altersvorsorgebeiträge auf einen Altersvorsorgevertrag übertragen (§ 1 Absatz 1 Nummer 5a) AltZertG) werden; die auf Geschäftsanteile entfallenden Erträge dürfen nicht ausgezahlt, sondern müssen für den Erwerb weiterer Geschäftsanteile verwendet werden (§ 1 Absatz 1 Nummer 5b) AltZertG);
- die in Ansatz gebrachten Abschluss- und Vertriebskosten sind auf fünf Jahre gleichmäßig zu verteilen (§ 1 Absatz 1 Nummer 8 AltZertG);
- der Anleger hat während der Ansparphase das Recht, den Vertrag ruhen zu lassen, ihn zu kündigen, um das Kapital auf einen anderen Altersvorsorgevertrag zu übertragen sowie das Kapital zum Zwecke des Wohnungsbaus im Sinne des § 92 EStG zu verwenden (§ 1 Absatz 1 Nummer 10 AltZertG);
- die im Fall der Verminderung des monatlichen Nutzungsentgelts für eine vom Vertragspartner selbst genutzte Genossenschaftswohnung dem Vertragspartner bei Aufgabe der Selbstnutzung der Genossenschaftswohnung in der Auszahlungsphase einen Anspruch gewährt, den Vertrag mit einer Frist von nicht mehr als drei Monaten zum Ende des Geschäftsjahres zu kündigen, um spätestens binnen sechs Monaten nach Wirksamwerden der Kündigung das noch nicht verbrauchte Kapital auf einen anderen auf seinen Namen lautenden Altersvorsorgevertrag desselben oder eines anderen Anbieters übertragen zu lassen (§ 1 Absatz 1 Nummer 11 AltZertG).

Altersvorsorgeverträge können auch die Förderung selbst genutzten Wohnungseigentums ermöglichen, sofern sie die oben genannten Kriterien erfüllen.

Altersvorsorgeverträge können auch Verträge mit → *Anbietern* gem. § 1 Absatz 2 AltZertG sein, wenn diese vor Inkrafttreten des AltZertG abgeschlossen wurden, aber die Voraussetzungen für eine → *Zertifizierung* im Sinne des AltZertG erfüllen.

Altersvorsorgeverträge-Zertifizierungsgesetz (AltZertG)

Im Gesetz über die Zertifizierung von Altersvorsorge- und Basisrentenverträgen (Altersvorsorgeverträge-Zertifizierungsgesetz – AltZertG) vom 26. Juni 2001 (BGBl. I S. 1310, 1322), zuletzt geändert durch Artikel 5 des Gesetzes vom 25. Oktober 2023 (BGBl. 2023 I Nr. 294), sind die Bedingungen der staatlichen → *Förderung* für die sog. → *Riester-Rente* festgelegt. Der → *Bundesanstalt für Finanzdienstleistungsaufsicht* (BAFin) wurde hierbei die Aufgabe übertragen, zu prüfen, inwieweit ein Altersvorsorgevertrag die Förderkriterien (→ *Zertifizierung*) erfüllt. Seit dem 01.07.2010 ist die → *Zertifizierungsstelle* beim → *Bundeszentralamt für Steuern (BZSt)* angesiedelt.

Altersvorsorgezulage

→ *Zulage*

Altzusage

Für die steuerliche Behandlung der Beiträge an eine → *Direktversicherung* oder an eine → *Pensionskasse* ist es von Bedeutung, wann die zugrunde liegende Versorgungszusage erteilt wurde. Für Zusagen, die vor dem 01.01.2005 erteilt wurden, kann die Pauschalversteuerung (→ *Pauschalierung der Lohnsteuer*) gemäß § 40b EStG in der am 31.12.2004 geltenden Fassung (§ 52 Absatz 52a EStG) weiter genutzt werden. Diese Zusagen werden in diesem Zusammenhang daher „Altzusagen" genannt. Zusagen, die ab dem 01.01.2005 erteilt wurden bzw. werden, nennt man demgegenüber „Neuzusagen". Für diese → *Neuzusagen* kann die Pauschalversteuerung nicht mehr genutzt werden, sondern es konnte bis zum 31.12.2017 neben dem Betrag gemäß § 3 Nummer 63 Satz 1 EStG (= 4 % der Beitragsbemessungsgrenze in der gesetzlichen Rentenversicherung) zusätzlich gemäß § 3 Nummer 63 Satz 3 EStG bis zu 1.800 Euro pro Kalenderjahr steuerfrei als Beitrag in eine Direktversicherung oder eine Pensionskasse eingezahlt werden. Seit dem 01.01.2018 können gemäß § 3 Nummer 63 Satz 1 EStG bis zu 8 % der Beitragsbemessungsgrenze in der gesetzlichen Rentenversicherung (entspricht 8.112 Euro in 2026) steuerfrei an eine Direktversicherung, Pensionskasse oder Pensionsfonds im Rahmen eines ersten Dienstverhältnisses vom Arbeitgeber einbezahlt werden. Auf diesen Maximalbetrag sind pauschalversteuerte Beiträge aufgrund einer Altzusage anzurechnen.

Zur Fortführung von Altzusagen enthält das BMF-Schreiben zur steuerlichen Förderung der privaten Altersvorsorge und betrieblichen Altersversorgung vom 12.08.2021, Rdnrn. 85 ff., Einzelheiten.

Anbieter

Anbieter sind gem. § 80 EStG Anbieter von → *Altersvorsorgeverträgen* nach § 1 Absatz 2 Altersvorsorgeverträge-Zertifizierungsgesetz (AltZertG) und die in § 82 Absatz 2 EStG genannten betrieblichen Versorgungseinrichtungen. Anbieter nach § 1 Absatz 2 AltZertG sind z. B. Lebensversicherungsunternehmen, Bausparkassen, Genossenschaften, Kreditinstitute und Kapitalanlagegesellschaften. Im Altersvorsorgevertrag wird den → *Anlegern* durch einen Anbieter zugesagt, dass zu Beginn der Leistungsphase zumindest die eingezahlten Altersvorsorgebeiträge für die Auszahlungsphase zur Verfügung stehen, soweit keine Absicherung gegen Erwerbsminderungsrisiken (siehe auch → *Erwerbsminderungsrente*) oder eine Hinterbliebenenversorgung (vgl. hierzu → *Hinterbliebenenleistung*) vorgesehen ist.

Im Bereich der → *betrieblichen Altersversorgung* können → *Pensionsfonds*, → *Pensionskassen* und → *Direktversicherungen* Anbieter sein (§ 82 Absatz 2 EStG). Diese → *Durchführungswege* gewährleisten den → *Zulageberechtigten* eine lebenslange → *Altersversorgung* im Sinne des § 1 Absatz 1 Nr. 4 Buchstabe a) und Buchstabe b) AltZertG.

Anbieter eines → *Basisrentenvertrages* im Sinne des → *Altersvorsorgeverträge-Zertifizierungsgesetzes (AltZertG)* sind die Anbieter gem. § 1 Absatz 2 AltZertG einschließlich der → *Pensionskassen* im Sinne des § 118a VAG sowie der → *Pensionsfonds* im Sinne des § 112 VAG.

Anbieterbescheinigung

Die → *Förderung* für den Aufbau eines zusätzlichen kapitalgedeckten → *Altersvorsorgevermögens* kann durch einen → *Sonderausgabenabzug* (§ 10a EStG) geltend gemacht werden. Hierzu musste der Steuerpflichtige die Höhe der geleisteten Altersvorsorgebeiträge durch eine Bescheinigung nach amtlichem Vordruck nachweisen (§ 10a Absatz 5 EStG). Die Bescheinigung erhielt der Steuerpflichtige vom jeweiligen → *Anbieter* des Altersvorsorgevertrages bzw. der Einrichtung der → *betrieblichen Altersversorgung* (→ *Direktversicherung*, → *Pensionsfonds*, → *Pensionskasse*).

Seit dem Veranlagungszeitraum 2010 ist die Anbieterbescheinigung nach § 10a Absatz 5 EStG a. F. in Papierform jedoch abgeschafft worden. Damit muss ab dem Veranlagungszeitraum 2010 die Anlage AV (bis zum Steuerjahr 2008 und ab 2010 gilt die Anlage AV, im Steuerjahr 2009 die Anlage Vorsorgeaufwand) nicht mehr ausgefüllt werden, wenn die für die Geltendmachung des Sonderausgabenabzugs erforderlichen Daten vom Anbieter in elektronischer Form, sofern die Zustimmung des Steuerpflichtigen vorliegt, an die → *zentrale Stelle* übermittelt (§ 10a Absatz 2a EStG i. V. m. § 10a Absatz 5 EStG) werden.

Die Anlage Vorsorgeaufwand ist für den Abzug von Sonderausgaben von Beiträgen zu Krankenversicherungen, anderen Vorsorgeaufwendungen für Versicherungen und Beiträgen zu einer → *Rürup-Rente* auszufüllen.

Als erforderliche Daten hat der Anbieter die Höhe der im jeweiligen Beitragsjahr zu berücksichtigenden Altersvorsorgebeiträge unter Angabe der Vertragsdaten, des Datums der Einwilligung nach Absatz 2a, der Identifikationsnummer (§ 139b der Abgabenordnung) sowie der Zulage- oder der Versicherungsnummer nach § 147 des Sechsten Buches Sozialgesetzbuch nach amtlich vorgeschriebenem Datensatz durch Datenfernübertragung an die zentrale Stelle bis zum 28. Februar des dem Beitragsjahr folgenden Kalenderjahres zu übermitteln (§ 10a Absatz 5 Satz 1 EStG).

Die Einwilligung zur Datenübermittlung gilt auch ohne gesonderte Erklärung für das jeweilige Beitragsjahr als erteilt, wenn

- der → *Zulageberechtigte* seinen Anbieter nach § 89 Absatz 1a EStG bevollmächtigt hat, für ihn den → *Zulageantrag* zu stellen oder
- dem Anbieter für das betreffende Beitragsjahr ein Zulageantrag nach § 89 Absatz 1 EStG des Zulageberechtigten vorliegt.

Liegen die in § 10a Absatz 5 Satz 1 EStG genannten Voraussetzungen vor und kann ein Anbieter den vorgegebenen Übermittlungstermin nicht einhalten, so hat er dem Steuerpflichtigen die für den Sonderausgabenabzug erforderlichen Daten nach dem mit BMF-Schreiben vom 18. August 2011 (BStBl. I S. 788) bekannt gegebenen Vordruckmuster grundsätzlich bis zum 31. März des dem Beitragsjahr folgenden Kalenderjahres zu bescheinigen. Das Vordruckmuster darf allerdings nur bei Vorliegen einer Einwilligung bzw. einer Einwilligungsfiktion verwendet werden. Die Bescheinigung entbindet den Anbieter nicht von der Verpflichtung zur Datenübermittlung.

Liegt beim Anbieter keine Zustimmung des Steuerpflichtigen zur Datenübermittlung an die zentrale Stelle vor, werden seitens des Anbieters keine Daten an die zentrale Stelle übermittelt. Dies führt dazu, dass Altersvorsorgebeiträge nicht als Sonderausgaben beim Finanzamt geltend gemacht werden können.

9	9	3	9

(Bezeichnung und Anschrift des Anbieters)

Ausstellungsdatum

(Bitte zehnstellig im Format TT.MM.JJJJ eintragen.)

(Bekanntgabeadressat)

Wichtiger Hinweis:
Die maschinelle Übermittlung Ihrer Altersvorsorgebeiträge an die Finanzverwaltung ist zum jetzigen Zeitpunkt leider nicht möglich und wird erst zu einem späteren Zeitpunkt nachgeholt. Für die Berücksichtigung dieser Beiträge als Sonderausgaben fügen Sie daher bitte die Bescheinigung Ihrer Einkommensteuererklärung bei.

Bescheinigung zur Vorlage beim Finanzamt

für

1 Name, Vorname — geboren am

2 Straße, Hausnummer

3 Postleitzahl, Wohnort

Folgende Altersvorsorgebeiträge (Beiträge (a) und Tilgungsleistungen (b) ohne Zulage) wurden geleistet für das Kalenderjahr (Beitragsjahr)

	Anbieternummer	Zertifizierungsnummer	Vertragsnummer	Euro	Cent
4	0	1	2	3 (a)	
				5 (b)	
5	0	1	2	3 (a)	
				5 (b)	
6	0	1	2	3 (a)	
				5 (b)	

Diese Bescheinigung ist maschinell erstellt und daher nicht unterschrieben.

Vom Steuerpflichtigen auszufüllen, sofern die Eintragung nicht vom Anbieter durch Übernahme aus seinem Datenbestand vorgenommen wurde.

7	Steuernummer (soweit bekannt)		
8	Sozialversicherungsnummer / Zulagenummer	0 7	(Bitte zwölfstellig eintragen.)
9	steuerliche Identifikationsnummer (soweit bekannt)		(Bitte elfstellig eintragen.)
10	Mitgliedsnummer der landwirtschaftlichen Alterskasse bzw. der Alterskasse für den Gartenbau (soweit bekannt)		(Bitte elfstellig eintragen.)

Stand 20.7.2011

2024

Name

Vorname

Steuernummer

Anlage AV

Diese Anlage ist bei Zusammenveranlagung von Ehegatten / Lebenspartnern gemeinsam auszufüllen.

Angaben zur steuerlichen Förderung von Altersvorsorgebeiträgen (sog. Riester-Verträge)

Für alle vom Anbieter übermittelten Altersvorsorgebeiträge wird ein zusätzlicher Sonderausgabenabzug geltend gemacht. Machen Sie hierzu bitte ausschließlich Angaben in den Zeilen 4 bis 20.

Wenn Sie für alle Altersvorsorgeverträge keinen Sonderausgabenabzug wünschen, dann geben Sie bitte keine Anlage AV ab.

Berechnungsgrundlagen

39

– Bei Zusammenveranlagung: Bitte die Art der Begünstigung (unmittelbar / mittelbar) beider Ehegatten / Lebenspartner angeben, wenn für jeden Ehegatten / Lebenspartner mindestens ein Riester-Vertrag vorliegt. Hat nur einer von beiden mindestens einen Riester-Vertrag, muss nur diese Person Angaben zur Art der Begünstigung machen. –

Zeile			Steuerpflichtige Person / Ehemann / Person A		Ehefrau / Person B
4	**Ich bin für das Jahr 2024 unmittelbar begünstigt.** (Bitte die Zeilen 5 bis 13 ausfüllen.)	106	1 = Ja	306	1 = Ja
			EUR		EUR
5	Beitragspflichtige Einnahmen i. S. d. inländischen gesetzlichen Rentenversicherung **2023**	100	,—	300	,—
6	Inländische Besoldung, Amtsbezüge und Einnahmen beurlaubter Beamter **2023** (Ein Eintrag ist nur erforderlich, wenn Sie eine Einwilligung gegenüber der zuständigen Stelle abgegeben haben.)	101	,—	301	,—
7	Entgeltersatzleistungen **2023**	104	,—	304	,—
8	Tatsächliches Entgelt **2023**	102	,—	302	,—
9	Jahres(brutto)betrag der Rente wegen voller Erwerbsminderung oder Erwerbsunfähigkeit in der inländischen gesetzlichen Rentenversicherung **2023**	109	,—	309	,—
10	Inländische Versorgungsbezüge wegen Dienstunfähigkeit **2023** (Ein Eintrag ist nur erforderlich, wenn Sie eine Einwilligung gegenüber der zuständigen Stelle abgegeben haben.)	113	,—	313	,—
11	Einkünfte aus Land- und Forstwirtschaft **2022**	103	,—	303	,—
12	Jahres(brutto)betrag der Rente wegen voller Erwerbsminderung oder Erwerbsunfähigkeit nach dem Gesetz über die Alterssicherung der Landwirte **2023**	111	,—	311	,—
13	Einnahmen aus einer Beschäftigung, die einer ausländischen gesetzlichen Rentenversicherungspflicht unterlag und / oder Jahres(brutto)betrag der Rente wegen voller Erwerbsminderung oder Erwerbsunfähigkeit aus einer ausländischen gesetzlichen Rentenversicherung **2023**	114	,—	314	,—
14	**Ich bin für das Jahr 2024 mittelbar begünstigt.**	106	2 = Ja	306	2 = Ja

(Bei Einzelveranlagung von Ehegatten / Lebenspartnern: Die Angaben zu den Altersvorsorgebeiträgen werden bei der Einkommensteuerveranlagung des anderen Ehegatten / Lebenspartners berücksichtigt.)

Sonstige Angaben

Zeile			Steuerpflichtige Person / Ehemann / Person A		Ehefrau / Person B
15	Mitgliedsnummer der landwirtschaftlichen Alterskasse	112		312	

Angaben zu Kindern, für die ein Anspruch auf Kinderzulage besteht

Bei Eltern, die miteinander verheiratet sind oder miteinander eine Lebenspartnerschaft führen und 2024 nicht dauernd getrennt gelebt haben:

Zeile			Geboren vor dem 1.1.2008		Geboren nach dem 31.12.2007
16	Anzahl der Kinder, für die für **2024** Kindergeld festgesetzt worden ist und – die bei der Zusammenveranlagung der Mutter / Person B zugeordnet werden oder – die bei der Zusammenveranlagung von Person A auf Person B übertragen wurden	305		315	
17	– für die bei Zusammenveranlagung oder Einzelveranlagung von Ehegatten / Lebenspartnern die Kinderzulage von der Mutter auf den Vater / von Person B auf Person A übertragen wurde, – die bei Einzelveranlagung von Ehegatten / Lebenspartnern der Mutter / Person A zugeordnet werden oder – die bei Zusammenveranlagung Person A zugeordnet werden	105		115	
18	Anzahl der bei Einzelveranlagung von Ehegatten / Lebenspartnern von der Mutter auf den Vater übertragenen Kinderzulagen **– Eintragung nur in der Steuererklärung der übertragenden Person –**	225		235	

2024AnlAV041NET - September 2024 - **2024AnlAV041NET**

Quelle: Bundesministerium der Finanzen

Steuernummer, Name und Vorname

- 2 -

Bei allen anderen Kindergeldberechtigten:
– Die in den Zeilen 19 und / oder 20 anzugebenden Kinder dürfen nicht in den Zeilen 16 bis 18 enthalten sein. –

		Geboren vor dem 1.1.2008		Geboren nach dem 31.12.2007
19 Anzahl der Kinder, für die für den ersten Anspruchszeitraum **2024** Kindergeld gegenüber – der steuerpflichtigen Person / dem Ehemann / der Person A	205		215	
20 – der Ehefrau / Person B festgesetzt worden ist.	405		415	

Die Zeilen 21 bis 30 müssen Sie ausschließlich ausfüllen, wenn Sie für bestimmte Altersvorsorgeverträge keinen zusätzlichen Sonderausgabenabzug wünschen.

Haben Sie gegenüber dem Anbieter Ihres Altersvorsorgevertrages bereits auf den zusätzlichen Sonderausgabenabzug verzichtet, dann müssen Sie die Zeilen 21 bis 30 nicht ausfüllen.

Wenn Sie für alle Altersvorsorgeverträge keinen Sonderausgabenabzug wünschen, dann geben Sie bitte keine Anlage AV ab.

Altersvorsorgeverträge, für die kein zusätzlicher Sonderausgabenabzug geltend gemacht wird

Steuerpflichtige Person / Ehemann / Person A

21 Für nachfolgende Altersvorsorgeverträge möchte ich keinen zusätzlichen Sonderausgabenabzug geltend machen. 200 [ ] 1 = Ja

1. Vertrag

22 Anbieternummer — Zertifizierungsnummer 0 0

23 Vertragsnummer

2. Vertrag

24 Anbieternummer — Zertifizierungsnummer 0 0

25 Vertragsnummer

Ehefrau / Person B

26 Für nachfolgende Altersvorsorgeverträge möchte ich keinen zusätzlichen Sonderausgabenabzug geltend machen. 400 [ ] 1 = Ja

1. Vertrag

27 Anbieternummer — Zertifizierungsnummer 0 0

28 Vertragsnummer

2. Vertrag

29 Anbieternummer — Zertifizierungsnummer 0 0

30 Vertragsnummer

Widerruf des Verzichts auf den zusätzlichen Sonderausgabenabzug

Steuerpflichtige Person / Ehemann / Person A

31 Ich habe bisher gegenüber dem Anbieter meines Altersversorgungsvertrages auf den zusätzlichen Sonderausgabenabzug verzichtet. Hiermit widerrufe ich den gegenüber meinem Anbieter erklärten Verzicht auf den zusätzlichen Sonderausgabenabzug für den nachfolgenden Vertrag. 204 [ ] 1 = Ja

Vertrag

32 Anbieternummer — Zertifizierungsnummer 0 0

33 Vertragsnummer

Ehefrau / Person B

34 Ich habe bisher gegenüber dem Anbieter meines Altersversorgungsvertrages auf den zusätzlichen Sonderausgabenabzug verzichtet. Hiermit widerrufe ich den gegenüber meinem Anbieter erklärten Verzicht auf den zusätzlichen Sonderausgabenabzug für den nachfolgenden Vertrag. 404 [ ] 1 = Ja

Vertrag

35 Anbieternummer — Zertifizierungsnummer 0 0

36 Vertragsnummer

2024AnlAV042NET

2024AnlAV042NET

202400304202

Quelle: Bundesministerium der Finanzen

Anleitung zur Anlage AV 2024

Allgemeines

Der Aufbau einer freiwilligen privaten Altersvorsorge oder betrieblichen Altersversorgung wird durch steuerliche Maßnahmen gefördert (sog. Riester-Verträge). Wollen Sie die steuerliche Förderung in Anspruch nehmen, reicht es aus, wenn Sie im Laufe des Jahres 2024 begünstigte Altersvorsorgebeiträge gezahlt haben und Sie unmittelbar oder mittelbar förderberechtigt waren.

Für Ihre Beiträge zu einem zertifizierten Altersvorsorgevertrag können Sie eine Altersvorsorgezulage bei Ihrem Anbieter beantragen. Die Altersvorsorgezulage wird für maximal zwei Verträge gewährt. Außerdem können Sie zusätzlich Ihre Beiträge in der Anlage AV als Sonderausgaben steuerlich geltend machen. Dies ist auch für mehr als zwei Riester-Verträge möglich.

Wenn Sie die Anlage AV abgeben, prüft Ihr Finanzamt, ob eine zusätzliche steuerliche Förderung in Form eines Sonderausgabenabzugs möglich ist.

Der Anbieter Ihres Altersvorsorgevertrags übermittelt die zu berücksichtigenden Altersvorsorgebeiträge unter Angabe der Vertragsdaten, der Identifikationsnummer und der Zulage- oder Sozialversicherungsnummer per Datenfernübertragung an Ihr Finanzamt. Daher müssen Sie die Altersvorsorgebeiträge in Ihrer Einkommensteuererklärung nicht mehr angeben. Die übrigen Angaben in den Zeilen 4 bis 20 werden jedoch weiterhin zur Ermittlung des Sonderausgabenabzugs benötigt.

Ihr Anbieter informiert Sie über die erfolgte Datenübermittlung. Konnte Ihr Anbieter die Daten nicht rechtzeitig übermitteln, erhalten Sie von ihm eine Bescheinigung. Diese reichen Sie dann bitte in Kopie zur Einkommensteuererklärung ein. Erhalten Sie die Bescheinigung erst nach der Abgabe Ihrer Einkommensteuererklärung, reichen Sie eine Kopie der Bescheinigung bitte nach.

Ist der Sonderausgabenabzug für Sie günstiger, berücksichtigt Ihr Finanzamt Ihre gesamten Aufwendungen einschließlich Ihres Anspruchs auf Zulage bis zum Höchstbetrag von 2.100 € als Sonderausgaben. Um eine Doppelförderung zu vermeiden, wird die festgesetzte Einkommensteuer um den Zulageanspruch erhöht. Für die Erhöhung der Einkommensteuer um den Anspruch auf Zulage kommt es also nicht darauf an, ob tatsächlich eine Zulage gewährt wurde.

Sie haben die Zusammenveranlagung gewählt und beide Personen sind unmittelbar begünstigt?

Dann steht der Sonderausgabenabzug beiden Personen gesondert zu. Der nicht ausgeschöpfte Sonderausgaben-Höchstbetrag kann nicht auf die andere Person übertragen werden.

Sie haben die Zusammenveranlagung gewählt und nur eine Person ist unmittelbar begünstigt?

Dann werden mindestens 60 € der Altersvorsorgebeiträge der mittelbar zulageberechtigten Person beim Sonderausgabenabzug bei der unmittelbar begünstigten Person berücksichtigt. Der Sonderausgaben-Höchstbetrag der unmittelbar begünstigten Person erhöht sich um 60 €, also auf maximal 2.160 €. Soweit die unmittelbar begünstigte Person ihren Höchstbetrag noch nicht ausgeschöpft hat, werden auch über die 60 € hinausgehende Altersvorsorgebeiträge der mittelbar zulageberechtigten Person beim Sonderausgabenabzug berücksichtigt.

Sofern Sie die Altersvorsorgezulage bei Ihrem Anbieter nicht beantragen und den vorstehend beschriebenen zusätzlichen Sonderausgabenabzug nicht wünschen, haben Sie die Möglichkeit, bestimmte Altersvorsorgebeiträge im Rahmen von Höchstbeträgen in der **Anlage Vorsorgeaufwand** geltend zu machen (vgl. Erläuterungen zu den Zeilen 46 bis 48 in der Anleitung zur Anlage Vorsorgeaufwand).

Wann erhalten Sie eine „Riesterförderung“ bei einer betrieblichen Altersversorgung?

Die gleichen Fördermöglichkeiten bestehen auch für individuell besteuerte Beiträge, die Sie zum Aufbau einer kapitalgedeckten betrieblichen Altersversorgung zahlen. Beiträge, die als „individuell besteuert“ bezeichnet werden, sind solche, die weder pauschal versteuert wurden, noch steuerfrei sind.

Einrichtungen betrieblicher Altersversorgungen können sein:

- ein Pensionsfonds,
- eine Pensionskasse (z. B. Pflichtbeiträge des Arbeitnehmers zum Kapitaldeckungsverfahren im Abrechnungsverbund Ost der Versorgungsanstalt des Bundes und der Länder [VBL]) oder
- eine Direktversicherung,

wenn diese Einrichtungen Ihnen als begünstigte Person eine lebenslange Altersversorgung gewährleisten.

Wie werden Leistungen aus Riester-Verträgen bei Auszahlung versteuert?

Leistungen aus Riester-Verträgen unterliegen bei Auszahlung der nachgelagerten Besteuerung. Dies bedeutet, dass Alterseinkünfte erst dann versteuert werden, wenn sie ausgezahlt werden – also in der Regel im Alter. Dafür bleiben die Beiträge zur Altersvorsorge in der Phase der Erwerbstätigkeit bis zum obengenannten Höchstbetrag unversteuert. Beruhen die aus einem kapitalbildenden Riester-Vertrag ausgezahlten Leistungen ausschließlich auf geförderten Beiträgen, unterliegt der gesamte Auszahlungsbetrag der nachgelagerten Besteuerung. Dies gilt auch, soweit die Leistungen auf gutgeschriebenen Zulagen und den erzielten Erträgen und Wertsteigerungen beruhen.

Anleitung zur Anlage AV - September 2024

Quelle: Bundesministerium der Finanzen

- 2 -

Zusätzlicher Sonderausgabenabzug

Sie wünschen die steuerliche Berücksichtigung Ihrer Altersvorsorgeverträge?
Dann geben Sie bitte die Anlage AV ab.

Sie haben mehrere Altersvorsorgeverträge und wollen nicht für alle Verträge den zusätzlichen Sonderausgabenabzug geltend machen?
Dann füllen Sie bitte die Zeilen 21 bis 30 aus.
Dies gilt nicht, wenn Sie bereits gegenüber dem Anbieter erklärt haben, dass Sie auf den Sonderausgabenabzug verzichten.

Sie haben gegenüber Ihrem Anbieter den Verzicht auf den Sonderausgabenabzug erklärt und möchten diesen widerrufen?
Dann füllen Sie bitte die Zeilen 31 bis 36 aus.

Sie wünschen insgesamt, also für alle übermittelten Altersvorsorgeverträge, keinen Sonderausgabenabzug?
Dann geben Sie bitte die Anlage AV nicht ab.

Zeile 4 bis 13
Unmittelbar begünstigte Personen

Unmittelbar begünstigt sind Personen, die im Jahr 2024 – zumindest zeitweise – in der inländischen gesetzlichen Rentenversicherung pflichtversichert waren, z. B. Arbeitnehmer in einem versicherungspflichtigen Beschäftigungsverhältnis (hierzu zählen auch geringfügig Beschäftigte, die nicht von der Versicherungspflicht befreit wurden) und Kindererziehende. Zu den unmittelbar begünstigten Personen gehören auch

- Pflichtversicherte nach dem Gesetz über die Alterssicherung der Landwirte (z. B. neben den versicherungspflichtigen Landwirtinnen und Landwirten auch deren verheiratete und verpartnerte Personen sowie ehemalige Landwirtinnen und Landwirte, die unabhängig von einer landwirtschaftlichen Tätigkeit oder als mithelfende Familienangehörige versicherungspflichtig sind),
- Arbeitslose, die Anrechnungszeiten in der inländischen gesetzlichen Rentenversicherung erhalten, weil sie Arbeitslosengeld II beziehen oder weil sie bei einer inländischen Agentur für Arbeit als arbeitsuchend gemeldet sind und nur wegen des zu berücksichtigenden Vermögens oder Einkommens keine Leistung nach dem SGB II erhalten, wenn sie unmittelbar vor der Arbeitslosigkeit zu den unmittelbar begünstigten Personen gehörten,
- verbeamtete Personen, Soldatinnen und Soldaten und diesen gleichgestellte Personen, wenn sie für das Beitragsjahr 2024 spätestens bis zum 31. Dezember 2024 eine Einwilligung gegenüber der zuständigen Stelle (z. B. Dienstherr oder der zur Zahlung des Arbeitsentgelts verpflichtete Arbeitgeber) abgegeben oder in der Vergangenheit eingewilligt und diese Einwilligung nicht vor Beginn des Beitragsjahres widerrufen haben,
- Empfängerinnen und Empfänger einer Rente wegen voller Erwerbsminderung oder Erwerbsunfähigkeit oder einer Versorgung wegen Dienstunfähigkeit aus einem der vorgenannten Alterssicherungssysteme (z. B. inländische gesetzliche Rentenversicherung, Beamtenversorgung), wenn sie unmittelbar vor dem Bezug der Leistung einer der vorgenannten unmittelbar begünstigten Personengruppen angehörten. Versorgungsempfängerinnen und Versorgungsempfänger sind nur förderberechtigt, wenn sie für das Beitragsjahr 2024 spätestens bis zum 31. Dezember 2024 eine Einwilligung gegenüber der zuständigen Stelle (z. B. die Versorgung anordnende Stelle) abgegeben oder in der Vergangenheit eingewilligt und diese Einwilligung nicht vor Beginn des Beitragsjahres widerrufen haben,
- Pflichtmitglieder in einem ausländischen gesetzlichen Alterssicherungssystem, wenn diese Pflichtmitgliedschaft mit der Pflichtmitgliedschaft in einem der vorgenannten inländischen Alterssicherungssysteme vergleichbar ist und diese vor dem 1. Januar 2010 begründet wurde sowie Empfängerinnen und Empfänger einer Rente wegen voller Erwerbsminderung aus einem ausländischen gesetzlichen Alterssicherungssystem, wenn sie unmittelbar vor dem Bezug der Leistung einer der vorgenannten unmittelbar begünstigten Personengruppen angehörten. Altersvorsorgebeiträge werden bei diesen Personengruppen aber nur berücksichtigt, wenn sie zugunsten eines vor dem 1. Januar 2010 abgeschlossenen Vertrages geleistet wurden.

Gehören beide verheirateten oder verpartnerten Personen zum unmittelbar begünstigten Personenkreis, ist bei einer Zusammenveranlagung der Zulageanspruch beider Personen im Rahmen der Günstigerprüfung anzusetzen. Im Fall der Einzelveranlagung von Ehegatten / Lebenspartnern erfolgt die Günstigerprüfung getrennt für jede Person; es wird dabei nur der der jeweiligen Person zustehende Zulageanspruch angesetzt.

Nicht unmittelbar begünstigte Personen

Nicht unmittelbar begünstigt sind unter anderem folgende Personen:

- Pflichtversicherte einer berufsständischen Versorgungseinrichtung, sofern sie von der Versicherungspflicht in der inländischen gesetzlichen Rentenversicherung befreit sind,
- freiwillig in der inländischen gesetzlichen Rentenversicherung Versicherte,
- Selbständige ohne Vorliegen einer Versicherungspflicht in der inländischen gesetzlichen Rentenversicherung,
- geringfügig Beschäftigte, die von der Versicherungspflicht in der inländischen gesetzlichen Rentenversicherung befreit sind,
- Personen, die eine Vollrente wegen Alters erhalten,
- Personen, die nach Erreichen einer Altersgrenze eine Versorgung erhalten.

Quelle: Bundesministerium der Finanzen

Zeile 14
Mittelbar begünstigte Personen

Ist nur eine verheiratete oder verpartnerte Person unmittelbar begünstigt, so ist auch die andere Person (mittelbar) begünstigt, wenn

- beide Personen nicht dauernd getrennt leben,
- beide Personen ihren Wohnsitz oder gewöhnlichen Aufenthalt in einem EU- / EWR-Staat haben und
- die andere Person zugunsten eines auf ihren Namen lautenden Altersvorsorgevertrages im jeweiligen Beitragsjahr mindestens 60 € gezahlt hat und die Auszahlungsphase dieses Vertrages noch nicht begonnen hat.

Eine mittelbar begünstigte verheiratete oder verpartnerte Person hat Anspruch auf eine Altersvorsorgezulage, wenn die unmittelbar begünstigte Person eigene geförderte Altersvorsorgebeiträge geleistet hat. Wählt eine der verheirateten oder verpartnerten Personen die Einzelveranlagung von Ehegatten / Lebenspartnern, werden die von der mittelbar begünstigten Person geleisteten Altersvorsorgebeiträge im Rahmen der gesetzlichen Höchstbeträge berücksichtigt. Der insgesamt zustehende Zulageanspruch wird dann nur bei der Einkommensteuerveranlagung der unmittelbar begünstigten Person angesetzt.
Die späteren Leistungen aus der Altersvorsorge an die mittelbar begünstigte Person unterliegen bei dieser in vollem Umfang der Besteuerung, soweit sie auf staatlich gefördertem Altersvorsorgevermögen beruhen.

Zeile 5
Berechnungsgrundlagen

Bitte tragen Sie in Zeile 5 Ihre beitragspflichtigen Einnahmen des Jahres 2023 ein. Diese können Sie aus der Meldung Ihres Arbeitgebers zur Sozialversicherung entnehmen. Ebenfalls in Zeile 5 tragen Sie Ihre Arbeitsentgelte aus einer geringfügigen Beschäftigung ein. Diese können Sie aus der Jahresmeldung der Minijob-Zentrale entnehmen. Sofern Sie Entgeltersatzleistungen oder ein tatsächliches Entgelt im Jahr 2023 bezogen haben, erfassen Sie diese bitte in den Zeilen 7 und / oder 8 (vgl. die Erläuterungen zu den Zeilen 7 und 8). In diesem Fall geben Sie bitte die beitragspflichtigen Einnahmen für diesen Zeitraum des Bezugs der Entgeltersatzleistungen oder des tatsächlichen Entgelts nicht in Zeile 5 an.

Zeile 6

Die Höhe der inländischen Besoldung und der Amtsbezüge ergibt sich aus den Ihnen vorliegenden Mitteilungen für das Jahr 2023. Gehören Sie zum Kreis der beurlaubten Beamtinnen und Beamten, geben Sie hier bitte die während der Beurlaubungszeit bezogenen Einnahmen an (z. B. das Arbeitsentgelt aus einer rentenversicherungsfreien Beschäftigung). Auch Einnahmen vergleichbarer Personengruppen, die beitragspflichtig wären, wenn die Versicherungsfreiheit in der inländischen gesetzlichen Rentenversicherung nicht bestehen würde, tragen Sie bitte hier ein. Betreffende Personen sind z. B. Geistliche, Kirchenbeamte, Lehrkräfte oder Erzieherinnen und Erzieher an nicht öffentlichen Schulen und / oder Anstalten.

Zeile 7

Haben Sie im Jahr 2023 Entgeltersatzleistungen (ohne Elterngeld) bezogen, tragen Sie hier bitte die Beträge aus der Bescheinigung der auszahlenden Stelle ein. Ist das der inländischen gesetzlichen Rentenversicherung zugrunde liegende Entgelt höher als die tatsächlich erhaltene Entgeltersatzleistung, tragen Sie bitte nur die tatsächlich erhaltene Entgeltersatzleistung ein.

Zeile 8

Ist das der inländischen gesetzlichen Rentenversicherung zugrunde liegende Entgelt höher als das tatsächlich erzielte Entgelt (z. B. bei Menschen mit Behinderung, die in anerkannten Werkstätten für Menschen mit Behinderung und in Blindenheimen arbeiten, bei freiwillig Wehrdienstleistenden), wird das tatsächliche Entgelt bei der Berechnung des Zulageanspruchs berücksichtigt. Bei Altersteilzeitarbeit ist das aufgrund der abgesenkten Arbeitszeit erzielte Arbeitsentgelt – ohne Aufstockungs- und Unterschiedsbetrag – maßgebend. Das im Jahr 2023 tatsächlich erzielte Entgelt können Sie z. B. einer Bescheinigung Ihres Arbeitgebers entnehmen.
Bei Personen, die eine pflegebedürftige Person nicht erwerbsmäßig pflegen, ist insoweit ein tatsächlich erzieltes Entgelt von 0 € zu berücksichtigen.

Zeile 9

Die Höhe des Jahres(brutto)rentenbetrages, der in der Regel nicht mit dem ausgezahlten Betrag identisch ist, können Sie Ihrer Renten(anpassungs)mitteilung entnehmen. Bei Auszahlung der Rente einbehaltene eigene Beiträge zur Kranken- und Pflegeversicherung sind nicht vom Rentenbetrag abzuziehen. Zuschüsse eines Trägers der inländischen gesetzlichen Rentenversicherung zu Ihren Aufwendungen zur Krankenversicherung sind nicht dem Rentenbetrag hinzuzurechnen.

Zeile 10

Die Höhe der inländischen Versorgungsbezüge wegen Dienstunfähigkeit entnehmen Sie bitte den Mitteilungen Ihrer Versorgungsstelle für das Jahr 2023.

Zeile 11

Sie müssen in dieser Zeile nur dann etwas eintragen, wenn bei Ihnen im Jahr 2024 die Pflichtmitgliedschaft nach dem Gesetz über die Alterssicherung der Landwirte bestand. Maßgebend sind die Einkünfte aus Land- und Forstwirtschaft, die sich aus Ihrem Einkommensteuerbescheid für das Jahr 2022 ergeben.

Zeile 12

Die Höhe des Jahres(brutto)rentenbetrages, der in der Regel nicht mit dem ausgezahlten Betrag identisch ist, können Sie Ihrer Renten(anpassungs)mitteilung entnehmen. Bei Auszahlung der Rente einbehaltene eigene Beiträge zur Kranken- und Pflegeversicherung sind nicht vom Rentenbetrag abzuziehen. Zuschüsse der Alterskasse zu Ihren Aufwendungen zur Krankenversicherung sind nicht dem Rentenbetrag hinzuzurechnen.

Quelle: Bundesministerium der Finanzen

Zeile 13	Sie sind in einer ausländischen Rentenversicherung pflichtversichert? Dann tragen Sie in Zeile 13 die ausländischen beitragspflichtigen Einnahmen des Jahres 2023 ein. Sie haben ausländische Erwerbsminderungs- oder Erwerbsunfähigkeitsrente bezogen? Dann tragen Sie in Zeile 13 die Höhe Ihrer Bruttorente ein. Haben Sie im Jahr 2023 sowohl Einnahmen aus einer Beschäftigung erhalten, die einer ausländischen gesetzlichen Rentenversicherungspflicht unterlag, als auch eine ausländische Erwerbsminderungs- oder Erwerbsunfähigkeitsrente bezogen, geben Sie bitte die Summe dieser Einnahmen an.
Zeile 16 bis 18 **Kinderzulage**	Bei leiblichen Eltern, Adoptiv- oder Pflegeeltern, • die ihren Wohnsitz oder gewöhnlichen Aufenthalt in einem EU- / EWR-Staat haben, • die miteinander verheiratet sind und • die im Jahr 2024 nicht oder nur teilweise dauernd getrennt gelebt haben, steht die Kinderzulage der Mutter zu. Dies gilt unabhängig davon, ob das Kindergeld gegenüber dem Vater oder der Mutter festgesetzt worden ist. Auf Antrag beider Eltern kann die Kinderzulage vom Vater in Anspruch genommen werden. Möchten Sie von dieser Möglichkeit Gebrauch machen, dann tragen Sie bitte in Zeile 17 die Anzahl der Kinder ein, für die die Kinderzulage von der Mutter auf den Vater übertragen werden soll. Im Fall der Einzelveranlagung von Ehegatten ist die Eintragung nur in der Einkommensteuererklärung des Vaters vorzunehmen. Bei Eltern, die miteinander eine gleichgeschlechtliche Ehe oder eine Lebenspartnerschaft führen, und die die oben genannten Voraussetzungen zum Wohnsitz und zum Zusammenleben erfüllen, steht die Kinderzulage der Person zu, gegenüber der das Kindergeld festgesetzt worden ist. Auf Antrag können Sie zusammen mit dem anderen Elternteil festlegen, wer die Kinderzulage in Anspruch nimmt. Soll die Übertragung der Kinderzulage von Person A, gegenüber der das Kindergeld festgesetzt worden ist, auf Person B erfolgen, nehmen Sie die Eintragung in Zeile 16 vor. Soll die Übertragung der Kinderzulage von Person B, gegenüber der das Kindergeld festgesetzt worden ist, auf Person A erfolgen, nehmen Sie die Eintragung in Zeile 17 vor. Im Fall der Einzelveranlagung der Ehegatten / Lebenspartner trägt bitte die Person die Angaben in ihrer Einkommensteuererklärung ein, auf die die Kinderzulage übertragen werden soll. Die Übertragung müssen Sie im Antrag auf Altersvorsorgezulage und in der Anlage AV identisch vornehmen.
Zeile 19 und 20	Eine zulageberechtigte Person hat Anspruch auf Kinderzulage für jedes Kind, für das ihr gegenüber für mindestens einen Monat im Jahr 2024 Kindergeld festgesetzt worden ist. Hat die Familienkasse das Kindergeld im Laufe des Jahres gegenüber mehreren zulageberechtigten Personen festgesetzt, ist der Bezug für den ersten Anspruchszeitraum im Jahr 2024 (in der Regel: Monat Januar) maßgebend.
Zeile 21 bis 30 **Verzicht auf den zusätzlichen Sonderausgabenabzug**	Haben Sie sich entschieden, für bestimmte Altersvorsorgeverträge keinen zusätzlichen Sonderausgabenabzug geltend zu machen, tragen Sie bitte in den Zeilen 21 und / oder 26 eine „1" ein und machen die entsprechenden Angaben in den Zeilen 22 bis 25 und / oder 27 bis 30. Die Informationen können Sie der Ihnen vorliegenden „Bescheinigung nach § 92 EStG" Ihres Anbieter entnehmen. Sie können Ihren Verzicht auf einen zusätzlichen Sonderausgabenabzug auch gegenüber Ihrem Anbieter erklären. Eintragungen in der Anlage AV sind dann künftig nicht mehr erforderlich. Sie wünschen für alle Altersvorsorgeverträge keinen Sonderausgabenabzug? Dann geben Sie bitte keine Anlage AV ab.
Zeile 31 bis 36 **Widerruf des Verzichts auf den zusätzlichen Sonderausgabenabzug**	Sofern Sie bisher gegenüber dem Anbieter Ihres Altersvorsorgevertrages auf den zusätzlichen Sonderausgabenabzug verzichtet haben, können Sie für das Jahr 2024 den Verzicht rückgängig machen. Tragen Sie bitte in den Zeilen 31 und / oder 34 eine „1" ein und machen die entsprechenden Angaben in den Zeilen 32 und 33 und / oder 35 und 36. Die Informationen können Sie der Ihnen vorliegenden „Bescheinigung nach § 92 EStG" Ihres Anbieters entnehmen. Sie können Ihren Verzicht auf einen zusätzlichen Sonderausgabenabzug auch gegenüber Ihrem Anbieter widerrufen. Eintragungen in den Zeilen 31 bis 36 der Anlage AV sind dann künftig nicht mehr erforderlich.

Quelle: Bundesministerium der Finanzen

Anbieternummer

Unternehmen, die gem. § 80 EStG → *Anbieter* von → *Altersvorsorgeverträgen* nach § 1 Absatz 2 Altersvorsorgeverträge-Zertifizierungsgesetz (AltZertG) sind sowie die gem. § 82 EStG genannten betrieblichen Versorgungseinrichtungen haben eine Anbieternummer. Diese 10-stellige Ziffer ist auf der Bescheinigung nach § 10a EStG (→ *Sonderausgabenabzug*) zu finden.

Anbieterwechsel

Nach dem Gesetz über die Zertifizierung von Altersvorsorgeverträgen (→ *Altersvorsorgeverträge-Zertifizierungsgesetz* – AltZertG) besteht gem. § 1 Absatz 1 Ziffer 10b) das Recht, das vorhandene Kapital eines → *Altersvorsorgevertrages* mit einer Frist von drei Monaten zum Ende eines Kalendervierteljahres zu kündigen, um das gebildete Kapital auf einen anderen auf seinen Namen lautenden Altersvorsorgevertrag desselben oder eines anderen Anbieters übertragen zu lassen.

Für die betriebliche Altersversorgung besteht jedoch kein Anspruch auf einen Anbieterwechsel. Zwar ist nach § 93 Absatz 2 Satz 1 EStG eine Übertragung auf einen anderen Altersvorsorgevertrag, der auf den Namen desselben → *Zulageberechtigten* läuft, grundsätzlich immer möglich. Diese Vorschrift regelt jedoch ausschließlich die Übertragung zwischen zwei privaten zertifizierten Altersvorsorgeverträgen gem. § 82 Absatz 1 EStG und ist auf betriebliche Altersversorgungsverträge gem. § 82 Absatz 2 EStG nicht anwendbar.

Änderung von Versorgungszusagen

→ *Versorgungszusagen* sind arbeitsvertragliche Vereinbarungen zwischen Arbeitgeber und Arbeitnehmer. Sie können daher grundsätzlich auch nur durch eine entsprechende Vereinbarung geändert werden. Enthält die Versorgungszusage allerdings einen unbedingten Widerrufsvorbehalt, der jederzeit nach Belieben des zusagenden Arbeitgebers ausgeübt werden kann (in der Praxis aufgrund Steuerschädlichkeit selten), ist eine entsprechende Änderung der Zusage durch Ausübung des Widerrufs auch einseitig durch den Arbeitgeber möglich. Dies gilt auch im Hinblick auf steuerunschädliche Widerrufsvorbehalte, soweit deren Voraussetzungen vorliegen (siehe hierzu → *Widerrufsvorbehalt*).

A. Individualrechtliche Versorgungszusage

Unproblemtisch ist die Änderung einer individualrechtlichen Versorgungszusage regelmäßig, wenn die Änderung zu Verbesserungen für den Versorgungsberechtigten führt. In diesem Fall kann auf eine ausdrückliche Annahme des Änderungsangebots des Arbeitgebers durch den Arbeitnehmer gemäß § 151 Satz 1 BGB in der Regel verzichtet werden (stillschweigende Annahme).

Demgegenüber bedarf die Änderung einer Versorgungszusage, die (auch) zu Verschlechterungen für den Versorgungsberechtigten führt, grundsätzlich seiner ausdrücklichen Zustimmung. Aufgrund des nach dem BAG bestehenden erhöhten Vertrauensschutzes im Bereich der betrieblichen Altersversorgung, muss der Arbeitgeber den Arbeitnehmer über den Inhalt der verschlechternden Änderung außerdem ausreichend aufklären.

Unter bestimmten Voraussetzungen ist die verschlechternde Änderung einer individualrechtlichen Versorgungszusage, die einen kollektiven Bezug aufweist und betriebsvereinbarungsoffen ist, nach dem BAG auch durch eine ablösende Betriebsvereinbarung möglich. Als individualrechtliche Versorgungszusage mit kollektivem Bezug in diesem Sinne kommt z. B. eine → *Gesamtzusage* oder eine Zusage aus einer → *ausdrücklichen vertraglichen Einheitsregelung* in Betracht. Betriebsvereinbarungsoffenheit liegt vor, wenn die Versorgungszusage ausdrücklich einen entsprechenden Vorbehalt (Vorrang späterer Betriebsvereinbarungen) enthält oder sich die Betriebsvereinbarungsoffenheit aus den Begleitumständen ergibt.

B. Kollektive Versorgungszusage

Kollektive Versorgungszusagen können durch entsprechende ändernde kollektive Vereinbarungen, also grundsätzlich ohne Zustimmung des einzelnen Arbeitnehmers, geändert werden. Möglich ist bei Betriebsvereinbarungen und Richtlinien (Vereinbarungen zwischen Arbeitgeber und Sprecherausschuss) außerdem eine Kündigung (§ 77 Absatz 5 BetrVG für Betriebsvereinbarungen, § 28 Absatz 2 SprAuG für Richtlinien). Wegen ihrer Nachwirkung (§ 4 Absatz 5 TVG) ist bei Tarifverträgen die Kündigung kein geeignetes Mittel zur Änderung von Versorgungszusagen. Sowohl bei einer Kündigung einer Betriebsvereinbarung bzw. Richtlinie als auch bei einer ändernden Betriebsvereinbarung bzw. Richtlinie sind aus Vertrauensschutzgründen Besitzstände entsprechend der vom BAG entwickelten → *Drei-Stufen-Theorie* zu wahren.

Anlagegrundsätze

Versicherungsunternehmen und Einrichtungen der betrieblichen Altersversorgung (→ *EbAV*), darunter fallen in Deutschland die → *Pensionskassen* und die → *Pensionsfonds*, unterliegen der Aufsicht der → *Bundesanstalt für Finanzdienstleistungsaufsicht (BaFin)* und damit auch aufsichtsrechtlichen Vorschriften und Anlagegrundsätzen.

Für Pensionskassen gilt die → *Verordnung über die Anlage des Sicherungsvermögens von Pensionskassen, Sterbekassen und kleinen Versicherungsunternehmen (Anlageverordnung – AnlV)* vom 18. April 2016 (BGBl. I S. 769), zuletzt geändert durch Artikel 1 der Verordnung vom 31. Januar 2025 (BGBl. I Nr. 31). Die in dem § 1 Absatz 2 der AnlV in Verbindung mit § 124 Absatz 1 VAG und § 234 Buchstabe h VAG enthaltenen Anlagegrundsätze sind von den Pensionskassen zu beachten. Die Vorschriften der Richtlinie RL (EU) 2009/138/EG (Solvency II-Richtlinie) sind für Pensionskassen nicht einschlägig.

Anlageverordnung (AnlV)

Die Verordnung über die Anlage des Sicherungsvermögens von Pensionskassen, Sterbekassen und kleinen Versicherungsunternehmen (Anlageverordnung – AnlV) vom 18. April 2016

(BGBl. I S. 769), zuletzt geändert durch Artikel 1 der Verordnung vom 31. Januar 2025 (BGBl. I Nr. 31) regelt nach § 1 Absatz 1 Nummer 1 AnlV für Pensionskassen im Sinne des § 232 VAG die Anlage des Sicherungsvermögens. Danach sind die allgemeinen Anlagegrundsätze des § 124 Absatz 1 VAG in Verbindung mit § 234 Buchstabe h des VAG zu beachten.

Im § 2 gibt die AnlV die möglichen Anlageformen für das Sicherungsvermögen vor, während in § 3 (Mischung) und § 4 (Streuung) Höchstgrenzen für die genannten Anlageformen geregelt sind. In § 5 sowie zur Anlage zu § 5 Satz 1 der AnlV sind Kongruenzregeln festgelegt.

Anleger

Anleger sind unmittelbar und mittelbar begünstigte Personen (vgl. hierzu → *Zulageberechtigter*), die mit einem → *Anbieter* einen → *Altersvorsorgevertrag* abgeschlossen haben.

Anpassung

A. Zweck

Durch Preissteigerungen verlieren laufende → *Betriebsrenten* an Wert. Um den → *Betriebsrentner* vor einem schleichenden Verfall seiner → *Rentenleistungen* zu schützen, sieht das Betriebsrentengesetz in § 16 eine Anpassungsprüfungspflicht im Hinblick auf laufende Leistungen aus der → *betrieblichen Altersversorgung* vor. Danach hat der Arbeitgeber alle drei Jahre zu prüfen, ob die betrieblichen → *Versorgungsleistungen* seit Rentenbeginn einem von ihm auszugleichenden Kaufkraftverlust unterliegen.

B. Die Anpassungsprüfung

1. Allgemeines

Die Anpassungsprüfungspflicht für laufende Leistungen bedeutet, dass

- → *Anwartschaften* und Kapitalleistungen keiner Anpassung unterliegen und
- die Anpassungsprüfungspflicht sich auf alle → *Durchführungswege* erstreckt.

Die Anpassungsprüfungspflicht trifft bei **allen** Durchführungswegen den Arbeitgeber, auch wenn die betriebliche Altersversorgung über eine → *mittelbare Versorgungszusage* erfolgt. Somit muss der Arbeitgeber für die Zahlung der Anpassungsbeträge sorgen. Hierzu kann er zum einen die Anpassungsbeträge selbst leisten, zum anderen kann er diese auch über die rechtlich selbstständigen Versorgungsträger erbringen lassen, über die er die betriebliche Altersversorgung durchführen lässt. Allerdings muss er den Versorgungseinrichtungen die hierfür erforderlichen finanziellen Mittel zur Verfügung stellen.

2. Anpassungsberechtigte

Eine Anpassung der laufenden Leistungen aus einer betrieblichen Altersversorgung können Personen erhalten, die dem Geltungsbereich des Betriebsrentengesetzes unterliegen (vgl. hierzu § 17 Abs. 1 Sätze 1 und 2 BetrAVG). Sieht die → *Versorgungszusage* auch → *Hinterbliebenenleistungen* vor, so sind auch die Hinterbliebenen anpassungsberechtigt.

3. Prüfungszeitpunkt und -zeitraum

Die erste Anpassungsprüfung erfolgt drei Jahre nach Beginn der ersten Zahlung laufender Leistungen, ist also vom Leistungsbeginn (Eintritt des Versorgungsfalles) des einzelnen Betriebsrentners abhängig.

Die Anpassungsprüfung kann für alle Rentner zu einem einheitlichen Stichtag – der z. B. auf den 01.01. eines Jahres gelegt wird – erfolgen, sodass einzelne Rentner bei der ersten Anpassung lediglich eine zeitanteilige Rentenerhöhung erhalten. Die zweite Anpassungsprüfung findet wiederum drei Jahre später, also sechs Jahre nach Beginn der ersten Rentenzahlung statt. Auch hier würden zwischenzeitlich neu anfallende Betriebsrentner wiederum eine zeitanteilige Rentenanpassung erhalten.

Beispiele:

Arbeitnehmer A wurde zum 01.01.2008 erster Betriebsrentner des Unternehmens. Danach wurden Arbeitnehmer B zum 01.01.2010, Arbeitnehmer C zum 01.12.2010 ebenfalls Betriebsrentner. Die erste Anpassungsprüfung erfolgte zum 01.01.2011. Die Anpassungsprüfung des Unternehmens ergab einen Anpassungsprozentsatz von 3,6 %.

Der ehemalige Arbeitnehmer A erhält den vollen Anpassungsprozentsatz von 3,6 %, da er während des gesamten Betrachtungszeitraumes Betriebsrentner war.

Betriebsrentner B war vom Anpassungszeitraum von 36 Monaten 12 Monate lang Rentner. Er erhält somit eine Anpassung auf seine Betriebsrente in Höhe von 12/36, also 1,2 %.

Lediglich eine Anpassung in Höhe von 0,1 % erhält jetzt Betriebsrentner C, da er vom gesamten Anpassungszeitraum von 36 Monaten nur 1 Monat lang Rentner war.

4. Der Anpassungsbedarf

Bei der Anpassungsprüfung sind zum einen die Belange des Betriebsrentners (Steigerung der Lebenshaltungskosten), zum anderen auch die wirtschaftliche Lage des Arbeitgebers zu berücksichtigen.

a) Die Belange des Betriebsrentners

Den Ausgangspunkt einer Anpassungsentscheidung stellt der Anpassungsbedarf der Betriebsrentner dar. Der Anpassungsbedarf richtet sich dabei nach dem im Anpassungszeitraum eingetretenen Kaufkraftverlust. Somit kommt es auf die Veränderung des Verbraucherpreisindexes an, den das Statistische Bundesamt ermittelt. Nach § 16 Abs. 2 BetrAVG sind die Belange des Betriebsrentners erfüllt, wenn eine Anpassung analog des Verbraucherpreisindexes für Deutschland **(Teuerungsanstieg)** oder in Höhe der **Nettolohnentwicklung** der aktiven Arbeitnehmer des Unternehmens erfolgt. Der Teuerungsausgleich kann auf die Nettolohnentwicklung begrenzt werden, wenn dieser über den prozentualen Anstieg der Nettoeinkommen hinausgeht. Die Belange des Betriebsrentners erfordern somit keinen vollen Ausgleich der Teuerungsrate, wenn die durchschnittlichen Nettoverdienste innerhalb des Unternehmens geringer gestiegen waren. Folglich können Betriebsrentner mit keiner über der Nettolohnentwicklung liegende Anpassung der Versorgungsleistungen rechnen. Dies würde zu einer Besserstellung der Versorgungsempfänger gegenüber den Arbeitnehmern führen. Der Arbeitgeber würde somit bei den aktiven Arbeitnehmern auf Unzufriedenheit und Unverständnis stoßen.

b) Die wirtschaftliche Lage des Arbeitgebers

Das Betriebsrentengesetz ermöglicht dem Arbeitgeber eine Anpassung auszusetzen, wenn aufgrund der wirtschaftlichen Lage des Unternehmens eine übermäßige Belastung für den Arbeitgeber eintritt. Eine solche Situation liegt z. B. vor, wenn eine Anpassung der Versorgungsleistungen die Arbeitsplätze im Unternehmen gefährden würde.

Soll die Anpassung wegen der wirtschaftlichen Lage des Unternehmens ausbleiben, so muss der Arbeitgeber dies anhand **objektiver** und **nachprüfbarer** Kriterien **nachweisen.** Einzelne wirtschaftliche Kennzahlen zur Darstellung der wirtschaftlichen Lage genügen allerdings nicht. Bei der Beurteilung kommt es auf die gesamtwirtschaftliche Situation des Unternehmens, evtl. sogar des Konzerns an.

c) Die Ermittlung des Anpassungsbedarfs

Durch das zum 01.01.2003 in Kraft getretene Gesetz zur Änderung von Fristen und Bezeichnungen im Neunten Buch Sozialgesetzbuch und zur Änderung anderer Gesetze vom 03.04.2003 (BGBl. I 2003 S. 462) wurde § 16 Abs. 2 Nummer 1 BetrAVG dahingehend geändert, dass der bisherige **Preisindex für die Lebenshaltung von 4-Personen-Haushalten von Arbeitern und Angestellten mit mittleren Einkommen** durch den **Verbraucherpreisindex für Deutschland** abgelöst wird. Damit ist für die Anpassung für Zeiträume ab dem 01.01.2003 für das gesamte Bundesgebiet der Verbraucherpreisindex für Deutschland anzuwenden. Dieser misst die durchschnittliche Preisentwicklung der Waren und Dienstleistungen, die von den privaten Haushalten für Konsumzwecke gekauft werden.

Der Verbraucherpreisindex für Deutschland wurde zunächst auf Grundlage des Warenkorbs 2000 festgestellt.

Aufgrund sich ändernder Verbrauchsgewohnheiten wird vom Statistischen Bundesamt der Verbraucherpreisindex für Deutschland regelmäßig überarbeitet und methodischen Anpassungen unterworfen.

Der ab dem 01. Januar 2003 gültige Verbraucherpreisindex für Deutschland auf Basis 2000 = 100 wurde durch den Verbraucherpreisindex für Deutschland auf Basis 2005 = 100, gültig ab dem 29. Februar 2008, abgelöst. Mit Wirkung zum 20. März 2013 verlor dieser wiederum seine Gültigkeit und wurde durch den Verbraucherpreisindex für Deutschland auf Basis 2010 = 100 ersetzt. Zum 01. Januar 2019 bis zum 31. Dezember 2022 galt der Verbraucherpreisindex für Deutschland auf Basis 2015 = 100. Zuletzt mit Wirkung ab dem 01. Januar 2023 wurde der Verbraucherpreisindex für Deutschland auf Basis 2020 = 100 umgestellt.

Preisindex für die Lebenshaltung in Deutschland Verbraucherpreisindex für Deutschland (Basisjahr 2020 = 100)												
Jahr	**Jan**	**Feb**	**Mär**	**Apr**	**Mai**	**Jun**	**Jul**	**Aug**	**Sep**	**Okt**	**Nov**	**Dez**
1991	60,5	60,8	60,8	61,0	61,1	61,5	62,2	62,2	62,2	63,2	63,4	63,5
1992	63,9	64,3	64,5	64,7	64,9	65,1	65,3	65,3	65,3	65,3	65,6	65,7
1993	66,8	67,3	67,5	67,7	67,8	68,0	68,3	68,3	68,2	68,2	68,3	68,5
1994	68,8	69,4	69,5	69,6	69,7	69,8	69,9	70,1	69,9	69,8	69,9	70,1
1995	70,4	70,8	70,8	70,9	70,9	71,0	71,2	71,2	71,2	71,0	71,0	71,2
1996	71,4	71,8	71,8	71,8	71,9	72,0	72,1	72,1	72,1	72,1	72,0	72,3
1997	72,9	73,0	73,0	72,9	73,1	73,1	73,8	73,8	73,7	73,6	73,6	73,8
1998	73,8	73,9	73,8	73,9	74,0	74,1	74,4	74,2	74,0	73,9	73,9	74,0
1999	73,9	74,0	74,0	74,4	74,4	74,5	74,8	74,8	74,6	74,5	74,7	74,9
2000	75,1	75,1	75,1	75,1	75,1	75,4	75,8	75,6	75,8	75,7	75,8	76,4
2001	76,2	76,6	76,6	76,9	77,2	77,3	77,4	77,2	77,2	77,1	76,9	77,7
2002	77,7	78,0	78,2	78,1	78,2	78,2	78,3	78,2	78,2	78,1	77,8	78,5
2003	78,5	79,0	79,0	78,8	78,6	78,9	79,0	79,0	79,0	79,0	78,8	79,4
2004	79,4	79,6	79,9	80,1	80,3	80,3	80,4	80,5	80,3	80,4	80,3	81,2
2005	80,6	80,9	81,3	81,0	81,2	81,3	81,7	81,8	81,9	81,9	81,7	82,3
2006	82,0	82,4	82,4	82,7	82,7	82,9	83,2	83,0	82,7	82,8	82,8	83,5
2007	83,5	83,8	84,0	84,4	84,4	84,5	84,9	84,8	84,9	85,1	85,6	86,1
2008	85,8	86,2	86,6	86,4	86,9	87,2	87,7	87,4	87,4	87,2	86,8	87,0
2009	86,6	87,1	87,0	87,0	87,0	87,3	87,3	87,5	87,1	87,2	87,1	87,8
2010	87,3	87,6	88,1	88,1	88,1	88,1	88,2	88,3	88,2	88,3	88,4	89,0
2011	88,7	89,3	89,8	89,8	89,8	89,9	90,1	90,2	90,3	90,4	90,5	90,7
2012	90,6	91,2	91,7	91,6	91,5	91,4	91,7	92,1	92,2	92,2	92,2	92,5

Preisindex für die Lebenshaltung in Deutschland
Verbraucherpreisindex für Deutschland (Basisjahr 2020 = 100)

Jahr	Jan	Feb	Mär	Apr	Mai	Jun	Jul	Aug	Sep	Okt	Nov	Dez
2013	92,1	92,6	93,0	92,6	93,0	93,1	93,5	93,5	93,5	93,3	93,5	93,9
2014	93,3	93,8	94,0	93,9	93,8	94,0	94,3	94,3	94,3	94,1	94,1	94,0
2015	93,1	93,8	94,3	94,7	94,9	94,9	95,1	95,0	94,9	94,9	94,3	94,3
2016	93,6	93,9	94,5	94,6	95,1	95,2	95,5	95,4	95,5	95,6	95,0	95,6
2017	95,1	95,6	95,8	96,2	96,2	96,5	96,9	97,0	97,0	96,9	96,5	96,9
2018	96,4	96,7	97,2	97,5	98,2	98,3	98,7	98,8	99,0	99,1	98,5	98,5
2019	97,7	98,1	98,5	99,4	99,6	99,9	100,3	100,2	100,2	100,2	99,5	100,0
2020	99,8	100,1	100,3	100,4	100,4	100,5	99,7	99,7	99,7	99,9	99,7	99,8
2021	101,0	101,6	102,1	102,4	102,6	102,9	103,4	103,5	103,8	104,3	104,5	104,7
2022	105,2	106,0	108,1	108,8	109,8	109,8	110,3	110,7	112,7	113,5	113,7	113,2
2023	114,3	115,2	116,1	116,6	116,5	116,8	117,1	117,5	117,8	117,8	117,3	117,4
2024	117,6	118,1	118,6	119,2	119,3	119,4	119,8	119,7	119,7	120,2	119,9	120,5
2025	120,3	120,8	121,2	121,7	121,8	121,8	122,2	122,3	122,6	123,0		

Quelle: Statistisches Bundesamt

Allerdings ist in § 30c Abs. 4 BetrAVG geregelt, dass die Anpassungsprüfungspflicht für Zeiträume vor dem 01.01.2003 anhand des Preisindexes für die Lebenshaltung von 4-Personen-Haushalten von Arbeitern und Angestellten mit mittleren Einkommen vorgenommen wird.

Preisindex für die Lebenshaltung
von 4-Personen-Haushalten von Arbeitern und Angestellten mit mittleren Einkommen
(früheres Bundesgebiet)

Jahr	Jan	Feb	Mär	Apr	Mai	Jun	Jul	Aug	Sep	Okt	Nov	Dez
1948						25,8	26,9	27,7	28,1	29,5	29,3	29,5
1949	29,1	28,7	28,5	28,3	28,4	28,4	28,1	27,6	27,7	27,7	27,9	27,7
1950	26,9	26,7	26,4	26,3	26,2	26,1	26,1	26,1	26,4	26,4	26,4	26,7
1951	26,9	27,2	27,9	28,1	28,4	28,5	28,5	28,5	28,7	29,3	29,5	29,5
1952	29,5	29,3	29,3	29,2	28,9	28,8	28,7	28,8	28,9	28,9	29,0	29,1
1953	28,9	28,7	28,7	28,6	28,5	28,5	28,5	28,5	28,2	28,3	28,4	28,4
1954	28,4	28,4	28,5	28,5	28,5	28,5	28,6	28,5	28,5	28,7	28,9	28,9
1955	28,9	28,8	28,8	28,8	28,7	28,8	29,3	28,9	28,9	29,3	29,4	29,5
1956	29,3	29,5	29,9	29,9	29,8	29,8	29,9	29,7	29,8	29,9	30,0	30,1
1957	30,1	30,1	30,0	30,1	30,2	30,4	30,7	30,6	30,5	30,7	30,7	30,7
1958	31,0	31,0	31,0	31,0	31,4	31,5	31,2	30,9	30,7	30,9	31,0	31,0
1959	31,0	31,0	31,0	31,0	31,0	31,3	31,5	31,5	31,5	31,5	31,8	31,7
1960	31,7	31,6	31,6	31,7	31,9	31,8	31,9	31,8	31,8	31,8	31,9	31,9
1961	32,3	32,3	32,3	32,3	32,5	32,7	32,7	32,7	32,6	32,7	32,8	32,9
1962	33,1	33,1	33,3	33,5	33,5	33,8	33,9	33,5	33,5	33,5	33,6	33,8
1963	34,2	34,5	34,6	34,7	34,5	34,5	34,3	34,3	34,3	34,5	34,7	34,8
1964	35,1	35,2	35,2	35,2	35,2	35,3	35,4	35,3	35,3	35,4	35,6	35,7
1965	35,9	36,0	36,0	36,1	36,4	36,7	36,9	36,8	36,7	36,8	36,9	37,2
1966	37,4	37,4	37,7	37,7	38,0	38,0	38,0	37,8	37,7	37,8	38,0	38,0
1967	38,3	38,3	38,4	38,5	38,5	38,5	38,5	38,4	38,3	38,2	38,3	38,3
1968	38,7	38,7	38,8	38,8	38,8	38,8	38,8	38,7	38,7	38,8	39,1	39,2
1969	39,4	39,4	39,5	39,5	39,6	39,7	39,7	39,5	39,6	39,7	39,8	40,0

Preisindex für die Lebenshaltung
von 4-Personen-Haushalten von Arbeitern und Angestellten mit mittleren Einkommen
(früheres Bundesgebiet)

Jahr	Jan	Feb	Mär	Apr	Mai	Jun	Jul	Aug	Sep	Okt	Nov	Dez
1970	40,4	40,6	40,8	40,8	40,9	41,0	41,0	41,0	41,0	41,0	41,3	41,5
1971	41,9	42,3	42,6	42,6	42,8	43,0	43,1	43,1	43,4	43,4	43,6	43,8
1972	44,2	44,4	44,8	44,8	44,9	45,0	45,3	45,3	45,9	46,1	46,4	46,5
1973	46,9	47,3	47,6	47,9	48,1	48,4	48,5	48,5	48,6	49,0	49,6	49,9
1974	50,3	50,6	50,9	51,2	51,5	51,7	51,9	51,9	52,0	52,3	52,7	52,9
1975	53,4	53,6	53,9	54,3	54,7	55,1	55,1	55,1	55,3	55,5	55,7	55,9
1976	56,3	56,6	56,8	57,2	57,4	57,4	57,3	57,4	57,4	57,5	57,6	57,8
1977	58,4	58,6	58,9	59,1	59,2	59,4	59,3	59,3	59,3	59,5	59,6	59,8
1978	60,0	60,4	60,5	60,7	60,8	61,0	60,8	60,8	60,7	60,8	60,9	61,1
1979	61,6	61,9	62,2	62,5	62,7	63,0	63,3	63,5	63,6	63,7	63,9	64,3
1980	64,5	65,3	65,7	65,9	66,2	66,6	66,6	66,6	66,6	66,8	67,3	67,7
1981	68,3	68,9	69,2	69,9	70,0	70,4	70,8	71,0	71,5	71,6	72,1	72,3
1982	72,9	73,0	73,0	73,2	73,8	74,6	74,8	74,7	74,9	75,2	75,4	75,5
1983	75,8	75,9	75,8	76,2	76,3	76,6	76,9	77,0	77,3	77,3	77,4	77,6
1984	77,9	78,2	78,2	78,3	78,4	78,6	78,5	78,4	78,4	79,0	79,0	79,1
1985	79,5	79,9	80,0	80,1	80,3	80,3	80,1	79,9	80,0	80,1	80,2	80,3
1986	80,6	80,5	80,1	80,1	80,1	80,2	79,9	79,7	79,8	79,5	79,3	79,4
1987	79,8	79,9	79,9	80,0	80,1	80,1	80,1	80,1	79,9	80,0	80,0	80,1
1988	80,3	80,5	80,5	80,7	80,8	80,9	80,9	80,9	80,9	81,0	81,3	81,5
1989	82,3	82,5	82,7	83,2	83,3	83,3	83,2	83,2	83,3	83,6	83,7	84,0
1990	84,4	84,8	84,8	85,0	85,2	85,3	85,3	85,6	86,0	86,4	86,3	86,3
1991	86,9	87,3	87,2	87,6	88,0	88,4	89,5	89,5	89,4	89,7	90,1	90,2
1992	90,6	91,1	91,5	91,9	92,2	92,6	92,7	92,8	92,7	92,9	93,2	93,3
1993	94,1	94,8	95,0	95,4	95,6	95,8	96,3	96,4	96,1	96,3	96,4	96,5
1994	97,2	97,7	97,8	98,0	98,3	98,5	98,8	98,9	98,8	98,8	98,8	98,9
1995	99,2	99,6	99,6	99,9	100,0	100,3	100,5	100,4	100,2	100,2	100,0	100,2
1996	100,4	100,9	101,0	101,0	101,2	101,3	101,7	101,6	101,5	101,5	101,4	101,7
1997	102,3	102,6	102,5	102,4	102,8	102,9	103,7	103,8	103,5	103,4	103,3	103,5
1998	103,5	103,7	103,6	103,8	104,1	104,3	104,6	104,5	104,1	104,0	103,9	104,0
1999	103,8	104,0	104,0	104,6	104,6	104,8	105,2	105,3	104,9	104,8	105,0	105,2
2000	105,5	105,8	106,0	106,1	106,0	106,6	107,1	107,0	107,1	107,0	107,1	107,2
2001	107,7	108,4	108,5	109,0	109,5	109,7	109,9	109,7	109,4	109,2	108,9	109,0
2002	110,1	110,3	110,5	110,7	110,8	110,8	111,1	111,0	110,7	110,7	110,2	110,4

Quelle: Statistisches Bundesamt

5. Das BAG-Urteil vom 30.08.2005 (Az.: 3 AZR 395/04)

Um den Kaufkraftverlust von Betriebsrenten auszugleichen, muss bei einer Betriebsrentenanpassung sowohl bei der Ermittlung der Teuerungsrate als auch der Nettolohnentwicklung der gleiche Prüfungszeitraum betrachtet werden. Eine jeweils auf drei Jahre begrenzte Betrachtung gem. dem seit 1999 geltenden Wortlaut des § 16 Abs. 2 BetrAVG könnte nach Auffassung des BAG eine nicht ausreichende Berücksichtigung der Belange der Betriebsrentner mit sich bringen. Wird daher bei einer Ermittlung des Anpassungsbedarfs der Beurteilungsmaßstab gewechselt, dann muss sowohl die Teuerungsrate als auch die Nettolohnentwicklung jeweils vom Rentenbeginn an bis zum aktuellen Anpassungsprüfungsstichtag errechnet und gegenübergestellt werden. Die Belange der Betriebsrentner sind dann gewahrt, wenn die neu ermittelte Betriebsrente mindestens auf den niedrigeren der beiden Vergleichswerte angehoben wird.

C. Ausnahmen

Die Anpassungsprüfungspflicht im Drei-Jahres-Rhythmus entfällt, wenn

- der Arbeitgeber sich verpflichtet, die laufenden Rentenleistungen jährlich um mindestens ein Prozent anzupassen. Diese Garantieanpassung beschränkt sich auf Zusagen, die nach dem 01. Januar 1999 erteilt wurden. Hierbei kann der Arbeitgeber sich allerdings nicht mehr auf die wirtschaftliche Lage seines Unternehmens berufen: Er muss auf alle Fälle anpassen;
- wenn die Durchführung der betrieblichen Altersversorgung über eine → *Direktversicherung* oder über eine → *Pensionskasse* erfolgt und ab Rentenbeginn sämtliche auf den Rentenbestand entfallenden Überschüsse zur Erhöhung der laufenden Rentenleistungen verwendet werden sowie der zur Berechnung der garantierten Leistung der nach § 65 Abs. 1 Nummer 1 Buchstabe a VAG festgelegte Höchstzinssatz nicht überschritten wird (Überschussanpassung);
- der Arbeitgeber eine → *Beitragszusage mit Mindestleistung* erteilt hat. Dies gilt auch dann, wenn eine → *Entgeltumwandlung* vorliegt;
- die betriebliche Altersversorgung durch Zusagen auf Entgeltumwandlung finanziert wird, die ab dem 01. Januar 2001 erteilt wurden (vgl. § 30c BetrAVG). Hier ist der Arbeitgeber gem. § 16 Abs. 5 BetrAVG verpflichtet, die Rentenleistungen jährlich mit mindestens ein Prozent anzupassen; wird die Entgeltumwandlung über die beiden Durchführungswege Direktversicherung oder Pensionskasse durchgeführt, müssen sämtliche Überschüsse zur Erhöhung der laufenden Rentenleistungen gem. § 16 Abs. 3 Nummer 2 BetrAVG verwendet werden.

D. Freiwillige Anpassung

Der Arbeitgeber kann von der Anpassungsprüfungspflicht zugunsten der Arbeitnehmer auch abweichen, indem er die Anpassungsprüfung und die -entscheidung vorzieht. Dies führt jedoch nicht zu einer Verschiebung des Pflichtprüfungszeitpunkts, lediglich der Anpassungsbedarf kann der Höhe nach durch Anrechnung der freiwilligen Anpassung gegengerechnet werden. Der Arbeitgeber kann auch mehr als die ermittelte Teuerungsrate ausgleichen. Auch dies kann bei der nächsten Pflichtprüfung berücksichtigt werden. Somit kann der Arbeitgeber den Anpassungsaufwand in Jahren mit guter Ertragslage ganz oder teilweise vorziehen.

E. Mitbestimmung des Betriebsrates

Da der Betriebsrat gem. dem Betriebsverfassungsgesetz nur die aktiven Arbeitnehmer vertritt, besteht kein Mitbestimmungsrecht bei der Anpassungsprüfung und -entscheidung.

Anrechnung

Die Anrechnung spielt im Rahmen der → *betrieblichen Altersversorgung* insbesondere bei der Ausgestaltung von → *Versorgungszusagen* durch Berücksichtigung anderer → *Versorgungsbezüge* für die Höhe der → *Versorgungsleistung* eine Rolle. Einschränkungen zur Anrechnung enthält § 5 BetrAVG.

Nach § 5 Absatz 1 BetrAVG dürfen die bei Eintritt des → *Versorgungsfalles* festgesetzten Versorgungsleistungen nicht mehr dadurch gemindert werden, dass Beträge, um die sich andere Versorgungsbezüge nach diesem Zeitpunkt durch Anpassung an die wirtschaftliche Entwicklung erhöhen, angerechnet oder bei der Begrenzung der Gesamtversorgung (siehe → *Gesamtversorgungszusage*) berücksichtigt werden (siehe hierzu → *Auszehrung*).

Gemäß § 5 Absatz 2 Satz 1 BetrAVG dürfen Versorgungsleistungen durch Anrechnung oder Berücksichtigung anderer → *Versorgungsbezüge*, soweit sie auf eigenen Beiträgen des Versorgungsempfängers beruhen, nicht gekürzt werden. Dies gilt allerdings nicht für Renten aus den → *gesetzlichen Rentenversicherungen*, soweit sie auf Pflichtbeiträgen beruhen, sowie für sonstige Versorgungsbezüge, die mindestens zur Hälfte auf Beiträgen oder Zuschüssen des Arbeitgebers beruhen (§ 5 Absatz 2 Satz 2 BetrAVG).

Anrechnungszeiten

Sind Zeiten in der → *gesetzlichen Rentenversicherung*, in denen Versicherte keine Beiträge entrichtet haben. Die im SGB VI festgelegten Anrechnungszeiten werden aber z. B. für Wartezeiten und die Rentenberechnung berücksichtigt.

Anspruch

→ *Versorgungsanspruch*

Antrag auf Altersvorsorgezulage

→ *Zulageantrag*

Antrag auf Förderung

→ *Zulageantrag*

Anwartschaft

→ *Versorgungsanwartschaft*

Anwartschaftsdeckungsverfahren

Die Finanzierung der → *betrieblichen Altersversorgung* wird grundsätzlich über eine Vorausfinanzierung der später fällig werdenden → *Versorgungsleistungen* vorgenommen. Die Finanzierung erfolgt bei einer → *Unterstützungskasse* über Zuwendungen, bei → *Pensionsfonds*, → *Pensionskassen* und → *Direktversicherungen* über Beitragszahlungen und bei den → *Direktzusagen* durch Bildung von → *Pensionsrückstellungen*.

Durch die Ansammlung der erforderlichen finanziellen Mittel bereits während der Dienstzeit des Arbeitnehmers wird Kapital gebildet, das an den Kapitalmärkten angelegt oder bei Rückstellungsbildung unternehmensintern verwendet werden kann. Anders als beim → *Umlageverfahren* sorgt die jeweilige Generation (→ *Generationenvertrag*) über Kapitalbildung für sich selbst. In der → *gesetzlichen Rentenversicherung* erfolgt die Finanzierung der Leistungen über das Umlageverfahren.

Arbeitgeberzuschuss

Durch das → *Betriebsrentenstärkungsgesetz* wurde im → *Betriebsrentengesetz* der § 1a Absatz 1a neu aufgenommen. Danach muss ein Arbeitgeber bei einer → *Entgeltumwandlung* 15 Prozent des umgewandelten Entgelts zusätzlich als Arbeitgeberzuschuss an einen → *Pensionsfonds*, eine → *Pensionskasse* oder eine → *Direktversicherung* weiterleiten, soweit der Arbeitgeber durch die Entgeltumwandlung Sozialversicherungsbeiträge einspart.

Wird bei einer reinen → *Beitragszusage* eine Entgeltumwandlung vorgenommen, so ist nach § 23 Absatz 2 BetrAVG im → *Tarifvertrag* zu regeln, dass ein Arbeitgeber 15 Prozent des umgewandelten Entgelts zusätzlich als Arbeitgeberzuschuss an die Versorgungseinrichtung weiterleiten muss, soweit der Arbeitgeber durch die Entgeltumwandlung Sozialversicherungsbeiträge einspart.

Arbeitnehmerähnliche Person

Der Begriff der arbeitnehmerähnlichen Person spielt im Rahmen der → *betrieblichen Altersversorgung* vor allem bei der Frage der Anwendbarkeit des → *Betriebsrentengesetzes* (BetrAVG) eine Rolle. Arbeitnehmerähnliche Personen in diesem Sinne sind z. B. selbstständig und freiberuflich Tätige.

Eine Aussage zum persönlichen Geltungsbereich des Betriebsrentengesetzes trifft § 17 Absatz 1 BetrAVG. Danach sind Arbeitnehmer im Sinne der §§ 1 bis 16 BetrAVG Arbeiter und Angestellte einschließlich der zu ihrer Berufsausbildung Beschäftigten (§ 17 Absatz 1 Satz 1). Nach § 17 Absatz 1 Satz 2 BetrAVG gelten die §§ 1 bis 16 BetrAVG entsprechend für Personen, die nicht Arbeitnehmer sind, wenn ihnen Leistungen der betrieblichen Altersversorgung aus Anlass ihrer Tätigkeit für ein Unternehmen zugesagt worden sind. Damit sind auch arbeitnehmerähnliche Personen, die aus Anlass ihrer Tätigkeit für ein Unternehmen eine Versorgungszusage erhalten, vom persönlichen Anwendungsbereich des Betriebsrentengesetzes erfasst (z. B. angestellter Geschäftsführer, externer Rechtsanwalt eines Unternehmens im Rahmen eines Beratervertrages).

Ausfinanzierung Pensionsverpflichtungen

Besteht für den Arbeitgeber abgesehen von der Einstandspflicht kein Risiko, dass er aufgrund einer erteilten Versorgungszusage weitere Aufwendungen tätigen muss, so besteht eine Ausfinanzierung der Pensionsverpflichtungen. Dies ist i. d. R. bei Zusagen über Direktversicherungen, Pensionskassen, Pensionsfonds, rückgedeckten Unterstützungskassen und Direktzusagen mit Rückdeckungsversicherung gegeben, da die Leistungen im Rahmen des Versicherungsrechts mit vorsichtigen Annahmen von einer Versicherungsgesellschaft finanziert werden. Bei Direktzusagen und beim Pensionsfonds mit Nachschusspflicht ist eine Ausfinanzierung der Leistungen i. d. R. nicht gegeben, da der Arbeitgeber weiterhin das finanzielle Risiko (Kapitalmarktrisiko) trägt, das im Rahmen einer entsprechend gestalteten Vermögensanlage jedoch signifikant reduziert werden kann.

Auskunftsanspruch

Der Auskunftsanspruch des Arbeitnehmers bestand gemäß § 4a BetrAVG bislang darin, dass der Arbeitgeber oder der → *Versorgungsträger* dem Arbeitnehmer auf dessen Verlangen schriftliche Informationen über die Höhe seiner bisher erworbenen → *Versorgungsanwartschaft* bei Erreichen der in der → *Versorgungsregelung* vorgesehenen → *Altersgrenze* zur Verfügung zu stellen hat. Weiterhin bestand ein Auskunftsanspruch über den → *Übertragungswert* einer Anwartschaft nach § 4 Absatz 3 BetrAVG.

Durch das → *Gesetz zur Umsetzung der EU-Mobilitäts-Richtlinie* vom 21. Dezember 2015 (BGBl. I S. 2553) wurde der Auskunftsanspruch des Arbeitnehmers ausgeweitet. Ab dem 01. Januar 2018 hat der Arbeitgeber oder der Versorgungsträger dem Arbeitnehmer auf dessen Verlangen mitzuteilen,

- ob und wie eine → *Anwartschaft* auf → *betriebliche Altersversorgung* erworben wird (§ 4a Absatz 1 Nr. 1),
- wie hoch der Anspruch auf betriebliche Altersversorgung aus der bisher erworbenen Anwartschaft ist und bei Erreichen der in der → *Versorgungsregelung* vorgesehenen → *Altersgrenze* voraussichtlich sein wird (§ 4a Absatz 1 Nr. 2),
- wie sich eine Beendigung des Arbeitsverhältnisses auf die Anwartschaft auswirkt (§ 4a Absatz 1 Nr. 3) und
- wie sich die Anwartschaft nach einer Beendigung des Arbeitsverhältnisses entwickeln wird (§ 4a Absatz 1 Nr. 4).

Nach § 4a Absatz 2 ist dem Arbeitnehmer oder dem ausgeschiedenen Arbeitnehmer auf dessen Verlangen mitzuteilen, wie hoch bei einer Übertragung der Anwartschaft nach § 4 Absatz 3 BetrAVG der Übertragungswert ist. Darüber hinaus ist dem Arbeitnehmer auf dessen Verlangen auch mitzuteilen, in welcher Höhe aus dem Übertragungswert ein Anspruch auf Altersversorgung bestehen würde und ob eine → *Invaliditäts-* oder eine → *Hinterbliebenenversorgung* bestehen würde.

Dem ausgeschiedenen Arbeitnehmer ist auf Verlangen mitzuteilen, wie hoch die Anwartschaft auf betriebliche Altersversorgung ist und wie sich diese künftig entwickeln wird. Dies gilt auch für die Hinterbliebenen im Versorgungsfall (§ 4a Absatz 3 BetrAVG).

Die Auskünfte müssen nach § 4a Absatz 4 BetrAVG verständlich, in Textform und in angemessener Frist erteilt werden.

Die durch das → *Betriebsrentenstärkungsgesetz* neu eingeführten Vorschriften im siebten Abschnitt des → *Betriebsrentengesetzes* zur betrieblichen Altersversorgung und Tarifvertrag (§§ 19 bis 25 BetrAVG) sehen in § 22 Absatz 3 Nummer 2 BetrAVG das Recht des Arbeitnehmers vor, Auskünfte gem. dem ab dem 01. Januar 2018 geltenden § 4a BetrAVG von der Versorgungseinrichtung zu verlangen.

Auskunftspflichten

Gem. § 4a BetrAVG hat ein Arbeitgeber oder → *Versorgungsträger* dem Arbeitnehmer auf dessen Verlangen Auskünfte über seine → *Anwartschaften* auf → *betriebliche Altersversorgung* zu erteilen (→ *Auskunftsanspruch*).

Auskunftsrecht

Gem. § 22 Absatz 3 Nr. 2 BetrAVG hat ein Arbeitnehmer gegenüber einer Versorgungseinrichtung das Recht, Auskunft über seine → *Anwartschaften* auf → *betriebliche Altersversorgung* nach § 4a BetrAVG zu verlangen (→ *Auskunftsanspruch*).

Auslagerung von Pensionsverpflichtungen

A. Allgemeines

B. Bilanzierung nach HGB

C. Bilanzierung nach IFRS bzw. US-GAAP

A. Allgemeines

Für die Pensionsverpflichtungen aus → *unmittelbaren Versorgungszusagen* hat der zusagende Arbeitgeber gemäß § 253 HGB entsprechende → *Pensionsrückstellungen* zu bilden. Pensionsverpflichtungen wirken sich somit auf die Bilanz des Unternehmens aus. Da diese Pensionsrückstellungen von Bilanzanalysten häufig ungünstig bewertet werden, streben viele - insbesondere international agierende - Unternehmen die Auslagerung der Pensionsverpflichtungen aus der Bilanz an.

Für die Auslagerung von Pensionsverpflichtungen aus der Bilanz stehen verschiedene Möglichkeiten zur Verfügung. Hierbei ist von Bedeutung, nach welchen Vorschriften bilanziert wird.

B. Bilanzierung nach HGB

Bei Bilanzierung nach HGB war bis zum Inkrafttreten des Bilanzrechtsmodernisierungsgesetzes zum 01.01.2010 aufgrund des Saldierungsverbots eine Auslagerung von Pensionsverpflichtungen nur durch den Wechsel des → *Durchführungsweges* möglich. Dabei mussten die unmittelbaren Versorgungsverpflichtungen auf einen anderen → *Versorgungsträger* übertragen, d. h. von einer unmittelbaren → *Versorgungszusage* auf eine → *mittelbare Versorgungszusage* umgestellt werden.

Durch das Bilanzrechtsmodernisierungsgesetz sind zukünftig bestehende Pensionsverpflichtungen mit für die betriebliche Altersversorgung reservierten – und damit den sonstigen Gläubigern nicht zur Verfügung stehenden – Vermögen zu saldieren. Die Anforderungen an ein reserviertes Pensionsvermögen sind denen an plan assets bei der Bilanzierung nach IFRS bzw. US-GAAP nahezu gleichzusetzen.

Bei dem Aufbau von reserviertem Pensionsvermögen oder der Umstellung einer unmittelbaren Versorgungszusage sind neben arbeitsrechtlichen auch steuerliche Besonderheiten zu beachten. Die Auslagerung von Pensionsverpflichtungen im Wege des Wechsels des Durchführungsweges bedarf daher in der Regel der Unterstützung durch einen fachlichen Berater.

C. Bilanzierung nach IFRS bzw. US-GAAP

Wie bei der Bilanzierung nach HGB gibt es bei der Bilanzierung nach IFRS bzw. US-GAAP ein Saldierungsgebot. Somit war bis zum 31.12.2009 für die Auslagerung von Pensionsverpflichtungen ein Wechsel des Durchführungsweges nicht erforderlich, wenn ein Betriebsvermögen vorhanden ist bzw. geschaffen wird, das mit den jeweiligen Pensionsverpflichtungen verrechnet werden kann. Diese Verrechnung setzt voraus, dass es sich bei dem Vermögen um sog. Planvermögen (plan assets) handelt. Hierzu müssen folgende Voraussetzungen erfüllt sein:

- das Vermögen wird von einer rechtlich selbstständigen und vom Arbeitgeber unabhängigen Einheit gehalten,
- das Vermögen ist zur ausschließlichen Finanzierung der Versorgungsverpflichtungen zweckgebunden,
- das Vermögen muss vor dem Zugriff des Arbeitgebers oder dessen Gläubigern ausreichend geschützt sein.

Ein in der Praxis häufig anzutreffendes Modell zur Schaffung von Planvermögen ist das Modell des sog. → *Contractual Trust Arrangements (CTA)*. Die rechtliche Ausgestaltung eines CTA ist komplex und bedarf daher in der Regel der Unterstützung durch einen fachlichen Berater.

Auszahlungsplan

Das BetrAVG enthält keine Definition des Begriffs Auszahlungsplan. Nach § 1 Absatz 1 Nr. 4 AltZertG gilt als → *Altersvorsorgevertrag* auch eine Vereinbarung, die monatliche Leistungen in Form einer lebenslangen → *Leibrente* oder Rentenzahlungen im Rahmen eines Auszahlungsplans mit einer anschließenden Teilkapitalverrentung ab dem 85. Lebensjahr vorsieht. Die Leistungen müssen während der gesamten Auszahlungsphase gleich bleiben oder steigen. Wesen eines Auszahlungsplans ist danach, dass vom Beginn des Auszahlungszeitraums an monatlich gleich bleibende oder steigende Raten bis zur Vollendung des 85. Lebensjahres des Berechtigten gezahlt werden.

Nach § 16 Absatz 6 BetrAVG besteht eine Verpflichtung zur Anpassungsprüfung (→ *Anpassung*) nicht für monatliche Raten im Rahmen eines Auszahlungsplans sowie für Renten ab Vollendung des 85. Lebensjahres im Anschluss an einen Auszahlungsplan.

Auszehrung

A. Begriff

B. Gesetzliches Auszehrungsverbot

C. Allgemeines Auszehrungsverbot

A. Begriff

Im Rahmen der → *betrieblichen Altersversorgung* bedeutet Auszehrung die Minderung von → *Versorgungsleistungen* oder → *Versorgungsanwartschaften* durch Anrechnung sonstiger (Versorgungs-)Leistungen oder durch andere in der Ausgestaltung der → *Versorgungszusage* begründete Effekte. Die Auszehrung von Versorgungsanwartschaften kann z. B. dadurch erfolgen, dass Entgelt oberhalb einer bestimmten dynamischen Untergrenze versorgt wird, dies allerdings nur bis zur Höhe einer weiteren festen Obergrenze. Steigt nun die dynamische Untergrenze stetig an, kann sie im Laufe der Zeit die Obergrenze erreichen, sodass am Ende die Versorgungsanwartschaft sogar auf Null absinken kann.

B. Gesetzliches Auszehrungsverbot

Ein gesetzliches Auszehrungsverbot findet sich in § 5 Absatz 1 BetrAVG. Danach dürfen die bei Eintritt des Versorgungsfalls festgesetzten Leistungen nicht mehr dadurch gemindert oder entzogen werden, dass Beträge, um die sich andere Versorgungsbezüge nach diesem Zeitpunkt durch Anpassung an die wirtschaftliche Entwicklung erhöhen, angerechnet oder bei der Begrenzung der → *Gesamtversorgung* auf einen Höchstbetrag berücksichtigt werden. Dieses gesetzliche Auszehrungsverbot bezieht sich also auf bereits laufende Versorgungsleistungen. Durch die Anpassung von Versorgungsleistungen aufgrund der wirtschaftlichen Entwicklung („Inflationsausgleich") sollen sich (weitere) Versorgungsleistungen nicht reduzieren dürfen, um den Gesamtgehalt der Leistungen zu erhalten. Siehe außerdem zum Anrechnungsverbot nach § 5 Absatz 2 BetrAVG → *Anrechnung*.

C. Allgemeines Auszehrungsverbot

Auch wenn dies gesetzlich nicht ausdrücklich geregelt ist, ist nach dem BAG auch eine Auszehrung von Versorgungsanwartschaften, durch die sich diese Anwartschaften gewissermaßen automatisch auf Null reduzieren würden, wegen Verstoßes gegen den Grundsatz von Treu und Glauben unzulässig (siehe Höfer, Bd. I, Rdnr. 3879). Dies bedeutet jedoch nicht, dass eine Auszehrung generell unzulässig ist. Die Versorgungszusage darf aber eben nicht so ausgestaltet sein, dass sie letztlich zwingend zu einer Reduzierung der Versorgungsanwartschaften auf Null führt.

BaFin

→ *Bundesanstalt für Finanzdienstleistungsaufsicht*

Banksparplan

→ *Riester-Banksparplan*

Barber-Urteil

Mit dem Urteil des Europäischen Gerichtshofes vom 17. Mai 1990 in der Rechtssache Douglas Harvey Barber gegen Guardian Royal Exchange Assurance Group (Rs. C-262/88 – Slg. 1990, I-1889) wurde entschieden, dass

Zahlungen, die ein Arbeitgeber an einen Arbeitnehmer anlässlich dessen betriebsbedingter Entlassung leistet, unabhängig davon in den Anwendungsbereich von Artikel 119 Absatz 2 EWG-Vertrag fallen, ob sie aufgrund eines Arbeitsvertrags, kraft einer Rechtsvorschrift oder freiwillig geleistet werden;

Renten, die aufgrund eines an die Stelle des gesetzlichen Systems getretenen betrieblichen Systems gezahlt werden, in den Anwendungsbereich von Artikel 119 EWG-Vertrag fallen;

es gegen Artikel 119 EWG-Vertrag verstößt, wenn aufgrund einer je nach Geschlecht unterschiedlichen Regelung des Rentenalters, die der Regelung im Rahmen des nationalen gesetzlichen Altersrentensystems entspricht, ein aus betrieblichen Gründen entlassener Mann nur eine Anwartschaft auf eine bei Erreichung des gewöhnlichen Rentenalters zu zahlende Rente hat, während eine Frau in der gleichen Lage sofort Anspruch auf eine Rente hat. Der Grundsatz des gleichen Entgelts muss für jeden einzelnen Bestandteil des Entgelts und nicht nur nach Maßgabe einer Gesamtbewertung der den Arbeitnehmern gezahlten Vergütungen gewährleistet sein;

die Betroffenen sich vor den innerstaatlichen Gerichten auf Artikel 119 EWG-Vertrag berufen können; diese Gerichte haben den Schutz der Rechte zu gewährleisten, die die genannte Bestimmung dem einzelnen einräumt. Das gilt namentlich, wenn ein an die Stelle des gesetzlichen Systems getretenes betriebliches Versorgungssystem einem männlichen Arbeitnehmer nach dessen betriebsbedingter Entlassung – anders als einem weiblichen Arbeitnehmer in der gleichen Lage – nicht sofort eine Rente zahlt;

niemand sich auf die unmittelbare Wirkung von Artikel 119 EWG-Vertrag berufen kann, um mit Wirkung von einem vor Erlass des vorliegenden Urteils liegenden Zeitpunkt einen Rentenanspruch geltend zu machen; dies gilt nicht für Arbeitnehmer oder deren anspruchsberechtigte Angehörige, die vor diesem Zeitpunkt nach dem anwendbaren innerstaatlichen Recht Klage erhoben oder einen entsprechenden Rechtsbehelf eingelegt haben.

Barlohnumwandlung

→ *Entgeltumwandlung*

Basisrente

→ *Rürup-Rente*

Basisrentenvertrag

Durch das Jahressteuergesetz 2009 wird im → *Altersvorsorgeverträge-Zertifizierungsgesetz (AltZertG)* bestimmt, das Beiträge für eine Basis-Rente (→ *Rürup-Rente*) für nach dem 31.12.2009 beginnende Veranlagungszeiträume nur dann steuerlich anerkannt werden, wenn ein solcher Vertrag von der → *Zertifizierungsstelle* gem. § 5a AltZertG zertifiziert (→ *Zertifizierung*) wurde. Ein Basisrentenvertrag im Sinne des AltZertG liegt dann vor, wenn zwischen dem → *Anbieter* und dem Vertragspartner eine Vereinbarung in deutscher Sprache getroffen wurde, die die Voraussetzungen des § 10 Absatz 1 Nummer 2b EStG erfüllt. Entsprechendes gilt auch für Vereinbarungen zum Zweck des Aufbaus einer kapitalgedeckten → *betrieblichen Altersversorgung*, die zwischen dem Anbieter und dem Arbeitgeber zugunsten des Arbeitnehmers geschlossen werden, wenn diese ebenfalls die Voraussetzungen des § 10 Absatz 1 Nr. 2b EStG erfüllen.

Basisversorgung

→ *Drei-Schichten-Modell*

BAV-Förderbeitrag

Der Arbeitgeber kann einen Teilbetrag seines Arbeitgeberbeitrags zur kapitalgedeckten betrieblichen Altersversorgung (→ *Direktversicherung*, → *Pensionskasse* oder → *Pensionsfonds*) für Mitarbeiter mit einem monatlichen Einkommen unterhalb 2.575 Euro (bis 2019 2.200 Euro) bei der Lohnsteuer-Anmeldung gesondert in Abzug bringen (→ *BAV-Förderbeitrag*). Der BAV-Förderbeitrag beträgt 30 % des Arbeitgeberbeitrags zur kapitalgedeckten betrieblichen Altersversorgung, höchstens 288 Euro jährlich (bis 2019 144 Euro). Darüber hinaus gilt es zu beachten, dass der jährliche Arbeitgeberbeitrag mindestens 240 Euro jährlich beträgt und dass die Auszahlung der Leistung in Form einer lebenslänglichen Rente oder eines Auszahlungsplans erfolgt. Der BAV-Förderbeitrag wird für Versorgungszusagen ab 2018 gewährt. Hat ein Arbeitgeber bereits in 2016 einen zusätzlichen Arbeitgeberbeitrag zur kapitalgedeckten betrieblichen Altersversorgung geleistet, so ist der BAV-Förderbeitrag auf die Differenz zu dem im Jahr 2016 entrichteten Beitrag beschränkt.

Beispiel 1:

Der Arbeitgeber zahlt vierteljährlich jeweils am 15. Januar, 15. April, 15. Juli und 15. Oktober einen zusätzlichen Arbeitgeberbeitrag in Höhe von 300 Euro. Am 15. Januar, 15. April, und 15. Juli beträgt der BAV-Förderbeitrag jeweils 90 Euro (30 % von 300 Euro). Am 15. Oktober beträgt der BAV-Förderbeitrag nur noch 18 Euro, denn bis dahin wurde der Höchstbetrag von 288 Euro bereits mit 270 Euro ausgeschöpft.

Beispiel 2:

Der Arbeitgeber zahlt seit mehreren Jahren einen zusätzlichen Arbeitgeberbeitrag in Höhe von jährlich 200 Euro. Er erhöht den Arbeitgeberbeitrag ab dem Jahr 2018 auf 240 Euro, um den Mindestbetrag zu erreichen. Der BAV-Förderbeitrag beträgt grundsätzlich 30 % von 240 Euro (= 72 Euro), wegen der Begrenzung auf den Zusatzbetrag im Vergleich zur Beitragszahlung zum Kalender 2016 jedoch nur 40 Euro (Erhöhung des Arbeitgeberbeitrags).

Bei einer Erhöhung auf 300 Euro beträgt der BAV-Förderbeitrag 90 Euro, da der Arbeitgeberbetrag um 100 Euro erhöht wurde.

Begünstigte Person

→ *Zulageberechtigter*

Beitragsbemessungsgrenze der Sozialversicherung

Arbeitnehmer und Arbeitgeber müssen vom Arbeitsentgelt Beiträge zur gesetzlichen Sozialversicherung jeweils in Höhe des entsprechenden Beitragssatzes zur Renten-, Arbeitslosen-, Kranken- und Pflegeversicherung entrichten. Die Beitragszahlung ist bis zu einem Höchsteinkommen, der Beitragsbemessungsgrenze, beschränkt. Für darüber liegende Einkommen sind keine Beiträge zu zahlen. Die Versicherungspflicht bleibt aber in der Renten- und Arbeitslosenversicherung bestehen, in der gesetzlichen Kranken- und Pflegeversicherung hingegen entsteht Versicherungsfreiheit. Es besteht allerdings die Möglichkeit, sich bei den gesetzlichen Kranken- und Pflegekassen oder bei einem privaten Versicherungsunternehmen freiwillig zu versichern.

Die Beitragsbemessungsgrenzen sind in den Versicherungszweigen als auch in den alten und neuen Bundesländern unterschiedlich hoch und werden jährlich neu festgelegt.

Durch das → *Gesetz über den Abschluss der Rentenüberleitung* werden beginnend ab dem Jahr 2019 die Beitragsbemessungsgrenzen der Sozialversicherung „Ost" und die → *Bezugsgröße* „Ost" schrittweise an den jeweiligen West-Wert angeglichen, sodass ab dem 01. Januar 2025 im gesamten Bundesgebiet einheitliche Werte gelten.

Beitragsbemessungsgrundlage

In der → *gesetzlichen Rentenversicherung* werden gem. § 157 SGB VI die Beiträge von der Beitragsbemessungsgrundlage erhoben, die allerdings nur bis zur jeweiligen → *Beitragsbemessungsgrenze* berücksichtigt wird.

Für Versicherungspflichtige stellen gem. § 161 Absatz 1 SGB VI die beitragspflichtigen Einnahmen die Bemessungsgrundlage dar, freiwillig Versicherte können nach § 161 Absatz 2 SGB VI jeden Betrag zwischen der Mindestbeitragsbemessungsgrundlage (§ 167 SGB VI) und der Beitragsbemessungsgrenze frei bestimmen.

Beitragsorientierte Leistungszusage

Die gesetzliche Definition der beitragsorientierten Leistungszusage findet sich in § 1 Absatz 2 Nr. 1 BetrAVG. Danach handelt es sich um eine beitragsorientierte Leistungszusage, wenn sich der Arbeitgeber verpflichtet, bestimmte Beiträge in eine Anwartschaft auf Alters-, Invaliditäts- oder Hinterbliebenenversorgung umzuwandeln.

Auch bei der beitragsorientierten Leistungszusage sagt der Arbeitgeber also eine Leistung zu. Anders als bei der reinen → *Leistungszusage*, wird bei der beitragsorientierten Leistungszusage aber auch der zur Finanzierung der zugesagten Leistung erforderliche Beitrag und das Verfahren, wie sich aus diesem Beitrag die Leistung ableitet, zum Inhalt der → *Versorgungszusage* gemacht.

Die Höhe der unverfallbaren → *Versorgungsanwartschaft* im Falle eines vorzeitigen Ausscheidens des Arbeitnehmers bestimmt sich nach § 2 Absatz 5a zweiter Halbsatz BetrAVG (siehe hierzu → *unverfallbare Versorgungsanwartschaft*).

Die beitragsorientierte Leistungszusage ist bei allen → *Durchführungswegen* des BetrAVG möglich.

Beitragsorientierte Zusage

Der Begriff beitragsorientierte Zusage wird in einem weiteren Sinne verwendet für → *Versorgungszusagen*, bei denen nicht eine bestimmte im → *Versorgungsfall* zu erbringende Leistung, sondern die Erbringung eines bestimmten Beitrags im Vordergrund steht. Solche Zusagen sind die → *beitragsorientierte Leistungszusage*, die → *Beitragszusage mit Mindestleistung* und die reine Beitragszusage (siehe hierzu → *Defined Contribution*).

Beitragssatz

Bei einem beitragspflichtigen Arbeitsentgelt entscheidet der Beitragssatz über die Höhe der zu entrichtenden Sozialversicherungsbeiträge. Die Beitragssätze zur → *gesetzlichen Rentenversicherung*, Arbeitslosenversicherung und → *Pflegeversicherung* sind bundesweit einheitlich festgelegt.

Die Beitragssätze zur Krankenversicherung wurden bis Ende 2008 durch die Satzung der jeweiligen Krankenkasse bestimmt. Seit Inkrafttreten des Gesundheitsfonds (zum 01. Januar 2009) werden die Beitragssätze zur Krankenversicherung ebenfalls bundeseinheitlich festgesetzt. Hier tragen Arbeitnehmer und Arbeitgeber jeweils zur Hälfte die Beiträge. Dies gilt nicht für den einkommensunabhängigen kassenindividuellen Zusatzbeitrag von 2009 bis 2014 bzw. den einkommensabhängigen Zusatzbeitrag seit 2015, für den der Versicherte allein aufkommen muss. Durch das → *GKV-Versichertenentlastungsgesetz (GKV-VEG)* tragen ab dem 01. Januar 2019 Arbeitgeber und Versicherte wieder zu gleichen Teilen die Beiträge zur gesetzlichen Krankenversicherung, also auch vom Zusatzbeitrag.

Beitragszuschlag für Kinderlose

→ *Kinder-Berücksichtigungsgesetz*, → *Pflegeunterstützungs- und -entlastungsgesetz (PUEG)*

Beitragszusage

In der Praxis wird der Begriff Beitragszusage sehr häufig auch in einem engeren Sinne ausschließlich als Bezeichnung für die reine Beitragszusage verwendet, also für eine Versorgungszusage, bei der sich die Verpflichtung des Arbeitgebers ausschließlich auf die Beitragsleistung bezieht (siehe hierzu → *Defined Contribution*). Nach deutschem Arbeitsrecht war eine solche Versorgungszusage allerdings bis Ende 2017 nicht möglich, da der Arbeitgeber bei Beitragszahlung an einen mittelbaren Durchführungsweg (also die Abwicklung der bAV über einen Dritten) für die über den mittelbaren Durchführungsweg zugesagte Leistung haftet (z. B. bei Insolvenz des Direktversicherers) (→ *Einstandspflicht des Arbeitgebers*). Erst durch das Betriebsrentenstärkungsgesetz ergibt sich für Versorgungszusagen ab 2018 die Möglichkeit diese als Beitragszusage auszugestalten. Dies kann nur auf Grundlage eines Tarifvertrags erfolgen.

Mittlerweile bestehen entsprechende einzelne Tarifverträge (z. B. chemische Industrie), deren Unternehmen ihren Mitarbeitenden eine Beitragszusage anbieten können.

Beitragszusage mit Mindestleistung

Die Beitragszusage mit Mindestleistung ist in § 1 Absatz 2 Nr. 2 BetrAVG definiert. Danach liegt eine solche vor, wenn der Arbeitgeber sich verpflichtet, Beiträge zur Finanzierung von Leistungen der → *betrieblichen Altersversorgung* an einen → *Pensionsfonds*, eine → *Pensionskasse* oder eine → *Direktversicherung* zu zahlen und für Leistungen zur Altersversorgung das planmäßig zuzurechnende Versorgungskapital auf der Grundlage der gezahlten Beiträge (Beiträge und die daraus erzielten Erträge), mindestens die Summe der zugesagten Beiträge, soweit sie nicht rechnungsmäßig für einen biometrischen Risikoausgleich verbraucht wurden, hierfür zur Verfügung zu stellen.

Dem Arbeitnehmer stehen im → *Versorgungsfall* also die Leistungen zur Verfügung, die aus den Beiträgen sowie den hieraus erzielten Erträgen finanziert werden konnten. Dem Arbeitnehmer steht dabei aber mindestens die Summe der zugesagten Beiträge abzüglich des Teils, der für die Abdeckung eines → *biometrischen Risikos* verbraucht wurde, zu. Vorstellbar ist das Eingreifen dieser Mindestleistung etwa bei Verlusten der Vermögenswerte eines Pensionsfonds, über den die Versorgungszusage abgewickelt wird. Auch bei der Beitragszusage mit Mindestleistung ist der Arbeitgeber also zur Erbringung einer (Mindest-)Leistung verpflichtet. Sein Risiko beschränkt sich jedoch auf die Gewährung dieser Mindestleistung. Der Arbeitgeber ist nicht verpflichtet, darüber hinaus eine bestimmte Rendite auf die Beiträge zu gewährleisten. Das Risiko eines bestimmten Renditeerfolgs trägt daher der Arbeitnehmer, durch die Mindestleistung ist er aber vor einer „Negativrendite“ geschützt.

Die Höhe der unverfallbaren → *Versorgungsanwartschaft* im Falle eines vorzeitigen Ausscheidens des Arbeitnehmers bestimmt sich nach § 2 Absatz 5b BetrAVG (siehe hierzu → *unverfallbare Versorgungsanwartschaft*).

Die Beitragszusage mit Mindestleistung ist bei einer → *Versorgungszusage* über einen Pensionsfonds, eine Pensionskasse und eine Direktversicherung möglich. Ob sie darüber hinaus auch bei einer unmittelbaren Versorgungszusage und einer Versorgungszusage über eine → *Unterstützungskasse* möglich ist, ist in der Fachliteratur umstritten.

Beitreibungsrichtlinie-Umsetzungsgesetz (BeitrRLUmsG)

→ *Mindestbeitrag*

Beleihung

Von Beleihung wird allgemein gesprochen, wenn der Versicherungsnehmer eine Vorauszahlung auf die Versicherungsleistung in Anspruch nimmt.

Die Beleihung hat im Rahmen der → *betrieblichen Altersversorgung* bei der → *Direktversicherung* Bedeutung, v. a. in folgenden Fällen:

- Hat der Arbeitgeber die Versicherungsleistung einer Direktversicherung beliehen, so hat er gemäß § 1b Absatz 2 Satz 3 BetrAVG einen mit → *unverfallbarer Versorgungsanwartschaft* Ausgeschiedenen bei Eintritt des → *Versorgungsfalles* so zu stellen, als ob die Beleihung nicht erfolgt wäre.
- Die Wahl der → *versicherungsvertraglichen Lösung* setzt u. a. voraus, dass spätestens nach drei Monaten seit dem Ausscheiden des Arbeitnehmers eine Beleihung nicht vorhanden ist.
- Eine Versorgungszusage über eine Direktversicherung ist insolvenzsicherungspflichtig, wenn die Versicherungsleistung beliehen ist (§ 7 Absatz 1 Satz 2 Nr. 1 BetrAVG).

Berichterstattung an die BaFin gem. PFAV

Neben den → *Informationspflichten gem. PFAV* gegenüber den Versorgungsanwärtern und Rentenempfängern wurde in der → *Pensionsfonds-Aufsichtsverordnung* (PFAV) mit dem § 42 PFAV festgelegt, welche Unterlagen eine → *durchführende Einrichtung* gegenüber der Aufsichtsbehörde (→ *BaFin*) nach Abschluss einer Vereinbarung zur Durchführung einer reinen → *Beitragszusage* vorzulegen hat.

Dies sind gem. Absatz 1

1. die Vereinbarung selbst,
2. den zugrunde liegenden Tarifvertrag nach § 1 Absatz 2 Nummer 2a BetrAVG sowie
3. das Ergebnis der Prüfung der durchführenden Einrichtung nach § 39 Absatz 2 Satz 2 PFAV, dass die Durchführung der Zusage(n) mit den bestehenden aufsichtsrechtlichen Regelungen vereinbar ist.

Weiterhin hat die durchführende Einrichtung gem. Absatz 2 spätestens sieben Monate nach Ende eines Geschäftsjahres

1. die Höhe des Kapitaldeckungsgrades und die Höhe der maßgebenden Obergrenze,
2. die Annahmen und Methoden zur Festlegung der anfänglichen Höhe der lebenslangen Zahlung und
3. das Ausmaß der Anpassungen der lebenslangen Zahlungen sowie die den Anpassungen zugrunde liegenden Annahmen und Methoden

vorzulegen.

Bei → *Pensionsfonds* haben diese Ausführungen im Rahmen des versicherungsmathematischen Gutachtens nach § 10 Absatz 1 Nummer 4 BerVersV zu erfolgen, bei → *Pensionskassen* im Rahmen des versicherungsmathematischen Gutachtens nach § 17 BerVersV.

Berufseinsteiger-Bonus

→ *Grundzulage*

Berufsunfähigkeitsrente

Mit Wirkung vom 01.01.2001 wurden die frühere Berufsunfähigkeitsrente und Erwerbsunfähigkeitsrente aus der gesetzlichen Rentenversicherung und Knappschaftsversicherung abgeschafft und durch die → *Erwerbsminderungsrente* ersetzt. Diese beinhaltet die beiden Rentenarten

- Rente wegen teilweiser Erwerbsminderung und
- Rente wegen voller Erwerbsminderung.

Die Neuregelung gilt für alle Fälle, in denen die Rente ab 01.01.2001 begonnen hat.

Bestand jedoch bereits vor dem 01.01.2001 ein Anspruch auf Berufsunfähigkeitsrente oder auf Erwerbsunfähigkeitsrente, werden diese Renten weiterhin unverändert nach dem bis zum 31.12.2000 geltenden Recht weiterbezahlt.

Bescheinigung nach § 92 EStG

→ *Riester-Rente*

Besteuerung von Renten

Am 01.01.2005 ist das → *Alterseinkünftegesetz* (AltEinkG) in Kraft getreten. Mit dem Gesetz wurde die Besteuerung insbesondere von Renten aus der → *gesetzlichen Rentenversicherung*, aus landwirtschaftlichen Alterskassen, aus berufsständischen Versorgungseinrichtungen und aus privaten Leibrentenversicherungen (→ *Rürup-Rente*) neu geregelt. Ziel des AltEinkG ist die schrittweise steuerliche Gleichbehandlung aller Altersbezüge mit einem Übergang zur → *nachgelagerten Besteuerung*. Der Übergang zur nachgelagerten Besteuerung, beginnend ab 2005, dauert 35 Jahre. Die steuerliche Gleichstellung aller Alterseinkünfte wird somit ab dem 01.01.2040 erreicht sein.

Altersvorsorgeaufwendungen, wie z. B. Beiträge zur gesetzlichen Rentenversicherung, können im Rahmen bestimmter Höchstbeträge vom steuerpflichtigen Einkommen von der Steuer abgezogen werden. Ab 2005, mit zunächst 60 Prozent, steigt der Steuerfreibetrag jährlich um zwei Prozentpunkte, bis im Jahr 2025 alle Altersvorsorgeaufwendungen in voller Höhe als Sonderausgaben abgesetzt werden können. Darüber hinaus gibt es seit dem Jahr 2002 einen eigenständigen → *Sonderausgabenabzug* (nach § 10a EStG) für → *Altersvorsorgebeiträge* zur sogenannten → *Riester-Rente*.

Während nach altem Recht der steuerpflichtige Anteil der Rente in Abhängigkeit des Renteneintrittsalters auf den sogenannten → *Ertragsanteil* beschränkt war, sind seit dem 01.01.2005 für alle, die am 31.12.2004 bereits Rentner waren oder im Laufe des Jahres 2005 in Rente traten, die Renten zu 50 Prozent steuerpflichtig (→ *Besteuerungsanteil*). Der steuerfreie Teil der Rente ist somit für die Bestandsrentner sowie den Rentnerjahrgang 2005 auf 50 Prozent festgeschrieben und bleibt als fester Rentenfreibetrag grundsätzlich bis zum Lebensende erhalten. Zukünftige Rentenerhöhungen führen somit nicht zu einer Erhöhung der Rentenfreibeträge. Im Gegenteil, Rentenerhöhungen sind somit zu 100 Prozent steuerpflichtig.

Für alle künftigen Rentnerjahrgänge ab 2006 steigt der Besteuerungsanteil für jeden neuen Rentnerjahrgang (→ *Kohortenbesteuerung*) bis 2020 um zwei Prozentpunkte. Ab dem Jahr 2021 steigt dann der steuerpflichtige Rentenanteil nur noch um einen Prozentpunkt. Ab dem Jahr 2040 sind dann Renten zu 100 Prozent steuerpflichtig.

Aber auch die Besteuerung der → *betrieblichen Altersversorgung* wurde vereinheitlicht: Grundsätzlich werden Leistungen nachgelagert besteuert, während die Beitragszahlung steuerfrei bleibt. Allerdings richtet sich die steuerliche Behandlung der → *Betriebsrenten* nach dem gewählten → *Durchführungsweg*: Leistungen aus einer → *Direktversicherung* müssen als „sonstige Einkünfte" gemäß § 22 Nummer 5 EStG voll versteuert werden. Betriebsrenten von → *Pensionskassen* und → *Pensionsfonds* wurden bereits vor dem 01.01.2005 grundsätzlich nachgelagert besteuert. Allerdings ist bei der Pensionskasse die Möglichkeit der Pauschalbesteuerung (→ *Lohnsteuerpauschalierung*) nach § 40b EStG entfallen. Leistungen aus einer → *Direktzusage* und aus einer → *Unterstützungskasse* unterlagen ebenfalls schon vor dem 01.01.2005 der nachgelagerten Besteuerung.

Besteuerungsanteil

Mit der Verabschiedung des → *Alterseinkünftegesetzes* (AltEinkG) wurde insbesondere die Rentenbesteuerung der → *gesetzlichen Rentenversicherung* neu geregelt;

Renten aus der gesetzlichen Rentenversicherung werden nicht mehr mit dem → *Ertragsanteil*, sondern mit dem sogenannten Besteuerungsanteil besteuert. Sowohl für Bestandsrenten (mit Rentenbeginn vor dem 01.01.2005) als auch für Renten mit Rentenbeginn im Jahr 2005 galt ein einheitlicher Besteuerungsanteil in Höhe von 50 Prozent. Der Differenzbetrag zwischen dem Jahresbetrag der Rente und dem zu versteuernden Betrag der Rente ergibt den steuerfreien Teil der Rente. Dieser steuerfreie Betrag wird ab dem Jahr, das auf das erste Rentenbezugsjahr folgt, für die gesamte Laufzeit des Rentenbezugs festgeschrieben (§ 22 EStG). Künftige Rentenerhöhungen sind somit voll steuerpflichtig.

Für jeden neu hinzukommenden Rentnerjahrgang wurde der steuerpflichtige Anteil der Rentenleistung in Schritten von zwei Prozent bis zum Jahr 2020 auf 80 Prozent angehoben. Anschließend erhöhte sich die zu versteuernde Rente jährlich bis zum Jahr 2040 um jeweils ein Prozent. Ab dem Jahr 2040 wäre somit der Gesamtbetrag der Rentenleistungen voll zu versteuern. Die Rentenleistungen von Personen, die ab dem Jahr 2040 oder später in Rente gehen würden, unterlägen dann unter Berücksichtigung der dann geltenden steuerlichen Freibeträge in voller Höhe der Besteuerung. Im Gegenzug wurde im gleichen Maße der Versorgungsfreibetrag von Pensionen schrittweise verringert. Renten und Pensionen würden dann ab dem Jahr 2040 einkommensteuerrechtlich gleich behandelt werden.

Mit dem Gesetz zur Stärkung von Wachstumschancen, Investitionen und Innovation sowie Steuervereinfachung und Steuerfairness (→ *Wachstumschancengesetz – WaChaG*) vom 27. März 2024 (BGBl. I Nr. 108) wurde der Besteuerungsanteil ab dem Jahr 2023 um einen halben Prozentpunkt pro Jahr reduziert, sodass erst ab dem Jahr 2058 der Gesamtbetrag der Rentenleistungen voll zu versteuern ist.

Der Besteuerungsanteil ist der nachstehenden Tabelle zu entnehmen (Auszug aus § 22 EStG):

Jahr des Rentenbeginns	Besteuerungsanteil in v. H.
bis 2005	50
ab 2006	52
2007	54
...	
2020	80
2021	81
2022	82
...	
2040	91
2050	96
...	
2058	100

BetrAVG

→ *Betriebsrentengesetz*

Betriebliche Altersversorgung

A. Allgemeines

1. Begriff

Die betriebliche Altersversorgung stellt die sog. zweite Säule der Alterssicherung (→ *Drei-Säulen-Modell*) dar. Sie ist keine Leistung eines staatlichen Sozialversicherungssystems, sondern eine Leistung des Arbeitgebers.

Gem. § 1 des Betriebsrentengesetzes liegt eine betriebliche Altersversorgung vor, wenn ein Arbeitgeber einem Arbeitnehmer Leistungen zur Absicherung mindestens eines → *biometrischen Risikos* (Alter, Invalidität oder Tod des Mitarbeiters) aus Anlass eines Arbeitsverhältnisses zusagt (→ *Leistungszusage*). Die Leistungen werden erst bei Eintritt des biologischen Ereignisses fällig.

Auch Nichtarbeitnehmer können Begünstigte aus einer betrieblichen Altersversorgung sein, wenn ihnen aus Anlass ihrer Tätigkeit für ein Unternehmen eine → *Versorgungszusage* erteilt wurde (§ 17 Absatz 1 BetrAVG). Siehe hierzu auch → *Arbeitnehmerähnliche Person*.

Bei der betrieblichen Altersversorgung handelt es sich i. d. R. um freiwillige Sozialleistungen des Arbeitgebers, der diese auch häufig finanziert. Obwohl die Einführung einer betrieblichen Altersversorgung grundsätzlich freiwillig ist, ist die Gewährung einer → *Zusage* für den Arbeitgeber grundsätzlich bindend. Er muss nach der Einführung einer betrieblichen Altersversorgung gesetzliche Vorschriften beachten, insbesondere das Betriebsrentengesetz. Seit dem 01.01.2002 haben Arbeitnehmer aber auch einen Rechtsanspruch auf → *Entgeltumwandlung*, mit dem sie aus eigenen Mitteln eine betriebliche Altersversorgung aufbauen können.

Mit der Einführung der Nummer 2a in § 1 Absatz 2 BetrAVG durch das → *Betriebsrentenstärkungsgesetz* kann ein Arbeitgeber durch einen Tarifvertrag oder aufgrund eines Tarifvertrages in einer Betriebs- oder Dienstvereinbarung verpflichtet werden, Beiträge zur Finanzierung von Leistungen der betrieblichen Altersversorgung an einen → *Pensionsfonds*, eine → *Pensionskasse* oder eine → *Direktversicherung* in Form einer reinen → *Beitragszusage* zu zahlen. Somit wird die bislang geltende Freiwilligkeit des Arbeitgebers in der betrieblichen Altersversorgung (siehe D. Wesensmerkmale der betrieblichen Altersversorgung) aufgeweicht und eine Verpflichtung für den Arbeitgeber in das → *Betriebsrentengesetz* aufgenommen. Allerdings ist der Arbeitgeber von den Verpflichtungen nach § 1 Absatz 1 Satz 3, § 1a Absatz 4 Satz 2, den §§ 1b bis 6 und § 16 BetrAVG ausgenommen.

Für die steuerliche Anerkennung von Versorgungszusagen ist die Definition der betrieblichen Altersversorgung durch die Finanzverwaltung von großer Bedeutung. Danach liegt keine betriebliche Altersversorgung vor, wenn die Vererblichkeit der → *Anwartschaften* vereinbart ist. Auch Vereinbarungen zwischen Arbeitnehmer und Arbeitgeber, bei denen Arbeitsentgelt einbehalten und ohne Absicherung eines biometrischen Risikos zu einem späteren Zeitpunkt ausgezahlt wird, stellen keine betriebliche Altersversorgung dar. Regelungen, bei denen von Beginn an eine → *Abfindung* der → *Versorgungsanwartschaft* vereinbart wurde, stellen ebenfalls keine betriebliche Altersversorgung dar, weil hier nicht von der Absicherung eines biometrischen Risikos ausgegangen werden kann.

2. Geschichte

Erste betriebliche Unterstützungseinrichtungen wurden bereits Mitte des 19. Jahrhunderts eingerichtet. Somit ist die betriebliche Altersversorgung älter als die → *gesetzliche Rentenversicherung* (1889 für Arbeiter, 1911 für Angestellte). Trotz der Einführung der gesetzlichen Rentenversicherung hat die Bedeutung der betrieblichen Altersversorgung bis heute zugenommen. Insbesondere durch die Absenkung des Leistungsniveaus in der gesetzlichen Rentenversicherung und der Einführung eines → *Rechtsanspruchs* auf Entgeltumwandlung in der betrieblichen Altersversorgung wird die Bedeutung weiterhin zunehmen.

B. Die Versorgungszusage

Der Gewährung einer betrieblichen Altersversorgung liegt ein Rechtsbegründungsakt zugrunde: Sie kann einzelvertraglich, z. B. im Arbeitsvertrag, gewährt werden (vgl. → *Einzelzusage*), der Arbeitgeber kann der Gesamtheit der Arbeitnehmer oder bestimmten Gruppen eine Versorgungszusage nach einheitlichen Grundsätzen erteilen (→ *Gesamtzusage*), sie kann aus einer → *betrieblichen Übung* heraus entstehen, aber sich auch aus dem Grundsatz der Gleichbehandlung ergeben. Neben diesen individualrechtlichen Versorgungszusagen kann die betriebliche Altersversorgung auch kollektivrechtlich über Betriebsvereinbarungen, anhand von Richtlinien und Vereinbarungen nach dem Sprecherausschussgesetz sowie über → *Tarifverträge* vereinbart werden.

C. Leistungen der betrieblichen Altersversorgung

1. Leistungsarten

Die Leistungsarten der betrieblichen Altersversorgung werden ausgelöst durch ein biometrisches Ereignis: Dies kann im Erreichen eines bestimmten Alters (→ *Altersleistung*), im Eintritt der Invalidität (→ *Invaliditätsleistung*) oder des Todes (→ *Hinterbliebenenleistung*) bestehen.

2. Leistungsformen

Bei der betrieblichen Altersversorgung werden die Leistungen in Form von regelmäßig wiederkehrenden Versorgungszahlungen (→ *Leibrente*, → *Zeitrente*) oder durch Kapitalzahlungen (→ *Kapitalleistung*) erbracht. Ebenso können Sach- und Nutzungsleistungen zugesagt werden (z. B. Wohnrecht in einer Werkswohnung) sowie auch zweckgebundene Geldleistungen (z. B. Zuschüsse zur → *Krankenversicherung der Rentner*). Bei der reinen Beitragszusage sind Kapitalleistungen ausgeschlossen (§ 22 Absatz 1 BetrAVG).

D. Wesensmerkmale der betrieblichen Altersversorgung

1. Freiwilligkeit

Die Einführung einer betrieblichen Altersversorgung beruht grundsätzlich auf einer freien Entscheidung des Arbeitgebers (Ausnahme: Anspruch auf → *Entgeltumwandlung* seit dem 01.01.2002). Er bestimmt, ob er betriebliche Versorgungsleistungen gewährt und wie er sie finanziert, welchen objektiv abgrenzbaren Personenkreis er begünstigen und wie viel Geld er aufwenden möchte.

Durch das Betriebsrentenstärkungsgesetz kann ab dem 01. Januar 2018 ein Arbeitgeber gem. § 1 Absatz 2 Nummer 2a BetrAVG verpflichtet werden, Beiträge in einen versicherungsförmigen Durchführungsweg der betrieblichen Altersversorgung zu entrichten.

2. Versorgungszweck

Wesentliche Funktion der betrieblichen Altersversorgung ist die Versorgung des Arbeitnehmers beim Ausscheiden aus dem Arbeitsleben, die Absicherung bei Invalidität und/oder die Hinterbliebenenversorgung.

3. Ergänzungsfunktion

Die betriebliche Altersversorgung ergänzt die Leistungen aus der gesetzlichen Rentenversicherung. Somit kann sie ganz oder teilweise die bestehende → *Versorgungslücke* schließen. Insbesondere durch das Absinken des Leistungsniveaus der gesetzlichen Rentenversicherung und dem Fehlen von finanziellen Mittel bei den Arbeitnehmern zum Aufbau einer privaten → *Eigenvorsorge* kommt der betrieblichen Altersversorgung immer mehr Bedeutung zu.

4. Fürsorge- und/oder Entgeltcharakter

Die ersten betrieblichen Versorgungseinrichtungen wurden von den Arbeitgebern aufgrund des Fehlens von sozialen Sicherungssystemen im Alter eingerichtet. Sie sollten verhindern, dass die aus dem Erwerbsleben ausgeschiedenen Arbeitnehmer Wohlfahrtsleistungen in Anspruch nehmen mussten. Außerdem wurde den Familien die Versorgung der ausgeschiedenen Arbeitnehmer im Alter ermöglicht.

Heute steht der Entgeltcharakter der betrieblichen Altersversorgung im Vordergrund. Sie wird als Gegenleistung des Arbeitgebers für die erbrachte bzw. erwartete Betriebstreue des Arbeitnehmers angesehen. Auch die Einführung der Unverfallbarkeitsbestimmungen (→ *Unverfallbarkeit*), die Insolvenzsicherung durch den → *Pensions-Sicherungs-Verein aG* sowie die Anpassungsprüfungspflicht gem. § 16 BetrAVG (→ *Anpassung*) sind Ausdruck des Entgeltcharakters der betrieblichen Altersversorgung. Der Entgeltcharakter wurde insbesondere auch durch die Rechtsprechung des Europäischen Gerichtshofes manifestiert.

E. Finanzierung

Die Finanzierung der Altersversorgung kann über fünf verschiedene → *Durchführungswege* erfolgen: Unmittelbar über den Arbeitgeber (vgl. → *unmittelbare Versorgungszusage*), über eine → *Direktversicherung*, einen → *Pensionsfonds*, eine → *Pensionskasse* oder eine → *Unterstützungskasse*.

F. Art der Zusage

Neben der → *Leistungszusage* kann eine betriebliche Altersversorgung durch den Arbeitgeber über eine → *beitragsorientierte Leistungszusage* oder eine → *Beitragszusage mit Mindestleistung* gewährt werden. Auch umfasste Zusagen (→ *Umfassung*) zählen zur betrieblichen Altersversorgung. Mit dem Betriebsrentenstärkungsgesetz wurde die reine → *Beitragszusage* eingeführt.

G. Aufsichtsrechtliche Vorschriften

Bei der betrieblichen Altersversorgung müssen die engen Vorschriften des Betriebsrentengesetzes beachtet werden. Darüber hinaus unterliegen die Durchführungswege Direktversicherung, Pensionskasse und Pensionsfonds der Aufsicht der → *Bundesanstalt für Finanzdienstleistungsaufsicht (BaFin)*. Direktzusagen und Unterstützungskassen unterliegen keiner staatlichen Aufsicht.

H. Mitbestimmung

Da die betriebliche Altersversorgung eine freiwillige Leistung des Arbeitgebers ist, kann der Betriebsrat nicht die Einführung einer solchen verlangen. Anders ist dies bei dem seit dem 01. Januar 2002 geltenden Rechtsanspruch auf Entgeltumwandlung und der seit dem 01. Januar 2018 geltenden reinen Beitragszusage, die auf einem Tarifvertrag basiert.

Das Mitbestimmungsrecht (→ *Mitbestimmung*) des Betriebsrates ist im BetrVG geregelt, Rechte und Pflichten der Tarifvertragsparteien werden im Tarifvertragsgesetz (TVG) aufgeführt.

I. Gründe für die Gewährung

1. Personalpolitische Gründe

Durch die Einführung und Gewährung einer betrieblichen Altersversorgung übernimmt der Arbeitgeber (Teil-)Verantwortung für die sozialen Belange seiner Arbeitnehmer. Eine attraktive betriebliche Altersversorgung kann zu einer längerfristigen Bindung der Arbeitnehmer an das Unternehmen führen. Hierdurch können Fluktuationskosten vermieden werden.

Gleichzeitig stellt das Vorhandensein einer betrieblichen Altersversorgung ein bedeutendes Argument für den Wettbewerb um qualifizierte Mitarbeiter dar. Die Attraktivität des Unternehmens auf dem Arbeitsmarkt wird erheblich gesteigert.

Die Gewährung einer betrieblichen Altersversorgung als zusätzliche finanzielle Absicherung im → *Versorgungsfall* kann nachhaltig motivierend auf die Arbeitnehmer wirken. Dies führt zu einer Verbesserung der Position des Unternehmens im Wettbewerb.

2. Finanzwirtschaftliche Gründe

Aufgrund der Vielfalt in der betrieblichen Altersversorgung und der daraus resultierenden Auswirkungen auf Bilanz, Kapitalausstattung, Finanzierungseffekte etc. kommt der Wahl des geeigneten Durchführungsweges erhebliche Bedeutung zu.

3. Gesetzliche Verpflichtung

Seit dem 01. Januar 2002 ist der Arbeitgeber verpflichtet, eine betriebliche Altersversorgung im Wege der Entgeltumwandlung anzubieten, wenn der Arbeitnehmer dies verlangt (§ 1a BetrAVG). Durch den Verzicht auf Barlohn finanzieren die Arbeitnehmer die betriebliche Altersversorgung selbst.

Ab dem 01. Januar 2018 kann durch einen Tarifvertrag eine Verpflichtung eines Arbeitgebers auf Zahlung von Beiträgen an einen versicherungsförmigen Durchführungsweg der betrieblichen Altersversorgung in Form einer reinen Beitragszusage entstehen (§ 1 Absatz 2 Nr. 2a BetrAVG).

Betriebliche Übung

Aus § 1b Absatz 1 Satz 4 BetrAVG ergibt sich, dass → *Versorgungsverpflichtungen* auch durch betriebliche Übung entstehen können. Nach dieser Vorschrift stehen Versorgungsverpflichtungen, die auf betrieblicher Übung beruhen, Versorgungsverpflichtungen aus einer Versorgungszusage gleich.

WICHTIG!

Da Versorgungsverpflichtungen auch durch betriebliche Übung entstehen können, empfiehlt es sich bei der Erbringung von Versorgungsleistungen ohne dauerhaften Bindungswillen, ausdrücklich einen Freiwilligkeitsvorbehalt vorzusehen.

Nach dem BAG (siehe u. a. BAG vom 23.04.2002 – 3 AZR 224/01, Der Betrieb 2002, 2603) ist unter betrieblicher Übung ein gleichförmiges und wiederholtes Verhalten des Arbeitgebers zu verstehen, das den Inhalt der Arbeitsverhältnisse gestaltet und geeignet ist, vertragliche Ansprüche auf eine Leistung zu begründen, wenn die Arbeitnehmer aus dem Verhalten des Arbeitgebers schließen durften, ihnen werde die Leistung auch künftig gewährt.

Betriebsrente

Begriff für Leistungen aus einer → *betrieblichen Altersversorgung*, die der Arbeitgeber als Ergänzung zur → *gesetzlichen Rentenversicherung* als freiwillige Sozialleistung gewährt. Darüber hinaus hat der Arbeitnehmer seit dem 01.01.2002 einen Anspruch auf → *Entgeltumwandlung*. Hier kann der Arbeitnehmer von seinem Arbeitgeber die Umwandlung künftiger Entgeltansprüche bis zu 4 Prozent der jeweiligen → *Beitragsbemessungsgrenze der Sozialversicherung* der gesetzlichen Rentenversicherung für die betriebliche Altersversorgung verlangen (§ 1a Absatz 1 Satz 1 BetrAVG). Mit der Einführung der Nummer 2a in § 1 Absatz 2 BetrAVG durch das → *Betriebsrentenstärkungsgesetz* kann ein Arbeitgeber durch einen Tarifvertrag oder aufgrund eines Tarifvertrages in einer Betriebs- oder Dienstvereinbarung verpflichtet werden, Beiträge zur Finanzierung von Leistungen der betrieblichen Altersversorgung an einen → *Pensionsfonds*, eine → *Pensionskasse* oder eine → *Direktversicherung* in Form einer reinen → *Beitragszusage* zu zahlen.

Die Gewährung einer Betriebsrente basiert auf einer → *Versorgungszusage* des Arbeitgebers. Danach sagt ein Arbeitgeber einem Arbeitnehmer Leistungen bei Erreichen einer bestimmten Altersgrenze, im Invaliditätsfall oder bei Tod des Arbeitnehmers dessen Hinterbliebenen zu (vgl. hierzu auch → *biometrisches Risiko*).

Die Betriebsrente kann in Form von regelmäßig wiederkehrenden Zahlungen (→ *Leibrente*, → *Zeitrente*) oder durch → *Kapitalleistungen* erbracht werden. Auch Sach- und Nutzungsleistungen (z. B. Wohnrecht in einer Werkswohnung) sowie zweckgebundene Geldleistungen (z. B. Zuschüsse zur → *Krankenversicherung der Rentner*) können zugesagt werden.

Die Finanzierung einer Betriebsrente kann unmittelbar über den Arbeitgeber (vgl. → *unmittelbare Versorgungszusage*), über eine → *Direktversicherung*, einen → *Pensionsfonds*, eine → *Pensionskasse* oder eine → *Unterstützungskasse* erfolgen.

Betriebsrentengesetz

Kurzbezeichnung für das Gesetz zur Verbesserung der betrieblichen Altersversorgung vom 19.12.1974 (BGBl. I S. 3610), zuletzt geändert durch Gesetz vom 20. Dezember 2022 (BGBl. I S. 2759).

Betriebsrentenstärkungsgesetz

Durch das Gesetz zur Stärkung der betrieblichen Altersversorgung und zur Änderung anderer Gesetze (Betriebsrentenstärkungsgesetz) vom 17. August 2017 (BGBl. I S. 3214) soll die Attraktivität der betrieblichen Altersversorgung erhöht und damit ihre Verbreitung insbesondere in den kleinen und mittelständischen Unternehmen gefördert werden.

Dies wird insbesondere durch folgende Neuerungen angestrebt:

Durch das Betriebsrentenstärkungsgesetz wurden die Voraussetzungen zur Einführung einer in Deutschland bislang im → *Betriebsrentengesetz* nicht vorhandenen reinen → *Beitragszusage* durch Tarifvertrag oder aufgrund eines Tarifvertrages in einer Betriebs- oder Dienstvereinbarung (→ *Sozialpartnermodell*) geschaffen. Bei der reinen Beitragszusage beschränkt sich die Verpflichtung des Arbeitgebers auf die Beitragszahlung; weder Arbeitgeber noch die Versorgungseinrichtung garantieren eine bestimmte Höhe einer Versorgungsleistung (→ *pay and forget*). Die Versorgungsleistung darf gem. § 22 Absatz 1 BetrAVG ausschließlich in Form von laufenden Leistungen gewährt werden; Kapitalzahlungen sind nicht zulässig. Weitergehende Verpflichtungen des Arbeitgebers (z. B. Anpassungsprüfungspflicht nach § 16 BetrAVG (→ *Anpassung*), Insolvenzsicherungspflicht nach den §§ 7 bis 15 BetrAVG aus einer reinen Beitragszusage wurden durch die Einführung des neuen § 1 Absatz 2 Nummer 2a BetrAVG explizit ausgeschlossen.

Bei der reinen Beitragszusage ist im Falle der → *Entgeltumwandlung* über einen → *Pensionsfonds*, eine → *Pensionskasse* oder eine → *Direktversicherung*, nicht jedoch bei → *Direktzusagen* und → *Unterstützungskassen*, durch den Tarifvertrag zu regeln, dass der Arbeitgeber mindestens 15 Prozent des umgewandelten Entgelts zusätzlich als Arbeitgeberzuschuss an die Versorgungseinrichtung weiterleiten muss, wenn der Arbeitgeber durch die Entgeltumwandlung Sozialversicherungsbeiträge einspart (§ 23 Absatz 2 BetrAVG). Der Arbeitgeberzuschuss ist bei neuen Entgeltumwandlungsvereinbarungen ab 2019 weiterzuleiten, bei bereits vor 2019 bestehenden Entgeltumwandlungsvereinbarungen erst ab dem Jahr 2022 (§ 26a BetrAVG).

Beruht eine → *Anwartschaft* auf → *Altersrente* auf einer reinen Beitragszusage, so ist diese sofort unverfallbar (§ 22 Absatz 2 Satz 1 BetrAVG). Weiterhin hat nach § 22 BetrAVG ein Arbeitnehmer nach Beendigung des Arbeitsverhältnisses das Recht, die Versorgung mit eigenen Beiträgen fortzusetzen (Absatz 3 Nummer 1a) oder innerhalb eines Jahres das gebildete Versorgungskapital auf eine neue Versorgungseinrichtung zu übertragen, an die Beiträge ebenfalls auf Grundlage einer reinen Beitragszusage gezahlt werden (Absatz 3 Nummer 1b).

Nichttarifgebundene Arbeitgeber und Arbeitnehmer können die Anwendung der einschlägigen tariflichen Regelungen vereinbaren (§ 24 BetrAVG).

Mit § 20 Absatz 2 BetrAVG wurde die Möglichkeit geschaffen, dass aufgrund einer Regelung im Tarifvertrag ein Arbeitgeber für alle Arbeitnehmer oder eine Gruppe von Arbeitnehmern des Unternehmens oder einzelner Betriebe eine automatische Entgeltumwandlung einführt (→ *Optionssystem*). Widerspricht der Arbeitnehmer nicht und sind die Voraussetzungen des § 20 Absatz 2 Nummer 1 und 2 BetrAVG erfüllt, so gilt das Angebot des Arbeitgebers auf Entgeltumwandlung durch den Arbeitnehmer als angenommen.

Weiterhin sieht das Betriebsrentenstärkungsgesetz u. a. Regelungen vor zur

- Einführung eines zusätzlichen Soll-Sicherungsbeitrags durch den Arbeitgeber, der im Tarifvertrag vereinbart werden soll (§ 23 Absatz 1 BetrAVG),
- Förderung von Geringverdienern (§ 100 EStG),
- Einführung eines Einkommensfreibetrags für zusätzliche Altersversorgung (§§ 82 und 90 SGB XII),
- Anhebung des steuerfreien Höchstbetrags von vier auf acht Prozent der → *Beitragsbemessungsgrenze* in der → *gesetzlichen Rentenversicherung* West für Vorsorgebeiträge an Pensionsfonds, Pensionskassen und Direktversicherungen (§ 3 Nummer 63 EStG); dafür entfällt allerdings für Zusagen, die nach dem 31. Dezember 2004 erteilt wurden, der zusätzliche Förderbetrag von 1.800 Euro (§ 3 Nummer 63 Satz 3 EStG a. F.),
- Erhöhung der Grundzulage bei der → *Riester-Rente* (§ 84 EStG). Wird eine Riester-Rente über einen → *Durchführungsweg* der betrieblichen Altersversorgung finanziert, sind die späteren Leistungen nach § 229 Absatz 1 Satz 1 Nummer 5, 2. Halbsatz SGB V von der Beitragspflicht zur Kranken- und Pflegeversicherung befreit,
- Vereinfachung der → *Vervielfältigungsregelung* (§ 3 Nummer 63 Satz 3 EStG),
- Möglichkeit der Schließung von Versorgungslücken durch Nachzahlung von Beiträgen für Zeiten von z. B. ruhenden Arbeitsverhältnissen (§ 3 Nummer 63 Satz 4 EStG).

Das Betriebsrentenstärkungsgesetz ist am 01. Januar 2018 in Kraft getreten (Abweichungen hiervon siehe Artikel 17 des Gesetzes).

Betriebsrentenstärkungsgesetz II

Das Bundesministerium für Arbeit und Soziales (BMAS) hat im Juni 2024 den Referentenentwurf des Zweiten Gesetzes zur Stärkung der betrieblichen Altersversorgung und zur Änderung anderer Gesetze (2. Betriebsrentenstärkungsgesetz) veröffentlicht.

Der Entwurf sieht u. a. Änderungen vor

- bei dem Sozialpartnermodell,
- hinsichtlich der Abfindungsgrenzen (§§ 3 und 22 Absatz 4 BetrAVG),
- bei der vorzeitigen Altersleistung (§ 6 BetrAVG),
- bzgl. der Optionssysteme sowie

zahlreiche Veränderungen im Versicherungsaufsichtsgesetz, dem Versicherungsvertragsgesetz sowie der → *Pensionsfonds-Aufsichtsverordnung (PFAV)*.

Das Gesetz soll nach der Verabschiedung in Kraft treten.

Betriebsrentner

Als Betriebsrentner wird allgemein derjenige bezeichnet, der als ehemaliger Arbeitnehmer → *Versorgungsleistungen* aus einer → *Versorgungszusage* im Rahmen der → *betrieblichen Altersversorgung* bezieht.

Vom Betriebsrentner zu unterscheiden ist der → *Versorgungsanwärter*.

Betriebsübergang

Die Rechte und Pflichten von Arbeitnehmern und Arbeitgebern bei einem Betriebsübergang regelt § 613a BGB. Die wichtigste in § 613a BGB geregelte Rechtsfolge ist, dass der Betriebserwerber in die Rechte und Pflichten der im Zeitpunkt des Betriebsübergangs bestehenden Arbeitsverhältnisse eintritt.

Demzufolge tritt der Betriebserwerber auch in die (unveränderten) Verpflichtungen aus → *Versorgungszusagen* auf Leistungen der → *betrieblichen Altersversorgung* ein. Betroffen sind allerdings nur die Versorgungszusagen aktiver Arbeitnehmer. Auf → *Versorgungsberechtigte*, die bereits mit einer → *unverfallbaren Anwartschaft* ausgeschieden sind oder Versorgungsberechtigte, die ausgeschieden sind und bereits → *Versorgungsleistungen* beziehen, erstreckt sich § 613a BGB nicht.

Besonderheiten regelt § 613a Absatz 1 Sätze 2 bis 4 BGB für Versorgungszusagen aus kollektiven Vereinbarungen (→ *kollektive Versorgungszusage*).

Bevölkerungspyramide

→ *Alterspyramide*

Bezugsberechtigter

→ *Bezugsrecht*

Bezugsberechtigter ist bei einer Versicherung im Allgemeinen derjenige, dem die Versicherungsleistung zusteht. Beim Abschluss einer z. B. → *Direktversicherung* bestimmt der Versicherungsnehmer (der Arbeitgeber), dass die vom Versicherungsunternehmen geschuldete Leistung aus dem Versicherungsvertrag an den Arbeitnehmer (Bezugsberechtigter) erbracht wird.

Bezugsgröße

Die Bezugsgröße (§ 18 Sozialgesetzbuch Viertes Buch; siehe Anhang) ist ein zentraler Wert der gesamten Sozialversicherung, aus dem andere für die einzelnen Sozialversicherungszweige relevanten Werten abgeleitet werden. Dadurch wird in den verschiedenen Zweigen der Sozialversicherung eine ggf. jeweils separat erforderliche Gesetzesänderung verhindert.

Aus der Bezugsgröße ergeben sich z. B. Beitragsbemessungsgrenzen in der Kranken- und Rentenversicherung. Sie wird jedes Jahr vom Bundesministerium für Arbeit und Soziales per Rechtsverordnung neu bestimmt und wird mit Zustimmung durch den Bundesrat festgelegt. Anschließend erfolgt eine Veröffentlichung in der Sozialversicherungs-Rechengrößenverordnung. Die Bezugsgröße ist erstmals am 01. Juli 1977 in Kraft getreten.

In Deutschland existierten im Bereich der Renten- und Arbeitslosenversicherung bis 2024 zwei Bezugsgrößen: Die Bezugsgröße „West“ für die alten Bundesländer (2024: 42.420 Euro) sowie die Bezugsgröße „Ost“ für die neuen Bundesländer (2024: 41.580 Euro), da dort das Einkommensniveau noch niedriger war.

Durch das → *Gesetz über den Abschluss der Rentenüberleitung* wurde beginnend ab dem Jahr 2019 die Bezugsgröße „Ost“ und die → *Beitragsbemessungsgrenze der Sozialversicherung* „Ost“ schrittweise an den jeweiligen West-Wert angeglichen, sodass seit dem 01. Januar 2025 im gesamten Bundesgebiet einheitliche Werte gelten.

Die Bezugsgröße wird aus dem durchschnittlichen Arbeitsentgelt aller Versicherten der gesetzlichen Rentenversicherung des vorvergangenen Jahres ermittelt. Die Bezugsgröße wird aufgerundet auf den nächsthöheren, durch 420 teilbaren Betrag und wird jährlich bekannt gegeben. Durch die Festlegung auf einen durch 420 teilbaren Betrag wird die Bezugsgröße durch fünf Arbeitstage pro Woche, sieben Tage pro Woche oder durch zwölf Monate pro Jahr teilbar und ergibt damit stets volle Eurobeträge. Sie beträgt für das Jahr 2026 47.460 Euro (2025: 44.940 Euro).

In der → *betrieblichen Altersversorgung* wird auf die Bezugsgröße z. B. in

- § 1a BetrAVG (Anspruch auf betriebliche Altersversorgung durch Entgeltumwandlung),
- § 3 BetrAVG (Abfindung)

verwiesen.

Bezugsrecht

Beim Abschluss eines Versicherungsvertrages (→ *Direktversicherung*) kann der Versicherungsnehmer (z. B. der Arbeitgeber) bestimmen, dass die vom Versicherungsunternehmen geschuldete Leistung aus dem Versicherungsvertrag an einen Dritten, z. B. dem Arbeitnehmer, erbracht wird. Dies kann bereits bei Antragstellung/Vertragsschluss oder auch später jederzeit erfolgen. Alle anderen Rechte aus dem Versicherungsvertrag verbleiben dem Versicherungsnehmer (z. B. → *Abtretung*).

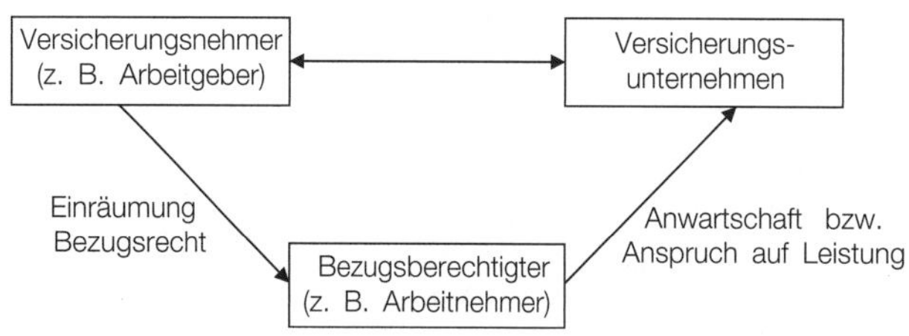

Das Bezugsrecht kann widerruflich oder unwiderruflich sein. Wurde keine ausdrückliche anderweitige Bestimmung getroffen, so liegt immer ein widerrufliches Bezugsrecht vor (§ 159 VVG). Dieses beinhaltet lediglich eine Anwartschaft auf die Versicherungsleistung. Weitere Rechte können daraus nicht abgeleitet werden. Weitere Verfügungen des Versicherungsnehmers, z. B. eine Abtretung des Versicherungsvertrages, sind jederzeit ohne Zustimmung des

→ *Bezugsberechtigten* möglich. Bei Eintritt des Versicherungsfalles geht die → *Anwartschaft* in einen → *Anspruch* über.

Die Einräumung eines unwiderruflichen Bezugsrechts muss ausdrücklich vereinbart werden. Im Gegensatz zum widerruflichen Bezugsrecht erwirbt der Bezugsberechtigte sofort einen Rechtsanspruch auf die Versicherungsleistung. Das unwiderrufliche Bezugsrecht kann nur mit Zustimmung des Bezugsberechtigten geändert werden. Auch weitere Verfügungen sind nur dann wirksam, wenn eine Genehmigung des Bezugsberechtigten vorliegt.

Merkmal	widerrufliches Bezugsrecht	unwiderrufliches Bezugsrecht
Form	schriftlich durch Versicherungsnehmer	schriftlich durch Versicherungsnehmer
Rechtsnatur	Anwartschaft; erst bei Eintritt des Versicherungsfalles Rechtsanspruch	sofortiger Rechtsanspruch
Widerruf des Bezugsrechts	jederzeit ohne Zustimmung des Bezugsberechtigten möglich	jederzeit nur mit Zustimmung des Bezugsberechtigten möglich
Rechtsstellung des Versicherungsnehmers	Gestaltungsrechte bleiben beim Versicherungsnehmer	Ansprüche des Bezugsberechtigten dürfen nicht gemindert werden

Bilanzierung (Direktzusage)

A. Allgemeines

Bei einer Direktzusage (→ *unmittelbare Versorgungszusage*) sagt der Arbeitgeber seinen Arbeitnehmern Versorgungsleistungen zu, die bei Eintritt des Versorgungsfalles vom Arbeitgeber direkt an die ausgeschiedenen Arbeitnehmer bzw. deren Hinterbliebenen gezahlt werden.

Zur Finanzierung (→ *Finanzierungsform*) der späteren Leistungen hat der Arbeitgeber Pensionsrückstellungen zu bilden. Diese stellen ungewisse Verbindlichkeiten dar und werden als Passivposten in der Bilanz berücksichtigt. Die maßgeblichen Vorschriften für die Bilanzierung von Pensionsverpflichtungen für eine Bilanz nach dem HGB wurden durch die Verabschiedung des Bilanzrechtsmodernisierungsgesetzes (BilMoG) vom 28.05.2009 mit Wirkung vom 01.01.2010 geändert.

Für Pensionsverpflichtungen sind gem. § 253 Absatz 1 Satz 1 HGB Rückstellungen für ungewisse Verbindlichkeiten zu bilden, die ebenfalls in der Steuerbilanz auszuweisen sind.

B. Steuerbilanz

Gem. § 6a Absatz 1 EStG darf eine Pensionsrückstellung nur dann gebildet werden, wenn

- der Pensionsberechtigte einen Rechtsanspruch auf einmalige oder laufende Pensionsleistungen hat (rechtsverbindliche Verpflichtung) (§ 6a Absatz 1 Nr. 1 EStG),
- die Versorgungszusage keinen schädlichen Vorbehalt vorsieht (§ 6a Absatz 1 Nr. 2 EStG) und
- die Versorgungszusage schriftlich erteilt wurde (§ 6a Absatz 1 Nr. 3 EStG).

Eine rechtsverbindliche Verpflichtung ist z. B. gegeben, wenn diese auf einer Einzelzusage, einer Gesamtzusage, einer Betriebsvereinbarung oder einem Tarifvertrag beruht.

Kann der Arbeitgeber nach freiem Belieben die Direktzusage widerrufen (siehe hierzu auch → *Widerrufsvorbehalt*), so liegt ein schädlicher Vorbehalt vor. Danach schließen z. B. die Formulierungen „freiwillig und ohne Rechtsanspruch" oder „die Leistungen sind unverbindlich" in einer Versorgungszusage die Bildung von Pensionsrückstellungen aus (R6a Absatz 3 EStR).

Die Schriftform ergibt sich bei Einzelzusagen z. B. aus der Zusage im schriftlichen Arbeitsvertrag. Bei Gesamtzusagen ist nachzuweisen, dass z. B. eine schriftliche Bekanntmachung erfolgt ist. Die Schriftform muss am Bilanzstichtag vorliegen. Bei Versorgungszusagen, die aufgrund einer betrieblichen Übung oder dem Grundsatz der Gleichbehandlung beruhen, können wegen der fehlenden Schriftform Pensionsrückstellungen nicht gebildet werden.

Handelsrechtlich ist eine Pensionsrückstellung erstmals in der Bilanz des Jahres auszuweisen, in dem die Direktzusage erteilt wurde. Gem. § 6a Absatz 2 Nr. 1 EStG darf für Versorgungszusagen ab 2018 eine Pensionsrückstellung aber frühestens für das Wirtschaftsjahr gebildet werden, bis zu dessen Mitte der Pensionsberechtigte das 23. Lebensjahr vollendet, oder für das Wirtschaftsjahr, in dessen Verlauf die Versorgungsanwartschaft gemäß den Vorschriften des Betriebsrentengesetzes unverfallbar wird (siehe hierzu auch → *unverfallbare Versorgungsanwartschaft*). Bei Versorgungszusagen bis zum 31.12.2000 galt ein Mindestalter 30; bei Versorgungszusagen bis zum 31.12.2008 galt ein Mindestalter 28; bei Versorgungszusagen bis zum 31.12.2017 galt ein Mindestalter 27 (siehe § 52 Absatz 13 EStG).

Eine Pensionsrückstellung darf gem. § 6a Absatz 3 Satz 1 EStG höchstens mit dem Teilwert der Pensionsverpflichtung angesetzt werden. Bei der Ermittlung des Teilwerts sind ein Rechnungszins von 6 % und die anerkannten Regeln der Versicherungsmathematik anzuwenden.

Die Pensionsrückstellung darf in einem Wirtschaftsjahr höchstens um den Unterschied zwischen dem Teilwert der Pensionsverpflichtung am Schluss des Wirtschaftsjahres und am Schluss des vorangegangenen Wirtschaftsjahres erhöht werden (§ 6a Absatz 4 Satz 1 EStG). Erfolgt in einem Wirtschaftsjahr keine Zuführung in Höhe dieses Unterschiedsbetrages, so darf die Zuführung nicht nachgeholt werden.

WICHTIG!

Wird in einem Wirtschaftsjahr nicht in Höhe des Unterschieds des Teilwerts der Pensionsverpflichtung am Schluss des Wirtschaftsjahres und am Schluss des vorangegangenen Wirtschaftsjahres zugeführt, ist eine spätere Nachholung nicht zulässig.

Der Berechnung der Pensionsrückstellungen liegen statistische Auswertungen über die Lebenserwartung der Menschen in Deutschland zugrunde. Diese Untersuchungen werden in sogenannten Sterbetafeln erfasst, die sich aufgrund steigender Lebenserwartungen ändern. Hierauf ist ein Teil der Teilwerterhöhung zum Bilanzstichtag eines Jahres zurückzuführen, wenn im vorangegangenen Jahr eine neue Sterbetafel angewandt wurde. Soweit der Unterschiedsbetrag der Teilwerte der Versorgungszusage zum Bilanzstichtag und dem vorangegangenen Bilanzstichtag auf einer erstmaligen Anwendung neuer oder geänderter Rechnungsgrundlagen (Sterbetafeln) beruht, kann er nur auf mindestens drei Wirtschaftsjahre gleichmäßig verteilt der Pensionsrückstellung zugeführt werden.

Die Bildung von Rückstellungen führt zu einer Minderung des steuerpflichtigen Gewinns des Unternehmens. Diese Steuerminderung stellt allerdings keine Steuerersparnis, sondern lediglich eine Steuerstundung dar, da die Rückstellungen ab Zahlung der Versorgungsleistungen oder bei Wegfall der Verpflichtung gewinnerhöhend wieder aufgelöst werden müssen.

Während der Dienstzeit des Arbeitnehmers hat eine Rückstellungsbildung für den Arbeitnehmer keine steuerliche Konsequenz. Der Bezug der Versorgungsleistungen ist vom Versorgungsempfänger als nachträglicher Arbeitslohn gem. § 19 Absatz 1 Satz 1 Nr. 2 EStG zu versteuern (siehe hierzu auch → *nachgelagerte Besteuerung*).

C. Handelsbilanz nach deutschem HGB

Für Pensionsverpflichtungen sind gem. § 253 Absatz 1 Satz 1 HGB (§ 249 HGB a. F., d. h. für Bilanzabschlüsse bis 31.12.2009) Rückstellungen für ungewisse Verbindlichkeiten zu bilden, wobei seit dem 01.01.2010 auf den notwendigen Erfüllungsbetrag abgestellt werden muss. Damit sind zukünftige erwartete Preis- und Kostensteigerungen (Gehaltssteigerung, Rentenanpassung nach § 16 BetrAVG [Inflation]) bei der Ermittlung der Pensionsverpflichtung zwingend zu berücksichtigen, während es bis zum 31.12.2009 zulässig war, den steuerlichen Wertansatz gem. § 6a EStG auch in der Handelsbilanz nach HGB anzusetzen.

Die versicherungsmathematische Bewertungsmethode ist nicht gesetzlich vorgegeben, doch es ist zu beobachten, dass die aus der internationalen Rechnungslegung bekannte Anwartschaftsbarwertmethode (Projected Unit Credit Method) angewendet wird, da die steuerliche Teilwertmethode einige konzeptionelle Nachteile aufweist.

Der Rechnungszinssatz wird über Rückstellungsabzinsungsverordnung fixiert. Gem. § 253 Absatz 2 HGB sind Rückstellungen für Altersversorgungsverpflichtungen mit dem ihrer Restlaufzeit entsprechenden durchschnittlichen Marktzinssatz der vergangenen zehn Geschäftsjahre abzuzinsen. Der Betrachtungszeitraum betrug bis zur Änderung aufgrund des Gesetzes zur Umsetzung der Wohnimmobilienkreditrichtlinie und zur Änderung handelsrechtlicher Vorschriften vom 16. März 2016 (BGBl. I S. 396 ff.) sieben Jahre, d. h. im Wesentlichen für Bilanzabschlüsse bis 31.12.2015. Die Abzinsungssätze werden von der Deutschen Bundesbank ermittelt und monatlich veröffentlicht. Da grundsätzlich der Einzelbewertungsgrundsatz gilt, müsste für jede einzelne Pensionsverpflichtung die entsprechende Restlaufzeit ermittelt werden und anschließend mit diesem individuellen Zinssatz bewertet werden. Da dies einen unverhältnismäßig hohen Aufwand mit sich bringen würde, besteht für Pensionsverpflichtungen das Vereinfachungswahlrecht, dass für alle Pensionsverpflichtungen der Marktzinssatz zugrunde gelegt werden kann, der sich bei einer Restlaufzeit von 15 Jahren ergibt (§ 253 Absatz 2 Satz 2 HGB).

Durch das BilMoG wurde eine Saldierungspflicht eingeführt, falls ein reserviertes Pensionsvermögen besteht, das ausschließlich zur Erfüllung der Pensionsverpflichtungen zur Verfügung steht und das dem Zugriff aller Gläubiger entzogen ist (z. B. CTA, verpfändete Rückdeckungsversicherung). Das Pensionsvermögen ist zum Bilanzstichtag mit dem Zeitwert zu bewerten und mit den Pensionsverpflichtungen zu saldieren. Eine etwaige Überdeckung ist als Aktivwert auszuweisen und stellt eine Ausschüttungssperre dar.

Der Unterschiedsbetrag zwischen der Pensionsrückstellung nach HGB a. F. (bis 31.12.2009) und HGB n. F. (ab 01.01.2010) ist ergebniswirksam zu berücksichtigen, wobei ein etwaiger Zuführungsbetrag über einen Zeitraum von maximal 15 Jahren bis zum 31.12.2024 verteilt werden kann (Mindestbetrag in jedem Jahr jedoch 1/15 des ursprünglichen Unterschiedsbetrags); eine schnellere Ansammlung (auch sofortige Berücksichtigung) ist möglich.

D. Handelsbilanz nach internationalen Rechnungslegungsvorschriften

Die Vorschriften für die Bilanzierung von Pensionsverpflichtungen in der Handelsbilanz nach internationalen Rechnungslegungsvorschriften waren ein Referenzpunkt für die neuen Bilanzierungsregeln im Rahmen des BilMoG. Während im Rahmen der internationalen Bilanzierung das versicherungsmathematische Verfahren festgelegt ist (Anwartschaftsbarwertmethode = Projected Unit Credit Method), richtet sich der Abzinsungssatz „etwas“ unbestimmt nach der Rendite für erstklassige Unternehmensanleihen, die eine Restlaufzeit entsprechend der Restlaufzeit der Verpflichtungen besitzen. Somit ist es durchaus üblich, dass zwei Unternehmen ihre Pensionsverpflichtungen mit leicht unterschiedlichen Abzinsungssätzen diskontieren.

Für den Bilanzausweis sind je nach Rechnungslegungsvorschrift verschiedene Wertansätze zulässig.

1. Bilanzierung nach IFRS (IAS 19)

Für den Bilanzausweis nach IFRS kann zwischen der

- sofortigen ergebniswirksamen Berücksichtigung des Unterschieds zwischen dem planmäßig weiterentwickelten Bilanzwert und der ggf. mit reserviertem Pensionsvermögen saldierten Pensionsverpflichtung zu Jahresende und
- sofortigen ergebnisunwirksamen Berücksichtigung des Unterschieds zwischen dem planmäßig weiterentwickelten Bilanzwert und der ggf. mit reserviertem Pensionsvermögen saldierten Pensionsverpflichtung zu Jahresende durch Verrechnung des Unterschiedsbetrags im Other Comprehensive Income (OCI),

gewählt werden. Die ergebnisunwirksame Verrechnung wird fast ausnahmslos in der Praxis angewendet; bis zur Neufassung des IAS 19 ab dem Wirtschaftsjahr 2013 war die sog. Korridormethode ebenfalls gebräuchlich.

Der planmäßige weiterentwickelte Bilanzwert besteht aus den Komponenten Service Cost (Dienstzeitaufwand für den Erwerb von Anwartschaften im laufenden Bilanzjahr), Interest Cost (Zinsaufwand, da die bisherigen Pensionsverpflichtungen nun ein Jahr näher an ihre Fälligkeit „wandern“ werden), expected Return on Assets (erwarteter Vermögensertrag für das reservierte Pensionsvermögen) und den Rentenzahlungen, wobei die Rentenzahlungen nicht ergebniswirksam mit dem Bilanzwert verrechnet werden.

Am 16.06.2011 wurden die bisherigen Regelungen zu IAS 19 überarbeitet. Die Anwendung der neuen Vorschriften waren spätestens ab dem 01.01.2013 verpflichtend. Die wesentlichen Neuerungen sind, dass zukünftig nur noch die o.g. dritte Methode (Verrechnung im OCI) Anwendung findet. In der Ergebnisrechnung wird statt der subjektiven Einschätzung zu den erwarteten Vermögenserträgen von gesondertem Pensionsvermögen der Diskontierungszinssatz als erwarteter Vermögensertrag angesetzt. Hinzu kommen erweiterte Berichtspflichten zur Ausgestaltung der Pensionszusagen.

2. Bilanzierung nach US-GAAP (Codification Topic 715 ehemals SFAS 87, 88, 132, 158)

Die Bilanzierung nach US-GAAP stellt eine Abwandlung der Optionen nach IFRS dar. Der Bilanzausweis erfolgt immer als Unterschied zwischen der ggf. mit reserviertem Pensionsvermögen saldierten Pensionsverpflichtung zu Jahresende (Verrechnung im OCI nach IFRS). Der Unterschiedsbetrag zwischen dem planmäßig weiterentwickelten Bilanzwert und dem Bilanzwert ist entweder ergebniswirksam zu berücksichtigen oder zunächst ergebnisunwirksam und dann im Rahmen des Korridorverfahren in den Folgejahren wieder ergebniswirksam zu berücksichtigen.

Die Aufwandsermittlung erfolgt analog zu IFRS.

Bilanzierung (mittelbare Zusagen)

A. Allgemeines

B. Steuerbilanz

C. Handelsbilanz nach deutschem HGB

D. Handelsbilanz nach internationalen Rechnungslegungsvorschriften

A. Allgemeines

Bei einer mittelbaren Zusage (vgl. hierzu → *mittelbare Versorgungszusage*) sagt der Arbeitgeber seinen Arbeitnehmern Versorgungsleistungen zu, die bei Eintritt des Versorgungsfalles nicht vom Arbeitgeber, sondern dem von dem Arbeitgeber ausgewählten Versorgungsträger an die ausgeschiedenen Arbeitnehmer bzw. deren Hinterbliebenen gezahlt werden.

Zur Finanzierung (→ *Finanzierungsform*) der späteren Leistungen hat der Arbeitgeber Beiträge an den mittelbaren Versorgungsträger zu entrichten. Diese stellen Aufwand dar und mindern den Gewinn.

B. Steuerbilanz

Gem. R6a Absatz 15 EStR darf keine Pensionsrückstellung gebildet werden, wenn die Versorgungsleistung über einen mittelbaren Versorgungsträger (→ *Direktversicherung*, Pensions-/Unterstützungskasse oder → *Pensionsfonds*) finanziert werden soll.

Die Beiträge zu dem mittelbaren Versorgungsträger sind nahezu unbegrenzt steuerlich abzugsfähig bei Direktversicherung, Pensionskasse und Pensionsfonds während für Beiträge zu Unterstützungskassen detaillierte Vorschriften (§ 4d EStG) bestehen.

Während die Beiträge des Arbeitgebers für diesen in voller Höhe Betriebsausgaben darstellen, gibt es bei Direktversicherung, Pensionskasse bzw. Pensionsfonds detaillierte Vorschriften für die steuerliche Einordnung dieser Beiträge für den Begünstigten.

C. Handelsbilanz nach deutschem HGB

Dem Steuerrecht folgend, sind in der Handelsbilanz keine Pensionsrückstellungen bei einer mittelbaren Versorgungszusage zu bilden.

D. Handelsbilanz nach internationalen Rechnungslegungsvorschriften

Im Gegensatz zur Handelsbilanz nach HGB unterscheidet die internationale Rechnungslegung nicht zwischen unmittelbaren und mittelbaren Versorgungsverpflichtungen, sondern zwischen einer Beitragszusage (→ *Defined Contribution*) und einer Leistungszusage (→ *Defined Benefit*). Bei Letzteren ist lediglich der Beitrag als Aufwand auszuweisen, während bei Leistungszusagen eine vollständige Bewertung der Pensionsverpflichtung zu erfolgen hat.

Trotz der Einstandspflicht des Arbeitgebers können viele mittelbare Versorgungszusagen als Beitragszusage eingeordnet werden. Lediglich bei speziellen Tarifen von Pensionskassen, bei Pensionsfonds mit Nachschusspflicht und bei nicht rückgedeckten Zusagen über eine Unterstützungskasse kann eine Defined Benefit-Bilanzierung angezeigt sein. In diesem Falle ist analog den Vorschriften für die Bilanzierung einer unmittelbaren Pensionsverpflichtung vorzugehen, d. h. der Pensionsverpflichtung wird das angesammelte Pensionsvermögen im mittelbaren Versorgungsträger gegenübergestellt und entsprechend ausgewiesen.

Biometrisches Risiko

A. Allgemeines

B. Die biometrischen Risiken

1. Altersversorgung
2. Hinterbliebenenversorgung
3. Invaliditätsversorgung

C. Betriebliche Altersversorgung

A. Allgemeines

Gewährt der Arbeitgeber einem Arbeitnehmer anlässlich eines Arbeitsverhältnisses eine Zusage auf Leistungen der → *betrieblichen Altersversorgung*, dann knüpfen diese Leistungen an ein biometrisches Risiko an. Biometrische Risiken sind das Erreichen eines bestimmten Alters (Altersversorgung), der Tod (Hinterbliebenenversorgung) oder der Eintritt der Invalidität (Invaliditätsversorgung).

B. Die biometrischen Risiken

1. Altersversorgung

Scheidet der Arbeitnehmer bei Erreichen einer bestimmten → *Altersgrenze* (altersbedingt) aus dem Unternehmen aus, erhält er bei Vorliegen einer → *Versorgungszusage*, die das biometrische Ereignis Alter absichert, Leistungen aus einer → *Altersversorgung*. Als Untergrenze für die Gewährung von betrieblichen Altersversorgungsleistungen gilt in der Regel das 60. Lebensjahr. Berufsspezifische frühere → *Altersgrenzen* sind vereinzelt üblich und in Betriebsvereinbarungen, Gesetzen oder Tarifverträgen geregelt. Keine betriebliche Altersversorgung liegt bei einzelvertraglichen Vereinbarungen vor, wenn sie Leistungen vor Erreichen des 60. Lebensjahres vorsieht.

2. Hinterbliebenenversorgung

Eine betriebliche Versorgungszusage kann bei Tod des Arbeitnehmers auch → *Hinterbliebenenleistungen* für Ehegatten, Kinder und – allerdings nicht der Regelfall – an den Lebensgefährten vorsehen. Vereinzelt sehen Versorgungsregelungen auch Leistungen an Eltern oder Geschwister vor (zur steuerlichen Problematik siehe Versorgungsleistung, B. 3.). Neuerdings wird auch die Frage nach Hinterbliebenenleistungen für eingetragene Lebenspartnerschaften im Sinne des Lebenspartnerschaftsgesetzes diskutiert.

3. Invaliditätsversorgung

Wird der Arbeitnehmer invalide und erhält er aufgrund des Eintritts dieses biometrischen Ereignisses → *Versorgungsleistungen* aus einer betrieblichen Altersversorgung, so liegt eine Invaliditätsversorgung vor (→ *Invaliditätsleistung*).

C. Betriebliche Altersversorgung

Eine betriebliche Altersversorgung liegt dann grundsätzlich vor, wenn mindestens eines dieser genannten biometrischen Risiken abgesichert ist.

Beispiel:

Es liegt keine betriebliche Altersversorgung vor, wenn ein 30-jähriger Arbeitnehmer anstelle einer Gehaltserhöhung mit dem Arbeitgeber Beitragszahlungen in einen Investmentfonds vereinbart, dessen Kapitalanteile dann nach 20 Jahren an den Arbeitnehmer ausgezahlt werden sollen. Hier fehlt die Absicherung eines biometrischen Risikos.

Darüber hinaus muss die Versorgungsleistung an eines der biologischen Ereignisse anknüpfen. Sind diese Voraussetzungen nicht erfüllt, liegt keine steuerlich anzuerkennende betriebliche Altersversorgung vor.

Blankettzusage

Von Blankettzusage wird gesprochen, wenn sich der Arbeitgeber verpflichtet, → *Versorgungsleistungen* zu erbringen, ohne dass diese bereits im Einzelnen konkretisiert werden. Der Arbeitgeber erteilt also eine → *Versorgungszusage*, die inhaltlich noch auszugestalten ist.

BOLZ

Abkürzung für die → *beitragsorientierte Leistungszusage* gem. § 1 Absatz 2 Nummer 1 BetrAVG.

BRSG

Abkürzung für das am 01.01.2018 in Kraft getretene → *Betriebsrentenstärkungsgesetz*.

BRSG II

Abkürzung für das → *Betriebsrentenstärkungsgesetz II*.

Bruttoumwandlung

→ *Eichel-Förderung*

Bundesanstalt für Finanzdienstleistungsaufsicht (BaFin)

Kreditinstitute, Finanzdienstleister, Versicherungsunternehmen und der Wertpapierhandel unterliegen der staatlichen Aufsicht durch die Bundesanstalt für Finanzdienstleistungsaufsicht (BaFin). Sie ist zum 01.05.2002 gegründet worden. Die BaFin vereinigt die ehemaligen Bundesaufsichtsämter für das Kreditwesen, für das Versicherungswesen und den Wertpapierhandel unter sich. Sie beaufsichtigt Einrichtungen, die ihren Sitz in Deutschland haben. Hierzu gehören auch die → *Pensionskassen*. Seit Anfang 2002 werden auch → *Pensionsfonds* von der BaFin beaufsichtigt.

Ziele der BaFin sind die Zahlungsfähigkeit von Banken, Finanzdienstleistungsinstituten und Versicherungsunternehmen zu sichern sowie die Kunden und Anleger zu schützen. Darüber hinaus erfolgt eine Marktaufsicht, um das Vertrauen der Anleger in die Kapitalmärkte zu wahren.

Mit der Aufsicht über die Versicherungsunternehmen sollen die

- Belange der Versicherten ausreichend gewahrt und dabei
- sichergestellt werden, dass die Zahlungsverpflichtungen der beaufsichtigten Unternehmen jederzeit erfüllbar sind.

Vom 01.05.2002 an war die BaFin die staatliche Behörde, die auch die → *Zertifizierung* von → *Altersvorsorge-* und → *Basisrentenverträgen* vorgenommen hat. Am 01.07.2010 ging diese Aufgabe auf das → *Bundeszentralamt für Steuern (BZSt)* über.

Die vom ehemaligen Bundesaufsichtsamt für das Versicherungswesen – als Vorgängerbehörde der BaFin – und der BaFin als Zertifizierungsstellen bis zum 30.06.2010 zertifizierten Altersvorsorge- und Basisrentenverträge bleiben auch nach dem Wechsel der Zuständigkeit zum BZSt wirksam.

Bundeszentralamt für Steuern (BZSt)

Das Bundeszentralamt für Steuern (BZSt) ist eine Bundesoberbehörde unter der Aufsicht des Bundesministeriums der Finanzen (BMF). Sie ist die Nachfolgebehörde des Bundesamtes für Finanzen (BfF) und wurde zum 01. Januar 2006 eingerichtet. Das BZSt ist für die Überwachung des Rentenbezugsmitteilungsverfahrens zuständig und übt die Fachaufsicht über die → *zentrale Stelle* aus, an die die Rentenbezugsmitteilungen zu übersenden sind.

Seit Mai 2008 vergibt das BZSt jedem Deutschen eine eindeutige Steuer-Identifikationsnummer.

Zum 01.07.2010 hat das BZSt die → *Zertifizierung* von → *Altersvorsorge-* und → *Basisrentenverträgen* (vgl. § 3 Absatz 1 Altersvorsorgeverträge-Zertifizierungsgesetz – AltZertG) von der → *Bundesanstalt für Finanzdienstleistungsaufsicht (BaFin)* übernommen (vgl. § 14 Absatz 5 AltZertG).

Aufgrund des steuerrechtlichen Schwerpunkts dieser staatlichen Sonderaufgabe hat der Gesetzgeber die Zertifizierungsaufgaben auf das BZSt verlagert. Die Zertifizierung der Altersvorsorge- und Basisrentenverträge ist Voraussetzung für die steuerliche Förderung von Altersvorsorgebeiträgen als Sonderausgaben bei der Einkommensteuerveranlagung und für die Gewährung der staatlichen Zulage bei der Riesterrente.

Das BZSt prüft die von den Anbietern vorgelegten Antragsformulare, Checklisten (Erläuterungen zu den Vertragsbedingungen) und Vertragsmuster. Die Prüfung der Vertragsmuster erfolgt auf Grundlage des AltZertG und dem Einkommensteuergesetz (EStG). Jedes hierbei von den Anbietern vorgelegte und den Zertifizierungskriterien entsprechende Vertragsmuster erhält ein Zertifikat mit einer Zertifizierungsnummer.

Die Zertifizierungsstelle prüft allerdings nicht die wirtschaftliche Tragfähigkeit, ob die Zusage des Anbieters erfüllbar ist und ob die Vertragsbedingungen zivilrechtlich wirksam sind (vgl. § 3 Absatz 3 AltZertG).

Sämtliche zertifizierten Verträge werden im Bundessteuerblatt veröffentlicht. Zusätzlich wird vom BZSt eine Datei mit den veröffentlichten Zertifikaten zur Verfügung gestellt.

Die vom ehemaligen Bundesaufsichtsamt für das Versicherungswesen – als Vorgängerbehörde der BaFin – und der BaFin als Zertifizierungsstellen bis zum 30.06.2010 zertifizierten Altersvorsorge- und Basisrentenverträge bleiben auch nach dem Wechsel der Zuständigkeit zum BZSt wirksam.

Das BZSt ist auch zuständig für die Gewährung der Altersvorsorgezulage (→ *Zulage*) gem. den §§ 79–99 EStG. Hierfür bedient sich das BZSt der → *Zentrale Zulagenstelle für Altersvermögen (ZfA)*.

BZML

Abkürzung für die → *Beitragszusage* mit Mindestleistung gem. § 1 Absatz 2 Nummer 2 BetrAVG.

Chancen-Risiko-Klassifizierung

→ *Produktinformationsstelle Altersvorsorge (PIA)*

Contractual Trust Arrangements (CTA)

A. Allgemeines

B. Ausgestaltung

C. Sonstiges

A. Allgemeines

Durch die Schaffung eines Contractual Trust Arrangements (CTA) verfolgt der Arbeitgeber in der Regel das Ziel der → *Auslagerung von Pensionsverpflichtungen* aus der internationalen Bilanz. Ein CTA ist dabei ein Modell zur Schaffung von sog. Planvermögen, das mit den → *Pensionsverpflichtungen* verrechnet werden kann. CTAs sind darüber hinaus auch eine Möglichkeit zur privatrechtlichen → *Insolvenzsicherung*.

B. Ausgestaltung

Die Ausgestaltung von CTAs ist in der Regel recht komplex und bedarf daher meist der Unterstützung durch einen fachlichen Berater. Die Ausgestaltung kann auf verschiedene Weise erfolgen. Vereinfacht lässt sie sich wie folgt darstellen:

Es wird Vermögen (Sicherungsvermögen) auf einen Treuhänder übertragen. Der Treuhänder hat dieses Vermögen so zu verwalten, dass es der Erfüllung der Versorgungsverpflichtungen des Unternehmens dient. Hierzu besteht zwischen Arbeitgeber (Treugeber) und Treuhänder eine entsprechende Treuhandabrede. Der Treuhänder wird zwar formalrechtlich Eigentümer des übertragenen Vermögens, wirtschaftlicher Eigentümer bleibt aber der Arbeitgeber.

Zwischen Arbeitnehmer und Treuhänder wird in der Regel eine Sicherungstreuhand gebildet. Zugunsten der versorgungsberechtigten Arbeitnehmer wird der Rückübertragungsanspruch hinsichtlich des Sicherungsvermögens des Arbeitgebers gegen den Treuhänder verpfändet oder ein Vertrag zugunsten Dritter (versorgungsberechtigte Arbeitnehmer) abgeschlossen.

C. Sonstiges

Ein CTA unterliegt nach herrschender Meinung nicht der Versicherungs- oder Bankenaufsicht. Die BaFin vertritt diesbezüglich in ihrem entsprechenden Merkblatt vom November 2005 eine differenzierte Auffassung. Danach betreibt der Treuhänder im Rahmen eines CTA regelmäßig erlaubnispflichtige Bankgeschäfte, soweit er das Treuhandvermögen in Finanzinstrumente gemäß § 1 Absatz 11 KWG investiert. Allerdings stellt die BaFin klar, dass aufgrund des sogenannten Konzernprivilegs gemäß § 2 Absatz 1 Nr. 7 KWG jedenfalls Treuhandlösungen, bei denen keine außerhalb des Konzerns stehenden Unternehmen einbezogen sind, nicht unter die Erlaubnispflicht fallen.

Die Bildung des Sicherungsvermögens ist nach herrschender Meinung außerdem nicht mitbestimmungspflichtig, insbesondere handelt es sich nicht um eine Frage der Lohngestaltung gemäß § 87 Absatz 1 Nr. 10 BetrVG und auch nicht um eine soziale Einrichtung gemäß § 87 Absatz 1 Nr. 8 BetrVG.

Im Falle der Insolvenz des Arbeitgebers (Treugebers) erfolgt der lohnsteuerliche Zufluss für den Versorgungsberechtigten erst im Zeitpunkt der entsprechenden Auszahlung der Versorgungsleistung und nicht bereits bei Eintritt der Insolvenz (§ 3 Nr. 65 EStG).

Dauerzulageantrag

Der Zulageberechtigte kann die → *Förderung* für den Aufbau eines zusätzlichen kapitalgedeckten → *Altersvorsorgevermögens* durch einen → *Sonderausgabenabzug* (§ 10a EStG) geltend machen und zusätzlich die vom Staat gewährte → *Altersvorsorgezulage* (§ 83 EStG) mit einem → *Zulageantrag* beantragen. Dieser Zulageantrag musste anfangs jährlich neu gestellt werden.

Durch das → *AltEinkG* wurde für die sog. → *Riester-Rente* auch das Antragsverfahren für die Zulagen durch Einführung eines sogenannten Dauerzulageantrags vereinfacht. Gem. § 89 Absatz 1a EStG kann der Zulageberechtigte seine(n) Anbieter schriftlich bevollmächtigen, für ihn jedes Jahr durch einen entsprechenden Datensatz einen Zulageantrag bei der → *Zulagenstelle* zu stellen. Damit muss ein Zulageberechtigter nicht mehr jährlich von neuem einen Zulageantrag ausfüllen und an seinen Anbieter senden. Eine einmalige Bevollmächtigung,

z. B. bei Vertragsabschluss, aber auch später im Rahmen des Zulageantrags, ist ausreichend.

Ein Widerruf der Bevollmächtigung ist bis zum Ablauf des Beitragsjahres, für das der Anbieter keinen Antrag auf Zulage stellen soll, gegenüber seinem Anbieter zu erklären.

Änderungen der Daten des Zulageberechtigten, die sich auf den Zulagenanspruch auswirken (z. B. Geburt eines Kindes; siehe auch → *Kinderzulage*), sind dem Anbieter mitzuteilen.

Der Zulageberechtigte muss auch seine beitragspflichtigen Einnahmen oder seine Besoldung nicht mehr im Zulageantrag angeben. Aufgrund § 91 Absatz 1 EStG kann die Zulagenstelle zur Ermittlung des → *Mindesteigenbeitrags* diese Daten bei den Trägern der → *gesetzlichen Rentenversicherung* erheben.

Die Regelungen des AltEinkG traten grundsätzlich zum 01.01.2005 in Kraft. Mit dem Dauerzulageantrag konnten dann aber auch die Zulagen für die Beitragsjahre 2003 und 2004 beantragt werden.

Deferred Compensation

Arbeitnehmerfinanzierte Form der → *betrieblichen Altersversorgung*, bei der Teile des Bruttoeinkommens in eine wertgleiche → *Anwartschaft* auf → *Versorgungsleistungen* umgewandelt werden. Die Umwandlung kann einmalig, wiederkehrend oder laufend stattfinden. Deferred Compensation (aufgeschobene Vergütung) bezeichnet somit eine betriebliche → *Versorgungszusage*, die durch einen Verzicht des Arbeitnehmers auf Barbezüge definiert wird. Die Umwandlung erfolgt aus unversteuertem Einkommen in der Ansparphase. Damit erfolgt eine Besteuerung in der Leistungsphase (→ *nachgelagerte Besteuerung*), die i. d. R. durch niedrigere Steuersätze gekennzeichnet ist. Teilweise wird Deferred Compensation auch in einem weiteren Sinne als Synonym für → *Entgeltumwandlung* verwendet.

I. d. R. verpflichtet sich der Arbeitgeber, die zugesagte → *Versorgungsleistung* (→ *Kapital-* oder → *Rentenleistung*) über eine → *Direktzusage* zu erbringen.

Defined Benefit (DB)

Der Begriff „Defined Benefit“ (häufig abgekürzt mit „DB“) wird für → *Versorgungszusagen* verwendet, bei denen der Arbeitgeber eine bestimmte Leistung zugesagt hat bzw. verpflichtet ist, eine bestimmte Versorgungsleistung zu erbringen. Der Arbeitgeber trägt damit das Risiko der Finanzierung und der Biometrie. In Abgrenzung hierzu wird mit → *„Defined Contribution“* eine Versorgungszusage bezeichnet, bei der sich der Arbeitgeber nur zur Erbringung bestimmter Beiträge verpflichtet hat. Diese Form der Zusage ist wegen der Einstandspflicht des Arbeitgebers nach deutschem Arbeitsrecht erst nach Maßgabe des § 1 Absatz 2a BetrAVG ab 2018 möglich.

Defined Contribution (DC)

Der Begriff „Defined Contribution“ (häufig abgekürzt durch „DC“) wird für → *Versorgungszusagen* verwendet, bei denen sich der Arbeitgeber nur zur Erbringung bestimmter Beiträge verpflichtet und nicht eine bestimmte Versorgungsleistung schuldet (auch „reine Beitragszusage“ genannt). Eine solche Form der Versorgungszusage war wegen der Einstandspflicht des Arbeitgebers nach deutschem Arbeitsrecht bis 2017 nicht möglich. Hiervon zu unterscheiden ist der Begriff → *„Defined Benefit“*, der für Versorgungszusagen verwendet wird, bei denen sich der Arbeitgeber zur Erbringung einer bestimmten Leistung verpflichtet hat.

Digitale Rentenübersicht

→ *Säulenübergreifende Renteninformation*

Direktversicherung

A. Allgemeines

Bei der Direktversicherung handelt es sich um eine Lebensversicherung, bei der der Arbeitgeber (als Versicherungsnehmer und Vertragspartner des Versicherungsunternehmens) per Einzel- oder Gruppenvertrag auf das Leben eines Arbeitnehmers (versicherte Person) eine Kapitalversicherung (einschließlich Risikoversicherungen), Rentenversicherung oder fondsgebundene Lebensversicherung abschließt.

Auch eine vom Arbeitnehmer abgeschlossene Lebensversicherung, die vom Arbeitgeber übernommen wird, stellt eine Direktversicherung dar (R 40b.1 LStR 2015).

Als Versorgungsleistungen kommen Leistungen der Alters-, Invaliditäts- und/oder der Hinterbliebenenversorgung in Betracht.

B. Abgrenzung

Der → *Durchführungsweg* Direktversicherung gehört zu den → *mittelbaren Versorgungszusagen*. Der Arbeitgeber bedient sich zur Erfüllung seiner → *Versorgungszusage* einer externen Versorgungseinrichtung.

Lebensversicherungsunternehmen unterliegen der staatlichen Versicherungsaufsicht durch die Bundesanstalt für Finanzdienstleistungen (BaFin) sowie der Anlagevorschriften durch das Versicherungsaufsichtsgesetz (VAG). Demnach bestehen z. B. bestimmte Beschränkungen hinsichtlich der Kapitalanlage.

Der gesetzlich festgelegte Höchstgarantiezinssatz für neu abgeschlossene Lebensversicherungen wurde in den letzten Jahren kontinuierlich gesenkt (bis 31.12.1994: 3,50 %; bis 30.06.2000: 4 %; bis 31.12.2003: 3,25 %; bis 31.12.2006: 2,75 %; bis 31.12.2011: 2,25 %; bis 31.12.2014: 1,75 %; bis 31.12.2016: 1,25 %; bis 31.12.2021: 0,90 %; bis 31.12.2024: 0,25 %). Für neu abgeschlossene Versicherungen ab 01.01.2025 wurde der Garantiezinssatz auf 1,00 % erhöht. Versicherungsunternehmen dürfen zwar eine geringere, jedoch keine höhere Verzinsung zusagen. Neben der Garantieverzinsung kommen noch die üblichen Überschussanteile hinzu, die allerdings nicht garantiert werden.

Direktversicherungen, die durch den Arbeitgeber abgetreten, beliehen oder verpfändet wurden, sind insolvenzsicherungspflichtig. Daher müssen Beiträge an den → *Pensions-Sicherungs-Verein auf Gegenseitigkeit* entrichtet werden. Wurde dem Arbeitnehmer lediglich ein widerrufliches Bezugsrecht eingeräumt, liegt ebenfalls eine sicherungspflichtige Direktversicherung vor (siehe → *Insolvenzsicherung*).

Wurde bei Abschluss des Direktversicherungsvertrages dem Arbeitnehmer ein unwiderrufliches → *Bezugsrecht* eingeräumt, darf im Falle einer Unternehmensinsolvenz der Insolvenzverwalter die Werte aus einer Direktversicherung nicht zur Befriedigung von Gläubigeransprüchen verwenden.

C. Rechtsbeziehungen

Die Rechtsbeziehungen bei der Direktversicherung stellen sich wie folgt dar:

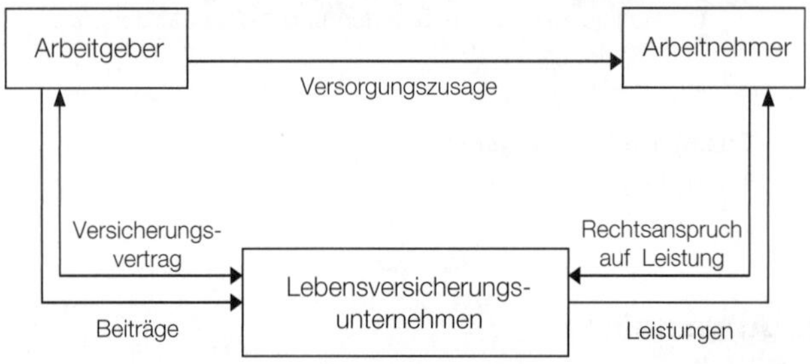

Die Ansprüche des Arbeitnehmers auf die Versicherungsleistung bestehen nicht unmittelbar gegenüber dem Arbeitgeber, sondern direkt gegenüber dem Versicherungsunternehmen.

Im → *Versorgungsfall* sind der Arbeitnehmer oder seine Hinterbliebenen hinsichtlich der → *Versorgungsleistungen* des Versicherers ganz oder teilweise bezugsberechtigt. Das Bezugsrecht des Arbeitnehmers bzw. seiner Hinterbliebenen muss der Arbeitgeber als Versicherungsnehmer gegenüber dem Versicherungsunternehmen anzeigen.

D. Steuerrecht

Die folgenden steuerrechtlichen Ausführungen basieren auf dem BMF-Schreiben vom 12.08.2021 „Steuerliche Förderung der privaten Altersvorsorge und betrieblichen Altersversorgung".

1. Abgrenzung Alt- und Neuzusage

Für die steuerliche Behandlung von Versorgungszusagen ist nicht entscheidend, wann die Mittel in eine Direktversicherung bzw. an eine Versorgungseinrichtung fließen. Maßgebend hierfür ist der Zeitpunkt der Erteilung einer Versorgungszusage, also die zu einem Rechtsanspruch führende arbeitsrechtliche bzw. betriebsrentenrechtliche Verpflichtungserklärung des Arbeitgebers (z. B. durch → *Einzelzusage*, Betriebsvereinbarung oder → *Tarifvertrag*).

Die Änderung einer solchen bestehenden Versorgungszusage stellt unter dem Grundsatz der Einheit der Versorgung insbesondere dann keine Neuzusage dar, wenn bei ansonsten unveränderter Versorgungszusage

- die Beiträge und/oder die Leistungen erhöht oder vermindert werden,
- die Finanzierungsform ersetzt oder ergänzt wird (z. B. von arbeitgeberfinanziert auf Entgeltumwandlung),
- die zugrunde liegende Rechtsgrundlage gewechselt wird (z. B. von tarifvertraglich auf einzelvertraglich),
- eine befristete Entgeltumwandlung erneut befristet oder unbefristet fortgesetzt wird,
- der Versorgungsträger/Durchführungsweg gewechselt wird,
- ein Fall der Übernahme der Zusage gem. § 4 Absatz 2 Nummer 1 BetrAVG und § 613a BGB vorliegt.

Eine Neuzusage liegt vor,

- wenn die erteilte Versorgungszusage um weitere → *biometrische Risiken*, verbunden mit einer Beitragserhöhung, erweitert wird,
- bei der Übertragung einer Zusage aufgrund eines Arbeitgeberwechsels nach § 4 Absatz 2 Nummer 2 und Absatz 3 BetrAVG.

2. Steuerliche Behandlung der Beiträge

a) Steuerliche Behandlung für ab dem 01.01.2005 erteilte Versorgungszusagen (Neuzusagen)

aa) Steuerfreiheit gem. § 3 Nummer 63 Satz 1 und 3 EStG

Die Beiträge des Arbeitgebers an die Pensionskasse sind bis zu einer Höhe von 8 % der jeweils gültigen Beitragsbemessungsgrenze in der gesetzlichen Rentenversicherung (2026: 8.112 Euro) pro Jahr lohnsteuerfrei, wenn die Versorgungsleistungen der Direktversicherung in Form einer Rente oder eines Auszahlungsplans erbracht werden (§ 3 Nummer 63 EStG); bis zum 31.12.2017 waren es nur 4 % der jeweils gültigen Beitragsbemessungsgrenze in der gesetzlichen Rentenversicherung. Steuerfrei sind auch die Beiträge, die durch → *Entgeltumwandlung* finanziert werden, die allerdings für den maximalen steuerfreien Beitrag den Arbeitgeberbeiträge hinzugerechnet werden. → *Eigenbeiträge* des Arbeitnehmers (§ 1 Absatz 2 Nummer 4 BetrAVG) unterliegen nicht dem Anwendungsbereich des § 3 Nummer 63 EStG.

Somit gilt auch für die Direktversicherung die → *nachgelagerte Besteuerung* für Versorgungsleistungen nach § 22 Nummer 5 EStG. Auch die bislang geltende → *Pauschalierung der Lohnsteuer* für Direktversicherungsbeiträge entfällt für Versorgungszusagen, die nach dem 31.12.2004 erteilt werden.

Die Steuerfreiheit für Beitragszahlungen des Arbeitgebers gilt nur für ein bestehendes erstes Dienstverhältnis.

Für Zusagen über eine Direktversicherung, die vor dem 01.01.2005 erteilt wurden (Altzusage), kann die Pauschalversteuerung (→ *Pauschalierung der Lohnsteuer*) gemäß § 40b

EStG in der am 31.12.2004 geltenden Fassung (§ 52 Absatz 52a EStG) weiterhin genutzt werden (1.752 Euro bzw. 2.148 Euro bei Durchschnittsbildung); bei Inanspruchnahme der Pauschalbesteuerung reduziert sich der steuerfreie Rahmen von 8 % der jeweils gültigen Beitragsbemessungsgrenze in der gesetzlichen Rentenversicherung entsprechend.

Zu dem nach § 3 Nummer 63 EStG begünstigten Personenkreis gehören **alle** Arbeitnehmer, unabhängig davon, ob sie in der → *gesetzlichen Rentenversicherung* pflichtversichert sind.

Die Steuerfreiheit für Direktversicherungen wird allerdings auf Versorgungszusagen eingeschränkt, die lebenslange Rentenleistungen gewähren oder einen Auszahlungsplan mit Restverrentung ab dem 85. Lebensjahr vorsehen. Maximal 30 % des zu Beginn der Auszahlungsphase zur Verfügung stehenden Kapitals kann neben den monatlichen Leistungen auch als Einmalbetrag (siehe auch → *Kapitalleistung*) steuerunschädlich ausgezahlt werden (§ 1 Absatz 1 Nummer 4 AltZertG).

Die Steuerfreiheit nach § 3 Nummer 63 EStG ist auch nur dann gegeben, wenn die Arbeitgeberbeiträge dem einzelnen Arbeitnehmer zugeordnet werden können.

Ist bei einer Direktversicherung eine Option vorgesehen, anstelle von lebenslangen Rentenleistungen eine Kapitalleistung zu wählen, so liegt hier noch kein steuerschädlicher Sachverhalt vor. Wird hingegen das Wahlrecht zugunsten einer Kapitalleistung ausgeübt, so sind Beiträge nach Ausübung des Kapitalwahlrechts steuerpflichtig.

Bei den Höchstbeträgen nach § 3 Nummer 63 EStG handelt es sich um Jahresbeträge. **Die Höchstbeträge können bei einem Wechsel des Dienstverhältnisses erneut in Anspruch genommen werden, wenn der Arbeitnehmer sie im vorherigen Dienstverhältnis innerhalb eines Kalenderjahres bereits ausgeschöpft hat.**

Werden die Höchstbeträge nach § 3 Nummer 63 Satz 1 und 3 EStG überschritten, sind die übersteigenden Direktversicherungsbeiträge individuell zu versteuern.

bb) Verzicht des Arbeitnehmers auf die Steuerfreiheit gem. § 3 Nummer 63 Satz 2 EStG

Nur Arbeitnehmer, die in der gesetzlichen Rentenversicherung pflichtversichert sind, können auf die Steuerfreiheit gem. § 3 Nummer 63 Satz 1 und 3 EStG verzichten. Für alle anderen Arbeitnehmer ist dies nur mit Zustimmung durch ihren Arbeitgeber möglich.

Bei einer Entgeltumwandlung nach § 1a BetrAVG ist eine individuelle Besteuerung der Direktversicherungsbeiträge bereits auf Verlangen des Arbeitnehmers vorzunehmen. Bei allen anderen Fällen ist die individuelle Besteuerung der Beiträge nur mit Zustimmung des Arbeitgebers möglich. Liegen rein arbeitgeberfinanzierte Direktversicherungsbeiträge vor, kann auf die Steuerfreiheit nicht verzichtet werden.

b) Steuerliche Behandlung für Versorgungszusagen, die vor dem 01.01.2005 erteilt wurden (Altzusagen)

Direktversicherungsbeiträge, **die die Voraussetzungen des § 3 Nummer 63 EStG nicht erfüllen,** können seit 2005 weiterhin nach § 40b Absatz 1 und 2 EStG in der Fassung vom 31.12.2004 pauschal besteuert werden (vgl. hierzu → *Lohnsteuerpauschalierung*). Eine Verzichtserklärung des Arbeitnehmers gem. § 3 Nummer 63 Satz 2 EStG ist hierzu **nicht** erforderlich.

Beiträge für eine Direktversicherung, die die Voraussetzungen des § 3 Nummer 63 EStG ab 2005. erfüllen, können dann nach § 40b Absatz 1 und 2 EStG in der Fassung vom 31.12.2004 pauschal besteuert werden, **wenn der Arbeitnehmer gegenüber dem Arbeitgeber für diese Beiträge auf die Anwendung des § 3 Nummer 63 EStG verzichtet hat**. Wird bei rein arbeitgeberfinanzierten Beiträgen die Pauschalsteuer nicht auf den Arbeitnehmer abgewälzt, kann eine solche Verzichtserklärung unterstellt werden, wenn der Arbeitnehmer bis zur ersten Beitragszahlung im Jahr 2005 einer Weiteranwendung des § 40b EStG a. F. nicht ausdrücklich widersprochen hat. In allen anderen Fällen kann § 40b EStG weiter angewendet werden, wenn der Arbeitnehmer dem Angebot seines Arbeitgebers, die Direktversicherungsbeiträge weiterhin nach § 40b EStG in der Fassung vom 31.12.2004 pauschal zu versteuern, bis zur ersten Beitragsleistung im Jahr 2005 bzw. spätestens bis zum 30.06.2005 zugestimmt hat.

c) Die Vervielfältigungsregelung nach § 3 Nummer 63 Satz 3 EStG und § 40b Absatz 2 Satz 3 und 4 EStG a. F.

Leistet ein Arbeitgeber aus Anlass der Beendigung des Dienstverhältnisses Beiträge für eine Direktversicherung, an einen → *Pensionsfonds* oder eine → *Pensionskasse*, so können diese im Rahmen des § 3 Nummer 63 Satz 3 EStG steuerfrei bleiben. Allerdings ist die Steuerfreiheit begrenzt auf den Betrag, von 4 % der jeweils gültigen Beitragsbemessungsgrenze in der gesetzlichen Rentenversicherung (2026: 4.056 Euro) vervielfältigt mit der Anzahl der Kalenderjahre, in denen das Dienstverhältnis des Arbeitnehmers bei dem Arbeitgeber bestanden hat; maximal jedoch 10 Kalenderjahre (Maximalbeitrag in 2026: 40.560 Euro).

Die Anwendung der Vervielfältigungsregelung des § 3 Nummer 63 Satz 3 EStG ist unabhängig von dem Zeitpunkt der Erteilung der Versorgungszusage.

Die Anwendung der Vervielfältigungsregelung nach § 3 Nummer 63 Satz 4 EStG ist ausgeschlossen, wenn gleichzeitig die Vervielfältigungsregelung nach § 40b Absatz 2 Satz 3 und 4 EStG in der Fassung vom 31.12.2004 angewendet wird.

Für die Anwendung der Vervielfältigungsregelung nach § 40b Absatz 2 EStG in der Fassung vom 31.12.2004 ist allerdings Voraussetzung, dass die Direktversicherungsbeiträge zugunsten einer Altzusage geleistet werden, die vor dem 01.01.2005 erteilt wurde.

Auf Beiträge für Neuzusagen, die nach dem 31.12.2004 erteilt wurden, kann § 40b Absatz 1 und Absatz 2 EStG in der Fassung vom 31.12.2004 nicht mehr angewendet werden.

d) Förderung der Direktversicherung nach § 10a EStG und Abschnitt XI EStG

Beiträge an eine Direktversicherung können nach dem → *Altersvermögensgesetz* als → *Altersvorsorgebeiträge* durch → *Zulagen* nach Abschnitt XI EStG und durch einen → *Sonderausgabenabzug* nach § 10a EStG gefördert werden. Nähere Ausführungen hierzu siehe auch → *Riester-Rente*.

3. Steuerliche Behandlung der Direktversicherungsleistungen

a) Leistungen aus nicht geförderten Beiträgen

Rentenleistungen aus Altzusagen werden als sonstige Einkünfte gemäß § 22 Nummer 5 Satz 2 i. V. m. § 22 Nummer 1 Satz 3 Buchstabe a Doppelbuchstabe bb EStG mit dem → *Ertragsanteil* besteuert.

Für Direktversicherungen, die vor dem 01.01.2005 abgeschlossen wurden (Abschluss des Versicherungsvertrages ist entscheidend) und die Kapitalleistungen vorsehen, ist gem. § 52 Absatz 36 EStG n. F. weiterhin § 20 Absatz 1 Nummer 6 a. F. anzuwenden. Dies bedeutet, dass solche Kapitalleistungen weiterhin steuerfrei ausbezahlt werden, wenn der Vertrag eine Laufzeit von mindestens zwölf Jahren hat und die Auszahlung erst nach Vollendung des 60. Lebensjahres erfolgt.

Leistungen aus Neuzusagen, die die Voraussetzungen des § 10 Absatz 1 Nummer 2 Buchstabe b EStG n. F. erfüllen, sind als sonstige Einkünfte gemäß § 22 Nummer 5 Satz 2 i. V. m. § 22 Nummer 1 Satz 3 Buchstabe a Doppelbuchstabe aa EStG zu versteuern; andernfalls erfolgt eine Besteuerung gemäß § 22 Nummer 5 Satz 2 i. V. m. § 22 Nummer 1 Satz 3 Buchstabe a Doppelbuchstabe bb EStG mit dem Ertragsanteil.

b) Leistungen aus geförderten Beiträgen

Leistungen aus geförderten Beiträgen unterliegen als sonstige Einkünfte gem. § 22 Nummer 5 Satz 1 EStG in vollem Umfang der nachgelagerten Besteuerung.

c) Leistungen aus geförderten und nicht geförderten Beiträgen

Leistungen aus geförderten und nicht geförderten Beiträgen müssen in der Auszahlungsphase aufgeteilt werden: Soweit sie auf geförderten Direktversicherungsbeiträgen beruhen, unterliegen sie als sonstige Einkünfte gem. § 22 Nummer 5 Satz 1 EStG in vollem Umfang der nachgelagerten Besteuerung.

Rentenleistungen, die auf Versorgungszusagen beruhen, die **nicht** die Voraussetzungen des § 10 Absatz 1 Nummer 2 Buchstabe b EStG n. F. erfüllen, unterliegen bei nicht geförderten Beiträgen der Besteuerung mit dem Ertragsanteil nach § 22 Nummer 5 Satz 2 EStG i. V. m. § 22 Nummer 1 Satz 3 Buchstabe a Doppelbuchstabe bb EStG.

Rentenleistungen aus Neuzusagen, die die Voraussetzungen des § 10 Absatz 1 Nummer 2 Buchstabe b EStG n. F. erfüllen, unterliegen bei nicht geförderten Beiträgen als sonstige Einkünfte gem. § 22 Nummer 5 Satz 2 EStG i. V. m. § 22 Nummer 1 Satz 3 Buchstabe a Doppelbuchstabe aa EStG der Besteuerung.

E. Sozialversicherungsrecht

1. Finanzierung

Für die Frage der Beitragspflicht in der gesetzlichen Sozialversicherung war danach zu unterscheiden, ob die Beiträge für eine Direktversicherung vom Arbeitnehmer durch Entgeltumwandlung oder vom Arbeitgeber finanziert werden.

Beiträge für eine Direktversicherung, die der Arbeitnehmer durch → *Entgeltumwandlung* finanziert und die gemäß § 3 Nummer 63 Satz 1 EStG steuerfrei eingezahlt werden, sind beitragsfrei in der gesetzlichen Sozialversicherung (§ 1 Absatz 1 Nummer 9 SvEV). Entsprechendes gilt auch für Beiträge für eine Direktversicherung, die der Arbeitnehmer durch Entgeltumwandlung finanziert und die gemäß § 40b EStG pauschal versteuert werden, wenn die Entgeltumwandlung aus Sonderzahlungen stattfindet. Mit dem → *Gesetz zur Förderung der zusätzlichen Altersvorsorge und zur Änderung des Dritten Buches Sozialgesetzbuch* vom 10.12.2007 (BGBl. I S. 2838) wurde die bis zum 31.12.2008 in § 115 SGB IV bzw. in der Sozialversicherungsentgeltverordnung (SvEV) enthaltene Befristung der Beitragsfreiheit der Entgeltumwandlung aufgehoben.

Die vom Arbeitgeber finanzierten und gemäß § 3 Nummer 63 Satz 1 EStG steuerfreien Beiträge für eine Direktversicherung (bis zu 4 % der Beitragsbemessungsgrenze in der gesetzlichen Rentenversicherung) waren und bleiben ebenfalls beitragsfrei in der gesetzlichen Sozialversicherung (§ 1 Absatz 1 Nummer 9 SvEV). Beiträge für eine Direktversicherung, die vom Arbeitgeber finanziert und gemäß § 40b EStG pauschal versteuert werden, sind auch beitragsfrei in der gesetzlichen Sozialversicherung.

Sonstige Beiträge (insbesondere auch die gemäß § 3 Nummer 63 Satz 3 EStG bis 1.800 Euro steuerfreien Beiträge für Kalenderjahre vor dem 31.12.2017) für eine Direktversicherung sind beitragspflichtig in der gesetzlichen Sozialversicherung.

2. Leistungen aus einer Direktversicherung

Rentenleistungen aus einer Direktversicherung sind beitragspflichtig in der gesetzlichen → *Kranken-* und → *Pflegeversicherung der Rentner* (§ 226 Absatz 1 Ziffer 3 SGB V). Dies gilt seit dem 01.01.2004 auch für → *Kapitalleistungen* (§ 229 Absatz 1 Satz 3 SGB V). Sofern die laufenden Leistungen auf versteuerten und verbeitragten Beiträgen seit dem 01.01.2002 beruhen (z. B. wegen Überschreiten der steuerfreien Höchstbeträge), sind diese ab dem 01.01.2018 beitragsfrei (Gleichlauf der Riester-Förderung in der betrieblichen Altersversorgung mit privatem Riester-Vertrag); Voraussetzung ist allerdings, dass es sich um Altersvorsorgevermögen handelt. Altersvorsorgevermögen kann immer nur dann vorliegen, wenn sich der Steuerpflichtige bewusst für die Förderung nach § 10a EStG und Abschnitt XI EStG entschieden hat. Dies ist dann der Fall, wenn der Steuerpflichtige seiner Versorgungseinrichtung in der Vergangenheit mitgeteilt hat oder mit Wirkung für die Zukunft mitteilt, dass er diese Förderung in Anspruch nehmen möchte und die Versorgungseinrichtung daraufhin ihre Pflichten als Anbieter nach § 80 EStG wahrnimmt. Ein Zulagenantrag muss nicht gestellt werden (vgl. BMF-Schreiben zur steuerlichen Förderung der betrieblichen Altersversorgung vom 12.08.2021, Rdnr. 75).

Kranken- und Pflegeversicherungsbeiträge sind vom → *Betriebsrentner* allein zu tragen. Der Arbeitgeber beteiligt sich nicht an der Beitragszahlung. Bei laufenden Rentenzahlungen werden die Beiträge zur Kranken- und Pflegeversicherung von Pflichtversicherten durch die Zahlstelle (z. B. Versicherungsunternehmen, Pensionskasse, Pensionsfonds) einbehalten und an die Krankenkasse abgeführt. Freiwillig Versicherte hingegen müssen die Sozialversicherungsbeiträge selbst an die Krankenkasse entrichten. Dies gilt auch bei Kapitalleistungen. Hier meldet die Zahlstelle den Kapitalbetrag an die Krankenversicherung, die Beitragsabführung erfolgt sowohl bei Pflichtversicherten als auch bei freiwillig Versicherten selbstständig an die Krankenkasse. Bei Kapitalleistungen gilt die Beitragspflicht für 10 Jahre. Die monatlich zu verbeitragende Leistung beträgt 1/120 der ursprünglichen Kapitalzahlung.

Direktzusage

→ *Unmittelbare Versorgungszusage*

Doppelverbeitragung

Mit dem Gesetz zur Modernisierung der gesetzlichen Krankenversicherung (GKV-Modernisierungsgesetz – GMG) vom 14. November 2003 (BGBl. I S. 2190), zuletzt geändert durch Artikel 1 des Gesetzes vom 15. Dezember 2004 (BGBl. I S. 3445), unterliegen durch die Änderung des § 229 Absatz 1 Satz 3 SGB V → *Versorgungsbezüge* – auch Kapitalleistungen – nicht nur in der Ansparphase, sondern auch in der Leistungsphase der Beitragspflicht in der gesetzlichen Kranken- und Pflegeversicherung.

Darüber hinaus ist durch das GKV-Modernisierungsgesetz (§ 248 SGB V) der volle allgemeine Beitragssatz für Versorgungsbezüge zu entrichten. Bis vor Inkrafttreten des GKV-Modernisierungsgesetzes zum 01. Januar 2004 war dies nur der halbe allgemeine Beitragssatz der jeweiligen Krankenkasse.

Beide Sachverhalte werden unter dem Begriff Doppelverbeitragung subsumiert.

Durch das → *GKV-Betriebsrentenfreibetragsgesetz* wurden → *Betriebsrentner* von Krankenversicherungsbeiträgen, die sie für Leistungen aus der betrieblichen Altersvorsorge (siehe auch → *Krankenversicherung der Rentner*) zu entrichten haben, entlastet. Um die Beitragslast zu mindern wird neben der bislang existierenden Beitragsfreigrenze gem. § 226 SGB V in Absatz 2 ein Freibetrag in Höhe von einem Zwanzigstel der monatlichen → *Bezugsgröße* nach § 18 SGB IV eingefügt. Der Freibetrag gilt allerdings nicht für Beiträge zur gesetzlichen Pflegeversicherung.

Dotierungsrahmen

Die arbeitgeberfinanzierte → *betriebliche Altersversorgung* ist eine freiwillige Sozialleistung des Arbeitgebers. Dieser entscheidet nicht nur ob, sondern auch in welchem Umfang er finanzielle Mittel für eine betriebliche Altersversorgung bereitstellen will und kann. Innerhalb dieses Rahmens bestimmt er, über welche(n) → *Durchführungsweg(e)* die betriebliche Altersversorgung angeboten wird, wie die Zusage ausgestaltet wird (vgl. hierzu → *Versorgungszusage*), welche Leistungsarten (→ *Versorgungsleistungen)* und in welcher Höhe gewährt werden sollen. Allerdings sind Mitbestimmungsrechte (→ *Mitbestimmung*) des Betriebsrates zu beachten.

Mit der Einführung der Nummer 2a in § 1 Absatz 2 BetrAVG durch das → *Betriebsrentenstärkungsgesetz* kann ein Arbeitgeber durch einen Tarifvertrag oder aufgrund eines Tarifvertrages in einer Betriebs- oder Dienstvereinbarung verpflichtet werden, Beiträge zur Finanzierung von Leistungen der betrieblichen Altersversorgung an einen → *Pensionsfonds*, eine → *Pensionskasse* oder eine → *Direktversicherung* in Form einer reinen → *Beitragszusage* zu zahlen. Somit wird die bislang geltende Freiwilligkeit des Arbeitgebers in der betrieblichen Altersversorgung (siehe Betriebliche Altersversorgung D. Wesensmerkmale der betrieblichen Altersversorgung) aufgeweicht und eine Verpflichtung für den Arbeitgeber in das → *Betriebsrentengesetz* aufgenommen. Allerdings ist der Arbeitgeber von den Verpflichtungen nach § 1 Absatz 1 Satz 3, § 1a Absatz 4 Satz 2, den §§ 1b bis 6 und § 16 BetrAVG ausgenommen.

Drei-Säulen-Modell

Die → *gesetzliche Rentenversicherung* als erste Säule der Alterssicherung wird ergänzt durch zwei weitere Säulen der Alters-, Invaliditäts- und Hinterbliebenenversorgung: Als anerkannte zweite Säule der Alterssicherung kommt der → *betrieblichen Altersversorgung* immer mehr Bedeutung zu, da die gesetzliche Rentenversicherung künftig eine umfassende Absicherung im Alter nicht mehr gewährleisten kann. Eine weitere Ergänzung hierzu bietet als dritte Säule die private → *Eigenvorsorge*, die aufgrund der Rentenreform 2001 seit dem Jahr 2002 in Form von → *Zulagen* und → *Sonderausgabenabzug* durch den Staat eine → *Förderung* erlangt (siehe auch → *Riester-Rente*). Mit dem AltEinkG in 2004 wurde das Verfahren der Riester-Rente zudem vereinfacht.

Bislang hat die gesetzliche Rentenversicherung die größte Bedeutung im Drei-Säulen-Modell. Jedoch zahlreiche Einschnitte im Zuge von Rentenreformen führen zu einer Absenkung des Leistungsniveaus in der gesetzlichen Rentenversicherung. Dort soll das Rentenniveau eines → *Eckrentners* dann nur noch 67 Prozent des letzten Nettogehalts betragen. Daher werden die zweite und dritte Säule der Alterssicherung künftig an Bedeutung gewinnen, damit eine entstehende → *Versorgungslücke* geschlossen werden kann.

Aufgrund des demographischen Wandels als auch an der auf den Kapitalmärkten andauernden Niedrigzinsphase und dem daraus resultierenden Haftungsrisiko für Arbeitgeber soll mit dem → *Betriebsrentenstärkungsgesetz* die betriebliche Altersversorgung weiter verbreitet werden. Hierzu wurde mit der Einführung der Nummer 2a in § 1 Absatz 2 BetrAVG die Möglichkeit geschaffen, dass Arbeitgeber durch einen Tarifvertrag oder aufgrund eines Tarifvertrages in einer Betriebs- oder Dienstvereinbarung verpflichtet werden, Beiträge zur Finanzierung von Leistungen der betrieblichen Altersversorgung an einen → *Pensionsfonds*, eine → *Pensionskasse* oder eine → *Direktversicherung* in Form einer reinen → *Beitragszusage* zu zahlen. Allerdings ist der Arbeitgeber von den Verpflichtungen nach § 1 Absatz 1 Satz 3, § 1a Absatz 4 Satz 2, den §§ 1b bis 6 und § 16 BetrAVG ausgenommen.

Drei-Schichten-Modell

A. Allgemeines

Die „Sachverständigenkommission zur Neuordnung der steuerlichen Behandlung von Altersvorsorgeaufwendungen und Altersbezügen“ unter der Leitung von Bert Rürup, kurz „Rürup-Kommisson“ genannt, hat das Drei-Schichten-Modell entwickelt (siehe hierzu auch Abschlussbericht der Sachverständigenkommission zur Neuordnung der steuerrechtlichen Behandlung von Altersvorsorgeaufwendungen und Altersbezügen vom 11.03.2003, BMF-Schriftenreihe, Heft 74). Dieses Modell wurde mit der Verabschiedung bzw. Einführung des → *Alterseinkünftegesetzes (AltEinkG)* umgesetzt. Die → *Altersversorgung*, die bis dato in dem klassischen → *Drei-Säulen-Modell* eingebettet war, erfährt steuersystematisch eine Neueinteilung in Schichten. Hierbei bildet die Basisversorgung die erste Schicht, gefolgt von der Zusatzversorgung (zweite Schicht) und den Kapitalanlageprodukten (dritte Schicht). Dabei werden alle in eine Schicht zugeordneten Produkte grundsätzlich steuerlich gleich behandelt.

B. Basisversorgung

1. Begriff

Zur Basisversorgung zählen Produkte, bei denen die erworbenen Anwartschaften nicht beleihbar, nicht vererblich, nicht veräußerbar, nicht übertragbar und nicht kapitalisierbar sind. Hierzu zählen

- die → *gesetzliche Rentenversicherung*,
- die landwirtschaftlichen Alterskassen,

- die berufsständischen Versorgungseinrichtungen, die den gesetzlichen Rentenversicherungen vergleichbare Leistungen erbringen, sowie
- die privaten kapitalgedeckten Leibrentenversicherungen, auch als Basisrenten bzw. unter dem Namen → *Rürup-Renten* bekannt, soweit sie die Förderkriterien erfüllen.

Aber auch Beiträge, die im Rahmen einer betrieblichen Altersversorgung erbracht werden (rein arbeitgeberfinanzierte Beiträge, durch → *Entgeltumwandlung* finanzierte Beiträge sowie → *Eigenbeiträge*), können zur Basisversorgung zählen (vgl. hierzu Rz. 16 des BMF-Schreibens vom 24. Februar 2005). Steuerfreie Beiträge, pauschal besteuerte Beiträge und Beiträge, die aufgrund einer sog. Altzusage (vgl. hierzu Rz. 306 ff. und 331 des BMF-Schreibens vom 31. März 2010 - IV C 3 - S 2222/09/10041) in eine betriebliche Altersversorgung geleistet werden, gehören nicht zur Basisversorgung.

2. Steuerliche Behandlung der Beiträge

Die Beiträge zur Basisversorgung können über einen Sonderausgabenabzug gem. § 10 Absatz 1 Nummer 2 und Absatz 3 EStG innerhalb von Höchstgrenzen steuerfrei gestellt werden. Hierzu konnten erstmals im Jahr 2005 60 Prozent, maximal aber 12.000 Euro als → *Altersvorsorgeaufwendungen* steuerlich berücksichtigt werden (§ 10 Absatz 3 Satz 4 EStG). In der Folgezeit steigt der Prozentsatz um zwei Prozentpunkte pro Kalenderjahr, sodass damit ab dem Jahr 2025 die Altersvorsorgebeiträge zu einer Basisversorgung zu 100 Prozent steuerlich freigestellt werden. Der Höchstbetrag ist dann auf 20.000 Euro beschränkt (§ 10 Absatz 3 Satz 1 EStG). Bei zusammenveranlagten Ehegatten verdoppelt sich der jeweilige Höchstbetrag (§ 10 Absatz 3 Satz 2 EStG). Zu diesen Altersvorsorgebeiträgen sind jedoch die nach § 3 Nummer 62 EStG steuerfreien Arbeitgeberanteile zur → *gesetzliche Rentenversicherung* (oder ein diesem gleichgestellter steuerfreier Zuschuss des Arbeitgebers) hinzuzurechnen (§ 10 Absatz 1 Nummer 2 EStG). Somit sind lediglich die Beiträge zur Basisversorgung vermindert um die nach § 3 Nummer 62 EStG geleisteten steuerfreien Arbeitgeberanteile zur gesetzlichen Rentenversicherung oder diesen gleichgestellten steuerfreien Zuschüsse des Arbeitgebers als Sonderausgabe abziehbar (§ 10 Absatz 3 Satz 5 EStG).

Vom Jahr 2005 an bis 2019 wird durch das Finanzamt automatisch eine → *Günstigerprüfung* vorgenommen. Dies sieht § 10 Absatz 4a EStG vor. Hierbei wird das alte Recht den neuen Vorschriften gegenübergestellt und geprüft, ob die bisherigen Vorschriften zu den Vorsorgeaufwendungen zu einem höheren Abzugsbetrag führen als die ab 2005 geltende Neuregelung. Der jeweils höhere Abzugsbetrag wird dann steuerlich berücksichtigt.

Voraussetzung für die steuerliche Anerkennung für nach dem 31.12.2009 beginnende Veranlagungszeiträume ist das Vorliegen eines zertifizierten → *Basisrentenvertrages* (siehe 4. Zertifizierung).

3. Steuerliche Behandlung der Rentenleistungen

Da der Steuerpflichtige in der Finanzierungsphase Beiträge steuerlich geltend machen kann, erfolgt im Gegenzug eine → *nachgelagerte Besteuerung* in der Leistungsphase, soweit die Renten auf abziehbaren Altersvorsorgebeiträgen beruhen.

Der als sonstige Einkünfte gem. § 22 Nummer 1 Satz 3 Buchstabe a Doppelbuchstabe aa Satz 3 EStG der Besteuerung unterliegende Anteil ist abhängig vom Jahr des Rentenbeginns. Renten, die erstmals im Jahr 2005 gezahlt werden, aber auch Bestandsrenten (z. B. Renten aus der gesetzlichen Rentenversicherung; siehe hierzu auch → *Alterseinkünftegesetz*) unterliegen zu 50 Prozent der Einkommensteuer. Der steuerbare Anteil der Rente wird dann für jeden neu hinzukommenden Rentnerjahrgang jährlich bis zum Jahr 2020 um zwei Prozentpunkte auf 80 Prozent erhöht, danach jährlich um einen Prozentpunkt auf 100 Prozent angehoben. Ab dem Jahr 2040 sind Leibrenten dann erstmals in voller Höhe steuerpflichtig. Dies wird auch als sogenanntes Kohortenprinzip bezeichnet. Die Vorschrift des § 22 EStG erfasst alle Rentenarten.

Der sich aufgrund der Prozentsätze ergebende steuerfreie Teil der Rente wird festgeschrieben. Vergleichbar mit der Ertragsanteilsbesteuerung (→ *Ertragsanteil*) steigt der anzuwendende Prozentsatz nicht Jahr für Jahr an. Maßgebend ist das Jahr des Renteneintritts (siehe hierzu Alterseinkünftegesetz, B.3.). Die Festschreibung gilt aber erst ab dem Jahr, das auf das Jahr des Rentenbezugs folgt (§ 22 Nummer 1 Satz 3 Buchstabe a Doppelbuchstabe aa Satz 3 EStG).

Regelmäßige Anpassungen des Jahresbetrags der Rente führen nicht zu einer Neuberechnung und sind damit zu 100 % steuerpflichtig (§ 22 Nummer 1 Satz 3 Buchstabe a Doppelbuchstabe aa Satz 7 EStG); außerordentliche Änderungen hingegen führen zu einer Neuberechnung des steuerfreien Teils (§ 22 Nummer 1 Satz 3 Buchstabe a Doppelbuchstabe aa Satz 6 EStG).

Leistungen, die aus steuerlich nicht abzugsfähigen Altersvorsorgeaufwendungen resultieren, unterliegen der Ertragsanteilsbesteuerung gem. § 22 Nummer 1 Satz 3 Buchstabe a Doppelbuchstabe bb EStG.

4. Zertifizierung

Mit dem Jahressteuergesetz 2009 wurde für die steuerliche Anerkennung von Beiträgen zu einem → *Basisrentenvertrag* eine Zertifizierungspflicht (→ *Zertifizierung*) eingeführt. Danach können Beiträge nach § 10 Absatz 2 EStG als Sonderausgabe ab dem Beitragsjahr 2010 nur dann steuerlich anerkannt werden, wenn ein solcher Vertrag von der → *Zertifizierungsstelle* nach § 5a AltZertG zertifiziert ist. Mit eingeschlossen wurden damit aber auch Verträge, die vor Verkündung des Jahressteuergesetzes abgeschlossen wurden (Bestandsverträge). Somit können derartige Bestandsverträge ab dem Veranlagungszeitraum 2010 nur dann steuerlich anerkannt werden, wenn die Vertragsbedingungen von der Zertifizierungsstelle zertifiziert sind.

C. Zusatzversorgung

Die verschiedenen Formen der → *betrieblichen Altersversorgung* bilden, soweit sie nicht die Voraussetzungen für die erste Schicht erfüllen, zusammen mit der → *Riester-Rente* die zweite Schicht. Die Formen der Zusatzversorgung unterliegen der nachgelagerten Besteuerung.

D. Private Vorsorge (Kapitalanlageprodukte)

Z. B. Kapitallebensversicherungen, Sparpläne und Leibrentenversicherungen, die nicht unter die Basisversorgung fallen, gehören zur dritten Schicht. Produkte der dritten Schicht erhalten nach dem Willen des Gesetzgebers keine Förderung, da diese überwiegend der Kapitalanlage und weniger der Altersvorsorge dienen. Die Beiträge zu diesen Produkten werden vorgelagert besteuert, dementsprechend unterliegen die Leistungen/Renten in der Auszahlungsphase der Ertragsanteilsbesteuerung gem. § 22 Nummer 1 Satz 3 Buchstabe a Doppelbuchstabe bb EStG.

Drei-Stufen-Theorie

A. Allgemeines

Die Abänderung einer (kollektiven) Versorgungszusage (siehe → *kollektive Versorgungszusage*) zum Nachteil der → *Versorgungsberechtigten* unterliegt einer gerichtlichen Rechts- bzw. Billigkeitskontrolle. Nach der Rechtsprechung des BAG sind bei der Änderung kollektiver Versorgungszusagen Eingriffe in die → *Versorgungsanwartschaften* nur unter bestimmten Voraussetzungen möglich. Das BAG (siehe z. B. BAG v. 22.05.1990 – 3 AZR 128/89, Betriebsberater 1990, 2047) beurteilt die Wirksamkeit solcher Eingriffe anhand des sogenannten „Drei-Stufen-Modells". Danach werden die Anwartschaften aufgrund einer Versorgungszusage entsprechend ihrer Schutzwürdigkeit in **drei Besitzstandsstufen unterteilt.**

Art und Umfang der Anforderungen an einen wirksamen Eingriff in Versorgungsanwartschaften durch Änderung der Versorgungszusage hängen davon ab, in welche Besitzstandsstufe eingegriffen wird und wie stark dieser Eingriff ist. Dabei liegt die Darlegungslast für das Vorliegen der rechtfertigenden Eingriffsgründe beim Arbeitgeber.

B. Erste Besitzstandsstufe

Die erste Besitzstandsstufe entspricht der im Änderungszeitpunkt bereits zeitanteilig erdienten Anwartschaft (Berechnung gemäß § 2 Absatz 1 BetrAVG) und genießt den höchsten Schutz vor Eingriffen. Ein Eingriff in diese Besitzstandsstufe ist nur bei Vorliegen „zwingender Gründe" zulässig, die nur in Ausnahmefällen gegeben sind. Ein solcher Grund kann bspw. bei einer schweren wirtschaftlichen Notlage des Arbeitgebers vorliegen, aus der eine nachhaltige Bestandsgefährdung des Unternehmens resultiert und bei der im Rahmen eines Sanierungsplans durch den Eingriff in Versorgungsanwartschaften begründete Sanierungsaussichten bestehen.

C. Zweite Besitzstandsstufe

Die zweite Besitzstandsstufe existiert bei Versorgungszusagen, die sich auf dynamische Bemessungsgrundlagen (z. B. Endgehalt) beziehen und entspricht der bereits erdienten Dynamik. Eingriffe in diese Besitzstandsstufe sind nur bei Vorliegen „triftiger Gründe" zulässig; diese Anforderungen entsprechen denen, die auch ein Aussetzen der → *Anpassung* gemäß § 16 BetrAVG erlauben würden. Ein triftiger Grund kann z. B. eine drohende Substanzgefährdung des Unternehmens sein; eine drohende Substanzgefährdung in diesem Sinne ist weniger schwerwiegend als eine wirtschaftliche Notlage und bedeutet (vereinfacht), dass es dem Arbeitgeber mit einiger Wahrscheinlichkeit nicht möglich sein wird, unter Berücksichtigung einer angemessenen Eigenkapitalverzinsung die Finanzierung der Versorgung aus dem Wertzuwachs des Unternehmens und dessen Erträgen aufzubringen.

D. Dritte Besitzstandsstufe

Die dritte Besitzstandsstufe umfasst die aufgrund künftiger Dienstzeiten zeitanteilig zu erdienenden Zuwächse und genießt den geringsten Schutz gegen Eingriffe. Ein Eingriff ist bereits bei Vorliegen „sachlich proportionaler Gründe" möglich. Dies bedeutet, die Gründe für den Eingriff müssen nachvollziehbar erkennen lassen, welche Umstände und Erwägungen zur Änderung der Versorgungszusage Anlass geben und der Eingriff muss hinsichtlich seiner Schwere zu den vorliegenden Gründen verhältnismäßig sein. Dies kann bspw. bei einer wirtschaftlich ungünstigen Entwicklung des Arbeitgebers der Fall sein. Die Anforderungen hieran sind wiederum geringer als die an eine drohende Substanzgefährdung des Unternehmens. Es kann genügen, dass durch den Eingriff (neben anderen Maßnahmen) einer andauernden Verschlechterung der Ertragskraft entgegengewirkt werden soll.

Durchführende Einrichtung

Sind gem. § 33 → *Pensionsfonds-Aufsichtsverordnung (PFAV)* → *Pensionsfonds*, → *Pensionskassen* oder ein anderes Lebensversicherungsunternehmen (→ *Durchführungsweg*, → *Direktversicherung*).

Durchführungsweg

Bei der → *betrieblichen Altersversorgung* erteilt ein Arbeitgeber seinem Arbeitnehmer → *eine Versorgungszusage*. Zur Finanzierung der Versorgungszusage stehen dem Arbeitgeber fünf Durchführungswege zur Verfügung, die in vielen Unternehmen auch nebeneinander zu finden sind:

- → *Direktversicherung*,
- → *Direktzusage*,
- → *Pensionsfonds*,
- → *Pensionskasse* und
- → *Unterstützungskasse*.

Bei der Direktzusage verpflichtet sich der Arbeitgeber im → *Versorgungsfall* die → *Versorgungsleistung* unmittelbar selbst zu erbringen. Hier spricht man daher auch von einer → *unmittelbaren Versorgungszusage*. Der Arbeitgeber wird somit selbst zum → *Versorgungsträger*.

Bei den anderen vier Durchführungswegen handelt es sich um rechtlich selbstständige Versorgungseinrichtungen mit unterschiedlichen Rechtsformen, bei denen der Arbeitgeber mittelbar, also über einen Dritten, die Abwicklung veranlasst (→ *mittelbare Versorgungszusage*).

Sowohl der Arbeitgeber als auch der Arbeitnehmer (siehe auch → *Entgeltumwandlung*) können zur Finanzierung der betrieblichen Altersversorgung beitragen.

Grundsätzlich entscheidet der Arbeitgeber bei Gewährung einer betrieblichen Altersversorgung, welchen Durchführungsweg er wählt. Dieser Grundsatz wird allerdings durch die Einführung des → *Rechtsanspruchs* auf Entgeltumwandlung zum 01.01.2002 zumindest teilweise eingeschränkt. Wird die Entgeltumwandlung über eine Direktversicherung, einen Pensionsfonds oder eine Pensionskasse angeboten, kann der Arbeitgeber allein entscheiden, welchen Durchführungsweg er für sein Unternehmen nutzen will. Damit wird den Arbeitnehmern die Möglichkeit der Inanspruchnahme der staatlichen → *Förderung* für eine → *Riester-Rente* ermöglicht. Bei den beiden Durchführungswegen Direktzusage und Unterstützungskasse können Arbeitnehmer die → *Riester-Förderung* nicht erhalten; daher können diese Durchführungswege nur dann angeboten werden, wenn der Arbeitgeber und die Arbeitnehmer dies übereinstimmend wollen. Bietet der Arbeitgeber keine betriebliche Altersversorgung an oder kann er sich mit dem Arbeitnehmer nicht auf einen Durchführungsweg einigen, muss der Arbeitgeber eine betriebliche Altersversorgung über den Durchführungsweg Direktversicherung anbieten (§ 1a BetrAVG).

Mit der Einführung der Nummer 2a in § 1 Absatz 2 BetrAVG durch das → *Betriebsrentenstärkungsgesetz* kann ein Arbeitgeber durch einen Tarifvertrag oder aufgrund eines Tarifvertrages in einer Betriebs- oder Dienstvereinbarung verpflichtet werden, Beiträge zur Finanzierung von Leistungen der betrieblichen Altersversorgung an einen Pensionsfonds, eine Pensionskasse oder eine Direktversicherung in Form einer reinen → *Beitragszusage* zu zahlen. Somit wird die bislang geltende Freiwilligkeit des Arbeitgebers in der betrieblichen Altersversorgung (siehe Betriebliche Altersversorgung D. Wesensmerkmale der betrieblichen Altersversorgung) aufgeweicht und eine Verpflichtung für den Arbeitgeber in das → *Betriebsrentengesetz* aufgenommen. Allerdings ist der Arbeitgeber von den Verpflichtungen nach § 1 Absatz 1 Satz 3, § 1a Absatz 4 Satz 2, den §§ 1b bis 6 und § 16 BetrAVG ausgenommen.

Die Wahl für einen geeigneten Durchführungsweg hängt von verschiedenen Kriterien ab. Beispielhaft seien hier genannt die Unternehmensgröße, die Rechtsform des Unternehmens, die Finanzierung etc.

Durchgriffshaftung

→ *Einstandspflicht des Arbeitgebers*

Durchschnittsentgelt

Stellt das sozialversicherungspflichtige Durchschnittseinkommen der Versicherten in der → *gesetzlichen Rentenversicherung* dar und ist eine wichtige → *Rechengröße* für die → *Sozialversicherung*.

EbAV

Abkürzung für Einrichtungen der betrieblichen Altersversorgung.

Gemäß Artikel 6 der Richtlinie (EU) 2016/2341 des Europäischen Parlaments und des Rates vom 14. Dezember 2016 über die Tätigkeiten und die Beaufsichtigung von Einrichtungen der betrieblichen Altersversorgung (EbAV), sog. EbAV II-Richtlinie, veröffentlicht im Amtsblatt der Europäischen Union vom 23. Dezember 2016 (ABl. L 354 S. 37) (→ *EbAV-Richtlinie(n)*), bezeichnet „Einrichtung der betrieblichen Altersversorgung" oder „EbAV" ungeachtet der jeweiligen Rechtsform eine nach dem → *Kapitaldeckungsverfahren* arbeitende, von einem Trägerunternehmen rechtlich unabhängige Einrichtung, die Altersversorgungsleistungen erbringt und die damit unmittelbar im Zusammenhang stehende Tätigkeiten ausübt.

In Deutschland fallen → *Pensionskassen* und → *Pensionsfonds* unter den Anwendungsbereich der Richtlinie.

EbAV-Richtlinie(n)

Ziel der Richtlinie 2003/41/EG des Europäischen Parlaments und des Rates vom 03. Juni 2003 über die Tätigkeiten und die Beaufsichtigung von Einrichtungen der betrieblichen Altersversorgung (Amtsblatt Nr. L 235 vom 23.09.2003 S. 10–21) – sog. → *Pensionsfonds-Richtlinie* – ist es, Vorschriften zur Regelung der Tätigkeit und Beaufsichtigung der EbAV und → *Pensionsfonds* in allen Ländern der Europäischen Union festzulegen.

Die Vorschrift gilt in Deutschland für die beiden → *Durchführungswege* → *Pensionskasse* und → *Pensionsfonds*, während die → *Unterstützungskasse* und die → *Direktzusage* ausdrücklich vom Anwendungsbereich der Richtlinie ausgeschlossen sind. Die → *Direktversicherung* ist ebenfalls vom Regelungsbereich der Pensionsfonds-Richtlinie ausgenommen, da auf diesen Durchführungsweg die sog. „Solvency II-Richtlinie" (Richtlinie 2009/138/EG des Europäischen Parlaments und des Rates vom 25.11.2009 betreffend die Aufnahme und Ausübung der Versicherungs- und der Rückversicherungstätigkeit [Solvabilität II]) Anwendung findet.

Mit der EbAV-Richtlinie soll ein hohes Schutzniveau für die zukünftigen Rentner gewährleistet werden, indem

- strenge Aufsichtsregeln durch das jeweilige EU-Land festgelegt werden,
- entsprechende nicht zu restriktive Anlagevorschriften, insbesondere für die Anlage in Aktien zu erlassen sind sowie
- Vorschriften eingeführt werden, die die grenzüberschreitende Tätigkeit der EbAV erlauben und die Schaffung gesamteuropäischer Pensionsfonds ermöglichen.

Der Europäische Rat hat am 30. Juni 2016 eine überarbeitete Fassung der neuen EbAV-Richtlinie (EbAV II) verkündet.

Die Neufassung der Richtlinie (EU) 2016/2341 des Europäischen Parlaments und des Rates vom 14. Dezember 2016 über die Tätigkeiten und die Beaufsichtigung von Einrichtungen der betrieblichen Altersversorgung (EbAV), sog. EbAV II-Richtlinie, ist im Amtsblatt der Europäischen Union vom 23. Dezember 2016 (ABl. L 354 S. 37) veröffentlicht worden und ist am 12. Januar 2017 in Kraft getreten. Nach Zustimmung durch das Europäische Parlament und Veröffentlichung im Amtsblatt der EU müssen die Mitgliedsstaaten innerhalb von 24 Monaten die neuen Regelungen umsetzen. Die Umsetzung der EbAV II-Richtlinie in nationales Recht der Mitgliedstaaten musste demnach bis zum 13. Januar 2019 erfolgen. Diese wurde dann durch das Gesetz zur Umsetzung der Richtlinie (EU) 2016/2341 des Europäischen Parlaments und des Rates vom 14. Dezember 2016 über die Tätigkeiten und die Beaufsichtigung von Einrichtungen der betrieblichen Altersversorgung (EbAV) (Neufassung) vom 19. Dezember 2018 (BGBl. I S. 2672) verkündet und anhand der Verordnung über Informationspflichten in der betrieblichen Altersversorgung, die von Pensionsfonds, Pensionskassen und anderen Lebensversicherungsunternehmen durchgeführt wird (VAG-Informationspflichtenverordnung – VAG-Info) vom 17. Juni 2019 (BGBl. I S. 871) umgesetzt.

Eckrente

Bei der Eckrente handelt es sich um eine fiktive Rente eines in der → *gesetzlichen Rentenversicherung* Versicherten, der 45 Versicherungsjahre lang gearbeitet hat und hierbei stets ein Durchschnittsgehalt aller Versicherten erzielt und hieraus entsprechende Beiträge in die gesetzliche Rentenversicherung eingezahlt hat (→ *Eckrentner*).

Eckrentner

Ein für Vergleichszwecke eingeführter fiktiver Rentner, der 45 Jahre lang gearbeitet und hierbei stets ein Durchschnittsgehalt erzielt und ununterbrochen Beiträge in die → *gesetzliche Rentenversicherung* eingezahlt hat. Das Verhältnis der Rente des Eckrentners zum jeweils aktuellen Durchschnittseinkommen wird als Rentenniveau in der gesetzlichen Rentenversicherung bezeichnet. Da die Beitragszahler i. d. R. eine geringere Lebensarbeitszeit aufweisen, liegt die Durchschnittsrente derzeit bei etwas mehr als der Hälfte des letzten Nettoeinkommens.

Ehegattenförderung

Im Rahmen der → *Riester-Rente* kann auch ein mittelbar zulageberechtigter Ehegatte unter Vorliegen bestimmter Voraussetzungen (siehe hierzu unter → *Zulageberechtigter*) die → *Riester-Förderung* in Anspruch nehmen.

Ehezeitanteil

Bei einem → *Versorgungsausgleich* werden alle die in der Ehezeit erworbenen Anteile von Anrechten jeweils zur Hälfte (→ *Halbteilungsgrundsatz*) zwischen den geschiedenen Ehegatten geteilt (§ 1 Absatz 1 VersAusglG). Die Ehezeit beginnt dabei mit dem ersten Tag des Monats, in dem die Ehe geschlossen worden ist und endet am letzten Tag des Monats vor Zustellung des Scheidungsantrags (§ 3 Absatz 1 VersAusglG).

Eichel-Förderung

Die durch das Absenken der Leistungen der → *gesetzlichen Rentenversicherung* entstehende → *Versorgungslücke* soll durch die im → *Altersvermögensgesetz* geschaffene private kapitalgedeckte Altersversorgung geschlossen werden. Dies kann zum einen durch die sog. → *Riester-Rente* gem. den §§ 10a (Sonderausgabenabzug) und 79 ff. (Zulagen) EStG als auch für den Bereich der → *betrieblichen Altersversorgung* mit der sog. Eichel-Förderung nach § 3 Nummer 63 EStG (Steuer- und Sozialversicherungsfreiheit) erreicht werden (vgl. hierzu auch → *Direktversicherung*). Beide Förderkonzepte wurden nach dem seinerzeitigen Minister Riester (Arbeit) und Finanzminister Eichel benannt. Die beiden Förderkonzepte (Zulage und Sonderausgabe oder Beitragsfreiheit) schließen sich allerdings gegenseitig aus.

Bei der Eichel-Förderung werden Arbeitgeberbeiträge aus dem ersten Dienstverhältnis bis zu 4 % der Beitragsbemessungsgrenze in der gesetzlichen Rentenversicherung (→ *Beitragsbemessungsgrenze in der Sozialversicherung*) der Arbeiter und Angestellten (West) steuerfrei in eine → *Pensionskasse*, einen → *Pensionsfonds* und seit dem 01.01.2005 auch in eine → *Direktversicherung* eingebracht (§ 3 Nummer 63 EStG). Neben diesen Beträgen können seit dem 01.01.2005 auch noch weitere Arbeitgeberbeiträge bis zu 1.800 Euro steuerfrei bleiben, wenn sie aufgrund einer nach dem 31.12.2004 erteilten → *Versorgungszusage* geleistet werden (§ 3 Nummer 63 Satz 3 EStG).

Bei den Beiträgen handelt es sich um rein arbeitgeberfinanzierte Beiträge, die zusätzlich zum Arbeitslohn erbracht werden, als auch um Beiträge des Arbeitgebers, die durch Entgeltumwandlung finanziert werden. Die Leistungen unterliegen der → *nachgelagerten Besteuerung* (siehe hierzu auch → *Direktversicherung*). Beiträge zur Eichel-Förderung bis zu 4 % der Beitragsbemessungsgrenze in der gesetzlichen Rentenversicherung sind sozialversicherungsfrei (§ 1 Absatz 1 Nummer 9 SvEV). Die 1.800 Euro gem. § 3 Nummer 63 Satz 3 EStG dagegen sind sozialversicherungspflichtig.

Eigenbeiträge

A. Eigenbeiträge als betriebliche Altersversorgung

B. Abgrenzung zur Entgeltumwandlung

C. Konsequenzen

A. Eigenbeiträge als betriebliche Altersversorgung

Die Leistungen der → *betrieblichen Altersversorgung* können sowohl vom Arbeitgeber als auch vom Arbeitnehmer (bzw. von beiden gemeinsam) finanziert werden. Die Finanzierung durch den Arbeitnehmer kann dabei durch → *Entgeltumwandlung* oder durch sog. Eigenbeiträge erfolgen.

Diese Eigenbeiträge sind in § 1 Absatz 2 Nr. 4 BetrAVG behandelt. Dort ist festgelegt, dass betriebliche Altersversorgung auch dann vorliegt, wenn der Arbeitnehmer Beiträge aus seinem Arbeitsentgelt zur Finanzierung von Leistungen der betrieblichen Altersversorgung an einen → *Pensionsfonds*, eine → *Pensionskasse* oder eine → *Direktversicherung* leistet und die Zusage des Arbeitgebers auch die Leistungen aus diesen Beiträgen umfasst (siehe → *Umfassung*).

Voraussetzung für die Einordnung von Eigenbeiträgen als betriebliche Altersversorgung ist also, dass eine Zusage des Arbeitgebers besteht, die auch die Leistungen aus den vom Arbeitnehmer aus seinem Entgelt gezahlten Beiträgen umfasst. Aufgrund des ab 01.01.2003 neu eingeführten § 1 Absatz 2 Nr. 4 BetrAVG existiert noch keine Rechtsprechung dazu, wann im Einzelnen von einer solchen Umfassung auszugehen ist. Daher sollte der Arbeitgeber in seiner Zusage ausdrücklich erklären, ob Eigenbeiträge des Arbeitnehmers im Sinne von § 1 Absatz 1 Nr. 4 BetrAVG umfasst sein sollen.

Ist im Rahmen der betrieblichen Altersversorgung über einen Pensionsfonds, eine Pensionskasse oder eine Direktversicherung die Möglichkeit von Eigenbeiträgen des Arbeitnehmers vorgesehen, so sollte der Arbeitgeber also ausdrücklich festlegen, ob diese Eigenbeiträge als umfasst im Sinne des § 1 Absatz 2 Nr. 4 BetrAVG gelten sollen.

B. Abgrenzung zur Entgeltumwandlung

Bei der Entgeltumwandlung werden künftige Entgeltansprüche in wertgleiche → *Anwartschaften* auf betriebliche Altersversorgung umgewandelt (§ 1 Absatz 2 Nr. 3 BetrAVG). Der Arbeitnehmer verzichtet also vor dessen Zufluss auf Teile seines Arbeitsentgelts zugunsten einer entsprechenden → *Versorgungszusage*. Schuldner der Beiträge an den Pensionsfonds, die Pensionskasse oder die Direktversicherung ist der Arbeitgeber.

Im Gegensatz dazu zahlt der Arbeitnehmer die Eigenbeiträge aus seinem bereits zugeflossenen sowie individuell versteuerten und verbeitragten Arbeitsentgelt. Er selbst ist gegenüber dem Pensionsfonds, der Pensionskasse oder der Direktversicherung Schuldner der Beiträge.

C. Konsequenzen

Sind die in § 1 Absatz 2 Nr. 4 BetrAVG genannten Voraussetzungen erfüllt und die Eigenbeiträge somit der betrieblichen Altersversorgung zuzurechnen, so ist gemäß § 82 Absatz 2 EStG für diese Eigenbeiträge die → *Riester-Förderung* möglich, ohne dass das Zertifizierungsgebot erfüllt sein muss.

Darüber hinaus gelten gemäß § 1 Absatz 2 Nr. 4 zweiter Halbsatz BetrAVG die Regelungen der Entgeltumwandlung entsprechend, soweit die zugesagten Leistungen aus diesen Eigenbeiträgen im Wege der Kapitaldeckung finanziert werden. Gemäß § 30e Absatz 1 BetrAVG gilt dies allerdings nur für Zusagen, die nach dem 31.12.2002 erteilt wurden bzw. werden.

Eigenheimrente

Das → *Eigenheimrentengesetz (EigRentG)* vom 29.07.2008 (BGBl. I S. 1509) beinhaltet u. a. eine verbesserte Einbeziehung selbstgenutzter Wohnimmobilien in die geförderte Altersvorsorge (→ *Riester-Förderung*).

Nach dem EigRentG dürfen künftig entweder bis zu 75 % oder 100 % des in einem → *Altersvorsorgevertrag* angesparten und steuerlich geförderten → *Altersvorsorgevermögens* für die Anschaffung bzw. Herstellung oder Entschuldung eines selbstgenutzten Wohneigentums oder von Genossenschaftsanteilen im Inland verwendet werden. Die Entnahme kann während der Ansparphase oder zu Beginn der Auszahlungsphase zur Entschuldung des selbstgenutzten Wohneigentums erfolgen. Eine Verpflichtung zur Rückführung des entnommenen Betrags in einen Altersvorsorgevertrag besteht dabei nicht. Diese Erleichterung gilt auch für bereits bestehende Verträge.

Die bisherigen Regelungen zum Thema Kapitalentnahme für Wohneigentum entfallen.

Für Verträge, die vor dem 01.01.2008 abgeschlossen wurden, gibt es eine Übergangsregelung, nach der für die Jahre 2008 und 2009 die Mindestentnahmehöhe von 10.000 Euro beibehalten wird.

Zur Förderung der Tilgungsleistungen bei Darlehensverträgen und (Kombi-)Bausparverträgen für den Erwerb von Wohneigentum können die gewährten Zulagen vollständig für die Darlehenstilgung eingesetzt werden.

Für den Bereich der → *betrieblichen Altersversorgung* ist die Möglichkeit des in einem Altersvorsorgevertrag angesparten und steuerlich geförderten Altersvorsorgevermögens für die Anschaffung bzw. Herstellung oder Entschuldung eines selbstgenutzten Wohneigentums oder von Genossenschaftsanteilen gesetzlich nicht vorgesehen. Dies gilt auch dann, wenn das Altersvorsorgevermögen aus Beiträgen im Sinne des § 82 Absatz 2 EStG gebildet wurde.

Eigenheimrentengesetz (EigRentG)

Mit dem Gesetz zur verbesserten Einbeziehung der selbstgenutzten Wohnimmobilie in die geförderte Altersvorsorge (Eigenheimrentengesetz – EigRentG) vom 29.07.2008 (BGBl. I S. 1509) wurden weitere Vorsorgeprodukte, die dem Aufbau einer förderfähigen Altersversorgung dienen, in die → *Förderung* miteinbezogen.

So können ab 2008 auch Verträge, die die Anschaffung weiterer Geschäftsanteile an einer in das Genossenschaftsregister eingetragenen Genossenschaft für eine vom Förderberechtigten selbst genutzten Genossenschaftswohnung vorsehen, auch als zertifizierte und damit begünstigte → *Altersvorsorgeverträge* angeboten werden.

Weiterhin gefördert werden auch Darlehensverträge, die einen Rechtsanspruch auf die Gewährung eines Darlehens bei wohnungswirtschaftlicher Verwendung beinhalten. Weitere Voraussetzung ist die Verteilung der Abschluss- und Vertriebskosten auf fünf Jahre; daneben muss die Darlehenstilgung bis spätestens zur Vollendung des 68. Lebensjahres erfolgen.

Durch einen sogenannten → *Berufseinsteiger-Bonus* können unmittelbar Zulageberechtigte (→ *unmittelbare Zulageberechtigung*) einmalig eine um 200 Euro erhöhte Grundzulage erhalten.

Mit dem Eigenheimrentengesetz wird zusätzlich der Kreis der Förderberechtigten (→ *Förderkriterien*) erweitert. Personen, die durch vollständige Erwerbsminderung (→ *Erwerbsminderungsrente*) oder Dienstunfähigkeit daran gehindert sind, → *Versorgungsanwartschaften* auf Altersvorsorge aufzubauen, gelten als unmittelbar förderberechtigt (§ 10a Absatz 1 Satz 4 EStG).

Liegt eine teilweise Erwerbsminderung vor, kann über eine Erwerbstätigkeit eine Förderberechtigung begründet werden.

Auch ein Erwerbsminderungsrentner bzw. Erwerbsunfähigkeitsrentner, dessen Rente zeitlich befristet ist, zählt zum förderberechtigten Personenkreis.

Eigenvorsorge

Das → *Drei-Säulen-Modell* der Altersvorsorge besteht aus der ersten Säule, der → *gesetzlichen Rentenversicherung*, der → *betrieblichen Altersversorgung* als zweite Säule und der privaten Eigen- oder Altersvorsorge als dritte Säule der Alterssicherung.

Um für das Alter vorsorgen zu können, stehen für die Eigenvorsorge dem Anleger verschiedene Kapitalmarkt- und Versicherungsprodukte zur Auswahl. Durch die Einführung einer staatlich geförderten, zusätzlichen kapitalgedeckten Altersvorsorge seit dem Jahr 2002 kommt der Eigenvorsorge eine größere Bedeutung zu: Die staatliche → *Förderung* für die → *Riester-Rente* kann auch für private → *Altersvorsorgeverträge* erlangt werden. Die Förderung erfolgt seit dem Jahr 2002 in Form von → *Zulagen* und einem → *Sonderausgabenabzug* und wird stufenweise bis zum Jahr 2008 aufgebaut. In 2004 wurde mit dem → *Alterseinkünftegesetz (AltEinkG)* das Verfahren der Riester-Rente durch weitere Maßnahmen vereinfacht (siehe hierzu auch → *Dauerzulageantrag*).

Einrichtungen zur betrieblichen Altersversorgung (EbAV)

→ *EbAV-Richtlinie(n)*

Einstandspflicht des Arbeitgebers

Der Arbeitgeber kann Leistungen der → *betrieblichen Altersversorgung* nicht nur in der Form zusagen, dass er sich unmittelbar selbst zur Leistungserbringung verpflichtet (→ *unmittelbare Ver-*

sorgungszusage). Er kann auch einen externen Träger einschalten (→ *Direktversicherung*, → *Pensionsfonds*, → *Pensionskasse*, → *Unterstützungskasse*), der die zugesagten Leistungen erbringen soll.

Werden die Leistungen über einen solchen externen → *Versorgungsträger* zugesagt, handelt es sich um eine sog. → *mittelbare Versorgungszusage*. Dabei ist zunächst dieser Träger zur Erbringung der zugesagten Leistungen verpflichtet. Leistet dieser Träger allerdings (teilweise) nicht, so hat der Arbeitgeber für die versprochene Leistung einzustehen, es sei denn, es handelt sich um eine reine Beitragszusage im Sinne des § 1 Absatz 2a BetrAVG. Bei Vorliegen der Einstandspflicht kommt es grundsätzlich nicht darauf an, aus welchem Grund der unmittelbar verpflichtete Versorgungsträger die Leistung (teilweise) nicht erbringt.

Diese Einstandspflicht des Arbeitgebers (auch Verschaffungsanspruch des Arbeitnehmers genannt) ergibt sich aus § 1 Absatz 1 Satz 3 BetrAVG, wonach der Arbeitgeber für die Erfüllung der Versorgungsleistungen auch dann einzustehen hat, wenn die Durchführung der betrieblichen Altersversorgung nicht unmittelbar über ihn erfolgt. Diese gesetzliche Regelung wurde im Jahre 2001 eingeführt, aufgrund der Rechtsprechung des BAG bestand diese Einstandspflicht des Arbeitgebers aber auch schon vorher. Mit dem Betriebsrentenstärkungsgesetz wurde durch die Aufnahme des § 1 Absatz 2a BetrAVG die reine Beitragszusage gesetzlich verankert, sodass in diesen Fällen der Arbeitgeber keiner Einstandspflicht unterliegt.

Einzelzusage

Bei der Einzelzusage wird die Versorgung individuell zwischen Arbeitnehmer und Arbeitgeber vereinbart. Auch wenn dies arbeitsrechtlich nicht erforderlich ist, wird die → *Versorgungszusage* in der Regel schriftlich erteilt. Ein Bündel gleichlautender Einzelzusagen wird als → *Gesamtzusage* bezeichnet.

EIOPA

Die Europäische Aufsichtsbehörde für das Versicherungswesen und die betriebliche Altersversorgung (EIOPA, European Insurance and Occupational Pensions Authority) ging zum 01. Januar 2011 aus dem bereits bestehenden Ausschuss der Europäischen Aufsichtsbehörden für das Versicherungswesen und die betriebliche Altersversorgung (CEIOPS, Committee of European Insurance and Occupational Pensions Supervisors) hervor.

Entgeltumwandlung

A. Begriff

1. Entgeltumwandlung gem. § 1 Absatz 2 Nummer 3 BetrAVG

Bei der → *betrieblichen Altersversorgung* handelt es sich um eine freiwillige Sozialleistung des Arbeitgebers. I. d. R. wurde sie auch vom Arbeitgeber finanziert. Am 01.01.1999 wurde mit dem Rentenreformgesetz erstmalig die Entgeltumwandlung in das → *Betriebsrentengesetz* für die damals vorhandenen → *Durchführungswege* (ohne → *Pensionsfonds*) aufgenommen. Allerdings ist der Arbeitgeber weiterhin nicht gezwungen, sich an der betrieblichen Altersversorgung seiner Arbeitnehmer finanziell zu beteiligen.

Entgeltumwandlung liegt vor, wenn zwischen dem Arbeitnehmer und dem Arbeitgeber eine Vereinbarung getroffen wird, wonach künftige Entgeltansprüche durch Umwandlung in eine zumindest wertgleiche Anwartschaft auf Versorgungsleistungen aus einer betrieblichen Altersversorgung herabgesetzt werden (§ 1 Absatz 2 Nummer 3 BetrAVG). Die Entgeltumwandlung stellt daher eine aufgeschobene Vergütung (→ *Deferred Compensation*) dar.

Die Durchführung der Entgeltumwandlung war jedoch bis zum 31.12.2001 von einem Angebot des Arbeitgebers abhängig.

2. Der Anspruch auf Entgeltumwandlung gem. § 1a BetrAVG

a) Allgemeines

Seit dem 01.01.2002 haben Arbeitnehmer nun einen Anspruch auf → *betriebliche Altersversorgung* durch Entgeltumwandlung (§ 1a BetrAVG). Der Arbeitnehmer kann hierbei vom Arbeitgeber einseitig verlangen, dass von seinen künftigen Entgeltansprüchen bis zu vier Prozent der jeweiligen → *Beitragsbemessungsgrenze der Sozialversicherung* in der → *gesetzlichen Rentenversicherung* (West) durch Entgeltumwandlung für die betriebliche Altersversorgung verwendet werden (§ 1a Absatz 1 Satz 1 BetrAVG).

b) Entgeltumwandlung aus dem Bruttoeinkommen

Die Bruttoentgeltumwandlung (sogenannte → *Eichel-Förderung*; benannt nach dem Bundesfinanzminister Hans Eichel) erfolgt aus dem unversteuerten und unverbeitragten Bruttoeinkommen des Arbeitnehmers. Sie ist nur innerhalb der betrieblichen Altersversorgung möglich. Lohn- oder Gehaltsteile können bis zu vier Prozent der Beitragsbemessungsgrenze in der gesetzlichen Rentenversicherung (West) in einen Anspruch auf betriebliche Altersversorgung umgewandelt werden. Grundsätzlich kann die Bruttoentgeltumwandlung über alle Durchführungswege erfolgen. Die umgewandelten Entgeltbestandteile sind steuerfrei.

Beitragszahlungen waren bis Ende 2008 von der Sozialversicherungspflicht befreit. Durch das → *Gesetz zur Förderung der zusätzlichen Altersvorsorge und zur Änderung des Dritten Buches Sozialgesetzbuch* bleibt die Entgeltumwandlung auch zukünftig unbefristet bis zu 4 Prozent der Beitragsbemessungsgrenze in der gesetzlichen Rentenversicherung (→ *Sozialversicherungs-Rechengrößenverordnung*) sozialversicherungsfrei. Die Beträge gelten sowohl in den alten als auch in den neuen Bundesländern einheitlich. Durch die prozentuale Anbindung an die Beitragsbemessungsgrenze in der gesetzlichen Rentenversicherung ist der Anspruch unabhängig vom individuellen Gehalt des jeweiligen Arbeitnehmers.

c) Entgeltumwandlung aus dem Nettoeinkommen

Im Gegensatz zur Bruttoentgeltumwandlung werden bei der Nettoentgeltumwandlung die Beiträge aus dem Nettoeinkommen, also nach Versteuerung und Abzug der Sozialversicherungsbeiträge, geleistet. Die Arbeitnehmer werden durch staatliche → *Zulagen* und einen steuerlichen → *Sonderausgabenabzug* gefördert (siehe → *Riester-Rente*). Um die volle → *Förderung* zu erhalten, müssen bestimmte Beiträge geleistet werden: Allerdings erst ab dem Jahr 2008 können vier Prozent des sozialversicherungspflichtigen Einkommens des Vorjahres umgewandelt werden.

d) Entgeltumwandlung und Pauschalversteuerung

Neben einer Entgeltumwandlung aus dem Brutto- oder Nettoeinkommen können Arbeitnehmer auch jährlich bis zu 1.752 Euro ihres Gehalts in eine → *Direktversicherung* oder eine → *Pensionskasse* einzahlen und diese Beiträge pauschal versteuern, wenn die → *Versorgungszusage* vor dem 01.01.2005 erteilt wurde. Beitragszahlungen waren bis zum Jahr 2008 sozialversicherungsfrei. Für Entgeltbestandteile bis zu 4 Prozent der Beitragsbemessungsgrenze in der gesetzlichen Rentenversicherung sind keine Sozialversicherungsbeiträge zu entrichten.

Hinsichtlich der steuerlichen Behandlung der Leistungen vgl. hierzu auch → *Direktversicherung*.

e) Der Anspruch

Einen Anspruch auf Entgeltumwandlung haben aber nur Arbeitnehmer, die in der gesetzlichen Rentenversicherung pflichtversichert sind (§ 17 Absatz 1 Satz 3 BetrAVG).

Beispiel:

Ein geringfügig beschäftigter Arbeitnehmer verzichtet durch schriftliche Erklärung gegenüber dem Arbeitgeber auf die Versicherungsfreiheit in der gesetzlichen Rentenversicherung. Hierdurch wird er in der gesetzlichen Rentenversicherung pflichtversichert. Somit hat er einen Anspruch auf Entgeltumwandlung in Höhe von bis zu vier Prozent der Beitragsbemessungsgrenze in der gesetzlichen Rentenversicherung (West).

Der Arbeitnehmer verzichtet somit auf einen Teil seines künftigen Barlohns und erwirbt dafür einen wertgleichen → *Anspruch* auf betriebliche Altersversorgung. Voraussetzung für eine steuerliche Anerkennung der Entgeltumwandlung ist die Absicherung mindestens eines der → *biometrischen Risiken* (Alter, Tod, Invalidität). Zusätzlich darf die Leistung erst bei Eintritt des → *Versorgungsfalles* gezahlt werden.

Für den Arbeitgeber ergibt sich daraus eventuell die Verpflichtung, eine betriebliche Altersversorgung auf Verlangen des Arbeitnehmers anzubieten. Allerdings müssen Arbeitnehmer den Anspruch auf Entgeltumwandlung nicht geltend machen. Sie können die staatliche Förderung auch außerhalb des Unternehmens durch den Abschluss eines privaten → *Altersvorsorgevertrages* geltend machen, z. B. bei einer Versicherung, einer Bank oder mit anderen Finanzdienstleistern.

B. Die Durchführung der betrieblichen Altersversorgung

1. Die Durchführungswege

Für die Einrichtung einer Entgeltumwandlung stehen grundsätzlich alle Durchführungswege zur Verfügung. Der Durchführungsweg für die Entgeltumwandlung wird durch eine Vereinbarung geregelt.

a) Pensionsfonds und Pensionskasse

Bietet der Arbeitgeber eine betriebliche Altersversorgung durch Entgeltumwandlung über einen → *Pensionsfonds* oder eine Pensionskasse an, kann der Arbeitnehmer keinen anderen Durchführungsweg verlangen.

Beispiel:

Der Arbeitgeber bietet eine Entgeltumwandlung über eine Pensionskasse an. Die betriebliche Altersversorgung ist bei der Pensionskasse durchzuführen.

b) Versorgungseinrichtung nach § 22 BetrAVG

Ist der Arbeitgeber zur Durchführung des Anspruchs auf Entgeltumwandlung über eine Versorgungseinrichtung nach § 22 BetrAVG bereit, so kann der Arbeitgeber den Arbeitnehmer auf diese Möglichkeit verweisen um die Entgeltumwandlung dort durchzuführen.

c) Direktversicherung

Ermöglicht der Arbeitgeber seinen Arbeitnehmern keine betriebliche Altersversorgung, so kann der Arbeitnehmer von seinem Arbeitgeber den Abschluss einer Direktversicherung verlangen. Allerdings kann der Arbeitgeber ein Versicherungsunternehmen bestimmen, über das die Entgeltumwandlung abgewickelt wird.

Beispiel:

Ein Arbeitnehmer macht seinen Anspruch auf Entgeltumwandlung bei seinem Arbeitgeber geltend. Der Arbeitgeber ist nicht bereit, die betriebliche Altersversorgung über einen Pensionsfonds oder eine Pensionskasse durchzuführen.

Der Arbeitnehmer kann vom Arbeitgeber den Abschluss einer Direktversicherung verlangen.

Der Arbeitgeber bestimmt das Versicherungsunternehmen, bei dem die betriebliche Altersversorgung durchgeführt wird.

Wird bei einem Anspruch auf Entgeltumwandlung die betriebliche Altersversorgung über die Durchführungswege Pensionsfonds, Pensionskasse oder Direktversicherung angeboten (§ 1a Absatz 3 BetrAVG), kann der Arbeitnehmer verlangen, dass die Voraussetzungen für die sogenannte → *Riester-Förderung* nach den §§ 10a, 82 Absatz 2 des EStG erfüllt werden (Nettoentgeltumwandlung). Dann müssen die Beiträge für die Entgeltumwandlung aus dem (versteuerten und verbeitragten) Nettoentgelt geleistet werden; die Versorgungseinrichtung muss zudem eine lebenslange Altersversorgung gewährleisten (§ 82 Absatz 2 EStG). Verzichtet der Arbeitnehmer auf die Steuerfreiheit der Beiträge, so kann er die individuelle Versteuerung gemäß § 3 Nummer 63 Satz 2 EStG verlangen. Es können jedoch nur die in der gesetzlichen Rentenversicherung pflichtversicherten Arbeitnehmer auf die Steuerfreiheit verzichten. Alle anderen benötigen die Zustimmung des Arbeitgebers.

Bei ausschließlich arbeitgeberfinanzierten Beiträgen kann der Arbeitnehmer nicht auf die Steuerfreiheit verzichten.

d) Direktzusage und Unterstützungskasse

Für die Durchführungswege → *Direktzusage* und → *Unterstützungskasse* besteht keine Möglichkeit, eine Riester-Förderung zu erhalten. Daher können diese Durchführungswege nur durch Vereinbarung genutzt werden. Ohne Zustimmung der Betroffenen ist es nicht möglich, zum einen den Arbeitnehmern die Inanspruchnahme einer Riester-Förderung vorzuenthalten, zum anderen den Arbeitgeber auf die Durchführungswege Direktzusage und/oder Unterstützungskasse festzulegen.

2. Die Umsetzung des Rechtsanspruchs

a) Allgemeines

Besteht bereits eine durch Entgeltumwandlung finanzierte betriebliche Altersversorgung, ist der Anspruch des Arbeitnehmers auf Entgeltumwandlung ausgeschlossen (§ 1a Absatz 2 BetrAVG). Ist diese bereits bestehende Entgeltumwandlung niedriger als vier Prozent der jeweiligen Beitragsbemessungsgrenze der gesetzlichen Rentenversicherung (West), dann hat der Arbeitnehmer einen Anspruch auf Aufstockung bis zu dieser Größenordnung.

Eine vom Arbeitgeber finanzierte betriebliche Altersversorgung wird allerdings nicht angerechnet.

Eine Umwandlung kann aus einmaligen Leistungen (z. B. Urlaubs- oder Weihnachtsgeld) oder aus dem laufenden monatlichen Entgelt erfolgen.

Macht der Arbeitnehmer seinen Anspruch auf Entgeltumwandlung geltend, so muss dieser jährlich mindestens einen Betrag in Höhe von einem Hundertsechzigstel der Bezugsgröße nach § 18 Absatz 1 des Vierten Buches Sozialgesetzbuch (SGB IV) für seine betriebliche Altersversorgung aufwenden (§ 1a Absatz 1 Satz 4 BetrAVG). Der Arbeitgeber kann bei Verwendung von Teilen des regelmäßigen Entgelts des Arbeitnehmers für die betriebliche Altersversorgung verlangen, dass während des laufenden Kalenderjahres gleich bleibende monatliche Beträge verwendet werden (§ 1a Absatz 1 Satz 5 BetrAVG).

b) Tarifvertrag und Entgeltumwandlung

Ein Arbeitnehmer ist tarifgebunden, wenn er Mitglied der Gewerkschaft ist, die mit dem Arbeitgeberverband oder dem Arbeitgeber einen Tarifvertrag geschlossen hat. Der Arbeitgeber ist tarifgebunden, wenn er Mitglied des den Tarifvertrag aushandelnden Arbeitgeberverbandes ist oder mit einer Gewerkschaft einen Tarifvertrag selbst abschließt.

Arbeitnehmer können für eine Entgeltumwandlung tarifliche Entgeltbestandteile nur dann verwenden, wenn der Tarifvertrag dies vorsieht (→ *Tarifvorbehalt*, § 20 Absatz 1 BetrAVG). Dies gilt für Entgeltumwandlungen, deren Zusagen nach dem 29.06.2001 erteilt wurden (§ 30h BetrAVG).

Beispiel:

Zahlt ein tarifgebundener Arbeitgeber an einen gewerkschaftlich nicht organisierten Arbeitnehmer, so kann dieser immer einen Anspruch auf Entgeltumwandlung geltend machen.

Enthält ein Tarifvertrag keine solche Regelung, so kann eine Entgeltumwandlung nur für übertarifliche Entgeltbestandteile (z. B. Gratifikationen, Sonderzahlungen) abgeschlossen werden.

Allerdings kann der Entgeltumwandlungsanspruch durch Tarifvertrag ausgeschlossen oder es kann der Höhe nach abgewichen werden (§ 17 Absatz 3 Satz 1 BetrAVG).

c) Unverfallbarkeit

Für ab dem 01.01.2001 erteilte → *Versorgungszusagen* sind Ansprüche aus einer Entgeltumwandlung einschließlich eines möglichen Arbeitgeberzuschusses nach § 1a Absatz 1a BetrAVG (siehe C. Das Betriebsrentenstärkungsgesetz 1. Obligatorischer Arbeitgeberzuschuss) gem. § 1b Absatz 5 BetrAVG von Anfang an gesetzlich unverfallbar. Es müssen somit nicht die für die arbeitgeberfinanzierte betriebliche Altersversorgung geltenden Unverfallbarkeitsfristen erfüllt sein (→ *Unverfallbarkeit*). Für davor erteilte Zusagen gelten die Bedingungen gem. § 30f BetrAVG.

d) Beendigung des Arbeitsverhältnisses

Scheidet der Arbeitnehmer aus dem Unternehmen aus, so muss diesem bei den Durchführungswegen Direktversicherung, Pensionsfonds und Pensionskasse das Recht zur Fortsetzung der Versicherung oder der Versorgung mit eigenen Beiträgen eingeräumt werden (§ 1b Absatz 5 Nummer 2 BetrAVG).

C. Das Betriebsrentenstärkungsgesetz

1. Obligatorischer Arbeitgeberzuschuss

Mit der Verabschiedung des Betriebsrentenstärkungsgesetzes wird gem. § 1a Absatz 1a BetrAVG ein Arbeitgeber verpflichtet, einen → *Arbeitgeberzuschuss* in Höhe von 15 Prozent des Umwandlungsbetrages in eine Entgeltumwandlung zu leisten, wenn diese über eine Pensionskasse, einen Pensionsfonds oder eine Direktversicherung durchgeführt wird, wenn der Arbeitgeber durch die Entgeltumwandlungsvereinbarung Sozialversicherungsbeiträge einspart. Ist das nicht der Fall, etwa wenn Entgelt oberhalb einer Beitragsbemessungsgrenze umgewandelt wird, ist insoweit auch kein Arbeitgeberzuschuss fällig.

Wird die Entgeltumwandlung über die Durchführungswege Direktzusage oder Unterstützungskasse durchgeführt, besteht keine Verpflichtung zur Zahlung des Arbeitgeberzuschusses.

Die aus den Arbeitgeberzuschüssen erworbenen Anwartschaften sind gem. § 1b Absatz 5 BetrAVG ebenfalls von Anfang an gesetzlich unverfallbar.

Gem. § 26a BetrAVG gilt § 1a Absatz 1a BetrAVG für ab dem 01. Januar 2019 neu abgeschlossene Entgeltumwandlungsvereinbarungen; für die davor abgeschlossenen Entgeltumwandlungszusagen wird die Regelung erst ab dem 01. Januar 2022 wirksam.

2. Optionssysteme nach § 20 BetrAVG

Sieht ein Tarifvertrag die Möglichkeit einer Entgeltumwandlung vor, so kann für alle Arbeitnehmer oder für eine Gruppe von Arbeitnehmern eine automatische Entgeltumwandlung eingeführt werden, gegen die der Arbeitnehmer explizit Widerspruch einlegen muss, möchte er nicht an der Entgeltumwandlung teilnehmen (→ *Optionssystem*, → *Opting-out*).

Widerspricht der Arbeitnehmer nicht und sind die Voraussetzungen des § 20 Absatz 2 Nummer 1 und 2 BetrAVG erfüllt so gilt das Angebot des Arbeitgebers auf Entgeltumwandlung durch den Arbeitnehmer als angenommen.

Auch nichttarifgebundene Arbeitgeber und Arbeitnehmer können ein tarifvertragliches Optionssystem anwenden oder aufgrund eines einschlägigen Tarifvertrages die Einführung eines Optionssystems durch Betriebs- oder Dienstvereinbarung regeln (§ 20 Absatz 2 Satz 3 BetrAVG). Die automatische Entgeltumwandlung gilt jedoch nicht für Betriebs- oder Dienstvereinbarungen, die vor dem 01. Juni 2017 eingeführt wurden (§ 30j BetrAVG).

Ergänzungsbogen Kinderzulage

→ *Zulageantrag*

Ersatzverfahren Direktversicherung

→ *Versicherungsvertragliche Lösung*

Ertragsanteil

Häufig ist die allgemeine Auffassung anzutreffen, dass Renten nicht steuerpflichtig sind. Rentenzahlungen gehören jedoch zu den sonstigen Einkünften gem. § 22 Nummer 1 Satz 3 Buchstabe a EStG. Somit sind Renten grundsätzlich steuerpflichtig. Allerdings werden Rentenleistungen in der Regel nicht mit dem gesamten Zahlbetrag, sondern lediglich mit dem sogenannten Ertragsanteil besteuert. Hierbei geht der Gesetzgeber davon aus, dass Arbeitgeber und/oder Arbeitnehmer über viele Jahre hinweg Einzahlungen in ein Altersversorgungssystem leisten, diese Beiträge verzinst und bei Eintritt des Versicherungsfalls, z. B. bei Erreichen der gesetzlichen Altersgrenze, das angesparte Kapital nebst Zinsen zurückgezahlt werden. Der Besteuerung unterliegt dann nur der Zinsanteil (Ertragsanteil). Allerdings wurde ab dem 01.01.2005 die Besteuerung der Renten schrittweise auf das Prinzip der → *nachgelagerten Besteuerung* umgestellt, sodass ab diesem Zeitpunkt die Ertragsanteilsbesteuerung an Bedeutung verlieren wird. Sie kommt allerdings grundsätzlich weiterhin bei Rentenleistungen zur Anwendung, die vollständig aus versteuertem Einkommen gebildet wurden.

Der Ertragsanteil ist ein bestimmter Prozentsatz und wird anhand einer amtlichen Tabelle ermittelt. Die Höhe des Ertragsanteils bemisst sich zum einem nach dem Lebensalter des Rentners bei Beginn der Rente und bleibt für die weitere Dauer der Rentenzahlungen unverändert. Zum anderen richtet sich der Ertragsanteil nach der Art der Rente, je nach dem, ob eine abgekürzte (z. B. → *Erwerbsminderungsrente*; siehe hierzu § 55 EStDV) oder eine lebenslängliche → *Leibrente* (z. B. → *Altersrente*; siehe hierzu § 22 EStG) vorliegt.

Der Ertragsanteil ist kein Steuersatz, sondern er wird den übrigen Einkünften des Rentenberechtigten zur Berechnung des zu versteuernden Einkommens hinzugerechnet.

Der Ertragsanteil wird aus der (Brutto-)Rente (vor Abzug des Anteils des Rentners an der → *Kranken-* und → *Pflegeversicherung der Rentner*) ermittelt. So beträgt z. B. der Ertragsanteil einer mit 60 Jahren in Anspruch genommenen → *Altersrente* 22 Prozent. Der Ertragsanteil sinkt mit steigendem Alter. Wird die Altersrente erst ab dem 65. Lebensjahr bezogen, beläuft sich der Ertragsanteil auf 18 Prozent des Bruttobetrages der Rente.

Der Ertragsanteil ist der nachstehenden Tabelle 1 zu entnehmen (Auszug aus § 22 EStG):

Renteneintrittsalter	Ertragsanteil
50	30 %
55	26 %
60	22 %
61	22 %
62	21 %
63	20 %
64	19 %
65	18 %
70	15 %

Wird dem Rentenversicherten vor Erreichen des gesetzlichen Rentenalters z. B. eine → *Erwerbsminderungsrente* oder eine Witwen- oder Waisenrente ausgezahlt, so wird der Ertragsanteil aus der nachstehenden Tabelle 2 (Auszug) gemäß § 55 EStDV ermittelt:

Laufzeit der Rente	Ertragsanteil
5 Jahre	5 %
10 Jahre	12 %
15 Jahre	16 %
20 Jahre	21 %
25 Jahre	26 %

Wird das gesetzliche Rentenalter erreicht, kommt Tabelle 1 zur Anwendung.

Beispiel:

Ein Arbeitnehmer erhält ab dem Alter 45 krankheitsbedingt eine Erwerbsminderungsrente. Mit Alter 65 erhält er Altersrente.

Hier liegen zwei Renten vor: Bis zum Erreichen des 65. Lebensjahres erhält der Arbeitnehmer eine abgekürzte Leibrente. Der Ertragsanteil beträgt 21 % (siehe Tabelle 2: Laufzeit 20 Jahre bis zur Erreichung der Altersgrenze 65 Jahre). Mit Erreichen des 65. Lebensjahres erfolgt eine Umwandlung in eine Altersrente. Es wird eine neue Rente begründet, für die sich der Ertragsanteil dann nach Tabelle 1 ergibt.

Die mit dem AltEinkG neu eingeführten Ertragsanteile sind im Vergleich zu dem alten Recht um etwa ein Drittel niedriger. Die geringeren Ertragsanteile gelten nicht nur für neu beginnende Renten ab dem 01.01.2005, sondern auch für bereits davor laufende Renten.

Erwerbsminderungsrente

In der → *betrieblichen Altersversorgung* werden Leistungen zugesagt, die aufgrund des Eintritts eines biologischen Ereignisses (→ *biometrisches Risiko*) ausgelöst werden. Werden in einer betrieblichen → *Versorgungszusage* bei Eintritt der Invalidität (→ *Invaliditätsleistung*) Leistungen gewährt, so orientiert sich der Invaliditätsbegriff in der Praxis i. d. R. an den entsprechenden Begriffen der → *gesetzlichen Rentenversicherung*. Dort wurde das bisherige System aus Berufsunfähigkeits- und Erwerbsunfähigkeitsrente zum 01.01.2001 durch die Einführung einer zweistufigen Erwerbsminderungsrente abgelöst (Gesetz zur Reform der Renten wegen verminderter Erwerbsfähigkeit vom 20.12.2000, BGBl. I S. 1827). Entscheidend ist hierbei grundsätzlich die gesundheitliche Leistungsfähigkeit, die unter den üblichen Bedingungen des allgemeinen Arbeitsmarktes (in täglichen Arbeitsstunden bezogen auf eine Fünf-Tage-Woche) festgestellt wird.

Erwerbsminderung im Sinne der gesetzlichen Rentenversicherung liegt vor, wenn aus gesundheitlichen Gründen die Leistungsfähigkeit eingeschränkt ist. Bei der Erwerbsminderungsrente wird zwischen voller und teilweiser Erwerbsminderungsrente unterschieden, je nachdem wie viele Stunden der Betroffene täglich noch in irgendeinem Beruf tätig sein kann.

Kann der Betroffene weniger als drei Stunden täglich arbeiten, so wird die volle Erwerbsminderungsrente gewährt. Hier geht man davon aus, dass der Gesundheitszustand keine weitere Erwerbstätigkeit mehr zulässt. Daher hat die Erwerbsminderungsrente die Aufgabe, den Lebensunterhalt des Versicherten/des Arbeitnehmers zu sichern. Deshalb sehen die → *Versorgungsregelungen* in der betrieblichen Altersversorgung i. d. R. sog. → *Zurechnungszeiten* vor.

Wer wegen Krankeit oder Behinderung bei einem sog. Restleistungsvermögen von mindestens drei bis unter sechs Stunden täglich erwerbstätig sein kann, erhält eine Rente wegen teilweiser Erwerbsminderung. Bei sechs und mehr Arbeitsstunden kommt keine Leistung zur Auszahlung.

Die Erwerbsminderungsrente wird grundsätzlich nur auf Zeit gewährt. Die Befristung beträgt längstens drei Jahre ab Rentenbeginn und kann bis zu zweimal verlängert werden. Ist nach neun Jahren keine Besserung eingetreten, wird eine unbefristete Rente bewilligt. Die Erwerbsminderungsrente wird maximal bis zur Vollendung des 65. Lebensjahres gezahlt. Anschließend erhält der Versicherte automatisch, also ohne Antrag, seine Altersrente.

Erwerbsunfähigkeitsrente

Mit Wirkung vom 01.01.2001 wurden die frühere Berufsunfähigkeitsrente und Erwerbsunfähigkeitsrente aus der gesetzlichen Rentenversicherung und Knappschaftsversicherung abgeschafft und durch die → *Erwerbsminderungsrente* ersetzt. Diese beinhaltet die beiden Rentenarten

- Rente wegen teilweiser Erwerbsminderung und
- Rente wegen voller Erwerbsminderung.

Die Neuregelung gilt für alle Fälle, in denen die Rente ab 01.01.2001 begonnen hat.

Bestand jedoch bereits vor dem 01.01.2001 ein Anspruch auf Berufsunfähigkeitsrente oder auf Erwerbsunfähigkeitsrente, werden diese Renten weiterhin unverändert nach dem bis zum 31.12.2000 geltenden Recht weiterbezahlt.

Externe Teilung

→ *Versorgungsausgleich*

Festbetragssystem

Wird in einer → *Versorgungsregelung* zur → *betrieblichen Altersversorgung* unabhängig vom aufzubringenden Beitrag eine feste Leistung garantiert, so liegt ein Festbetragssystem vor (vgl. auch → *Festrentenzusage*, → *gehaltsabhängige Zusage*).

Festrentenzusage

Die Festrentenzusage ist eine erteilte → *Versorgungszusage* in der → *betrieblichen Altersversorgung*, die unabhängig von anderen Bestimmungsgrößen (z. B. Beitrag, Gehalt, Dauer der Betriebszugehörigkeit etc.) einen festen Betrag als → *Rente* in Aussicht stellt.

Während der Anwartschaftszeit (→ *Anwartschaft*) erfolgt keine Dynamisierung der zugesagten Rente. Dies kann für den Arbeitnehmer im Laufe der Zeit aufgrund der allgemeinen Preisentwicklung zu einer Auszehrung der Leistung führen. Daher bedarf es von Zeit zu Zeit einer Überprüfung der zugesagten Leistungshöhe.

Bei der Festrentenzusage ist der Aufwand für den Arbeitgeber kalkulierbar.

Finanzierungsform

Finanzierungsform ist ein synonymer Begriff für die → *Durchführungswege* in der → *betrieblichen Altersversorgung*. Die Finanzierung erfolgt bei der → *Direktversicherung*, der → *Pensionskasse* und den → *Pensionsfonds* über Beiträge, bei der → *Direkt-* oder → *Pensionszusage* durch Bildung von → *Pensionsrückstellungen* und bei der → *Unterstützungskasse* in Form von → *Zuwendungen*.

Firmenrente

→ *Betriebsrente*

Flexirentengesetz

Das Gesetz zur Flexibilisierung des Übergangs vom Erwerbsleben in den Ruhestand und zur Stärkung von Prävention und Rehabilitation im Erwerbsleben (Flexirentengesetz) vom 08. Dezember 2016 (BGBl. I S. 2838) verfolgt schwerpunktmäßig das Ziel, durch Regelungen zur Teilrente und zum Hinzuverdienstrecht das Weiterarbeiten für Frührentner und ältere Beschäftigte, die über die → *Regelaltersgrenze* hinaus weiter arbeiten möchten, attraktiver zu gestalten.

Hierzu enthält das Artikelgesetz Änderungen vor allem in den SGB VI und SGB III:

- Ergänzung der Teilzeitarbeit durch eine Teilrente vor Erreichen der Regelaltersgrenze und Renten wegen verminderter Erwerbsfähigkeit;
- Berufstätige Altersvollrentner sind bis Erreichen der Regelaltersgrenze in der gesetzlichen Rentenversicherung versicherungspflichtig;
- Beschäftigte können nach Erreichen der Regelaltersgrenze auf die dann bestehende Versicherungsfreiheit in der gesetzlichen Rentenversicherung verzichten;
- Ausgleich von Rentenabschlägen bei vorzeitiger Inanspruchnahme einer Altersrente durch frühere und flexiblere Einzahlung zusätzlicher Beiträge;
- Verbesserung der Informationen zum Übergang vom Erwerbsleben in den Ruhestand und Ergänzung der Rentenauskünfte um Informationen, wie sich das Vorziehen oder Hinausschieben des Rentenbeginns auf die Rente auswirkt;
- Befristeter Wegfall der bei Erreichen der Regelaltersgrenze anfallende Arbeitgeberbeitrag zur Arbeitslosenversicherung.

(Siehe auch BT-Drucksache 18/9787 vom 27.09.2016)

Das Flexirentengesetz ist am 01. Januar 2017 in Kraft getreten (Abweichungen hiervon siehe Artikel 9 des Gesetzes).

Förderantrag

→ *Zulageantrag*

Förderbeitrag für Geringverdiener

Zur Erhöhung der Verbreitung der betrieblichen Altersversorgung für Geringverdiener erhält der Arbeitgeber einen Teilbetrag des geleisteten Arbeitgeberbeitrags über die Lohnsteuer-Anmeldung zurück (→ *BAV-Förderbeitrag*).

Förderberechtigte Personen

→ *Zulageberechtigter*

Förderhöchstbetrag

Die Förderung von → *Altersvorsorgeverträgen* erfolgt über → *Zulagen* und einen → *Sonderausgabenabzug*. Damit die maximale staatliche Zulage gewährt werden kann, muss in einen Altersvorsorgevertrag ein → *Mindesteigenbeitrag* eingezahlt werden. Dabei wird der Mindesteigenbeitrag auf folgende Förderhöchstbeträge gem. § 86 Absatz 1 Satz 2 EStG i. V. m. § 10a Absatz 1 Satz 1 EStG begrenzt:

- ab 2002 maximal 525 Euro,
- ab 2004 maximal 1.050 Euro,
- ab 2006 maximal 1.575 Euro und
- ab 2008 maximal 2.100 Euro.

Der Förderhöchstbetrag ist auch der Betrag, der im Rahmen eines Lohnsteuerjahresausgleichs bzw. bei der Einkommensteuererklärung maximal als Sonderausgabenabzug geltend gemacht werden kann.

Förderkriterien

Mit der Rentenreform im Jahr 2001 wurde eine freiwillige zusätzliche kapitalgedeckte Altersvorsorge eingeführt, die vom Staat mit finanziellen Anreizen gefördert wird. Die → *Förderung* wird für → *Altersvorsorgeverträge* gewährt, die in der → *betrieblichen Altersvorsorge* oder in der privaten → *Eigenvorsorge* vorliegen.

Einen Anspruch auf die staatliche Förderung für die sogenannte → *Riester-Rente* über → *Zulagen* und → *Sonderausgabenabzug* haben alle Personen, die der unbeschränkten Einkommensteuerpflicht (§ 1 Absatz 1 bis 3 EStG) unterliegen. Die persönlichen Voraussetzungen müssen im jeweiligen Beitragsjahr zumindest während eines Teils des Jahres vorgelegen haben.

Förderberechtigt sind Personen, die Pflichtbeiträge in die inländische → *gesetzliche Rentenversicherung* zahlen, aber auch Beamte und Arbeitnehmer im öffentlichen Dienst (vgl. hierzu auch → *Zulageberechtigter*).

Im Einzelnen sind u. a. folgende Personengruppen grundsätzlich förderberechtigt (vgl. hierzu Anlagen 1 und 2 des BMF-Schreibens vom 21. Dezember 2017 (BStBl. I S. 93), geändert durch das BMF-Schreiben vom 17. Februar 2020 (BStBl. I S. 213):

- Unmittelbar begünstigte Personen:
  1. Pflichtversicherte in der inländischen gesetzlichen Rentenversicherung (§ 10a Absatz 1 Satz 1 Halbsatz 1 EStG). Dies sind:
     - Personen, die gegen Arbeitsentgelt oder zu ihrer Berufsausbildung beschäftigt sind (§ 1 Satz 1 Nummer 1 des Sechsten Buches Sozialgesetzbuch [SGB V]). Hierzu gehören auch geringfügig beschäftigte Personen im Sinne des § 8 Absatz 1 Nummer 1 oder § 8a i. V. m. § 8 Absatz 1 Nummer 1 des Vierten Buches Sozialgesetzbuch (SGB IV), die nicht von der Versicherungspflicht nach § 6 Absatz 1b SGB VI befreit sind,
     - Behinderte Menschen,
     - Personen, die in Einrichtungen der Jugendhilfe oder in Berufsbildungswerken oder ähnlichen Einrichtungen für behinderte Menschen für eine Erwerbstätigkeit befähigt werden sollen, dies gilt auch für Personen während der betrieblichen Qualifizierung im Rahmen der Unterstützten Beschäftigung nach § 55 SGB IX (§ 1 Satz 1 Nr. 3 SGB VI),
     - Mitglieder geistlicher Genossenschaften, Diakonissen und Angehörige ähnlicher Gemeinschaften während ihres Dienstes für die Gemeinschaft und während der Zeit ihrer außerschulischen Ausbildung (§ 1 Satz 1 Nummer 4 SGB VI),
     - Auszubildende, die in einer außerbetrieblichen Einrichtung im Rahmen eines Berufsausbildungvertrages nach dem Berufsausbildungsgesetz ausgebildet werden,
     - Teilnehmer an dualen Studiengängen,
     - Teilnehmer an Ausbildungen mit Abschnitten des schulischen Unterrichts und der praktischen Ausbildung, für die ein Ausbildungsvertrag und Anspruch auf Ausbildungsvergütung besteht (praxisintegrierte Ausbildungen),
     - Schwestern vom Deutschen Roten Kreuz,
     - Helfer im freiwilligen sozialen Jahr nach dem Jugendfreiwilligengesetz,
     - Helfer im freiwilligen ökologischen Jahr nach dem Jugendfreiwilligengesetz,
     - Helfer im Bundesfreiwilligendienst,
     - Heimarbeiter,
     - Seeleute (Mitglieder der Schiffsbesatzung von Binnenschiffen oder deutschen Seeschiffen),
     - Bezieher von Ausgleichsgeld nach dem Gesetz zur Förderung der Einstellung der landwirtschaftlichen Erwerbstätigkeit,
     - Selbstständig tätige Lehrer und Erzieher, die im Zusammenhang mit ihrer selbstständigen Tätigkeit regelmäßig keinen versicherungspflichtigen Arbeitnehmer beschäftigen
(§ 2 Satz 1 Nummer 1 SGB VI),
     - Pflegepersonen, die in der Kranken-, Wochen-, Säuglings- oder Kinderpflege tätig sind und im Zusammenhang mit ihrer selbstständigen Tätigkeit regelmäßig keinen versicherungspflichtigen Arbeitnehmer beschäftigen
(§ 2 Satz 1 Nummer 2 SGB VI),
     - Selbstständig tätige Hebammen und Entbindungspfleger
(§ 2 Satz 1 Nummer 3 SGB VI),
     - Selbstständig tätige Seelotsen der Reviere im Sinne des Gesetzes über das Seelotswesen
(§ 2 Satz 1 Nummer 4 SGB VI),
     - Selbstständige Künstler und Publizisten (§ 2 Satz 1 Nummer 5 SGB VI), wenn sie die künstlerische oder publizistische Tätigkeit erwerbsmäßig und nicht nur vorübergehend ausüben und im Zusammenhang mit der künstlerischen oder publizistischen Tätigkeit nicht mehr als einen Arbeitnehmer beschäftigen, es sei denn, die Beschäftigung erfolgt zur Berufsausbildung oder ist geringfügig im Sinne des § 8 SGB IV,

- Selbstständig tätige Hausgewerbetreibende (§ 2 Satz 1 Nummer 6 SGB VI),
- Selbstständig tätige Küstenschiffer und Küstenfischer, die zur Besatzung ihres Fahrzeuges gehören oder als Küstenfischer ohne Fahrzeug fischen und regelmäßig nicht mehr als vier versicherungspflichtige Arbeitnehmer beschäftigen (§ 2 Satz 1 Nummer 7 SGB VI),
- Gewerbetreibende, die in die Handwerksrolle eingetragen sind und in ihrer Person die für die Eintragung in die Handwerksrolle erforderlichen Voraussetzungen erfüllen, wobei Handwerksbetriebe im Sinne der §§ 2 und 3 der Handwerksordnung sowie Betriebsfortführungen aufgrund von § 4 der Handwerksordnung außer Betracht bleiben; ist eine rechtsfähige Personengesellschaft in die Handwerksrolle eingetragen, gilt als Gewerbetreibender, wer als Gesellschafter in seiner Person die Voraussetzungen für die Eintragung in die Handwerksrolle erfüllt (§ 2 Satz 1 Nummer 8 SGB VI),
- Personen, die im Zusammenhang mit ihrer selbstständigen Tätigkeit regelmäßig keinen versicherungspflichtigen Arbeitnehmer beschäftigen und auf Dauer und im Wesentlichen nur für einen Auftraggeber tätig sind; bei Gesellschaftern gelten als Auftraggeber die Auftraggeber der Gesellschaft (§ 2 Satz 1 Nummer 9 SGB VI),
- Personen, die eine Vollrente wegen Alters nach Erreichen der Regelaltersgrenze beziehen (§ 5 Absatz 4 Satz 1 Nummer 1 SGB VI), Personen, die nach beamtenrechtlichen Vorschriften oder Grundsätzen oder entsprechenden kirchenrechtlichen Regelungen oder einer berufsständischen Versorgungseinrichtung eine Versorgung nach Erreichen einer Altersgrenze beziehen oder die in der Gemeinschaft übliche Versorgung im Alter erhalten (§ 5 Absatz 4 Satz 1 Nummer 2 SGB VI) sowie Personen, die bis zum Erreichen der Regelaltersgrenze nicht in der gesetzlichen Rentenversicherung versichert waren oder nach Erreichen der Regelaltersgrenze eine Beitragserstattung aus ihrer Versicherung bei der inländischen gesetzlichen Rentenversicherung erhalten haben (§ 5 Absatz 4 Satz 1 Nummer 3 SGB VI) und in einer Beschäftigung oder selbstständigen Tätigkeit auf die Versicherungsfreiheit nach § 5 Absatz 4 Sätze 2 bis 4 SGB VI verzichtet haben.

Weiterhin versicherungspflichtig sind Personen in der Zeit,

- für die ihnen Kindererziehungszeiten anzurechnen sind (§ 3 Satz 1 Nummer 1 SGB VI),
- in der sie bis zum 31. Dezember 2016 einen Pflegebedürftigen im Sinne des § 14 SGB XI nicht erwerbsmäßig wenigstens 14 Stunden wöchentlich in seiner häuslichen Umgebung pflegen, wenn der Pflegebedürftige Anspruch auf Leistungen aus der sozialen oder einer privaten Pflegeversicherung hat; dies gilt ab 01. Januar 2013 auch, wenn die Mindeststundenzahl nur durch die Pflege mehrerer Pflegebedürftiger erreicht wird (§ 3 Satz 1 Nummer 1a SGB VI),
- in der sie ab 01. Januar 2017 einen oder mehrere pflegebedürftige Personen mit mindestens Pflegegrad 2 wenigstens zehn Stunden wöchentlich, verteilt auf regelmäßig mindestens zwei Tage in der Woche, in ihrer häuslichen Umgebung nicht erwerbsmäßig pflegen, wenn der Pflegebedürftige Anspruch auf Leistungen aus der sozialen Pflegeversicherung oder einer privaten Pflege-Pflichtversicherung hat (§ 3 Satz 1 Nummer 1a SGB VI),
- in der sie aufgrund gesetzlicher Pflicht Wehrdienst oder Zivildienst (längstens bis 31. Dezember 2011) leisten (§ 3 Satz 1 Nummer 2 SGB VI). Der zum 01. Juli 2011 neu eingeführte freiwillige Wehrdienst (für Männer und Frauen) führt zur Versicherungspflicht nach dieser Vorschrift,
- in der sie sich in einem Wehrdienstverhältnis besonderer Art nach § 6 des Einsatz-Weiterverwendungsgesetzes befinden, wenn sich der Einsatzunfall während einer Zeit ereignet hat, in der sie nach § 3 Satz 1 Nummer 2 SGB VI versicherungspflichtig waren; sind zwischen dem Einsatzunfall und der Einstellung in ein Wehrdienstverhältnis besonderer Art nicht mehr als sechs Wochen vergangen, gilt das Wehrdienstverhältnis besonderer Art als mit dem Tag nach Ende einer Versicherungspflicht nach § 3 Satz 1 Nr. 2 SGB VI begonnen (§ 3 Satz 1 Nr. 2a SGB VI),
- in der sie als ehemalige Soldaten auf Zeit Übergangsgebührnisse beziehen, es sei denn, sie sind für die Zeiten als Soldaten auf Zeit nach § 186 SGB VI nachversichert worden (§ 3 Satz 1 Nr. 2b SGB VI),
- für die sie von einem Leistungsträger Krankengeld (seit 01. August 2012 auch Krankengeld bei Spende von Organen oder Geweben sowie seit 23. Juli 2015 auch Krankengeld bei Spende von Blut zur Separation von Blutstammzellen oder anderen Blutbestandteilen), Verletztengeld, Versorgungskrankengeld, Übergangsgeld oder Arbeitslosengeld oder seit dem 01. Januar 2015 von der sozialen oder einer privaten Pflegeversicherung Pflegeunterstützungsgeld beziehen, wenn sie im letzten Jahr vor Beginn der Leistung zuletzt versicherungspflichtig waren; der Zeitraum von einem Jahr verlängert sich um Anrechnungszeiten wegen des Bezugs von Arbeitslosengeld II (§ 3 Satz I Nummer 3 SGB VI) oder nach dem 31. Dezember 2022 um Anrechnungszeiten wegen des Bezugs von Bürgergeld nach § 19 Absatz 1 Satz 1 SGB II,
- für die sie ab 01. August 2012 von einem privaten Krankenversicherungsunternehmen, von einem Beihilfeträger des Bundes, von einem sonstigen öffentlich-rechtlichen Träger von Kosten in Krankheitsfällen auf Bundesebene, von dem Träger der Heilfürsorge im Bereich des Bundes, von dem Träger der truppenärztlichen Versorgung oder von einem öffentlich-rechtlichen Träger von Kosten in Krankheitsfällen auf Landesebene, soweit das Landesrecht dies vorsieht, Leistungen für den Ausfall von Arbeitseinkünften im Zusammenhang mit einer nach den §§ 8 und 8a des Transplantationsgesetzes erfolgenden Spende von Organen oder Geweben oder seit 23. Juli 2015 im Zusammenhang mit einer im Sinne von § 9 des Transfusionsgesetzes erfolgten Spende von Blut zur Separation von Blutstammzellen oder anderen Blutbestandteilen beziehen, wenn sie im letzten Jahr vor Beginn dieser

Zahlung zuletzt versicherungspflichtig waren; der Zeitraum von einem Jahr verlängert sich um Anrechnungszeiten wegen des Bezugs von Arbeitslosengeld II (§ 3 Satz 1 Nummer 3 SGB VI) oder nach dem 31. Dezember 2022 um Anrechnungszeiten wegen des Bezugs von Bürgergeld nach § 19 Absatz 1 Satz 1 SGB II,

- für die sie Vorruhestandsgeld beziehen, wenn sie unmittelbar vor Beginn der Leistung versicherungspflichtig waren
(§ 3 Satz 1 Nummer 4 SGB VI).

Im SGB VI bleiben in dieser Beschäftigung oder Tätigkeit nach Übergangsrecht weiterhin versicherungspflichtig:

- Mitglieder des Vorstands einer Aktiengesellschaft, die am 31. Dezember 1991 versicherungspflichtig waren
(§ 229 Absatz 1 Satz 1 Nummer 1 SGB VI),
- Selbstständig tätige Lehrer, Erzieher oder Pflegepersonen, die am 31. Dezember 1991 im Zusammenhang mit ihrer selbstständigen Tätigkeit keinen Angestellten, aber mindestens einen Arbeiter beschäftigt haben
(§ 229 Absatz 1 Satz 1 Nummer 2 SGB VI),
- Mitglieder des Vorstands einer Aktiengesellschaft, die am 06. November 2003 in einer weiteren Beschäftigung oder selbstständigen Tätigkeit nicht versicherungspflichtig waren und die Versicherungspflicht bis zum 31. Dezember 2004 beantragt haben (§ 229 Absatz 1a Satz 2 SGB VI),
- Personen, die am 28. Juni 2011 aufgrund einer Beschäftigung im Ausland bei einer amtlichen Vertretung des Bundes oder der Länder oder bei deren Leitern, deutschen Mitgliedern oder Bediensteten versicherungspflichtig waren und keine Beendigung der Versicherungspflicht beantragt haben
(§ 229 Absatz 1b SGB VI),
- Handwerker, die am 31. Dezember 2003 versicherungspflichtig waren und in dieser Tätigkeit weiterhin versicherungspflichtig sind
(§ 229 Absatz 2a SGB VI),
- Bezieher von Sozialleistungen, die am 31. Dezember 1995 auf Antrag versicherungspflichtig waren und nach § 4 Absatz 3a SGB VI die Voraussetzungen für die Versicherungspflicht nicht mehr erfüllen
(§ 229 Absatz 4 SGB VI),
- Personen, die am 31. Dezember 2012 als Beschäftigte nach § 5 Absatz 2 Satz 2 SGB VI i. d. F. bis 31. Dezember 2012 wegen Verzichts auf die Versicherungsfreiheit in einer geringfügigen Beschäftigung oder mehreren geringfügigen Beschäftigungen versicherungspflichtig waren (§ 229 Absatz 5 Satz 1 SGB VI) und den Arbeitgeberbeitrag i. H. v. 15 % zur Rentenversicherung durch eigene Beiträge aufstocken,
- nach dem Recht ab 01. April 2003 geringfügig Beschäftigte oder selbstständig Tätige, die nach dem bis 31. März 2003 geltenden Recht ohne Verzicht auf die Versicherungsfreiheit (§ 5 Absatz 2 Satz 2 SGB VI i.d.F. bis 31. Dezember 2012) versicherungspflichtig waren, wenn sie nicht die Befreiung von der Versicherungspflicht beantragt haben
(§ 229 Absatz 6 SGB VI),
- Selbstständig Tätige, die am 31. Dezember 2012 versicherungspflichtig waren und deren Tätigkeit die Merkmale einer geringfügigen Tätigkeit in der ab dem 01. Januar 2013 geltenden Fassung erfüllt, bleiben in dieser selbstständigen Tätigkeit bis zum 31. Dezember 2014 versicherungspflichtig
(§ 229 Absatz 7 Satz 2 SGB VI),
- Personen, die am 31. Dezember 1991 im Beitrittsgebiet versicherungspflichtig waren, nicht ab 01. Januar 1992 nach §§ 1 bis 3 SGB VI versicherungspflichtig geworden sind und nicht bis zum 31. Dezember 1994 beantragt haben, dass die Versicherungspflicht enden soll, bleiben in der jeweiligen Tätigkeit oder für die Zeit des jeweiligen Leistungsbezugs versicherungspflichtig
(§ 229a Absatz 1 SGB VI),
- Selbstständig tätige Landwirte im Beitrittsgebiet, die die Voraussetzungen des § 2 Absatz 1 Nummer 1 des Zweiten Gesetzes über die Krankenversicherung der Landwirte erfüllt haben, in der Krankenversicherung der Landwirte als Unternehmer versichert waren und am 01. Januar 1995 versicherungspflichtig waren, blieben in dieser Tätigkeit versicherungspflichtig
(§ 229a Absatz 2 SGB VI),
- Personen, die am 31. Dezember 1991 als Beschäftigte von Körperschaften, Anstalten oder Stiftungen des öffentlichen Rechts oder ihrer Verbände versicherungspflichtig waren
(§ 230 Absatz 2 Nummer 1 SGB VI),
- Personen, die am 31. Dezember 1991 als satzungsgemäße Mitglieder geistlicher Genossenschaften, Diakonissen oder Angehörige ähnlicher Gemeinschaften versicherungspflichtig waren (§ 230 Absatz 2 Nummer 2 SGB VI),
- Geringfügig beschäftigte Personen, die am 31. Dezember 2012 nach § 5 Absatz 2 Satz 1 Nummer 1 SGB VI i. d. F. bis zum 31. Dezember 2012 versicherungsfrei waren, nach dem 31. Dezember 2012 auf die Versicherungsfreiheit verzichtet haben (§ 230 Absatz 8 Satz 2 SGB VI) und den Arbeitgeberbeitrag i. H. v. 15 % zur Rentenversicherung durch eigene Beiträge aufstocken,
- Bezieher einer Vollrente wegen Alters vor Erreichen der Regelaltersgrenze, die am 31. Dezember 2016 in einer Beschäftigung oder selbstständigen Tätigkeit versicherungsfrei waren und nach dem 31. Dezember 2016 in dieser Beschäftigung oder selbstständigen Tätigkeit auf die Versicherungsfreiheit verzichtet haben
(§ 230 Absatz 9 Sätze 2 bis 4 SGB VI).

Auf Antrag werden zusätzlich folgende Personen versicherungspflichtig:

- Entwicklungshelfer im Sinne des Entwicklungshelfer-Gesetzes, die Entwicklungsdienst oder Vorbereitungsdienst leisten
(§ 4 Absatz 1 Satz 1 Nummer 1 SGB VI),
- Angehörige eines Mitgliedstaates der Europäischen Union, Angehörige eines Vertragsstaates des Abkommens über den Europäischen Wirtschaftsraum oder Staatsangehörige der Schweiz, die für eine begrenzte Zeit im Ausland beschäftigt sind
(§ 4 Absatz 1 Satz 1 Nummer 2 SGB VI),
- sekundierte Personen nach dem Sekundierungsgesetz
(§ 4 Absatz 1 Satz 1 Nummer 3 SGB VI),

- Angehörige eines Mitgliedstaates der Europäischen Union, Angehörige eines Vertragsstaates des Abkommens über den Europäischen Wirtschaftsraum oder Staatsangehörige der Schweiz, die im Ausland bei einer amtlichen Vertretung des Bundes oder der Länder oder bei einem Leiter, Mitglied oder Bediensteten einer amtlichen Vertretung des Bundes oder der Länder beschäftigt sind
(§ 4 Absatz 1 Satz 2 SGB VI),
- Personen, die nicht nur vorübergehend selbstständig tätig sind, wenn sie die Versicherungspflicht innerhalb von fünf Jahren nach der Aufnahme der selbstständigen Tätigkeit oder dem Ende der Versicherungspflicht aufgrund dieser Tätigkeit beantragen
(§ 4 Absatz 2 SGB VI),
- Personen, die eine der in § 3 Satz 1 Nummer 3 SGB VI genannten Sozialleistungen oder Leistungen für den Ausfall von Arbeitseinkünften nach § 3 Satz 1 Nummer 3a SGB VI beziehen und nicht nach diesen versicherungspflichtig sind
(§ 4 Absatz 3 Satz 1 Nummer 1 SGB VI),
- Personen, die nur deshalb keinen Anspruch auf Krankengeld haben, weil sie nicht in der gesetzlichen Krankenversicherung versichert sind oder in der gesetzlichen Krankenversicherung ohne Anspruch auf Krankengeld versichert sind, u. a. für die Zeit der Arbeitsunfähigkeit oder der Ausführung von Leistungen zur medizinischen Rehabilitation oder zur Teilhabe am Arbeitsleben, wenn sie im letzten Jahr vor Beginn der Arbeitsunfähigkeit oder der Ausführung von Leistungen zur medizinischen Rehabilitation oder zur Teilhabe am Arbeitsleben zuletzt versicherungspflichtig waren, längstens jedoch für 18 Monate
(§ 4 Absatz 3 Satz 1 Nummer 2 SGB VI).

2. Zu den Pflichtversicherten nach dem Gesetz über die Alterssicherung der Landwirte (§ 10a Absatz 1 Satz 3 EStG) gehören insbesondere
   - versicherungspflichtige Landwirte,
   - versicherungspflichtige Ehegatten/Lebenspartner von Landwirten,
   - versicherungspflichtige mitarbeitende Familienangehörige,
   - ehemalige Landwirte, die nach Übergangsrecht weiterhin unabhängig von einer Tätigkeit als – Landwirt oder mitarbeitender Familienangehöriger versicherungspflichtig sind.

Keine staatliche Förderung erhalten u. a.

- Freiwillig Versicherte in der gesetzlichen Rentenversicherung (vgl. §§ 7, 232 SGB VI),
- Von der Versicherungspflicht in der gesetzlichen Rentenversicherung befreite Personen für die Zeit der Befreiung; das sind insbesondere
  a) Angestellte und selbstständig Tätige für die Beschäftigung oder selbstständige Tätigkeit, wegen der sie aufgrund einer durch Gesetz angeordneten oder auf Gesetz beruhenden Verpflichtung Mitglied einer öffentlich-rechtlichen Versicherungseinrichtung oder Versorgungseinrichtung ihrer Berufsgruppe (berufsständische Versorgungseinrichtung für z. B. Ärzte, Architekten, Rechtsanwälte) und zugleich kraft gesetzlicher Verpflichtung Mitglied einer berufsständischen Kammer sind. Für die Befreiung sind weitere Voraussetzungen zu erfüllen
  (§ 6 Absatz 1 Satz 1 Nummer 1 SGB VI),
  b) Lehrer oder Erzieher an nichtöffentlichen Schulen, wenn ihnen nach beamtenrechtlichen Grundsätzen oder entsprechenden kirchenrechtlichen Regelungen Anwartschaft auf Versorgung bei verminderter Erwerbsfähigkeit und im Alter sowie auf Hinterbliebenenversorgung gewährleistet und die Erfüllung der Gewährleistung gesichert ist und wenn diese Personen die Voraussetzungen nach § 5 Absatz 1 Satz 2 Nummer 1 und 2 SGB VI erfüllen
  (§ 6 Absatz 1 Satz 1 Nummer 2 SGB VI, § 231 Absatz 7 und 8 SGB VI),
  c) nichtdeutsche Besatzungsmitglieder deutscher Seeschiffe, die ihren Wohnsitz oder gewöhnlichen Aufenthalt nicht in einem Mitgliedstaat der Europäischen Union, einem Vertragsstaat des Abkommens über den Europäischen Wirtschaftsraum oder der Schweiz haben
  (§ 6 Absatz 1 Satz 1 Nummer 3 SGB VI),
  d) Gewerbetreibende in Handwerksbetrieben, wenn für sie mindestens 18 Jahre lang Pflichtbeiträge gezahlt worden sind
  (§ 6 Absatz 1 Satz 1 Nummer 4 SGB VI),
  e) Selbstständige für einen Zeitraum von drei Jahren nach erstmaliger Aufnahme einer selbstständigen Tätigkeit, die die Merkmale des § 2 Satz 1 Nummer 9 SGB VI erfüllt
  (§ 6 Absatz 1a Nummer 1 SGB VI),
  f) Personen nach Vollendung des 58. Lebensjahres, wenn sie nach einer zuvor ausgeübten selbstständigen Tätigkeit erstmals nach § 2 Satz 1 Nummer 9 SGB VI versicherungspflichtig werden
  (§ 6 Absatz 1a Nummer 2 SGB VI),
  g) Personen, die eine geringfügige Beschäftigung im Sinne des § 8 Absatz 1 Nummer 1 oder § 8a i. V. m. § 8 Absatz 1 Nummer 1 SGB IV ausüben und nach § 6 Absatz 1b SGB VI von der Versicherungspflicht befreit sind,
  h) Personen, die am 31. Dezember 1991 von der Versicherungspflicht befreit waren
  (§ 231 Absatz 1 SGB VI),
  i) Selbstständige mit einem Auftraggeber, die bereits am 31. Dezember 1998 diese Tätigkeit ausübten und weitere Voraussetzungen erfüllen
  (§ 231 Absatz 5 SGB VI),
  j) Selbstständige (z. B. Lehrer, Erzieher, Pflegepersonen, Hebammen und Entbindungspfleger), die bereits am 31. Dezember 1998 nach § 2 Satz 1 Nummer 1 bis 3, § 229a Absatz 1 SGB VI versicherungspflichtig waren und weitere Voraussetzungen erfüllen
  (§ 231 Absatz 6 SGB VI),
  k) selbstständig Tätige, die am 31. Dezember 1991 im Beitrittsgebiet aufgrund eines Versicherungsvertrages von der Versicherungspflicht befreit waren, es sei denn sie haben bis zum 31. Dezember 1994 erklärt, dass die Befreiung von der Versicherungspflicht enden soll
  (§ 231a SGB VI).
- In der gesetzlichen Rentenversicherung versicherungsfreie Personen; das sind insbesondere
  a) geringfügig Beschäftigte, die den Arbeitgeberbeitrag i. H. v. 15 % zur Rentenversicherung nicht durch eigene Beiträge aufstocken

(§ 5 Absatz 2 Satz 1 Nummer 1 SGB VI i. V. m. §§ 8 Absatz 1, 8a SGB IV [bis zum 31. Dezember 2012], § 230 Absatz 8 Satz 1 SGB VI [ab 01. Januar 2013]),

b) selbstständig Tätige, die wegen der Geringfügigkeit der Tätigkeit versicherungsfrei sind (§ 5 Absatz 2 Satz 1 Nummer 2 SGB VI i. V. m. § 8 Absatz 3 SGB IV),

c) Personen, die eine geringfügige nicht erwerbsmäßige Pflegetätigkeit ausüben (§ 5 Absatz 2 Satz 1 Nummer 3 SGB VI; diese Regelung wurde mit Wirkung vom 01. Januar 2017 an aufgehoben),

d) Personen, die während der Dauer eines Studiums als ordentliche Studierende einer Fachschule oder Hochschule ein Praktikum ableisten, das in ihrer Studienordnung oder Prüfungsordnung vorgeschrieben ist (§ 5 Absatz 3 SGB VI),

e) Bezieher einer Vollrente wegen Alters nach Erreichen der Regelaltersgrenze (§ 5 Absatz 4 Nummer 1 SGB VI) ohne Verzicht auf diese Versicherungsfreiheit nach § 5 Absatz 4 Sätze 2 bis 4 SGB VI (bis zum 31. Dezember 2016 waren Bezieher einer Altersrente versicherungsfrei [§ 5 Absatz 4 Nummer 1 SGB VI i. d. F. bis 31. Dezember 2016]),

f) Personen, die nach beamtenrechtlichen Vorschriften oder Grundsätzen oder entsprechenden kirchenrechtlichen Regelungen oder einer berufsständischen Versorgungseinrichtung eine Versorgung nach Erreichen einer Altersgrenze beziehen oder die in der Gemeinschaft übliche Versorgung im Alter erhalten (§ 5 Absatz 4 Satz 1 Nummer 2 SGB VI) und nicht auf diese Versicherungsfreiheit nach § 5 Absatz 4 Sätze 2 bis 4 SGB VI verzichtet haben,

g) Personen, die bis zum Erreichen der Regelaltersgrenze nicht in der gesetzlichen Rentenversicherung versichert waren oder nach Erreichen der Regelaltersgrenze eine Beitragserstattung aus ihrer Versicherung bei der inländischen gesetzlichen Rentenversicherung erhalten haben (§ 5 Absatz 4 Nummer 3 SGB VI) und nicht auf diese Versicherungsfreiheit nach § 5 Absatz 4 Sätze 2 bis 4 SGB VI verzichtet haben,

h) Polizeivollzugsbeamte auf Widerruf, Handwerker, Mitglieder der Pensionskasse deutscher Eisenbahnen und Straßenbahnen sowie Versorgungsbezieher, die am 31. Dezember 1991 versicherungsfrei waren (§ 230 Absatz 1 SGB VI),

i) Personen, die am 31. Dezember 2016 wegen des Bezugs einer Vollrente wegen Alters vor Erreichen der Regelaltersgrenze in einer Beschäftigung oder selbstständigen Tätigkeit versicherungsfrei waren und nicht auf die Versicherungsfreiheit in dieser Beschäftigung oder selbstständigen Tätigkeit verzichtet haben (§ 230 Absatz 9 Satz 1 SGB VI).

- Ohne Vorliegen von Versicherungspflicht in der gesetzlichen Rentenversicherung

  a) nicht versicherungspflichtige selbstständig Tätige,

  b) selbstständig tätige Handwerker, die am 31. Dezember 1991 in ihrer Tätigkeit nicht versicherungspflichtig waren (§ 229 Absatz 2 SGB VI),

  c) selbstständig Tätige, die am 31. Dezember 2012 nicht versicherungspflichtig waren, weil sie versicherungspflichtige Arbeitnehmer beschäftigt haben, bleiben in dieser Tätigkeit nicht versicherungspflichtig, wenn der beschäftigte Arbeitnehmer nicht geringfügig beschäftigt in der bis zum 31. Dezember 2012 geltenden Fassung ist (§ 229 Absatz 7 Satz 1 SGB VI),

  d) Vorstandsmitglieder von Aktiengesellschaften in der Beschäftigung als Vorstand und weiteren Beschäftigungen in Konzernunternehmen (§ 1 Satz 3 [bis zum 28. Juni 2011 Satz 4] SGB VI). Bis zum 31. Dezember 2003 waren Vorstandsmitglieder von Aktiengesellschaften in allen Beschäftigungen, d. h. auch außerhalb des Konzerns nicht versicherungspflichtig. Seit dem 01. Januar 2004 besteht in Nebenbeschäftigungen außerhalb des Konzerns nur dann keine Versicherungspflicht, wenn die Nebenbeschäftigung bereits am 06. November 2003 ausgeübt wurde (§ 229 Absatz 1a Satz 1 SGB VI),

  e) Mitglieder des Deutschen Bundestages, der Landtage sowie des Europäischen Parlaments.

Zum begünstigten Personenkreis nach § 10a Absatz 1 Satz 1 Halbsatz 2 EStG gehören

- Empfänger von inländischer Besoldung nach dem Bundesbesoldungsgesetz oder einem entsprechenden Landesbesoldungsgesetz (§ 10a Absatz 1 Satz 1 Halbsatz 2 Nummer 1 EStG), insbesondere:

  a) Bundesbeamte, Beamte der Länder, der Gemeinden, der Gemeindeverbände sowie der sonstigen der Aufsicht eines Landes unterstehenden Körperschaften, Anstalten und Stiftungen des öffentlichen Rechts; hierzu gehören nicht die Ehrenbeamten,

  b) Richter des Bundes und der Länder; hierzu gehören nicht die ehrenamtlichen Richter,

  c) Berufssoldaten und Soldaten auf Zeit,

- Empfänger von Amtsbezügen aus einem inländischen Amtsverhältnis (§ 10a Absatz 1 Satz 1 Halbsatz 2 Nummer 2 EStG). In einem öffentlich-rechtlichen Amtsverhältnis stehen z. B. die Mitglieder der Regierung des Bundes oder eines Landes (z. B. § 1 Bundesministergesetz) sowie die Parlamentarischen Staatssekretäre auf Bundes- und Landesebene (z. B. § 1 Absatz 3 des Gesetzes über die Rechtsverhältnisse der Parlamentarischen Staatssekretäre),

- Sonstige Beschäftigte von Körperschaften, Anstalten oder Stiftungen des öffentlichen Rechts, deren Verbänden einschließlich der Spitzenverbände oder ihrer Arbeitsgemeinschaften (§ 10a Absatz 1 Satz 1 Halbsatz 2 Nummer 3 EStG), wenn ihnen nach beamtenrechtlichen Vorschriften oder Grundsätzen oder entsprechenden kirchenrechtlichen Regelungen Anwartschaft auf Versorgung bei verminderter Erwerbsfähigkeit und im Alter sowie auf Hinterbliebenenversorgung gewährleistet und die Gewährleistung gesichert ist, u. a. rentenversicherungsfreie Kirchenbeamte und Geistliche in öffentlich-rechtlichen Dienstverhältnissen,

- Satzungsmäßige Mitglieder geistlicher Genossenschaften, Diakonissen oder Angehörige ähnlicher Gemeinschaften (§ 10a Absatz 1 Satz 1 Halbsatz 2 Nummer 3 EStG), wenn ihnen nach den Regeln der Gemeinschaft Anwartschaft auf die in der Gemeinschaft übliche Versorgung bei verminderter Erwerbsfähigkeit und im Alter gewährleistet und die Gewährleistung gesichert ist,

- Lehrer oder Erzieher, die an nichtöffentlichen Schulen oder Anstalten beschäftigt sind (§ 10a Absatz 1 Satz 1 Halbsatz 2 Nummer 3 EStG), wenn ihnen nach beamtenrechtlichen Vorschriften oder Grundsätzen oder entsprechenden kirchenrechtlichen Regelungen Anwartschaft auf Versorgung bei verminderter Erwerbsfähigkeit und im Alter sowie auf Hinterbliebenenversorgung gewährleistet und die Gewährleistung gesichert ist,

- Beamte, Richter, Berufssoldaten und Soldaten auf Zeit, die ohne Besoldung beurlaubt sind, für die Zeit einer Beschäftigung, wenn während der Beurlaubung die Gewährleistung einer Versorgungsanwartschaft unter den Voraussetzungen des § 5 Absatz 1 Satz 1 SGB VI auf diese Beschäftigung erstreckt wird

  (§ 10a Absatz 1 Satz 1 Halbsatz 2 Nummer 4 EStG),

- Steuerpflichtige im Sinne der oben unter Ziffer 1. bis 6. aufgeführten, die beurlaubt sind und deshalb keine Besoldung, Amtsbezüge oder Entgelt erhalten, sofern sie eine Anrechnung von Kindererziehungszeiten nach § 56 SGB VI (d. h. im Sinne der inländischen gesetzlichen Rentenversicherung) in Anspruch nehmen könnten, wenn die Versicherungsfreiheit in der inländischen gesetzlichen Rentenversicherung nicht bestehen würde.

Voraussetzungen für die steuerliche Förderung (→ *Sonderausgabenabzug*) ist die schriftliche Einwilligung zur Weitergabe der für einen maschinellen Datenabgleich notwendigen Daten von der → *zuständigen Stelle* (§ 81a EStG) an die → *Zentrale Zulagenstelle für Altersvermögen (ZfA)* erforderlich. Diese Einwilligung ist spätestens bis zum Ablauf des zweiten Kalenderjahres, das auf das Beitragsjahr (§ 88 EStG) folgt, gegenüber der zuständigen Stelle zu erteilen. Die zuständigen Stellen haben die Daten nach § 10a Absatz 1 Satz 1 EStG bis zum 31. März des dem Beitragsjahr folgenden Kalenderjahres an die ZfA zu übermitteln (§ 91 Absatz 2 Satz 1 EStG). Liegt die Einwilligung erst nach diesem Meldetermin vor, hat die zuständige Stelle die Daten nach § 10a Absatz 1 Satz 1 EStG zeitnah – spätestens bis zum Ende des folgenden Kalendervierteljahres – nach Vorlage der Einwilligung an die ZfA zu übermitteln (§ 91 Absatz 2 Satz 2 EStG). Wechselt die zuständige Stelle, muss gegenüber der neuen zuständigen Stelle eine Einwilligung abgegeben werden.

Auch der Gesamtrechtsnachfolger (z. B. Witwe, Witwer) kann die Einwilligung innerhalb der Frist für den Verstorbenen/die Verstorbene nachholen.

Hat ein Angehöriger dieses Personenkreises keine Sozialversicherungsnummer, muss über die zuständige Stelle eine → *Zulagenummer* bei der ZfA beantragt werden (§ 10a Absatz 1a EStG).

Werden → *Altersvorsorgebeiträge* in einen Altersvorsorgevertrag nach Beginn der Auszahlungsphase geleistet, kommt eine Förderung nicht mehr in Betracht.

Förderobergrenze

→ *Förderhöchstbetrag*

Förderstufen

Die Förderung von → *Altersvorsorgeverträgen* erfolgt über → *Zulagen* und einen → *Sonderausgabenabzug*. Damit die maximale staatliche Zulage gewährt werden kann, muss in einen Altersvorsorgevertrag ein → *Mindesteigenbeitrag* eingezahlt werden. Dabei wird der Mindesteigenbeitrag in Schritten angehoben und auf folgende → *Förderhöchstbeträge* gem. § 86 Absatz 1 Satz 2 EStG i. V. m. § 10a Absatz 1 Satz 1 EStG begrenzt:

- ab 2002 maximal 525 Euro,
- ab 2004 maximal 1.050 Euro,
- ab 2006 maximal 1.575 Euro und
- ab 2008 maximal 2.100 Euro.

Der Förderhöchstbetrag ist auch der Betrag, der im Rahmen eines Lohnsteuerjahresausgleichs bzw. bei der Einkommensteuererklärung maximal als Sonderausgabenabzug geltend gemacht werden kann.

Förderung

Mit der Verabschiedung des → *Altersvermögensgesetzes* wird seit dem 01.01.2002 eine zusätzliche kapitalgedeckte Altersversorgung im Bereich der → *betrieblichen Altersversorgung* und in der privaten → *Eigenvorsorge* über → *Zulagen* und einen → *Sonderausgabenabzug* staatlich gefördert. Um die Förderung zu erhalten, muss ein → *Anleger* einen → *Altersvorsorgevertrag* abschließen und die Zulagen anhand eines → *Zulageantrags* beantragen sowie den Sonderausgabenabzug gem. § 10a EStG geltend machen.

Der Sonderausgabenabzug wird berücksichtigt, wenn der Anleger spätestens bis zum Ablauf des zweiten Kalenderjahres, das auf das Beitragsjahr (§ 88 EStG) folgt, gegenüber der zuständigen Stelle (§ 81a EStG) schriftlich eingewilligt hat, dass diese der → *zentralen Stelle* (§ 81 EStG) jährlich mitteilt, dass der Steuerpflichtige zum Personenkreis gehört, dass die zuständige Stelle der zentralen Stelle die für die Ermittlung des → *Mindesteigenbeitrags* (§ 86 EStG) und die Gewährung der → *Kinderzulage* (§ 85 EStG) erforderlichen Daten übermittelt und die zentrale Stelle diese Daten für das → *Zulagenverfahren* verwenden darf.

Förderverfahren

Um eine staatliche → *Förderung* über → *Zulagen* und den → *Sonderausgabenabzug* nach § 10a EStG zu erhalten, muss ein → *Anleger* bei einem → *Anbieter* einen → *Altersvorsorgevertrag* abschließen.

Die Zulagen werden mit einem → *Zulageantrag* über den Anbieter beantragt. Dieser gibt die Daten aus dem Zulageantrag an die → *Zentrale Zulagenstelle für Altersvermögen* weiter. Anhand der übermittelten Daten gewährt die zentrale Stelle zunächst ungeprüft die Zulage(n) und überweist diese an den Anbieter. Stellt die Zulagenstelle nach Durchführung der Prüfung später fest, dass Zulagen zu Unrecht bzw. zu hoch ausgezahlt wurden, muss die zu viel gewährte Förderung vom Anbieter wieder zurücküberwiesen werden.

Hat der Anleger neben der Beantragung der Zulage auch den Sonderausgabenabzug im Rahmen seiner Einkommensteuererklärung geltend gemacht, so prüft das Finanzamt (siehe hierzu auch → *Günstigerprüfung*), ob sich neben der Zulage noch eine Steuererstattung ergibt. Eine sich ergebende Differenz wird an den Anleger ausgezahlt.

Der Sonderausgabenabzug wird berücksichtigt, wenn der Anleger spätestens bis zum Ablauf des zweiten Kalenderjahres, das auf das Beitragsjahr (§ 88 EStG) folgt, gegenüber der zuständigen Stelle (§ 81a EStG) schriftlich eingewilligt hat, dass diese der → *zentralen Stelle* (§ 81 EStG) jährlich mitteilt, dass der Steuerpflichtige zum Personenkreis gehört, dass die zuständige Stelle der zentralen Stelle die für die Ermittlung des → *Mindesteigenbeitrags* (§ 86 EStG) und die Gewährung der → *Kinderzulage* (§ 85 EStG) erforderlichen Daten übermittelt und die zentrale Stelle diese Daten für das → *Zulagenverfahren* verwenden darf.

Frührente

Umfasst vorzeitige Rentenzahlungen aus der → *gesetzlichen Rentenversicherung* (z. B. → *Altersrente* wegen Arbeitslosigkeit sowie weitere Altersrenten, die vor dem Erreichen der → *Regelaltersgrenze* in Anspruch genommen werden können:

- Altersrente für besonders langjährig Versicherte,
- Altersrente für langjährig Versicherte,
- Altersrente für schwerbehinderte Menschen und
- Altersrente für Frauen

Zur Inanspruchnahme einer Altersrente sind bestimmte Voraussetzungen zu erfüllen und teilweise Rentenabschläge in Kauf zu nehmen.

Future Service

Künftig noch zu erdienender Anteil einer zugesagten Versorgungsleistung (siehe auch → *Past Service*).

Garantieanpassung

Verpflichtet sich der Arbeitgeber, die laufenden Rentenleistungen jährlich um mindestens ein Prozent anzupassen (§ 16 Absatz 3 Nummer 1 BetrAVG), so entfällt die Anpassungsprüfungspflicht im Drei-Jahres-Rhythmus gem. § 16 Absatz 1 BetrAVG (→ *Anpassung*). Dies gilt nur für Zusagen, die nach dem 01. Januar 1999 erteilt wurden.

Wird eine betriebliche Altersversorgung durch Entgeltumwandlung finanziert, ist der Arbeitgeber gem. § 16 Absatz 5 BetrAVG verpflichtet, die Leistungen mit mindestens ein Prozent anzupassen.

Garantiezins

Unternehmensspezifischer Wert zur Kalkulation der Beiträge und Leistungen von Lebensversicherungen (→ *Höchstrechnungszins*).

Geförderte Beiträge

Zu den geförderten Beiträgen zählen geleistete → *Eigenbeiträge* und die für das Beitragsjahr zustehenden → *Altersvorsorgezulagen*, soweit sie den Höchstbetrag nach § 10a EStG nicht übersteigen, mindestens aber die gewährten Zulagen sowie die geleisteten Sockelbeträge im Sinne des § 86 Absatz 1 Satz 4 EStG.

Soweit Altersvorsorgebeiträge zugunsten eines zertifizierten Altersvorsorgevertrags, für den keine Zulage beantragt wird oder der als weiterer Vertrag nicht mehr zulagebegünstigt ist (§ 87 Absatz 1 Satz 1 EStG), als Sonderausgaben im Sinne des § 10a EStG berücksichtigt werden, zählen diese Altersvorsorgebeiträge ebenfalls zu den geförderten Beiträgen.

Bei mittelbar zulageberechtigten Ehegatten/Lebenspartnern (→ *mittelbare Zulageberechtigung*) gehören die im Rahmen des Sonderausgabenabzugs nach § 10a Absatz 1 EStG berücksichtigten Altersvorsorgebeiträge sowie die für dieses Beitragsjahr zustehende Altersvorsorgezulage zu den geförderten Beiträgen.

Geförderter Personenkreis

→ *Förderkriterien*

Gehaltsabhängige Zusage

Ist die Leistungshöhe einer → *Versorgungsregelung* von der Höhe der Bezüge abhängig, so liegt eine gehaltsabhängige Zusage vor (vgl. auch → *Festbetragssystem*).

Gehaltsumwandlung

→ *Entgeltumwandlung*

Generationenvertrag

Die → *gesetzliche Rentenversicherung*, aber auch die Kranken- und zum Teil die Arbeitslosenversicherung basieren seit ihrer Einführung auf dem sog. Generationenvertrag. Dieser nie unterzeichnete Vertrag beschreibt die Situation, dass mit den von der arbeitenden Generation gezahlten Beiträgen die Sozialleistungen für nicht mehr arbeitende Menschen bezahlt werden. Dabei wird erwartet, dass auch die nachfolgenden Generationen bereit sind, diesem Prinzip zu folgen. Der Generationenvertrag beruht damit auf dem Prinzip der Solidarität zwischen den Generationen. Die Finanzierung erfolgt nach dem → *Umlageverfahren.* Dort wird im Gegensatz zum → *Kapitaldeckungsverfahren* kein Vermögen angesammelt (mit Ausnahme der Deckungsreserve).

Die Höhe der Beiträge richtet sich grundsätzlich nach der Höhe der Ausgaben. Das Modell geht davon aus, dass es immer mehr Beitragszahler als Leistungsempfänger gibt. Damit würden sich die Versicherungsbeiträge in Grenzen halten.

Durch die sich verändernden, insbesondere demographischen Bedingungen und lang anhaltende Arbeitslosigkeit verschiebt sich allerdings das Verhältnis zwischen Beitragszahlern und Leistungsempfängern zulasten der Zahler. Dadurch wird die Leistungsfähigkeit des Systems überstrapaziert. Andere Vorsorgeelemente, wie die private → *Eigenvorsorge* und die → *betriebliche Altersversorgung*, werden hierdurch immer mehr gefordert. Um die Einschränkungen bei der gesetzlichen Rentenversicherung abzumildern, wurde schließlich im Jahr 2002 die staatlich geförderte sog. → *Riester-Rente* eingeführt.

Gesamtversorgungszusage

Von Gesamtversorgungszusage wird im Rahmen der → *betrieblichen Altersversorgung* gesprochen, wenn nach dem Inhalt der entsprechenden → *Versorgungszusage* für den → *Versorgungsberechtigten* unter Anrechnung der Leistungen aus der → *gesetzlichen Rentenversicherung* (bzw. vergleichbarer Versorgungsleistungen) insgesamt ein bestimmtes Versorgungsniveau gesichert werden soll. Dieses Versorgungsniveau wird dabei in der Regel durch einen Prozentsatz der letzten Bezüge vor Eintritt des Versorgungsfalls ausgedrückt.

Beispiel:

Der Arbeitgeber erteilt seinem Arbeitnehmer eine Zusage, nach der dieser bei Eintritt in den Ruhestand unter Berücksichtigung der Rente aus der gesetzlichen Rentenversicherung (bzw. vergleichbarer

Rentenleistungen) eine Rente der betrieblichen Altersversorgung in der Höhe erhalten soll, sodass er insgesamt Rentenleistungen in Höhe von 70 % seines letzten Bruttoverdienstes bezieht.

Durch eine Gesamtversorgungszusage wird zum einen zwar eine Überversorgung vermieden, da betriebliche Leistungen immer nur insoweit erbracht werden, wie die gesetzliche Rentenversicherung zur Sicherung des in der Versorgungszusage definierten Versorgungsniveaus nicht ausreicht. Zum anderen übernimmt der zusagende Arbeitgeber aber auch eine „Ausfallhaftung" bei sinkenden Leistungen der gesetzlichen Rentenversicherung. Vor dem Hintergrund der Einschnitte im Bereich der gesetzlichen Rentenversicherung ist die Erteilung von Gesamtversorgungszusagen daher heutzutage sehr selten.

Im Rahmen einer Gesamtversorgungszusage ist u. a. § 5 BetrAVG zu beachten. Siehe hierzu → *Anrechnung* und → *Auszehrung*.

Gesamtzusage

Der Arbeitgeber kann eine → *Versorgungszusage* nicht nur in der Weise erteilen, dass er diese mit jedem Arbeitnehmer einzeln vereinbart. In der Praxis werden häufig einheitliche → *Versorgungsregelungen* verwendet, die allen Arbeitnehmern oder einem bestimmten abgegrenzten Kreis von Arbeitnehmern eine bestimmte → *betriebliche Altersversorgung* zusagen. Diese Versorgungsregelungen werden durch Aushang, Aushändigung oder auf ähnliche Weise bekannt gemacht. Bei einer solchen Versorgungsregelung handelt es sich um eine Gesamtzusage.

Die Gesamtzusage ist arbeitsrechtlich ein Bündel von gleichlautenden → *Einzelzusagen*. Das bedeutet, der Inhalt der Gesamtzusage ist Teil des jeweiligen Arbeitsvertrags des einzelnen Arbeitnehmers. Eine ausdrückliche Annahmeerklärung ist nicht erforderlich, von ihr wird gemäß § 151 BGB ausgegangen (stillschweigende Annahme).

Unterschiede zwischen einer Einzelzusage und einer Gesamtzusage in der rechtlichen Wirkung ergeben sich im Hinblick auf eine → *Änderung der Versorgungszusage*. Einzelzusagen können grundsätzlich nicht durch eine ablösende kollektive Betriebsvereinbarung geändert werden, hier ist die individuelle Zustimmung des Arbeitnehmers erforderlich. Bei Gesamtzusagen ist aufgrund ihres i. d. R. für den Arbeitnehmer erkennbaren kollektiven Bezuges eine Änderung durch eine Betriebsvereinbarung häufig möglich, da sie insoweit betriebvereinbarungsoffen sind.

Gesetzlicher Arbeitgeberzuschuss

Bei einer Entgeltumwandlung muss der Arbeitgeber ab 2019 15 % des umgewandelten Entgelts zusätzlich als Arbeitgeberzuschuss an den Pensionsfonds, die Pensionskasse oder die Direktversicherung weiterleiten, sofern der Arbeitgeber durch die Entgeltumwandlung Sozialversicherungsbeiträge einspart.

Für vor dem Jahr 2019 getroffene Entgeltumwandlungsvereinbarungen besteht die Verpflichtung zum Arbeitgeberzuschuss ab dem Jahr 2022.

Gesetz Digitale Rentenübersicht (RentÜGEG)

→ *Säulenübergreifende Renteninformation*

Gesetz über den Abschluss der Rentenüberleitung

Am 24. Juli 2017 wurde im Bundesgesetzblatt das Gesetz über den Abschluss der Rentenüberleitung (Rentenüberleitungs-Abschlussgesetz [BGBl. I S. 2575]), zuletzt geändert durch Artikel 17 des Gesetzes vom 12. Juni 2020 (BGBl. I S. 1248), verkündet, mit dem für ab dem Jahr 2025 erworbene Rentenanwartschaften aus der → *gesetzlichen Rentenversicherung* ein einheitliches Recht gelten und damit eine Angleichung der Ostan die West-Renten erfolgen soll. Hierzu soll ab dem 01. Juli 2024 nur noch ein einheitlicher → *aktueller Rentenwert* gelten. Dies gilt auch für die Beitragsbemessungsgrenzen und die Bezugsgrößen der gesetzlichen Rentenversicherung. Die Angleichung der → *Rechengrößen* in der Sozialversicherung begann bereits am 01. Juli 2018 und wird in sieben Schritten im Jahr 2024 abgeschlossen sein.

Gesetz zur Förderung der zusätzlichen Altersvorsorge und zur Änderung des Dritten Buches Sozialgesetzbuch

Am 17.12.2007 wurde im Bundesgesetzblatt das Gesetz zur Förderung der zusätzlichen Altersvorsorge und zur Änderung des Dritten Buches Sozialgesetzbuch (BGBl. I S. 2838) verkündet. Mit dem Gesetz wurde die bisherige Sozialversicherungsfreiheit für Arbeitnehmerbeiträge aus einer → *Entgeltumwandlung* über den 31.12.2008 hinaus unbefristet verlängert.

Außerdem wurde das Mindestalter für arbeitgeberfinanzierte → *unverfallbare Versorgungsanwartschaften* vom Alter 30 auf das 25. Lebensjahr herabgesetzt. Die neuen → *Unverfallbarkeitsfristen* gelten für Versorgungszusagen, die ab dem 01.01.2009 erteilt werden. Für → *Versorgungszusagen*, die nach dem 31.12.2000 und vor dem 01.01.2009 erteilt wurden, ist mit § 30f BetrAVG eine Übergangsregelung eingeführt worden, wonach Leistungen der betrieblichen Altersversorgung erhalten bleiben, wenn die Zusage ab dem 01.01.2001 fünf Jahre bestanden hat und bei Beendigung des Arbeitsverhältnisses das 30. Lebensjahr vollendet ist. § 1b Absatz 5 BetrAVG findet für Anwartschaften aus diesen Zusagen keine Anwendung.

Zwischenzeitlich wurden die Unverfallbarkeitsfristen weiter herabgesetzt (siehe hierzu → *Unverfallbare Versorgungsanwartschaft*).

Die Absenkung des Mindestalters wird durch steuerliche Maßnahmen flankiert. Hierbei wurde das Finanzierungsalter für rückstellungsfinanzierte (→ *Pensionsrückstellungen*) Direktzusagen (→ *unmittelbare Versorgungszusage*) vom vollendeten 28. Lebensjahr auf das vollendete 27. Lebensjahr herabgesetzt (§ 4d Absatz 1 Nummer 1 Satz 1 EStG und § 6a Absatz 2 Nummer 1 EStG).

Für Kinder, die nach dem 31.12.2007 geboren wurden, erhöht sich die → *Kinderzulage* nach § 85 Absatz 1 Satz 1 EStG auf 300 Euro.

Gesetz zur Umsetzung der Mobilitäts-Richtlinie

Erstmals im Jahr 2005 hat die Europäische Kommission einen Richtlinienentwurf zur Verbesserung der Portabilität von Zusatzrentenansprüchen SEC (2005) 1293, KOM/2005/507 endg. - COD 2005/0214, vorgelegt (→ *Portabilitätsrichtlinie*). Nach zahlreichen Diskussionen und Modifikationen wurde nun die Richtlinie 2014/50/EU des Europäischen Parlaments und des Rates vom 16. April 2014 über Mindestvorschriften zur Erhöhung der Mobilität von Arbeitnehmern zwischen den Mitgliedstaaten durch Verbesserung des Erwerbs und der Wahrung von Zusatzrentenansprüchen (ABl. L 128/1) beschlossen. Sie will Mobilitätshindernisse bei **grenzüberschreitenden Arbeitgeberwechseln** abbauen, die sich aus den verschiedenen Regelungen zur → *betrieblichen Altersversorgung* ergeben können.

Die Vorschriften des Gesetzes zur Umsetzung der EU-Mobilitäts-Richtlinie vom 21. Dezember 2015 (BGBl. I S. 2553) gehen über die Regelungen der EU-Richtlinie hinaus, da diese sogar eine Verbesserung der Übertragbarkeit von Betriebsrentenanwartschaften im Falle eines **Arbeitgeberwechsels im Inland** vorsehen. Das Gesetz tritt am 01. Januar 2018 in Kraft.

Folgende wesentliche Änderungen wurden durch Artikel 1 des Gesetzes zur Umsetzung der EU-Mobilitäts-Richtlinie im → *Betriebsrentengesetz* vorgenommen:

Die in § 1b Absatz 1 Satz 1 BetrAVG enthaltenen → *Unverfallbarkeitsfristen* werden weiter abgesenkt. Damit entsteht eine → *unverfallbare Anwartschaft* bereits bei einem Ausscheiden aus dem Arbeitsverhältnis nach vollendetem 21. Lebensjahr (bisher 25. Lebensjahr), sofern die → *Versorgungszusage* zu diesem Zeitpunkt mindestens 3 Jahre (bisher 5 Jahre) bestanden hat.

Für vor dem 01.01.2018 erteilte Zusagen gilt gem. § 30f BetrAVG eine Übergangsregelung: Diese werden auch gesetzlich unverfallbar, wenn die Zusage ab dem 01.01.2018 drei Jahre bestanden hat und bei Beendigung des Arbeitsverhältnisses das 21. Lebensjahr vollendet ist.

Hinsichtlich der Dynamisierung unverfallbarer Versorgungsanwartschaften wird ein neuer § 2a in das BetrAVG eingefügt.

Veränderungen der Versorgungsregelung oder der Bemessungsgrundlagen, die nach dem Ausscheiden des Arbeitnehmers eintreten, bleiben grundsätzlich – wie bisher gemäß § 2 Absatz 5 BetrAVG – außer Betracht. Ein ausgeschiedener Arbeitnehmer darf aber im Hinblick auf den Wert seiner unverfallbaren Anwartschaft gegenüber vergleichbaren nicht ausgeschiedenen Arbeitnehmern nicht benachteiligt werden. Eine Benachteiligung ist insbesondere dann ausgeschlossen, wenn die Anwartschaft

- als nominales Anrecht festgelegt wurde,
- eine Verzinsung enthält, die auch dem ausgeschiedenen Arbeitnehmer zugutekommt oder
- über einen → *Pensionsfonds*, eine → *Pensionskasse* oder eine → *Direktversicherung* durchgeführt wird und die Erträge auch dem ausgeschiedenen Arbeitnehmer zugutekommen oder

wenn die Anwartschaft angepasst wird

- um ein Prozent jährlich,
- wie die Anwartschaften oder die Nettolöhne vergleichbarer nicht ausgeschiedener Arbeitnehmer,
- wie die laufenden Leistungen, die an die Versorgungsempfänger des Arbeitgebers erbracht werden,
- entsprechend dem Verbraucherpreisindex für Deutschland.

Zur → *Abfindung* geringfügiger Anwartschaften bedarf es künftig der Zustimmung des Arbeitnehmers, wenn dieser nach Beendigung des Arbeitsverhältnisses ein neues Arbeitsverhältnis in einem anderen EU-Mitgliedsstaat begründet. Dies muss der Arbeitnehmer innerhalb von drei Monaten nach Beendigung des Arbeitsverhältnisses seinem ehemaligen Arbeitgeber mitteilen.

Die Auskunftspflichten (→ *Auskunftsanspruch*) des Arbeitgebers werden gem. § 4a BetrAVG ausgeweitet. Ab dem 01. Januar 2018 hat der Arbeitgeber oder der → *Versorgungsträger* dem Arbeitnehmer auf dessen Verlangen mitzuteilen,

- ob und wie eine → *Anwartschaft* auf → *betriebliche Altersversorgung* erworben wird (§ 4a Absatz 1 Nr. 1),
- wie hoch der Anspruch auf betriebliche Altersversorgung aus der bisher erworbenen Anwartschaft ist und bei Erreichen der in der → *Versorgungsregelung* vorgesehenen → *Altersgrenze* voraussichtlich sein wird (§ 4a Absatz 1 Nr. 2),
- wie sich eine Beendigung des Arbeitsverhältnisses auf die Anwartschaft auswirkt (§ 4a Absatz 1 Nr. 3) und
- wie sich die Anwartschaft nach einer Beendigung des Arbeitsverhältnisses entwickeln wird (§ 4a Absatz 1 Nr. 4).

Nach § 4a Absatz 2 ist dem Arbeitnehmer oder dem ausgeschiedenen Arbeitnehmer auf dessen Verlangen mitzuteilen, wie hoch bei einer Übertragung der Anwartschaft nach § 4 Absatz 3 BetrAVG der Übertragungswert ist. Darüber hinaus ist dem Arbeitnehmer auf dessen Verlangen auch mitzuteilen, in welcher Höhe aus dem Übertragungswert ein Anspruch auf Altersversorgung bestehen würde und ob eine → *Invaliditätsversorgung* oder eine → *Hinterbliebenenversorgung* bestehen würde.

Dem ausgeschiedenen Arbeitnehmer ist auf Verlangen mitzuteilen, wie hoch die Anwartschaft auf betriebliche Altersversorgung ist und wie sich diese künftig entwickeln wird. Dies gilt auch für die Hinterbliebenen im Versorgungsfall

(§ 4a Absatz 3 BetrAVG).

Die Auskünfte müssen nach § 4a Absatz 4 BetrAVG verständlich, in Textform und in angemessener Frist erteilt werden.

Unabhängig von der Mobilitäts-Richtlinie setzte der Gesetzgeber im Gesetz zur Umsetzung der Mobilitäts-Richtlinie das Urteil des BAG vom 30.09.2014 (3 AZR 617/12) durch die Änderung in § 16 Absatz 3 Ziffer 2 BetrAVG um, in dem die Wörter „und zur Berechnung der garantierten Leistung der nach § 65 Absatz 1 Nummer 1 Buchstabe a des Versicherungsaufsichtsgesetzes festgesetzte Höchstzinssatz zur Berechnung der Deckungsrückstellung nicht überschritten wird" gestrichen wurden. **Diese Änderung ist bereits am Tag nach der Verkündung des Gesetzes in Kraft getreten.**

Die Absenkung der Unverfallbarkeitsfristen wird in Artikel 2 zur Änderung des **Einkommensteuergesetzes** durch Anpassungen bei der Abzugsfähigkeit von Zuwendungen an Unterstützungskassen (§ 4d EStG) sowie durch Regelungen zur Bildung von Pensionsrückstellungen (§ 6a EStG) berücksichtigt.

Zur steuerrechtlichen Anerkennung eines Betriebsausgabenabzugs für Zuwendungen des Arbeitgebers an eine Unterstützungskasse ist es nach § 4d Absatz 1 Satz 1 Nummer 1 EStG erforderlich, das der Arbeitnehmer oder der ehemalige Arbeitnehmer bei erstmals

- nach dem 31. Dezember 2017 zugesagten Leistungen das 23. Lebensjahr,

- nach dem 31. Dezember 2008 und vor dem 01. Januar 2018 zugesagten Leistungen das 27. Lebensjahr oder
- vor dem 01. Januar 2009 zugesagten Leistungen das 28. Lebensjahr

vollendet hat.

Hinsichtlich der steuerrechtlichen Zulässigkeit der Bildung einer → *Pensionsrückstellung* ist es nach § 6a Absatz 2 Nummer 1 EStG erforderlich, dass vor Eintritt des Versorgungsfalls für das Wirtschaftsjahr, in dem die Pensionszusage erteilt wird, frühestens jedoch für das Wirtschaftsjahr, bis zu dessen Mitte der Pensionsberechtigte bei erstmals

- nach dem 31. Dezember 2017 zugesagten Pensionsleistungen das 23. Lebensjahr,
- nach dem 31. Dezember 2008 und vor dem 01. Januar 2018 zugesagten Pensionsleistungen das 27. Lebensjahr,
- nach dem 31. Dezember 2000 und vor dem 01. Januar 2009 zugesagten Pensionsleistungen das 28. Lebensjahr,
- vor dem 01. Januar 2001 zugesagten Pensionsleistungen das 30. Lebensjahr

vollendet hat.

Bei nach dem 31. Dezember 2000 vereinbarten Entgeltumwandlungen im Sinne des § 1 Absatz 2 BetrAVG darf eine Pensionsrückstellung für das Wirtschaftsjahr erstmals gebildet werden, in dessen Verlauf die Anwartschaft gemäß den Vorschriften des Betriebsrentengesetzes unverfallbar wird.

Die Änderungen in Artikel 3 zum **Gesetz zur Modernisierung der Finanzaufsicht über Versicherungen** vom 01. April 2015 (BGBl. I S. 434), zuletzt geändert durch Artikel 3 des Gesetzes vom 21. Dezember 2015 (BGBl. I S. 2553) treten ebenfalls am Tag nach Verkündigung des Gesetzes zur Umsetzung der EU-Mobilitäts-Richtlinie in Kraft.

Gesetz zur Verbesserung der betrieblichen Altersversorgung (BetrAVG)

→ *Betriebsrentengesetz*

Gesetzliche Rentenversicherung

Die – derzeit noch – wichtigste Säule der Alterssicherung (vgl. → *Drei-Säulen-Modell*) beruht auf dem sog. → *Generationenvertrag* und damit auf dem Solidaritätsprinzip. Dadurch unterscheidet sich die gesetzliche Rentenversicherung von der privaten → *Eigenvorsorge* und der → *betrieblichen Altersversorgung*: Die Beiträge zur Rentenversicherung werden nach der Einkommenshöhe ermittelt und nicht nach dem individuell zu versichernden Risiko. Die Beiträge werden jeweils hälftig vom Arbeitgeber und vom Arbeitnehmer erbracht.

Die Ermittlung der Leistung bestimmt sich nach einer durch Gesetz festgelegten Rentenformel. Die Finanzierung der Leistungen erfolgt aus den gezahlten Beiträgen (→ *Umlageverfahren*; vgl. hierzu auch → *Kapitaldeckungsverfahren*).

Die gesetzliche Rentenversicherung ist für die Mehrheit der Arbeitnehmer eine Pflichtversicherung.

GKV-Betriebsrentenfreibetragsgesetz

Mit dem Gesetz zur Einführung eines Freibetrages in der gesetzlichen Krankenversicherung zur Förderung der betrieblichen Altersvorsorge (GKV-Betriebsrentenfreibetragsgesetz – GKV-BRG) vom 21. Dezember 2019 (BGBl. I S. 2913) soll die → *betriebliche Altersvorsorge* gestärkt und für Arbeitnehmer attraktiv gemacht werden, indem → *Betriebsrentner* von Krankenversicherungsbeiträgen, die sie für Leistungen aus der betrieblichen Altersvorsorge (siehe auch → *Krankenversicherung der Rentner*) zu entrichten haben, entlastet werden (→ *Doppelverbeitragung*). Um die Beitragslast zu mindern wird neben der bislang existierenden Beitragsfreigrenze gem. § 226 SGB V in Absatz 2 ein Freibetrag in Höhe von einem Zwanzigstel der monatlichen → *Bezugsgröße* nach § 18 SGB IV eingefügt.

Das Gesetz ist zum 01. Januar 2020 in Kraft getreten.

GKV-Modernisierungsgesetz (GMG)

Mit dem Gesetz zur Modernisierung der Gesetzlichen Krankenversicherung (GKV-Modernisierungsgesetz – GMG) vom 14. November 2003 (BGBl. I S. 2190), zuletzt geändert durch Artikel 1 des Gesetzes vom 15. Dezember 2004 (BGBl. I S. 3445), sollten die Kosten des öffentlichen Gesundheitswesens reduziert und die Beiträge zu den Gesetzlichen Krankenkassen gesenkt werden.

Hierzu erfolgte u. a. für die Bemessung der Krankenversicherungsbeiträge für laufende Leistungen aus einer → *Betriebsrente* eine Anhebung vom halben auf den vollen Beitragssatz in der Krankenversicherung der Rentner. Auch für bis dahin beitragsfreie Kapitalzahlungen aus der → *betrieblichen Altersversorgung* wurde die Beitragspflicht für ab dem 01. Januar 2004 eintretende Leistungsfälle eingeführt.

Durch das → *GKV-Betriebsrentenfreibetragsgesetz* vom 21. Dezember 2019 wurden → *Betriebsrentner* von Krankenversicherungsbeiträgen, die sie für Leistungen aus der betrieblichen Altersvorsorge zu entrichten haben, wieder entlastet. Neben der bislang existierenden Beitragsfreigrenze gem. § 226 SGB V in Absatz 2 wurde ein Freibetrag in Höhe von einem Zwanzigstel der monatlichen → *Bezugsgröße* nach § 18 SGB IV eingeführt. Die Freibetragsregelung gilt jedoch nicht für die Pflegeversicherung. Das Gesetz ist zum 01. Januar 2020 in Kraft getreten.

GKV-Versichertenentlastungsgesetz (GKV-VEG)

Durch das Gesetz zur Beitragsentlastung der Versicherten in der gesetzlichen Krankenversicherung (GKV-Versichertenentlastungsgesetz – GKV-VEG) vom 11. Dezember 2018 (BGBl. I S. 2387), zuletzt geändert durch Artikel 13a des Gesetzes vom 11. Dezember 2018 (BGBl. I S. 2394) wird seit dem 01. Januar 2019 der von den Krankenkassen festzusetzende Zusatzbeitrag zur Krankenversicherung zu gleichen Teilen von Arbeitnehmern und Arbeitgebern sowie pflichtversicherten Rentnern und der Rentenversicherung (siehe auch → *Krankenversicherung der Rentner (KVdR)*) getragen (davor: Arbeitnehmer und Rentner zahlten den Zusatzbeitrag allein). Auch freiwillig versicherte Rentner können von der Rentenversicherung einen Zuschuss zum Zusatzbeitrag erhalten.

Gleichbehandlung

Aus § 1b Absatz 1 Satz 4 BetrAVG ergibt sich, dass → *Versorgungsverpflichtungen* auch aus dem Grundsatz der Gleichbehandlung entstehen können. Nach dieser Vorschrift stehen → *Versorgungsverpflichtungen*, die auf dem Grundsatz der Gleichbehandlung beruhen, Versorgungsverpflichtungen aus einer (ausdrücklich erteilten) Versorgungszusage gleich.

WICHTIG!

Da Versorgungsverpflichtungen auch durch den Grundsatz der Gleichbehandlung entstehen können, sollte bei der Erteilung von Versorgungszusagen an einzelne Arbeitnehmer oder Arbeitnehmergruppen immer ein besonderes Augenmerk auf vergleichbare Arbeitnehmer(-gruppen) gelegt werden.

Nach dem BAG wird der Gleichbehandlungsgrundsatz verletzt, wenn einzelne Arbeitnehmer oder Arbeitnehmergruppen ohne sachlichen Grund schlechter gestellt werden. Das bedeutet, der Arbeitgeber darf bei der Erteilung von Versorgungszusagen einzelne Arbeitnehmer oder Arbeitnehmergruppen nicht ohne sachlichen Grund ausnehmen. Aus der Verletzung des Gleichbehandlungsgrundsatzes folgt nicht etwa die Nichtigkeit der erteilten Versorgungszusagen, sondern die aufgrund der Verletzung des Gleichbehandlungsgrundsatzes benachteiligten Arbeitnehmer können grundsätzlich verlangen, wie die begünstigten Arbeitnehmer gestellt zu werden.

Besondere Bedeutung erlangt der Grundsatz der Gleichbehandlung in → *Versorgungsregelungen* z. B. im Hinblick auf Männer und Frauen, Voll- und Teilzeitbeschäftigte, Innen- und Außendienstmitarbeiter sowie Arbeiter und Angestellte.

Gnadenquartal

→ *Sterbevierteljahr*

Grundrente

Die Regierungsparteien hatten sich im Koalitionsvertrag der 19. Legislaturperiode auf die Einführung einer Grundrente geeinigt.

Anfang Juli 2020 beschloss der Deutsche Bundestag die Einführung der Grundrente. Sie stellt keine eigenständige Leistung dar, sondern wird bei Vorliegen der Voraussetzungen individuell anhand der Versicherungsbiographie ermittelt und zusätzlich zusammen mit der gesetzlichen Rente ausgezahlt.

Anspruch auf Leistungen aus der Grundrente haben Versicherte, wenn 33 Jahre an → *Grundrentenzeiten* vorhanden sind. Um die Grundrente in voller Höhe beziehen zu können, müssen mindestens 35 Jahre an Grundrentenzeiten vorliegen.

Darüber hinaus richtet sich die Grundrente nach den erworbenen Entgeltpunkten; hierbei darf der Durchschnittsverdienst nicht höher als 80 Prozent des bundesweiten Durchschnittsverdienstes sein, mindestens jedoch 30 Prozent. Bestimmte Einkommen werden auf die Grundrente angerechnet.

Die Grundrente muss nicht beantragt werden. Ob ein Anspruch besteht wird von der Deutschen Rentenversicherung automatisch geprüft und diese dann auch ausbezahlt.

Das → *Grundrentengesetz* ist am 01. Januar 2021 in Kraft getreten.

Grundrentengesetz

Gesetz zur Einführung der Grundrente für langjährig Versicherte in der gesetzlichen Rentenversicherung mit unterdurchschnittlichem Einkommen und für weitere Maßnahmen zur Erhöhung der Alterseinkommen (Grundrentengesetz) vom 12. August 2020 (BGBl. I S. 1879) (→ *Grundrente*, → *Grundrentenzeiten*).

Grundrentenzeiten

Um eine → *Grundrente* erhalten zu können müssen mindestens 33 Jahre an Grundrentenzeiten vorhanden sein. Hierzu zählen

- Pflichtbeitragszeiten aus sozialversicherungspflichtiger Beschäftigung oder Tätigkeit,
- Pflichtbeitragszeiten für Kindererziehung und Pflege von Angehörigen,
- Zeiten der Leistungen bei Krankheit oder Rehabilitation,
- Berücksichtigungszeiten wegen Kindererziehung und Pflege von Angehörigen,
- Ersatzzeiten (z. B. Zeiten des Kriegsdienstes, der Kriegsgefangenschaft oder politischer Haft in der DDR).

Keine Grundrentenzeiten sind

- Zeiten des Bezuges von Arbeitslosengeld I und II,
- Zeiten der Schulausbildung,
- Zurechnungszeiten (der für die Rente fiktiv verlängerte Versicherungsverlauf zur Erhöhung einer Erwerbsminderungsrente oder einer Rente wegen Todes),
- freiwillige Beiträge und
- Zeiten einer geringfügigen Beschäftigung (Minijob) ohne eigene Beitragszahlung.

Grundsatz der Halbteilung

→ *Halbteilungsgrundsatz*

Grundsatz der unternehmerischen Vorsicht

→ *Prudent Person Principle (PPP)*

Grundsicherung

Leistungsberechtigt gem. dem Vierten Kapitel des SGB XII sind grundsätzlich Personen mit gewöhnlichem Aufenthalt im Inland, die ihren notwendigen Lebensunterhalt nicht oder nicht ausreichend aus Einkommen und Vermögen nach § 43 SGB XII bestreiten können, wenn sie die Altersgrenze erreicht haben oder Personen wegen einer dauerhaften vollen Erwerbsminderung, wenn sie das 18. Lebensjahr vollendet haben.

Personen, die vor dem 01. Januar 1947 geboren sind, erreichen die Altersgrenze mit Vollendung des 65. Lebensjahres. Für Personen, die nach dem 31. Dezember 1946 geboren sind, wird die Altersgrenze gem. § 41 Absatz 2 SGB XII angehoben.

Darüber hinaus können Arbeitsuchende gem. SGB II Leistungen der Grundsicherung erhalten.

Grundzulage

Wurde ein → *Altersvorsorgevertrag* abgeschlossen, dann kann der → *Zulageberechtigte* eine Förderung in Form von → *Zulagen* erhalten. Neben der sog. Grundzulage für den Zulageberechtigten selbst kann dieser auch evtl. eine → *Kinderzulage* erhalten. Die Zulagen werden mit dem → *Zulageantrag* beantragt.

Die Grundzulage beträgt nach § 84 EStG

- in den Jahren 2002 und 2003 38 Euro,
- in den Jahren 2004 und 2005 76 Euro,
- in den Jahren 2006 und 2007 114 Euro,
- ab dem Jahr 2008 154 Euro,
- und ab dem Beitragsjahr 2018 175 Euro

jährlich.

Im Rahmen der Einführung des → *Eigenheimrentengesetzes* erhalten alle nach § 79 Satz 1 EStG Zulageberechtigten, die zu Beginn des Beitragsjahres das 25. Lebensjahr noch nicht vollendet haben, ab 2008 eine um 200 Euro erhöhte Grundzulage (→ *Berufseinsteiger-Bonus*). Die Grundzulage wird nach § 84 EStG ohne gesonderten Antrag automatisch gewährt, wenn der Zulageberechtigte für ein nach dem 31.12.2007 beginnendes Beitragsjahr eine Zulage beantragt. Der Berufseinsteiger-Bonus stellt auf die Zulageberechtigung und das Lebensalter ab.

Wird in dem entsprechenden Jahr der erforderliche → *Mindesteigenbeitrag* nicht erbracht und dementsprechend die Grundzulage gekürzt, erfolgt auch eine Kürzung für den Berufseinsteiger-Bonus.

Hat der **unmittelbar** Zulageberechtigte mehrere Altersvorsorgeverträge abgeschlossen, so wird die Zulage höchstens für zwei Altersvorsorgeverträge gewährt (§ 87 Absatz 1 Satz 1 EStG). Der Zulageberechtigte kann durch Abgabe des Zulageantrags jährlich neu bestimmen, für welche beiden Verträge die Zulage gezahlt werden soll. Die von der Zentrale Zulagenstelle für Altersvermögen zu gewährende Zulage wird auf die beiden Verträge im Verhältnis der zugunsten dieser Verträge gezahlten Altesvorsorgebeiträge verteilt. Hat der Zulageberechtigte mehrere Verträge abgeschlossen, so kann er dennoch die Förderung auch nur für einen Vertrag beantragen.

Hat der Zulageberechtigte mehrere Verträge abgeschlossen und bei der Abgabe seiner Zulageanträge/seines Zulageantrages die Zulage für mehr als zwei Verträge beantragt, so wird die Zulage für die **beiden** Altersvorsorgeverträge mit den höchsten Altersvorsorgebeiträgen im Beitragsjahr gewährt (§ 89 Absatz 1 Satz 3 EStG). Das Gleiche gilt auch, wenn der Zulageberechtigte nicht bestimmt hat, für welche beiden Verträge er die Zulage beantragt.

Auch der Berufseinsteiger-Bonus wird bei der → *Günstigerprüfung* im Rahmen der Einkommensteuerfestsetzung berücksichtigt.

Eine optimale Ausnutzung der Förderung erlangt der → *Anleger* bei Abschluss eines Altersvorsorgevertrages, indem er neben der Beantragung der Altersvorsorgezulage auch den → *Sonderausgabenabzug* gem. § 10a EStG im Rahmen seiner Steuererklärung geltend macht.

Der Sonderausgabenabzug wird berücksichtigt, wenn der Anleger spätestens bis zum Ablauf des zweiten Kalenderjahres, das auf das Beitragsjahr (§ 88 EStG) folgt, gegenüber der zuständigen Stelle (§ 81a EStG) schriftlich eingewilligt hat, dass diese der zentralen Stelle (§ 81 EStG) jährlich mitteilt, dass der Steuerpflichtige zum Personenkreis gehört, dass die zuständige Stelle der zentralen Stelle die für die Ermittlung des Mindesteigenbeitrags (§ 86 EStG) und die Gewährung der Kinderzulage (§ 85 EStG) erforderlichen Daten übermittelt und die zentrale Stelle diese Daten für das Zulageverfahren verwenden darf.

Günstigerprüfung

Im Rahmen der staatlichen → *Förderung* durch das → *Altersvermögensgesetz*, das zum 01.01.2002 in Kraft trat, kann ein → *Anleger* bei Abschluss eines → *Altersvorsorgevertrages* → *Zulagen* erhalten und einen → *Sonderausgabenabzug* nach § 10a Absatz 1 EStG geltend machen.

Das Finanzamt prüft, ob ein möglicher Steuervorteil (Steuerersparnis) durch den Sonderausgabenabzug höher (günstiger) ist als der sich ergebende Zulagenanspruch. Dies wird als Günstigerprüfung bezeichnet. Dabei ist es unerheblich, ob ein → *Zulageantrag* tatsächlich gestellt oder ob die Zulage bereits ausgezahlt wurde. Ergibt sich aufgrund der Günstigerprüfung ein Sonderausgabenabzug, dann erhöht sich die unter Berücksichtigung des Sonderausgabenabzugs ermittelte tarifliche Einkommensteuer um den Zulagenanspruch. Hierdurch wird eine doppelte Förderung vermieden. Der Steuerpflichtige kann über die den Zulagenanspruch hinausgehende Steuerermäßigung verfügen. Sie wird nicht Bestandteil des Altersvorsorgevertrages. Die Zulage hingegen verbleibt im Altersvorsorgevertrag.

Zu den abziehbaren Sonderausgaben gehören die im Veranlagungszeitraum für einen Altersvorsorgevertrag geleisteten Altersvorsorgebeiträge. Weiterhin werden die dem Steuerpflichtigen zustehenden Zulagen (Grund- und Kinderzulage) berücksichtigt.

WICHTIG!

Voraussetzung zur Durchführung der von Amts wegen vorzunehmenden Günstigerprüfung ist allerdings, dass der Steuerpflichtige im Rahmen seiner Einkommensteuererklärung den Sonderausgabenabzug durch Abgabe der Anlage AV zur Einkommensteuererklärung (Altersvorsorgebeiträge als Sonderausgaben nach § 10a EStG) geltend macht. Hierzu muss der Steuerpflichtige bis zum Ablauf des zweiten Kalenderjahres, das auf das Beitragsjahr (§ 88 EStG) folgt, gegenüber der zuständigen Stelle (§ 81a EStG) schriftlich einwilligen, dass diese der zentralen Stelle (§ 81 EStG) jährlich mitteilt, dass der Steuerpflichtige zum Personenkreis gehört, dass die zuständige Stelle der zentralen Stelle die für die Ermittlung des Mindesteigenbeitrags (§ 86 EStG) und die Gewährung der Kinderzulage (§ 85 EStG) erforderlichen Daten übermittelt und die zentrale Stelle diese Daten für das Zulageverfahren verwenden darf.

Halbteilungsgrundsatz

Das Gesetz über den → *Versorgungsausgleich* (Versorgungsausgleichsgesetz – VersAusglG) vom 03. April 2009 (BGBl. I S. 700), zuletzt geändert durch Artikel 1 des Gesetzes vom 12. Mai 2021 (BGBl. I S. 1085) sieht vor, dass in einem Versorgungsausgleich die in der Ehezeit erworbenen Anteile von Anrechten (Ehezeitanteile) jeweils zur Hälfte zwischen den geschiedenen Ehegatten zu teilen sind (§ 1 Absatz 1 VersAusglG). Hierunter fallen → *Anwartschaften* auf Versorgungen und Ansprüche auf laufende Versorgungen, insbesondere aus der → *gesetzlichen Rentenversicherung*, aus anderen Regelsicherungssystemen wie der Beamtenversorgung oder der berufsständischen Versorgung, aus der → *betrieblichen Altersversorgung* oder aus der privaten Alters- und Invaliditätsvorsorge.

Halbwaisenleistung

→ *Waisenleistung*

Hanau-Arteaga-Gutachten

Im Auftrag des Bundesministeriums für Arbeit und Soziales haben Prof. Hanau und Herr Arteaga im April 2016 ein Rechtsgutachten zu dem Sozialpartnermodell Betriebsrente veröffentlicht. Die Ergebnisse dieses sowie des → *Kiesewetter-Gutachtens* sind in die Reformüberlegungen zur Weiterentwicklung der betrieblichen Altersversorgung im Herbst 2016 eingeflossen.

Hartz IV

Der Bezug von Arbeitslosengeld II für Arbeitsuchende wurde durch das „Vierte Gesetz für moderne Dienstleistungen am Arbeitsmarkt" vom 24.12.2003 im Zweiten Buch Sozialgesetzbuch (SGB II) neu geregelt. Das Gesetz trat am 01.01.2005 in Kraft (BGBl. I S. 2954) und seine Regelungen sind unter dem Begriff „Hartz IV" bekannt. Mit dem Gesetz wurden die bislang getrennte Arbeitslosen- und Sozialhilfe zur „Grundsicherung für Arbeitsuchende", das sogenannte Arbeitslosengeld II, zusammengeführt. Um Arbeitslosengeld II zu beziehen, wird eine Hilfsbedürftigkeit des Arbeitsuchenden vorausgesetzt. Um eine staatliche Unterstützung zu erhalten muss aber zunächst eventuell vorhandenes Vermögen des Arbeitsuchenden sowie seines Lebenspartners verwertet werden (§ 7 Absatz 1 Nr. 3 SGB II, § 9 Absatz 1 SGB II). Daher muss bei der Beantragung das gesamte Vermögen offen gelegt werden.

Unverfallbare Anwartschaften (→ *Unverfallbare Versorgungsanwartschaft*) auf Leistungen der → *betrieblichen Altersversorgung* stellen allerdings grundsätzlich keine verwertbaren Vermögensgegenstände im Sinne von § 12 Absatz 1 SGB II dar, da eine vorzeitige Inanspruchnahme dieser betrieblichen Anwartschaften nicht möglich ist. Gem. § 1 Absatz 1 Satz 1 BetrAVG werden Leistungen aus einer betrieblichen Altersversorgung nur bei Eintritt der biometrischen Risiken (→ *biometrisches Risiko*) Alter (→ *Altersversorgung*), Tod (→ *Hinterbliebenenversorgung*) oder Invalidität gewährt. Zu anderen Leistungszwecken oder früheren Zeitpunkten ist dem Arbeitnehmer eine Inanspruchnahme nicht möglich. Dies ist auch aus § 2 Absatz 2 Sätze 4 bis 6 BetrAVG (Abtretungs-, Beleihungs- und Kündigungsverbot) und § 3 Absatz 1 BetrAVG ableitbar. Deshalb sind solche Anwartschaften bei der Prüfung der Hilfsbedürftigkeit nicht verwertbar und vor einem staatlichen Zugriff geschützt. Dies gilt unabhängig vom gewählten → *Durchführungsweg* und auch für die → *Entgeltumwandlung*.

Allerdings lässt § 3 Absatz 2 BetrAVG eine vorzeitige Abfindung von „geringfügigen" Versorgungsanwartschaften zu. Diese sind auf das Arbeitslosengeld II anrechenbar, soweit sie die in § 12 SGB II genannten Vermögensfreigrenzen übersteigen.

Weiterhin dürfen bei der Bedürftigkeitsprüfung unter anderem staatlich geförderte → *Altersversorgungsverträge* (Riester-Rente) gem. § 12 Absatz 2 Nummer 2 SGB II und Versorgungsansprüche aus einer → *Rürup-Rente* ebenfalls nicht berücksichtigt werden.

Hinterbliebenenleistung

Werden in einer betrieblichen → *Versorgungszusage* für den Fall des Todes des Arbeitnehmers oder eines Beziehers von Alters- oder Invaliditätsleistungen Leistungen gewährt, so liegt eine Hinterbliebenenversorgung vor. Als Begünstigte kommen i. d. R. die Ehegatten (→ *Witwenrente*, → *Witwerrente*) und die Kinder (→ *Waisenrente*) des Verstorbenen vor. Gelegentlich sind auch Eltern oder Drittpersonen Begünstigte, in jüngster Zeit auch Lebensgefährten (siehe zur steuerlichen Problematik → *Versorgungsleistung, B. 3.*). Derzeit wird die Frage diskutiert, ob eingetragene Lebenspartnerschaften im Rahmen einer Versorgungszusage mit der Ehe gleichgestellt sind.

Bei den Hinterbliebenenleistungen, insbesondere bei der Witwen- und Witwerversorgung, sind häufig in den betrieblichen → *Versorgungsregelungen* Klauseln mit Leistungseinschränkungen enthalten. Hier sind dann z. B. Regelungen vorgesehen, dass bei Wiederverheiratung der Anspruch auf die betriebliche Witwenrente entfällt (→ *Wiederverheiratungsklausel*). Bei Wiederverheiratung ist dann häufig eine Abfindung in Form einer Einmalzahlung vorgesehen. Weiterhin üblich sind Klauseln, bei denen ein bestimmter Altersunterschied zwischen den Ehegatten ausgeschlossen oder eine Mindestehedauer vorgesehen wird (→ *Späteheklausel*).

Betriebliche Leistungen an Waisen sind i. d. R. an die Bezugsberechtigung nach dem Kindergeld gekoppelt. Daher können Waisenrenten bis zum 18. Lebensjahr, bei Berufsausbildung bis zum 27. Lebensjahr und bei Schwerbehinderung der Kinder sogar lebenslänglich gewährt werden. Durch das Steueränderungsgesetz 2007 wurde für Versorgungszusagen, die nach dem 31.12.2006 erteilt werden, die Altersgrenze für Leistungen an Kinder auf 25 Jahre abgesenkt. Für vor dem 01.01.2007 erteilte Versorgungszusagen gilt weiterhin die Altersgrenze von 27 Jahren. Die Altersgrenze verlängert sich allerdings über das 25. bzw. 27. Lebensjahr hinaus um Zeiten des Grundwehr- bzw. Zivildienstes.

Höchstbetrag (nach § 10a EStG)

→ *Förderhöchstbetrag*

Höchstrechnungszins

Der Höchstrechnungszins einer Lebensversicherung, zu der auch die → *Direktversicherung* zählt, gibt die maximale Verzinsung eines Versicherungsunternehmens beim Abschluss eines Lebensversicherungsvertrages an. Der Höchstrechnungszins darf nicht überschritten werden.

Eine Veränderung des Höchstrechnungszinses hat keine Auswirkung auf bereits abgeschlossene Verträge, sondern wirkt sich nur auf Versicherungen aus, die zum Zeitpunkt des Inkrafttretens neu geschlossen werden.

Der Höchstrechnungszins für Lebensversicherungen wird auf Grundlage der Entwicklung der Umlaufrendite von Staatsanleihen mit zehnjähriger Laufzeit mit Spitzenrating im Euro-Raum ermittelt sowie realistisch erzielbarer künftiger Kapitalmarktrenditen. Er wird von der Deutschen Aktuarvereinigung und der Bundesanstalt für Finanzdienstleistungsaufsicht dem Bundesministerium der Finanzen (BMF) vorgeschlagen. Das BMF legt den Höchstrechnungszins durch eine Änderung der Verordnung über Rechnungsgrundlagen für die Deckungsrückstellungen (Deckungsrückstellungsverordnung – DeckRV) vom 18. April 2016 (BGBl. I S. 767), zuletzt geändert durch Artikel 1 der Sechste Verordnung zur Änderung von Verordnungen nach dem Versicherungsaufsichtsgesetz vom 19. Juli 2024 (BGBl. 2024 I Nr. 250), fest und gilt damit unternehmensübergreifend (→ *Garantiezins*). Unter den Anwendungsbereich der DeckRV fallen auch → *Pensionskassen* (§ 1 Absatz 2 DeckRV).

Seit dem 01. Januar 2025 beträgt der Höchstrechnungszins gem. § 2 Absatz 1 Satz 1 DeckRV 1,00 %.

Identifikationsnummer

Arbeitgeber, Sozialleistungsträger, Versicherungen, Banken sowie die Versorgungseinrichtungen der → *betrieblichen Altersversorgung* sind gesetzlich verpflichtet, bestimmte steuerlich relevante Angaben an die Finanzbehörden zu übermitteln. Dies gilt z. B. für die → *Rentenbezugsmitteilung* sowie die Mitteilung über gezahlte Beiträge für die → *Riester*- und → *Rürup-Rente*. Die Zuordnung dieser übermittelten Daten zu dem betreffenden Steuerpflichtigen erfolgt über die persönliche Identifikationsnummer (§§ 139a und 139b Abgabenordnung [AO]). Die Identifikationsnummer wurde zum 01.07.2007 eingeführt (Verordnung zur Vergabe steuerlicher Identifikationsnummern (Steueridentifikationsnummerverordnung – StIdV) vom 28.11.2006 (BGBl. I S. 2726), zuletzt geändert durch Artikel 5 der Verordnung vom 19. Dezember 2022 (BGBl. I S. 2432) und wird seit dem 01.08.2008 vom Bundeszentralamt für Steuern (BZSt) vergeben.

Die Identifikationsnummer besteht aus zehn Ziffern und einer Prüfziffer als elfte Ziffer, die keinerlei Rückschlüsse auf den Steuerpflichtigen zulassen. Sie ist lebenslang gültig, beispielsweise auch dann, wenn der Steuerpflichtige umzieht und in den Zuständigkeitsbereich eines anderen Finanzamtes fällt. Gespeichert werden der Vor- und Familienname, Doktorgrade und andere Titel, frühere Namen, Geburtstag und -ort, das Geschlecht, die Anschrift sowie das zuständige Finanzamt.

Bei Tod des Steuerpflichtigen wird auch das Sterbedatum erfasst. Die maximale Speicherdauer der Identifikationsnummer beträgt 20 Jahre ab dem Todestag.

Informationspflicht des Anbieters

Um den → *Anlegern* die Möglichkeit zu geben, stattlich geförderte → *Altersversorgungsverträge* vergleichen zu können, wurde im Auftrag des Bundesministeriums der Finanzen ein standardisiertes, produktübergreifendes Informationsblatt für zertifizierte → *Altersversorgungsverträge* und → *Basisrentenverträge* entwickelt. Gem. § 7 Absatz 1 Altersvorsorgeverträge-Zertifizierungsgesetzes (AltZertG) hat ein → *Anbieter* von Altersvorsorgeverträgen den Vertragspartner anhand eines → *Produktinformationsblattes* vor Abgabe seiner Vertragserklärung schriftlich über

- die Produktbezeichnung,
- die Benennung des Produkttyps und eine kurze Produktbeschreibung,
- die → *Zertifizierungsnummer*,
- bei Altersvorsorgeverträgen die Empfehlung, vor Abschluss des Vertrags die Förderberechtigung zu prüfen,
- den vollständigen Namen des Anbieters nach § 1 Absatz 2 oder § 2 Absatz 2,
- die wesentlichen Bestandteile des Vertrags,
- die auf Wahrscheinlichkeitsrechnungen beruhende Einordnung in Chancen-Risiko-Klassen,
- bei Altersvorsorgeverträgen in Form eines Darlehens und bei Altersvorsorgeverträgen im Sinne des § 1 Absatz 1a Nummer 3 die Angabe des Nettodarlehensbetrags, der Gesamtkosten und des Gesamtdarlehensbetrags,
- eine Aufstellung der Kosten nach § 2a Satz 1 Nummer 1 Buchstabe a bis f sowie § 2a Satz 1 Nummer 2 Buchstabe a bis c, getrennt für jeden Gliederungspunkt,
- Angaben zum Preis-Leistungs-Verhältnis,
- bei → *Basisrentenverträgen* nach § 10 Absatz 1 Nummer 2 Buchstabe b Doppelbuchstabe bb des Einkommensteuergesetzes die garantierte monatliche Leistung,
- einen Hinweis auf die einschlägige Einrichtung der Insolvenzsicherung und den Umfang des insoweit gewährten Schutzes,
- Informationen zum → *Anbieterwechsel* und zur Kündigung des Vertrags,
- Hinweise zu den Möglichkeiten und Folgen einer Beitragsfreistellung oder Tilgungsaussetzung und
- den Stand des Produktinformationsblatts

zu informieren.

Erfüllt der Anbieter seine Verpflichtungen nach Absatz 1 nicht, nicht richtig oder nicht vollständig, kann der Vertragspartner innerhalb von zwei Jahren nach der Abgabe der Vertragserklärung vom Vertrag zurücktreten (§ 7 Absatz 3 Satz 1 AltZertG). Der Anbieter hat dem Vertragspartner bei Rücktritt mindestens einen Geldbetrag in Höhe der auf den Vertrag eingezahlten Beiträge und → *Altersvorsorgezulagen* (§ 7 Absatz 3 Satz 3 AltZertG) sowie Zinsen auf die Beiträge und Altersvorsorgezulagen in Höhe des gesetzlichen Zinssatzes nach § 246 des Bürgerlichen Gesetzbuchs zu zahlen (§ 7 Absatz 3 Satz 4 AltZertG).

Darüber hinaus ist gem. § 7a Absatz 1 AltZertG der Anbieter eines Altersvorsorge- oder Basisrentenvertrags **jährlich** bis zum Ablauf des auf das Beitragsjahr folgenden Jahres verpflichtet, den Vertragspartner schriftlich zu informieren über

- die Verwendung der eingezahlten Beiträge,
- die Höhe des gebildeten Kapitals,
- die im abgelaufenen Beitragsjahr angefallenen tatsächlichen Kosten,
- die erwirtschafteten Erträge
- bis zum Beginn der Auszahlungsphase das nach Abzug der Kosten zu Beginn der Auszahlungsphase voraussichtlich zur Verfügung stehende Kapital; für die Berechnung sind die in der Vergangenheit tatsächlich gezahlten Beiträge und die in dem vor Vertragsabschluss zur Verfügung gestellten individuellen Produktinformationsblatt genannten Wertentwicklungen nach § 7 Absatz 1 Satz 2 Nummer 10 AltZertG zugrunde zu legen; bei Altersvorsorge- und Basisrentenverträgen, die abgeschlossen wurden, um Anrechte aufgrund einer internen Teilung nach § 10 des Versorgungsausgleichsgesetzes zu übertragen, sind die in dem vor Vertragsabschluss zur Verfügung gestellten individuellen Produktinformationsblatt der ausgleichspflichtigen Person genannten Wertentwicklungen nach § 7 Absatz 1 Satz 2 Nummer 10 AltZertG zugrunde zu legen.

Zusätzlich muss der Anbieter eines Altersvorsorge- oder Basisrentenvertrags im Rahmen seiner jährlichen Informationspflicht auch darüber schriftlich informieren, ob und wie ethische, soziale und ökologische Belange bei der Verwendung der eingezahlten Beiträge berücksichtigt werden.

Informationspflicht gem. PFAV

Neben den sonstigen verpflichtenden Informationen (§ 41 Absatz 1 Satz 1 PFAV), die im Rahmen einer → *betrieblichen Altersversorgung* zu erfüllen sind, müssen bei einer reinen → *Beitragszusage* die durchführenden Einrichtungen mindestens einmal jährlich folgende Informationen den → *Versorgungsanwärtern* und Rentenempfängern kostenlos zur Verfügung stellen:

Den Versorgungsanwärtern nach § 41 Absatz 1 Nummern 1 bis 4 PFAV

- die Höhe des planmäßig zuzurechnenden Versorgungskapitals,
- die Höhe der nicht garantierten lebenslangen Zahlung, die sich ohne weitere Beitragszahlung aus dem Versorgungskapital ergäbe,
- die Höhe der bislang insgesamt eingezahlten Beiträge,
- die Höhe der während des letzten Jahres eingezahlten Beiträge,
- die jährliche Rendite des Sicherungsvermögens nach § 244c VAG für die mindestens letzten fünf Jahre und
- Informationen über Wahlrechte, die der Versorgungsanwärter während der Anwartschaftsphase oder dann bei Rentenbeginn ausüben kann.

Den Rentenempfängern nach § 41 Absatz 2 Nummern 1 bis 3 PFAV

- Informationen über die allgemeinen Regelungen zur Anpassung der Höhe der nicht garantierten lebenslangen Zahlung,
- die Höhe des zuletzt ermittelten Kapitaldeckungsgrads und
- eine Einschätzung, ob und wann mit einer Anpassung der Höhe der lebenslangen Zahlungen zu rechnen ist.

(Siehe auch → *Berichterstattung an die BaFin gem. PFAV*)

Insolvenzsicherung

A. Allgemeines

Aus den Regelungen zur → *Unverfallbarkeit* ist der Gedanke des Gesetzgebers erkennbar, dass der aus einer → *Versorgungszusage* berechtigte Arbeitnehmer sich die Leistungen aus dieser Zusage mit fortschreitender Betriebszugehörigkeit erdient und in diesem Sinne also in „Vorleistung" tritt. Damit besteht die Gefahr, dass der Arbeitnehmer im Falle einer Zahlungsunfähigkeit des Arbeitgebers die Leistungen aus der Versorgungszusage (teilweise) nicht erhält, obwohl er seine „Gegenleistung" bereits (teilweise) erbracht hat. In Konsequenz dessen sieht das BetrAVG einen gesetzlichen Insolvenzschutz vor. Darüber hinaus besteht die Möglichkeit einer privatrechtlichen Insolvenzsicherung.

B. Gesetzlicher Insolvenzschutz

Die gesetzliche Insolvenzsicherung ist in den §§ 7 bis 15 BetrAVG geregelt. Gemäß § 14 Absatz 1 Satz 1 BetrAVG ist Träger der gesetzlichen Insolvenzsicherung der → *Pensions-Sicherungs-Verein auf Gegenseitigkeit (PSVaG)*. Die → *Versorgungsberechtigten* haben im Sicherungsfall bei Vorliegen der entsprechenden Voraussetzungen einen Anspruch gegen den PSVaG aus einem gesetzlichen Schuldverhältnis.

1. Beitragspflicht und Beitragsbemessung

Gemäß § 10 Absatz 1 BetrAVG werden die Mittel für die Durchführung der Insolvenzsicherung aufgrund öffentlich-rechtlicher Verpflichtung durch Beiträge aller Arbeitgeber aufgebracht, die Leistungen der betrieblichen Altersversorgung über einen sicherungspflichtigen → *Durchführungsweg* zugesagt haben. Beitragspflichtig ist in jedem Fall der Arbeitgeber, nicht etwa der externe → *Versorgungsträger*.

Sicherungspflichtige Durchführungswege sind die → *unmittelbare Versorgungszusage*, die → *Unterstützungskasse*, der → *Pensionsfonds*, die Pensionskasse und unter bestimmten Voraussetzungen auch die → *Direktversicherung*. Die Pensionskasse und die Direktversicherung sind ab 2021 sicherungspflichtig, sofern die Versicherung nicht Mitglied im Protektor ist, welcher eine Sicherungseinrichtung der Versicherungswirtschaft darstellt. Die Direktversicherung ist allerdings dann insolvenzsicherungspflichtig, wenn der Arbeitgeber die Ansprüche aus dem Versicherungsvertrag abgetreten (→ *Abtretung*) oder beliehen (→ *Beleihung*) hat bzw. dem Arbeitnehmer lediglich ein widerrufliches → *Bezugsrecht* eingeräumt hat (§ 10 Absatz 1 i. V. m. § 7 Absatz 1 Satz 2, § 7 Absatz 2 Satz 1 Nummer 2 und § 1b Absatz 2 Satz 3 BetrAVG). Dies bedeutet, dass der Durchführungsweg Direktversicherung, soweit diese nicht die zuvor genannten Voraussetzungen erfüllt, nicht gesetzlich insolvenzsicherungspflichtig ist. Versorgungszusagen im Wege der Reinen Beitragszusage sind ebenfalls nicht gesetzlich insolvenzsicherungspflichtig.

Gemäß § 10 Absatz 4 Satz 2 BetrAVG kann der PSVaG aus seinen Beitragsbescheiden unmittelbar (Erteilung der vollstreckbaren Ausfertigung durch den PSVaG selbst) die Zwangsvollstreckung betreiben. Die Zwangsvollstreckung erfolgt in entsprechender Anwendung der ZPO (§ 10 Absatz 4 Satz 1 BetrAVG).

Bis 2006 wurde die Insolvenzsicherung des PSVaG durch das sog. Rentenwert-Umlageverfahren finanziert. Danach mussten die Beiträge den Barwert der im laufenden Kalenderjahr entstehenden Ansprüche auf Insolvenzsicherungsleistungen, die Verwaltungskosten und die Zuführungen zur Verlustrücklage und zum Ausgleichsfonds abdecken. Durch eine Änderung des BetrAVG im Jahre 2006 wurde die Finanzierung ab 01.01.2007 auf vollständige Kapitaldeckung umgestellt. Die Beiträge müssen nunmehr den gesamten Schaden aus neu eintretenden Insolvenzen abdecken, also den Barwert für die bereits laufenden Leistungen und den Barwert der gesetzlich unverfallbaren Anwartschaften. Für die bis zum 31.12.2006 aufgrund vergangener Insolvenzen bereits durch den PSVaG zu sichernden, aber noch nicht gedeckten unverfallbaren Anwartschaften enthält § 30i BetrAVG eine Übergangsregelung zu deren Ausfinanzierung.

Der Beitragsbedarf des PSVaG hängt also ganz wesentlich von der Anzahl der Sicherungsfälle (Insolvenzen) und dem damit ausgelösten Finanzbedarf (Höhe der zu sichernden Anwartschaften/Ansprüche) ab.

Die danach nötigen Beiträge werden gemäß § 10 Absatz 3 BetrAVG auf die Gesamtheit der insolvenzsicherungspflichtigen Arbeitgeber umgelegt. Hierfür sind die laufenden → *Versorgungsleistungen* und die gesetzlich → *unverfallbaren Anwartschaften* der vom jeweiligen Arbeitgeber erteilten Versorgungszusagen (Bemessungsgrundlage) maßgeblich. Das individuelle Insolvenzrisiko des einzelnen Arbeitgebers (Bonität) oder eine Vorsorge durch einen privatrechtlichen Insolvenzschutz (siehe hierzu unter C.) spielen hingegen keine Rolle. Hinsichtlich der Bemessungsgrundlage sind die einzelnen insolvenzsicherungspflichtigen Durchführungswege zu unterscheiden (§ 10 Absatz 3 BetrAVG):

- Bemessungsgrundlage bei unmittelbaren Versorgungszusagen ist der Teilwert der Pensionsverpflichtung nach § 6a Absatz 3 EStG.
- Bei Versorgungszusagen über eine Direktversicherung mit widerruflichem Bezugsrecht ist Bemessungsgrundlage das geschäftsplanmäßige Deckungskapital oder, soweit die Berechnung des Deckungskapitals nicht zum Geschäftsplan gehört, die Deckungsrückstellung. Bei Direktversicherungen mit unwiderruflichem Bezugsrecht ist das Deckungskapital oder die Deckungsrückstellung nur insoweit zu berücksichtigen, als die Versicherung beliehen oder abgetreten ist.
- Bei Versorgungszusagen über eine Unterstützungskasse ist Beitragsbemessungsgrundlage das Deckungskapital für die laufenden Leistungen (Anlage 1 Spalte 2 zu § 4d Absatz 1 EStG) zuzüglich des Zwanzigfachen der nach § 4d Absatz 1 Nummer 1 Buchstabe b Satz 1 EStG errechneten jährlichen Zuwendungen für Leistungsanwärter im Sinne von § 4d Absatz 1 Nummer 1 Buchstabe b Satz 2 EStG.
- Bei Versorgungszusagen über eine Pensionskasse oder einen Pensionsfonds ist Beitragsbemessungsgrundlage für die laufenden Leistungen 20 % des Deckungskapitals mit standardisierten Faktoren (§ 4d Absatz 1 Nummer 1 Buchstabe a EStG) und für Anwärter 25 % der maximal erreichbaren Altersrentenleistung bzw. 10 % der Einmalzahlung/Ratensumme. Der Pensionsfonds konnte im Rahmen einer Übergangsregelung bis 2022 auch die bis 31.12.2020 geltende Bemessungsgrundlage ansetzen.

2. Melde-, Auskunfts- und Mitteilungspflichten

Nach § 11 Absatz 1 Satz 1 BetrAVG hat der Arbeitgeber dem PSVaG eine betriebliche Altersversorgung im Rahmen eines sicherungspflichtigen Durchführungsweges für seine Arbeitnehmer innerhalb von drei Monaten nach Erteilung der unmittelbaren Versorgungszusage, dem Abschluss einer Direktversicherung oder der Errichtung einer Unterstützungskasse oder eines Pensionsfonds mitzuteilen. Nach dem Wortlaut des Gesetzes ist also für die erste Meldung gegenüber dem PSVaG bereits die Erteilung der Versorgungszusage maßgeblich, auch wenn daraus noch keine Leistungen gezahlt werden oder diese Versorgungszusage noch nicht gesetzlich unverfallbar ist. Nach dem PSVaG ist die Erstmeldung allerdings erst erforderlich, wenn eine Versorgungsanwartschaft gesetzlich unverfallbar geworden oder ein → *Versorgungsfall* (laufende Leistungen) eingetreten ist, dann aber innerhalb von drei Monaten nach Vorliegen dieser Voraussetzungen.

Eine allgemeine Verpflichtung zur Erteilung aller notwendigen Auskünfte für den Arbeitgeber, einen ggf. eingeschalteten externen Versorgungsträger, den Insolvenzverwalter und die Versorgungsberechtigten, die gemäß § 7 BetrAVG Ansprüche gegenüber dem PSVaG haben, enthält § 11 Absatz 1 Satz 2 BetrAVG. Danach sind der Arbeitgeber, der sonstige Träger der Versorgung, der Insolvenzverwalter und die nach § 7 BetrAVG Berechtigten verpflichtet, dem PSVaG alle Auskünfte zu erteilen, die zur Durchführung der Insolvenzsicherung nach den entsprechenden Vorschriften des BetrAVG erforderlich sind. Die Genannten sind außerdem verpflichtet, Unterlagen vorzulegen, aus denen die erforderlichen Angaben ersichtlich sind.

§ 11 Absatz 2 Satz 1 BetrAVG enthält die Pflicht des beitragspflichtigen Arbeitgebers zur rechtzeitigen Mitteilung der Bemessungsgrundlage für die Beitragsbemessung. Nach dieser Vorschrift hat der beitragspflichtige Arbeitgeber dem PSVaG bis zum 30. September eines jeden Kalenderjahres die Höhe des nach § 10 Absatz 3 BetrAVG für die Bemessung des Beitrages maßgebenden Betrages mitzuteilen. Bei unmittelbaren Versorgungszusagen hat dies aufgrund eines versicherungsmathematischen Gutachtens, bei Direktversicherungen aufgrund einer Bescheinigung des Versicherers und bei Pensionskassen, Pensionsfonds und Unterstützungskassen aufgrund einer nachprüfbaren Berechnung zu erfolgen.

Eine wichtige Verpflichtung für den Arbeitgeber enthält außerdem § 11 Absatz 2 Satz 2 BetrAVG. Danach hat der Arbeitgeber die zuvor genannten Unterlagen mindestens sechs Jahre aufzubewahren.

Die Absätze 3 bis 7 des § 11 BetrAVG enthalten in erster Linie weitere Verpflichtungen für verschiedene Adressaten (Insolvenzverwalter, bestimmte Kammern und Zusammenschlüsse) gegenüber dem PSVaG.

3. Säumniszuschläge, Zinsen und Verjährung

Nach § 10a Absatz 1 BetrAVG ist der PSVaG berechtigt, für Beiträge, die wegen Verstoßes des Arbeitgebers gegen die Meldepflicht (siehe hierzu unter 2.) erst nach Fälligkeit erhoben werden, für jeden angefangenen Monat vom Zeitpunkt der Fälligkeit an einen Säumniszuschlag in Höhe von bis zu 1 % der nacherhobenen Beiträge zu verlangen.

Für bereits festgelegte Beiträge und Vorschüsse, die der Arbeitgeber erst nach Fälligkeit zahlt, erhebt der PSVaG für jeden Monat Verzugszinsen in Höhe von 0,5 % der rückständigen Beiträge (§ 10a Absatz 2 BetrAVG).

Auch im Falle der Beitragserstattung durch den PSVaG werden die zurückzuerstattenden Beiträge für jeden Monat ab Fälligkeit bzw. bei gerichtlicher Entscheidung ab Rechtshängigkeit mit 0,5 % verzinst (§ 10a Absatz 3 BetrAVG).

Eine spezielle Verjährungsregelung enthält § 10a Absatz 4 BetrAVG. Danach verjähren die Ansprüche auf Zahlung der Insolvenzsicherungsbeiträge und die Rückerstattungsansprüche hinsichtlich der Zahlung nicht geschuldeter Beiträge in sechs Jahren. Die Verjährungsfrist beginnt mit Ablauf des Kalenderjahres, in dem die Beitragspflicht entstanden oder der Erstattungsanspruch fällig geworden ist. Auf die Verjährung sind außerdem die Vorschriften des BGB anzuwenden.

4. Ordnungswidrigkeiten

In § 12 Absatz 1 BetrAVG wird festgelegt, dass bei Verstoß gegen die dort genannten Mitteilungs- und Auskunftspflichten sowie Vorlage- und Aufbewahrungspflichten eine Ordnungswidrigkeit vorliegt. Dies ist letztlich Konsequenz daraus, dass es sich bei der Durchführung der gesetzlichen Insolvenzsicherung um eine öffentlich-rechtliche Verpflichtung handelt.

Die Ordnungswidrigkeit kann gemäß § 12 Absatz 2 BetrAVG mit einer Geldbuße von bis zu 2.500 Euro geahndet werden.

5. Voraussetzungen des Versicherungsschutzes

Gesetzlicher Insolvenzschutz besteht im Sicherungsfall für Versorgungsempfänger und für Berechtigte, die zu diesem Zeitpunkt gesetzlich unverfallbare Anwartschaften innehaben. Einzelheiten hierzu sind in § 7 Absätze 1 und 2 BetrAVG geregelt.

a) Versorgungsempfänger

Versorgungsempfänger sind Berechtigte, die zum Zeitpunkt des Sicherungsfalls bereits Leistungen der betrieblichen Altersversorgung beziehen.

Auch diejenigen Berechtigten, die im Sicherungsfall bereits die in der Versorgungszusage vorgesehene → *Altersgrenze* erreicht haben, aber dennoch zu diesem Zeitpunkt noch keine Leistungen beziehen, weil sie noch nicht aus dem Arbeitsverhältnis zum Arbeitgeber ausgeschieden sind (→ *technische Rentner*) gehören zu den Versorgungsberechtigten in diesem Sinne (siehe Kemper u. a., § 7 Rdnr. 7).

Gemäß § 7 Absatz 1 Satz 1 BetrAVG bezieht sich der Insolvenzschutz auch auf berechtigte Hinterbliebene, die entsprechende → *Hinterbliebenenleistungen* beziehen.

b) Berechtigte mit unverfallbaren Versorgungsanwartschaften

Versorgungsberechtigte, die zum Zeitpunkt des Sicherungsfalls gemäß § 1b BetrAVG die Voraussetzungen für eine gesetzlich unverfallbare Anwartschaft erfüllen, haben im Versorgungsfall ebenfalls Anspruch auf Leistungen des PSVaG (§ 7 Absatz 2 BetrAVG). Gemäß § 7 Absatz 2 Satz 1 BetrAVG sind auch hier die berechtigten Hinterbliebenen in den Insolvenzschutz mit einbezogen.

c) Sicherungsfall

Die einer Insolvenzsicherung durch den PSVaG zugrunde liegenden Sicherungsfälle sind in § 7 Absatz 1 BetrAVG aufgeführt. Sicherungsfälle sind (zusammenfassend):

- Eröffnung des Insolvenzverfahrens über das Vermögen des Arbeitgebers oder seinen Nachlass (§ 7 Absatz 1 Satz 1 BetrAVG),
- Abweisung des Antrags auf Eröffnung des Insolvenzverfahrens mangels Masse (§ 7 Absatz 1 Satz 4 Nummer 1 BetrAVG),
- außergerichtlicher Vergleich (Stundungs-, Quoten- oder Liquidationsvergleich) des Arbeitgebers mit seinen Gläubigern zur Abwendung eines Insolvenzverfahrens, wenn ihm der PSVaG zustimmt (§ 7 Absatz 1 Satz 4 Nummer 2 BetrAVG),
- die vollständige Beendigung der Betriebstätigkeit im Geltungsbereich des BetrAVG, wenn ein Antrag auf Eröffnung des Insolvenzverfahrens nicht gestellt worden ist und ein Insolvenzverfahren offensichtlich mangels Masse nicht in Betracht kommt (§ 7 Absatz 1 Satz 4 Nummer 3 BetrAVG).

Für die Beurteilung des Vorliegens eines Sicherungsfalls ist immer auf den aus der Versorgungszusage verpflichteten Arbeitgeber abzustellen. Dies gilt auch, wenn dieser die Leistungen über einen externen Versorgungsträger zugesagt hat (→ *mittelbare Versorgungszusage*). Auch in diesem Fall kommt es nicht auf die Verhältnisse bei dem externen Träger an, selbst wenn dieser über ausreichende Mittel verfügt, um die Leistungen zu erfüllen.

6. Umfang des Insolvenzschutzes

a) Versorgungsempfänger

Gemäß § 7 Absatz 1 Satz 1 BetrAVG haben Versorgungsempfänger beim Eintritt eines Sicherungsfalls gegen den PSVaG einen Anspruch in Höhe der Leistung, die der Arbeitgeber aufgrund der Versorgungszusage zu erbringen hätte, wenn der Sicherungsfall nicht eingetreten wäre.

b) Berechtigte mit unverfallbaren Versorgungsanwartschaften

Berechtigte mit unverfallbaren Versorgungsanwartschaften zum Zeitpunkt des Sicherungsfalls haben bei Eintritt des Versorgungsfalls einen Anspruch gegen den PSVaG.

Die Berechnung der Höhe dieses Anspruchs ist in § 7 Absatz 2 Sätze 3 bis 5 BetrAVG im Einzelnen geregelt. Hiernach gelten grundsätzlich die entsprechenden Vorschriften des BetrAVG zur Berechnung der Höhe einer unverfallbaren Versorgungsanwartschaft. Ist hierbei die Dauer der Betriebszugehörigkeit von Bedeutung, wird gemäß § 7 Absatz 2 Satz 4 BetrAVG auf die Betriebszugehörigkeit bis zum Eintritt des Sicherungsfalls abgestellt.

c) Höchstgrenzen

§ 7 Absatz 3 BetrAVG begrenzt die Höhe der durch den PSVaG zu erbringenden Sicherungsleistungen. Nach § 7 Absatz 3 Satz 1 BetrAVG beträgt ein Anspruch auf laufende Leistungen gegen den PSVaG im Monat höchstens das Dreifache der im Zeitpunkt der ersten Fälligkeit maßgebenden monatlichen → *Bezugsgröße* gemäß § 18 SGB IV. Bei → *Kapitalleistungen* gilt dies entsprechend, mit der Maßgabe, dass 10 % der Leistung als Jahresbetrag einer laufenden Leistung anzusetzen sind (§ 7 Absatz 3 Satz 2 BetrAVG). Die Höchstgrenze wird also durch Umrechnung in entsprechende Jahresleistungen (jeweils 10 % der gesamten Kapitalleistung) ermittelt und beträgt demnach das 120-Fache des Dreifachen der monatlichen Bezugsgröße gemäß § 18 SGB IV.

Die monatliche Bezugsgröße gemäß § 18 SGB IV im Jahre 2026 hat eine Höhe von 3.955 Euro. Der Höchstbetrag für eine zu sichernde laufende Leistung gemäß § 7 Absatz 3 Satz 1 BetrAVG beträgt somit 11.865 Euro, derjenige einer zu sichernden Kapitalleistung gemäß § 7 Absatz 3 Satz 2 BetrAVG 1.423.800 Euro. Bis einschließlich 2024 waren die Beträge aufgrund der unterschiedlichen Bezugsgröße in West und Ost unterschiedlich.

d) Beginn und Ende der Sicherungsleistungen

Gemäß § 7 Absatz 1a Satz 1 BetrAVG entsteht der Anspruch gegen den PSVaG mit Beginn des Kalendermonats, der auf den Eintritt des Sicherungsfalls folgt. Der Anspruch endet mit dem Sterbemonat des Begünstigten, soweit in der Versorgungszusage des Arbeitgebers nichts anderes bestimmt ist (§ 7 Absatz 1a Satz 2 BetrAVG). Unter den in § 7 Absatz 1a BetrAVG genannten Voraussetzungen umfasst der Anspruch auch rückständige Versorgungsleistungen der letzten zwölf Monate (bis 31.12.2008 sechs Monate).

e) Minderung und Missbrauchsschutz

In § 7 Absatz 4 BetrAVG sind Einzelheiten dazu geregelt, dass sich der Anspruch gegen den PSVaG in dem Umfang vermindert, in dem der Arbeitgeber oder sonstige Träger der Versorgung die Versorgungsleistungen erbringt.

§ 7 Absatz 5 BetrAVG enthält Regelungen zum Schutz des PSVaG vor Missbrauch. Nach § 7 Absatz 5 Satz 1 BetrAVG besteht ein Anspruch gegen den PSVaG nicht, soweit nach den Umständen des Falles die Annahme gerechtfertigt ist, dass es der alleinige oder überwiegende Zweck der Versorgungszusage oder ihrer Verbesserung oder der Abtretung bzw. Beleihung einer Direktversicherung gewesen ist, den PSVaG in Anspruch zu nehmen. Diese Annahme ist gemäß § 7 Absatz 5 Satz 2 BetrAVG insbesondere dann gerechtfertigt, wenn bei Erteilung oder Verbesserung der Versorgungszusage wegen der wirtschaftlichen Lage des Arbeitgebers zu erwarten war, dass die Zusage nicht erfüllt werde. Nach § 7 Absatz 5 Satz 3 Halbsatz 1 BetrAVG werden allgemein Verbesserungen von Versorgungszusagen bei der Bemessung der durch den PSVaG zu erbringenden Leistungen nicht berücksichtigt, soweit sie in den letzten beiden Jahren vor Eintritt des Sicherungsfalls vereinbart worden sind. Dies gilt erst recht für in diesem Zeitraum neu erteilte Versorgungszusagen. Eine Ausnahme von diesem Leistungsausschluss gilt gemäß § 7 Absatz 5 Satz 3 Halbsatz 2 BetrAVG für ab dem 01.01.2002 erteilte Versorgungszusagen aufgrund → *Entgeltumwandlung*, soweit Beträge von bis zu 4 % der Beitragsbemessungsgrenze der gesetzlichen Rentenversicherung (siehe hierzu → *Beitragsbemessungsgrenze der Sozialversicherung*) umgewandelt werden.

C. Privatrechtlicher Insolvenzschutz

Insbesondere in Fällen, in denen ein Versorgungsberechtigter nicht dem Schutzbereich des BetrAVG unterfällt und somit nicht gesetzlich insolvenzgesichert ist oder bei besonders hohen, über die Höchstgrenzen des gesetzlichen Insolvenzschutzes hinausgehenden Versorgungszusagen wird häufig ein (zusätzlicher) privatrechtlicher Insolvenzschutz eingerichtet.

Die in der Praxis am weitesten verbreiteten privatrechtlichen Insolvenzsicherungsmodelle sind die Verpfändung von → *Rückdeckungsversicherungen* sowie die Einrichtung von Treuhandlösungen (siehe hierzu → *Contractual Trust Arrangements*).

Interne Teilung

→ *Versorgungsausgleich*

Invalidenrente

Allgemeiner Begriff für → *Erwerbsminderungsrente*.

Invaliditätsleistung

Bei der Invaliditätsversorgung werden Leistungen durch den Invaliditätseintritt des Arbeitnehmers fällig. Zweck der Leistung ist die Versorgung des Arbeitnehmers beim Ausscheiden aus dem Arbeitsleben aufgrund einer körperlichen oder geistigen Einschränkung seiner Leistungsfähigkeit. Der Invaliditätsbegriff ist im → *Betriebsrentengesetz* nicht definiert, wird aber i. d. R. mit den entsprechenden Begriffen aus der → *gesetzlichen Rentenversicherung* (siehe → *Erwerbsminderungsrente*) gleichgesetzt (siehe hierzu auch Versorgungsleistung, B. 2).

Bezieht der Arbeitnehmer anderweitiges Erwerbseinkommen z. B. von einem anderen Arbeitgeber, so wird dies bei der → *Betriebsrente* angerechnet. Hierdurch wird sichergestellt, dass der Arbeitnehmer wirtschaftlich nicht besser gestellt wird als vor Bezug der Invaliditätsleistung.

IORP-Richtlinie

Verwendeter Begriff in Anlehnung an die englischsprachige Fassung der Pensionsfonds-Richtlinie (Richtlinie 2003/41/EG des Europäischen Parlaments und des Rates vom 03. Juni 2003 über die Tätigkeiten und die Beaufsichtigung von Einrichtungen der betrieblichen Altersversorgung [Amtsblatt Nr. L 235 vom 23.09.2003 S. 10–21]), auch → *EbAV-Richtlinie* genannt, in der Einrichtungen der betrieblichen Altersversorgung (EbAV) als Institutions for occupational retirement provision (IORP) bezeichnet werden.

Jährliche Informationspflicht des Anbieters

→ *Informationspflicht des Anbieters*

Kapitaldeckungsverfahren

Die Finanzierung der → *betrieblichen Altersversorgung* wird grundsätzlich über eine Vorausfinanzierung der später fällig werdenden → *Versorgungsleistungen* vorgenommen. Die geleisteten finanziellen Mittel werden nicht periodengleich an Dritte ausgezahlt, sondern angesammelt.

Bei den einzelnen → *Durchführungswegen* erfolgt die Finanzierung bei einer → *Unterstützungskasse* über → *Zuwendungen*, bei → *Pensionsfonds*, → *Pensionskassen* und → *Direktversicherungen* über Beitragszahlungen und bei den → *Direktzusagen* durch Bildung von → *Pensionsrückstellungen*. Durch die Ansammlung der erforderlichen finanziellen Mittel bereits während der Dienstzeit des Arbeitnehmers wird Kapital gebildet, das an den Kapitalmärkten angelegt oder bei Rückstellungsbildung unternehmensintern verwendet werden kann.

Im → *Versorgungsfall* werden dann die angesammelten Mittel zusammen mit den auf den Kapitalmärkten oder unternehmensintern erwirtschafteten Zinserträgen in Form von → *Renten*- oder → *Kapitalleistungen* ausgezahlt. Anders als bei dem in der → *gesetzlichen Rentenversicherung* angewandten → *Umlageverfahren* sorgt die jeweilige Generation über Kapitalbildung für sich selbst.

Kapitalkontenplan

Ein Kapitalkontenplan (oftmals auch als Cash Balance Plan bezeichnet) ist eine beitragsorientierte Zusage. Kapitalkontenpläne werden im Rahmen der Direktzusage als Gegenstück zu den versicherungsförmigen Durchführungswegen verwendet. Vergleichbar mit einem Sparbuch werden fiktive Beiträge (Versorgungsaufwand) einem individuellen virtuellen Konto gutgeschrieben und bis zum Versorgungsfall je nach Pensionszusage mit einem fixen oder variablen Zinssatz erhöht. Im Versorgungsfall wird der virtuelle Kontenstand ausbezahlt bzw. in eine lebenslange Rentenleistung umgerechnet.

Kapitalleistung

Bei den im Rahmen einer → *Versorgungszusage* zu erbringenden Leistungen handelt es sich i. d. R. um laufende (Geld-)Zahlungen (→ *Rentenleistungen*) oder einmalige (Geld-)Zahlungen. Bei einmaligen Zahlungen spricht man von Kapitalleistung. Vereinzelt sehen Versorgungszusagen vor, dass die Kapitalleistung in mehreren Raten erbracht werden (kann). In diesem Fall kann im Hinblick auf die → *Anpassung* die Grenzziehung zur laufenden Leistung problematisch sein.

Bis zum 31.12.2003 waren Kapitalleistungen im Rahmen der → *betrieblichen Altersversorgung* nicht beitragspflichtig in der gesetzlichen → *Kranken-* und → *Pflegeversicherung der Rentner*. Dies hat sich mit Wirkung zum 01.01.2004 geändert. Seit diesem Zeitpunkt sind auch Kapitalleistungen beitragspflichtig in der gesetzlichen Kranken- und Pflegeversicherung der Rentner (§ 229 Absatz 1 Satz 3 SGB V). Dabei spielt es keine Rolle, wann die der Kapitalleistung zugrunde liegende Versorgungszusage erteilt wurde. Für einen Zeitraum von zehn Jahren ab Fälligkeit der Kapitalleistung gilt 1/120 der Kapitalleistung als beitragspflichtiges Einkommen in der gesetzlichen Kranken- und Pflegeversicherung.

WICHTIG!

Seit dem 01.01.2004 sind auch Kapitalzahlungen im Rahmen der betrieblichen Altersversorgung beitragspflichtig in der gesetzlichen Kranken- und Pflegeversicherung. Dies gilt auch für Kapitalleistungen aufgrund von Versorgungszusagen, die vor dem 01.01.2004 erteilt wurden.

Kaufpreisrente

Als (teilweise) Gegenleistung für die Veräußerung von Unternehmen bzw. Unternehmensteilen kann auch die Erbringung einer Rente an den Veräußerer vereinbart werden. Solche Kaufpreisrenten sind nicht der → *betrieblichen Altersversorgung* zuzurechnen.

Kiesewetter-Gutachten

Im Auftrag des Bundesministeriums der Finanzen hat Prof. Kiesewetter von der Universität Würzburg im April 2016 ein Gutachten zu Optimierungsmöglichkeiten bei den Förderregelungen der betrieblichen Altersversorgung veröffentlicht. Die Ergebnisse dieses sowie des → *Hanau-Arteaga-Gutachtens* sind in die Reformüberlegungen zur Weiterentwicklung der betrieblichen Altersversorgung im Herbst 2016 eingeflossen.

Kinder-Berücksichtigungsgesetz (KiBG)

Seit dem 01. Januar 2005 ist das Gesetz zur Berücksichtigung von Kindererziehung im Beitragsrecht der sozialen Pflegeversicherung (Kinder-Berücksichtigungsgesetz – KiBG) vom 15. Dezember 2004 (BGBl. I S. 3448) in Kraft getreten. Im KiBG wird das Bundesverfassungsgerichtsurteil vom 03. April 2001 umgesetzt (Az. 1 BvR 2014/95, 1 BvR 81/98, 1 BvR 1629/94, 1 BvR 1681/94), das eine finanzielle Entlastung Kindererziehender in der sozialen Pflegeversicherung verlangt.

Aufgrund des KiBG erhöht sich für kinderlose Beschäftigte der Arbeitnehmerbeitrag zur gesetzlichen Pflegeversicherung um 0,25 % (Beitragszuschlag für Kinderlose; § 55 Absatz 3 SGB XI). Von der Regelung ausgenommen waren,

- Eltern (leibliche Eltern, Adoptiveltern, Stief- oder Pflegeeltern),
- Versicherte, die das 23. Lebensjahr noch nicht vollendet haben,
- Wehr- und Zivildienstleistende,
- künftige Bezieher von Arbeitslosengeld II,
- Rentner und Eltern, deren Kind verstorben ist (ausgenommen hiervon ist eine Totgeburt),
- kinderlose Mitglieder, die vor dem 01. Januar 1940 geboren wurden.

Die Geburt eines Kindes löst bei beiden Elternteilen die dauerhafte Zuschlagsfreiheit aus. Als Kinder gelten alle Lebendgeburten, Adoptiv-, Stief- oder Pflegekinder.

Die **private** Pflegeversicherung wurde durch das KiBG nicht tangiert.

Kinderlose Betriebsrentner, die nach dem 31.12.1939 geboren wurden, müssen ebenfalls den Beitragszuschlag für Kinder in Höhe von 0,25 % entrichten.

Die Elternschaft ist gegenüber der Stelle nachzuweisen, die die Beiträge zur Pflegeversicherung abführt. Bei Betriebsrentnern mit Leistungen aus einer → *Direktzusage* ist dies das Unternehmen/der Arbeitgeber selbst, bei den externen → *Durchführungswegen* die jeweilige Einrichtung. Der Nachweis der Elterneigenschaft kann auch nachträglich erbracht werden. Der Beitragszuschlag wird dann rückwirkend zum 01.01.2005 zurückgezahlt. Allerdings muss der Nachweis spätestens bis zum 30.06.2005 vorliegen. Wird der Nachweis danach erbracht, entfällt der Kinderlosenzuschlag erst ab dem darauf folgenden Monat.

Durch das Gesetz zur Weiterentwicklung der Gesundheitsversorgung (Gesundheitsversorgungsweiterentwicklungsgesetz – GVWG) vom 11. Juli 2021 (BGBl. I S. 2754) wurde der Beitragszuschlag von 0,25 % auf 0,35 % angehoben (§ 55 Absatz 3 SGB XI).

Mit dem Gesetz zur Unterstützung und Entlastung in der Pflege (Pflegeunterstützungs- und -entlastungsgesetz – PUEG) vom 23. Juni 2023 (BGBl. I Nr. 155) wurde der Beschluss des Bundesverfassungsgerichts vom 07. April 2022, dass das Beitragsrecht der Pflegeversicherung mit dem Grundgesetz unvereinbar ist, wenn beitragspflichtige Eltern unabhängig von der Zahl der von ihnen betreuten und erzogenen Kinder mit gleichen Beiträgen belastet werden, umgesetzt. Mit Wirkung ab dem 01. Juli 2023 wurde für Mitglieder mit mehreren Kindern unter 25 Jahren ein Abschlag je Kind von 0,25 % ab dem zweiten bis zum fünften Kind eingeführt. Zusätzlich wurde der Beitragszuschlag für Kinderlose von 0,35 auf 0,6 % (der beitragspflichtigen Einnahmen bis zur → *Beitragsbemessungsgrenze*) erhöht. Der Grund einer Kinderlosigkeit spielt keine Rolle.

Vom Beitragszuschlag für Kinderlose ausgenommen sind

- kinderlose Mitglieder, die vor dem 01. Januar 1940 geboren wurden. Dies gilt auch für Altersrentner und Bezieher eines → *Versorgungsbezuges*.
- Versicherte, die das 23. Lebensjahr noch nicht vollendet haben,
- Bezieher von Bürgergeld nach dem SGB II,
- Wehr und Zivildienstleistende.

Kindererziehungszeiten

Kinder erziehende Mütter oder Väter sind für eine bestimmte Zeit in der → *gesetzlichen Rentenversicherung* ohne Beitragszahlung pflichtversichert (§ 3 Satz 1 Nummer 1 SGB VI i. V. m.

§ 56 SGB VI). Diese Zeit ist eine in der gesetzlichen Rentenversicherung festgelegte rentenrechtliche Zeit und wird innerhalb der Rentenberechnung einem Elternteil als Beitragszeit in der Rentenversicherung angerechnet. Durch die Anrechnung wird der jeweilige Elternteil rentenrechtlich so gestellt, als habe er während dieser Zeit eine versicherungspflichtige Beschäftigung ausgeübt und Beiträge entsprechend dem Durchschnittsverdienst aller Arbeitnehmer gezahlt. Somit gehört dieser Personenkreis aufgrund der bestehenden Pflichtversicherung zum Kreis der Förderberechtigten für die sog. → *Riester-Rente*.

Hat ein Elternteil, der sich in der Kindererziehungszeit – i. d. R. drei Jahre – befindet, einen → *Altersvorsorgevertrag* abgeschlossen, muss dieser Elternteil einen → *Sockelbetrag* leisten, um eine → *Riester-Förderung* zu erhalten. Der Sockelbetrag beträgt nach § 86 Absatz 1 Satz 4 EStG ab dem Jahr 2005 einheitlich jährlich 60 Euro.

Gehören beide Elternteile nicht zum förderberechtigten Personenkreis (→ *Zulageberechtigter*), dann wird durch die Geburt eines Kindes aufgrund der Pflichtversicherung wegen Kindererziehungszeiten bei Vorliegen eines Altersvorsorgevertrages ein Anspruch auf Zulagen begründet.

Kinderzulage

A. Allgemeines

Die staatliche → *Förderung* der → *Riester-Rente* erfolgt zweigeteilt: Neben einem → *Sonderausgabenabzug* können → *Zulageberechtigte* eine → *Altersvorsorgezulage* erhalten. Diese setzt sich aus einer → *Grundzulage* für den Zulageberechtigten selbst und einer Kinderzulage zusammen.

B. Zulageberechtigung

1. Die Voraussetzungen gem. § 26 Absatz 1 EStG sind erfüllt

Eine Kinderzulage erhält grundsätzlich die Mutter, wenn die Eltern nicht dauernd getrennt leben (§ 26 Absatz 1 EStG) und ihren Wohnsitz oder gewöhnlichen Aufenthalt in einem EU-/EWR-Staat haben. Die Eltern können jedoch gemeinsam für das jeweilige Beitragsjahr die Zuordnung der Kinderzulage auf den Vater beantragen. Dabei spielt es grundsätzlich keine Rolle, an wen das Kindergeld ausgezahlt wird. Die Zuordnung der Kinderzulage auf den Vater kann für jedes einzelne Kind gestellt und nach Eingang beim → *Anbieter* nicht mehr widerrufen werden.

Hat der Zulageberechtigte bei seinem Anbieter einen Dauerzulagenantrag gestellt, kann der Antrag auf Übertragung der Kinderzulage von der Mutter auf den Vater auch für die Folgejahre bis auf Widerruf erteilt werden. Ein Widerruf des Antrags muss vor Ende des Kalenderjahres erfolgen, für das er erstmals nicht mehr gelten soll.

2. Die Voraussetzungen gem. § 26 Absatz 1 EStG sind nicht erfüllt

Sind Eltern nicht miteinander verheiratet, leben sie dauernd getrennt oder haben sie ihren Wohnsitz oder gewöhnlichen Aufenthalt nicht in einem EU-/EWR-Staat, dann erhält der Elternteil die Kinderzulage, gegenüber dem das Kindergeld festgesetzt worden ist (§ 85 Absatz 1 Satz 1 EStG). Die Übertragung der Kinderzulage nach § 85 Absatz 2 EStG ist bei diesen Fällen nicht möglich.

Großeltern, die nach § 64 Absatz 2 EStG das Kindergeld erhalten, steht auch die Kinderzulage zu.

Erhält ein Kind das Kindergeld an sich selbst ausgezahlt, so steht ihm auch selbst die Kinderzulage zu, soweit es auch eine Grundzulage erhält.

3. Wechsel des Kindergeldempfängers

Haben mehrere Zulageberechtigte während des Beitragsjahres für unterschiedliche Zeiträume Kindergeld erhalten, so hat gem. § 85 Absatz 1 Satz 4 EStG grundsätzlich derjenige den Anspruch auf die Kinderzulage, dem gegenüber für den ersten Anspruchszeitraum (§ 66 Absatz 2 EStG) im Kalenderjahr Kindergeld festgesetzt worden ist. Dies gilt allerdings nicht bei einem Wechsel zwischen den Elternteilen, die die Voraussetzungen des § 26 Absatz 1 EStG erfüllen.

4. Kinderfreibetrag gem. § 32 Absatz 6 Satz 1 EStG

Erhält der Zulageberechtigte anstatt des Kindergeldes einen Kinderfreibetrag nach § 32 Absatz 6 Satz 1 EStG, so besteht gem. § 85 Absatz 1 Satz 1 EStG kein Anspruch auf Kinderzulage.

C. Höhe der Kinderzulage

Die Kinderzulage beträgt gem. § 85 EStG für **jedes** Kind, für das der Zulageberechtigte Kindergeld erhält,

- in den Jahren 2002 und 2000 46 Euro,
- in den Jahren 2004 und 2005 92 Euro,
- in den Jahren 2006 und 2007 138 Euro,
- ab dem Jahr 2008 jährlich 185 Euro.

Für ein nach dem 31.12.2007 geborenes Kind erhöht sich die Kinderzulage auf 300 Euro jährlich.

D. Sonstiges

Hat ein Zulageberechtigter pro Kind für mindestens einen Monat Kindergeld im Beitragsjahr erhalten, so besteht ein Anspruch auf Kinderzulage. Auf den Zeitpunkt der Auszahlung des Kindergeldes kommt es nicht an. Anspruch auf Kinderzulage besteht für ein Beitragsjahr auch dann, wenn das Kindergeld für dieses Jahr erst in einem späteren Kalenderjahr rückwirkend gezahlt wurde. Wird ein Kind z. B. am Ende des Beitragsjahres geboren, so besteht der Anspruch auf Kinderzulage für das gesamte Jahr, auch wenn das Kindergeld für Dezember regelmäßig erst im nachfolgenden Kalenderjahr ausgezahlt wird. Dies gilt dann auch für den Fall, wenn zu einem späteren Zeitpunkt festgestellt wird, dass das Kindergeld teilweise zu Unrecht gezahlt wurde und für die übrigen Monate zurückgezahlt werden muss.

WICHTIG!
Wurde das Kindergeld für das gesamte Beitragsjahr zu Unrecht ausgezahlt, so entfällt der Anspruch auf die Kinderzulage gem. § 85 Absatz 1 Satz 3 EStG.

Klassifizierung

→ *Altersvorsorge-Produktinformationsblattverordnung (AltvPIBV)*

Kleinbetragsrente

Gem. § 93 Absatz 3 EStG liegt eine Kleinbetragsrente vor, wenn bei gleichmäßiger Verrentung des gesamten zu Beginn einer Auszahlungsphase zur Verfügung stehenden Kapitals sich eine → *Rente* ergibt, die eins vom Hundert der monatlichen → *Bezugsgröße* nach § 18 SGB IV nicht übersteigt. Dabei werden bei der Ermittlung des Wertes alle bei einem Anbieter bestehenden → *Altersvorsorgeverträge* eines → *Zulageberechtigten* insgesamt berücksichtigt, für die geförderte → *Altersvorsorgebeiträge* geleistet wurden.

Kohortenbesteuerung

Mit dem → *Alterseinkünftegesetz* (AltEinkG) wurde die Besteuerung insbesondere von Renten aus der → *gesetzlichen Rentenversicherung*, aus landwirtschaftlichen Alterskassen, aus berufsständischen Versorgungseinrichtungen und aus privaten Leibrentenversicherungen (→ *Rürup-Rente*) neu geregelt. Ziel des AltEinkG ist die schrittweise steuerliche Gleichbehandlung aller Altersbezüge mit einem Übergang zur → *nachgelagerten Besteuerung*. Der Übergang zur nachgelagerten Besteuerung, beginnend ab 2005, dauert 35 Jahre. Die steuerliche Gleichstellung aller Alterseinkünfte wird somit ab dem 01.01.2040 erreicht sein.

Altersvorsorgeaufwendungen, wie z. B. Beiträge zur gesetzlichen Rentenversicherung, können im Rahmen bestimmter Höchstbeträge vom steuerpflichtigen Einkommen von der Steuer abgezogen werden. Ab 2005, mit zunächst 60 Prozent, steigt der Steuerfreibetrag jährlich um zwei Prozentpunkte, bis im Jahr 2025 alle Altersvorsorgeaufwendungen in voller Höhe als Sonderausgaben abgesetzt werden können. Darüber hinaus gibt es seit dem Jahr 2002 einen eigenständigen → *Sonderausgabenabzug* (nach § 10a EStG) für → *Altersvorsorgebeiträge* zur sogenannten → *Riester-Rente*.

Während nach altem Recht der steuerpflichtige Anteil der Rente in Abhängigkeit des Renteneintrittsalters auf den sogenannten → *Ertragsanteil* beschränkt war, sind seit dem 01.01.2005 für alle, die am 31.12.2004 bereits Rentner waren oder im Laufe des Jahres 2005 in Rente traten, die Renten zu 50 Prozent steuerpflichtig (→ *Besteuerungsanteil*). Der steuerfreie Teil der Rente ist somit für die Bestandsrentner sowie den Rentnerjahrgang 2005 auf 50 Prozent festgeschrieben und bleibt als fester Rentenfreibetrag grundsätzlich bis zum Lebensende erhalten. Zukünftige Rentenerhöhungen führen daher nicht zu einer Erhöhung der Rentenfreibeträge. Im Gegenteil, Rentenerhöhungen sind somit zu 100 Prozent steuerpflichtig.

Für alle künftigen Rentnerjahrgänge ab 2006 sollte der Besteuerungsanteil für jeden neuen Rentnerjahrgang (Kohorte) bis 2020 um zwei Prozentpunkte steigen. Ab dem Jahr 2021 würde dann der steuerpflichtige Rentenanteil nur noch um einen Prozentpunkt steigen. Für die Neurentner eines Rentenjahrgangs galt dann lebenslang der Prozentsatz, der im Jahr des ersten Rentenbezugs angewandt wurde. Ab dem Jahr 2040 wären dann Renten zu 100 Prozent steuerpflichtig.

Mit dem Gesetz zur Stärkung von Wachstumschancen, Investitionen und Innovation sowie Steuervereinfachung und Steuerfairness (→ *Wachstumschancengesetz – WaChaG*) vom 27. März 2024 (BGBl. I Nr. 108) wurde der Besteuerungsanteil ab dem Jahr 2023 um einen halben Prozentpunkt pro Jahr reduziert, sodass erst ab dem Jahr 2058 der Gesamtbetrag der Rentenleistungen voll zu versteuern ist.

Kollektive Versorgungszusage

→ *Versorgungszusagen* können bei Vorliegen der entsprechenden Voraussetzungen auch zwischen Arbeitgeber und Betriebsrat bzw. Sprecherausschuss mit Wirkung für die durch Betriebsrat bzw. Sprecherausschuss vertretenen Arbeitnehmer in einer Betriebsvereinbarung bzw. Richtlinie (Vereinbarung zwischen Arbeitgeber und Sprecherausschuss) vereinbart werden. Darüber hinaus können Versorgungszusagen auch auf → *Tarifvertrag* beruhen. Versorgungszusagen, die auf einer Betriebsvereinbarung, auf einer Richtlinie oder einem Tarifvertrag beruhen, werden als kollektive Versorgungszusagen bezeichnet.

Kommission „Verlässlicher Generationenvertrag"

→ *Rentenkommission „Verlässlicher Generationenvertrag"*

Krankenversicherung der Rentner (KVdR)

A. Allgemeines

B. Voraussetzungen

C. Beginn

D. Beiträge

E. Befreiung von der KVdR

F. Pflegeversicherung der Rentner

A. Allgemeines

An die Stelle der Krankenversicherung für Arbeitnehmer tritt die Krankenversicherung als Rentenantragsteller oder Rentner und damit der Versicherungsschutz der Krankenversicherung der Rentner (KVdR). Sie ist eine Pflichtversicherung. Ihr unterliegen Rentner, die in Deutschland leben und eine deutsche Rente oder vergleichbare beitragspflichtige Einnahmen (→ *Versorgungsbezüge*) beziehen.

Bis zum 31.12.2003 waren lediglich laufende Renten in der KVdR beitragspflichtig. Bei → *Kapitalleistungen* bestand bis dahin eine Beitragspflicht nur, wenn eine laufende Rente gegen Zahlung eines einmaligen Kapitalbetrages abgefunden wurde.

Mit Inkrafttreten des Gesetzes zur Modernisierung der gesetzlichen Krankenversicherung (GKV-Modernisierungsgesetz – GMG) vom 14. November 2003 (BGBl. I S. 2190), zuletzt geändert durch Artikel 1 des Gesetzes vom 15. Dezember 2004

(BGBl. I S. 3445) zum 01. Januar 2004 sind auch Kapitalleistungen nach § 229 SGB V unabhängig vom → *Durchführungsweg* der → *betrieblichen Altersversorgung* beitragspflichtig, da nach § 237 Satz 1 Nummer 2 SGB V Kapitalleistungen zu den der Rente vergleichbaren Einnahmen zählen.

Mit dem → *GKV-Betriebsrentenfreibetragsgesetz* vom 21. Dezember 2019 wurden → *Betriebsrentner* von Krankenversicherungsbeiträgen, die sie für Leistungen aus der betrieblichen Altersvorsorge zu entrichten haben, wieder entlastet. Neben der bislang existierenden Beitragsfreigrenze gem. § 226 SGB V in Absatz 2 wurde ein Freibetrag in Höhe von einem Zwanzigstel der monatlichen → *Bezugsgröße* nach § 18 SGB IV eingeführt.

Wer in Deutschland neben einer deutschen auch eine ausländische Rente erhält, ist ebenfalls versicherungspflichtig. Rentner, die im Ausland leben und eine deutsche Rente beziehen, gehören grundsätzlich nicht der KVdR an. Der KVdR-Versicherte erhält grundsätzlich alle Leistungen, die auch den Beschäftigten von ihrer Krankenkasse gewährt werden. Der Versicherungsschutz der KVdR umfasst auch die soziale Pflegeversicherung.

B. Voraussetzungen

In der KVdR werden Rentenantragsteller und Rentner versichert, wenn sie für eine bestimmte Zeit (Vorversicherungszeit) Mitglied in der gesetzlichen Krankenversicherung waren. Die Vorversicherungszeit ist dann erfüllt, wenn der Rentenantragsteller oder der Rentner seit der erstmaligen Aufnahme einer Erwerbstätigkeit mindestens neun Zehntel der zweiten Hälfte seines Erwerbslebens in der gesetzlichen Krankenversicherung versichert oder familienversichert war. Hierbei spielt es keine Rolle, ob der Versicherte Pflicht- oder freiwilliges Mitglied war. Die jeweils zuständige Krankenkasse trifft die Entscheidung über die Mitgliedschaft in der KVdR.

C. Beginn

Die Mitgliedschaft in der KVdR beginnt grundsätzlich mit der Rentenantragstellung. Da die KVdR grundsätzlich nachrangig gegenüber einer anderen Krankenversicherungspflicht ist, tritt die KVdR für den Rentenantragsteller oder den Rentner bei Bestehen einer anderweitigen Krankenversicherungspflicht nicht ein. Die KVdR wird erst dann wirksam, wenn die anderweitige Krankenversicherungspflicht endet.

D. Beiträge

Die Beiträge zur KVdR werden auf die gesetzliche Rente, auf Versorgungsbezüge, Erwerbseinkommen und privaten Einnahmen gezahlt. Die Höhe der zu entrichtenden Beiträge ist abhängig von der Art der Einkünfte: Auf Leitungen aus der gesetzlichen Rentenversicherung tragen der Rentner und der Rentenversicherungsträger jeweils die Hälfte des allgemeinen Beitragssatzes der jeweiligen Krankenkasse. Bei Erhalt von Versorgungsbezügen und Erwerbseinkommen ist der volle Beitragssatz vom Leistungsempfänger zu bezahlen.

Je nach Krankenkasse ist vom Rentner bei Bezug von Leistungen aus der gesetzlichen Rentenversicherung auch ein Zusatzbeitrag zu entrichten, für den der Rentner bislang allein aufkommen musste. Durch das Versichertenentlastungsgesetz (GKV-VEG) tragen ab dem 01. Januar 2019 die Rentenversicherung und der Rentner wieder zu gleichen Teilen die Beiträge vom Zusatzbeitrag.

Der Rentenversicherungsträger oder die jeweilige Zahlstelle der Rente (jeder → *Durchführungsweg*) behalten die Beiträge aus der Rente ein und führen diese an die Krankenkasse ab.

E. Befreiung von der KVdR

Innerhalb von drei Monaten nach Beginn der Versicherungspflicht kann ein Antrag auf Befreiung in der KVdR gestellt werden. Der Abschluss eines anderweitigen Versicherungsschutzes, z. B. eine private Krankenversicherung, ist nicht erforderlich. Die Befreiung von der KVdR kann nicht rückgängig gemacht werden.

F. Pflegeversicherung der Rentner

Für in der KVdR-Pflichtversicherte oder freiwillige Mitglieder besteht ebenfalls eine Versicherungspflicht in der sozialen Pflegeversicherung. Die Einbehaltung und Abführung der Beiträge erfolgt wie bei der KVdR, allerdings hat der Rentner seit dem 01.04.2004 die Beiträge allein zu tragen. Seit dem 01.01.2005 müssen allerdings kinderlose Rentenbezieher ebenfalls den Beitragszuschlag für Kinderlose in Höhe von 0,25 % entrichten (§ 55 Absatz 3 SGB XI).

Auch von der Versicherungspflicht in der sozialen Pflegeversicherung kann man sich befreien lassen. Im Gegensatz zur Krankenversicherung muss jedoch der Nachweis eines bestehenden Versicherungsschutzes bei einem privaten Versicherungsunternehmen gegen Pflegebedürftigkeit vorgelegt werden.

Privat krankenversicherte Rentner müssen einen Versicherungsschutz für den Fall der Pflegebedürftigkeit nachweisen.

KVdR-Zahlstellenverfahren

Das KVdR-Zahlstellenverfahren wurde am 01.01.1983 eingeführt. Seit diesem Zeitpunkt sind Krankenversicherungsbeiträge aus den → *Renten* der → *betrieblichen Altersversorgung* zu entrichten. Gem. diesem Verfahren war ursprünglich der Versorgungsempfänger einer → *Betriebsrente* verpflichtet, Daten über den Bezug dieser Leistungen unmittelbar seiner Krankenkasse (→ *KVdR*) zu melden. Seit dem 01.01.1989 bestehen die Meldeverpflichtungen zwischen den → *Zahlstellen* und den Krankenkassen.

Gem. § 202 Absatz 1 Satz 1 SGB V hat die → *Zahlstelle* bei der erstmaligen Bewilligung von → *Versorgungsbezügen*, z. B. → *Betriebsrenten*, sowie bei Mitteilung über die Beendigung der Mitgliedschaft eines Versorgungsempfängers die zuständige Krankenkasse des Versorgungsempfängers zu ermitteln und dieser Beginn, Höhe, Veränderungen und Ende der Versorgungsbezüge unverzüglich mitzuteilen. Die Krankenkassen ihrerseits melden den Zahlstellen u. a. Angaben über eine bestehende Beitragspflicht.

Diese Meldungen konnten bislang nur in Papierforrn ausgetauscht werden. Ab dem 01.01.2009 bestand für die Zahlstellen die Möglichkeit, diese Meldungen durch gesicherte und verschlüsselte Datenübertragung freiwillig zu nutzen. Seit dem 01.01.2011 ist das maschinelle Meldeverfahren für alle Zahlstellen verpflichtend. Papiermeldungen sind damit nicht mehr möglich.

Lebensgefährte

→ *Versorgungszusagen* können im Rahmen der Hinterbliebenenversorgung (siehe hierzu auch → *Hinterbliebenenleistung* und Versorgungsleistung, B. 3.) vorsehen, dass auch der/die Lebensgefährte/-in begünstigt sein soll. Problematisiert wird eine solche Hinterbliebenenversorgung v. a. im Bereich des Steuerrechts. Nach Auffassung der Finanzverwaltung umfasst die steuerlich anzuerkennende Hinterbliebenenversorgung im Rahmen einer Zusage auf Leistungen der → *betrieblichen Altersversorgung* (lediglich) Leistungen an die Witwe des Arbeitnehmers oder den Witwer der Arbeitnehmerin, die Kinder im Sinne des § 32 Absätze 3 und 4 Satz 1 Nr. 1 bis 3 und Absatz 5 EStG, den früheren Ehegatten oder an die Lebensgefährtin bzw. den Lebensgefährten (BMF-Schreiben zur steuerlichen Förderung der privaten Altersvorsorge und betrieblichen Altersversorgung vom 12.08.2021, Rdnr. 4).

Der Begriff der Lebensgefährtin bzw. des Lebensgefährten wird dabei als Oberbegriff für eine nichteheliche Lebensgemeinschaft verstanden, der nicht die gleichgeschlechtliche Lebenspartnerschaft mit erfasst. Bei Partnern einer eingetragenen Lebenspartnerschaft ist eine steuerliche Anerkennung gegeben, da diese Partner gemäß § 5 Lebenspartnerschaftsgesetz einander zum Unterhalt verpflichtet sind und die Lebenspartnerschaft der Ehe gleichgestellt ist. Bei allen anderen Formen der nichtehelichen Lebensgemeinschaft ist der Einzelfall entscheidend. Anhaltspunkte, die nach der Finanzverwaltung für das Vorliegen solcher Einzelfälle sprechen, sind im BMF-Schreiben zur Hinterbliebenenversorgung für die Lebensgefährtin oder den Lebensgefährten vom 25.07.2002 dargestellt. Danach können Anhaltspunkte beispielsweise eine von der Lebenspartnerin oder dem Lebenspartner schriftlich bestätigte Kenntnisnahme der in Aussicht gestellten Versorgungsleistungen, eine zivilrechtliche Unterhaltspflicht des Arbeitnehmers gegenüber dem Lebenspartner oder eine gemeinsame Haushaltsführung sein. Ausreichend ist regelmäßig, wenn neben der namentlichen Benennung der Lebensgefährtin bzw. des Lebensgefährten in der schriftlichen Vereinbarung gegenüber dem Arbeitgeber auch versichert wird, dass eine gemeinsame Haushaltsführung besteht.

Lebenspartner

Die Einführung der Lebenspartnerschaft hatte zunächst zu vielen Zweifelsfragen hinsichtlich der Parallelität mit einer automatisch zu gewährenden Hinterbliebenenleistung geführt. Durch verschiedene Urteile des Bundesarbeitsgerichts im Jahr 2009 (Urteil vom 14.01.2009 [Az.: 3 AZR 20/07] bzw. Urteile vom 15.09.2009 [Az.: 3 AZR 797/08 und 3 AZR 294/09]) wurde die Gleichstellung von Lebenspartnern mit Ehegatten im Hinblick auf Hinterbliebenenleistungen in der betrieblichen Altersversorgung bestätigt und weiterentwickelt.

Wichtig

Versorgungsregelungen sollten eingetragene Lebenspartnerschaften bei der Hinterbliebenenleistung mit denen von Ehegatten gleichsetzen.

Leibrente

Ist die Laufzeit regelmäßig wiederkehrender Bezüge von der Lebenszeit einer oder mehrerer Bezugspersonen abhängig, so liegt eine Leibrente vor (vgl. hierzu → *Zeitrente*). Hierzu zählen insbesondere die Renten der → *gesetzlichen Rentenversicherung*, aber auch die von einem Arbeitgeber gezahlten → *Versorgungsbezüge*. Leibrenten wurden bis zum 31.12.2004 grundsätzlich nicht in voller Höhe versteuert. I. d. R. unterlag lediglich der → *Ertragsanteil* der Besteuerung. Mit Wirkung ab dem Jahr 2005 werden durch das AltEinkG Leibrenten, die dann auf abziehbaren Altersvorsorgeaufwendungen beruhen, hälftig besteuert. Dies gilt nicht nur für Neurenten, sondern auch für die Bestandsrenten. Der steuerbare Anteil dieser Renten wird bis zum Jahr 2040 schrittweise angehoben. Ab dem Jahr 2040 unterliegen die Renten dann grundsätzlich zu 100 Prozent der Besteuerung (→ *nachgelagerte Besteuerung*).

Man unterscheidet normale und abgekürzte Leibrenten. Zu den abgekürzten Leibrenten gehören alle Renten, deren Zahlung von Anfang an auf einen bestimmten Zeitraum befristet ist (z. B. → *Erwerbsminderungsrenten*). Diese werden dann ab dem 65. Lebensjahr i. d. R. als normale Leibrenten ausgezahlt und besteuert.

Zu den normalen Leibrenten gehören alle nur auf die Lebenszeit begrenzten Renten. Hierzu gehören z. B. die normale Altersrente und die unbegrenzte Witwenrente.

Leistungsart

→ *Versorgungsleistung*

Leistungsform

Bei Eintritt des → *Versorgungsfalls* im Rahmen einer → *Versorgungszusage* der → *betrieblichen Altersversorgung* werden i. d. R. laufende Leistungen (→ *Rentenleistung*) oder einmalige Leistungen (→ *Kapitalleistung*) erbracht. Als Oberbegriff hierfür wird häufig die Bezeichnung Leistungsform verwendet.

Leistungsplan

Der Begriff Leistungsplan wird vielfach als Synonym für → *Versorgungsregelung* verwendet, also für die Beschreibung des Inhalts einer → *Versorgungszusage* bzw. deren Ausgestaltung.

Aber auch im Hinblick auf die → *Mitbestimmung* des Betriebsrats spielt der Begriff Leistungsplan eine Rolle. Nach dem BAG besteht bei der Gestaltung des Leistungsplans ein Mitbestimmungsrecht des Betriebsrats. In diesem Zusammenhang entspricht das Verständnis des Begriffs Leistungsplan allerdings nicht vollständig dem zuvor genannten. So besteht z. B. hinsichtlich der Bestimmung des Begünstigtenkreises kein Mitbestimmungsrecht des Betriebsrats, obwohl der berechtigte Personenkreis in der Regel in der Versorgungsregelung abgegrenzt wird.

Leistungszusage

Der Begriff Leistungszusage wird im weiteren Sinne verwendet für Zusagen, bei denen der Arbeitgeber im Rahmen der → *Versorgungszusage* zur Erbringung einer bestimmten Leistung verpflichtet ist (siehe auch → *Defined Benefit*). Den Gegensatz hierzu bildet die sog. reine → *Beitragszusage*, bei der der Arbeitgeber lediglich zur Erbringung bestimmter Beiträge und nicht (auch) zur Erbringung einer bestimmten Leistung verpflichtet ist (siehe auch → *Defined Contribution*). Nach deutschem Arbeitsrecht ist der Arbeitgeber mit Ausnahme der Reinen Beitragszusage letztlich immer zur Erbringung einer bestimmten (Mindest-)Leistung verpflichtet, sodass nahezu alle der nach deutschem Arbeitsrecht möglichen Zusageformen Leistungszusagen in diesem Sinne sind.

Von Leistungszusage wird häufig auch in einem engeren Sinne gesprochen, wenn es sich um eine Zusage handelt, bei der sich der Arbeitgeber ausdrücklich und ausschließlich zur Erbringung einer bestimmten Leistung verpflichtet (auch „reine Leistungszusage" genannt). In diesem engeren Sinne ist die (reine) Leistungszusage von der → *beitragsorientierten Leistungszusage* und der → *Beitragszusage mit Mindestleistung* zu unterscheiden.

Lohnsteuerpauschalierung

A. Allgemeines

B. Voraussetzungen

A. Allgemeines

Bis zum 31.12.2004 sah § 40b EStG vor, dass Beiträge, die im Rahmen von → *Versorgungszusagen* auf Leistungen der → *betrieblichen Altersversorgung* in eine → *Direktversicherung* oder eine → *Pensionskasse* eingezahlt werden, vom Arbeitgeber mit einem Pauschalsteuersatz in Höhe von 20 % versteuert werden können.

Durch das AltEinkG (→ *Alterseinkünftegesetz*) ist die Möglichkeit der Pauschalversteuerung gemäß § 40b EStG für ab dem 01.01.2005 neu erteilte Versorgungszusagen (→ *Neuzusage*) über Direktversicherungen oder nicht umlagefinanzierte Pensionskassen abgeschafft worden. Für Zusagen, die vor dem 01.01.2005 erteilt wurden (→ *Altzusage*), bleibt die Möglichkeit der Pauschalversteuerung gemäß § 40b EStG in der am 31.12.2004 geltenden Fassung (alter Fassung) allerdings erhalten (§ 52 Absatz 52a EStG). Zu den Einzelheiten der Versteuerung von Versorgungszusagen über eine Direktversicherung oder eine Pensionskasse siehe außerdem → *Direktversicherung* und → *Pensionskasse*).

Schuldner der Pauschalsteuer ist der Arbeitgeber.

B. Voraussetzungen

Die Lohnsteuerpauschalierung ist nur möglich, soweit es sich um Beiträge im Rahmen des ersten Dienstverhältnisses handelt und soweit die Beiträge eine Höhe von 1.752 Euro pro Kalenderjahr und Arbeitgeber nicht übersteigen (§ 40b Absatz 2 EStG alter Fassung). Gemäß § 40b Absatz 2 Satz 2 alter Fassung kann dieser Betrag im Einzelfall auf bis zu 2.148 Euro erhöht werden, wenn mehrere Arbeitnehmer gemeinsam in einem Direktversicherungsvertrag oder in einer Pensionskasse versichert sind und der Durchschnittsbeitrag für diese Arbeitnehmer 1.752 Euro nicht übersteigt (sog. Durchschnittsbildung). Sollte für einen Arbeitnehmer mehr als 2.148 Euro im Rahmen einer → *Altzusage* an eine Direktversicherung oder Pensionskasse geleistet werden, so können für diesen Arbeitnehmer nur 1.752 Euro pauschalversteuert werden. Nicht bei der Durchschnittsbildung einzubeziehen sind Arbeitnehmer, für die Beiträge von mehr als 2.148 Euro im Kalenderjahr geleistet werden. Für Beiträge, die aus Anlass der Beendigung des Dienstverhältnisses des Arbeitnehmers in eine Direktversicherung oder eine Pensionskasse eingezahlt werden, kann außerdem von der → *Vervielfältigungsregelung* gemäß § 40b Absatz 2 Sätze 3 und 4 EStG alter Fassung Gebrauch gemacht werden.

Die Pauschalversteuerung ist sowohl für vom Arbeitgeber als auch für vom Arbeitnehmer durch → *Entgeltumwandlung* finanzierte Beiträge möglich.

Bei Beiträgen an eine Direktversicherung ist gemäß § 40b Absatz 1 Satz 2 EStG alter Fassung die Pauschalversteuerung nur möglich, wenn die Versicherung nicht auf den Erlebensfall eines früheren als des 60. Lebensjahrs abgeschlossen und eine vorzeitige Kündigung des Versicherungsvertrages durch den Arbeitnehmer ausgeschlossen worden ist. Darüber hinaus verlangt die Finanzverwaltung bei der Direktversicherung die Erfüllung weiterer Voraussetzungen, wie eine Mindestvertragsdauer von fünf Jahren bei Kapitalversicherungen (siehe Abschnitt 129 LStR).

Maschinelles Zahlstellen-Meldeverfahren

→ *KVdR-Zahlstellenverfahren*

Mindestbeitrag

Mit dem Gesetz zur Umsetzung der Beitreibungsrichtlinie sowie zur Änderung steuerlicher Vorschriften (Beitreibungsrichtlinie-Umsetzungsgesetz – BeitrRLUmsG) vom 07. Dezember 2011 (BGBl. I S. 2592) werden die EU-Beitreibungsrichtlinie in nationales Recht umgesetzt und steuerliche Vorschriften geändert. Es ist am 01. Januar 2012 in Kraft getreten (abweichend siehe hierzu Artikel 25 des Gesetzes).

Das Gesetz enthält u. a. eine Regelung zur Einführung eines Mindestbeitrags von 60 Euro pro Jahr für die im Rahmen der → *Riester-Rente* mittelbar zulageberechtigten Personen (§ 10a Absatz 3 Satz 2 EStG, § 79 Satz 2 EStG) (→ *Zulageberechtigter*) sowie Nachzahlungsmöglichkeiten für Fälle, in denen in der Vergangenheit versehentlich kein Eigenbeitrag geleistet worden ist § 52 Absatz 63b EStG).

Für die Übertragung von Ansprüchen auf → *Altersversorgung* wird eine Steuerbefreiung eingeführt. § 3 Nummer 55 EStG stellt insbesondere die Übertragung von → *Anwartschaften* auf → *betriebliche Altersversorgung* sowie die Übertragung von Anrechten auf Riester- und Rürup-Vermögen steuerfrei. Die spätere Auszahlung der Rentenleistungen wird unverändert nachgelagert besteuert (→ *Nachgelagerte Besteuerung*).

Mindestehedauerklausel

Um → *Versorgungsehen* auszuschließen, kann in Regelungen zur → *betrieblichen Altersversorgung* der → *Versorgungsanspruch* auf eine → *Hinterbliebenenversorgung* von Witwen bzw. Witwern (→ *Witwen-/Witwerleistung*) von der Dauer des Bestands der Ehe abhängig sein.

Mindesteigenbeitrag

A. Allgemeines

B. Die Ermittlung des Mindesteigenbeitrages

C. Die Berechnungsgrundlagen
1. Beitragspflichtige Einnahmen
2. Besoldung und Amtsbezüge
3. Elterngeld

D. Sonderfälle
1. Pflichtversicherte in der gesetzlichen Rentenversicherung
2. Besonderheiten bei Ehegatten/Lebenspartnern
   a) Beide Ehegatten/Lebenspartner sind unmittelbar Zulageberechtigte
   b) Ein Ehegatte/Lebenspartner ist unmittelbar, der andere mittelbar begünstigt

A. Allgemeines

Die → *Förderung* für den Aufbau eines zusätzlichen kapitalgedeckten → *Altersvorsorgevermögens* kann durch einen

→ *Sonderausgabenabzug* (§ 10a EStG) geltend gemacht werden und erfolgt zusätzlich durch eine vom Staat gewährte progressionsunabhängige → *Altersvorsorgezulage* (§ 83 EStG). Da mit der vom Staat gezahlten Zulage die private Altersvorsorge lediglich gefördert und keine staatlich finanzierte Grundrente eingeführt wird, erhalten → *Anleger* die volle → *Zulage* nur dann, wenn sich der → *Zulageberechtigte* am Aufbau seines Altersvorsorgevermögens durch Zahlung des sogenannten Mindesteigenbeitrages (§ 86 EStG) in maximal zwei → *Altersvorsorgeverträge* oder förderbare Versorgungen im Sinne des § 82 Absatz 2 EStG bei einer → *Pensionskasse*, einem → *Pensionsfonds* oder einer → *Direktversicherung* beteiligt.

B. Die Ermittlung des Mindesteigenbeitrages

Der Mindesteigenbeitrag ermittelt sich wie folgt:

- in den Veranlagungszeiträumen 2002 und 2003:
  1 % (maximal 525 Euro),
- in den Veranlagungszeiträumen 2004 und 2005:
  2 % (maximal 1.050 Euro),
- in den Veranlagungszeiträumen 2006 und 2007:
  3 % (maximal 1.575 Euro),
- ab dem Veranlagungszeitraum 2008:
  4 % (maximal 2.100 Euro)

der Summe der in dem dem Kalenderjahr vorangegangenen Kalenderjahr

- erzielten beitragspflichtigen Einnahmen gem. dem Sechsten Buch Sozialgesetzbuch,
- bezogenen Besoldung und Amtsbezüge und
- in den Fällen des § 10a Absatz 1 Satz 1 Nr. 3 und Nr. 4 EStG erzielten Einnahmen, die beitragspflichtig wären, wenn die Versicherungsfreiheit in der → *gesetzlichen Rentenversicherung* nicht bestehen würde,

jeweils abzüglich der Zulagen nach § 84 (Grundzulage) und § 85 EStG (Kinderzulage).

Der Mindesteigenbeitrag ist mit dem → *Sockelbetrag* nach § 86 Absatz 1 Satz 4 EStG zu vergleichen.

Beispiel 1:

Ein lediger Arbeitnehmer (keine Kinder) zahlte im Jahr 2005 → *Altersvorsorgebeiträge* in Höhe von 510 Euro in seinen Altersvorsorgevertrag ein.

Seine beitragspflichtigen Einnahmen im vorangegangenen Kalenderjahr (vgl. hierzu § 86 Absatz 1 Satz 2 EStG) betrugen 25.000 Euro. Die → *Beitragsbemessungsgrenze der Sozialversicherung* (BBG) in der gesetzlichen Rentenversicherung der Arbeiter und Angestellten (West) für das Kalenderjahr 2004 betrug 61.800 Euro:

Beitragspflichtige Einnahmen:	**25.000 Euro**
2 % hiervon (§ 86 Absatz 1 EStG):	**500 Euro**
maximal (§ 10a Absatz 1 Satz 1 EStG):	**1.050 Euro**
Geleistete Altersvorsorgebeiträge:	**510 Euro**
Zur Ermittlung des Mindesteigenbeitrags anzusetzen sind:	**500 Euro**
abzüglich der (Grund-)Zulage	**76 Euro**

erforderlicher Mindesteigenbeitrag (§ 86 Absatz 1 Satz 2 EStG): 424 Euro

Sockelbetrag (§ 86 Absatz 1 Satz 4 EStG):	**60 Euro**
Nach § 86 Absatz 1 Satz 5 EStG anzusetzen:	**424 Euro**

Der Arbeitnehmer hat den erforderlichen Mindesteigenbeitrag erbracht und erhält die volle Grundzulage von 76 Euro.

Die Altersvorsorgezulage wird nicht gekürzt, wenn der Zulageberechtigte im maßgebenden Beitragsjahr den höheren der beiden Beträge als Eigenbeitrag zugunsten der (maximal zwei) begünstigten Altersvorsorgeverträge erbracht hat. Wird der Mindesteigenbeitrag nicht erbracht, werden die Zulage(n) nach dem Verhältnis der Altersvorsorgebeiträge zum Mindesteigenbeitrag bzw. Sockelbetrag gekürzt (§ 86 Absatz 1 Satz 6 EStG).

Beispiel 2:

Ein Arbeitnehmer, zwei Kinder, zahlte im Jahr 2006 Altersvorsorgebeiträge in Höhe von 300 Euro in seinen Altersvorsorgevertrag ein.

Seine sozialversicherungspflichtigen Einnahmen im vorangegangenen Kalenderjahr betrugen 30.000 Euro (BBG 2005: 62.400 Euro):

Beitragspflichtige Einnahmen:	**30.000 Euro**
3 % hiervon (§ 86 Absatz 1 EStG):	**900 Euro**
maximal (§ 10a Absatz 1 Satz 1 EStG):	**1.575 Euro**
Geleistete Altersvorsorgebeiträge:	**300 Euro**
Zur Ermittlung des Mindesteigenbeitrags anzusetzen sind:	**900 Euro**
abzüglich der Zulagen (Grundzulage 114 Euro, 2 × 138 Euro Kinderzulage)	**390 Euro**

erforderlicher Mindesteigenbeitrag (§ 86 Absatz 1 Satz 2 EStG): 510 Euro

Sockelbetrag (§ 86 Absatz 1 Satz 4 EStG):	**60 Euro**
Nach § 86 Absatz 1 Satz 5 EStG anzusetzen:	**510 Euro**

Der Arbeitnehmer hat den erforderlichen Mindesteigenbeitrag nicht erbracht. Seine Zulagen werden nach dem Verhältnis der Altersvorsorgebeiträge zum Mindesteigenbeitrag gekürzt (§ 86 Absatz 1 Satz 6 EStG):

Er erhält lediglich (390 Euro × 300 Euro : 510 Euro =) 229,41 Euro an Zulagen.

C. Die Berechnungsgrundlagen

1. Beitragspflichtige Einnahmen

Die beitragspflichtigen Einnahmen von Arbeitnehmern und Beziehern von Vorruhestandsgeld können der „Meldung zur Sozialversicherung nach der DEÜV“ und bei rentenversicherungspflichtigen Selbstständigen aus der vom Rentenversicherungsträger erstellten Bescheinigung entnommen werden. Ausländische Einkünfte sind grundsätzlich nicht im Rahmen der maßgebenden Einnahmen zu berücksichtigen.

2. Besoldung und Amtsbezüge

Die Besoldung sowie die Amtsbezüge ergeben sich aus den Besoldungsmitteilungen bzw. den Mitteilungen über die Amtsbezüge der die Besoldung bzw. die Amtsbezüge anordnenden Stellen. Zur Besoldung gehören das Grundgehalt, Leistungsbezüge an Hochschulen, der Familienzuschlag, Zulagen und Vergütungen, Anwärterbezüge, jährliche Sonderzuwendungen, vermögenswirksame Leistungen, das jährliche Urlaubsgeld, der Altersteilzeitzuschlag und die Sachbezüge.

Nicht zur Besoldung gehören Fürsorgeleistungen (z. B. Beihilfe, Zuschüsse zur privaten Krankenversicherung bei Elternzeit), die zwar zum Teil mit der Besoldung zusammen ausgezahlt werden, aber auf gesetzliche Regelungen mit anderer Zielsetzung beruhen.

Die Höhe der Amtsbezüge richtet sich nach den jeweiligen bundes- oder landesrechtlichen Vorschriften.

3. Elterngeld

Die Berücksichtigung des Elterngeldes im Rahmen der Mindesteigenbeitragsberechnung scheidet aus, da Elterngeld keine maßgebende Einnahme im Sinne des § 86 EStG darstellt.

D. Sonderfälle

1. Pflichtversicherte in der gesetzlichen Rentenversicherung

Bei bestimmten Personen, die in der gesetzlichen Rentenversicherung pflichtversichert sind, z. B. bei

- zur Berufsausbildung Beschäftigten,
- Beziehern von Kurzarbeiter- oder Winterausfallgeld,
- Beschäftigten in einem Altersteilzeitarbeitsverhältnis,
- Beziehern von Vorruhestandsgeld, Krankengeld, Arbeitslosengeld, Unterhaltsgeld, Übergangsgeld, Verletztengeld oder Versorgungskrankengeld,
- Wehr- oder zivildienstleistenden Versicherten,

werden abweichend vom tatsächlichen Entgelt oder von der Lohnersatzleistung besondere Beträge als beitragspflichtige Einnahmen im Sinne der gesetzlichen Rentenversicherung berücksichtigt. Hier werden zur Ermittlung des individuellen Mindesteigenbeitrages das tatsächlich erzielte Entgelt oder der Betrag der Lohnersatzleistung (z. B. das Arbeitslosengeld) zugrunde gelegt. Bei Altersteilzeitarbeitsverhältnissen ist das aufgrund der abgesenkten Arbeitszeit erzielte Entgelt – ohne Aufstockungsbeträge – maßgebend.

Wurde im vorangegangenen Kalenderjahr nur ein geringes tatsächliches Arbeitsentgelt oder Lohnersatzleistung bzw. sogar kein Entgelt erzielt, dann ist für die individuelle Ermittlung des Mindesteigenbeitrages mindestens die bei geringfügiger Beschäftigung zu berücksichtigende Mindestbeitragsbemessungsgrundlage anzusetzen. Im Ergebnis wird dann stets der Sockelbetrag als Mindesteigenbeitrag zugrunde gelegt.

2. Besonderheiten bei Ehegatten/Lebenspartnern

a) Beide Ehegatten/Lebenspartner sind unmittelbar Zulageberechtigte

Sind beide Ehegatten/Lebenspartner unmittelbar zulageberechtigt, dann ist für jeden Ehegatten/Lebenspartner anhand seiner jeweils eigenen Einnahmen ein eigener Mindesteigenbeitrag zu berechnen. Vgl. hierzu auch die Zuordnung der → *Kinderzulage*.

b) Ein Ehegatte/Lebenspartner ist unmittelbar, der andere mittelbar begünstigt

Wenn bei Ehepaaren/Lebenspartnern ein Ehegatte/Lebenspartner zum Personenkreis nach § 79 Satz 2 EStG (mittelbar Zulageberechtigter) gehört, dann ist die Mindesteigenbeitragsberechnung nur für den unmittelbar begünstigten Ehegatten/Lebenspartner durchzuführen. Der unter Berücksichtigung des maßgebenden %-Satzes sich ergebende Betrag ist um die den beiden Ehegatten/Lebenspartnern insgesamt zustehenden Zulagen (Grund- und evtl. Kinderzulagen) zu vermindern.

Beispiel 3:

Ehepaar/Lebenspartner mit zwei Kindern. Der Ehemann/der Lebenspartner hat sozialversicherungspflichtige Einnahmen von 51.000 Euro im Jahr 2006 (BBG 2005: 62.400 Euro). Die Ehefrau/der Lebenspartner erzielt keine Einkünfte. Beide haben einen Altersvorsorgevertrag abgeschlossen: Der Ehemann/der Lebenspartner zahlte 1.050 Euro an Altersvorsorgebeiträgen; die Ehefrau/der Lebenspartner leistet keine eigenen Beiträge. Das Ehepaar/die Lebenspartner hat/haben sich darauf geeinigt, dass die Kinderzulagen dem Vertrag der Ehefrau/des Lebenspartners gutgeschrieben werden sollen.

Beitragspflichtige Einnahmen:	51.000 Euro
3 % hiervon (§ 86 Absatz 1 EStG):	1.530 Euro
maximal (§ 10a Absatz 1 Satz 1 EStG):	1.575 Euro
Geleistete Altersvorsorgebeiträge:	1.050 Euro
Zur Ermittlung des Mindesteigenbeitrags anzusetzen sind:	1.530 Euro
abzüglich der Zulagen (2 × 114 Euro Grundzulage, 2 × 138 Euro Kinderzulage)	504 Euro
erforderlicher Mindesteigenbeitrag (§ 86 Absatz 1 Satz 2 EStG):	1.026 Euro
Sockelbetrag (§ 86 Absatz 1 Satz 4 EStG):	60 Euro
Nach § 86 Absatz 1 Satz 5 EStG anzusetzen:	1.026 Euro

Der unmittelbar zulageberechtigte Ehemann hat den erforderlichen Mindesteigenbeitrag unter Berücksichtigung der der Ehefrau zustehenden Grund- und Kinderzulage geleistet. Somit haben beide Ehegatten Anspruch auf die volle Zulage.

Wurde der erforderliche Mindesteigenbeitrag vom unmittelbar begünstigten Ehegatten/Lebenspartner in einen Altersvorsorgevertrag oder in einen förderfähigen → *Durchführungsweg* der → *betrieblichen Altersversorgung* geleistet, so erhält auch der mittelbar Zulageberechtigte die Altersvorsorgezulage ungekürzt. **Der mittelbar zulageberechtigte Ehegatte/Lebenspartner muss keine eigenen Beiträge zugunsten seines eigenen Altersvorsorgevertrages leisten.**

Auch bei der Ermittlung des Sockelbetrages gem. § 86 Absatz 1 Satz 4 EStG wird bei dem unmittelbar begünstigten Ehegatten/Lebenspartner eine dem anderen Ehegatten/Lebenspartner zustehende Kinderzulage berücksichtigt.

Zahlt der unmittelbar Begünstigte in einem Beitragsjahr nicht den erforderlichen Mindesteigenbeitrag, so erhält dieser die ihm zustehende Altersvorsorgezulage im Verhältnis der geleisteten Altersvorsorgebeiträge zum erforderlichen Mindesteigenbeitrag gekürzt. Dadurch erhält auch der mittelbar zulageberechtigte Ehegatte/Lebenspartner seine Zulage(n) im gleichen Verhältnis gekürzt.

Beispiel 4:

Wie Beispiel 3, allerdings hat der unmittelbar zulageberechtigte Ehegatte/Lebenspartner nur 950 Euro in seinen Altersvorsorgevertrag eingezahlt.

Beitragspflichtige Einnahmen:	51.000 Euro
3 % hiervon (§ 86 Absatz 1 EStG):	1.530 Euro
maximal (§ 10a Absatz 1 Satz 1 EStG):	1.575 Euro
Geleistete Altersvorsorgebeiträge:	950 Euro
Zur Ermittlung des Mindesteigenbeitrags anzusetzen sind:	1.530 Euro
abzüglich der Zulagen (2 × 114 Euro Grundzulage, 2 × 138 Euro Kinderzulage)	504 Euro
erforderlicher Mindesteigenbeitrag (§ 86 Absatz 1 Satz 2 EStG):	1.026 Euro
Sockelbetrag (§ 86 Absatz 1 Satz 4 EStG):	60 Euro
Nach § 86 Absatz 1 Satz 5 EStG anzusetzen:	1.026 Euro

Der unmittelbar zulageberechtigte Ehemann/Lebenspartner hat den erforderlichen Mindesteigenbeitrag unter Berücksichtigung der der Ehefrau/Lebenspartner zustehenden Grund- und Kinderzulage nicht geleistet. Die Zulagen werden nach dem Verhältnis der Altersvorsorgebeiträge zum Mindesteigenbeitrag gekürzt (§ 86 Absatz 1 Satz 6 EStG):

Der Ehemann/Lebenspartner erhält (114 Euro × 950 Euro : 1.026 Euro =) 105,56 Euro an Zulagen, die Ehefrau/Lebenspartner erhält (390 Euro × 950 Euro : 1.026 Euro =) 361,11 Euro.

Auch wenn der mittelbar berechtigte Ehegatte/Lebenspartner eigene Beiträge zugunsten seines Vertrages geleistet hat, kommt dennoch der gleiche Kürzungsmaßstab zur Anwendung.

Beispiel 5:

Wie Beispiel 3. Der unmittelbar zulageberechtigte Ehegatte/Lebenspartner hat 950 Euro in seinen Altersvorsorgevertrag eingezahlt, die mittelbar zulageberechtigte Ehefrau/der mittelbar zulageberechtigte Lebenspartner hat 150 Euro in ihren Altersvorsorgevertrag eingebracht.

Beitragspflichtige Einnahmen:	51.000 Euro
3 % hiervon (§ 86 Absatz 1 EStG):	1.530 Euro
maximal (§ 10a Absatz 1 Satz 1 EStG):	1.575 Euro
Geleistete Altersvorsorgebeiträge:	950 Euro
Zur Ermittlung des Mindesteigenbeitrags anzusetzen sind:	1.530 Euro
abzüglich der Zulagen (2 × 144 Euro Grundzulage, 2 × 138 Euro Kinderzulage)	504 Euro
erforderlicher Mindesteigenbeitrag (§ 86 Absatz 1 Satz 2 EStG): 1.026 Euro	
Sockelbetrag (§ 86 Absatz 1 Satz 4 EStG):	60 Euro
Nach § 86 Absatz 1 Satz 5 EStG anzusetzen:	1.026 Euro

Der unmittelbar zulageberechtigte Ehemann/Lebenspartner hat den erforderlichen Mindesteigenbeitrag unter Berücksichtigung der der Ehefrau/der dem Lebenspartner zustehenden Grund- und Kinderzulage nicht geleistet. Die Beiträge der Ehefrau/des Lebenspartners werden bei der Ermittlung der Zulagenansprüche nicht berücksichtigt. Somit werden die Zulagen ebenfalls nach dem Verhältnis der Altersvorsorgebeiträge zum Mindesteigenbeitrag gekürzt (§ 86 Absatz 1 Satz 6 EStG):

Auch hier erhält der Ehemann/Lebenspartner 105,56 Euro an Zulagen, die Ehefrau/der Lebenspartner erhält 361,11 Euro.

Die bei der Ermittlung des Zulagenanspruchs nicht berücksichtigten Beiträge der mittelbar zulageberechtigten Ehefrau/Lebenspartner können vom Ehegatten/Lebenspartner im Rahmen seines Sonderausgabenabzugs nach § 10a Absatz 1 EStG geltend gemacht werden. Vgl. hierzu auch → *Sonderausgabenabzug*.

Mindestversicherungszeit

→ *Wartezeit*

Mitbestimmung

A. Allgemeines

B. Entgeltumwandlung

C. Arbeitgeberfinanzierte betriebliche Altersversorgung

A. Allgemeines

Das BetrVG regelt, dass in bestimmten personellen und wirtschaftlichen betrieblichen Angelegenheiten ein Mitwirkungsrecht des Betriebsrats besteht (Mitbestimmung). Auch im Rahmen der → *betrieblichen Altersversorgung* ist die Mitbestimmung von Bedeutung, es verbleiben aber mitbestimmungsfreie Bereiche.

B. Entgeltumwandlung

Nachdem es seit 2002 einen → *Anspruch* auf betriebliche Altersversorgung durch → *Entgeltumwandlung* gibt, ist diesbezüglich umstritten wie weit hier die Mitbestimmungsrechte des Betriebsrats reichen (siehe hierzu Höfer, Bd. I, Rdnr. 1094 ff.).

C. Arbeitgeberfinanzierte betriebliche Altersversorgung

Die arbeitgeberfinanzierte betriebliche Altersversorgung ist eine freiwillige Leistung des Arbeitgebers. Mitbestimmungsfrei sind folgende Bereiche (s. im Einzelnen Höfer, Bd. I, Rdnr. 1030 ff.):

- Einführung einer betrieblichen Altersversorgung,
- Bestimmung des Begünstigtenkreises,
- Schließung und Änderung der betrieblichen Altersversorgung,
- → *Dotierungsrahmen*, also die Frage, wie viele Mittel der Arbeitgeber für die betriebliche Altersversorgung zur Verfügung stellen will,
- Wahl des → *Durchführungsweges*.

Mitnahmerecht

→ *Übertragung*

Mittelbare Versorgungszusage

Der Arbeitgeber kann Leistungen der → *betrieblichen Altersversorgung* nicht nur in der Form zusagen, dass er sich unmittelbar selbst zur Leistungserbringung verpflichtet (→ *unmittelbare Versorgungszusage*). Er kann auch einen externen → *Versorgungsträger* einschalten, der die zugesagten → *Versorgungsleistungen* erbringen soll. Das BetrAVG sieht hierzu vier Möglichkeiten vor. Als solche externen Versorgungsträger kommen nach dem BetrAVG die → *Direktversicherung*, der → *Pensionsfonds*, die → *Pensionskasse* oder die → *Unterstützungskasse* in Betracht (§ 1 Absatz 1 Satz 2 BetrAVG). Bedient sich der Arbeitgeber für die Zusage von Leistungen der betrieblichen Altersversorgung eines solchen Versorgungsträgers, so spricht man von einer mittelbaren Versorgungszusage.

Gemäß § 1 Absatz 1 Satz 3 BetrAVG muss der Arbeitgeber mit Ausnahme bei Vorliegen einer Reinen Beitragszusage auch für die über einen externen Versorgungsträger zugesagten Leistungen einstehen (→ *Einstandspflicht des Arbeitgebers*).

Mittelbare Zulageberechtigung

→ *Zulageberechtigter*

M/ntel-Methode

→ *Unverfallbare Versorgungsanwartschaft*

Mobilitäts-Richtlinie

Richtlinie 2014/50/EU des Europäischen Parlaments und des Rates vom 16. April 2014 über Mindestvorschriften zur Erhöhung der Mobilität von Arbeitnehmern zwischen den Mitgliedstaaten durch Verbesserung des Erwerbs und der Wahrung von Zusatzrentenansprüchen, ABl. L 128/1. Die Regelungen der EU-Richtlinie mussten bis spätestens 21. Mai 2018 von den Mitgliedsstaaten in nationales Recht umgesetzt werden. In Deutschland wurde die Mobilitäts-Richtlinie durch das → *Gesetz zur Umsetzung der EU-Mobilitäts-Richtlinie* vom 21. Dezember 2015 (BGBl. I S. 2553) zum 01. Januar 2018 umgesetzt (z. B. Verkürzung der Unverfallbarkeitsfristen: → *Unverfallbare Versorgungsanwartschaft*).

Mütterrente

Mit dem Gesetz über Leistungsverbesserungen in der gesetzlichen Rentenversicherung (RV-Leistungsverbesserungsgesetz) vom 23.06.2014 (BGBl. I S. 787) erhalten Versicherte, deren Kinder vor 1992 geboren wurden, eine bessere Anerkennung von Erziehungszeiten für Kinder (→ *Kindererziehungszeiten*) und damit grundsätzlich höhere Rentenleistungen.

Ab dem 01. Juli 2014 wurde für alle Mütter oder Väter, deren Kinder vor 1992 geboren wurden, ein zusätzliches Jahr mit Kindererziehungszeiten für die Rentenversicherung angerechnet. Bislang wurde ein Jahr Kindererziehungszeit angerechnet. Für nach 1992 geborene Kinder werden weiterhin drei Jahre angerechnet.

Mütterrente II

Mit dem Gesetz über Leistungsverbesserungen in der gesetzlichen Rentenversicherung (→ *RV-Leistungsverbesserungsgesetz*) vom 23.06.2014 (BGBl. I S. 787) erhielten Versicherte, deren Kinder vor 1992 geboren wurden, eine bessere Anerkennung von Erziehungszeiten für Kinder (→ *Kindererziehungszeiten*) und damit grundsätzlich höhere Rentenleistungen.

Ab dem 01. Juli 2014 wurde für alle Mütter oder Väter, deren Kinder vor 1992 geboren wurden, ein zusätzliches Jahr mit Kindererziehungszeiten für die Rentenversicherung angerechnet. Bis dahin wurde ein Jahr Kindererziehungszeit angerechnet. Für nach 1992 geborene Kinder werden weiterhin drei Jahre angerechnet (siehe auch → *Mütterrente*).

Durch das Gesetz über Leistungsverbesserungen und Stabilisierung in der gesetzlichen Rentenversicherung (→ *RV-Leistungsverbesserungs- und -stabilisierungsgesetz*) vom 28.11.2018 (BGBl. I S. 2016) wurde die sog. Mütterrente II eingeführt, die für Mütter oder Väter ein weiteres halbes Jahr Kindererziehungszeiten berücksichtigt. Damit erhalten Mütter oder Väter für vor dem 01.01.1992 geborene Kinder insgesamt 2,5 Jahre an Kindererziehungszeiten angerechnet.

Damit wurde zwar eine Verbesserung, aber noch keine völlige Angleichung bei der Anerkennung von Kindererziehungszeiten erreicht: Es wird weiterhin bei der Mütterrente zwischen Erziehungszeiten für Kinder, die vor dem 31.12.1991 oder nach dem 01.01.1992 geboren wurden, unterschieden.

Nachgelagerte Besteuerung

Hinsichtlich der Besteuerung im Rahmen der → *betrieblichen Altersversorgung* ist die sog. Anwartschaftsphase von der Leistungsphase zu unterscheiden. Die Anwartschaftsphase bezeichnet den Zeitraum ab Erteilung der Versorgungszusage bis zum Eintritt des → *Versorgungsfalls*. In diesem Zeitraum erbringt der Arbeitgeber i. d. R. Aufwendungen zur Finanzierung der Zusage. Die Besteuerung beim Arbeitnehmer kann an diesen Aufwendungen ansetzen und/oder an den späteren → *Versorgungsleistungen*. Diesbezüglich bestehen bei den einzelnen → *Durchführungswegen* Unterschiede. Einzelheiten hierzu finden sich bei den steuerlichen Ausführungen zum jeweiligen Durchführungsweg.

Sind die Aufwendungen des Arbeitgebers in der Anwartschaftsphase vom Arbeitnehmer nicht als Arbeitseinkommen zu versteuern, dafür aber die späteren Versorgungsleistungen, so wird dies als nachgelagerte Besteuerung bezeichnet.

Neuzusage

Für die steuerliche Behandlung der Beiträge an eine → *Direktversicherung* oder an eine → *Pensionskasse* ist es von Bedeutung, wann die zugrunde liegende Versorgungszusage erteilt wurde. Für Zusagen, die vor dem 01.01.2005 erteilt wurden, kann die Pauschalversteuerung (→ *Pauschalierung der Lohnsteuer*) gemäß § 40b EStG in der am 31.12.2004 geltenden Fassung (§ 52 Absatz 52a EStG) weiter genutzt werden. Diese Zusagen werden in diesem Zusammenhang daher „Altzusagen" genannt. Zusagen, die ab dem 01.01.2005 erteilt wurden bzw. werden, nennt man demgegenüber „Neuzusagen". Für diese Neuzusagen kann die Pauschalversteuerung nicht mehr genutzt werden, sondern es kann neben dem Betrag gemäß § 3 Nr. 63 Satz 2 EStG (= 4 % der Beitragsbemessungsgrenze in der gesetzlichen Rentenversicherung) zusätzlich gemäß § 3 Nr. 63 Satz 3 EStG bis zu 1.800 Euro pro Kalenderjahr steuerfrei als Beiträge in eine Direktversicherung oder eine Pensionskasse eingezahlt werden. Es können Konstellationen vorliegen, bei denen eine → *Altzusage* parallel neben einer Neuzusage zugunsten eines Arbeitnehmers besteht (z. B. eine vor 2005 erteilte arbeitgeberfinanzierte Direktversicherungszusage, die durch eine ab 2005 getätigte Entgeltumwandlung des Arbeitnehmers ergänzt wird). Wird bei einer Versorgungszusage die Pauschalversteuerung der Beiträge genutzt, so kann der steuerfreie Betrag von 1.800 Euro gem. § 3 Nr. 63 Satz 3 EStG auch nicht teilweise in Anspruch genommen werden.

Zur Abgrenzung von Alt- und Neuzusagen enthält das BMF-Schreiben zur steuerlichen Förderung der privaten Altersvorsorge und betrieblichen Altersversorgung vom 24.07.2013, Rdnrn. 349 ff. Einzelheiten.

Nicht geförderte Beiträge

Zu den nicht geförderten Beiträgen zählen Beträge,

- die zugunsten eines zertifizierten → *Altersvorsorgevertrags* in einem Beitragsjahr eingezahlt werden, in dem der Anleger nicht zum begünstigten Personenkreis (→ *Zulageberechtigter*) gehört,
- für die er keine → *Altersvorsorgezulage* und keinen steuerlichen Vorteil aus dem → *Sonderausgabenabzug* nach § 10a EStG erhalten hat oder
- die den Höchstbetrag nach § 10a EStG abzüglich der individuell für das Beitragsjahr zustehenden → *Zulage* übersteigen (→ *Überzahlungen*), sofern es sich nicht um den → *Sockelbetrag* handelt.

Erträge und Wertsteigerungen, die auf zu Unrecht gezahlte und dementsprechend später zurückgeforderte Zulagen entfallen, sind als ungefördertes → *Altersvorsorgevermögen* zu behandeln.

Sieht der zertifizierte Altersvorsorgevertrag vertraglich die Begrenzung auf einen festgelegten Höchstbetrag (z. B. den Betrag nach § 10a EStG oder den nach § 86 EStG erforderlichen → *Mindesteigenbeitrag* zuzüglich Zulageanspruch) vor, handelt es sich bei darüber hinausgehenden Zahlungen um zivilrechtlich nicht geschuldete Beträge. Der → *Anleger* kann sie entweder nach den allgemeinen zivilrechtlichen Vorschriften vom → *Anbieter* zurückfordern oder in Folgejahren mit geschuldeten Beiträgen verrechnen lassen. In diesem Fall sind sie für das Jahr der Verrechnung als → *Altersvorsorgebeiträge* zu behandeln.

Novation

Mit Novation werden Änderungen eines Versicherungsvertrages bezeichnet, die von der Finanzverwaltung wie ein Neuabschluss einer Versicherung gewertet werden. Daher beginnen die Fristen für bestimmte Steuervergünstigungen (z. B. Kapitalertragssteuerfreiheit) neu zu laufen. Wird die Versicherungsleistung erhöht, so ist der Erhöhungsbetrag steuerlich als eigenständiger Vertrag bei der Auszahlung zu beurteilen, für den ursprünglichen Vertrag gelten die Vertragsmerkmale bei Abschluss.

Im Rahmen der → *betrieblichen Altersversorgung* ist die Novation vor allem für die → *Direktversicherung* im Hinblick auf die Einordnung als Altzusage/Neuzusage von Bedeutung.

Nur-Pension

Anstelle der Zahlung eines Gehalts werden ausschließlich Leistungen der betrieblichen Altersversorgung zugesagt.

Obligatorium

Die mit der Rentenreform 2001 einhergehende Absenkung des Rentenniveaus in der → *gesetzlichen Rentenversicherung* sollte durch die Einführung eines Rechtsanspruchs auf eine → *betriebliche Altersversorgung* sowie einer freiwilligen zusätzlichen kapitalgedeckten Altersvorsorge (→ *Riester-Rente*), die staatlich gefördert wird, entstehende → *Versorgungslücken* schließen helfen. Allerdings lässt die Einführung des Rechtsanspruchs einerseits sowie Nachfrage nach einer geförderten Riester-Rente andererseits zu wünschen übrig. Daher wurde von verschiedenen Seiten vorgeschlagen, die Einführung bzw. den Abschluss einer privaten oder betrieblichen Altersversorgung verpflichtend gesetzlich vorzuschreiben. Allerdings sollen Arbeitnehmer dem obligatorischen Abschluss einer Altersversorgung individuell widersprechen können (→ *Opting-out*).

Eine erste Umsetzung erfolgte mit dem → *Betriebsrentenstärkungsgesetz*, wonach die Tarifvertragsparteien für alle Arbeitnehmer eine automatische → *Entgeltumwandlung* vereinbaren können. Möchte ein Arbeitnehmer keine Entgeltumwandlung vereinbaren, muss er dem ausdrücklich widersprechen.

Öffnungsklausel

Das → *Alterseinkünftegesetz* (AltEinkG) sieht die → *nachgelagerte Besteuerung* der Alterseinkünfte vor: → *Altersvorsorgeaufwendungen* sind in der Finanzierungsphase steuerfrei, während die daraus resultierenden → *Altersleistungen* dann der Besteuerung unterworfen werden.

Während vor dem 01.01.2005 → *Renten* aus der → *gesetzlichen Rentenversicherung* sowie von berufsständischen Versorgungswerken mit dem → *Ertragsanteil* besteuert wurden, erfolgt ab dem 01.01.2005 der Übergang zur nachgelagerten Besteuerung. Wer erstmals im Jahr 2005 Rente bezog oder bereits Bestandsrentner war, dessen Rente unterliegt einem Besteuerungsanteil von 50 Prozent. Für alle künftigen Rentnerjahrgänge ab 2006 steigt der → *Besteuerungsanteil* für jeden neuen Rentnerjahrgang (Kohorte) bis 2020 um 2 Prozentpunkte. Ab dem Jahr 2021 steigt dann der steuerpflichtige Rentenanteil nur noch um einen Prozentpunkt. Ab dem Jahr 2040 sind dann Renten zu 100 Prozent steuerpflichtig.

Steuerpflichtige, die vor dem 01.01.2005 Beiträge über den Jahreshöchstbeitrag in der gesetzlichen Rentenversicherung an die berufsständischen Versorgungswerke oder an die gesetzliche Rentenversicherung bzw. an landwirtschaftliche Alterskassen geleistet haben, können bei ihrem zuständigen Finanzamt im Rahmen der Einkommensteuererklärung die Anwendung der Öffnungsklausel in § 22 Nummer 1 Satz 3 Buchstabe a Doppelbuchstabe bb Satz 2 EStG beantragen. Dadurch werden Teile von → *Leibrenten* oder anderen Leistungen, die der nachgelagerten Besteuerung nach § 22 Nummer 1 Satz 3 Buchstabe a Doppelbuchstabe aa EStG unterliegen würden, mit dem Ertragsanteil besteuert.

Um die Öffnungsklausel anwenden zu können, müssen bis zum 31.12.2004 in mindestens zehn Jahren Beiträge oberhalb des Betrags des Höchstbeitrags zur gesetzlichen Rentenversicherung geleistet worden sein. Dies muss der Steuerpflichtige durch Bescheinigungen der Versorgungsträger gegenüber dem Finanzamt nachweisen. Die Öffnungsklausel in § 22 Nummer 1 Satz 3 Buchstabe a Doppelbuchstabe bb Satz 2 EStG wird nicht von Amts wegen angewendet.

Beitragszahlungen an private Versicherungen (private → *Eigenvorsorge*) oder an Einrichtungen der → *betrieblichen Altersversorgung* können nicht für die Anwendung der Öffnungsklausel anerkannt werden.

Opting-out

Mit der Einführung des → *Altersvermögensgesetzes* hat seit dem Jahr 2002 jeder Arbeitnehmer das Recht eine → *betriebliche Altersversorgung* in Form einer → *Entgeltumwandlung* abzuschließen. Im Unterschied zu dieser aktiven Entscheidung für eine betriebliche Altersversorgung richtet bei einem Opting-out-Modell der Arbeitgeber eine solche ein und der Arbeitnehmer hat die Möglichkeit darauf zu verzichten und keine → *Betriebsrente* zu finanzieren. Mit § 20 Absatz 2 BetrAVG wurde durch das → *Betriebsrentenstärkungsgesetz* die Möglichkeit geschaffen, dass aufgrund einer Regelung im Tarifvertrag ein Arbeitgeber für alle Arbeitnehmer oder eine Gruppe von Arbeitnehmern des Unternehmens oder einzelner Betriebe eine automatische Entgeltumwandlung einführt (→ *Optionssystem*). Widerspricht der Arbeitnehmer nicht und sind die Voraussetzungen des § 20 Absatz 2 Nummer 1 und 2 BetrAVG erfüllt, so gilt das Angebot des Arbeitgebers auf Entgeltumwandlung durch den Arbeitnehmer als angenommen.

Optionssystem

Durch das Gesetz zur Stärkung der betrieblichen Altersversorgung und zur Änderung anderer Gesetze (→ *Betriebsrentenstärkungsgesetz*) vom 17. August 2017 (BGBl. I S. 3214) wurde mit § 20 Absatz 2 BetrAVG die Möglichkeit geschaffen, dass aufgrund einer Regelung im Tarifvertrag ein Arbeitgeber für alle Arbeitnehmer oder eine Gruppe von Arbeitnehmern des Unternehmens oder einzelner Betriebe eine automatische → *Entgeltumwandlung* einführt. Widerspricht der Arbeitnehmer nicht und sind die Voraussetzungen des § 20 Absatz 2 Nummer 1 und 2 BetrAVG erfüllt, so gilt das Angebot des Arbeitgebers auf Entgeltumwandlung durch den Arbeitnehmer als angenommen.

Die Voraussetzungen des § 20 Absatz 2 Nummer 1 und 2 sind erfüllt, wenn das Angebot

- in Textform vorliegt,
- mindestens drei Monate vor der ersten Fälligkeit des umzuwandelnden Entgelts gemacht wurde,
- eindeutig darauf hinweist, welcher Betrag und welcher Vergütungsbestandteil umgewandelt werden soll und
- den deutlichen Hinweis enthält, dass der Arbeitnehmer ohne Angabe von Gründen innerhalb einer Frist von mindestens einem Monat nach Angebotszugang widersprechen und damit die Entgeltumwandlung mit einer Frist von höchstens einem Monat beenden kann.

Auch nichttarifgebundene Arbeitgeber und Arbeitnehmer können ein tarifvertragliches Optionssystem anwenden oder aufgrund eines einschlägigen Tarifvertrages die Einführung eines Optionssystems durch Betriebs- oder Dienstvereinbarung regeln (§ 20 Absatz 2 Satz 3 BetrAVG). Die automatische Entgeltumwandlung gilt jedoch nicht für Betriebs- oder Dienstvereinbarungen, die vor dem 01. Juni 2017 eingeführt wurden (§ 30j BetrAVG).

Organisationsreform in der Rentenversicherung

Durch das Gesetz zur Organisationsreform in der → *gesetzlichen Rentenversicherung* (RVOrgG) vom 09.12.2004 (BGBl. I S. 3242) ergaben sich zahlreiche wesentliche Veränderungen in der Rentenversicherung: Wegfall der Unterscheidung zwischen Arbeiter- und Angestelltenrentenversicherung, Zusammenlegung von Rentenversicherungsträgern, Änderung der Bezeichnungen von Rentenversicherungsträgern und der Zuständigkeit von Rentenversicherungsträgern.

Bereits zum 01.01.2005 ist die bisherige Unterscheidung zwischen Arbeiter- und Angestelltenrentenversicherung weggefallen. Der neue einheitliche Versichertenbegriff lautet: „Versicherte/Rentenversicherte". Alle Neuversicherten werden anhand der Versicherungsnummer seit Januar 2005 zu 55 % dem Bereich der künftigen Regionalträger, zu 40 % dem Bereich der künftigen Bundesversicherungsanstalt für Alterssicherung und zu 5 % dem Bereich der künftigen Bundesversicherungsanstalt Knappschaft-Bahn-See zugeordnet, und zwar unabhängig von ihrem Status (d. h. Arbeiter und Angestellte).

Alle Träger der gesetzlichen Rentenversicherung treten seit dem 01.10.2005 nach außen als „Deutsche Rentenversicherung" auf. Die Bundesversicherungsanstalt für Angestellte (BfA) wurde mit dem Verband Deutscher Rentenversicherungsträger (VDR) zur „Bundesversicherungsanstalt für Alterssicherung" verschmolzen. Die Bundesknappschaft, die Bahnversicherungsanstalt und die Seekasse wurden zu einem zweiten Bundesträger zusammengeschlossen (Bezeichnung: „Bundesversicherungsanstalt Knappschaft-Bahn-See"). Die Landesversicherungsanstalten bleiben als sogenannte „Regionalträger" weiter bestehen. Allerdings sind hier Fusionen durchgeführt worden bzw. sind weiterhin zukünftig möglich.

Outsourcing

Der Begriff Outsourcing wird im Rahmen der → *betrieblichen Altersversorgung* in der Regel als Synonym für die → *Auslagerung von Pensionsverpflichtungen* verwendet.

Past service

Der Begriff past service wird im Rahmen der → *betrieblichen Altersversorgung* nicht einheitlich verwendet.

Teilweise werden mit past service diejenigen Dienstzeiten eines → *Versorgungsberechtigten* bezeichnet, die er vor der Erteilung seiner → *Versorgungszusage* absolviert hatte. Teilweise werden mit diesem Begriff aber auch generell die zu einem bestimmten Stichtag in der Vergangenheit liegenden Dienstzeiten eines → *Versorgungsberechtigten* bezeichnet.

Pan European Personal Pension Product (PEPP)

Die Europäische Kommission will mit dem Vorschlag für eine Verordnung des Europäischen Parlaments und des Rates über ein europaweites privates Altersvorsorgeprodukt (PEPP), COM(2017) 343 final, 2017/0143(COD), die Grundlage für ein zusätzliches standardisiertes EU-weites Produkt der privaten Altersvorsorge schaffen, das in allen Mitgliedstaaten angeboten werden soll und damit den Leistungsempfänger in die Lage versetzen soll, Ruhegehaltsansprüche in ein anderes Land zu übertragen und zwischen verschiedenen → *Anbietern* wählen zu können.

Obwohl das PEPP ein Altersvorsorgeprodukt für die private Altersvorsorge darstellt, wurden in Artikel 5 des Verordnungsvorschlags auch Einrichtungen der betrieblichen Altersversorgung als mögliche Anbieter aufgeführt.

Seit dem 22. März 2022 dürfen solche Produkte in der dritten Säule der Alterssicherung von Versicherungsunternehmen, Kreditinstituten, Wertpapierfirmen sowie Investment- und Verwaltungsgesellschaften angeboten werden.

Pauschalierung der Lohnsteuer

→ *Lohnsteuerpauschalierung*

Pay and forget

→ *Beitragszusage* oder → *Defined Contribution*

Pension

→ *Ruhegehalt*

Pensionsfonds

A. Allgemeines

Der Pensionsfonds ist seit 01.01.2002 als weiterer und damit fünfter → *Durchführungsweg* der betrieblichen Altersversorgung im BetrAVG geregelt.

Gemäß § 1b Absatz 3 BetrAVG handelt es sich beim Pensionsfonds um eine rechtlich selbstständige Versorgungseinrichtung, die dem Arbeitnehmer oder seinen Hinterbliebenen auf ihre Leistungen einen Rechtsanspruch gewährt.

Der Pensionsfonds kann in der Rechtsform einer Aktiengesellschaft oder eines Pensionsfondsvereins auf Gegenseitigkeit betrieben werden.

B. Abgrenzung

Die gesetzliche Definition für den Pensionsfonds entspricht derjenigen für die → *Pensionskasse*. Anders als die Pensionskasse ist der Pensionsfonds aber kein Versicherungsunternehmen. Er unterliegt aber gemäß § 1 Absatz 1 Nr. 5 VAG der Aufsicht durch die BaFin, hat im Vergleich zur → *Pensionskasse* jedoch freiere Möglichkeiten im Rahmen der Vermögensanlage.

Der Pensionsfonds kann in zwei Arten ausgestaltet sein: als „versicherungsförmiger Pensionsfonds" oder als „Pensionsfonds mit Nachschusspflicht des Arbeitgebers".

1. Versicherungsförmiger Pensionsfonds

Der Pensionsfonds garantiert für einige (nicht alle) vorgesehenen Leistungsfälle die Leistungen und ist deswegen sehr eng mit einer Versicherung vergleichbar. Für die garantierten Leistungen sind der Höhe nach mit einem Lebensversicherungsunternehmen vergleichbare Deckungsrückstellungen zu bilden.

2. Pensionsfonds mit Nachschusspflicht des Arbeitgebers

Bei einem Verzicht auf versicherungsförmige Garantien durch den Pensionsfonds, muss die Deckungsrückstellung nicht nach den Vorschriften ähnlich einer Lebensversicherung ermittelt werden. Allerdings muss sich der Arbeitgeber verpflichten, dass er für den Fall, dass die Vermögenswerte im Pensionsfonds die Deckungsrückstellung um 10 % unterschreiten (Deckungsgrad unter 90 %), entsprechende Beiträge zur Deckung dieses Fehlbetrags entrichtet (nachträgliche Beitragszahlung). Der Pensionsfonds kann bei Nichtzahlung entsprechender Beiträge die Leistungen kürzen und wird entsprechend dem vorhandenen Vermögen zu einem versicherungsförmigen Pensionsfonds. Aufgrund der Reduzierung der Leistungen besteht eine → *Einstandspflicht des Arbeitgebers*, diese direkt dem → *Versorgungsberechtigten* auszugleichen. Da keine Garantie durch den Pensionsfonds mit Nachschusspflicht erteilt wird, können nicht so vorsichtige versicherungsmathematische Rechnungsgrundlagen verwendet werden, sodass der Kapitalbedarf des Pensionsfonds mit Nachschusspflicht des Arbeitgebers deutlich geringer ist als bei einem versicherungsförmigen Pensionsfonds. Allerdings kann es auch zu einer Nachschusspflicht für den Arbeitgeber kommen. Der Pensionsfonds mit Nachschusspflicht des Arbeitgebers findet hauptsächlich bei einer Auslagerung von → *Pensionsverpflichtungen* Anwendung. Aufgrund der komplexen Einbettung des Pensionsfonds mit Nachschusspflicht in das Steuer- und Versicherungsaufsichtsrecht ist ein fachlicher Berater beizuziehen.

C. Rechtsbeziehungen

Das Versprechen von → *Versorgungsleistungen* über einen Pensionsfonds ist eine → *mittelbare Versorgungszusage*.

Die wichtigsten Rechtsbeziehungen im Rahmen der betrieblichen Altersversorgung über einen Pensionsfonds können dem folgenden Schaubild entnommen werden:

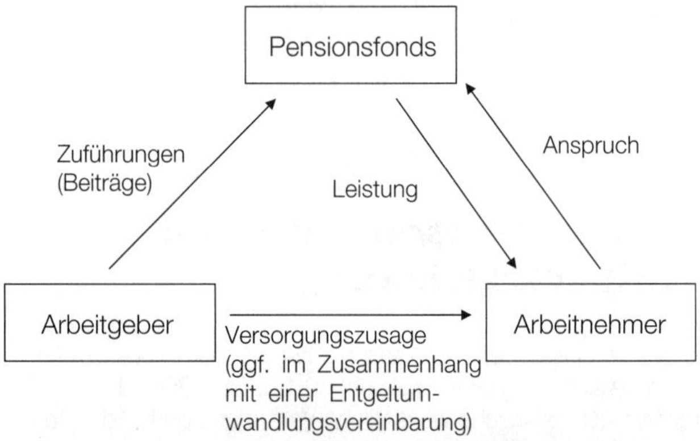

Der Arbeitnehmer hat einen unmittelbaren Rechtsanspruch gegen den Pensionsfonds auf Erbringung der Versorgungsleistungen. Leistet der Pensionsfonds (teilweise) nicht, muss der Arbeitgeber die Versorgungsleistung unmittelbar selbst oder durch Einschaltung eines weiteren Versorgungsträgers erbringen, da er gemäß § 1 Absatz 1 Satz 3 BetrAVG für die Erfüllung der zugesagten Leistungen subsidiär haftet (→ *Einstandspflicht des Arbeitgebers*, auch bezeichnet als Verschaffungsanspruch).

D. Steuerrecht

1. Finanzierung

Der Arbeitgeber leistet → *Zuwendungen* in Form von Beiträgen an den Pensionsfonds. Diese Zuwendungen sind gemäß § 4e EStG unter den dort genannten Voraussetzungen Betriebsausgaben.

Die Beiträge des Arbeitgebers an den Pensionsfonds sind bis zu einer Höhe von 8 % der jeweils gültigen Beitragsbemessungsgrenze in der gesetzlichen Rentenversicherung pro Jahr lohnsteuerfrei, wenn die Versorgungsleistungen des Pensionsfonds in Form einer Rente oder eines Auszahlungsplans erbracht werden (§ 3 Nummer 63 Satz 1 EStG).

Bei Zusagen über einen Pensionsfonds, die ab dem 01.01.2005 erteilt wurden, konnte der jeweilige Arbeitgeber bis zum 31.12.2017 einen Beitrag von bis zu 4 % der jeweils gültigen Beitragsbemessungsgrenze in der gesetzlichen Rentenversicherung zuzüglich 1.800 Euro pro Kalenderjahr steuerfrei an den Pensionsfonds zahlen (§ 3 Nummer 63 Satz 3 EStG in der Fassung vom 31.12.2017). Sonstige Beiträge an den Pensionsfonds sind als Arbeitslohn individuell lohnsteuerpflichtig, die Möglichkeit der Pauschalversteuerung wie bei der Pensionskasse für Zusagen, die vor dem 01.01.2005 erteilt wurden, besteht nicht.

WICHTIG!

Bei einer Versorgungszusage über einen Pensionsfonds können pro Arbeitnehmer und Kalenderjahr eine steuerfreie Einzahlung an einen Pensionsfonds gemäß § 3 Nummer 63 Satz 1 EStG (= 8 % der Beitragsbemessungsgrenze in der gesetzlichen Rentenversicherung [= 8.112 Euro in 2026]) vorgenommen werden (Änderung des EStG ab 01.01.2018 aufgrund des Betriebsrentenstärkungsgesetzes).

2. Leistungen des Pensionsfonds

Soweit die Leistungen des Pensionsfonds auf steuerfreien Beiträgen beruhen, sind sie mit dem vollen Betrag lohnsteuerpflichtig (§ 22 Nummer 5 EStG). Wurde eine Pensionsverpflichtung nach § 3 Nummer 66 EStG auf einen Pensionsfonds übertragen und hat der Versorgungsempfänger bereits vor der Übertragung Versorgungsleistungen empfangen, so kann dieser einen Versorgungsfreibetrag (§ 19 Absatz 2 EStG) und Werbungskosten (§ 9a Satz 1 Nummer 1) geltend machen.

Beruhen die Leistungen auf Beiträgen, die individuell versteuert wurden, so ist grundsätzlich nur der → *Ertragsanteil* steuerpflichtig. Ausnahmen hiervon können u. U. gelten, wenn die Möglichkeit eines Sonderausgabenabzuges für die Beiträge bestand.

E. Sozialversicherungsrecht

1. Finanzierung

Für die Frage der Beitragspflicht in der gesetzlichen Sozialversicherung ist nicht danach zu unterscheiden, ob die Beiträge an den Pensionsfonds vom Arbeitnehmer durch → *Entgeltumwandlung* oder vom Arbeitgeber finanziert werden.

Beiträge an einen Pensionsfonds, die der Arbeitnehmer durch → *Entgeltumwandlung* finanziert und die gemäß § 3 Nummer 63 Satz 1 EStG steuerfrei eingezahlt werden, sind allerdings nur bis zu 4 % der jeweiligen Beitragsbemessungsgrenze in der gesetzlichen Rentenversicherung ebenfalls beitragsfrei in der gesetzlichen Sozialversicherung (§ 1 Absatz 1 Nummer 9 SvEV).

Die vom Arbeitgeber finanzierten und gemäß § 3 Nummer 63 Satz 1 EStG steuerfreien Beiträge an einen Pensionsfonds sind ebenfalls nur bis zu 4 % der Beitragsbemessungsgrenze in der gesetzlichen Rentenversicherung auch beitragsfrei in der gesetzlichen Sozialversicherung (§ 1 Absatz 1 Nummer 9 SvEV).

Sonstige Beiträge an einen Pensionsfonds sind beitragspflichtig in der gesetzlichen Sozialversicherung.

2. Leistungen des Pensionsfonds

Die Leistungen des Pensionsfonds sind beitragspflichtig in der gesetzlichen → *Kranken- und* → *Pflegeversicherung der Rentner* (§ 226 Absatz 1 Ziffer 3 SGB V). Dies gilt seit dem 01.01.2004 auch für Kapitalleistungen (§ 229 Absatz 1 Satz 3 SGB V). Sofern die laufenden Leistungen auf versteuerten und verbeitragten Beiträgen seit dem 01.01.2002 beruhen (z. B. wegen Überschreiten der steuerfreien Höchstbeträge), sind diese ab dem 01.01.2018 beitragsfrei (Gleichlauf der Riester-Förderung in der betrieblichen Altersversorgung mit privatem Riester-Vertrag).

Pensionsfonds-Aufsichtsverordnung (PFAV)

Mit der Umsetzung der EU-Richtlinie 2009/138/EG (ABl. L 335 vom 17. Dezember 2009) wurde das Versicherungsaufsichtsgesetz (VAG) zum 01. Januar 2016 außer Kraft gesetzt und durch ein neues Gesetz ersetzt (Artikel 3 Absatz 1, Absatz 2 Nummer 1 des Gesetzes zur Modernisierung der Finanzaufsicht über Versicherungen vom 01. April 2015 [BGBl. I S. 434]), zuletzt geändert durch Artikel 3 des Gesetzes vom 21. Dezember 2015 (BGBl. I S. 2553). Dadurch sind bisherige im VAG enthaltene Verordnungsermächtigungen außer Kraft getreten und neue Rechtsverordnungen wurden erlassen. Hierzu zählt auch die Verordnung betreffend die Aufsicht über Pensionsfonds und über die Durchführung reiner Beitragszusagen in der betrieblichen Altersversorgung (Pensionsfonds-Aufsichtsverordnung – PFAV) vom 18. April 2016 (BGBl. I S. 842), zuletzt geändert durch Artikel 3 der Verordnung vom 11. Dezember 2024 (BGBl. 2024 I Nr. 414).

Mit der PFAV wurden nun die Regelungen der bisherigen fünf Verordnungen

- Pensionsfonds-Kapitalausstattungsverordnung vom 20. Dezember 2001 (BGBl. I S. 4180), zuletzt geändert durch Artikel 13 Absatz 15 des Gesetzes vom 25. Mai 2009 (BGBl. I S. 1102), aufgehoben durch Artikel 1 Nr. 6 der Verordnung zur Aufhebung der Verordnungen nach dem Versicherungsaufsichtsgesetz vom 16. Dezember 2015 (BGBl. I S. 2345),
- Pensionsfonds-Deckungsrückstellungsverordnung vom 20. Dezember 2001 (BGBl. I S. 4183), zuletzt geändert durch Artikel 5 des Gesetzes vom 01. August 2014 (BGBl. I S. 1330), aufgehoben durch Artikel 3 der Verordnung zur Aufhebung der Verordnungen nach dem Versicherungsaufsichtsgesetz vom 16. Dezember 2015 (BGBl. I S. 2345),
- Pensionsfonds-Aktuarverordnung vom 12. Oktober 2005 (BGBl. I S. 3019), zuletzt geändert durch Artikel 1 der Verordnung vom 21. Oktober 2011 (BGBl. I S. 2101), aufgehoben durch Artikel 1 Nr. 9 der Verordnung zur Aufhebung der Verordnungen nach dem Versicherungsaufsichtsgesetz vom 16. Dezember 2015 (BGBl. I S. 2345),
- PF-Mindestzuführungsverordnung vom 17. Dezember 2008 (BGBl. I S. 2862), zuletzt geändert durch Artikel 7 des Gesetzes vom 01. August 2014 (BGBl. I S. 1330) aufgehoben durch Artikel 1 Nr. 13 der Verordnung zur Aufhebung der Verordnungen nach dem Versicherungsaufsichtsgesetz vom 16. Dezember 2015 (BGBl. I S. 2345)

und der

- Pensionsfondsberichterstattungsverordnung vom 25. Oktober 2005 (BGBl. I S. 3048), zuletzt geändert durch Artikel 1 der Verordnung vom 16. Dezember 2013 (BGBl. I S. 4380), aufgehoben durch Artikel 1 Nr. 10 der Verordnung zur Aufhebung der Verordnungen nach dem Versicherungsaufsichtsgesetz vom 16. Dezember 2015 (BGBl. I S. 2345),

inhaltlich übernommen und in einer Verordnung zusammengefasst.

Darüber hinaus wurden mit dem → *Betriebsrentenstärkungsgesetz* Regelungen zur Durchführung reiner → *Beitragszusagen* in der betrieblichen Altersversorgung neu aufgenommen und haben in den §§ 33 bis 42 der PFAV Eingang gefunden. Die Vorschriften hierzu gelten neben den → *Pensionsfonds* auch für die → *Durchführungswege* → *Pensionskasse* und → *Direktversicherung*, soweit diese eine reine Beitragszusage gem. § 1 Abs. 2 Nummer 2a BetrAVG durchführen (§ 33 PFAV).

Nach § 34 PFAV gelten bei einer reinen Beitragszusage für alle die unter die PFAV fallenden Durchführungswege die Anlagevorschriften der §§ 16 bis 20 PFAV.

Pensionsfonds-Richtlinie

→ *IORP-Richtlinie*

Die Europäische Kommission überarbeitete die Richtlinie 2003/41/EG des Europäischen Parlaments und des Rates vom 03. Juni 2003 über die Tätigkeiten und die Beaufsichtigung von Einrichtungen der betrieblichen Altersversorgung (sog. → *EbAV-Richtlinie*; Amtsblatt Nr. L 235 vom 23.09.2003 S. 10–21).

Als Einrichtungen der betrieblichen Altersversorgung (EbAV) fallen in Deutschland die Pensionskassen (gem. § 118a VAG) und Pensionsfonds (§ 112 VAG) in den Anwendungsbereich dieser Richtlinie.

Mit dem Vorschlag vom 27. März 2014 für eine Richtlinie des Europäischen Parlaments und des Rates über die Tätigkeiten und die Beaufsichtigung von Einrichtungen der betrieblichen Altersversorgung (Neufassung) (COM[2014] 167 final) werden Regelungen vorgelegt, die insbesondere einer Verbesserung der Geschäftsorganisation (Governance) und der Informationspflichten gegenüber Versorgungsberechtigten und Rentenbeziehern der EbAV dienen sollen.

Die Neufassung der Richtlinie (EU) 2016/2341 des Europäischen Parlaments und des Rates vom 14. Dezember 2016 über die Tätigkeiten und die Beaufsichtigung von Einrichtungen der betrieblichen Altersversorgung (EbAV), sog. EbAV II-Richtlinie, ist im Amtsblatt der Europäischen Union vom 23. Dezember 2016 (ABl. L 354 S. 37) veröffentlicht worden und ist am 12. Januar 2017 in Kraft getreten. Nach Zustimmung durch das Europäische Parlament und Veröffentlichung im Amtsblatt der EU müssen die Mitgliedstaaten innerhalb von 24 Monaten die neuen Regelungen umsetzen. Die Umsetzung der EbAV II-Richtlinie in nationales Recht der Mitgliedstaaten musste demnach bis zum 13. Januar 2019 erfolgen. Diese wurde dann durch das Gesetz zur Umsetzung der Richtlinie (EU) 2016/2341 des Europäischen Parlaments und des Rates vom 14. Dezember 2016 über die Tätigkeiten und die Beaufsichtigung von Einrichtungen der betrieblichen Altersversorgung (EbAV) (Neufassung) vom 19. Dezember 2018 (BGBl. I S. 2672) umgesetzt.

Pensionskasse

A. Allgemeines

Die Pensionskasse ist in § 1b Absatz 3 Satz 1 BetrAVG wie der → *Pensionsfonds* definiert als rechtsfähige Versorgungseinrichtung, die dem Arbeitnehmer oder seinen Hinterbliebenen auf ihre Leistungen einen → *Rechtsanspruch* gewährt.

Pensionskassen können in der Rechtsform der (Versicherungs-)Aktiengesellschaft oder als Versicherungsverein auf Gegenseitigkeit (VVaG) betrieben werden. Sie sind private Versicherungsunternehmen im Sinne des § 1 Absatz 1 Nummer 1 VAG in Verbindung mit § 7 Nummer 33 und 34 VAG und unterliegen somit der Aufsicht durch die BaFin. Daneben gibt es öffentlich-rechtliche Pensionskassen (Pensionskassen des öffentlichen Dienstes).

B. Abgrenzung

Die gesetzliche Definition für die Pensionskasse entspricht derjenigen für den Pensionsfonds. Anders als die Pensionskasse ist der Pensionsfonds aber kein Versicherungsunternehmen, auch wenn er gemäß § 1 Absatz 1 Nummer 5 VAG der Versicherungsaufsicht unterliegt.

Anders als bei der → *Direktversicherung* ist der Arbeitnehmer als Mitglied der Pensionskasse selbst Versicherungsnehmer.

C. Rechtsbeziehungen

Das Versprechen von Versorgungsleistungen über eine Pensionskasse ist eine → *mittelbare Versorgungszusage*.

Die wichtigsten Rechtsbeziehungen im Rahmen der betrieblichen Altersversorgung über eine Pensionskasse können dem folgenden Schaubild entnommen werden:

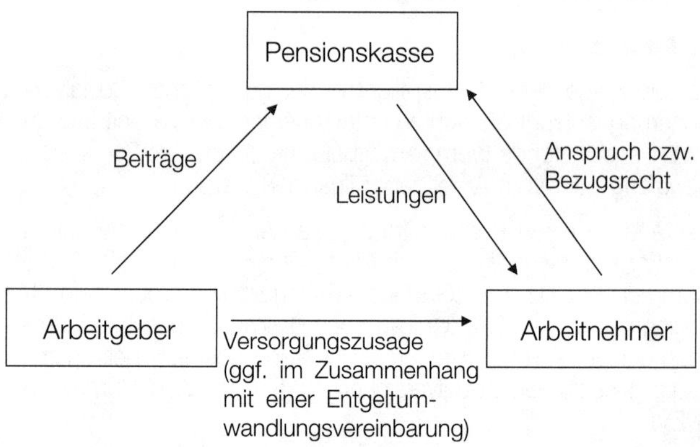

Der Arbeitnehmer hat einen unmittelbaren Rechtsanspruch gegen die Pensionskasse auf Erbringung der → *Versorgungsleistungen*. Leistet die Pensionskasse (teilweise) nicht, muss der Arbeitgeber die Versorgungsleistung unmittelbar selbst oder durch Einschaltung eines weiteren → *Versorgungsträgers* erbringen, da er gemäß § 1 Absatz 1 Satz 3 BetrAVG für die Erfüllung der zugesagten Leistungen subsidiär haftet (→ *Einstandspflicht des Arbeitgebers*, auch bezeichnet als → *Verschaffungsanspruch*).

D. Steuerrecht

1. Finanzierung

Die Aufwendungen des Arbeitgebers sind die → *Zuwendungen* in Form von Beiträgen an die Pensionskasse. Diese Zuwendungen sind gemäß § 4c EStG unter den dort genannten Voraussetzungen Betriebsausgaben.

Die Beiträge des Arbeitgebers an die Pensionskasse sind bis zu einer Höhe von 8 % der jeweils gültigen Beitragsbemessungsgrenze in der gesetzlichen Rentenversicherung pro Jahr lohnsteuerfrei, wenn die Versorgungsleistungen der Pensionskasse in Form einer Rente oder eines Auszahlungsplans erbracht werden (§ 3 Nummer 63 EStG); bis zum 31.12.2017 waren es nur 4 % der jeweils gültigen Beitragsbemessungsgrenze in der gesetzlichen Rentenversicherung.

Für darüber hinaus gehende Beiträge musste danach bis zum 31.12.2017 unterschieden werden, wann die der Beitragszahlung zugrunde liegende Versorgungszusage erteilt wurde. Für Zusagen über eine Pensionskasse, die vor dem 01.01.2005 erteilt wurden (→ *Altzusage*), kann die Pauschalversteuerung (→ *Pauschalierung der Lohnsteuer*) gemäß § 40b EStG in der am 31.12.2004 geltenden Fassung (§ 52 Absatz 52a EStG) genutzt werden (1.752 Euro bzw. 2.148 Euro bei Durchschnittsbildung); bei Inanspruchnahme der Pauschalbesteuerung reduziert sich der steuerfreie Rahmen von 8 % der jeweils gültigen Beitragsbemessungsgrenze in der gesetzlichen Rentenversicherung entsprechend. Bei Zusagen über eine Pensionskasse, die ab dem 01.01.2005 erteilt wurden (→ *Neuzusage*), konnte der jeweilige Arbeitgeber bis zum 31.12.2017 einen Beitrag von bis zu 1.800 Euro pro Kalenderjahr steuerfrei an eine Pensionskasse zahlen (§ 3 Nummer 63 EStG); dieser Betrag ist in der Erweiterung des steuerfreien Rahmens zum 01.01.2018 entfallen. Sonstige Beiträge an die Pensionskasse sind als Arbeitslohn individuell lohnsteuerpflichtig.

WICHTIG!

Bei einer Versorgungszusage über eine Pensionskasse können pro Arbeitnehmer und Kalenderjahr eine steuerfreie Einzahlung an eine Pensionskasse gemäß § 3 Nummer 63 Satz 1 EStG (= 8 % der Beitragsbemessungsgrenze in der gesetzlichen Rentenversicherung [= 8.112 Euro in 2026]) vorgenommen werden (Änderung des EStG ab 01.01.2018 aufgrund des Betriebsrentenstärkungsgesetzes). Beiträge aufgrund einer Altzusage nach § 40b EStG für eine Direktversicherung werden auf den steuerfreien Rahmen von 8 % Beitragsbemessungsgrenze in der gesetzlichen Rentenversicherung angerechnet. Für Altzusagen besteht ab dem 01.01.2018 nicht mehr die Möglichkeit der Pauschalversteuerung; es findet der erweiterte steuerfreie Rahmen von 8 % der Beitragsbemessungsgrenze in der gesetzlichen Rentenversicherung Anwendung.

Aufgrund der Änderungen des EStG durch das AltEinkG (Alterseinkünftegesetz) ist für ab dem 01.01.2005 neu erteilte Versorgungszusagen über eine Pensionskasse die Möglichkeit der Pauschalversteuerung gemäß § 40b EStG abgeschafft worden (Ausnahme: umlagefinanzierte Pensionskassen). Stattdessen konnten bis zum 31.12.2017 pro Arbeitnehmer und Kalenderjahr zusätzlich zur steuerfreien Einzahlung nach § 3 Nummer 63 EStG (= 4 % der Beitragsbemessungsgrenze in der gesetzlichen Rentenversicherung) bis zu 1.800 Euro vom jeweiligen Arbeitgeber steuerfrei als Beitrag an eine Pensionskasse gezahlt werden.

Zur Fortgeltung der Pauschalversteuerung gemäß § 40b EStG (Altzusage) enthält das BMF-Schreiben zur steuerlichen Förderung der betrieblichen Altersversorgung vom 12.08.2021, Rdnr. 85 ff. Einzelheiten.

2. Leistungen der Pensionskasse

Soweit die Leistungen der Pensionskasse auf steuerfreien Beiträgen beruhen, sind sie mit dem vollen Betrag lohnsteuerpflichtig (§ 22 Nummer 5 EStG).

Beruhen die Leistungen auf Beiträgen, die pauschal oder individuell versteuert wurden, so ist grundsätzlich nur der → *Ertragsanteil* steuerpflichtig. Ausnahmen hiervon können u. U. gelten, wenn die Möglichkeit eines Sonderausgabenabzuges (z. B. Riester-Förderung nach § 10a, §§ 79 ff. EStG) für die Beiträge bestand.

E. Sozialversicherungsrecht

1. Finanzierung

Für die Frage der Beitragspflicht in der gesetzlichen Sozialversicherung ist nicht danach zu unterscheiden, ob die Beiträge an die Pensionskasse vom Arbeitnehmer durch → *Entgeltumwandlung* oder vom Arbeitgeber finanziert werden.

Beiträge an eine Pensionskasse, die der Arbeitnehmer durch Entgeltumwandlung finanziert und die gemäß § 3 Nummer 63 Satz 1 EStG steuerfrei eingezahlt werden, sind allerdings nur bis zu 4 % der jeweiligen Beitragsbemessungsgrenze in der gesetzlichen Rentenversicherung ebenfalls in der gesetzlichen Sozialversicherung (§ 1 Absatz 1 Nummer 9 SvEV) beitragsfrei. Entsprechendes gilt für Beiträge an eine Pensionskasse, die der Arbeitnehmer durch Entgeltumwandlung finanziert und die gemäß § 40b EStG pauschal versteuert werden, wenn die Entgeltumwandlung aus Sonderzahlungen stattfindet.

Die vom Arbeitgeber finanzierten und gemäß § 3 Nummer 63 Satz 1 EStG steuerfreien Beiträge an eine Pensionskasse sind ebenfalls nur bis zu 4 % der Beitragsbemessungsgrenze in der gesetzlichen Rentenversicherung auch beitragsfrei in der gesetzlichen Sozialversicherung (§ 1 Absatz 1 Nummer 9 SvEV). Beiträge an eine Pensionskasse, die vom Arbeitgeber finanziert und gemäß § 40b EStG pauschal versteuert werden, sind ebenfalls beitragsfrei in der gesetzlichen Sozialversicherung.

Sonstige Beiträge (insbesondere auch die gemäß § 3 Nummer 63 Satz 3 EStG bis 1.800 Euro steuerfreien Beiträge) an eine Pensionskasse sind beitragspflichtig in der gesetzlichen Sozialversicherung.

2. Leistungen der Pensionskasse

Die Leistungen der Pensionskasse sind beitragspflichtig in der gesetzlichen → *Kranken- und* → *Pflegeversicherung der Rentner* (§ 226 Absatz 1 Ziffer 3 SGB V). Dies gilt seit dem 01.01.2004 auch für → *Kapitalleistungen* (§ 229 Absatz 1 Satz 3 SGB V). Sofern die laufenden Leistungen auf versteuerten und verbeitragten Beiträgen seit dem 01.01.2002 beruhen (z. B. wegen Überschreiten der steuerfreien Höchstbeträge), sind diese ab dem 01.01.2018 beitragsfrei (Gleichauf der Riester-Förderung in der betrieblichen Altersversorgung mit privatem Riester-Vertrag, siehe auch BMF-Schreiben zur steuerlichen Förderung der betrieblichen Altersversorgung vom 12.08.2021, Rdnr. 75).

Pensionsrückstellungen

Bilanzieller Ausweis von Pensionsverpflichtungen in der Bilanz, sofern ein ggf. vorhandenes Pensionsvermögen (plan assets) geringer als die Pensionsverpflichtungen ist (siehe → *Bilanzierung*).

Pensions-Sicherungs-Verein auf Gegenseitigkeit (PSVaG)

Der PSVaG ist der Träger der gesetzlichen → *Insolvenzsicherung* (§ 14 Absatz 1 Satz 1 BetrAVG). Er ist ein Versicherungsunternehmen und unterliegt gemäß § 14 Absatz 1 Satz 3 BetrAVG der Aufsicht durch die BaFin. Oberstes Organ des PSVaG ist die Mitgliederversammlung.

Der PSVaG wurde am 01.01.1975 vom Verband der LVU (jetzt GDV), der BDA und dem BDI zur Insolvenzsicherung nach dem BetrAVG gegründet. Seine Aufgabe ist es, in einem Insolvenzsicherungsfall im Sinne des BetrAVG → *Versorgungszusagen* der → *betrieblichen Altersversorgung* in Form von → *unmittelbaren Versorgungszusagen*, → *Unterstützungskasse*, Zusagen über einen → *Pensionsfonds* und → *Pensionskassen* seit 2021 sowie in bestimmten Fällen auch Zusagen über eine → *Direktversicherung* zu sichern. Zu Einzelheiten diesbezüglich siehe → *Insolvenzsicherung*.

Pensionsverpflichtungen

Als Pensionsverpflichtungen werden die Verpflichtungen des Arbeitgebers aus → *Versorgungszusagen* im Rahmen der → *betrieblichen Altersversorgung* bezeichnet. Bei direkter Leistungserbringung durch den Arbeitgeber (→ *unmittelbare Versorgungszusage*) spricht man auch von unmittelbaren Pensionsverpflichtungen und bei → *mittelbaren Versorgungszusagen* durch Einschaltung eines externen Dritten (→ *Direktversicherung*, → *Pensionskasse*, → *Pensionsfonds* oder → *Unterstützungskasse*) dementsprechend von mittelbaren Pensionsverpflichtungen.

Pensionszusage

→ *Unmittelbare Versorgungszusage*

PEPP

→ *Pan European Personal Pension Product*

Pflegeunterstützungs- und -entlastungsgesetz (PUEG)

Seit dem 01. Juli 2023 ist das Pflegeunterstützungs- und -entlastungsgesetz (PUEG) vom 23.06.2023 (BGBl. 2023 I Nr. 155) in Kraft getreten. Im PUEG wird das Bundesverfassungsgerichtsurteil vom 7. April 2022 zu den Aktenzeichen 1 BvL 3/18 u. a. umgesetzt, das eine finanzielle Entlastung Kindererziehender in der sozialen Pflegeversicherung verlangt. Damit werden die Regelungen des → *Kinder-Berücksichtigungsgesetz (KiBG)* weiterentwickelt.

Aufgrund des PUEG erhöht sich für kinderlose Beschäftigte der Arbeitnehmerbeitrag zur gesetzlichen Pflegeversicherung um 0,6 % (Beitragszuschlage für Kinderlose). Für Eltern werden gestaffelte Beitragssätze nach Anzahl und Alter der Kinder eingeführt. Demnach werden Versicherte mit mehreren Kindern ab dem zweiten und bis zum fünften Kind um 0,25 Beitragssatzpunkte je Kind entlastet. Ab dem 5. Kind bleibt die Entlastung gleichbleibend in Höhe eines Abschlags von 1,0 Beitragssatzpunkten. Der Abschlag gilt bis zum Ende des Monats, in dem das Kind jeweils sein 25. Lebensjahr vollendet hat oder vollendet hätte.

Nachstehend die Übersicht des Arbeitnehmerbeitrags nach den zu berücksichtigenden Kindern:

Anzahl Kinder	Arbeitnehmer-Anteil
ohne Kind	2,30 %
1 Kind (unabhängig vom Alter)	1,70 %
2 Kinder	1,45 %
3 Kinder	1,20 %
4 Kinder	0,95 %
5 Kinder	0,70 %

Die Geburt eines Kindes löst bei beiden Elternteilen die dauerhafte Zuschlagsfreiheit aus. Als Kinder gelten alle Lebendgeburten, Adoptiv-, Stief- oder Pflegekinder.

Keinen Zuschlag leisten

- Versicherte, die das 23. Lebensjahr noch nicht vollendet haben
- Rentner und Eltern, deren Kind verstorben ist (ausgenommen hiervon ist eine Totgeburt)
- Kinderlose Mitglieder, die vor dem 01.01.1940 geboren wurden
- Wehr- und Zivildienstleistende
- Bezieher von Bürgergeld

Die private Pflegeversicherung wurde durch das PUEG nicht tangiert.

Die Elternschaft ist gegenüber der Stelle nachzuweisen, die die Beiträge zur Pflegeversicherung abführt. Bei Betriebsrentnern mit Leistungen aus einer → *Direktzusage* ist dies das Unternehmen/der Arbeitgeber selbst, bei den externen → *Durchführungswegen* die jeweilige Einrichtung. Der Nachweis der Elterneigenschaft kann auch nachträglich erbracht werden.

Im Übergangszeitraum vom 01.07.2023 bis 30.06.2025 gilt ein vereinfachtes Nachweisverfahren. Für dieses vereinfachte Nachweisverfahren ist es ausreichend, wenn Eltern ihre unter 25-jährigen Kinder der beitragsabführenden Stelle oder der Pflegekasse mitteilen, sofern sie von dieser dazu aufgefordert werden. Auf die Vorlage und Prüfung konkreter Nachweise kann in diesem Fall verzichtet werden.

Spätestens nach diesem Übergangszeitraum müssen die beitragsabführenden Stellen und die Pflegekassen die angegebenen Kinder für den kompletten Zeitraum ab 01.07.2023 prüfen.

Bis zum 31. März 2025 wird ein digitales Verfahren entwickelt, um die Anzahl der berücksichtigungsfähigen Kinder zu erheben und nachzuweisen. Das soll eine einheitliche Rechtsanwendung sicherstellen und ein möglichst effizientes, schnelles und bürgerfreundliches Verwaltungshandeln gewährleisten.

Können die Abschläge von den beitragsabführenden Stellen und den Pflegekassen nicht ab dem 01.07.2023 berücksichtigt werden, sind sie so bald wie möglich, spätestens bis zum 30.06.2025 zu erstatten und die Erstattungssumme ist zu verzinsen.

Pflegeversicherung der Rentner

Die Soziale Pflegeversicherung folgt analog den Grundsätzen der gesetzlichen Krankenversicherung. Somit sind die in der gesetzlichen Krankenversicherung pflichtversicherten Rentner (→ *Krankenversicherung der Rentner*) auch in der Sozialen Pflegeversicherung pflichtversichert.

Der Beitragssatz für die in der Pflegeversicherung versicherungspflichtigen Rentner beträgt – einheitlich in den alten und neuen Bundesländern – ab dem 01.07.2023 3,4 % (§ 55 Abs. 1 Satz 1 SGB XI). Seit Januar 2005 müssen kinderlose Rentner, die ab dem 01. Januar 1940 geboren sind, ebenfalls den Beitragszuschlag für Kinder entrichten (§ 55 Abs. 3 SGB XI; → *Kinder-Berücksichtigungsgesetz*). Dieser beträgt ebenfalls ab dem 01.07.2023 0,6 % der beitragspflichtigen Einnahmen.

Seit April 2004 müssen Rentner die Beiträge zur Pflegeversicherung der Rentner allein tragen. Nicht betroffen von dieser Erhöhung waren Betriebsrentner, da bereits bei Einführung der gesetzlichen Pflegeversicherung im Jahr 1995 die Beiträge auf Betriebsrenten und Versorgungsbezüge in voller Höhe von den betroffenen Rentnern getragen wurde.

Die Beiträge werden bei der Zahlung der (Betriebs-)Renten analog der Krankenversicherungsbeiträge einbehalten.

Pflichtzuschuss

→ *Gesetzlicher Arbeitgeberzuschuss*

PIA

→ *Produktinformationsstelle Altersvorsorge*

Portabilität

Unter Portabilität wird im Rahmen der → *betrieblichen Altersversorgung* allgemein die Möglichkeit verstanden, bei einem Arbeitgeberwechsel die → *Versorgungsanwartschaften* vom bisherigen auf den neuen Arbeitgeber bzw. den jeweils durch den Arbeitgeber eingeschalteten externen → *Versorgungsträger* zu übertragen. Bei einer solchen Übertragung sind sowohl arbeitsrechtliche als auch steuerliche Hintergründe zu beachten.

Siehe zu diesem Themenkomplex auch → *Übertragung*.

Portabilitätsrichtlinie

Um den Abbau von Mobilitätshemmnissen von Arbeitnehmern zu fördern, hat die Europäische Kommission am 20.10.2005 den Vorschlag für eine Richtlinie des Europäischen Parlaments und des Rates zur Verbesserung der Portabilität von Zusatzrentenansprüchen, SEC (2005) 1293, KOM/2005/ 507 endg. - COD 2005/0214, vorgelegt.

Der Richtlinienvorschlag hatte den Erwerb von und die Wahrung ruhender → *Rentenanwartschaften* als auch die Übertragung erworbener Anwartschaften zum Gegenstand. Darüber hinaus werden auch Auskunftsrechte der Arbeitnehmer geregelt. Unter anderem sah der Richtlinienvorschlag eine Verkürzung der → *Unverfallbarkeitsfristen* auf zwei Jahre sowie den Wegfall eines Mindestalters für die Aufnahme in ein betriebliches Altersversorgungssystem vor.

Unter den Geltungsbereich der Richtlinie fallen in Deutschland alle fünf → *Durchführungswege* der → *betrieblichen Altersversorgung*: → *Direktversicherung*, → *Direktzusage*, → *Pensionsfonds*, → *Pensions-* und → *Unterstützungskasse*.

Im Oktober 2007 wurde ein überarbeiteter Richtlinienvorschlag über Mindestvorschriften zur Erhöhung der Mobilität von Arbeitnehmern durch Verbesserung der Begründung und Wahrung von Zusatzrentenansprüchen, KOM/2007/603 endg. – COD 2005/0214, vorgelegt, der nur noch EU-weite Mindeststandards für den Erwerb und den Erhalt von Zusatzrentenansprüchen vorsah. Die Thematik Übertragung erworbener Anwartschaften war nicht mehr Gegenstand des Richtlinienvorschlags.

Am 30. April 2014 wurde die Richtlinie 2014/50/EU des Europäischen Parlaments und des Rates über Mindestvorschriften zur Erhöhung der Mobilität von Arbeitnehmern zwischen den Mitgliedstaaten durch Verbesserung des Erwerbs und der Wahrung von Zusatzrentenansprüchen (ABl. EU L128 vom 30.04.2014, S. 1) verabschiedet mit dem Ziel, die Mobilität von Arbeitnehmern durch eine Verbesserung gesetzlicher Vorschriften für den Erwerb und den Erhalt unverfallbarer Anwartschaften zu erhöhen.

Die Richtlinie findet keine Anwendung auf die zum Zeitpunkt des Inkrafttretens der Richtlinie für Neueintritte bereits geschlossenen Versorgungssysteme (Artikel 2 Absatz 2 Buchstabe a). Ausgeschlossen vom Anwendungsbereich sind grundsätzlich auch Leistungen der Invaliditäts- und/oder Hinterbliebenenversorgung (Artikel 2 Absatz 3). Darüber hinaus gilt nach Artikel 2 Absatz 4 die Richtlinie nur für Beschäftigungszeiten, die in den Zeitraum nach Umsetzung der Richtlinie fallen. Sie gilt nicht für den Erwerb und die Wahrung von Zusatzrentenansprüchen von Arbeitnehmern, die innerhalb eines einzigen Mitgliedstaats zu- oder abwandern (Artikel 2 Absatz 5).

Nach Artikel 4 der Richtlinie darf die Unverfallbarkeitsfrist maximal drei Jahre betragen. Das Mindestalter ausscheidender Arbeitnehmer für den Erwerb einer unverfallbaren Anwartschaft beträgt 21 Jahre. Bei verfallbar ausscheidenden Arbeitnehmern sind diesem die von ihm oder in seinem Namen gezahlten Mitarbeiterbeiträge auszuzahlen.

Gem. Artikel 5 Absatz 2 der Richtlinie ist der Werterhalt unverfallbarer Anwartschaften sicherzustellen. Dies kann z. B. erfolgen,

- wenn Rentenanwartschaften im Zusatzrentensystem als nominale Anrechte erworben werden, indem der Nominalwert der ruhenden Rentenanwartschaften gesichert wird,
- wenn sich der Wert der erworbenen Rentenanwartschaften im Laufe der Zeit ändert, indem eine Anpassung des Wertes der ruhenden Rentenanwartschaften durch die Anwendung folgender Elemente erfolgt:
  - eine in das Zusatzrentensystem integrierte Verzinsung oder
  - eine vom Zusatzrentensystem erzielte Kapitalrendite,

oder

- wenn der Wert der erworbenen Rentenanwartschaften beispielsweise entsprechend der Inflationsrate oder des Lohnniveaus angepasst wird, indem eine entsprechende Anpassung des Wertes der ruhenden Rentenanwartschaften nach Maßgabe einer angemessenen Höchstgrenze erfolgt, die im nationalen Recht festgesetzt oder von den Sozialpartnern vereinbart wird.

Kleinstbetragsrenten und -anwartschaften können gem. Artikel 5 Absatz 3 nur mit Zustimmung des Arbeitnehmers bzw. des Rentners abgefunden werden.

Weiterhin regelt die Richtlinie in Artikel 6 die Informationspflichten des Arbeitgebers bzw. die Auskunftsrechte der Mitarbeiter. Danach sind dem Versorgungsanwärter insbesondere folgende Auskünfte zu erteilen:

- die Bedingungen für den Erwerb von Zusatzrentenanwartschaften und die Folgen der Anwendung dieser Bedingungen bei Beendigung des Beschäftigungsverhältnisses;
- der Wert seiner unverfallbaren Rentenanwartschaften oder einer höchstens zwölf Monate vor dem Zeitpunkt des Ersuchens durchgeführten Schätzung der unverfallbaren Rentenanwartschaften und
- die Bedingungen für die künftige Behandlung ruhender Rentenanwartschaften.

Unter den Anwendungsbereich der neuen Richtlinie fallen in Deutschland ebenfalls wiederum alle fünf Durchführungswege.

Die Mitgliedstaaten haben nun nach Veröffentlichung der Richtlinie Zeit bis zum 21. Mai 2018, um sie in nationales Recht umzusetzen.

Am 01. Juli 2015 wurde vom Bundeskabinett der Gesetzentwurf zur Umsetzung der EU-Mobilitätsrichtlinie vorgelegt, um die deutschen Vorschriften den EU-Regelungen anzupassen. Hierbei ist insbesondere die Herabsetzung der Unverfallbarkeitsfristen für Anwartschaften auf Leistungen der betrieblichen Altersversorgung hervorzuheben: Zusagen, die ab dem 01. Januar 2018 erteilt werden, sind künftig unverfallbar, wenn der Mitarbeiter das 21. Lebensjahr vollendet (bisher: 25. Lebensjahr) und die Versorgungszusage drei Jahre (bisher: fünf Jahre) bestanden hat (§ 1b Absatz 1 Satz 1 BetrAVG). Darüber hinaus sieht eine Übergangsregelung für Anwartschaften ebenfalls die verkürzten Unverfallbarkeitsfristen vor, wenn die Zusage ab dem 01. Januar 2018 drei Jahre bestanden hat und bei Beendigung des Arbeitsverhältnisses das 21. Lebensjahr vollendet ist. Die Absenkung der Unverfallbarkeitsfristen wird steuerrechtlich flankiert. Hierzu wird das (steuerliche) Mindestalter für die Rückstellungsbildung (§ 6a Absatz 2 Nr. 1 EStG-E) für erstmals nach dem 31. Dezember 2017 erteilte Pensionszusagen auf die Vollendung des 23. Lebensjahres herabgesetzt. Dies soll auch für Zuwendungen zu Unterstützungskassen (§ 4d EStG-E) gelten.

Neu ist, das künftig unverfallbare Anwartschaften ausgeschiedener Arbeitnehmer angepasst werden sollen: Veränderungen der Versorgungsregelungen und der Bemessungsgrundlagen nach Ausscheiden des Arbeitnehmers sind zu berücksichtigen.

Die Abfindung von Kleinstanwartschaften und -renten bleibt weiterhin einseitig durch den Arbeitgeber möglich, erfordert aber künftig die Zustimmung des Arbeitnehmers, wenn dieser nach Beendigung des Arbeitsverhältnisses ein neues Arbeitsverhältnis in einem anderen Mitgliedstaat der Europäischen Union begründet und dies innerhalb von drei Monaten nach Beendigung des Arbeitsverhältnisses seinem ehemaligen Arbeitgeber mitteilt. Bei innerdeutschem Arbeitgeberwechsel bleibt es bei der bisherigen einseitigen Abfindungsmöglichkeit ohne Zustimmung des Arbeitnehmers.

Umfassender geregelt werden sollen auch die Auskunftsansprüche gem. § 4a BetrAVG: Auskunftsansprüche haben künftig nicht nur der Arbeitnehmer, sondern auch ausgeschiedene Arbeitnehmer und Hinterbliebene.

Die Regelungen zu den neuen Unverfallbarkeitsfristen und zur Wahrung von Anwartschaften sollen für Beschäftigungszeiträume nach dem Inkrafttreten des Gesetzes am 01. Januar 2018 gelten.

Nach zahlreichen Diskussionen und Modifikationen wurde nun die Richtlinie 2014/50/EU des Europäischen Parlaments und des Rates vom 16. April 2014 über Mindestvorschriften zur Erhöhung der Mobilität von Arbeitnehmern zwischen den Mitgliedstaaten durch Verbesserung des Erwerbs und der Wahrung von Zusatzrentenansprüchen (ABl. L 128/1) beschlossen (→ *Gesetz zur Umsetzung der EU-Mobilitäts-Richtlinie* – EU-MobRLUG vom 21. Dezember 2015 [BGBl. I S. 2553]).

Portierung

→ *Übertragung*

Private Eigenvorsorge

→ *Eigenvorsorge*

Produktinformationsblatt

→ *Altersvorsorge-Produktinformationsblattverordnung – AltvPIBV*

Produktinformationsstelle Altersvorsorge (PIA)

Mit dem → *Altersvorsorge-Verbesserungsgesetz (AltvVerbG)* wurde eine verpflichtendes normiertes → *Produktinformationsblatt* für die Anbieter von Basis- → *Rürup-Rente* und → *Riester-Rente* eingeführt. Das Produktinformationsblatt muss u. a. auch Angaben enthalten, die eine auf Wahrscheinlichkeitsrechnungen beruhende Einordnung in Chancen-Risiko-Klassen ermöglicht. Diese Chancen-Risiko-Klassifizierung in fünf Chancen-Risiko-Klassen soll die Produktinformationsstelle Altersvorsorge im Auftrag des Bundesministeriums der Finanzen übernehmen. Weiterhin gibt die PIA eine einheitliche Berechnungsmethodik zur Ermittlung der Effektivkosten vor, um den Vergleich zwischen den verschiedenen Altersvorsorge- und Basisrentenverträgen durchführen zu können. Diese Methodik wurde durch eine Allgemeinverfügung im Bundessteuerblatt (BStBl. I S. 493) veröffentlicht.

Prudent Person Principle (PPP)

Englische Bezeichnung für den Grundsatz der unternehmerischen Vorsicht, der auf § 124 des Gesetzes über die Beaufsichtigung der Versicherungsunternehmen (→ *Versicherungsaufsichtsgesetz* – VAG) vom 01. April 2015 (BGBl. I S. 434), zuletzt geändert durch Artikel 11 des Gesetzes vom 27. Dezember 2024 (BGBl. 2024 I Nr. 438) basiert. Danach dürfen Versicherungsunternehmen ausschließlich in Vermögenswerte und Instrumente investieren, deren Risiken sie hinreichend identifizieren, bewerten, überwachen, steuern, kontrollieren und in ihre Berichterstattung einbeziehen können. Darüber hinaus sind sämtliche Vermögenswerte so anzulegen, dass Sicherheit, Qualität, Liquidität und Rentabilität des Portfolios als Ganzes sichergestellt werden.

Der Grundsatz gilt für Erst- und Rückversicherungsunternehmen, soweit diese unter den Anwendungsbereich der Solvency II-Richtlinie fallen. → *EbAV* (in Deutschland sind dies → *Pensionskassen* gem. § 232 Absatz 1 VAG und → *Pensionsfonds*) unterliegen nicht der Solvency II-Richtlinie.

Quotierungsprinzip

Scheidet ein Arbeitnehmer mit einer → *Versorgungszusage* vor Eintritt des → *Versorgungsfalls* aus dem Arbeitsverhältnis mit einer → *unverfallbaren Versorgungsanwartschaft* aus, so enthält das BetrAVG in § 2 Regelungen dazu, wie die Höhe dieser Anwartschaft zu bestimmen ist.

Grundregel zur Bestimmung der Höhe der unverfallbaren Versorgungsanwartschaft ist das in § 2 Absatz 1 BetrAVG geregelte Quotierungsprinzip (auch ratierliches Verfahren, m/ntel-Verfahren oder pro-rata-temporis-Verfahren genannt). Nach diesem Verfahren ist eine unverfallbare Anwartschaft in Höhe des Teils der dem → *Versorgungsberechtigten* ohne das vorherige Ausscheiden zustehenden Leistung aufrechtzuerhalten, der dem Verhältnis der Dauer der tatsächlichen Betriebszugehörigkeit zu der Zeit vom Beginn der Betriebszugehörigkeit bis zur Vollendung der Regelaltersgrenze in der gesetzlichen Rentenversicherung entspricht. Sieht die Versorgungsregelung einen früheren Zeitpunkt als die Vollendung der Regelaltersgrenze in der gesetzlichen Rentenversicherung als feste Altersgrenze vor, so tritt dieser Zeitpunkt an die Stelle der Vollendung der Regelaltersgrenze in der gesetzlichen Rentenversicherung. Es ist also die bei unterstellter Betriebstreue des Versorgungsberechtigten bis zur festen Altersgrenze der Versorgungsregelung (max. Vollendung des 67. Lebensjahres ab Geburtsjahr 1964) zu erreichende Leistung mit dem Quotienten aus der tatsächlichen Dienstzeit des Arbeitnehmers und der bis zur festen Altersgrenze nach der Versorgungsregelung (max. Vollendung des 67. Lebensjahres ab Geburtsjahr 1964) maximal möglichen Dienstzeit zu multiplizieren.

Beispiel:

Der Arbeitgeber hat dem Arbeitnehmer eine Altersrente in Höhe von 500 Euro pro Monat bei Beendigung des Arbeitsverhältnisses nach Vollendung der Regelaltersgrenze in der gesetzlichen Rentenversicherung zugesagt. Der Arbeitnehmer ist mit 37 Jahren in das Unternehmen eingetreten und scheidet nun vorzeitig mit 55 Jahren aus dem Unternehmen aus. Die Regelaltersgrenze beträgt für ihn aufgrund des Geburtsjahrgangs das 67. Lebensjahr.

Ohne vorheriges Ausscheiden zustehende Leistung: 500 Euro pro Monat

Tatsächliche Betriebszugehörigkeit: 18 Jahre (Alter 37 bis Alter 55)

Maximal mögliche Betriebszugehörigkeit: 30 Jahre (Alter 37 bis Alter 67)

Quotient aus tatsächlicher und maximal möglicher Betriebszugehörigkeit: 18/30 = 0,6

Höhe der unverfallbaren Anwartschaft: 500 Euro pro Monat × 0,6 = 300 Euro pro Monat

Siehe zum Quotierungsprinzip außerdem unverfallbare Versorgungsanwartschaft, C. 1.

Ratierliches Verfahren

Der Begriff ratierliches Verfahren wird als ein Synonym für das → *Quotierungsprinzip* zur Bestimmung der Höhe → *unverfallbarer Versorgungsanwartschaften* verwendet.

RBZ

Abkürzung für die reine → *Beitragszusage* gem. § 1 Absatz 2 Nummer 2a BetrAVG i. V. m. § 22 BetrAVG.

Rechengrößen

→ *Sozialversicherungs-Rechengrößenverordnung*

Rechnungszins

→ *Höchstrechnungszins*

Rechtsanspruch

A. Entgeltumwandlung

B. Durchführungswege

A. Entgeltumwandlung

Arbeitnehmer haben seit dem 01.01.2002 einen individuellen Anspruch auf → *betriebliche Altersversorgung* durch → *Entgeltumwandlung* (§ 1a BetrAVG). Der Arbeitnehmer kann hierbei vom Arbeitgeber einseitig verlangen, dass von seinem künftigen Arbeitsentgelt bis zu 4 Prozent der jeweiligen → *Beitragsbemessungsgrenze der Sozialversicherung* in der → *gesetzlichen Rentenversicherung* durch Entgeltumwandlung für die betriebliche Altersversorgung verwendet werden.

Bietet der Arbeitgeber eine Entgeltumwandlung über einen → *Pensionsfonds* oder eine → *Pensionskasse* oder über eine Versorgungseinrichtung nach § 22 BetrAVG an, so ist die betriebliche Altersversorgung über diese → *Durchführungswege* abzuwickeln. Wird keine dieser Finanzierungsformen angeboten, kann der Arbeitnehmer den Abschluss einer → *Direktversicherung* verlangen. Der Arbeitnehmer kann sich mit dem Arbeitgeber auch auf einen anderen Durchführungsweg einigen.

Ist eine durch Entgeltumwandlung finanzierte betriebliche Altersversorgung bereits vorhanden, so ist der Anspruch des Arbeitnehmers auf Entgeltumwandlung ausgeschlossen (§ 1a Absatz 2 BetrAVG).

Wird die Entgeltumwandlung über die Durchführungswege Pensionsfonds, Pensionskasse oder Direktversicherung angeboten (§ 1a Absatz 3 BetrAVG), kann der Arbeitnehmer verlangen, dass die Voraussetzungen für die → *Riester-Förderung* nach den §§ 10a, 82 Absatz 2 des EStG erfüllt werden.

B. Durchführungswege

Grundsätzlich wird bei den Durchführungswegen der → *betrieblichen Altersversorgung* ein Rechtsanspruch auf die Leistungen gewährt. Lediglich → *Unterstützungskassen*, die gem. § 1b Absatz 4 BetrAVG rechtsfähige Versorgungseinrichtungen sind, gewähren auf ihre Leistungen keinen Rechtsanspruch. Der Ausschluss des Rechtsanspruchs ist allerdings nur formaler Natur, da durch die Rechtsprechung des BAG die von einem Arbeitgeber in Aussicht gestellten → *Versorgungsleistungen* durch eine Unterstützungskasse Rechtsanspruchscharakter besitzen. Der Arbeitgeber ist an seine → *Versorgungszusage* gebunden.

Regelaltersgrenze

Die → *Altersgrenze* in der → *gesetzlichen Rentenversicherung* wird vom Jahr 2012 an beginnend mit dem Geburtsjahrgang 1947 schrittweise über einen Zeitraum von 17 Jahren bis zum Jahr 2029 von 65 auf 67 Jahre angehoben. Die Anhebung erfolgt zunächst um einen Monat pro Jahrgang, ab dem Geburtsjahr 1959 um zwei Monate. Die Regelaltersgrenze liegt dann bei 67 Jahre. Siehe hierzu → *RV-Altersgrenzenanpassungsgesetz*.

Anhebung der Altersgrenze auf 67 (ab dem Jahr 2012)

Geburtsjahrgang	Anhebung um ... Monate	abschlagsfreie Regelaltersrente mit Alter	
		Jahr	Monat
1947	1	65	1
1948	2	65	2
1949	3	65	3
1950	4	65	4
1951	5	65	5
1952	6	65	6
1953	7	65	7
1954	8	65	8
1955	9	65	9
1956	10	65	10
1957	11	65	11
1958	12	66	0
1959	14	66	2
1960	16	66	4
1961	18	66	6
1962	20	66	8
1963	22	66	10
1964	24	67	0

Reine Beitragszusage

→ *Beitragszusage*

Reiner Zulagenvertrag

→ *Zulagenvertrag*

Rente

Grundsätzlich wird unter einer Rente der regelmäßige Bezug von Geldleistungen aus der → *gesetzlichen Rentenversicherung*, einer privaten Rentenversicherung oder einer → *betrieblichen Altersversorgung* verstanden, unabhängig davon, ob es sich um → *Altersrente*, → *Hinterbliebenenrente* oder → *Erwerbsminderungsrente* handelt (vgl. hierzu auch → *Betriebsrente*).

Rentenzahlungen stellen regelmäßige Leistungen dar, die lebenslänglich als → *Leibrente* oder auch zeitlich befristet, als → *Zeitrente*, dem Versorgungsempfänger gewährt werden.

Rente für besonders langjährig Versicherte

Durch das RV-Leistungsverbesserungsgesetz vom 23.06.2014 (BGBl. I S. 787), welches zum 01.07.2014 in Kraft getreten ist, wurden die Leistungsvoraussetzungen für eine abschlagsfreie Inanspruchnahme der gesetzlichen Rente vor der Regelaltersgrenze erleichtert. Bei Rentenbeginn bis zum 30.06.2014 waren 45 Beitragsjahre und die Vollendung des 65. Lebensjahres Leistungsvoraussetzung. Durch die Gesetzesänderung gilt seit dem 01.07.2014 ein niedrigeres Mindestalter und Zeiten der Arbeitslosigkeit, in der Arbeitslosengeld I bezogen wurde – nicht jedoch in den letzten 24 Monaten vor Rentenbeginn – gelten als Beitragsjahre. Das Mindestalter steigt in Zwei-Monats-Schritten von Alter 63 für Jahrgänge bis einschließlich 1952 stufenweise wieder auf das Alter 65 für Jahrgang 1967. Damit können Versicherte in der gesetzlichen Rentenversicherung der Jahrgänge 1951 und 1952 in 2014 bzw. 2015 bei Vorliegen der entsprechenden Beitragsjahre schon mit Alter 63 eine abschlagsfreie Rente aus der gesetzlichen Rentenversicherung beziehen.

Veränderung der Altersgrenze für besonders langjährig Versicherte ab dem 01.07.2014

Geburtsjahrgang	Anhebung um ... Monate	abschlagsfreie Rente für besonders langjährig Versicherte mit Alter	
		Jahr	Monat
1951	0	63	0
1952	0	63	0
1953	2	63	2
1954	4	63	4
1955	6	63	6
1956	8	63	8
1957	10	63	10
1958	12	64	0
1959	14	64	2
1960	16	64	4
1961	18	64	6
1962	20	64	8
1963	22	64	10
1964	24	65	0

Rente mit 63

Durch das RV-Leistungsverbesserungsgesetz vom 23.06.2014 (BGBl. I S. 787), welches zum 01.07.2014 in Kraft getreten ist, wurden die Leistungsvoraussetzungen für eine abschlagsfreie

Inanspruchnahme der gesetzlichen Rente vor der Regelaltersgrenze erleichtert. Versicherte in der gesetzlichen Rentenversicherung der Jahrgänge 1951 und 1952 können bei Vorliegen der entsprechenden Voraussetzungen schon mit Alter 63 eine abschlagsfreie Rente aus der gesetzlichen Rentenversicherung beziehen. Für die nachfolgenden Jahrgänge erhöht sich das frühestmögliche abschlagsfreie Alter schrittweise auf Alter 65. Siehe auch → *Rente für besonders langjährig Versicherte*.

Rentenabschlag

Durch das → *RV-Altersgrenzenanpassungsgesetz* wird die Altersgrenze in der → *gesetzlichen Rentenversicherung* vom Jahr 2012 an beginnend mit dem Geburtsjahrgang 1947 schrittweise über einen Zeitraum von 19 Jahren von 65 auf 67 Jahre angehoben. Die Anhebung erfolgt zunächst um einen Monat pro Jahrgang, ab dem Geburtsjahr 1959 um zwei Monate. Die Regelaltersgrenze liegt dann ab dem Geburtsjahrgang 1964 bei 67 Jahre.

Trotz der stufenweisen Anhebung der → *Altersgrenzen* können vorzeitige → *Altersrenten*, d. h. vor Erreichen der → *Regelaltersgrenze*, in Anspruch genommen werden. Dann jedoch mindert sich die Altersrente um versicherungsmathematische Rentenabschläge, die die längere Rentenbezugsdauer ausgleichen soll. Der Abschlag für jeden in Anspruch genommenen Monat vor Erreichen der regulären Altersgrenzen beträgt 0,3 %. Somit erfolgt für jedes Jahr des früheren Renteneintritts eine Reduzierung der Rente um 3,6 %, der maximale Abschlag bei einer Altersrente beträgt 18 %.

Ein Rentenabschlag bleibt für die gesamte Dauer des Rentenbezugs – auch nach Erreichen der Regelaltersgrenze – bestehen.

Rentenanpassungsverordnung

→ *Rentenwertbestimmungsverordnung*

Rentenanwartschaft

→ *Versorgungsanwartschaft*

Rentenbezugsmitteilung

Durch das → *Alterseinkünftegesetz* erfolgt der Übergang von der vorgelagerten Besteuerung zur → *nachgelagerten Besteuerung* von Alterseinkünften. Dies führt dazu, dass künftig sämtliche → *Leibrenten* sowie Leistungen der → *gesetzlichen Rentenversicherung*, der landwirtschaftlichen Alterskassen und der berufsständischen Versorgungseinrichtungen grundsätzlich in voller Höhe besteuert werden.

Die steuerliche Erfassung der Leibrenten soll durch ein elektronisches Meldeverfahren sichergestellt werden. Hierzu wird eine → *zentrale Stelle* der Finanzverwaltung von den Mitteilungsverpflichteten über die Auszahlung von Rentenleistungen in Kenntnis gesetzt.

Mitteilungsverpflichtete nach § 22a Absatz 1 Satz 1 EStG sind

- die gesetzlichen Rentenversicherungsträger,
- die landwirtschaftliche Altersklasse,
- die berufsständischen Versorgungseinrichtungen,
- die Versicherungsunternehmen,
- die → *Pensionsfonds*,
- die → *Pensionskassen*,
- die Unternehmen, die Verträge im Sinne des § 10 Absatz 1 Nummer 2 Buchstabe b EStG anbieten (→ *Rürup-Rente*) und
- die Anbieter im Sinne des § 80 EStG (→ *Riester-Rente*).

Auch ausländische Versicherungsunternehmen (einschließlich Pensionskassen) sowie ausländische Pensionsfonds, die zur Ausübung des Geschäftsbetriebs im Inland befugt sind, sind mitteilungsverpflichtet.

Seit dem 01. Januar 2006 ist das Bundeszentralamt für Steuern (BZSt) als Nachfolgebehörde des Bundesamtes für Finanzen für die Überwachung des Rentenbezugsmitteilungsverfahrens zuständig. Das BZSt übt die Fachaufsicht über die zentrale Stelle (→ *Zentrale Zulagenstelle für Altersvermögen [ZfA]*) aus, an die die Mitteilungsverpflichteten die Rentenbezugsmitteilungen zu übersenden haben. Die ZfA bei der Deutschen Rentenversicherung Bund (vormals Bundesversicherungsanstalt für Angestellte), wo auch die entsprechenden Aufgaben für die Durchführung und Verwaltung der Riester-Rente wahrgenommen werden, soll die Rentenbezugsmitteilungen sammeln und an die Landesfinanzbehörden weiterleiten. Die mit amtlich vorgeschriebenem Datensatz der ZfA zu übermittelnden Daten werden als Rentenbezugsmitteilung bezeichnet.

Die gesetzliche Grundlage für die Rentenbezugsmitteilung ist in § 22a EStG zu finden. Danach sind von den Mitteilungspflichtigen an die zentrale Stelle (§ 81 EStG) jährlich bis zum letzten Tag des Monats Februar des folgenden Jahres Rentenbezugsmitteilungen zu erstellen und nach amtlich vorgeschriebenem Datensatz durch Datenfernübertragung zu übermitteln (§ 93c Absatz 1 Nummer 1 AO).

Folgende Daten sind mitzuteilen:

- die in § 93c Absatz 1 Nummer 2 Buchstabe c AO genannten Daten mit der Maßgabe, dass der Leistungsempfänger als Steuerpflichtiger gilt. Eine inländische Anschrift des Leistungsempfängers ist nicht zu übermitteln. Ist der mitteilungspflichtigen Stelle eine ausländische Anschrift des Leistungsempfängers bekannt, so ist diese anzugeben. In diesen Fällen ist dann auch die Staatsangehörigkeit des Leistungsempfängers, soweit bekannt, mitzuteilen,
- je gesondert den Betrag der Leibrenten und anderen Leistungen im Sinne des § 22 Nr. 1 Satz 3 Buchstabe a Doppelbuchstabe aa, bb Satz 4 und Doppelbuchstabe bb Satz 5 in Verbindung mit § 55 Absatz 2 der Einkommensteuer-Durchführungsverordnung sowie im Sinne des § 22 Nummer 5. Der im Betrag der Rente enthaltene Teil, der ausschließlich auf einer Anpassung der Rente beruht, ist gesondert mitzuteilen;
- Beginn- und Endedatum des jeweiligen Leistungsbezugs. Folgen nach dem 31. Dezember 2004 Renten aus derselben Versicherung einander nach, ist auch die Laufzeit der vorhergehenden Renten mitzuteilen,
- die Beiträge gem. § 10 Absatz 1 Nummer 3 Buchstabe a Satz 1 und 2 und Buchstabe b, soweit diese vom Mitteilungspflichtigen an die Träger der gesetzlichen Kranken- und Pflegeversicherung abgeführt werden,

- die dem Leistungsempfänger zustehenden Beitragszuschüsse nach § 106 SGB VI,
- ab dem 01. Januar 2017 ein gesondertes Merkmal und ab dem 01. Januar 2019 zwei gesonderte Merkmale für Verträge, auf denen ein gefördertes Altersvorsorgevermögen gebildet wurde. Die zentrale Stelle ist in diesen Fällen berechtigt, die Daten der Rentenbezugsmitteilung im → *Zulagekonto* zu speichern und zu verarbeiten und
- ab dem 01. Januar 2019 die gesonderte Kennzeichnung von Leistungen aus einem → *Altersvorsorgevertrag* nach § 93 Absatz 3 EStG.

Die Mitteilungspflichtigen müssen für jeden Vertrag und für jede Leibrente oder andere Leistung nach § 22 Nummer 1 Satz 3 Buchstabe a EStG oder § 22 Nummer 5 EStG jeweils eine gesonderte Rentenbezugsmitteilung erstellen. Ebenso ist eine gesonderte Rentenbezugsmitteilung erforderlich, wenn es sich um verschiedene Renten oder Leistungen aus derselben Versicherung bzw. demselben Vertragsverhältnis handelt (vgl. hierzu Rz. 17 des BMF-Schreibens vom 07. Dezember 2011 – IV C 3 – S 2257-c/10/10005 und Rz. 163 des BMF-Schreibens vom 13. September 2010, BStBl. I Seite 681). Die Rentenbezugsmitteilung ist für jedes Kalenderjahr zu erstellen, für das eine Rente oder eine Leistung nach § 22 Nummer 1 Satz 3 Buchstabe a und § 22 Nummer 5 EStG gezahlt wurde.

§ 22 Nummer 5 EStG wird auf Leistungen aus → *Altersvorsorgeverträgen*, Pensionsfonds, Pensionskassen sowie → *Direktversicherungen* angewendet. Der Umfang der Besteuerung der Leistungen richtet sich danach, inwieweit

- die Beiträge in der Ansparphase steuerfrei gestellt (§ 3 Nummer 63 und 66 EStG) oder
- nach § 10a/Abschnitt XI EStG (→ *Sonderausgabenabzug* und → *Altersvorsorgezulage*) gefördert wurden oder
- inwieweit die Leistungen auf Ansprüchen beruhen, die durch steuerfreie Zuwendungen nach § 3 Nummer 56 EStG oder
- durch die nach § 3 Nummer 55b Satz 1 EStG steuerfreien Leistungen aus einem im → *Versorgungsausgleich* begründeten Anrecht erworben wurden (geförderte Beiträge oder steuerfreie Zuwendungen).

Leistungen aus geförderten Beiträgen oder die auf steuerfreien Zuwendungen beruhen, unterliegen in vollem Umfang der Besteuerung. Beruhen Leistungen auf nicht geförderten Beiträgen und wurden keine steuerfreien Zuwendungen geleistet, richtet sich die Besteuerung nach der Art der Leistung.

Wird ein Rentenanspruch im Sinne des § 22 Nummer 5 Satz 2 Buchstabe a EStG abgefunden (z. B. Abfindung einer → *Kleinbetragsrente*), richtet sich die Besteuerung des Abfindungsbetrags nach § 22 Nummer 5 Satz 2 Buchstabe b EStG.

Beruhen Versorgungsleistungen auf einer Direktzusage oder aus einer Unterstützungskasse sind keine Rentenbezugsmitteilungen zu übermitteln, da diese Leistungen zu Einkünften aus nichtselbstständiger Arbeit führen (vgl. Rz. 327 des BMF-Schreibens vom 31. März 2010, BStBl. I S. 270).

Für Renten, Teile von Renten oder andere Leistungen, die steuerfrei sind oder nicht der Besteuerung unterliegen, ist keine Rentenbezugsmitteilung zu erstellen. Hierzu gehören auch Kapitalauszahlungen, die auf nicht geförderten Beträgen beruhen bei einem vor dem 01. Januar 2005 abgeschlossenen Altersvorsorgevertrag in Form eines Versicherungsvertrags nach Ablauf von 12 Jahren seit Vertragsabschluss, wenn der Vertrag die weiteren Voraussetzungen des § 10 Absatz 1 Nummer 2 EStG in der am 31. Dezember 2004 geltenden Fassung erfüllt (§ 52 Absatz 36 Satz 5 EStG, vgl. auch Rz. 333 i. V. m. Rz. 131 des BMF-Schreibens vom 31. März 2010, BStBl. I S. 270). Eine Rentenbezugsmitteilung ist ebenfalls nicht erforderlich, wenn Rentenansprüche ruhen und damit keine Zahlungen erfolgen oder gewährte Leistungen im selben Kalenderjahr zurückgezahlt wurden.

Da eine Übertragung von Altersvorsorgevermögen entsprechend § 93 Absatz 2 EStG sowie die Übertragung von Anwartschaften im Rahmen einer betrieblichen Altersversorgung entsprechend § 3 Nummer 55 EStG i. V. m. § 4 Absatz 2 und 3 BetrAVG zu keiner Besteuerung führt, ist ebenfalls vom abgebenden Anbieter keine Rentenbezugsmitteilung zu erstellen.

Erfolgt eine Rentenbezugsmitteilung an die zentrale Stelle, so ist der Leistungsempfänger durch den Mitteilungspflichtigen hierüber zu informieren (z. B. im Rentenbescheid, durch die Rentenanpassungsmitteilung etc.).

Von der ZfA sollen die jeweiligen Daten zusammengeführt und an die zuständigen Landesfinanzbehörden übermittelt werden. Die jeweils zuständigen Finanzämter entscheiden dann, ob der Leistungsempfänger zu einer Abgabe einer Steuererklärung aufgefordert wird.

Das Verfahren der Rentenbezugsmitteilungen sollte ursprünglich bereits ab dem Jahr 2005 durchgeführt werden. Da jedoch hierzu die Einführung einer bundesweit einheitlichen Identifikationsnummer gem. § 139b AO erforderlich ist und die hierfür notwendigen Voraussetzungen allerdings noch nicht geschaffen wurden, war frühestens ab dem Jahr 2008 mit dem Beginn des Mitteilungsverfahrens zu rechnen.

Die Identifikationsnummer wird aufgrund von Daten der Meldebehörden vergeben, bei denen alle Einwohner registriert sind. Erst am 01. Juli 2007 haben die Meldebehörden damit begonnen, die für die Vergabe der Identifikationsnummer erforderlichen Daten an das BZSt zu übermitteln. Da jeder Einwohner nur eine einzige Identifikationsnummer erhalten darf, muss das BZSt sämtliche Daten von über 80 Millionen Einwohnern untereinander abgleichen und bereinigen.

Gem. § 52 Absatz 38a EStG kann das BZSt im BStBl. den erstmaligen Zeitpunkt veröffentlichen, ab dem das Rentenbezugsmitteilungsverfahren rückwirkend ab dem 01.01.2005 durchzuführen ist. In Anwendung dieser Vorschrift wurde mit Schreiben vom 28. Oktober 2008 bekannt gegeben, dass für die Veranlagungsjahre 2005 bis 2008 die Rentenbezugsmitteilungen im Zeitraum vom 01. Oktober 2009 bis zum 31. Dezember 2009 zu übermitteln waren (§ 52 Absatz 38a EStG; Schreiben des BZSt vom 28. Oktober 2008, BStBl. I Seite 955). Ab dem Veranlagungsjahr 2009 gilt die in § 93c Absatz 1 Nummer 1 AO genannte Frist.

§ 22a Absatz 1 Satz 1 Nummer 1 Satz 2 und 3 in der Fassung des Artikels 1 des Gesetzes vom 08. Dezember 2010 (BGBl. I S. 1768) ist erstmals für die Rentenbezugsmitteilungen anzuwenden, die für den Veranlagungszeitraum 2011 zu übermitteln sind. § 22a in der Fassung des Artikels 1 des Gesetzes vom 08. Dezember 2010 (BGBl. I S. 1768) ist erstmals für die Rentenbezugsmitteilungen anzuwenden, die für den Veranlagungszeitraum 2010 zu übermitteln sind.

Die Rentenbezugsmitteilung ersetzt allerdings nicht die Verpflichtung zur Abgabe der Einkommensteuererklärung.

Rentenbezugsmitteilungsverfahren

Mit der Verabschiedung des Gesetzes zur Neuordnung der einkommensteuerrechtlichen Behandlung von Altersvorsorgeaufwendungen und Altersbezügen (→ *Alterseinkünftegesetz – AltEinkG*) vom 05.07.2004 (BGBl. I S. 1427), geändert durch Artikel 117 der Verordnung vom 31. Oktober 2006 (BGBl. I

S. 2407), erfolgte die Verpflichtung der Träger der gesetzlichen Rentenversicherung und anderer Einrichtungen zur Übermittlung von Daten über den Rentenbezug. So haben gemäß § 22a EStG die Mitteilungspflichtigen der → *zentralen Stelle* eine → *Rentenbezugsmitteilung* zu übermitteln. Die Datenübermittlung erfolgt nach amtlich vorgeschriebenem Datensatz durch Datenfernübertragung. Die Entgegennahme der Daten und Weiterleitung der Rentenbezugsmitteilung an die Finanzverwaltung wird Rentenbezugsmitteilungsverfahren genannt.

Renteneintrittsalter

→ *Regelaltersgrenze* und → *RV-Altersgrenzenanpassungsgesetz*

Rentenkommission „Verlässlicher Generationenvertrag"

Im Koalitionsvertrag der 19. Legislaturperiode zwischen der CDU, CSU und SPD hatte die Bundesregierung beschlossen, eine Rentenkommission „Verlässlicher Generationenvertrag" einzurichten. Aufgabe der Kommission war es, eine Empfehlung zur nachhaltigen Sicherung und Fortentwicklung der drei Säulen der Alterssicherung, der → *gesetzlichen Rentenversicherung*, der → *betrieblichen Altersversorgung* und der privaten → *Eigenvorsorge* ab dem Jahr 2025 zu erstellen.

Die Rentenkommission hatte Mitte des Jahres 2018 ihre Arbeit aufgenommen und am 27. März 2020 ihren Abschlussbericht vorgelegt (siehe hierzu: https://www.bmas.de/DE/Themen/Rente/Kommission-Verlaesslicher-Generationenvertrag/kommission-verlaesslicher-generationenvertrag.html).

Die Mitglieder/-innen der Kommission stammen aus den Reihen der Politik, Wissenschaft sowie der Sozialpartner.

Rentenleistung

Bei den im Rahmen einer → *Versorgungszusage* zu erbringenden Leistungen handelt es sich i. d. R. um einmalige Zahlungen (→ *Kapitalleistungen*) oder laufende Zahlungen. Bei laufenden Zahlungen handelt es sich meist um Rentenleistungen.

Rentenleistungen können grundsätzlich als → *Leibrenten* oder als → *Zeitrenten* erbracht werden.

Rentensplitting

Im SGB VI ist in den §§ 120a ff. das Rentensplitting unter Ehegatten geregelt. Danach können die Ehegatten gemeinsam bestimmen, dass die während der Ehezeit erworbenen Rentenanwartschaften in der gesetzlichen Rentenversicherung partnerschaftlich zwischen den beiden Ehegatten aufgeteilt werden.

Voraussetzungen hierfür sind, dass

- die Ehe nach dem 31. Dezember 2001 geschlossen worden ist (§ 120a Absatz 2 Nr. 1 SGB VI) oder
- die Ehe am 31. Dezember 2001 bestand und beide Ehegatten nach dem 1. Januar 1962 geboren sind (§ 120a Absatz 2 Nr. 2 SGB VI) und
- beide Ehepartner mindestens 25 Jahre rentenrechtliche Zeiten vorweisen können (§ 120a Absatz 4 SGB VI).

Eine weitere Voraussetzung nach § 120a Absatz 3 SGB VI ist, dass entweder beide Ehegatten erstmalig eine Vollrente wegen Alters aus der gesetzlichen Rentenversicherung beziehen oder ein Ehegatte erstmalig eine Vollrente wegen Alters aus der gesetzlichen Rentenversicherung bezieht und der andere Ehegatte die Regelaltersgrenze erreicht hat.

Nach Durchführung des Rentensplittings sind die von den beiden Ehegatten während der Ehe erworbenen Ansprüche in der gesetzlichen Rentenversicherung gleich hoch: Der Ehegatte mit den in der Ehezeit erworbenen höheren Rentenansprüche gibt einen Teil seiner ehezeitlichen Rentenansprüche an den anderen Ehegatten ab, sodass durch das Rentensplitting letztendlich sich für den begünstigten Ehegatten die eigenen Rentenansprüche in der gesetzlichen Rentenversicherung erhöhen, während sich die Rentenansprüche des anderen Ehegatten dementsprechend durch das Rentensplitting mindern.

Durch das Rentensplitting wird die spätere Zahlung einer Hinterbliebenenrente ausgeschlossen.

Eine Rückgängigmachung des Rentensplittings bei Tod eines Ehegatten (§ 120b SGB VI) oder eine Abänderung unter Ehegatten (§ 120c SGB VI) ist grundsätzlich möglich.

Beim Tod eines Ehepartners kann das Rentensplitting ebenfalls durchgeführt werden, wenn die o.g. Bedingungen auf den verbliebenen Ehepartner anzuwenden sind § 120a Absatz 3 Nr. 3 SGB VI).

Gem. § 120e SGB VI können auch Lebenspartner eine Aufteilung der erworbenen Rentenanwartschaften bestimmen.

Rentenüberleitungs-Abschlussgesetz

→ *Gesetz über den Abschluss der Rentenüberleitung*

Rentenübersichtsanbindungsverordnung (RentÜAV)

→ *Säulenübergreifende Renteninformation*

Rentenübersichtsgesetz (RentÜG)

→ *Säulenübergreifende Renteninformation*

Rentenwert

→ *Aktueller Rentenwert*

Rentenwertbestimmungsverordnung

Zum 01. Juli eines Jahres werden die Renten aus der deutschen gesetzlichen Rentenversicherung anhand der Verordnung zur Bestimmung des Rentenwerts in der gesetzlichen Rentenversicherung (zuletzt zum 01. Juli 2025: Verordnung zur Bestimmung des Rentenwerts in der gesetzlichen Rentenversicherung und zur Bestimmung weiterer Werte zum 01. Juli 2025 – Rentenwertbestimmungsverordnung 2025 – RWBestV 2025 vom 23. Juni 2025 [BGBl. 2025 I Nr. 148]) durch Festsetzung der → *aktuellen Rentenwerte* angehoben.

Rentnergesellschaft

Als Rentnergesellschaft wird üblicherweise ein Unternehmen bezeichnet, deren ursprüngliche Geschäftstätigkeit eingestellt wurde und das nur noch die Erfüllung und Abwicklung seiner → *Versorgungszusagen* betreibt.

Bei solchen Unternehmen wird in der Fachliteratur insbesondere diskutiert, ob und wie die wirtschaftliche Lage im Rahmen der Anpassungsprüfungspflicht nach § 16 Absatz 1 BetrAVG (→ *Anpassung*) zu bewerten ist.

Nach dem Umwandlungsgesetz können die Pensionsverpflichtungen von dem ursprünglich verpflichteten Arbeitgeber auf eine andere Gesellschaft (Rentnergesellschaft) abgespalten werden. Bei einer Abspaltung lediglich von Pensionsverpflichtungen hat das BAG mit Urteil vom 11.03.2008 (Az.: 3 AZR 358/06) deutlich gemacht, dass die übernehmende Gesellschaft (Rentnergesellschaft) mit ausreichend Kapital ausgestattet sein muss, sodass die existierenden (übertragenen) Pensionsverpflichtungen auch mit größtmöglicher Sicherheit erfüllt werden können.

Riester-Banksparplan

Zu den riesterfähigen Finanzprodukten zählt auch der Banksparplan. Hierbei handelt es sich um einen mit einer Bank abgeschlossenen, verzinslichen zertifizierten → *Altersvorsorgevertrag*, der durch → *Zulagen* und einen → *Sonderausgabenabzug* staatlich gefördert werden kann. Das angesparte Kapital wird frühestens ab dem 60. Lebensjahr in eine lebenslange → *Rente* umgewandelt.

Riester-Faktor

Die Ermittlung des → *aktuellen Rentenwertes* erfolgt anhand der sog. Rentenanpassungsformel gem. § 68 SGB VI. Die Formel wurde in 2001 durch das → *Altersvermögensergänzungsgesetz* geändert und beinhaltet seitdem einen „Faktor für die Veränderung des Beitragssatzes zur Rentenversicherung (RVB) und des Altersvorsorgeanteils (AVA)", der – nach dem damaligen Arbeitsminister Walter Riester (SPD) – als „Riester-Faktor" bekannt ist.

Der Riester-Faktor dämpft Rentenanpassungen und unterstellt, dass die dadurch entstandene → *Versorgungslücke* durch den Abschluss einer → *Riester-Rente* ausgeglichen wird.

Riester-Förderung

Schließt ein → *Anleger* einen → *Altersvorsorgevertrag* ab, so kann er hierfür eine staatliche → *Förderung* in Form von → *Zulagen* und einen → *Sonderausgabenabzug* nach § 10a EStG erhalten. Diese nach dem ehemaligen Bundesarbeitsminister Walter Riester benannte Förderung ist im → *Altersvermögensgesetz* geregelt, das zum 01.01.2002 in Kraft trat (siehe hierzu insbesondere → *Riester-Rente*).

Riester-Rente

A. Allgemeines

Kernstück der Rentenreform im Jahr 2001 war die Einführung einer freiwilligen zusätzlichen kapitalgedeckten Altersvorsorge, die staatlich mit finanziellen Anreizen gefördert wird. Diese ergänzende Altersvorsorge wird nach dem ehemaligen Bundesarbeitsminister Walter Riester benannt. Die staatliche → *Förderung* ist im → *Altersvermögensgesetz* geregelt, das zum 01.01.2002 in Kraft trat.

Aufgrund u. a. demografischer Veränderungen kann das Rentenniveau der → *gesetzlichen Rentenversicherung* von bislang 70 % des letzten Nettoeinkommens nicht mehr aufrechterhalten werden. Immer weniger Beitragszahler müssen immer mehr Rentenempfänger finanzieren. Durch Reformmaßnahmen wird das Rentenniveau abgesenkt. Ziel der Riester-Rente ist nun, die durch die Absenkung des Rentenniveaus in der → *gesetzlichen Rentenversicherung* entstehenden finanziellen Lücken im Rentenalter schließen zu helfen.

B. Die Förderung

1. Das Förderkonzept

Bei der zusätzlichen Altersversorgung besteht die Förderung aus der Kombination aus einer Zulagenförderung (→ *Zulage*) und einem zusätzlichen → *Sonderausgabenabzug*, der im Rahmen der Einkommensteuerveranlagung berücksichtigt wird.

Eine optimale Ausnutzung der Förderung erlangt der → *Anleger* bei Abschluss eines → *Altersvorsorgevertrages*, indem er zum einen den Antrag auf Altersvorsorgezulage stellt und zum anderen zusätzlich im Rahmen seiner Steuererklärung den Sonderausgabenabzug gem. § 10a EStG geltend macht.

2. Wer wird gefördert?

Vgl. hierzu die Ausführungen zu → *Zulageberechtigter* und → *Förderkriterien*.

3. Welche Anlageformen werden gefördert?

Für den Aufbau einer zusätzlichen Altersvorsorge kommen sowohl die private → *Eigenvorsorge* als auch die → *betriebliche Altersversorgung* in Betracht.

4. Wie wird gefördert?

a) Die Zulagenförderung

Die Förderung über Zulagen setzt sich aus einer → *Grundzulage* und einer → *Kinderzulage* zusammen. Die Zulagen werden in voller Höhe ausbezahlt, wenn der Zulageberechtigte den → *Mindesteigenbeitrag* erbracht hat. Ansonsten erfolgt eine anteilige Kürzung der Zulage.

b) Der Sonderausgabenabzug

Neben der Zulage können Altersvorsorgebeiträge bis zu bestimmten Höchstgrenzen als Sonderausgaben im Rahmen der Einkommensteuererklärung geltend gemacht werden (siehe hierzu → *Sonderausgabenabzug*).

C. Private Eigenvorsorge

Vorsorgeprodukte zum Aufbau einer förderfähigen Altersvorsorge werden von

- Banken,
- Bausparkassen,
- Fondsgesellschaften,
- Kapitalanlagegesellschaften,
- sonstigen Finanzdienstleistungsunternehmen sowie
- Versicherungsunternehmen

angeboten. Hier kommen z. B. Banksparpläne, private Rentenversicherungen oder Investmentfonds infrage.

Um eine Förderung zu erhalten, müssen die im Rahmen der Eigenvorsorge abgeschlossenen Altersvorsorgeverträge nach dem → *Altersvorsorgeverträge-Zertifizierungsgesetz* zertifiziert sein (vgl. hierzu §§ 1 ff. AltZertG). So müssen diese z. B. im Alter eine lebenslange Rente (→ *Leibrente*) zahlen. Zusätzlich müssen bei Beginn der Auszahlungsphase mindestens die eingezahlten Beiträge für die Auszahlung zur Verfügung stehen. Neben Rentenversicherungen sind grundsätzlich auch Fonds- und Banksparpläne zugelassen.

Wer zum Aufbau einer kapitalgedeckten Altersvorsorge nicht den Weg über eine förderfähige private Eigenvorsorge gehen will, kann den Weg über einen förderfähigen → *Durchführungsweg* der betrieblichen Altersversorgung wählen.

D. Betriebliche Altersversorgung

Um eine Förderung über Zulagen und ggf. einen Sonderausgabenabzug zu erhalten, muss der Arbeitnehmer Beiträge aus versteuertem und sozialversicherungspflichtigem Einkommen leisten. Weiterhin muss die betriebliche Versorgungseinrichtung dem Arbeitnehmer eine lebenslange Altersversorgung gewährleisten.

1. Die Durchführungswege

Von den fünf Durchführungswegen der betrieblichen Altersversorgung sind drei gem. Abschnitt XI des EStG förderfähig: Dies sind die Durchführungswege → *Direktversicherung*, → *Pensionskasse* sowie → *Pensionsfonds*. Für Versorgungszusagen in Form einer → *Direktzusage* oder über eine → *Unterstützungskasse* wird keine → *Riester-Förderung* gewährt.

a) Die Direktversicherung

Eine förderfähige Direktversicherung liegt vor, wenn die Beiträge zur Direktversicherung aus individuell steuer- und beitragspflichtigem Entgelt stammen. Zusätzlich müssen in der Leistungsphase lebenslange Leistungen erbracht werden. → *Kapitalleistungen* sind förderschädlich. Für Direktversicherungen, die Kapitalleistungen vorsehen, können Zulagen nicht beantragt und der Sonderausgabenabzug nicht geltend gemacht werden.

b) Die Pensionskasse

Für Pensionskassen gilt das Gleiche wie bei der Direktversicherung.

c) Der Pensionsfonds

Für Pensionsfonds gilt das Gleiche wie bei der Direktversicherung und der Pensionskasse.

d) Die Direktzusage und die Unterstützungskasse

Für diese beiden Durchführungswege kann weder eine Zulage beantragt noch ein Sonderausgabenabzug gewährt werden.

2. Steuer- und sozialversicherungsrechtliche Aspekte

Hat ein Arbeitnehmer gem. § 1a Absatz 3 BetrAVG einen Anspruch auf → *Entgeltumwandlung* für betriebliche Altersversorgung nach § 1a Absatz 1 BetrAVG, so kann der Arbeitnehmer vom Arbeitgeber die Erfüllung der Voraussetzungen für eine Förderung nach den §§ 10a und 82 Absatz 2 EStG verlangen, wenn die betriebliche Altersversorgung über einen Pensionsfonds, eine Pensionskasse oder eine Direktversicherung durchgeführt wird. Um den Sonderausgabenabzug nach § 10a EStG zu erhalten müssen die Altersvorsorgebeiträge aus dem versteuerten und verbeitragten Entgelt geleistet werden (§ 82 Absatz 2 EStG). Dementsprechend wurden die geleisteten Beiträge nach § 3 Nummer 63 Satz 2 EStG nicht steuerfrei gestellt. Dies wiederum führt nach § 1 Absatz 1 Satz 1 Nummer 9 SvEV dazu, dass dieses nicht steuerfrei gestellte Arbeitsentgelt sozialversicherungspflichtig ist.

Erhält der Arbeitnehmer Leistungen aus diesem Altersvorsorgevertrag, so gelten diese Leistungen aus einer betrieblichen Altersversorgung nach § 229 Absatz 1 Nummer 5 SGB V i. V. m. § 57 Absatz 1 Satz 1 SGB XI als beitragspflichtige Einnahmen in der gesetzlichen Krankenversicherung und der sozialen Pflegeversicherung.

Diese doppelte Verbeitragung einer über die betriebliche Altersversorgung finanzierten Riester-Rente wurde mit dem → *Betriebsrentenstärkungsgesetz* durch die Änderung in § 229 Absatz 1 Satz 1 Nummer 5 SGB V aufgehoben, wonach Leistungen aus → *Altersvorsorgevermögen* im Sinne des § 92 EStG nicht beitragspflichtig in der gesetzlichen Krankenversicherung und damit auch über § 57 Absatz 1 Satz 1 SGB XI nicht beitragspflichtig in der sozialen Pflegeversicherung sind.

Damit werden die im Rahmen der privaten Eigenvorsorge und der betrieblichen Altersversorgung abgeschlossenen Altersvorsorgeverträge jetzt einheitlich behandelt.

3. Informations- und Aufzeichnungspflichten

a) Pflichten des Arbeitgebers

Nimmt der Arbeitnehmer die Riester-Förderung über die betriebliche Altersversorgung in Anspruch, dann hat die Versorgungseinrichtung bestimmte Bescheinigungspflichten zu erfüllen. Um diesen Pflichten nachkommen zu können, muss der Arbeitgeber oder ein beauftragter Dritter (z. B. Steuerberater) dem Pensionsfonds, der Pensionskasse und/oder einer Direktversicherung spätestens zwei Monate nach Ablauf des Kalenderjahres mitteilen, wie die geleisteten Beiträge versteuert wurden, sofern die Versorgungseinrichtung die steuerliche Behandlung der Beiträge nicht kennt (§ 6 AltvDV).

b) Pflichten der Versorgungseinrichtung

Die Versorgungseinrichtung muss dem Steuerpflichtigen verschiedene Bescheinigungen nach amtlich vorgeschriebenen Vordrucken zur Verfügung stellen:

Der → *Anbieter* hatte – zuletzt für den Veranlagungszeitraum 2009 – dem Steuerpflichtigen die für die Inanspruchnahme des → *Sonderausgabenabzugs* geleisteten Altersvorsorgebeiträge durch eine Bescheinigung (§ 10a Absatz 5 EStG) jährlich nachzuweisen. Ab dem Veranlagungszeitraum 2010 wurde die Anbieterbescheinigung nach § 10a Absatz 5 EStG in Papierform abgeschafft. Die für die Geltendmachung des Sonderausgabenabzugs erforderlichen Daten werden dann vom Anbieter in elektronischer Form, sofern die Zustimmung des Steuerpflichtigen vorliegt, an die zentrale Stelle übermittelt (§ 10a Absatz 2a EStG i. V. m. § 10a Absatz 5 EStG). Verhindern technische Probleme die Übermittlung des Datensatzes in elektronischer Form und muss hierfür eine Papierbescheinigung ausgestellt werden, muss hierfür ebenfalls die Einwilligung des Anlegers in die Datenübermittlung nach § 10a Absatz 2a EStG vorliegen. Ohne Vorliegen dieser Einwilligungserklärung darf weder eine maschinelle Meldung noch eine Papierbescheinigung nach dem BMF-Schreiben vom 18. August 2011 (BStBl. I S. 788) ausgestellt werden. Bei Vorliegen der Einwilligung hat der Anbieter die nach § 10a Absatz 5 EStG erforderlichen Daten an die zentrale Stelle zu übermitteln. Liegen die in § 10a Absatz 5 Satz 1 EStG genannten Voraussetzungen vor und kann der vorgegebene Übermittlungstermin durch den Anbieter, z. B. wegen technischer Probleme, nicht eingehalten werden, hat er dem Steuerpflichtigen die für den Sonderausgabenabzug erforderlichen Daten nach dem mit BMF-Schreiben vom 18. August 2011 bekannt gegebenen Vordruckmuster grundsätzlich bis zum 31. März des dem Beitragsjahr folgenden Kalenderjahres zu bescheinigen. Die Bescheinigung entbindet den Anbieter allerdings nicht von der Verpflichtung einer Datenübermittlung. Er muss diese unverzüglich nachholen.

Als erforderliche Daten hat der Anbieter die Höhe der im jeweiligen Beitragsjahr zu berücksichtigenden Altersvorsorgebeiträge unter Angabe der Vertragsdaten, des Datums der Einwilligung nach Absatz 2a, der Identifikationsnummer (§ 139b der Abgabenordnung) sowie der → *Zulagenummer* oder der Versicherungsnummer nach § 147 des Sechsten Buches Sozialgesetzbuch nach amtlich vorgeschriebenem Datensatz durch Datenfernübertragung an die zentrale Stelle bis zum 28. Februar des dem Beitragsjahr folgenden Kalenderjahres zu übermitteln.

Weiterhin hat nach § 22 Nummer 5 Satz 7 EStG ein Anbieter eines Altersvorsorgevertrages oder einer betrieblichen Altersversorgung dem → *Anleger*

- bei einem erstmaligen Leistungsbezug,
- in den Fällen der steuerschädlichen Verwendung nach § 93 Absatz 1 EStG,
- bei Änderungen der im Kalenderjahr auszuzahlenden Leistung

den Betrag der im abgelaufenen Kalenderjahr zugeflossenen Leistung nach amtlich vorgeschriebenem Muster jeweils gesondert mitzuteilen. Dies gilt auch für die dem Steuerpflichtigen erstatteten Abschluss- und Vertriebskosten. Diese Mitteilung informiert den Anleger über die Höhe der steuerpflichtigen Leistungen aus dem Altersvorsorgevertrag oder der kapitalgedeckten betrieblichen Altersvorsorge, die er bei der Erstellung seiner Einkommensteuererklärung auf Seite 2 der Anlage R einzutragen hat.

Für Leistungen des Kalenderjahres 2010 ist der Vordruck gem. BMF-Schreiben vom 17. Dezember 2010 zu verwenden.

Als dritte Bescheinigung muss der Anbieter dem Zulageberechtigten gem. § 92 EStG jährlich

- die im abgelaufenen Jahr geleisteten Altersvorsorgebeiträge,
- die von der → *Zentrale Zulagenstelle für Altersvermögen* im abgelaufenen Beitragsjahr getroffenen, aufgehobenen oder geänderten Ermittlungs- (§ 90 EStG) oder Berechnungsergebnisse (§ 90a EStG),
- die Summe der im abgelaufenen Beitragsjahr dem Altersvorsorgevertrag gutgeschriebenen Zulagen,
- die Summe der im abgelaufenen Beitragsjahr geleisteten Altersvorsorgebeiträge und
- den Stand des Altersvorsorgevermögens

ausweisen.

Für das Beitragsjahr 2012 ist ein geändertes Vordruckmuster zu verwenden. Für die Bescheinigung des Beitragsjahres 2011 sowie für Nachdrucke vorangegangener Jahre kann sowohl das geänderte als auch das mit Schreiben vom 09. Januar 2009 (BStBl I 2009, S. 46) bekannt gegebene Vordruckmuster verwendet werden, soweit für Beitragsjahre ab 2010 die Bestätigung nach § 92 Satz 1 Nummer 7 EStG auf Seite 2 unten im sog. „Raum für Informationen nach § 7 Absatz 4 AltZertG und sonstige Informationen des Anbieters" aufgenommen wird.

Mit dem Gesetz zur Verbesserung der steuerlichen Förderung der privaten Altersvorsorge (Altersvorsorge-Verbesserungsgesetz – AltvVerbG) vom 24.06.2013 (BGBl. I S. 1667) wurde zur Verbesserung des Verbraucherschutzes ein verpflichtendes normiertes → *Produktinformationsblatt* für die Anbieter von Basis-(→ *Rürup-Rente*) und Riester-Rente eingeführt. Anhand des Produktinformationsblattes müssen die Anbieter über die wesentlichen Merkmale der von ihnen angebotenen Altersvorsorgeprodukte informieren.

(Bezeichnung und Anschrift des Anbieters)

Datum der Absendung

(Bekanntgabeadressat)

Diese Bescheinigung ist für Ihre Unterlagen bestimmt.

Bescheinigung nach § 92 EStG für das Jahr
für

Name, Vorname	Geburtsdatum
Straße, Hausnummer	
Postleitzahl, Wohnort	
Anbieternummer	Zertifizierungsnummer
Vertragsnummer	Sozialversicherungsnummer / Zulagenummer (soweit bekannt)

Im abgelaufenen Beitragsjahr geleistete Altersvorsorgebeiträge

	Beitragsjahr	Euro	Cent
Beiträge ohne Zulage			
Tilgungsleistungen ohne Zulage			

für das Beitragsjahr

		Euro	Cent
erhaltene Zulage	Grundzulage (gegebenenfalls einschließlich Erhöhungsbetrag)		
	Kinderzulage für		
	Kinderzulage für		
zurückgezahlte Zulage	Grundzulage (gegebenenfalls einschließlich Erhöhungsbetrag)		
	Kinderzulage für		
	Kinderzulage für		

besteht laut Mitteilung der ZfA **kein** Anspruch auf

☐ Grundzulage (gegebenenfalls einschließlich Erhöhungsbetrag)

☐ Kinderzulage für

☐ Kinderzulage für

Raum für Erläuterungen (zum Beispiel Abweichungen vom Antrag bzw. Gründe für die Verneinung des Anspruchs, Angaben zum Erhöhungsbetrag - sogenannter "Berufseinsteigerbonus")

ZfA - 3
Vers. 017 - Stand 01.09.2011

Quelle: Bundeszentralamt für Steuern

Im abgelaufenen Beitragsjahr

für das Beitragsjahr			
erhaltene Zulage	Grundzulage (gegebenenfalls einschließlich Erhöhungsbetrag)	Euro	Cent
	Kinderzulage für	Euro	Cent
	Kinderzulage für	Euro	Cent
zurückgezahlte Zulage	Grundzulage (gegebenenfalls einschließlich Erhöhungsbetrag)	Euro	Cent
	Kinderzulage für	Euro	Cent
	Kinderzulage für	Euro	Cent

besteht laut Mitteilung der ZfA **kein** Anspruch auf

- ☐ Grundzulage (gegebenenfalls einschließlich Erhöhungsbetrag)
- ☐ Kinderzulage für
- ☐ Kinderzulage für

Raum für Erläuterungen (zum Beispiel Abweichungen vom Antrag bzw. Gründe für die Verneinung des Anspruchs, Angaben zum Erhöhungsbetrag - sogenannter "Berufseinsteigerbonus")

Summe der insgesamt gutgeschriebenen Zulagen bis zum	31.12		Euro	Cent
Summe der insgesamt geleisteten Altersvorsorgebeiträge bis zum	31.12		Euro	Cent
Stand des Altersvorsorgevermögens am	31.12		Euro	Cent
Stand des Wohnförderkontos am	31.12		Euro	Cent

Die Übermittlung der Altersvorsorgebeiträge an die ZfA erfolgte für das

Beitragsjahr 20

Beitragsjahr 20

Diese Bescheinigung ist maschinell erstellt und daher nicht unterschrieben.

Hinweis:
Sollten Sie Einwendungen gegen die Höhe der gezahlten Zulage geltend machen wollen, können Sie innerhalb eines Jahres nach Erteilung dieser Bescheinigung einen Antrag auf Festsetzung der Zulage stellen (§ 90 Abs. 4 EStG). Sofern Sie Einwände gegen den Stand des Wohnförderkontos haben, können Sie innerhalb eines Jahres nach Erteilung dieser Bescheinigung die Feststellung des Wohnförderkontos beantragen (§ 92b Abs. 3 Satz 4 EStG). Die jeweiligen Anträge sind schriftlich an den Anbieter zu richten, der diese der ZfA zuleitet.

Raum für Informationen nach § 7 Abs. 4 AltZertG und sonstige Informationen des Anbieters

Quelle: Bundeszentralamt für Steuern

Einkommensteuergesetz

Bekanntmachung zum Muster für die Bescheinigung nach § 92 EStG

Nach § 92 Einkommensteuergesetz (EStG) ist die Bescheinigung nach amtlich vorgeschriebenem Muster zu erteilen. Das Bundesministerium der Finanzen ist nach § 99 Absatz 1 EStG ermächtigt, dieses Muster zu bestimmen.

Hiermit wird bekannt gemacht, dass das mit Schreiben vom 10. Oktober 2011 im Bundessteuerblatt veröffentlichte Muster für die Bescheinigung nach § 92 EStG (BStBl I 2011 Seite 964) in der Fassung vom 6. Dezember 2013 (BStBl I 2013 Seite 1507) ab dem Beitragsjahr 2024 mit folgender Maßgabe weiter zu verwenden ist. Der Hinweis am Ende dieser Bescheinigung ist wie folgt zu ersetzen:

„Sollten Sie Einwände gegen die Höhe der gezahlten Zulage geltend machen wollen, können Sie innerhalb eines Jahres nach Erteilung dieser Bescheinigung einen Antrag auf Festsetzung der Zulage stellen (§ 90 Absatz 4 Satz 1 Nummer 3 EStG), sofern Sie nicht bereits einen Festsetzungsbescheid für das entsprechende Beitragsjahr erhalten haben. Sofern Sie Einwände gegen den Stand des Wohnförderkontos haben, können Sie innerhalb eines Jahres nach Erteilung dieser Bescheinigung die Feststellung des Wohnförderkontos beantragen (§ 92b Absatz 3 Satz 4 EStG). Die jeweiligen Anträge sind schriftlich oder elektronisch an die zentrale Stelle (ZfA) zu richten.“

Eine Berücksichtigung dieser Änderung in der Bescheinigung nach § 92 EStG für Beitragsjahre vor 2024 wird ausdrücklich zugelassen.

Dieses Schreiben steht ab sofort für eine Übergangszeit im Internet auf der Homepage des Bundeszentralamtes für Steuern unter der Adresse http://www.bzst.bund.de zum Download bereit.

Berlin, den 23. Juli 2024
IV C 3 - S 2495/23/10001:001

Bundesministerium der Finanzen

Anlage

(Bezeichnung und Anschrift des Anbieters)

Datum der Absendung

(Bekanntgabeadressat)

Wichtiger Hinweis:
Diese Mitteilung informiert Sie über die Höhe der steuerpflichtigen Leistungen aus Ihrem Altersvorsorgevertrag oder aus Ihrer inländischen betrieblichen Altersversorgung. Die Daten werden **elektronisch** an Ihr Finanzamt **übermittelt** und **automatisch berücksichtigt**. Bitte füllen Sie die Anlage R-AV/ bAV zur Einkommensteuererklärung nur aus, wenn Sie von den hier bescheinigten Daten abweichen oder Ergänzungen vornehmen möchten.

Mitteilung

über steuerpflichtige Leistungen aus einem Altersvorsorgevertrag oder aus einer betrieblichen Altersversorgung (§ 22 Nummer 5 Satz 7 Einkommensteuergesetz - EStG)

für das Kalenderjahr ___________

Name, Vorname	**Geburtsdatum** (soweit bekannt)
Straße, Hausnummer	
Postleitzahl, Wohnort	
Vertragsnummer (soweit vorhanden)	**Sozialversicherungsnummer/ Zulagenummer** (soweit vorhanden)
Anbieternummer (soweit vorhanden)	**Zertifizierungsnummer** (soweit vorhanden)

Grund für die Mitteilung:

- ☐ erstmalige regelmäßige Leistungen im Sinne des § 22 Nummer 5 EStG
- ☐ Änderung des Leistungsbetrags gegenüber dem Vorjahr
- ☐ ausschließlich einmalige Leistungen im Sinne des § 22 Nummer 5 EStG
- ☐ Berichtigung der für dieses Kalenderjahr erstellten Mitteilung vom ___________

Quelle: Bundesministerium der Finanzen

- 2 -

Folgende Leistungen aus Ihrem Altersvorsorgevertrag oder aus Ihrer betrieblichen Altersversorgung im Kalenderjahr __________ unterliegen der Besteuerung nach § 22 Nummer 5 EStG:

Nummer	Besteuerung nach	Betrag in Euro/ Cent
1	§ 22 Nummer 5 Satz 1 EStG [1]	
2	§ 22 Nummer 5 Satz 1 in Verbindung mit Satz 11 EStG (in Nummer 1 nicht enthalten) [2] **Freiwillige Angaben:** Bemessungsgrundlage für den Versorgungsfreibetrag [ ] Maßgebendes Kalenderjahr des Versorgungsbeginns [ ] Bei unterjähriger Zahlung: Erster und letzter Monat, für den Versorgungsbezüge gezahlt wurden [ ]	
3	§ 22 Nummer 5 Satz 1 in Verbindung mit § 22 Nummer 5 Satz 13 EStG (in Nummer 1 nicht enthalten) [3]	
4	§ 22 Nummer 5 Satz 2 Buchstabe a in Verbindung mit § 22 Nummer 1 Satz 3 Buchstabe a Doppelbuchstabe aa EStG [4] darin enthaltener Rentenanpassungsbetrag [ ]	
5	§ 22 Nummer 5 Satz 2 Buchstabe a in Verbindung mit § 22 Nummer 1 Satz 3 Buchstabe a Doppelbuchstabe bb EStG ggf. in Verbindung mit § 55 Absatz 1 Nummer 1 EStDV [5]	
6	§ 22 Nummer 5 Satz 2 Buchstabe a in Verbindung mit § 22 Nummer 1 Satz 3 Buchstabe a Doppelbuchstabe bb Satz 5 EStG in Verbindung mit § 55 Absatz 2 EStDV ggf. in Verbindung mit § 55 Absatz 1 Nummer 1 EStDV [6]	
7	§ 22 Nummer 5 Satz 2 Buchstabe b in Verbindung mit § 20 Absatz 1 Nummer 6 EStG [7]	
8	§ 22 Nummer 5 Satz 2 Buchstabe c EStG [8]	

Quelle: Bundesministerium der Finanzen

9a	§ 22 Nummer 5 Satz 3 in Verbindung mit Satz 2 Buchstabe a in Verbindung mit § 22 Nummer 1 Satz 3 Buchstabe a Doppelbuchstabe bb EStG in Verbindung mit § 55 Absatz 1 Nummer 1 EStDV [9]	
9b	§ 22 Nummer 5 Satz 3 in Verbindung mit Satz 2 Buchstabe a in Verbindung mit § 22 Nummer 1 Satz 3 Buchstabe a Doppelbuchstabe bb Satz 5 EStG in Verbindung mit § 55 Absatz 2 EStDV ggf. in Verbindung mit § 55 Absatz 1 Nummer 1 EStDV [9]	
9c	§ 22 Nummer 5 Satz 3 in Verbindung mit Satz 2 Buchstabe b in Verbindung mit § 20 Absatz 1 Nummer 6 EStG[9]	
9d	§ 22 Nummer 5 Satz 3 in Verbindung mit Satz 2 Buchstabe c EStG [9]	
10	§ 22 Nummer 5 Satz 8 EStG [10]	
11	In der Nummer ____ enthaltene Nachzahlungen für mehrere vorangegangene Jahre [11]	
Bei den Leistungen der Nummer(n) _________ handelt es sich um Leistungen an den Rechtsnachfolger bei vereinbarter Rentengarantiezeit. [12]		

Diese Bescheinigung ist maschinell erstellt und daher nicht unterschrieben. Die bescheinigten Leistungen werden gemäß § 22a EStG auch der zentralen Stelle (§ 81 EStG) zur Übermittlung an die Landesfinanzbehörden mitgeteilt (Rentenbezugsmitteilungsverfahren).

Hinweise

Geförderte Beträge im Sinne des § 22 Nummer 5 EStG sind

- Beiträge, auf die § 3 Nummer 63, § 3 Nummer 63a, § 10a, Abschnitt XI oder Abschnitt XII EStG angewendet wurde,
- steuerfreie Leistungen nach § 3 Nummer 55b Satz 1, § 3 Nummer 55c oder § 3 Nummer 66 EStG oder
- steuerfreie Zuwendungen nach § 3 Nummer 56 EStG.

Gefördertes Kapital ist Kapital, das auf geförderten Beträgen und Zulagen im Sinne des Abschnitts XI EStG beruht.

[1] Es handelt sich um Leistungen aus einem Altersvorsorgevertrag im Sinne des § 82 EStG, einem Pensionsfonds, einer Pensionskasse oder aus einer Direktversicherung, soweit die Leistungen auf

Quelle: Bundesministerium der Finanzen

- 4 -

gefördertem Kapital beruhen. **Die bescheinigten Leistungen unterliegen in vollem Umfang der Besteuerung.**

[2] Es handelt sich um Leistungen aus einem Pensionsfonds, wenn laufende Versorgungsleistungen auf Grund einer Versorgungszusage in Form einer Direktzusage oder aus einer Unterstützungskasse bezogen wurden und die Ansprüche steuerfrei nach § 3 Nummer 66 EStG auf einen Pensionsfonds übertragen wurden. **Die bescheinigten Leistungen unterliegen in vollem Umfang der Besteuerung. Das Finanzamt gewährt jedoch einen Pauschbetrag für Werbungskosten nach § 9a Satz 1 Nummer 1 EStG sowie den Versorgungsfreibetrag und den Zuschlag zum Versorgungsfreibetrag nach § 19 Absatz 2 EStG, wenn die entsprechenden Voraussetzungen vorliegen; die Abzugsbeträge werden einkunftsübergreifend im Verhältnis der Einnahmen berücksichtigt.**
Der Anbieter kann auf freiwilliger Basis zusätzlich die Bemessungsgrundlage für den Versorgungsfreibetrag, das maßgebende Kalenderjahr des Versorgungsbeginns und den Beginn und das Ende einer unterjährigen Zahlung angeben. Unterbleibt eine solche Angabe durch den Anbieter, hat der Rentenempfänger die dem Finanzamt elektronisch übermittelten Daten dieser Mitteilung um die Bemessungsgrundlage des Versorgungsfreibetrags, um das maßgebende Kalenderjahr des Versorgungsbeginns und um den Beginn und das Ende einer unterjährigen Zahlung in der Anlage R-AV/ bAV der Einkommensteuererklärung zu ergänzen.

[3] Es handelt sich um Leistungen zur Abfindung einer Kleinbetragsrente aus zertifizierten Altersvorsorgeverträgen nach § 93 Absatz 3 EStG. Auf die bescheinigte Leistung wird das Finanzamt § 34 Absatz 1 EStG entsprechend anwenden.

[4] Es handelt sich um Leistungen aus einem Pensionsfonds, einer Pensionskasse (inkl. Versorgungsausgleichskasse) oder einer Direktversicherung, soweit sie auf nicht gefördertem Kapital beruhen und für die die Voraussetzungen der Basisrente gemäß § 10 Absatz 1 Nummer 2 Buchstabe b EStG erfüllt sind (zertifiziert nach § 5a AltZertG). Die der Leistung zu Grunde liegende Versorgungszusage wurde nach dem 31. Dezember 2004 erteilt (Neuzusage). **Die Besteuerung erfolgt nach § 22 Nummer 5 Satz 2 Buchstabe a EStG in Verbindung mit § 22 Nummer 1 Satz 3 Buchstabe a Doppelbuchstabe aa EStG (Kohorte).**

[5] Es handelt sich um eine lebenslange Leibrente aus einem Altersvorsorgevertrag im Sinne des § 82 EStG, einem Pensionsfonds, einer Pensionskasse oder einer Direktversicherung, soweit sie auf nicht gefördertem Kapital beruht. Bei der betrieblichen Altersversorgung wurde die der Leibrente zu Grunde liegende Versorgungszusage vor dem 1. Januar 2005 erteilt (Altzusage; § 10 Absatz 1 Nummer 3a EStG) oder die Voraussetzungen des § 10 Absatz 1 Nummer 2 Buchstabe b EStG werden **nicht** erfüllt. **Die Rente unterliegt der Besteuerung mit dem Ertragsanteil (§ 22 Nummer 5 Satz 2 Buchstabe a EStG in Verbindung mit § 22 Nummer 1 Satz 3 Buchstabe a Doppelbuchstabe bb EStG, bei einem Rentenbeginn vor dem 1. Januar 1955 in Verbindung mit § 55 Absatz 1 Nummer 1 EStDV).**

[6] Es handelt sich um eine abgekürzte Leibrente (Berufsunfähigkeits-, Erwerbsminderungs- oder nicht lebenslang gezahlte Hinterbliebenenrente) aus einem Altersvorsorgevertrag im Sinne des § 82 EStG,

Quelle: Bundesministerium der Finanzen

einem Pensionsfonds, einer Pensionskasse oder einer Direktversicherung, soweit sie auf nicht gefördertem Kapital beruht. Bei der betrieblichen Altersversorgung wurde die der abgekürzten Leibrente zu Grunde liegende Versorgungszusage vor dem 1. Januar 2005 erteilt (Altzusage; § 10 Absatz 1 Nummer 3a EStG) oder die Voraussetzungen des § 10 Absatz 1 Nummer 2 Buchstabe b EStG werden **nicht** erfüllt. **Die abgekürzte Leibrente unterliegt der Besteuerung mit dem Ertragsanteil (§ 22 Nummer 5 Satz 2 Buchstabe a EStG in Verbindung mit § 22 Nummer 1 Satz 3 Buchstabe a Doppelbuchstabe bb EStG, bei einem Rentenbeginn vor dem 1. Januar 1955 in Verbindung mit § 55 Absatz 1 Nummer 1 EStDV). Der Ertragsanteil ergibt sich aus der Tabelle in § 55 Absatz 2 EStDV (bei einem Rentenbeginn vor dem 1. Januar 1955 in Verbindung mit § 55 Absatz 1 Nummer 1 EStDV).**

7 Es handelt sich um andere Leistungen (insbesondere Kapitalauszahlungen) aus einem versicherungsförmigen Altersvorsorgevertrag im Sinne des § 82 EStG, einem Pensionsfonds, einer Pensionskasse oder einer Direktversicherung (Versicherungsvertrag), soweit sie auf nicht gefördertem Kapital beruhen. Wenn der Versicherungsvertrag, der die Voraussetzungen des § 10 Absatz 1 Nummer 2 Buchstabe b EStG in der am 31. Dezember 2004 geltenden Fassung erfüllt, vor dem 1. Januar 2005 abgeschlossen wurde und die Auszahlung vor Ablauf von 12 Jahren seit Vertragsabschluss erfolgt, werden die rechnungsmäßigen und außerrechnungsmäßigen Zinsen bescheinigt. Wenn der Versicherungsvertrag nach dem 31. Dezember 2004 abgeschlossen wurde, enthält die Mitteilung den positiven oder negativen Unterschiedsbetrag zwischen der Versicherungsleistung und der Summe der auf sie entrichteten Beiträge oder - wenn die Auszahlung erst nach Vollendung des 60. Lebensjahrs (bei Vertragsabschlüssen nach dem 31. Dezember 2011: nach Vollendung des 62. Lebensjahrs) erfolgt und der Vertrag im Zeitpunkt der Auszahlung mindestens 12 Jahre bestanden hat - die Hälfte dieses Unterschiedsbetrags. Soweit gemäß § 22 Nummer 5 Satz 15 EStG § 20 Absatz 1 Nummer 6 Satz 9 EStG Anwendung findet, ist der nach Teilfreistellung steuerpflichtige Unterschiedsbetrag angegeben. **Der bescheinigte Betrag unterliegt in diesem Umfang der Besteuerung.**

8 Bescheinigt werden die auf nicht gefördertem Kapital beruhenden Leistungen, die nicht bereits nach § 22 Nummer 5 Satz 2 Buchstabe a oder b EStG erfasst werden (z. B. Leistungen, die auf ungefördertem Kapital beruhen, aus zertifizierten Bank- oder Investmentfondssparplänen). Hierbei ist der Unterschiedsbetrag zwischen den Leistungen und der Summe der auf sie entrichteten Beiträge anzusetzen. Wenn die Auszahlung erst nach Vollendung des 60. Lebensjahrs (bei Vertragsabschlüssen nach dem 31. Dezember 2011: nach Vollendung des 62. Lebensjahrs) erfolgt und der Vertrag im Zeitpunkt der Auszahlung mindestens 12 Jahre bestanden hat, ist die Hälfte des Unterschiedsbetrags anzusetzen. **Die bescheinigten Leistungen unterliegen in diesem Umfang der Besteuerung**.

9 Das ausgezahlte geförderte Altersvorsorgevermögen (= Kapital, das auf nach § 10a oder Abschnitt XI EStG geförderten Altersvorsorgebeiträgen und den gewährten Altersvorsorgezulagen beruht) wurde steuerschädlich im Sinne des § 93 Absatz 1 Satz 1 und 2 EStG verwendet. In welchem Umfang eine Besteuerung erfolgt, richtet sich in Anwendung des § 22 Nummer 5 Satz 2 EStG nach der Art der ausgezahlten Leistung. Hierbei ist der Hinweis 5 für Nummer 9a, der Hinweis 6 für Nummer 9b, der Hinweis 7 für Nummer 9c und der Hinweis 8 für Nummer 9d zu beachten. Als Leistung im Sinne

Quelle: Bundesministerium der Finanzen

des § 22 Nummer 5 Satz 2 EStG gilt das ausgezahlte geförderte Altersvorsorgevermögen nach Abzug der Zulagen im Sinne des Abschnitts XI EStG.

[10] Es handelt sich um Provisionserstattungen bei geförderten Altersvorsorgeverträgen. Als Leistung sind vom Anbieter die Abschluss- und Vertriebskosten eines Altersvorsorgevertrages zu bescheinigen, die dem Steuerpflichtigen erstattet werden, unabhängig davon, ob der Erstattungsbetrag auf den Altersvorsorgevertrag eingezahlt oder an den Steuerpflichtigen ausgezahlt wurde. **Der bescheinigte Betrag unterliegt in diesem Umfang der Besteuerung**.

[11] Nachzahlungen von Leistungen nach § 22 Nummer 5 EStG sind ggf. als außerordentliche Einkünfte nach § 34 EStG ermäßigt zu besteuern. **Die Entscheidung über die Anwendung des § 34 EStG trifft das Finanzamt.** Die bescheinigten Nachzahlungen müssen in dem bescheinigten Betrag der bezeichneten Zeile enthalten sein.

[12] Es handelt sich um eine Rentenzahlung, die für die Dauer einer Rentengarantiezeit unabhängig vom Überleben des Rentenempfängers gezahlt wird. **Die Besteuerung dieser Leistung erfolgt bei dem Rechtsnachfolger mit dem für die versicherte Person maßgebenden Ertragsanteil.** Hierfür muss der Rentenempfänger die dem Finanzamt elektronisch übermittelten Daten dieser Mitteilung stets um die Angabe des Geburtsdatums der versicherten Person und den Beginn der Rente an die versicherte Person in der Anlage R-AV/ bAV zur Einkommensteuererklärung ergänzen.

Quelle: Bundesministerium der Finanzen

Rückdeckungsversicherung

A. Allgemeines

Wird eine Lebensversicherung auf das Leben des versorgungsberechtigten Arbeitnehmers abgeschlossen, so spricht man von einer sog. Rückdeckungsversicherung. Die Rückdeckungsversicherung ist selbst kein → *Durchführungsweg* der → *betrieblichen Altersversorgung*, sondern ein Finanzierungsinstrument im Rahmen → *unmittelbarer Versorgungszusagen* oder Zusagen über eine → *Unterstützungskasse*. Rückdeckungsversicherungen dienen i. d. R. dazu, die biometrischen Risiken Invalidität und Tod/Langlebigkeit im Rahmen der → *Versorgungszusagen* abzudecken (Risikotransfer vom Arbeitgeber auf eine Versicherungsgesellschaft), können (zusätzlich) aber auch als Mittel für eine privatrechtliche Insolvenzsicherung genutzt werden. Bei Eintritt des Versicherungsfalls erhält der Arbeitgeber die Versicherungsleistungen und kann damit seiner Leistungspflicht nachkommen.

Versicherungsnehmer der Rückdeckungsversicherung ist der Arbeitgeber (Rückdeckung einer unmittelbaren Versorgungszusage) bzw. die Unterstützungskasse (Rückdeckung einer Zusage über eine Unterstützungskasse).

Die Beiträge zur Rückdeckungsversicherung sind gemäß § 4 Absatz 4 EStG unter den dort genannten Voraussetzungen Betriebsausgaben. Der Anspruch auf Leistungen aus der Rückdeckungsversicherung ist in der Bilanz zu aktivieren.

B. Abgrenzung zur Direktversicherung

Wie bei der → *Direktversicherung* ist der Arbeitnehmer auch bei der Rückdeckungsversicherung die versicherte Person. Im Unterschied zur Direktversicherung ist hinsichtlich der Versicherungsleistungen aber nicht der Arbeitnehmer (bzw. seine Hinterbliebenen), sondern der Arbeitgeber bzw. die Unterstützungskasse bezugsberechtigt.

C. Rückdeckungsversicherung und Insolvenzschutz

Rückdeckungsversicherungen werden vielfach auch als Mittel der Insolvenzsicherung außerhalb der Sicherung durch den → *PSVaG* eingesetzt. Hierzu verpfändet der Arbeitgeber seine ihm gegen die Versicherung zustehenden Ansprüche auf Versicherungsleistungen. Durch die Verpfändung erlangt der Arbeitnehmer das Recht, sich aus der Versicherungsleistung zu befriedigen, soweit seine → *Versorgungsansprüche* aufgrund der Insolvenz des Arbeitgebers nicht erfüllt werden. Im Falle der Insolvenz kann der Berechtigte verlangen, dass die Rückdeckungsversicherung auf ihn übertragen wird, sofern die Rückdeckungsversicherung nicht in die Insolvenzmasse des Arbeitgebers fällt (§ 7 Absatz 3 BetrAVG). In diesem Fall kann der Berechtigte die Versicherung mit eigenen Beiträge fortführen.

Auch durch eine Abtretung der Ansprüche auf die Versicherungsleistungen einer Rückdeckungsversicherung kann eine Insolvenzsicherung erreicht werden, wenn die → *Abtretung* ohne Bedingung erfolgt. Hierdurch wandelt sie sich (steuerrechtlich) jedoch in eine Direktversicherung um, sodass es zu einem lohnsteuerlichen Zufluss beim Arbeitnehmer kommt. Die Abtretung ist als Mittel der Insolvenzsicherung daher i. d. R. nicht geeignet.

Rückforderung

Neben der Auszahlung von → *Zulagen* kann die → *Zentrale Zulagenstelle für Altersvermögen (ZfA)* diese auch zurück fordern. In diesem Forderungsverfahren wird hierbei zwischen Rückforderung und → *Rückzahlung* unterschieden.

Ist gem. § 90 Absatz 3 EStG der Zulageanspruch ganz oder teilweise weggefallen bzw. hat nicht bestanden, so hat die ZfA die zu Unrecht gutgeschriebenen oder ausgezahlten Zulagen zurückzufordern.

Ergeben sich Forderungen seitens der ZfA, sind diese nicht sofort vom → *Anbieter* zurückzuzahlen, sondern kalendervierteljährlich, spätestens am 10. Kalendertag des dem Kalendervierteljahr folgenden Monats.

Rückrechnungsmethode

→ *Anpassung*

Rückzahlung von Zulagen

Die → *Zentrale Zulagenstelle für Altersvermögen (ZfA)* kann neben der Auszahlung von → *Zulagen* diese auch zurück fordern. In diesem Forderungsverfahren wird hierbei zwischen → *Rückforderung* und Rückzahlung unterschieden.

Eine Rückzahlung hat danach im Sinne des § 93 Absatz 1 EStG zu erfolgen, wenn gefördertes → *Altersvorsorgevermögen* nicht unter den in § 1 Absatz 1 Satz 1 Nummer 4, 5 und 10 Buchstabe c AltZertG in der bis zum 31. Dezember 2004 geltenden Fassung oder unter den in § 1 Absatz 1 Satz 1 Nummer 4 und 10 Buchstabe c des AltZertG genannten Voraussetzungen an den → *Zulageberechtigten* ausgezahlt wird (→ *Schädliche Verwendung*). Dabei sind die auf das ausgezahlte Altersvorsorgevermögen entfallenden Zulagen und die nach § 10a Absatz 4 EStG gesondert festgestellten Beträge (Rückzahlungsbetrag) zurückzuzahlen.

Ergeben sich Forderungen seitens der ZfA, sind diese nicht sofort vom → *Anbieter* zurückzuzahlen, sondern kalendervierteljährlich, spätestens am 10. Kalendertag des dem Kalendervierteljahr folgenden Monats.

Rürup-Rente

A. Allgemeines

Neben der → *Riester-Rente* fördert der Staat seit dem 01.01.2005 durch das → *Alterseinkünftegesetz (AltEinkG)* eine weitere Form der → *Altersversorgung* durch einen Sonderausgabenabzug. Diese nach dem Ökonomen Bert Rürup benannte Rürup-Rente ist auch als Basisrente bekannt. Sie gehört im Rahmen des → *Drei-Schichten-Modells* zur sog. Basisversorgung.

B. Voraussetzungen

Die Rürup-Rente beruht auf einem von der Lebensversicherungswirtschaft angebotenen Rentenversicherungsvertrag.

Gemäß § 10 Absatz 1 Nummer 2 Satz 1 Buchstabe b EStG werden Beiträge zu einer Rürup-Rente nur unter bestimmten Voraussetzungen gefördert:

- Der Vertrag darf nur die Zahlung einer monatlichen gleich bleibenden oder steigenden, auf das Leben des Steuerpflichtigen bezogenen lebenslangen → *Leibrente* vorsehen,
- die Zahlung der → *Rente* darf nicht vor Vollendung des 60. Lebensjahres beginnen,
- Ansprüche aus dem Vertrag dürfen nicht vererblich, nicht übertragbar, nicht beleihbar, nicht veräußerbar sowie nicht kapitalisierbar sein (d. h. nicht in einem Betrag ausgezahlt werden) und
- der Steuerpflichtige darf darüber hinaus keinen Anspruch auf Auszahlung haben.

Die ergänzende Absicherung des Eintritts der Berufsunfähigkeit, der Erwerbsminderung und der Hinterbliebenenversorgung darf allerdings gem. § 10 Absatz 1 Nummer 2 EStG steuerunschädlich mit versichert werden.

Diese Restriktionen sollen gewährleisten, dass die Versorgungsleistungen auch tatsächlich nur für Versorgungszwecke im Alter verwendet werden. Damit wird auch eine Anrechnung im Insolvenzfall und bei Bezug von Arbeitslosengeld II (→ *Hartz IV*) verhindert.

C. Steuerliche Behandlung der Beiträge

Die Förderung erfolgt über einen Sonderausgabenabzug, mit dem Beiträge zur Rürup-Rente innerhalb von Höchstgrenzen steuerlich geltend gemacht werden können. Hierzu konnten erstmals im Jahr 2005 60 Prozent, maximal aber 12.000 Euro als → *Altersvorsorgeaufwendungen* steuerlich berücksichtigt werden (§ 10 Absatz 3 Satz 4 EStG). In der Folgezeit steigt der Prozentsatz um zwei Prozentpunkte pro Kalenderjahr, sodass damit ab dem Jahr 2025 die Altersvorsorgebeiträge zu einer Rürup-Rente zu 100 Prozent steuerlich freigestellt werden. Der Höchstbetrag ist dann allerdings auf 20.000 Euro beschränkt (§ 10 Absatz 3 Satz 1 EStG). Bei Zusammenveranlagung verdoppelt sich der jeweilige Höchstbetrag (§ 10 Absatz 3 Satz 2 EStG). Zu diesen Altersvorsorgebeiträgen sind jedoch die nach § 3 Nummer 62 EStG steuerfreien Arbeitgeberanteile zur → *gesetzlichen Rentenversicherung* (oder ein diesem gleichgestellter steuerfreier Zuschuss des Arbeitgebers) hinzuzurechnen (§ 10 Absatz 1 Nummer 2 EStG). Somit sind lediglich die Beiträge zur Rürup-Rente vermindert um die nach § 3 Nummer 62 EStG geleisteten steuerfreien Arbeitgeberanteile zur gesetzlichen Rentenversicherung oder diesen gleichgestellten steuerfreien Zuschüsse des Arbeitgebers als Sonderausgabe abziehbar (§ 10 Absatz 3 Satz 5 EStG).

Beispiel 1:

Ein lediger Arbeitnehmer hatte im Jahr 2005 einen Bruttoarbeitslohn von 51.282 Euro. Bei einem Beitragssatz zur gesetzlichen Rentenversicherung von 19,5 % betrugen sowohl der Arbeitnehmer- (AN) als auch der Arbeitgeberanteil (AG) zur gesetzlichen Rentenversicherung (gRV) jeweils 5.000 Euro. Zusätzlich hatte der Arbeitnehmer eine Leibrentenversicherung (Rürup-Rente) abgeschlossen und für diese Beiträge in Höhe von 3.000 Euro geleistet.

AN-Beitrag zur gRV	5.000 Euro
AG-Beitrag zur gRV	5.000 Euro
Beitrag zur Rürup-Rente	3.000 Euro
gesamte Altersvorsorgeaufwendungen	13.000 Euro
höchstens abziehbar: 60 % der Aufwendungen (maximal 60 % vom Höchstbetrag [20.000 Euro]	7.800 Euro 12.000 Euro)
abzüglich steuerfreier AG-Anteil	5.000 Euro
absetzbare Altersvorsorgeaufwendungen	2.800 Euro

Der Arbeitnehmer kann nach § 10 EStG für das Jahr 2005 Altersvorsorgeaufwendungen in Höhe von 2.800 Euro als Sonderausgaben im Rahmen seiner Steuererklärung geltend machen. Hierauf entfallen auf die geleisteten Beiträge zur Rürup-Rente 1.680 Euro (60 % von 2.800 Euro).

Vom Jahr 2005 an bis 2019 wird durch das Finanzamt automatisch eine → *Günstigerprüfung* vorgenommen. Dies sieht § 10 Absatz 4a EStG vor. Hierbei wird das alte Recht den neuen Vorschriften gegenübergestellt und geprüft, ob die bisherigen Vorschriften zu den Vorsorgeaufwendungen zu einem höheren Abzugsbetrag führen als die ab 2005 geltende Neuregelung. Der jeweils höhere Abzugsbetrag wird dann steuerlich berücksichtigt.

Voraussetzung für die steuerliche Anerkennung für nach dem 31.12.2009 beginnende Veranlagungszeiträume ist das Vorliegen eines zertifizierten → *Basisrentenvertrages* (siehe E. Zertifizierung).

Der Sonderausgabenabzug für die Rürup-Rente gem. § 10 EStG berührt nicht den Sonderausgabenabzug für die Riester-Rente (→ *Sonderausgabenabzug [nach § 10a EStG]*). Somit können Steuerpflichtige neben Beiträgen zu einer Rürup-Rente auch Beiträge zu einer Riester-Rente steuerlich geltend machen.

D. Steuerliche Behandlung der Rentenleistungen

Da der Steuerpflichtige in der Finanzierungsphase Beiträge steuerlich geltend machen kann, erfolgt eine → *nachgelagerte Besteuerung* in der Leistungsphase, soweit die Renten auf abziehbaren Altersvorsorgebeiträgen beruhen.

Der nach § 22 Nummer 1 Satz 3 Buchstabe a Doppelbuchstabe aa Satz 3 EStG der Besteuerung unterliegende Anteil ist abhängig vom Jahr des Rentenbeginns. Renten, die erstmals im Jahr 2005 gezahlt werden, aber auch Bestandsrenten (z. B. Renten aus der gesetzlichen Rentenversicherung; siehe hierzu auch → *Alterseinkünftegesetz*) unterliegen zu 50 Prozent der Einkommensteuer. Der steuerbare Anteil der Rente wird dann für jeden neu hinzukommenden Rentnerjahrgang jährlich bis zum Jahr 2020 um zwei Prozentpunkte auf 80 Prozent erhöht, danach jährlich um einen Prozentpunkt auf 100 Prozent angehoben. Ab dem Jahr 2040 sind Leibrenten dann erstmals in voller Höhe steuerpflichtig.

Der sich aufgrund der Prozentsätze ergebende steuerfreie Teil der Rente wird festgeschrieben. Vergleichbar mit der Ertragsanteilsbesteuerung (Ertragsanteil) steigt der anzuwendende Prozentsatz nicht Jahr für Jahr an. Maßgebend ist das Jahr des Renteneintritts (siehe hierzu Alterseinkünftegesetz, B.3.). Die Festschreibung gilt aber erst ab dem Jahr, das auf das Jahr des Rentenbezugs folgt (§ 22 Nummer 1 Satz 3 Buchstabe a Doppelbuchstabe aa Satz 3 EStG).

Regelmäßige Anpassungen des Jahresbetrags der Rente führen nicht zu einer Neuberechnung und sind damit zu 100 % steuerpflichtig (§ 22 Nummer 1 Satz 3 Buchstabe a Doppelbuchstabe aa Satz 7 EStG); außerordentliche Änderungen hingegen führen zu einer Neuberechnung des steuerfreien Teils (§ 22 Nummer 1 Satz 3 Buchstabe a Doppelbuchstabe aa Satz 6 EStG).

Leistungen, die aus steuerlich nicht abzugsfähigen Altersvorsorgeaufwendungen resultieren, unterliegen der Ertragsanteilsbesteuerung gem. § 22 Nummer 1 Satz 3 Buchstabe a Doppelbuchstabe bb EStG.

Die Rürup-Rente ist aufgrund der nachgelagerten Besteuerung ähnlich wie die gesetzliche Rente konstruiert. Im Gegensatz zur Riester-Rente werden die angebotenen Rürup-Renten allerdings nicht zertifiziert (→ *Zertifizierung*).

E. Zertifizierung

Mit dem Jahressteuergesetz 2009 wurde für die steuerliche Anerkennung von Beiträgen zu einem → *Basisrentenvertrag* eine Zertifizierungspflicht (→ *Zertifizierung*) eingeführt. Danach können Beiträge nach § 10 Absatz 2 Satz 2 EStG als Sonderausgabe ab dem Beitragsjahr 2010 nur dann steuerlich anerkannt werden, wenn ein solcher Vertrag von der → *Zertifizierungsstelle* nach § 5a AltZertG zertifiziert ist. Miteingeschlossen wurden damit aber auch Verträge, die vor Verkündung des Jahressteuergesetzes abgeschlossen wurden (Bestandsverträge). Somit können derartige Bestandsverträge ab dem Veranlagungszeitraum 2010 nur dann steuerlich anerkannt werden, wenn die Vertragsbedingungen von der Zertifizierungsstelle zertifiziert sind.

Ruhegehalt

Altersversorgungsleistung für Beamte, Richter, Berufssoldaten sowie weiterer Personen, die in einem öffentlich-rechtlichen Dienstverhältnis stehen.

RV-Altersgrenzenanpassungsgesetz

Das Gesetz zur Anpassung der Regelaltersgrenze an die demografische Entwicklung und zur Stärkung der Finanzierungsgrundlagen der gesetzlichen Rentenversicherung (RV-Altersgrenzenanpassungsgesetz) vom 20.04.2007 (BGBl. I S. 554), zuletzt geändert durch Artikel 20 des Gesetzes vom 09. Dezember 2010 (BGBl. I S. 1885), ist am 01.01.2008 in Kraft getreten. Mit dem Gesetz wird u. a. die → *Regelaltersgrenze* beginnend ab dem Jahr 2012 für die Geburtsjahrgänge 1947 bis 1964 schrittweise über einen Zeitraum von 17 Jahren auf 67 Jahre angehoben. Die Anhebung erfolgt zunächst um einen Monat pro Jahrgang, ab dem Geburtsjahr 1959 um zwei Monate. Die Regelaltersgrenze liegt dann bei 67 Jahre. Bis zum Jahr 2011 einschließlich berechtigt die Vollendung des 65. Lebensjahres zum Bezug der Altersrente aus der → *gesetzlichen Rentenversicherung*. Neu eingeführt wird zum 01.01.2012 die → *Altersrente* für besonders langjährig Versicherte (§ 38 SGB VI).

Anhebung der Altersgrenze auf 67 (ab dem Jahr 2012)

Geburtsjahrgang	Anhebung um ... Monate	abschlagsfreie Regelaltersrente mit Alter	
		Jahr	Monat
1947	1	65	1
1948	2	65	2
1949	3	65	3
1950	4	65	4
1951	5	65	5
1952	6	65	6
1953	7	65	7
1954	8	65	8
1955	9	65	9
1956	10	65	10
1957	11	65	11
1958	12	66	0
1959	14	66	2
1960	16	66	4
1961	18	66	6
1962	20	66	8
1963	22	66	10
1964	24	67	0

Versicherte, die in der gesetzlichen Rentenversicherung 45 Jahre Pflichtbeiträge gezahlt haben, können nach Vollendung des 65. Lebensjahres weiterhin abschlagsfrei eine Altersrente beziehen.

Im Rahmen des RV-Altersgrenzenanpassungsgesetzes ist die Anhebung der Altersgrenzen auch im → *Betriebsrentengesetz* vorgenommen worden. Dies wurde in § 2 Absatz 1 BetrAVG und § 6 BetrAVG umgesetzt.

§ 2 BetrAVG regelt für arbeitgeberfinanzierte Altersversorgungszusagen (→ *Versorgungszusage*) die Berechnung der unverfallbaren Anwartschaft (→ *Unverfallbare Versorgungsanwartschaft*) bei einem vorzeitigen Ausscheiden des Arbeitnehmers. Die Vorschrift stellt nicht mehr auf die Vollendung des 65. Lebensjahres ab, sondern orientiert sich an der Regelaltersgrenze in der gesetzlichen Rentenversicherung. Damit wird sichergestellt, dass bei der Ermittlung der unverfallbaren Anwartschaft das in § 235 SGB VI festgelegte Renteneintrittsalter zugrunde gelegt wird.

Scheidet ein Arbeitnehmer aus dem Unternehmen aus, um die Altersrente aus der gesetzlichen Rentenversicherung für besonders langjährig Versicherte in Anspruch zu nehmen, so wird aufgrund des § 2 Absatz 1 Satz 1 letzter Halbsatz BetrAVG auf diesen Zeitpunkt abgestellt. Der Mitarbeiter wird dadurch so behandelt, als ob er bis zum Erreichen der Regelaltersgrenze im Unternehmen verblieben wäre. Es erfolgt somit keine ratierliche Kürzung. Dies gilt jedoch nicht, wenn der Arbeitnehmer ohne sofortige Inanspruchnahme der Altersrente für besonders langjährig Versicherte ausscheidet.

Ist ein Arbeitnehmer vor dem Inkrafttreten des RV-Altersgrenzenanpassungsgesetzes aus dem Unternehmen ausgeschieden, erfolgt keine Neuberechnung der unverfallbaren Anwartschaft.

Der neue § 2 Absatz 1 BetrAVG gilt für Mitarbeiter, die nach dem 01.01.2008 vorzeitig aus dem Unternehmen ausscheiden. Sieht eine betriebliche → *Versorgungsregelung* eine feste Altersgrenze vor, so wird bei der Ermittlung der unverfallbaren Anwartschaft auf diese Altersgrenze abgestellt, wenn diese unter der Regelaltersgrenze liegt. Ansonsten wird die individuelle Regelaltersgrenze der gesetzlichen Rentenversicherung zugrunde gelegt.

In § 6 BetrAVG wurde der Hinweis auf die Vollendung des 65. Lebensjahres gestrichen. Damit kann ein Arbeitnehmer

Leistungen aus einer → *Versorgungszusage* der → *betrieblichen Altersversorgung* beantragen, wenn er Leistungen der gesetzlichen Altersrente als Vollrente erhält.

RV-Leistungsverbesserungsgesetz

Mit dem Gesetz über Leistungsverbesserungen in der gesetzlichen Rentenversicherung (RV-Leistungsverbesserungsgesetz) vom 23.06.2014 (BGBl. I S. 787) erhalten Versicherte, deren Kinder vor 1992 geboren wurden, eine bessere Anerkennung von Erziehungszeiten für Kinder (→ *Kindererziehungszeiten*) und damit grundsätzlich höhere Rentenleistungen.

Ab dem 01. Juli 2014 wurde für alle Mütter oder Väter, deren Kinder vor 1992 geboren wurden, ein zusätzliches Jahr mit Kindererziehungszeiten für die Rentenversicherung angerechnet (→ *Mütterrente*). Bislang wurde ein Jahr Kindererziehungszeit angerechnet. Für nach 1992 geborene Kinder werden weiterhin drei Jahre angerechnet.

Darüber hinaus wurde mit dem Gesetz eine abschlagsfreie Rente ab 63 Jahren für besonders langjährig Versicherte eingeführt (→ *Rente mit 63*, → *Rente für besonders langjährig Versicherte*).

Weitere Regelungen des Gesetzes betreffen u. a. Maßnahmen zur besseren Absicherung des Erwerbsminderungsrisikos sowie Verbesserungen des arbeitsrechtlichen Rahmens zur Beschäftigung Älterer.

RV-Leistungsverbesserungs- und -stabilisierungsgesetz

Mit dem Gesetz über Leistungsverbesserungen in der gesetzlichen Rentenversicherung (→ *RV-Leistungsverbesserungsgesetz*) vom 23.06.2014 (BGBl. I S. 787) erhielten Versicherte, deren Kinder vor 1992 geboren wurden, eine bessere Anerkennung von Erziehungszeiten für Kinder (→ *Kindererziehungszeiten*) und damit grundsätzlich höhere Rentenleistungen.

Ab dem 01. Juli 2014 wurde für alle Mütter oder Väter, deren Kinder vor 1992 geboren wurden, ein zusätzliches Jahr mit Kindererziehungszeiten für die Rentenversicherung angerechnet. Bis dahin wurde ein Jahr Kindererziehungszeit angerechnet. Für nach 1992 geborene Kinder werden weiterhin drei Jahre angerechnet (siehe auch → *Mütterrente*).

Durch das Gesetz über Leistungsverbesserungen und Stabilisierung in der gesetzlichen Rentenversicherung (RV-Leistungsverbesserungs- und -Stabilisierungsgesetz) vom 28.11.2018 (BGBl. I S. 2016) wurde die sog. → *Mütterrente II* eingeführt, die für Mütter oder Väter ein weiteres halbes Jahr Kindererziehungszeiten berücksichtigt. Damit erhalten Mütter oder Väter für vor dem 01.01.1992 geborene Kinder insgesamt 2,5 Jahre an Kindererziehungszeiten angerechnet.

Damit wurde zwar eine Verbesserung, aber noch keine völlige Angleichung bei der Anerkennung von Kindererziehungszeiten erreicht: Es wird weiterhin bei der Mütterrente zwischen Erziehungszeiten für Kinder, die vor dem 31.12.1991 oder nach dem 01.01.1992 geboren wurden, unterschieden.

Säulenübergreifende Renteninformation

Gem. Koalitionsvertrag der 19. Legislaturperiode zwischen CDU, CSU und SPD vom 12. März 2018 (Seite 93) sollen die Bürgerinnen und Bürgern Informationen aus allen drei Säulen (→ *Drei-Säulen-Modell*) über ihre individuelle Absicherung im Alter erhalten. Hierzu soll eine säulenübergreifende Renteninformation/digitale Rentenübersicht eingeführt werden.

Zur Umsetzung des Vorhabens wurde das Gesetz zur Verbesserung der Transparenz in der Alterssicherung und der Rehabilitation sowie zur Modernisierung der Sozialversicherungswahlen und zur Änderung anderer Gesetze (Gesetz Digitale Rentenübersicht) vom 11. Februar 2021 (BGBl. I S. 154) verkündet, das durch den Artikel 65 des Gesetzes vom 23. Oktober 2024 (BGBl. 2024 I Nr. 323) geändert wurde.

Artikel 1 des Gesetzes beinhaltet das Gesetz zur Entwicklung und Einführung einer Digitalen Rentenübersicht (Rentenübersichtsgesetz – RentÜG) vom 11. Februar 2021 (BGBl. I S. 154), das am 18. Februar 2021 in Kraft trat. Danach wird gem. § 3 eine → *Zentrale Stelle für die Digitale Rentenübersicht (ZfDR)* eingerichtet, die ein elektronisches Portal entwickeln und betreiben soll, über das die Digitale Rentenübersicht abgerufen werden kann. Nach § 2 RentÜG umfasst hierbei die gesetzliche Altersvorsorge die → *gesetzliche Rentenversicherung*, die Alterssicherung der Landwirte, die berufsständische Versorgung sowie die Versorgung der Beamten, Richter und Soldaten. Als betriebliche Altersvorsorge ist die → *betriebliche Altersversorgung* gem. § 1 BetrAVG zu verstehen. Zur privaten Altersvorsorge zählen insbesondere die nach den §§ 5 und 5a AltZertG zertifizierten Altersvorsorge- (→ *Altersvorsorgevertrag*) und Basisrentenverträge (→ *Basisrentenvertrag*) sowie private Lebensversicherungsverträge.

Die Zentrale Stelle für die Digitale Rentenübersicht wird gem. § 8 Abs. 1 bei der Deutschen Rentenversicherung Bund angesiedelt.

Ende des Jahres 2022 startete die Pilotphase der Digitalen Rentenübersicht mit Anbietern von Altersvorsorge-Produkten, die sich auf freiwilliger Basis anbinden ließen. Anhand der Digitalen Rentenübersicht sollen künftig (ab Dezember 2023) Bürgerinnen und Bürger ihre gesamten Ansprüche aus der gesetzlichen, betrieblichen und privaten Altersvorsorge abrufen können.

Mit der Verordnung zur Regelung des Stichtags zur verpflichtenden Anbindung der Versorgungseinrichtungen und des Anbindungsverfahrens an die Zentrale Stelle für die Digitale Rentenübersicht (Rentenübersichtsanbindungsverordnung – RentÜAV) vom 31. Januar 2024 (BGBl. I Nr. 30) wurden Vorsorgeeinrichtungen verpflichtet, sich an die → *Zentrale Stelle für die Digitale Rentenübersicht (ZfDR)* bis zum Stichtag 31. Dezember 2024 anzubinden. Dies gilt für Vorsorgeeinrichtungen, die nach § 7 Absatz 1 Satz 3 des Rentenübersichtsgesetzes verpflichtet sind, sich an die ZfDR anzubinden und gegen die mehr als 1.000 Altersvorsorgeansprüche bestehen, die sich noch nicht in der Auszahlungsphase befinden. Ab dem Stichtag müssen die Vorsorgeeinrichtungen in der Lage sein, Informationen nach § 5 Abs. 1 und 2 des RentÜG an die ZfDR zu übermitteln.

Vorsorgeeinrichtungen mit weniger als 1000 Vorsorgeansprüchen, die nicht zu einer Teilnahme verpflichtet sind, können sich jedoch freiwillig anbinden lassen.

Die Digitale Rentenübersicht bietet eine Darstellung der bereits erreichten und der zukünftig erreichbaren Ansprüche (→ *Anspruch*) für jeden vorliegenden Altersvorsorgeanspruch.

Auf den Seiten der Digitalen Rentenübersicht sind auch Listen der bereits angebundenen bzw. der demnächst angebundenen Versorgungseinrichtungen abzurufen.

Schädliche Verwendung

Eine sog. schädliche Verwendung gem. § 93 EStG liegt vor, wenn das in ein Produkt → *der betrieblichen Altersversorgung* oder privaten → *Eigenvorsorge* durch Einzahlung von → *Altersvorsorgebeiträgen* angesparte → *Altersvorsorgevermögen* nicht unter den in § 1 Absatz 1 Satz 1 Nummer 4 und 10 Buchstabe c des AltZertG oder § 1 Absatz 1 Satz 1 Nummer 4, 5 und 10 Buchstabe c des AltZertG in der bis zum 31. Dezember 2004 geltenden Fassung genannten Voraussetzungen an den → *Zulageberechtigten* ausgezahlt wird. Dies gilt auch für Auszahlungen während der Auszahlungsphase sowie bei Tod des Zulageberechtigten, wenn das Vermögen an die Erben ausgezahlt werden soll.

Wird nach § 93 Absatz 4 Satz 1 EStG bei einem Altersvorsorgevertrag nach § 1 Absatz 1a des AltZertG das Darlehen nicht wohnungswirtschaftlich im Sinne des § 92a Absatz 1 Satz 1 EStG verwendet oder tritt ein Fall des § 92a Absatz 3 Satz 8 EStG ein, kommt es zum Zeitpunkt der Darlehensauszahlung oder in Fällen des § 92a Absatz 3 Satz 8 EStG zum Zeitpunkt der Aufgabe der Wohnung zu einer schädlichen Verwendung des geförderten Altersvorsorgevermögens, es sei denn, das geförderte Altersvorsorgevermögen wird innerhalb eines Jahres nach Ablauf des Veranlagungszeitraums, in dem das Darlehen ausgezahlt wurde oder der Zulageberechtigte die Wohnung letztmals zu eigenen Wohnzwecken nutzte, auf einen anderen zertifizierten Altersvorsorgevertrag übertragen, der auf den Namen des Zulageberechtigten lautet.

Liegt eine schädliche Verwendung vor, sind die auf das geförderte Altersvorsorgevermögen ausgezahlten → *Zulagen* sowie die bei der Geltendmachung des → *Sonderausgabenabzugs* im Rahmen eines Lohnsteuerjahresausgleichs bzw. bei der Einkommensteuererklärung gewährten Steuerermäßigungen zurückzuzahlen. Der Rückzahlungsbetrag wird von der zentralen Stelle ermittelt und dem Anbieter per Datensatz mitgeteilt (§ 94 Absatz 1 Satz 2 EStG). Der Rückzahlungsbetrag wird vom Anbieter einbehalten und an die zentrale Stelle abgeführt. Darüber hinaus wird durch das Finanzamt überprüft, ob die dem → *Altersvorsorgevertrag* zugeflossenen Zinsen und Erträge sowie Wertsteigerungen zu versteuern sind.

Der Anbieter darf allerdings Kosten und Gebühren, die durch die schädliche Verwendung entstanden sind (z. B. Kosten für die Vertragsbeendigung), nicht mit dem Rückzahlungsbetrag verrechnen. Abschluss- und Vertriebskosten i. S. d. § 1 Absatz 1 Satz 1 Nummer 8 AltZertG sowie die bis zur schädlichen Verwendung angefallenen Kosten i. S. d. § 7 Absatz 1 Satz 1 Nummer 1 und 2 AltZertG und Beitragsanteile zur Absicherung der verminderten Erwerbsfähigkeit oder zur Hinterbliebenenabsicherung im Sinne des § 1 Absatz 1 Satz 1 Nummer 3 AltZertG dürfen vom Anbieter berücksichtigt werden, soweit diese auch angefallen wären, wenn eine schädliche Verwendung nicht stattgefunden hätte.

Endet die Zulageberechtigung oder hat bereits die Auszahlungsphase des Altersvorsorgevertrags begonnen, treten auch grundsätzlich die Folgen einer schädlichen Verwendung ein,

- wenn sich der Wohnsitz oder gewöhnliche Aufenthalt des Zulageberechtigten außerhalb der EU-/EWR-Staaten befindet oder
- wenn sich der Wohnsitz oder gewöhnliche Aufenthalt zwar in einem EU-/EWR-Staat befindet, der Zulageberechtigte aber nach einem Abkommen zur Vermeidung der Doppelbesteuerung (Doppelbesteuerungsabkommen – DBA) als außerhalb eines EU-/EWR-Staates ansässig gilt. Dabei kommt es nicht darauf an, ob aus dem Altersvorsorgevertrag Geld ausgezahlt wird oder nicht.

Keine schädliche Verwendung liegt vor, wenn gem. § 93 Absatz 1a EStG gefördertes Altersvorsorgevermögen aufgrund einer internen Teilung nach § 10 des Versorgungsausgleichsgesetzes (→ *Versorgungsausgleich*) oder aufgrund einer externen Teilung nach § 14 des Versorgungsausgleichsgesetzes auf einen zertifizierten Altersvorsorgevertrag oder eine nach § 82 Absatz 2 begünstigte betriebliche Altersversorgung übertragen wird; die auf das übertragene Anrecht entfallende steuerliche Förderung geht mit allen Rechten und Pflichten auf die ausgleichsberechtigte Person über. Ebenso liegt keine schädliche Verwendung vor, wenn gefördertes Altersvorsorgevermögen aufgrund einer externen Teilung nach § 14 des Versorgungsausgleichsgesetzes auf die Versorgungsausgleichskasse oder die gesetzliche Rentenversicherung übertragen wird; die Rechte und Pflichten der ausgleichspflichtigen Person aus der steuerlichen Förderung des übertragenen Anteils entfallen.

Eine schädliche Verwendung liegt ebenfalls nicht vor, wenn das geförderte Altersvorsorgevermögen in Form einer Hinterbliebenenrente (→ *Hinterbliebenenleistung*) an die Hinterbliebenen ausgezahlt wird.

Ebenfalls keine schädliche Verwendung liegt vor, wenn das steuerlich geförderte Altersvorsorgevermögen im Fall des Todes des Zulageberechtigten auf einen auf den Namen des Ehegatten lautenden zertifizierten Altersvorsorgevertrag übertragen wird, und die Ehegatten zum Zeitpunkt des Todes nicht getrennt lebten und zum Zeitpunkt des Todes ihren Wohnsitz oder gewöhnlichen Aufenthalt in einem EU-/EWR-Staat hatten.

Auch Auszahlungen zur Abfindung von → *Kleinbetragsrenten* zu Beginn einer Auszahlungsphase gelten nicht als schädliche Verwendung.

Erfolgt eine Auszahlung von Altersvorsorgevermögen, für das der → *Anleger* weder eine Zulage noch einen steuerlichen Vorteil aus dem Sonderausgabenabzug nach § 10a EStG erhalten hat, so stellt dies auch keine schädliche Verwendung gem. § 93 EStG dar.

Schattengehalt

Wandelt der Arbeitnehmer Entgelt zugunsten einer Zusage auf Leistungen der → *betrieblichen Altersversorgung* um (→ *Entgeltumwandlung*), mindert sich sein Anspruch auf Barvergütung entsprechend. Im Hinblick auf andere Leistungen des Arbeitgebers (z. B. Gratifikationen) oder auch künftige Gehaltssteigerungen wird dennoch häufig von der Höhe der Barvergütung ohne Berücksichtigung der Entgeltumwandlung ausgegangen. Insoweit wird ein Schattengehalt weitergeführt.

Nach dem BMF-Schreiben zur steuerlichen Förderung der betrieblichen Altersversorgung vom 12.08.2021, Rdnr. 13, ist ein solches Schattengehalt steuerlich unbedenklich. Danach hindert es die Annahme einer Entgeltumwandlung nicht, wenn der bisherige ungekürzte Arbeitslohn weiterhin Bemessungsgrundlage für künftige Erhöhungen des Arbeitslohns oder andere Arbeitgeberleistungen (wie z. B. Weihnachtsgeld, Tantieme, Jubiläumszuwendungen, betriebliche Altersversorgung) bleibt, die Gehaltsminderung zeitlich begrenzt oder vereinbart wird, dass der Arbeitnehmer oder der Arbeitgeber sie für künftigen Arbeitslohn einseitig ändern können.

Schließung der Versorgung

→ *Versorgungszusagen* werden, insbesondere in größeren Unternehmen, i. d. R. nicht jedem Arbeitnehmer individuell erteilt, sondern durch → *kollektive Versorgungszusagen* oder → *Gesamtzusagen*. Diese erfassen dann alle Arbeitnehmer, welche die in der Zusage vorgesehenen Voraussetzungen erfüllen. Hierdurch ist der Arbeitgeber aber grundsätzlich nicht gehindert, neu in das Unternehmen eintretende Arbeitnehmer von dieser Versorgungszusage auszuschließen. Erfolgt ein solcher Ausschluss, wird auch von Schließung der Versorgung gesprochen. Bei der Schließung der Versorgung für Mitarbeiter, die bereits eine Versorgungszusage erhalten haben, sind die → *Drei-Stufen-Theorie* bzw. die Grenzen eines Widerrufs (→ *Widerrufsvorbehalt*) zu beachten.

Sicherungsbeitrag

Zur Absicherung der reinen Beitragszusage soll im Tarifvertrag ein Sicherungsbeitrag vereinbart werden (§ 23 Absatz 1 BetrAVG). Mit diesem zusätzlichen Beitrag sollen Kapitalmarktschwankungen nicht gleichermaßen zu Schwankungen der in Aussicht gestellten Leistung führen, sondern „gepuffert" werden. Der Sicherungsbeitrag ist gemäß § 3 Nr. 63a EStG steuerfrei, sofern er dem Arbeitnehmer nicht direkt zugerechnet wird.

Sockelbetrag

Damit ein → *Zulageberechtigter* die maximale staatliche → *Altersvorsorgezulage* erhält, muss dieser einen → *Mindesteigenbeitrag* in seinen → *Altersvorsorgevertrag* oder eine förderbare Versorgung im Sinne des § 82 Absatz 2 EStG bei einer → *Pensionskasse*, einem → *Pensionsfonds* oder einer → *Direktversicherung* einzahlen. Der Mindesteigenbeitrag setzt sich aus den gezahlten Beiträgen und den Altersvorsorgezulagen zusammen, die dem Zulageberechtigten im jeweiligen Beitragsjahr zustehen.

Bei einer hohen Kinderzahl oder einem geringfügigem Einkommen kann der Fall auftreten, dass der Zulageberechtigte keine eigenen Beiträge entrichten muss, sondern der Altersvorsorgevertrag ausschließlich mit Zulagen finanziert wird, die der Staat aufbringt. Um dies zu verhindern wurde bei der → *Riester-Rente* der Sockelbetrag eingeführt, den der Zulageberechtigte auf jeden Fall in seinen Altersvorsorgevertrag entrichten muss.

Als Sockelbetrag waren nach § 86 Absatz 1 Satz 4 EStG jährlich in den Jahren 2002 bis 2004 zu leisten:

- 45 Euro von Zulageberechtigten, denen keine Kinderzulage zusteht,
- 38 Euro von Zulageberechtigten, denen eine Kinderzulage zusteht,
- 30 Euro von Zulageberechtigten, denen zwei oder mehr Kinderzulagen zustehen.

Durch das AltEinkG wurde § 86 Absatz 1 Satz 4 EStG dahin gehend geändert, dass ab dem Jahr 2005 einheitlich jährlich 60 Euro als Sockelbetrag zu leisten sind, unabhängig davon, ob der Förderberechtigte Kinderzulage bekommt oder nicht.

Nach § 86 Absatz 1 Satz 5 EStG ist der Sockelbetrag als Mindesteigenbeitrag zu leisten, wenn der Sockelbetrag höher als der nach § 86 Absatz 2 EStG zu ermittelnde Mindesteigenbeitrag ist.

Beispiel:

Ein unmittelbar zulageberechtigter Arbeitnehmer zahlte im Jahr 2006 Altersvorsorgebeiträge in Höhe von 40 Euro in seinen Altersvorsorgevertrag ein.

Seine beitragspflichtigen Einnahmen im vorangegangenen Kalenderjahr (vgl. hierzu § 86 Absatz 1 Satz 2 EStG) betrugen 4.500 Euro. Die → *Beitragsbemessungsrenze* in der gesetzlichen Rentenversicherung der Arbeiter und Angestellten (West) für das Kalenderjahr 2005 betrug 62.400 Euro:

Beitragspflichtige Einnahmen:	4.500 Euro
3 % hiervon (§ 86 Absatz 1 EStG):	135 Euro
maximal (§ 10a Absatz 1 Satz 1 EStG):	1.575 Euro
Geleistete Altersvorsorgebeiträge:	40 Euro
Zur Ermittlung des Mindesteigenbeitrags anzusetzen sind:	135 Euro
abzüglich der (Grund-)Zulage	114 Euro
erforderlicher Mindesteigenbeitrag (§ 86 Absatz 1 Satz 2 EStG):	21 Euro
Sockelbetrag (§ 86 Absatz 1 Satz 4 EStG):	60 Euro
Nach § 86 Absatz 1 Satz 5 EStG anzusetzen:	60 Euro

Um die volle Grundzulage zu erhalten, hätte der Arbeitnehmer 60 Euro in seinen Altersvorsorgevertrag als Beitrag entrichten müssen.

Wird der Sockelbetrag nur anteilig gezahlt, erhält der Zulageberechtigte die Zulage auch nur anteilig.

Fortsetzung des Beispiels:

Der Arbeitnehmer hat den erforderlichen Sockelbetrag nicht erbracht. Seine Zulagen werden nach dem Verhältnis der Altersvorsorgebeiträge zum Mindesteigenbeitrag, hier der Sockelbetrag, gekürzt (§ 86 Absatz 1 Satz 6 EStG):

Er erhält lediglich (114 Euro x 40 Euro : 60 Euro =) 76 Euro an Zulagen.

Sonderausgabenabzug (nach § 10a EStG)

A. Allgemeines

Die → *Förderung* zum Aufbau eines → *Altersvorsorgevermögens* ist zweigeteilt: Begünstigte Personen (→ *Zulageberechtigter*) können neben einer → *Zulage* auch für die von ihnen geleisteten Beiträge in einen → *Altersvorsorgevertrag* oder in einen förderfähigen → *Durchführungsweg* der → *betrieblichen Altersversorgung* einen zusätzlichen Sonderausgabenabzug (§ 10a Absatz 1 EStG) geltend machen. Dieser Sonderausgabenabzug ist unabhängig von der tatsächlichen Höhe des individuellen Einkommens des Zulageberechtigten. Der Abzugsbetrag stellt keinen Freibetrag, sondern einen Höchstbetrag dar, bis zu dem Beiträge zugunsten eines Altersvorsorgevertrages steuerlich berücksichtigt werden können.

Der Abzug von Vorsorgeaufwendungen (Sonderausgabenabzug nach § 10 Absatz 1 Nummer 2 i. V. m. Absatz 3 EStG) ist hierbei völlig unabhängig voneinander zu sehen. Beide können nebeneinander beantragt werden.

B. Die rechtliche Ausgestaltung

1. Umfang des Sonderausgabenabzugs

Sonderausgaben sind die im jeweiligen Veranlagungszeitraum erbrachten → *Altersvorsorgebeiträge* zuzüglich der nach Abschnitt XI EStG zustehenden Zulagen (→ *Grund-* und → *Kinderzulagen*). Bei der Ermittlung des Sonderausgabenabzugs ist es hierbei unerheblich, ob die Zulage überhaupt beantragt und ob und wann sie dem begünstigten Vertrag gutgeschrieben wurde. Allein der für das Beitragsjahr entstandene Anspruch auf die Zulage ist für die Höhe des Sonderausgabenabzugs maßgebend (§ 10a Absatz 1 Satz 1 EStG).

Folgende Beträge können im Rahmen der Steuererklärung in Abzug gebracht werden:

- in den Veranlagungszeiträumen 2002 und 2003 bis zu 525 Euro,
- in den Veranlagungszeiträumen 2004 und 2005 bis zu 1.050 Euro,
- in den Veranlagungszeiträumen 2006 und 2007 bis zu 1.575 Euro
- ab dem Veranlagungszeitraum 2008 bis zu 2.100 Euro.

Die Höhe der geleisteten Altersvorsorgebeiträge hat der Steuerpflichtige bis zum Veranlagungszeitraum 2009 durch eine Bescheinigung nach amtlichen Vordruck nachzuweisen (§ 10a Absatz 5 Satz 1 EStG). Die Bescheinigung erhält der Steuerpflichtige vom jeweiligen → *Anbieter* des Altersvorsorgevertrages bzw. der Einrichtung der betrieblichen Altersversorgung (→ *Direktversicherung*, → *Pensionsfonds*, → *Pensionskasse*).

Ab dem Veranlagungszeitraum 2010 sind die vom Steuerpflichtigen geleisteten Altersvorsorgebeiträge durch einen entsprechenden Datensatz des Anbieters nachzuweisen. Hierzu muss der Steuerpflichtige gegenüber dem Anbieter schriftlich einwilligen, dass dieser die im jeweiligen Beitragsjahr zu berücksichtigenden Altersvorsorgebeiträge unter Angabe der steuerlichen Identifikationsnummer (§ 139b AO) an die Zentrale → *Zulagenstelle für Altersvermögen (ZfA)* übermittelt. Die Einwilligung des Steuerpflichtigen muss dem Anbieter spätestens bis zum Ablauf des zweiten Kalenderjahres, das auf das Beitragsjahr folgt, vorliegen. Die Einwilligung gilt auch für die folgenden Beitragsjahre, wenn der Steuerpflichtige sie nicht gegenüber seinem Anbieter schriftlich widerruft. Sind beide Ehegatten/Lebenspartner unmittelbar oder ist ein Ehegatte/Lebenspartner unmittelbar zulageberechtigt und ein Ehegatte/Lebenspartner mittelbar berechtigt, müssen beide Ehegatten/Lebenspartner die Einwilligungserklärung abgeben. Die Einwilligung gilt auch ohne gesonderte Erklärung als erteilt, wenn

- der Zulageberechtigte seinen Anbieter bevollmächtigt hat, für ihn den → *Zulageantrag* zu stellen,
- dem Anbieter für das betreffende Beitragsjahr ein Zulageantrag des mittelbar Zulageberechtigten vorliegt.

Liegt die Einwilligung des Zulageberechtigten vor, hat der Anbieter die nach § 10a Absatz 5 EStG erforderlichen Daten an die ZfA zu übermitteln. Zu den erforderlichen Daten zählen u. a. die Versicherungsnummer nach § 147 SGB VI oder die → *Zulagenummer*. Wurde noch keine Versicherungs- oder Zulagenummer vergeben, gilt die Einwilligung des Zulageberechtigten als Antrag auf Vergabe einer Zulagenummer durch die ZfA. **Der Anbieter hat** den Zulageberechtigten über die erfolgte Datenübermittlung in der Bescheinigung nach § 92 EStG zu informieren. Können die erforderlichen Daten aus Gründen, die der Steuerpflichtige nicht zu vertreten hat (z. B. technische Probleme), vom Anbieter nicht übermittelt werden, kann der Steuerpflichtige den Nachweis über die geleisteten Altersvorsorgebeiträge auch in anderer Weise erbringen.

Verhindern technische Probleme die Übermittlung des Datensatzes in elektronischer Form und muss hierfür eine Papierbescheinigung ausgestellt werden, muss hierfür ebenfalls die Einwilligung des Anlegers in die Datenübermittlung nach § 10a Absatz 2a EStG vorliegen. Ohne Vorliegen dieser Einwilligungserklärung darf weder eine maschinelle Meldung noch eine Papierbescheinigung nach dem BMF-Schreiben vom 18. August 2011 (BStBl. I S. 788) ausgestellt werden. Bei Vorliegen der Einwilligung hat der Anbieter die nach § 10a Absatz 5 EStG erforderlichen Daten an die zentrale Stelle zu übermitteln. Liegen die in § 10a Absatz 5 Satz 1 EStG genannten Voraussetzungen vor und kann der vorgegebene Übermittlungstermin durch den Anbieter, z. B. wegen technischer Probleme, nicht eingehalten werden, hat er dem Steuerpflichtigen die für den Sonderausgabenabzug erforderlichen Daten nach dem mit BMF-Schreiben vom 18. August 2011 bekannt gegebenen Vordruckmuster grundsätzlich bis zum 31. März des dem Beitragsjahr folgenden Kalenderjahres zu bescheinigen. Die Bescheinigung entbindet den Anbieter allerdings nicht von der Verpflichtung einer Datenübermittlung. Er muss diese unverzüglich nachzuholen.

2. Die Berücksichtigung des Sonderausgabenabzugs bei Ehegatten/Lebenspartnern

a) Beide Ehegatten/Lebenspartner sind unmittelbar begünstigt

→ *unmittelbare Zulageberechtigung*

Sind beide Ehegatten/Lebenspartner unmittelbar begünstigt, so ist die Ermittlung und Begrenzung auf den Höchstbeitrag nach § 10a Absatz 1 EStG für beide Ehegatten/Lebenspartner jeweils getrennt vorzunehmen. Ein von einem Ehegatten/Lebenspartner nicht ausgeschöpfter zulässiger Höchstbetrag kann auf den anderen Ehegatten/Lebenspartner allerdings nicht übertragen werden.

b) Ein Ehegatte/Lebenspartner ist unmittelbar, der andere mittelbar begünstigt

→ *mittelbare Zulageberechtigung*

Ist nur ein Ehegatte/Lebenspartner unmittelbar begünstigt, so kann der Sonderausgabenabzug nur von diesem Ehegatte/Lebenspartner bis zu den für das jeweilige Beitragsjahr geltenden Beträgen sowie die ihm und dem unmittelbar zulageberechtigten Ehegatten/Lebenspartner zustehenden Zulagen in Abzug gebracht werden. Der Höchstbetrag erhöht sich um 60 Euro, wenn der andere Ehegatte/Lebenspartner die Voraussetzungen der mittelbaren Zulageberechtigung (§ 79 Satz 2 EStG) erfüllt.

Hat der mittelbar zulageberechtigte Ehegatte/Lebenspartner Altersvorsorgebeiträge (vgl. hierzu Mindesteigenbeitrag, D.2.b)) zugunsten seines eigenen Altersvorsorgevertrages geleistet, können diese Beträge beim Sonderausgabenabzug des unmittelbar Zulageberechtigten nach § 10a Absatz 1 Satz 1 EStG berücksichtigt werden, falls der Höchstbetrag durch die vom unmittelbar Zulageberechtigten geleisteten Altersvorsorgebeiträge zuzüglich der zu berücksichtigenden Zulagen nicht ausgeschöpft wird. Dabei sind die vom unmittelbar zulageberechtigten Ehegatten/Lebenspartner geleisteten Altersvorsorgebeiträge vorrangig zu berücksichtigen, jedoch mindestens 60 Euro der vom mittelbar zulageberechtigten Ehegatten/Lebenspartner geleisteten Altersvorsorgebeiträge. Hierzu hatte der mittelbar Begünstigte, auch wenn er keine Altersvorsorgebeiträge geleistet hat, bis zum Veranlagungszeitraum 2009 die vom Anbieter ausgestellte Bescheinigung nach § 10a Absatz 5 Satz 2 EStG beizufügen. Ab dem Veranlagungszeitraum 2010 muss der mittelbar Begünstigte gegenüber seinem Anbieter in die Datenübermittlung nach § 10a Absatz 2a Satz 1 EStG einwilligen (§ 10a Absatz 2a Satz 3 EStG).

C. Die Durchführung des Sonderausgabenabzugs

1. Die Beantragung

Ein Sonderausgabenabzug nach § 10a Absatz 1 EStG kann nur vorgenommen werden, wenn der Steuerpflichtige im Rahmen seiner Einkommensteuererklärung den Sonderausgabenabzug durch Abgabe der Anlage AV zur Einkommensteuererklärung (Altersvorsorgebeiträge als Sonderausgaben nach § 10a EStG) und der → *Anbieterbescheinigung* geltend macht.

Der Sonderausgabenabzug nach § 10a Absatz 1 EStG wird allerdings nur dann gewährt, wenn er für den Steuerpflichtigen einkommensteuerlich günstiger ist als der Anspruch auf Zulage nach Abschnitt XI EStG (§ 10a Absatz 2a Satz 1 EStG). Bei der Veranlagung zur Einkommensteuer wird diese Prüfung von Amts wegen vorgenommen.

Anstatt der Anbieterbescheinigung nach § 10a Absatz 5 EStG muss der Steuerpflichtige ab dem Veranlagungszeitraum 2010 der Datenübermittlung nach § 10a Absatz 2a Satz 1 EStG durch seinen Anbieter unter Angabe der steuerlichen → *Identifikationsnummer* (§ 139 AO) an die zentrale Zulagenstelle für Altersvermögen (ZfA) zustimmen und die weiteren für den Sonderausgabenabzug erforderlichen Angaben in die Anlage AV zur Einkommensteuererklärung erklären oder dies bis zum Eintritt der Bestandskraft des Steuerbescheids nachholen. Der Nachweis der gezahlten Beiträge wird dann durch einen Datensatz des Anbieters erbracht.

Die Einwilligung zur Datenübermittlung gilt auch ohne gesonderte Erklärung für das jeweilige Beitragsjahr als erteilt, wenn

- ein → *Zulageberechtigter* seinen Anbieter nach § 89 Absatz 1a EStG bevollmächtigt hat, für ihn den → *Zulageantrag* zu stellen oder
- dem Anbieter für das betreffende Beitragsjahr ein Zulageantrag nach § 89 Absatz 1 EStG des Zulageberechtigten vorliegt.

Liegen die in § 10a Absatz 5 Satz 1 EStG genannten Voraussetzungen vor und kann eine Anbieter den vorgegebenen Übermittlungstermin nicht einhalten, so hat er dem Steuerpflichtigen die für den Sonderausgabenabzug erforderlichen Daten nach dem mit BMF-Schreiben vom 18. August 2011 (BStBl. I S. 788) bekannt gegebenen Vordruckmuster grundsätzlich bis zum 31. März des dem Beitragsjahr folgenden Kalenderjahres zu bescheinigen. Das Vordruckmuster darf allerdings nur bei Vorliegen einer Einwilligung bzw. einer Einwilligungsfiktion verwendet werden. Die Bescheinigung entbindet den Anbieter nicht von der Verpflichtung zur Datenübermittlung.

Während eine Altersvorsorgezulage für maximal zwei Altersvorsorgeverträge gewährt wird, kann der Sonderausgabenabzug mit der Anlage AV für mehr als zwei Verträge geltend gemacht werden.

2. Die Günstigerprüfung

Nach Beantragung des Sonderausgabenabzuges nach § 10a Absatz 1 EStG durch den Steuerpflichtigen prüft das Finanzamt, ob eine steuerliche Förderung in Form eines Sonderausgabenabzuges infrage kommt. Ergibt sich aufgrund der → *Günstigerprüfung* ein Sonderausgabenabzug, erhöht sich die unter Berücksichtigung des Sonderausgabenabzugs ermittelte tarifliche Einkommensteuer um den Anspruch auf Zulage (§ 10a Absatz 2 EStG i. V. m. § 2 Absatz 6 Satz 2 EStG). Durch diese Hinzurechnung wird erreicht, dass dem Steuerpflichtigen im Rahmen der Einkommensteuerveranlagung nur die über den Zulageanspruch hinausgehende Steuerermäßigung gewährt wird. Der Erhöhungsbetrag nach § 84 Satz 2 und 3 EStG bleibt bei der Ermittlung der dem Steuerpflichtigen zustehenden Zulage außer Betracht. Da bei der Günstigerprüfung auf den sich ergebenden Zulagenanspruch abgestellt wird, ist es unerheblich, ob ein → *Zulagenantrag* tatsächlich gestellt worden ist.

Durch die Hinzurechnung des Zulagenanspruchs wird eine Doppelförderung vermieden. Dem Steuerpflichtigen wird somit nur die über den Zulagenanspruch hinausgehende Steuerermäßigung gewährt. Durch die Anrechnung der Zulage muss stets auch die Zulage beantragt werden, damit der Steuerpflichtige die volle Förderung erhält. Eine Steuerermäßigung wird dem Steuerpflichtigen ausgezahlt; sie wird nicht Bestandteil des Altersvorsorgevermögens. Zulagen werden stets dem Altersvorsorgevertrag gutgeschrieben. Eine Auszahlung der gewährten Zulage(n) ist nicht möglich.

D. Die Besteuerung

Mit Eintritt in die Rente unterliegen die Leistungen aus dem Altersvorsorgevertrag gem. § 82 Absatz 1 EStG sowie auf Leistungen aus Pensionsfonds, Pensionskassen und Direktversicherungen in vollem Umfang der Besteuerung (→ *nachgelagerte Besteuerung*), soweit sie auf staatlich gefördertem Altersvorsorgevermögen beruhen. Die Besteuerung richtet sich nach § 22 Nummer 5 EStG.

(Bezeichnung und Anschrift des Anbieters)

9	9	3	9

Ausstellungsdatum

(Bitte zehnstellig im Format TT.MM.JJJJ eintragen.)

(Bekanntgabeadressat)

Wichtiger Hinweis:
Die maschinelle Übermittlung Ihrer Altersvorsorgebeiträge an die Finanzverwaltung ist zum jetzigen Zeitpunkt leider nicht möglich und wird erst zu einem späteren Zeitpunkt nachgeholt. Für die Berücksichtigung dieser Beiträge als Sonderausgaben fügen Sie daher bitte die Bescheinigung Ihrer Einkommensteuererklärung bei.

Bescheinigung zur Vorlage beim Finanzamt

für

1 Name, Vorname | geboren am

2 Straße, Hausnummer

3 Postleitzahl, Wohnort

Folgende Altersvorsorgebeiträge (Beiträge (a) und Tilgungsleistungen (b) ohne Zulage) wurden geleistet für das Kalenderjahr (Beitragsjahr)

	Anbieternummer	Zertifizierungsnummer	Vertragsnummer	Euro	Cent
4	0	1	2	3 (a)	
				5 (b)	
5	0	1	2	3 (a)	
				5 (b)	
6	0	1	2	3 (a)	
				5 (b)	

Diese Bescheinigung ist maschinell erstellt und daher nicht unterschrieben.

Vom Steuerpflichtigen auszufüllen, sofern die Eintragung nicht vom Anbieter durch Übernahme aus seinem Datenbestand vorgenommen wurde.

7	Steuernummer (soweit bekannt)		
8	Sozialversicherungsnummer / Zulagenummer	0 7	(Bitte zwölfstellig eintragen.)
9	steuerliche Identifikationsnummer (soweit bekannt)		(Bitte elfstellig eintragen.)
10	Mitgliedsnummer der landwirtschaftlichen Alterskasse bzw. der Alterskasse für den Gartenbau (soweit bekannt)		(Bitte elfstellig eintragen.)

Stand 20.7.2011

2024

1 Name	**Anlage AV**
2 Vorname	**Diese Anlage ist bei Zusammenveranlagung von Ehegatten / Lebenspartnern gemeinsam auszufüllen.**
3 **Steuernummer**	

2024003304201

Angaben zur steuerlichen Förderung von Altersvorsorgebeiträgen (sog. Riester-Verträge)

Für alle vom Anbieter übermittelten Altersvorsorgebeiträge wird ein zusätzlicher Sonderausgabenabzug geltend gemacht. Machen Sie hierzu bitte ausschließlich Angaben in den Zeilen 4 bis 20.

Wenn Sie für alle Altersvorsorgeverträge keinen Sonderausgabenabzug wünschen, dann geben Sie bitte keine Anlage AV ab.

Berechnungsgrundlagen

39

– Bei Zusammenveranlagung: Bitte die Art der Begünstigung (unmittelbar / mittelbar) beider Ehegatten / Lebenspartner angeben, wenn für jeden Ehegatten / Lebenspartner mindestens ein Riester-Vertrag vorliegt. Hat nur einer von beiden mindestens einen Riester-Vertrag, muss nur diese Person Angaben zur Art der Begünstigung machen. –

Zeile		Steuerpflichtige Person / Ehemann / Person A	Ehefrau / Person B
4	**Ich bin für das Jahr 2024 unmittelbar begünstigt.** **(Bitte die Zeilen 5 bis 13 ausfüllen.)**	106 1 = Ja	306 1 = Ja
		EUR	EUR
5	Beitragspflichtige Einnahmen i. S. d. inländischen gesetzlichen Rentenversicherung **2023**	100 ,—	300 ,—
6	Inländische Besoldung, Amtsbezüge und Einnahmen beurlaubter Beamter **2023** **(Ein Eintrag ist nur erforderlich, wenn Sie eine Einwilligung gegenüber der zuständigen Stelle abgegeben haben.)**	101 ,—	301 ,—
7	Entgeltersatzleistungen **2023**	104 ,—	304 ,—
8	Tatsächliches Entgelt **2023**	102 ,—	302 ,—
9	Jahres(brutto)betrag der Rente wegen voller Erwerbsminderung oder Erwerbsunfähigkeit in der inländischen gesetzlichen Rentenversicherung **2023**	109 ,—	309 ,—
10	Inländische Versorgungsbezüge wegen Dienstunfähigkeit **2023** **(Ein Eintrag ist nur erforderlich, wenn Sie eine Einwilligung gegenüber der zuständigen Stelle abgegeben haben.)**	113 ,—	313 ,—
11	Einkünfte aus Land- und Forstwirtschaft **2022**	103 ,—	303 ,—
12	Jahres(brutto)betrag der Rente wegen voller Erwerbsminderung oder Erwerbsunfähigkeit nach dem Gesetz über die Alterssicherung der Landwirte **2023**	111 ,—	311 ,—
13	Einnahmen aus einer Beschäftigung, die einer ausländischen gesetzlichen Rentenversicherungspflicht unterlag und / oder Jahres(brutto)betrag der Rente wegen voller Erwerbsminderung oder Erwerbsunfähigkeit aus einer ausländischen gesetzlichen Rentenversicherung **2023**	114 ,—	314 ,—
14	**Ich bin für das Jahr 2024 mittelbar begünstigt.**	106 2 = Ja	306 2 = Ja

(Bei Einzelveranlagung von Ehegatten / Lebenspartnern: Die Angaben zu den Altersvorsorgebeiträgen werden bei der Einkommensteuerveranlagung des anderen Ehegatten / Lebenspartners berücksichtigt.)

Sonstige Angaben

Zeile		Steuerpflichtige Person / Ehemann / Person A	Ehefrau / Person B
15	Mitgliedsnummer der landwirtschaftlichen Alterskasse	112	312

Angaben zu Kindern, für die ein Anspruch auf Kinderzulage besteht

Bei Eltern, die miteinander verheiratet sind oder miteinander eine Lebenspartnerschaft führen und 2024 nicht dauernd getrennt gelebt haben:

Zeile		Geboren vor dem 1.1.2008	Geboren nach dem 31.12.2007
16	Anzahl der Kinder, für die für **2024** Kindergeld festgesetzt worden ist und – die bei der Zusammenveranlagung der Mutter / Person B zugeordnet werden oder – die bei der Zusammenveranlagung von Person A auf Person B übertragen wurden	305	315
17	– für die bei Zusammenveranlagung oder Einzelveranlagung von Ehegatten / Lebenspartnern die Kinderzulage von der Mutter auf den Vater / von Person B auf Person A übertragen wurde, – die bei Einzelveranlagung von Ehegatten / Lebenspartnern der Mutter / Person A zugeordnet werden oder – die bei Zusammenveranlagung Person A zugeordnet werden	105	115
18	Anzahl der bei Einzelveranlagung von Ehegatten / Lebenspartnern von der Mutter auf den Vater übertragenen Kinderzulagen **– Eintragung nur in der Steuererklärung der übertragenden Person –**	225	235

2024AnlAV041NET - September 2024 - **2024AnlAV041NET**

Quelle: Bundesministerium der Finanzen

Steuernummer, Name und Vorname

- 2 -

Bei allen anderen Kindergeldberechtigten:

– Die in den Zeilen 19 und / oder 20 anzugebenden Kinder dürfen nicht in den Zeilen 16 bis 18 enthalten sein. –

		Geboren vor dem 1.1.2008		Geboren nach dem 31.12.2007
19	Anzahl der Kinder, für die für den ersten Anspruchszeitraum **2024** Kindergeld gegenüber – der steuerpflichtigen Person / dem Ehemann / der Person A	205	215	
20	– der Ehefrau / Person B festgesetzt worden ist.	405	415	

Die Zeilen 21 bis 30 müssen Sie ausschließlich ausfüllen, wenn Sie für bestimmte Altersvorsorgeverträge keinen zusätzlichen Sonderausgabenabzug wünschen.

Haben Sie gegenüber dem Anbieter Ihres Altersvorsorgevertrages bereits auf den zusätzlichen Sonderausgabenabzug verzichtet, dann müssen Sie die Zeilen 21 bis 30 nicht ausfüllen.

Wenn Sie für alle Altersvorsorgeverträge keinen Sonderausgabenabzug wünschen, dann geben Sie bitte keine Anlage AV ab.

Altersvorsorgeverträge, für die kein zusätzlicher Sonderausgabenabzug geltend gemacht wird

Steuerpflichtige Person / Ehemann / Person A

21 Für nachfolgende Altersvorsorgeverträge möchte ich keinen zusätzlichen Sonderausgabenabzug geltend machen. 200 1 = Ja

1. Vertrag

22 Anbieternummer | Zertifizierungsnummer **0 0**

23 Vertragsnummer

2. Vertrag

24 Anbieternummer | Zertifizierungsnummer **0 0**

25 Vertragsnummer

Ehefrau / Person B

26 Für nachfolgende Altersvorsorgeverträge möchte ich keinen zusätzlichen Sonderausgabenabzug geltend machen. 400 1 = Ja

1. Vertrag

27 Anbieternummer | Zertifizierungsnummer **0 0**

28 Vertragsnummer

2. Vertrag

29 Anbieternummer | Zertifizierungsnummer **0 0**

30 Vertragsnummer

Widerruf des Verzichts auf den zusätzlichen Sonderausgabenabzug

Steuerpflichtige Person / Ehemann / Person A

31 Ich habe bisher gegenüber dem Anbieter meines Altersversorgungsvertrages auf den zusätzlichen Sonderausgabenabzug verzichtet. Hiermit widerrufe ich den gegenüber meinem Anbieter erklärten Verzicht auf den zusätzlichen Sonderausgabenabzug für den nachfolgenden Vertrag. 204 1 = Ja

Vertrag

32 Anbieternummer | Zertifizierungsnummer **0 0**

33 Vertragsnummer

Ehefrau / Person B

34 Ich habe bisher gegenüber dem Anbieter meines Altersversorgungsvertrages auf den zusätzlichen Sonderausgabenabzug verzichtet. Hiermit widerrufe ich den gegenüber meinem Anbieter erklärten Verzicht auf den zusätzlichen Sonderausgabenabzug für den nachfolgenden Vertrag. 404 1 = Ja

Vertrag

35 Anbieternummer | Zertifizierungsnummer **0 0**

36 Vertragsnummer

2024AnlAV042NET **2024AnlAV042NET**

Quelle: Bundesministerium der Finanzen

Anleitung zur Anlage AV 2024

Allgemeines

Der Aufbau einer freiwilligen privaten Altersvorsorge oder betrieblichen Altersversorgung wird durch steuerliche Maßnahmen gefördert (sog. Riester-Verträge). Wollen Sie die steuerliche Förderung in Anspruch nehmen, reicht es aus, wenn Sie im Laufe des Jahres 2024 begünstigte Altersvorsorgebeiträge gezahlt haben und Sie unmittelbar oder mittelbar förderberechtigt waren.

Für Ihre Beiträge zu einem zertifizierten Altersvorsorgevertrag können Sie eine Altersvorsorgezulage bei Ihrem Anbieter beantragen. Die Altersvorsorgezulage wird für maximal zwei Verträge gewährt. Außerdem können Sie zusätzlich Ihre Beiträge in der Anlage AV als Sonderausgaben steuerlich geltend machen. Dies ist auch für mehr als zwei Riester-Verträge möglich.

Wenn Sie die Anlage AV abgeben, prüft Ihr Finanzamt, ob eine zusätzliche steuerliche Förderung in Form eines Sonderausgabenabzugs möglich ist.

Der Anbieter Ihres Altersvorsorgevertrags übermittelt die zu berücksichtigenden Altersvorsorgebeiträge unter Angabe der Vertragsdaten, der Identifikationsnummer und der Zulage- oder Sozialversicherungsnummer per Datenfernübertragung an Ihr Finanzamt. Daher müssen Sie die Altersvorsorgebeiträge in Ihrer Einkommensteuererklärung nicht mehr angeben. Die übrigen Angaben in den Zeilen 4 bis 20 werden jedoch weiterhin zur Ermittlung des Sonderausgabenabzugs benötigt.

Ihr Anbieter informiert Sie über die erfolgte Datenübermittlung. Konnte Ihr Anbieter die Daten nicht rechtzeitig übermitteln, erhalten Sie von ihm eine Bescheinigung. Diese reichen Sie dann bitte in Kopie zur Einkommensteuererklärung ein. Erhalten Sie die Bescheinigung erst nach der Abgabe Ihrer Einkommensteuererklärung, reichen Sie eine Kopie der Bescheinigung bitte nach.

Ist der Sonderausgabenabzug für Sie günstiger, berücksichtigt Ihr Finanzamt Ihre gesamten Aufwendungen einschließlich Ihres Anspruchs auf Zulage bis zum Höchstbetrag von 2.100 € als Sonderausgaben. Um eine Doppelförderung zu vermeiden, wird die festgesetzte Einkommensteuer um den Zulageanspruch erhöht. Für die Erhöhung der Einkommensteuer um den Anspruch auf Zulage kommt es also nicht darauf an, ob tatsächlich eine Zulage gewährt wurde.

Sie haben die Zusammenveranlagung gewählt und beide Personen sind unmittelbar begünstigt?

Dann steht der Sonderausgabenabzug beiden Personen gesondert zu. Der nicht ausgeschöpfte Sonderausgaben-Höchstbetrag kann nicht auf die andere Person übertragen werden.

Sie haben die Zusammenveranlagung gewählt und nur eine Person ist unmittelbar begünstigt?

Dann werden mindestens 60 € der Altersvorsorgebeiträge der mittelbar zulageberechtigten Person beim Sonderausgabenabzug bei der unmittelbar begünstigten Person berücksichtigt. Der Sonderausgaben-Höchstbetrag der unmittelbar begünstigten Person erhöht sich um 60 €, also auf maximal 2.160 €. Soweit die unmittelbar begünstigte Person ihren Höchstbetrag noch nicht ausgeschöpft hat, werden auch über die 60 € hinausgehende Altersvorsorgebeiträge der mittelbar zulageberechtigten Person beim Sonderausgabenabzug berücksichtigt.

Sofern Sie die Altersvorsorgezulage bei Ihrem Anbieter nicht beantragen und den vorstehend beschriebenen zusätzlichen Sonderausgabenabzug nicht wünschen, haben Sie die Möglichkeit, bestimmte Altersvorsorgebeiträge im Rahmen von Höchstbeträgen in der **Anlage Vorsorgeaufwand** geltend zu machen (vgl. Erläuterungen zu den Zeilen 46 bis 48 in der Anleitung zur Anlage Vorsorgeaufwand).

Wann erhalten Sie eine „Riesterförderung" bei einer betrieblichen Altersversorgung?

Die gleichen Fördermöglichkeiten bestehen auch für individuell besteuerte Beiträge, die Sie zum Aufbau einer kapitalgedeckten betrieblichen Altersversorgung zahlen. Beiträge, die als „individuell besteuert" bezeichnet werden, sind solche, die weder pauschal versteuert wurden, noch steuerfrei sind.

Einrichtungen betrieblicher Altersversorgungen können sein:

- ein Pensionsfonds,
- eine Pensionskasse (z. B. Pflichtbeiträge des Arbeitnehmers zum Kapitaldeckungsverfahren im Abrechnungsverbund Ost der Versorgungsanstalt des Bundes und der Länder [VBL]) oder
- eine Direktversicherung,

wenn diese Einrichtungen Ihnen als begünstigte Person eine lebenslange Altersversorgung gewährleisten.

Wie werden Leistungen aus Riester-Verträgen bei Auszahlung versteuert?

Leistungen aus Riester-Verträgen unterliegen bei Auszahlung der nachgelagerten Besteuerung. Dies bedeutet, dass Alterseinkünfte erst dann versteuert werden, wenn sie ausgezahlt werden – also in der Regel im Alter. Dafür bleiben die Beiträge zur Altersvorsorge in der Phase der Erwerbstätigkeit bis zum obengenannten Höchstbetrag unversteuert. Beruhen die aus einem kapitalbildenden Riester-Vertrag ausgezahlten Leistungen ausschließlich auf geförderten Beiträgen, unterliegt der gesamte Auszahlungsbetrag der nachgelagerten Besteuerung. Dies gilt auch, soweit die Leistungen auf gutgeschriebenen Zulagen und den erzielten Erträgen und Wertsteigerungen beruhen.

Anleitung zur Anlage AV - September 2024

Quelle: Bundesministerium der Finanzen

- 2 -

Zusätzlicher Sonderausgabenabzug

Sie wünschen die steuerliche Berücksichtigung Ihrer Altersvorsorgeverträge?
Dann geben Sie bitte die Anlage AV ab.

Sie haben mehrere Altersvorsorgeverträge und wollen nicht für alle Verträge den zusätzlichen Sonderausgabenabzug geltend machen?
Dann füllen Sie bitte die Zeilen 21 bis 30 aus.
Dies gilt nicht, wenn Sie bereits gegenüber dem Anbieter erklärt haben, dass Sie auf den Sonderausgabenabzug verzichten.

Sie haben gegenüber Ihrem Anbieter den Verzicht auf den Sonderausgabenabzug erklärt und möchten diesen widerrufen?
Dann füllen Sie bitte die Zeilen 31 bis 36 aus.

Sie wünschen insgesamt, also für alle übermittelten Altersvorsorgeverträge, keinen Sonderausgabenabzug?
Dann geben Sie bitte die Anlage AV nicht ab.

Zeile 4 bis 13
Unmittelbar begünstigte Personen

Unmittelbar begünstigt sind Personen, die im Jahr 2024 – zumindest zeitweise – in der inländischen gesetzlichen Rentenversicherung pflichtversichert waren, z. B. Arbeitnehmer in einem versicherungspflichtigen Beschäftigungsverhältnis (hierzu zählen auch geringfügig Beschäftigte, die nicht von der Versicherungspflicht befreit wurden) und Kindererziehende. Zu den unmittelbar begünstigten Personen gehören auch

- Pflichtversicherte nach dem Gesetz über die Alterssicherung der Landwirte (z. B. neben den versicherungspflichtigen Landwirtinnen und Landwirten auch deren verheiratete und verpartnerte Personen sowie ehemalige Landwirtinnen und Landwirte, die unabhängig von einer landwirtschaftlichen Tätigkeit oder als mithelfende Familienangehörige versicherungspflichtig sind),
- Arbeitslose, die Anrechnungszeiten in der inländischen gesetzlichen Rentenversicherung erhalten, weil sie Arbeitslosengeld II beziehen oder weil sie bei einer inländischen Agentur für Arbeit als arbeitsuchend gemeldet sind und nur wegen des zu berücksichtigenden Vermögens oder Einkommens keine Leistung nach dem SGB II erhalten, wenn sie unmittelbar vor der Arbeitslosigkeit zu den unmittelbar begünstigten Personen gehörten,
- verbeamtete Personen, Soldatinnen und Soldaten und diesen gleichgestellte Personen, wenn sie für das Beitragsjahr 2024 spätestens bis zum 31. Dezember 2024 eine Einwilligung gegenüber der zuständigen Stelle (z. B. Dienstherr oder der zur Zahlung des Arbeitsentgelts verpflichtete Arbeitgeber) abgegeben oder in der Vergangenheit eingewilligt und diese Einwilligung nicht vor Beginn des Beitragsjahres widerrufen haben,
- Empfängerinnen und Empfänger einer Rente wegen voller Erwerbsminderung oder Erwerbsunfähigkeit oder einer Versorgung wegen Dienstunfähigkeit aus einem der vorgenannten Alterssicherungssysteme (z. B. inländische gesetzliche Rentenversicherung, Beamtenversorgung), wenn sie unmittelbar vor dem Bezug der Leistung einer der vorgenannten unmittelbar begünstigten Personengruppen angehörten. Versorgungsempfängerinnen und Versorgungsempfänger sind nur förderberechtigt, wenn sie für das Beitragsjahr 2024 spätestens bis zum 31. Dezember 2024 eine Einwilligung gegenüber der zuständigen Stelle (z. B. die Versorgung anordnende Stelle) abgegeben oder in der Vergangenheit eingewilligt und diese Einwilligung nicht vor Beginn des Beitragsjahres widerrufen haben,
- Pflichtmitglieder in einem ausländischen gesetzlichen Alterssicherungssystem, wenn diese Pflichtmitgliedschaft mit der Pflichtmitgliedschaft in einem der vorgenannten inländischen Alterssicherungssysteme vergleichbar ist und diese vor dem 1. Januar 2010 begründet wurde sowie Empfängerinnen und Empfänger einer Rente wegen voller Erwerbsminderung aus einem ausländischen gesetzlichen Alterssicherungssystem, wenn sie unmittelbar vor dem Bezug der Leistung einer der vorgenannten unmittelbar begünstigten Personengruppen angehörten. Altersvorsorgebeiträge werden bei diesen Personengruppen aber nur berücksichtigt, wenn sie zugunsten eines vor dem 1. Januar 2010 abgeschlossenen Vertrages geleistet wurden.

Gehören beide verheirateten oder verpartnerten Personen zum unmittelbar begünstigten Personenkreis, ist bei einer Zusammenveranlagung der Zulageanspruch beider Personen im Rahmen der Günstigerprüfung anzusetzen. Im Fall der Einzelveranlagung von Ehegatten / Lebenspartnern erfolgt die Günstigerprüfung getrennt für jede Person; es wird dabei nur der der jeweiligen Person zustehende Zulageanspruch angesetzt.

Nicht unmittelbar begünstigte Personen

Nicht unmittelbar begünstigt sind unter anderem folgende Personen:

- Pflichtversicherte einer berufsständischen Versorgungseinrichtung, sofern sie von der Versicherungspflicht in der inländischen gesetzlichen Rentenversicherung befreit sind,
- freiwillig in der inländischen gesetzlichen Rentenversicherung Versicherte,
- Selbständige ohne Vorliegen einer Versicherungspflicht in der inländischen gesetzlichen Rentenversicherung,
- geringfügig Beschäftigte, die von der Versicherungspflicht in der inländischen gesetzlichen Rentenversicherung befreit sind,
- Personen, die eine Vollrente wegen Alters erhalten,
- Personen, die nach Erreichen einer Altersgrenze eine Versorgung erhalten.

Quelle: Bundesministerium der Finanzen

- 3 -

Zeile 14 Mittelbar begünstigte Personen

Ist nur eine verheiratete oder verpartnerte Person unmittelbar begünstigt, so ist auch die andere Person (mittelbar) begünstigt, wenn

- beide Personen nicht dauernd getrennt leben,
- beide Personen ihren Wohnsitz oder gewöhnlichen Aufenthalt in einem EU- / EWR-Staat haben und
- die andere Person zugunsten eines auf ihren Namen lautenden Altersvorsorgevertrages im jeweiligen Beitragsjahr mindestens 60 € gezahlt hat und die Auszahlungsphase dieses Vertrages noch nicht begonnen hat.

Eine mittelbar begünstigte verheiratete oder verpartnerte Person hat Anspruch auf eine Altersvorsorgezulage, wenn die unmittelbar begünstigte Person eigene geförderte Altersvorsorgebeiträge geleistet hat. Wählt eine der verheirateten oder verpartnerten Personen die Einzelveranlagung von Ehegatten / Lebenspartnern, werden die von der mittelbar begünstigten Person geleisteten Altersvorsorgebeiträge im Rahmen der gesetzlichen Höchstbeträge berücksichtigt. Der insgesamt zustehende Zulageanspruch wird dann nur bei der Einkommensteuerveranlagung der unmittelbar begünstigten Person angesetzt.
Die späteren Leistungen aus der Altersvorsorge an die mittelbar begünstigte Person unterliegen bei dieser in vollem Umfang der Besteuerung, soweit sie auf staatlich gefördertem Altersvorsorgevermögen beruhen.

Zeile 5 Berechnungsgrundlagen

Bitte tragen Sie in Zeile 5 Ihre beitragspflichtigen Einnahmen des Jahres 2023 ein. Diese können Sie aus der Meldung Ihres Arbeitgebers zur Sozialversicherung entnehmen. Ebenfalls in Zeile 5 tragen Sie Ihre Arbeitsentgelte aus einer geringfügigen Beschäftigung ein. Diese können Sie aus der Jahresmeldung der Minijob-Zentrale entnehmen. Sofern Sie Entgeltersatzleistungen oder ein tatsächliches Entgelt im Jahr 2023 bezogen haben, erfassen Sie diese bitte in den Zeilen 7 und / oder 8 (vgl. die Erläuterungen zu den Zeilen 7 und 8). In diesem Fall geben Sie bitte die beitragspflichtigen Einnahmen für diesen Zeitraum des Bezugs der Entgeltersatzleistungen oder des tatsächlichen Entgelts nicht in Zeile 5 an.

Zeile 6

Die Höhe der inländischen Besoldung und der Amtsbezüge ergibt sich aus den Ihnen vorliegenden Mitteilungen für das Jahr 2023. Gehören Sie zum Kreis der beurlaubten Beamtinnen und Beamten, geben Sie hier bitte die während der Beurlaubungszeit bezogenen Einnahmen an (z. B. das Arbeitsentgelt aus einer rentenversicherungsfreien Beschäftigung). Auch Einnahmen vergleichbarer Personengruppen, die beitragspflichtig wären, wenn die Versicherungsfreiheit in der inländischen gesetzlichen Rentenversicherung nicht bestehen würde, tragen Sie bitte hier ein. Betreffende Personen sind z. B. Geistliche, Kirchenbeamte, Lehrkräfte oder Erzieherinnen und Erzieher an nicht öffentlichen Schulen und / oder Anstalten.

Zeile 7

Haben Sie im Jahr 2023 Entgeltersatzleistungen (ohne Elterngeld) bezogen, tragen Sie hier bitte die Beträge aus der Bescheinigung der auszahlenden Stelle ein. Ist das der inländischen gesetzlichen Rentenversicherung zugrunde liegende Entgelt höher als die tatsächlich erhaltene Entgeltersatzleistung, tragen Sie bitte nur die tatsächlich erhaltene Entgeltersatzleistung ein.

Zeile 8

Ist das der inländischen gesetzlichen Rentenversicherung zugrunde liegende Entgelt höher als das tatsächlich erzielte Entgelt (z. B. bei Menschen mit Behinderung, die in anerkannten Werkstätten für Menschen mit Behinderung und in Blindenheimen arbeiten, bei freiwillig Wehrdienstleistenden), wird das tatsächliche Entgelt bei der Berechnung des Zulageanspruchs berücksichtigt. Bei Altersteilzeitarbeit ist das aufgrund der abgesenkten Arbeitszeit erzielte Arbeitsentgelt – ohne Aufstockungs- und Unterschiedsbetrag – maßgebend. Das im Jahr 2023 tatsächlich erzielte Entgelt können Sie z. B. einer Bescheinigung Ihres Arbeitgebers entnehmen.
Bei Personen, die eine pflegebedürftige Person nicht erwerbsmäßig pflegen, ist insoweit ein tatsächlich erzieltes Entgelt von 0 € zu berücksichtigen.

Zeile 9

Die Höhe des Jahres(brutto)rentenbetrages, der in der Regel nicht mit dem ausgezahlten Betrag identisch ist, können Sie Ihrer Renten(anpassungs)mitteilung entnehmen. Bei Auszahlung der Rente einbehaltene eigene Beiträge zur Kranken- und Pflegeversicherung sind nicht vom Rentenbetrag abzuziehen. Zuschüsse eines Trägers der inländischen gesetzlichen Rentenversicherung zu Ihren Aufwendungen zur Krankenversicherung sind nicht dem Rentenbetrag hinzuzurechnen.

Zeile 10

Die Höhe der inländischen Versorgungsbezüge wegen Dienstunfähigkeit entnehmen Sie bitte den Mitteilungen Ihrer Versorgungsstelle für das Jahr 2023.

Zeile 11

Sie müssen in dieser Zeile nur dann etwas eintragen, wenn bei Ihnen im Jahr 2024 die Pflichtmitgliedschaft nach dem Gesetz über die Alterssicherung der Landwirte bestand. Maßgebend sind die Einkünfte aus Land- und Forstwirtschaft, die sich aus Ihrem Einkommensteuerbescheid für das Jahr 2022 ergeben.

Zeile 12

Die Höhe des Jahres(brutto)rentenbetrages, der in der Regel nicht mit dem ausgezahlten Betrag identisch ist, können Sie Ihrer Renten(anpassungs)mitteilung entnehmen. Bei Auszahlung der Rente einbehaltene eigene Beiträge zur Kranken- und Pflegeversicherung sind nicht vom Rentenbetrag abzuziehen. Zuschüsse der Alterskasse zu Ihren Aufwendungen zur Krankenversicherung sind nicht dem Rentenbetrag hinzuzurechnen.

Quelle: Bundesministerium der Finanzen

- 4 -

Zeile 13	Sie sind in einer ausländischen Rentenversicherung pflichtversichert? Dann tragen Sie in Zeile 13 die ausländischen beitragspflichtigen Einnahmen des Jahres 2023 ein. Sie haben ausländische Erwerbsminderungs- oder Erwerbsunfähigkeitsrente bezogen? Dann tragen Sie in Zeile 13 die Höhe Ihrer Bruttorente ein. Haben Sie im Jahr 2023 sowohl Einnahmen aus einer Beschäftigung erhalten, die einer ausländischen gesetzlichen Rentenversicherungspflicht unterlag, als auch eine ausländische Erwerbsminderungs- oder Erwerbsunfähigkeitsrente bezogen, geben Sie bitte die Summe dieser Einnahmen an.
Zeile 16 bis 18 **Kinderzulage**	Bei leiblichen Eltern, Adoptiv- oder Pflegeeltern, • die ihren Wohnsitz oder gewöhnlichen Aufenthalt in einem EU- / EWR-Staat haben, • die miteinander verheiratet sind und • die im Jahr 2024 nicht oder nur teilweise dauernd getrennt gelebt haben, steht die Kinderzulage der Mutter zu. Dies gilt unabhängig davon, ob das Kindergeld gegenüber dem Vater oder der Mutter festgesetzt worden ist. Auf Antrag beider Eltern kann die Kinderzulage vom Vater in Anspruch genommen werden. Möchten Sie von dieser Möglichkeit Gebrauch machen, dann tragen Sie bitte in Zeile 17 die Anzahl der Kinder ein, für die die Kinderzulage von der Mutter auf den Vater übertragen werden soll. Im Fall der Einzelveranlagung von Ehegatten ist die Eintragung nur in der Einkommensteuererklärung des Vaters vorzunehmen. Bei Eltern, die miteinander eine gleichgeschlechtliche Ehe oder eine Lebenspartnerschaft führen, und die die oben genannten Voraussetzungen zum Wohnsitz und zum Zusammenleben erfüllen, steht die Kinderzulage der Person zu, gegenüber der das Kindergeld festgesetzt worden ist. Auf Antrag können Sie zusammen mit dem anderen Elternteil festlegen, wer die Kinderzulage in Anspruch nimmt. Soll die Übertragung der Kinderzulage von Person A, gegenüber der das Kindergeld festgesetzt worden ist, auf Person B erfolgen, nehmen Sie die Eintragung in Zeile 16 vor. Soll die Übertragung der Kinderzulage von Person B, gegenüber der das Kindergeld festgesetzt worden ist, auf Person A erfolgen, nehmen Sie die Eintragung in Zeile 17 vor. Im Fall der Einzelveranlagung der Ehegatten / Lebenspartner trägt bitte die Person die Angaben in ihrer Einkommensteuererklärung ein, auf die die Kinderzulage übertragen werden soll. Die Übertragung müssen Sie im Antrag auf Altersvorsorgezulage und in der Anlage AV identisch vornehmen.
Zeile 19 und 20	Eine zulageberechtigte Person hat Anspruch auf Kinderzulage für jedes Kind, für das ihr gegenüber für mindestens einen Monat im Jahr 2024 Kindergeld festgesetzt worden ist. Hat die Familienkasse das Kindergeld im Laufe des Jahres gegenüber mehreren zulageberechtigten Personen festgesetzt, ist der Bezug für den ersten Anspruchszeitraum im Jahr 2024 (in der Regel: Monat Januar) maßgebend.
Zeile 21 bis 30 **Verzicht auf den zusätzlichen Sonderausgabenabzug**	Haben Sie sich entschieden, für bestimmte Altersvorsorgeverträge keinen zusätzlichen Sonderausgabenabzug geltend zu machen, tragen Sie bitte in den Zeilen 21 und / oder 26 eine „1" ein und machen die entsprechenden Angaben in den Zeilen 22 bis 25 und / oder 27 bis 30. Die Informationen können Sie der Ihnen vorliegenden „Bescheinigung nach § 92 EStG" Ihres Anbieter entnehmen. Sie können Ihren Verzicht auf einen zusätzlichen Sonderausgabenabzug auch gegenüber Ihrem Anbieter erklären. Eintragungen in der Anlage AV sind dann künftig nicht mehr erforderlich. Sie wünschen für alle Altersvorsorgeverträge keinen Sonderausgabenabzug? Dann geben Sie bitte keine Anlage AV ab.
Zeile 31 bis 36 **Widerruf des Verzichts auf den zusätzlichen Sonderausgabenabzug**	Sofern Sie bisher gegenüber dem Anbieter Ihres Altersvorsorgevertrages auf den zusätzlichen Sonderausgabenabzug verzichtet haben, können Sie für das Jahr 2024 den Verzicht rückgängig machen. Tragen Sie bitte in den Zeilen 31 und / oder 34 eine „1" ein und machen die entsprechenden Angaben in den Zeilen 32 und 33 und / oder 35 und 36. Die Informationen können Sie der Ihnen vorliegenden „Bescheinigung nach § 92 EStG" Ihres Anbieters entnehmen. Sie können Ihren Verzicht auf einen zusätzlichen Sonderausgabenabzug auch gegenüber Ihrem Anbieter widerrufen. Eintragungen in den Zeilen 31 bis 36 der Anlage AV sind dann künftig nicht mehr erforderlich.

Quelle: Bundesministerium der Finanzen

Sozialpartnermodell

Nur die Tarifvertragsparteien können eine betriebliche Altersversorgung in Form einer reinen Beitragszusage vereinbaren, wobei sie in diesem Falle sich an deren Durchführung und Steuerung beteiligen müssen (Sozialpartnermodell). Auch nicht-tarifgebundene Unternehmen soll es ermöglicht werden, dass diese ihren Mitarbeiter eine betriebliche Altersversorgung bei einer durchführenden Versorgungseinrichtung nach dem Sozialpartnermodell anbieten.

Sozialversicherung

Der erste Entwurf eines Gesetzes für Sozialversicherung wurde Anfang 1881 vorgelegt. Mit der kaiserlichen Botschaft vom 17. November 1881 wurden durch Kaiser Wilhelm I auf Initiative von Reichskanzler Otto von Bismarck die Weichen für ein sozialpolitisches Programm gestellt, das neben einer Unfallversicherung auch eine Versicherung gegen Krankheit, Alter und Invalidität vorsah. Unter Bismarck entstand damals eine Sozialversicherung, die weltweit Anerkennung fand.

1883 wurde die Krankenversicherung eingeführt, 1884 die Unfallversicherung und 1889 die Invaliditäts- und Altersversicherung für Arbeiter. Erst im Dezember 1911 wurde das Versicherungsgesetz für Angestellte erlassen.

Rund 15 Jahre später trat 1927 das Gesetz über die Arbeitsvermittlung und Arbeitslosenversicherung in Kraft, das 1969 durch das Arbeitsförderungsgesetz ersetzt wurde. Nach verschiedenen Reformen in den einzelnen Versicherungszweigen erfolgte 1975 eine Zusammenfassung des Sozialrechts im Sozialgesetzbuch. Die Soziale → *Pflegeversicherung* wurde 1995 als jüngster Zweig der Sozialversicherung eingeführt.

Der Begriff Sozialversicherung beinhaltet alle Formen der Absicherung der Bevölkerung als eine der wesentlichen Grundlagen des Sozialstaates. Er umfasst die → *gesetzliche Rentenversicherung*, die gesetzliche Krankenversicherung, die gesetzliche Unfallversicherung, die gesetzliche Pflegeversicherung sowie die Arbeitslosenversicherung.

Das deutsche Sozialversicherungssystem basiert auf verschiedenen Prinzipien:

- Prinzip der Äquivalenz: Es gilt in der Sozialversicherung insbesondere für die Rentenversicherung, da die Höhe des Leistungsanspruchs von den geleisteten Beiträgen abhängig ist,
- Prinzip der Beitragsfinanzierung: Die Finanzierung der Sozialversicherungen basiert überwiegend auf Beiträgen von Arbeitnehmern und Arbeitgebern,
- Prinzip der Freizügigkeit: Das im Rahmen des europäischen Binnenmarktes eingeführte Prinzip beinhaltet den freien Verkehr von Waren, Dienstleistungen und Kapital sowie das Recht von Arbeitnehmern, sich innerhalb der EU-Mitgliedstaaten frei zu bewegen und niederzulassen,
- Prinzip der Selbstverwaltung: Die Träger der Sozialversicherung erfüllen die ihnen durch Gesetz zugewiesenen Aufgaben in Eigenverantwortung unter der Rechtsaufsicht des Staates. Arbeitnehmer und Arbeitgeber sind an der Selbstverwaltung unmittelbar beteiligt,
- Prinzip der Solidarität: Die versicherten Risiken werden durch die Versichertengemeinschaft getragen.

Die Leistungen der Sozialversicherungen werden per Gesetz festgelegt. Die Versicherten sind größtenteils zwangs- bzw. pflichtversichert. Die Beiträge zu den einzelnen Versicherungen sind i. d. R. von der Einkommenshöhe abhängig und werden bis zu einer bestimmten → *Beitragsbemessungsgrenze der Sozialversicherung* erhoben. Als Leistungen sind im Wesentlichen Altersrenten, Witwen-, Witwer- und Waisenrenten, Erwerbsminderungsrenten, Übernahme von Krankheits- und Pflegekosten, Lohnersatzleistungen sowie Kuren und Rehabilitationsmaßnahmen zu nennen.

Da einige Leistungen lediglich eine Grundsicherung bieten, entsteht insbesondere in der gesetzlichen Rentenversicherung eine → *Versorgungslücke* zwischen der → *Rente* und dem letzten verfügbaren Einkommen, die mit Hilfe der → *betrieblichen Altersversorgung* und der privaten → *Eigenvorsorge* geschlossen werden kann.

Sozialversicherungsentgeltverordnung (SvEV)

Die Verordnung über die sozialversicherungsrechtliche Beurteilung von Zuwendungen des Arbeitgebers als Arbeitsentgelt (Sozialversicherungsentgeltverordnung – SvEV) vom 21. Dezember 2006 (BGBl. I S. 3385), zuletzt geändert durch Artikel 1 der Verordnung vom 03. Dezember 2024 (BGBl. 2024 I Nr. 394) definiert u. a. Leistungen des Arbeitgebers an den Arbeitnehmer, die nicht dem sozialversicherungspflichtigen Arbeitsentgelt zuzurechnen sind.

Danach sind nach § 1 Abs. 1 Nr. 9 SvEV

steuerfreie Zuwendungen an Pensionskassen, Pensionsfonds oder Direktversicherungen nach § 3 Nr. 63 Satz 1 und 2 sowie § 100 Abs. 6 Satz 1 des Einkommensteuergesetzes im Kalenderjahr bis zur Höhe von insgesamt 4 Prozent der Beitragsbemessungsgrenze in der allgemeinen Rentenversicherung; dies gilt auch für darin enthaltene Beträge, die aus einer Entgeltumwandlung (§ 1 Abs. 2 Nr. 3 des Betriebsrentengesetzes) stammen,

und nach § 1 Abs. 1 Nr. 10 SvEV

Leistungen eines Arbeitgebers oder einer Unterstützungskasse an einen Pensionsfonds zur Übernahme bestehender Versorgungsverpflichtungen oder Versorgungsanwartschaften durch den Pensionsfonds, soweit diese nach § 3 Nr. 66 des Einkommensteuergesetzes steuerfrei sind,

nicht dem Arbeitsentgelt zuzurechnen.

Sozialversicherungs-Rechengrößen

Jährlich zum 01.01. eines Jahres werden die Rechengrößen in der → *Sozialversicherung* in der Verordnung über maßgebende Rechengrößen der Sozialversicherung, zuletzt in der Sozialversicherungsrechengrößen-Verordnung 2024 – SVRechGrV 2024 vom 24. November 2023 (BGBl. 2023 I Nr. 322) neu festgelegt. Hierbei orientiert sich die Anpassung an der Lohn- bzw. Gehaltsentwicklung der letzten drei Jahre.

Rechengrößen der Sozialversicherung

	2024 [1]				2025 [2] [3]		2026 [3] [4]	
	West		Ost		West und Ost		West und Ost	
	Monat	Jahr	Monat	Jahr	Monat	Jahr	Monat	Jahr
Beitragsbemessungsgrenze in der allgemeinen Rentenversicherung und Arbeitslosenversicherung (§ 159 SGB VI)	7.550	90.600	7.450	89.400	8.050	96.600	8.450	101.400
Beitragsbemessungsgrenze in der knappschaftlichen Rentenversicherung (§ 159 SGB VI)	9.300	111.600	9.200	110.400	9.900	118.800	10.400	124.800
Jahresarbeitsentgeltgrenze Krankenversicherung (§ 6 Absatz 6 SGB V)	5.775	69.300	5.775	69.300	6.150	73.800	6.450	77.400
Jahresarbeitsentgeltgrenze Krankenversicherung (§ 6 Absatz 7 SGB V)	5.175	62.100	5.175	62.100	5.512,50	66.150	5.812,50	69.750
Bezugsgröße (§ 18 SGB IV)	3.535	42.420	3.465	41.580	3.745	44.940	3.955	47.460
Durchschnittsentgelt/Jahr (§ 69 Absatz 2 SGB VI)	47.085 [4]				50.493 [4]		51.944	

1) Quelle: BGBl. 2023 I Nr. 322

2) Quelle: BGBl. 2024 I Nr. 365

3) Seit dem 1. Januar 2025 gelten einheitliche Rechengrößen für beide Rechtskreise.

4) Vorläufige Zahlen

Spätehenklausel

→ *Hinterbliebenenleistungen* für den Ehegatten/Lebenspartner (→ *Witwen-/*→ *Witwerrente*) aus einer → *betrieblichen Altersversorgung* werden durch die → *Versorgungsregelung* nur dann geleistet, wenn eine Ehe bzw. eine Lebenspartnerschaft zwischen dem versorgungsberechtigten Mitarbeiter bzw. der Mitarbeiterin und der Witwe/dem Witwer geschlossen wurde, bevor der/die Mitarbeiter/in ein bestimmtes Lebensalter erreicht (siehe auch → *Versorgungsehe*). Ein Mindestalter führt jedoch zu Unsicherheit inwieweit dies nach den Vorgaben des Allgemeinen Gleichbehandlungsgesetzes zulässig ist.

Splittingmethode

→ *Anpassung*

Standardrente

→ *Eckrente*

Statusbezogene Versorgungszusage

Knüpft eine → *Versorgungszusage* an eine bestimmte Stellung des Arbeitnehmers (z. B. Abteilungsleiter, Außendienstmitarbeiter, Prokurist, außertariflicher Angestellter usw.) beim zusagenden Arbeitgeber an, so wird auch von statusbezogener Versorgungszusage gesprochen.

Die Statusbezogenheit kann sich dabei zum einen in der Weise ausdrücken, dass das Erreichen der entsprechenden Stellung des Arbeitnehmers Bedingung für die Versorgungsberechtigung ist. Die Zusage gilt dann grundsätzlich erst mit Erreichen dieser Stellung als erteilt.

Zum anderen liegt eine Statusbezogenheit vor, wenn die Zusage so ausgestaltet ist, dass sie zwar statusunabhängig erteilt wird, sich bei Erreichen einer bestimmten Stellung aber ändert (i. d. R. erhöht).

Sterbegeld

Leistungen, die in einem engen zeitlichen Abstand zum Tod des Versorgungsberechtigten an dessen Hinterbliebene ausbezahlt werden. Neben Kapitalleistungen (i. d. R. 2- bis 3-Fache des Monatsentgelts bei Tod vor Rentenbeginn) ist dies oftmals die Weitergewährung der Rentenleistung des Verstorbenen für einen kurzen Zeitraum (2–3 Monate), bevor eine Hinterbliebenenrente einsetzt, die dann nur einen Teil (50–60 %) der ursprünglichen Leistung beträgt.

Sterbetafel

In einer Sterbetafel werden die Wahrscheinlichkeiten für das Eintreten verschiedener → *biometrischer Risiken* (Tod, Invalidität) dargestellt. Mit Hilfe dieser Sterbetafeln kann somit die Wahrscheinlichkeit für die zukünftige Leistungsverpflichtung aufgrund einer Pensionszusage dargestellt werden, was im Rahmen der Bilanzierung dieser nötig ist. Eine Sterbetafel gibt nicht das individuelle Verhalten wieder, sondern beschreibt nur die Ereignisse innerhalb eines großen Kollektives.

Sterbetafeln werden von verschiedenen Institutionen veröffentlicht. Neben den von der deutschen Aktuarsvereinigung veröffentlichten Sterbetafeln werden im Bereich der betrieblichen Altersversorgung vor allem die Sterbetafeln von K. Heubeck („Richttafeln K. Heubeck") wegen ihrer speziellen Ausrichtung auf die betriebliche Altersversorgung verwendet.

Während Periodentafeln keine Veränderung der Wahrscheinlichkeiten für verschiedene Kohorten (Altersgruppen) beinhalten, sind bei sog. Generationentafeln entsprechende Veränderungen zu beobachten, d. h. z. B. eine höhere fernere Lebenserwartung im Alter 65 für einen heute 25-Jährigen im Vergleich zu einem heute 65-Jährigen.

Sterbevierteljahr

Begriff aus der → *gesetzlichen Rentenversicherung*, der einen Zeitraum darstellt, in dem die Witwe oder der Witwer oder der überlebende → *Lebenspartner* nach dem Tod eines Versicherten für drei Kalendermonate die volle Leistung bezieht, die der Verstorbene aus einer Rente wegen Alters oder einer Rente wegen verminderter Erwerbsfähigkeit im Inland bezogen hat bzw. erhalten hätte (auch Gnadenquartal genannt). Ab dem vierten Kalendermonat erfolgt automatisch die Reduzierung auf die Höhe der entsprechenden Hinterbliebenenrente.

Dauer, Höhe und Zahlung der Leistung sind in § 7 der Verordnung über die Wahrnehmung von Aufgaben der Träger der Rentenversicherung und anderer Sozialversicherungsträger durch den Renten Service der Deutschen Post AG (Renten Service Verordnung – RentSV) vom 28. Juli 1994 (BGBl. I S. 1867), zuletzt geändert durch Artikel 20 des Gesetzes vom 12. Juni 2020 (BGBl. I S. 1248), geregelt.

Steueränderungsgesetz 2007

Das Steueränderungsgesetz 2007 vom 19.07.2006 wurde am 24.07.2006 im Bundesgesetzblatt (BGBl. I S. 1652) verkündet. Es trat am 01.01.2007 in Kraft.

Das Steueränderungsgesetz senkt das bislang in § 32 EStG geltende Höchstalter für Kinder vom bisherigen vollendeten 27. Lebensjahr auf das vollendete 25. Lebensjahr als Höchstalter für ein berücksichtigungsfähiges Kind ab. Die Absenkung des Höchstalters wirkt sich somit auf die Hinterbliebenenversorgung aus.

Zur steuerlichen Anerkennung betrieblicher Versorgungsregelungen als → *betriebliche Alterversorgung* dürfen → *Hinterbliebenenleistungen* nur an Kinder i. S. d. § 32 Absatz 3 und 4 Satz 1 Nr. 1 bis 3 EStG gewährt werden (siehe hierzu BMF-Schreiben vom 17.11.2004: Steuerliche Förderung der privaten Altersvorsorge und betrieblichen Altersversorgung).

In § 52 Absatz 40 Sätze 4 und 5 EStG wurde durch das Steueränderungsgesetz 2007 allerdings eine Übergangsregelung für die nach den §§ 10a und 82 EStG begünstigten → *Altersvorsorgeverträge* eingebaut: Das neue Höchstalter bei Waisen gilt für Altersvorsorgeverträge, die nach dem 31.12.2006 abgeschlossen werden.

Steueridentifikationsnummer

→ *Identifikationsnummer*

Tarifdisposität

Von einzelnen Regelung des Betriebsrentengesetz kann durch Tarifvertrag abgewichen werden. Dies sind der Anspruch auf Entgeltumwandlung nebst der Höhe des Arbeitgeberzuschuss bei eingesparten Sozialversicherungsbeiträgen (§ 1a BetrAVG), der unverfallbaren Anwartschaft hinsichtlich dem Grunde und der Höhe nach (§ 2 und § 2a BetrAVG), der Abfindung (§ 3 BetrAVG), der Übertragung (§ 4 BetrAVG), Regelungen bezüglich Auszehrung und Anrechnung (§ 5 BetrAVG) und der Rentenanpassung (§ 16 BetrAVG).

Tariföffnungsklausel

→ *Tarifdispositát*

Tarifvertrag

Versorgungszusagen können auch auf einem Tarifvertrag beruhen (→ *kollektive Versorgungszusage*). Soweit Tarifverträge Bestimmungen zur → *betrieblichen Altersversorgung* enthalten, beschränken sie sich in der Regel jedoch auf die Festlegung von Rahmenbedingungen und lassen Ausgestaltungsraum für betriebliche Regelungen.

Gemäß § 17 Absatz 3 Satz 1 BetrAVG kann in Tarifverträgen von einigen ansonsten zwingenden Vorschriften des BetrAVG auch zum Nachteil der Arbeitnehmer abgewichen werden. Abgewichen werden kann danach von:

- § 1a (Regelungen zum Anspruch auf → *Entgeltumwandlung*),
- § 2 (Regelungen zur Ermittlung der Höhe → *unverfallbarer Versorgungsanwartschaften*),
- § 3 (Regelungen zur → *Abfindung*),
- § 4 (Regelungen zur → *Übertragung*),
- § 5 (Regelungen zur → *Auszehrung* und → *Anrechnung*),
- § 16 (Regelungen zur Anpassungsprüfungspflicht; → *Anpassung*),
- § 18a Satz 1 (Regelung zur Verjährung),
- §§ 27 und 28 (Regelungen hinsichtlich bestimmter vor Inkrafttreten des BetrAVG erteilter Versorgungszusagen).

Tarifvorbehalt

Seit dem 01. Januar 2002 haben Arbeitnehmer nun einen Anspruch auf → *betriebliche Altersversorgung* durch → *Entgeltumwandlung* (§ 1a BetrAVG). Der Arbeitnehmer kann hierbei vom Arbeitgeber einseitig verlangen, dass von seinen künftigen Entgeltansprüchen bis zu vier Prozent der jeweiligen → *Beitragsbemessungsgrenze* in der → *gesetzlichen Rentenversicherung* (West) durch Entgeltumwandlung für die betriebliche Altersversorgung verwendet werden (§ 1a Absatz 1 Satz 1 BetrAVG).

Mit der Verabschiedung des → *Betriebsrentenstärkungsgesetzes* wird gem. § 1a Absatz 1a BetrAVG ein Arbeitgeber verpflichtet, einen Arbeitgeberzuschuss in Höhe von 15 Prozent des Umwandlungsbetrages in eine Entgeltumwandlung zu leisten, wenn diese über eine Pensionskasse, einen Pensionsfonds oder eine Direktversicherung durchgeführt wird, wenn der Arbeitgeber durch die Entgeltumwandlungsvereinbarung Sozialversicherungsbeiträge einspart. Wird die Entgeltumwandlung über die Durchführungswege Direktzusage oder Unterstützungskasse durchgeführt, besteht keine Verpflichtung zur Zahlung des Arbeitgeberzuschusses.

Die aus den Arbeitgeberzuschüssen erworbenen Anwartschaften sind gem. § 1b Absatz 5 BetrAVG ebenfalls von Anfang an gesetzlich unverfallbar.

Gem. § 26a BetrAVG gilt § 1a Absatz 1a BetrAVG für ab dem 01. Januar 2019 neu abgeschlossene Entgeltumwandlungsvereinbarungen; für die davor abgeschlossenen Entgeltumwandlungszusagen wird die Regelung erst ab dem 01. Januar 2022 wirksam.

Sieht ein Tarifvertrag die Möglichkeit einer Entgeltumwandlung vor, so kann für alle Arbeitnehmer oder für eine Gruppe von Arbeitnehmern eine automatische Entgeltumwandlung eingeführt werden, gegen die der Arbeitnehmer explizit Widerspruch einlegen muss, möchte er nicht an der Entgeltumwandlung teilnehmen (Optionssystem).

Widerspricht der Arbeitnehmer nicht und sind die Voraussetzungen des § 20 Absatz 2 Nr. 1 und 2 BetrAVG erfüllt so gilt das Angebot des Arbeitgebers auf Entgeltumwandlung durch den Arbeitnehmer als angenommen.

Auch nichttarifgebundene Arbeitgeber und Arbeitnehmer können ein tarifvertragliches Optionssystem anwenden oder aufgrund eines einschlägigen Tarifvertrages die Einführung eines Optionssystems durch Betriebs- oder Dienstvereinbarung regeln (§ 20 Absatz 2 Satz 3 BetrAVG). Die automatische Entgeltumwandlung gilt jedoch nicht für Betriebs- oder Dienstvereinbarungen, die vor dem 01. Juni 2017 eingeführt wurden (§ 30j BetrAVG).

Technischer Rentner

Als Technische Rentner werden → *Versorgungsberechtigte* bezeichnet, die bereits die in der → *Versorgungszusage* vorgesehene → *Altersgrenze* erreicht haben, aber noch keine Leistungen aus der Versorgungszusage beziehen, weil sie sich noch in einem aktiven Arbeitsverhältnis mit dem zusagenden Arbeitgeber befinden.

Teilrente

Nach § 42 SGB VI können Versicherte eine → *Altersrente* in voller Höhe (Vollrente) oder als Teilrente in Anspruch nehmen. Die Teilrente kann ein Drittel, die Hälfte oder zwei Drittel der erreichten Vollrente betragen. Je nach Höhe der Teilrente ergeben sich jeweils unterschiedlich hohe Hinzuverdienstgrenzen.

Trägerunternehmen

Als Trägerunternehmen wird im Allgemeinen derjenige Arbeitgeber verstanden, der seinen Arbeitnehmern → *Versorgungsleistungen* über einen der externen → *Versorgungsträger* (→ *Pensionskasse*, → *Pensionsfonds* oder → *Unterstützungs-*

kasse) zusagt. Eine Pensionskasse, ein Pensionsfonds oder eine Unterstützungskasse kann je nach Art und Ausgestaltung ein oder mehrere Trägerunternehmen haben.

Der Begriff Trägerunternehmen ist in erster Linie steuerlich geprägt. In den §§ 4c, 4d und 4e EStG wird als Trägerunternehmen dasjenige Unternehmen bezeichnet, das die Zuwendungen bzw. Beiträge leistet.

Treuhand-Modell

→ *Contractual Trust Arrangement (CTA)*

Übernahme

Der Begriff Übernahme spielt im Rahmen der → *betrieblichen Altersversorgung* vor allem im Zusammenhang mit dem Wechsel der Verpflichtungen aus → *Versorgungszusagen* auf einen neuen Schuldner (meist der neue Arbeitgeber des → *Versorgungsberechtigten*) eine Rolle.

Er wird in § 4 BetrAVG im Sinne eines Unterfalls der → *Übertragung* für den Fall verwendet, dass der neue Arbeitgeber die Zusage des bisherigen Arbeitgebers inhaltlich unverändert übernimmt. Bei Einstellung der Betriebstätigkeit und Liquidation des aus einer Versorgungszusage verpflichteten Arbeitgebers kann die Zusage gemäß § 4 Absatz 4 BetrAVG auch von einer → *Pensionskasse* oder einem Lebensversicherungsunternehmen inhaltlich unverändert übernommen werden (siehe hierzu Übertragung, F.).

Überschussanpassung

Wird die → *betriebliche Altersversorgung* über die → *Durchführungswege* → *Direktversicherung* oder → *Pensionskasse* durchgeführt, so gilt die nach § 16 Absatz 1 BetrAVG im Drei-Jahres-Rhythmus vorzunehmende Anpassungsprüfungspflicht (→ *Anpassung*) als erfüllt, wenn ab Rentenbeginn sämtliche auf den Rentenbestand entfallenden Überschüsse zur Erhöhung der laufenden Rentenleistungen verwendet werden sowie der zur Berechnung der garantierten Leistung nach § 65 Absatz 1 Nummer 1 Buchstabe a VAG festgelegte Höchstzinssatz nicht überschritten wird.

Bei einer betrieblichen Altersversorgung über eine Direktversicherung oder eine Pensionskasse, die der Arbeitnehmer durch Entgeltumwandlung finanziert, ist die Überschussanpassung gem. § 16 Absatz 5 BetrAVG zwingend.

Übertragung

A. Allgemeines

B. Übertragungsverbot

C. Einvernehmliche Übertragung
1. Übernahme der Zusage
2. Zahlung des Übertragungswerts

D. Übertragungsanspruch des Arbeitnehmers

E. Übertragungswert

F. Übertragung bei Unternehmensliquidation

A. Allgemeines

Der Begriff Übertragung spielt im Rahmen der → *betrieblichen Altersversorgung* vor allem im Zusammenhang mit dem Wechsel der Verpflichtungen aus → *Versorgungszusagen* auf einen neuen Schuldner (meist der neue Arbeitgeber des → *Versorgungsberechtigten*) eine Rolle. Die Übertragung ist in § 4 BetrAVG geregelt. Dieser Paragraph wurde durch das AltEinkG (→ *Alterseinkünftegesetz*) im Jahre 2004 umfassend neu geregelt.

B. Übertragungsverbot

Gemäß § 4 Absatz 1 BetrAVG dürfen (gesetzlich) → *unverfallbare Anwartschaften* und laufende Leistungen nur unter den in § 4 Absätze 2 bis 6 BetrAVG genannten Voraussetzungen übertragen werden. Dies bedeutet, dass die Übertragung von unverfallbaren Anwartschaften und laufenden Leistungen ansonsten unzulässig ist. Das Übertragungsverbot erfasst nur gesetzlich unverfallbare Anwartschaften. Die Übertragung lediglich vertraglich unverfallbarer Anwartschaften ist arbeitsrechtlich bei einem Arbeitgeberwechsel grundsätzlich ohne Einschränkungen möglich.

C. Einvernehmliche Übertragung

Gemäß § 4 Absatz 2 BetrAVG ist es zulässig, nach Beendigung des Arbeitsverhältnisses die unverfallbare Anwartschaft im Einvernehmen zwischen ehemaligem Arbeitgeber, neuem Arbeitgeber und dem versorgungsberechtigten Arbeitnehmer mit schuldbefreiender Wirkung auf den neuen Arbeitgeber zu übertragen. Die Übertragung kann dabei auf zwei Wegen erfolgen.

1. Übernahme der Zusage

Zum einen kann gemäß § 4 Absatz 2 Nummer 1 BetrAVG der neue Arbeitgeber die Zusage übernehmen. In diesem Fall wird die Zusage also mit komplett unverändertem Inhalt vom neuen Arbeitgeber übernommen. Dieser Weg der Übertragung hat den Nachteil, dass der neue Arbeitgeber eine für ihn meist unbekannte → *Versorgungsregelung* übernimmt und diese ggf. zusätzlich zu bereits bei ihm vorhandenen anderen Versorgungsregelungen verwalten muss.

2. Zahlung des Übertragungswerts

Gemäß § 4 Absatz 2 Nummer 2 BetrAVG kann die Übertragung auch in der Weise erfolgen, dass der bisherige Arbeitgeber den Wert der vom Arbeitnehmer erworbenen unverfallbaren Anwartschaft überträgt und dieser eine wertgleiche Zusage erteilt. Dieser Wert wird als → *Übertragungswert* bezeichnet. Hier wird also vom neuen Arbeitgeber nicht die ursprüngliche Zusage inhaltlich unverändert übernommen, sondern er erteilt eine neue Zusage, die in ihrem Wert der ursprünglichen Zusage entspricht, aber nicht inhaltsgleich mit dieser sein muss. Dieser Weg der Übertragung hat für den neuen Arbeitgeber den Vorteil, dass dieser den neuen Arbeitnehmer in seine ggf. bereits vorhandene Versorgungsregelung „integrieren" kann.

WICHTIG!

Soll die Versorgungszusage eines neuen Arbeitnehmers vom bisherigen Arbeitgeber im Einvernehmen übernommen werden, so empfiehlt sich i. d. R. der Weg gemäß § 4 Absatz 2 Nummer 2 BetrAVG, da dabei die Möglichkeit besteht, den neuen Arbeitnehmer in die ggf. schon vorhandene Versorgungsregelung zu integrieren.

Für die neue Anwartschaft gelten die Regelungen des BetrAVG zur → *Entgeltumwandlung* entsprechend. Mit der vollständigen Übertragung des Übertragungswertes erlischt die Zusage des ehemaligen Arbeitgebers (§ 4 Absatz 6 BetrAVG).

D. Übertragungsanspruch des Arbeitnehmers

Nach § 4 Absatz 3 BetrAVG kann der Arbeitnehmer innerhalb eines Jahres nach Beendigung des Arbeitsverhältnisses vom ehemaligen Arbeitgeber verlangen, dass der Übertragungswert auf den neuen Arbeitgeber übertragen wird, wenn

- die betriebliche Altersversorgung beim bisherigen Arbeitgeber über einen → *Pensionsfonds*, eine → *Pensionskasse* oder eine → *Direktversicherung* durchgeführt worden ist und
- der Übertragungswert die Beitragsbemessungsgrenze in der gesetzlichen Rentenversicherung (siehe → *Beitragsbemessungsgrenze der Sozialversicherung*) nicht übersteigt.

Dementsprechend ist der neue Arbeitgeber verpflichtet, eine dem Übertragungswert wertgleiche Zusage zu erteilen und über einen Pensionsfonds, eine Pensionskasse oder eine Direktversicherung durchzuführen.

Der Arbeitnehmer hat also bei einem Arbeitgeberwechsel die Möglichkeit, den Wert einer beim bisherigen Arbeitgeber bestehenden unverfallbaren Versorgungsanwartschaft zum neuen Arbeitgeber mitzunehmen, um dort eine wertgleiche Zusage zu erhalten. Die Zustimmung des bisherigen oder neuen Arbeitgebers ist nicht erforderlich. Diese sind verpflichtet, dem Verlangen des Arbeitnehmers nachzukommen. Allerdings kann der Arbeitnehmer nicht verlangen, dass der neue Arbeitgeber die Zusage des bisherigen Arbeitgebers unverändert übernimmt. Außerdem beschränkt sich der Anspruch auf Anwartschaften, deren entsprechender Übertragungswert die Beitragsbemessungsgrenze in der gesetzlichen Rentenversicherung (2026: 101.400 Euro) nicht übersteigt.

Mit der vollständigen Übertragung des Übertragungswertes erlischt die Zusage des ehemaligen Arbeitgebers (§ 4 Absatz 6 BetrAVG). Auch im Rahmen des Übertragungsanspruchs gelten für die Anwartschaft beim neuen Arbeitgeber die Regelungen des → *Betriebsrentengesetzes* zur Entgeltumwandlung entsprechend.

E. Übertragungswert

§ 4 Absatz 5 BetrAVG regelt, wie der bei der einvernehmlichen Übertragung nach § 4 Absatz 2 Nummer 2 BetrAVG bzw. beim Übertragungsanspruch nach § 4 Absatz 3 BetrAVG maßgebliche Übertragungswert zu ermitteln ist.

Danach entspricht dieser bei einer → *unmittelbaren Versorgungszusage* oder bei einer Versorgungszusage über eine → *Unterstützungskasse* dem nach den Rechnungsgrundlagen und anerkannten Regeln der Versicherungsmathematik berechneten Barwert der künftigen Versorgungsleistungen aus der unverfallbaren Anwartschaft. Nicht möglich ist es insoweit also, den Übertragungswert an der vom Arbeitgeber gebildeten → *Pensionsrückstellung* (Teilwert gemäß § 6a EStG) bzw. bei Unterstützungskassen an dem steuerlich zulässigen Reservepolster (§ 4d EStG) auszurichten (siehe BT-Drucks. 15/2150, S. 54).

Bei Versorgungszusagen über einen Pensionsfonds, eine Pensionskasse oder eine Direktversicherung entspricht der Übertragungswert dem gebildeten Kapital im Zeitpunkt der Übertragung. Dabei ist vom gesamten Wert des jeweiligen, den Arbeitnehmer begünstigenden, Vertrages auszugehen. Dies entspricht bei versicherungsförmig durchgeführten Verträgen dem Zeitwert (siehe BT-Drucks. 15/2150, S. 54).

F. Übertragung bei Unternehmensliquidation

Eine besondere Möglichkeit der Übertragung einer Versorgungszusage regelt § 4 Absatz 4 BetrAVG für den Fall, dass der aus der Versorgungszusage verpflichtete Arbeitgeber die Betriebstätigkeit einstellt und das Unternehmen liquidiert wird. In einem solchen Fall kann die Zusage von einer Pensionskasse oder einem Lebensversicherungsunternehmen übernommen werden, wenn sichergestellt ist, dass die Überschussanteile ab Rentenbeginn entsprechend § 16 Absatz 3 Nummer 2 BetrAVG (ausschließlich zur Erhöhung der laufenden Leistung) verwendet werden. Für die Praxis besonders relevant ist, dass die Übernahme der Zusage in diesem Fall ohne Zustimmung des Arbeitnehmers oder Versorgungsempfängers erfolgen kann.

Übertragung von Altersvorsorgevermögen

→ *Schädliche Verwendung*

Übertragungsabkommen

Ende 2005 wurde das Abkommen zur Übertragung von → *Direktversicherungen* oder Versicherungen in einer → *Pensionskasse* vom Bundesministerium für Finanzen genehmigt. Es löst das bisherige Übertragungsabkommen für Direktversicherungen ab. Mit dem Abkommen werden Übertragungen innerhalb der beiden → *Durchführungswege* Direktversicherung und Pensionskasse und auch Übertragungen zwischen diesen beiden Durchführungswegen unterstützt. Das Übertragungsabkommen kann angewendet werden, wenn die bei einem Arbeitgeberwechsel beteiligten Versicherungsunternehmen beziehungsweise Pensionskassen dem Abkommen beigetreten sind. In 2010 wurde das Übertragungsabkommen auf versicherungsförmige Pensionsfonds ausgeweitet.

Die Anwendung des Abkommens führt nicht zu einem lohnsteuerlichen Zufluss beim Arbeitnehmer. Somit liegt steuerlich auch keine → *Novation* vor, soweit nach dem Abkommen von einer Fortsetzung der Versicherung auszugehen ist.

Die Frist für die Stellung des Antrags auf Übertragung durch den neuen Arbeitgeber mit Zustimmung des bisherigen Versicherungsnehmers, des Arbeitnehmers und gegebenenfalls des unwiderruflich Bezugsberechtigten (→ *Bezugsberechtigter*) beziehungsweise Anspruchsberechtigten beträgt 15 Monate nach dem Ausscheiden des Arbeitnehmers aus dem Arbeitsverhältnis. Der Antrag muss bei einem der beiden beteiligten Versicherungsunternehmen eingereicht werden.

Nach dem Übertragungsabkommen ist das abgebende Versicherungsunternehmen verpflichtet, den Zeitwert der Versicherung ohne Abzüge zu übertragen.

Übertragungswert

Der Begriff Übertragungswert ist durch das AltEinkG (→ *Alterseinkünftegesetz*) ins → *Betriebsrentengesetz* eingeführt worden. Er spielt eine wichtige Rolle bei der → *Übertragung* von → *unverfallbaren Versorgungsanwartschaften* und ist in § 4 Absatz 2 Nr. 2 BetrAVG definiert als Wert der vom Arbeitnehmer erworbenen unverfallbaren Anwartschaft auf → *betriebliche Altersversorgung*.

Überzahlung

Leistet ein → *Anleger* Beiträge in einen → *Altersvorsorgevertrag*, die den Höchstbetrag nach § 10a EStG abzüglich der individuell für das Beitragsjahr zustehenden → *Zulage* übersteigen – sofern es sich nicht um den → *Sockelbetrag* handelt – so liegt eine Überzahlung vor.

Ist in einem zertifizierten Altersvorsorgevertrag vertraglich die Begrenzung auf einen festgelegten Höchstbetrag (z. B. den Betrag nach § 10a EStG oder den nach § 86 EStG erforderlichen → *Mindesteigenbeitrag* zuzüglich Zulageanspruch) vorgesehen, handelt es sich bei darüber hinausgehenden Beiträgen um zivilrechtlich nicht geschuldete Beträge. Der Anleger kann diese

- nach den allgemeinen zivilrechtlichen Vorschriften vom → *Anbieter* zurückfordern oder
- in Folgejahren mit geschuldeten Beiträgen verrechnen lassen. In diesem Fall sind sie für das Jahr der Verrechnung als → *Altersvorsorgebeiträge* zu behandeln.

Umfassung

Die Leistungen der → *betrieblichen Altersversorgung* können sowohl vom Arbeitgeber als auch vom Arbeitnehmer (bzw. von beiden gemeinsam) finanziert werden. Die Finanzierung durch den Arbeitnehmer kann dabei durch → *Entgeltumwandlung* oder durch sog. → *Eigenbeiträge* erfolgen.

Eigenbeiträge sind möglich zur Finanzierung von Leistungen eines → *Pensionsfonds*, einer → *Pensionskasse* oder einer → *Direktversicherung*.

Voraussetzung für die Einordnung der aus den Eigenbeiträgen finanzierten Leistungen als betriebliche Altersversorgung ist gemäß § 1 Absatz 2 Nr. 4 BetrAVG, dass eine Zusage des Arbeitgebers besteht, die auch die Leistungen aus den Eigenbeiträgen des Arbeitnehmers umfasst. Aufgrund der relativen Neuheit von § 1 Absatz 2 Nr. 4 BetrAVG (eingeführt im Jahre 2002) existiert noch keine Rechtsprechung dazu, wann im Einzelnen von einer solchen Umfassung auszugehen ist. Daher sollte der Arbeitgeber in seiner Zusage ausdrücklich erklären, ob Eigenbeiträge des Arbeitnehmers im Sinne von § 1 Absatz 1 Nr. 4 BetrAVG umfasst sein sollen.

Umlageverfahren

In der → *gesetzlichen Rentenversicherung* erfolgt die Finanzierung der Leistungen über das Umlageverfahren. Es basiert auf der Solidarität zwischen den Generationen, bei der die jeweils jüngere Generation mir ihren Beiträgen zur gesetzlichen Rentenversicherung die laufenden Renten der jeweils älteren Generation finanziert (→ *Generationenvertrag*). Der einzelne Beitragszahler finanziert mit seinen Beiträgen nie die eigene Rente, sondern er leistet einen Beitrag zur Finanzierung der laufenden Rentenzahlungen. Die Beiträge der Arbeitnehmer zur gesetzlichen Rentenversicherung werden nicht auf dem Kapitalmarkt angelegt, sondern zur Finanzierung der Rentenleistungen verwendet. Im Gegensatz zur gesetzlichen Rentenversicherung werden in der → *betrieblichen Altersversorgung* die → *Versorgungsleistungen* i. d. R. über das → *Kapitaldeckungsverfahren* vorausfinanziert.

Unisex-Tarif

→ *Versorgungsleistungen* decken bestimmte Versorgungsrisiken (Tod, Langlebigkeit, Invalidität; siehe auch → *biometrisches Risiko*) ab. Diese Risiken sind bei Männern und Frauen in den jeweiligen Lebensaltern jeweils unterschiedlich wahrscheinlich und werden daher in der Regel durch unterschiedliche Rechnungsgrundlagen abgebildet. Dies führt beispielsweise bei Rentenversicherungen dazu, dass bei einem gleich hohen Versicherungsbeitrag Männer aufgrund ihrer niedrigeren Lebenserwartung eine höhere Altersrente erhalten als Frauen.

Möglich ist aber auch, die geschlechtsbezogenen Unterschiede unberücksichtigt zu lassen und für Männer und Frauen gleiche Rechnungsgrundlagen zu verwenden. In einem solchen Fall spricht man von Unisex-Rechnungsgrundlagen bzw. bei Versicherungen von Unisex-Tarifen.

Seit dem 01.01.2006 müssen in Deutschland Rentenversicherungen, die als Riester-Rente förderfähig sind, auf Unisex-Tarifen basieren. Bereits davor bestehende Verträge sind von der Gesetzesänderung nicht betroffen. Rentenversicherungen, die nicht förderfähig sind, benutzen weiterhin das Geschlecht als Kriterium bei der Tarifkalkulation.

Durch Urteil vom 01.03.2011 des europäischen Gerichtshofs dürfen Versicherungen ab 21.12.2012 das Geschlecht nicht als Merkmal für eine Differenzierung in der Prämienhöhe heranziehen. Die EU-Kommission hat am 22.12.2011 Leitlinien zur Interpretation des EUGH veröffentlicht, dass dieses Urteil keine Anwendung auf die betriebliche Altersversorgung finden soll. Trotzdem besteht eine gewisse rechtliche Unsicherheit, inwieweit diese Rechtsgrundsätze auf die betriebliche Altersversorgung zu übertragen sind.

Unmittelbare Versorgungszusage

A. Allgemeines

Bei der unmittelbaren Versorgungszusage (auch Pensionszusage oder Direktzusage genannt) bedient sich der Arbeitgeber keines externen Trägers zur Erbringung der zugesagten → *Versorgungsleistungen*, sondern leistet unmittelbar selbst. Damit trägt der Arbeitgeber die biometrischen Risiken und die Finanzierung der Versorgungszusage.

Häufig schließt der Arbeitgeber zur (teilweisen) Risikoübertragung der zugesagten Leistungen (Biometrie/Finanzierung) bzw. zur privatrechtlichen → *Insolvenzsicherung* eine Lebensversicherung auf das Leben des versorgungsberechtigten Arbeitnehmers ab. Hierbei handelt es sich um eine sog. → *Rückdeckungsversicherung*.

B. Abgrenzung

Die unmittelbare Versorgungszusage ist der einzige der fünf → *Durchführungswege* der → *betrieblichen Altersversorgung*, bei der sich das Versorgungsverhältnis lediglich zwischen Arbeitgeber und Arbeitnehmer abspielt, also kein externer Träger zwischengeschaltet ist.

C. Rechtsbeziehungen

Die Rechtsbeziehungen bei einer unmittelbaren Versorgungszusage stellen sich wie folgt dar:

Der Arbeitnehmer hat einen unmittelbaren → *Rechtsanspruch* gegen den Arbeitgeber auf Erbringung der Versorgungsleistungen.

D. Steuerrecht

1. Finanzierung

Der Arbeitgeber kann für die Verpflichtungen aus unmittelbaren Versorgungszusagen gemäß § 6a EStG unter den dort genannten Voraussetzungen gewinnmindernde → *Pensionsrückstellungen* bilden (→ *Bilanzierung [Direktzusage]*).

Die Bildung von bzw. die Zuführungen zu den Pensionsrückstellungen haben keine lohnsteuerlichen Folgen beim Arbeitnehmer.

2. Leistungen des Arbeitgebers

Die Zahlungen der Versorgungsleistungen durch den Arbeitgeber stellen bei diesem Betriebsausgaben dar. Entsprechend der Abnahme des Verpflichtungsumfangs sind die Pensionsrückstellungen sukzessive aufzulösen (siehe R6a Absatz 21 EStR).

Die Versorgungsleistungen des Arbeitgebers sind vom Versorgungsempfänger als nachträglicher Arbeitslohn gemäß § 19 Absatz 1 Satz 1 Nr. 2 EStG zu versteuern. Da die Finanzierung der Leistungen aus der unmittelbaren Versorgungszusage durch Bildung von Pensionsrückstellungen nicht, die späteren Leistungen dafür aber voll lohnsteuerpflichtig sind, spricht man auch von → *nachgelagerter Besteuerung*. Es besteht ein Versorgungsfreibetrag, der jedoch aufgrund des Alterseinkünftegesetzes in Abhängigkeit des Jahres des Rentenbeginns abgeschmolzen wird.

E. Sozialversicherungsrecht

1. Finanzierung

Hinsichtlich der Beitragspflicht in der gesetzlichen Sozialversicherung ist danach zu unterscheiden, ob die vom Arbeitgeber unmittelbar zugesagten Leistungen vom Arbeitnehmer im Wege der → *Entgeltumwandlung* oder durch den Arbeitgeber finanziert werden.

Werden die Leistungen vom Arbeitnehmer durch Entgeltumwandlung finanziert, besteht bis zu einer Höhe von 4 % der jeweiligen Beitragsbemessungsgrenze in der gesetzlichen Rentenversicherung (= 4.056 Euro in 2026) jährlich Sozialversicherungsfreiheit, darüber hinaus bis zur jeweiligen Beitragsbemessungsgrenze Sozialversicherungspflicht.

Werden die Leistungen vom Arbeitgeber finanziert, besteht Beitragsfreiheit in der gesetzlichen Sozialversicherung.

2. Leistungen des Arbeitgebers

Die Versorgungsleistungen des Arbeitgebers sind beitragspflichtig in der gesetzlichen → *Kranken- und* → *Pflegeversicherung der Rentner* (§ 226 Absatz 1 Ziffer 3 SGB V). Dies gilt seit dem 01.01.2004 auch für Kapitalleistungen (§ 229 Absatz 1 Satz 3 SGB V).

Unmittelbare Zulageberechtigung

→ *Zulageberechtigter*

Unterstützungskasse

A. Allgemeines

B. Abgrenzung

C. Rechtsbeziehungen

D. Steuerrecht
1. Finanzierung
2. Leistungen der Unterstützungskasse

E. Sozialversicherungsrecht
1. Finanzierung
2. Leistungen der Unterstützungskasse

A. Allgemeines

Bei der Unterstützungskasse handelt es sich gemäß § 1b Absatz 4 BetrAVG um eine rechtsfähige Versorgungseinrichtung, die auf ihre Leistungen keinen Rechtsanspruch gewährt.

Unterstützungskassen sind in ihrer Rechtsform in der Regel ein eingetragener Verein, eine GmbH oder eine Stiftung.

Der im Gesetz erwähnte Ausschluss des Rechtsanspruchs auf die Leistungen der Unterstützungskasse hat historische (aufsichtsrechtliche) Gründe und ist aufgrund der Rechtsprechung des BAG wenig praktisch relevant. Letztlich ist die Rechtsposition des → *Versorgungsberechtigten* ebenso gefestigt, wie bei anderen → *Durchführungswegen*, bei denen gegenüber dem Versorgungsträger ein Rechtsanspruch auf die Leistungen besteht. Ein Widerruf der Versorgungszusage ist wie bei den anderen Durchführungswegen nur in engen Grenzen möglich. In der Praxis wird daher häufig von einem „Quasi-Rechtsanspruch" gesprochen.

WICHTIG!

Der formale Ausschluss des Rechtsanspruchs auf die Leistungen einer Unterstützungskasse hat aufgrund der Rechtsprechung des BAG arbeitsrechtlich keine Relevanz. Der Arbeitgeber bindet sich durch eine Versorgungszusage über eine Unterstützungskasse letztlich in gleicher Weise, wie bei einer Versorgungszusage über einen anderen Durchführungsweg der → *betrieblichen Altersversorgung*.

Schließt die Unterstützungskasse zur Finanzierung der → *Versorgungsleistungen* ihrerseits entsprechende → *Rückdeckungsversicherungen* ab, so handelt es sich um eine sog. rückgedeckte Unterstützungskasse.

B. Abgrenzung

Anders als die → *Pensionskasse* ist die Unterstützungskasse kein Versicherungsunternehmen. Sie unterliegt, im Gegensatz zum → *Pensionsfonds*, der ebenfalls kein Versicherungsunternehmen ist, auch nicht der Versicherungsaufsicht. Ein Unterschied zu allen anderen → *Durchführungswegen* der betrieblichen Altersversorgung ist, dass die Unterstützungskasse auf ihre Leistungen keinen Rechtsanspruch gewährt. Dieser Ausschluss des Rechtsanspruchs hat allerdings wenig praktische Relevanz (siehe A.).

C. Rechtsbeziehungen

Das Versprechen von Versorgungsleistungen über eine Unterstützungskasse ist eine → *mittelbare Versorgungszusage*.

Die wichtigsten Rechtsbeziehungen im Rahmen der betrieblichen Altersversorgung über eine Unterstützungskasse können dem folgenden Schaubild entnommen werden.

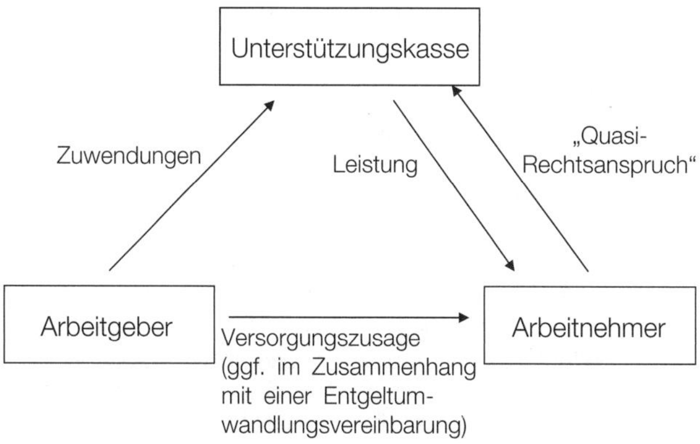

Die Versorgungsleistungen werden nicht vom Arbeitgeber direkt, sondern von der Unterstützungskasse an den Arbeitnehmer erbracht. Leistet die Unterstützungskasse (teilweise) nicht, muss der Arbeitgeber die Versorgungsleistungen unmittelbar selbst oder durch Einschaltung eines weiteren Versorgungsträgers erbringen, da er gemäß § 1 Absatz 1 Satz 3 BetrAVG für die Erfüllung der zugesagten Leistungen subsidiär haftet (→ *Einstandspflicht des Arbeitgebers*, auch bezeichnet als Verschaffungsanspruch).

D. Steuerrecht

1. Finanzierung

Die → *Zuwendungen* des Arbeitgebers an die Unterstützungskasse sind gemäß § 4d EStG unter den dort genannten Voraussetzungen Betriebsausgaben.

Die Zuwendungen des Arbeitgebers an die Unterstützungskasse gelten in steuerlicher Hinsicht nicht als Arbeitslohn und sind daher vom Arbeitnehmer nicht zu versteuern.

2. Leistungen der Unterstützungskasse

Die Leistungen der Unterstützungskasse sind als nachträglicher Arbeitslohn gemäß § 19 Absatz 1 Satz 1 Nr. 2 EStG zu versteuern. Da die Aufwendungen des Arbeitgebers zur Finanzierung der über eine Unterstützungskasse zugesagten Leistungen nicht, die späteren Leistungen dafür aber voll lohnsteuerpflichtig sind, spricht man auch von → *nachgelagerter Besteuerung*.

E. Sozialversicherungsrecht

1. Finanzierung

Hinsichtlich der Beitragspflicht in der gesetzlichen Sozialversicherung ist danach zu unterscheiden, ob die Zuwendungen an die Unterstützungskasse durch den Arbeitnehmer im Wege der → *Entgeltumwandlung* oder durch den Arbeitgeber finanziert werden.

Die Zuwendungen, die vom Arbeitnehmer durch Entgeltumwandlung finanziert werden, sind bis zu einer Höhe von 4 % der jeweiligen Beitragsbemessungsgrenze in der gesetzlichen Rentenversicherung (= 4.056 Euro in 2026) jährlich sozialversicherungsfrei, darüber hinaus bis zur jeweiligen Beitragsbemessungsgrenze sozialversicherungspflichtig.

Die vom Arbeitgeber finanzierten Zuwendungen an eine Unterstützungskasse sind nicht beitragspflichtig in der gesetzlichen Sozialversicherung.

2. Leistungen der Unterstützungskasse

Die Leistungen der Unterstützungskasse sind beitragspflichtig in der gesetzlichen → *Kranken- und* → *Pflegeversicherung der Rentner* (§ 226 Absatz 1 Ziffer 3 SGB V). Dies gilt seit dem 01.01.2004 auch für → *Kapitalleistungen* (§ 229 Absatz 1 Satz 3 SGB V).

WICHTIG!

Seit dem 01.01.2004 sind auch Kapitalzahlungen im Rahmen der betrieblichen Altersversorgung beitragspflichtig in der gesetzlichen Kranken- und Pflegeversicherung.

Unverfallbare Anwartschaft

→ *Unverfallbare Versorgungsanwartschaft*

Unverfallbare Versorgungsanwartschaft

A. Begriff

B. Voraussetzungen

1. Versorgungszusagen, die ab dem 01.01.2018 erteilt werden
2. Versorgungszusagen, die zwischen dem 01.01.2009 und dem 31.12.2017 erteilt wurden
3. Versorgungszusagen, die zwischen dem 01.01.2001 und dem 31.12.2008 erteilt wurden
4. Versorgungszusagen, die vor dem 01.01.2001 erteilt wurden

A. Begriff

→ *Versorgungszusagen* im Rahmen der → *betrieblichen Altersversorgung* sehen vor, dass der aus der Zusage berechtigte Arbeitnehmer bei Eintritt eines → *Versorgungsfalles* Anspruch auf bestimmte → *Versorgungsleistungen* hat. Häufig scheidet der → *Versorgungsberechtigte* aber vor Eintritt eines solchen Versorgungsfalles aus dem Unternehmen aus. Damit in diesen Fällen kein vollständiger Verlust der Versorgungszusage eintritt, regelt das BetrAVG in § 1b, dass unter bestimmten Voraussetzungen der ausscheidende Arbeitnehmer eine Anwartschaft auf Versorgungsleistungen behält. Gemäß § 17 Absatz 3 Satz 3 BetrAVG kann hiervon nicht zuungunsten des Arbeitnehmers abgewichen werden. Es ist aber möglich, diesbezüglich in der Versorgungszusage eine gegenüber der gesetzlichen Regelung günstigere Vereinbarung zu treffen. Erfüllt der Arbeitnehmer die Voraussetzungen, unter denen er bei einem Ausscheiden vor Eintritt des Versorgungsfalles eine Anwartschaft auf Versorgungsleistungen behält, wird von einer unverfallbaren Anwartschaft gesprochen. Sind die gesetzlichen Voraussetzungen erfüllt, spricht man auch von einer gesetzlich unverfallbaren Anwartschaft. Sind (nur) die ggf. in der Versorgungszusage getroffenen für den Arbeitnehmer günstigeren Voraussetzungen erfüllt, spricht man auch von einer vertraglich unverfallbaren Anwartschaft.

B. Voraussetzungen

Die gesetzlichen Voraussetzungen, bei deren Vorliegen eine unverfallbare Anwartschaft im Falle des vorzeitigen Ausscheidens des versorgungsberechtigten Arbeitnehmers aufrechtzuerhalten ist, sind in § 1b BetrAVG geregelt. Gemäß § 30f BetrAVG gilt § 1b BetrAVG uneingeschränkt allerdings nur für Versorgungszusagen, die ab dem 01.01.2018 zugesagt werden. Bei Versorgungszusagen, die vor dem 01.01.2018 erteilt wurden, gilt im Hinblick auf die vor Einführung des § 1b BetrAVG geltenden Unverfallbarkeitsfristen eine Übergangsregelung. Es ist demnach zwischen ab dem 01.01.2018 erteilten Versorgungszusagen, Versorgungszusagen, die zwischen dem 01.01.2009 und dem 31.12.2017 erteilt wurden, Versorgungszusagen, die zwischen dem 01.01.2001 und dem 31.12.2008 erteilt wurden und Versorgungszusagen, die vor dem 01.01.2001 erteilt wurden, zu unterscheiden.

1. Versorgungszusagen, die ab dem 01.01.2018 erteilt werden

Bei vom Arbeitgeber finanzierten Versorgungszusagen, ist eine unverfallbare Anwartschaft aufrechtzuerhalten, wenn der Arbeitnehmer bei seinem vorzeitigen Ausscheiden bereits das 21. Lebensjahr vollendet hat und die Versorgungszusage zu diesem Zeitpunkt mindestens drei Jahre bestanden hat (§ 1b Absatz 1 Satz 1 BetrAVG).

Versorgungszusagen, die der Arbeitnehmer durch → *Entgeltumwandlung* selbst finanziert hat, sind sofort unverfallbar (§ 1b Absatz 5 Satz 1 BetrAVG). Entsprechendes gilt für durch → *Eigenbeiträge* finanzierte umfasste Versorgungszusagen, die nach dem 31.12.2002 erteilt werden (§ 1 Absatz 2 Nr. 4 BetrAVG i. V. m. §§ 1b Absatz 5 Satz 1 und 30e Absatz 1 BetrAVG).

2. Versorgungszusagen, die zwischen dem 01.01.2009 und dem 31.12.2017 erteilt wurden

Bei vom Arbeitgeber finanzierten Versorgungszusagen, ist eine unverfallbare Anwartschaft aufrechtzuerhalten, wenn der Arbeitnehmer bei seinem vorzeitigen Ausscheiden bereits das 25. Lebensjahr vollendet hat und die Versorgungszusage zu diesem Zeitpunkt mindestens fünf Jahre bestanden hat (§ 30f Absatz 2 BetrAVG).

Versorgungszusagen, die der Arbeitnehmer durch Entgeltumwandlung selbst finanziert hat, sind sofort unverfallbar (§ 1b Absatz 5 Satz 1 BetrAVG). Entsprechendes gilt für durch Eigenbeiträge finanzierte umfasste Versorgungszusagen, die nach dem 31.12.2002 erteilt werden (§ 1 Absatz 2 Nr. 4 BetrAVG i. V. m. §§ 1b Absatz 5 Satz 1 und 30e Absatz 1 BetrAVG).

Eine unverfallbare Anwartschaft ist bei diesen Zusagen außerdem dann aufrechtzuerhalten, wenn die Zusage ab dem 01.01.2018 drei Jahre bestanden hat und der Arbeitnehmer bei seinem vorzeitigen Ausscheiden das 21. Lebensjahr vollendet hat (es gelten mindestens die Voraussetzungen nach B.1.). Dies bedeutet, Zusagen, die vor dem 01.01.2018 erteilt wurden, sind spätestens mit Ablauf des 31.12.2021 unverfallbar (soweit der Arbeitnehmer das 21. Lebensjahr vollendet hat). Sollten allerdings die zuvor genannten Unverfallbarkeitsvoraussetzungen vorher erfüllt sein, gelten diese.

3. Versorgungszusagen, die zwischen dem 01.01.2001 und dem 31.12.2008 erteilt wurden

Bei vom Arbeitgeber finanzierten Versorgungszusagen, ist eine unverfallbare Anwartschaft aufrechtzuerhalten, wenn der Arbeitnehmer bei seinem vorzeitigen Ausscheiden bereits das 30. Lebensjahr vollendet hat und die Versorgungszusage zu diesem Zeitpunkt mindestens fünf Jahre bestanden hat (§ 30f Absatz 2 BetrAVG).

Versorgungszusagen, die der Arbeitnehmer durch Entgeltumwandlung selbst finanziert hat, sind sofort unverfallbar (§ 1b Absatz 5 Satz 1 BetrAVG). Entsprechendes gilt für durch Eigenbeiträge finanzierte umfasste Versorgungszusagen, die nach dem 31.12.2002 erteilt wurden (§ 1 Absatz 2 Nr. 4 BetrAVG i. V. m. §§ 1b Absatz 5 Satz 1 und 30e Absatz 1 BetrAVG).

Eine unverfallbare Anwartschaft ist bei diesen Zusagen außerdem dann aufrechtzuerhalten, wenn die Zusage ab dem 01.01.2009 fünf Jahre bestanden hat und der Arbeitnehmer bei seinem vorzeitigen Ausscheiden das 25. Lebensjahr vollendet hat (es gelten mindestens die Voraussetzungen nach B.2.). Dies bedeutet, Zusagen, die vor dem 01.01.2009 erteilt wurden, sind spätestens mit Ablauf des 31.12.2013 unverfallbar (soweit der Arbeitnehmer das 25. Lebensjahr vollendet hat). Sollten allerdings die zuvor genannten Unverfallbarkeitsvoraussetzungen vorher erfüllt sein, gelten diese.

4. Versorgungszusagen, die vor dem 01.01.2001 erteilt wurden

Bei diesen Zusagen ist unabhängig davon, ob sie vom Arbeitnehmer durch Entgeltumwandlung oder vom Arbeitgeber finanziert wurden, eine unverfallbare Anwartschaft aufrechtzuerhalten, wenn der Arbeitnehmer bei seinem vorzeitigen Ausscheiden das 35. Lebensjahr vollendet hat und

- die Versorgungszusage zu diesem Zeitpunkt mindestens zehn Jahre bestanden hat

  oder

- die Versorgungszusage bei mindestens zwölfjähriger Betriebszugehörigkeit mindestens drei Jahre bestanden hat.

Eine unverfallbare Anwartschaft ist bei diesen Zusagen außerdem dann aufrechtzuerhalten, wenn die Zusage ab dem 01.01.2001 fünf Jahre bestanden hat und der Arbeitnehmer bei seinem vorzeitigen Ausscheiden das 30. Lebensjahr vollendet hat. Dies bedeutet, Zusagen, die vor dem 01.01.2001 erteilt wurden, sind spätestens mit Ablauf des 31.12.2005 unverfallbar (soweit der Arbeitnehmer das 30. Lebensjahr vollendet hat) (es gelten mindestens die Voraussetzungen nach B.2.). Sollten allerdings die zuvor genannten Unverfallbarkeitsvoraussetzungen vorher erfüllt sein, gelten diese. Selbst für Versorgungszusagen, die vor dem 01.01.2001 erteilt wurden, findet zwischenzeitlich die günstigere Regelung nach B.3. Anwendung, sodass die Arbeitnehmer bei Austritt das 30. Lebensjahr vollendet haben müssen.

C. Höhe der unverfallbaren Anwartschaft

Die Höhe der unverfallbaren Anwartschaft ist abhängig von der Art der Versorgungszusage, der Finanzierung der Versorgungszusage und dem Zeitpunkt ihrer Erteilung. Auch von den gesetzlichen Regelungen zur Bestimmung der Höhe einer unverfallbaren Anwartschaft kann – außer in Tarifverträgen (§ 17 Absatz 3 Satz 1 BetrAVG) – nicht zum Nachteil des Arbeitnehmers abgewichen werden (§ 17 Absatz 3 Satz 3 BetrAVG).

1. Quotierungsprinzip

Als Grundregel für die Bemessung der Höhe einer unverfallbaren Anwartschaft ist in § 2 Absatz 1 BetrAVG das sog. → *Quotierungsprinzip* (auch ratierliches Verfahren, m/ntel-Verfahren oder pro-rata-temporis-Verfahren genannt) geregelt. Nach diesem Verfahren ist eine unverfallbare Anwartschaft in Höhe des Teils der dem Versorgungsberechtigten ohne das vorherige Ausscheiden zustehenden Leistung aufrechtzuerhalten, der dem Verhältnis der Dauer der tatsächlichen Betriebszugehörigkeit zu der Zeit vom Beginn der Betriebszugehörigkeit bis zum Erreichen der → *Regelaltersgrenze* in der gesetzlichen Rentenversicherung entspricht. Sieht die Versorgungsregelung einen früheren Zeitpunkt als das Erreichen der Regelaltersgrenze in der gesetzlichen Rentenversicherung als feste Altersgrenze vor, so tritt dieser Zeitpunkt an die Stelle des Erreichens der Regelaltersgrenze in der gesetzlichen Rentenversicherung. Es ist also die bei unterstellter Betriebstreue des Versorgungsberechtigten bis zur festen Altersgrenze der Versorgungsregelung (max. Regelaltersgrenze in der gesetzlichen Rentenversicherung) zu erreichende Leistung mit dem Quotienten aus der tatsächlichen Dienstzeit des Arbeitnehmers und der bis zur festen Altersgrenze nach der Versorgungsregelung (max. der Regelaltersgrenze in der gesetzlichen Rentenversicherung) maximal möglichen Dienstzeit zu multiplizieren. Nimmt der Arbeitnehmer eine Altersrente für besonders langjährig Versicherte (45 Beitragsjahre in der gesetzlichen Rentenversicherung) in Anspruch, so erfolgt eine Quotierung auf diesen Zeitpunkt.

Beispiel:

Der Arbeitgeber hat dem Arbeitnehmer eine Altersrente in Höhe von 1.000 Euro pro Monat bei Beendigung des Arbeitsverhältnisses bei Erreichen der Regelaltersgrenze in der gesetzlichen Rentenversicherung zugesagt. Der Arbeitnehmer ist mit 27 Jahren in das Unternehmen eingetreten und scheidet nun vorzeitig mit 47 Jahren aus dem Unternehmen aus. Die Regelaltersgrenze beträgt 67 Jahre.

Ohne vorheriges Ausscheiden zustehende Leistung: 1.000 Euro pro Monat

Tatsächliche Betriebszugehörigkeit: 20 Jahre (Alter 27 bis Alter 47)

Maximal mögliche Betriebszugehörigkeit: 40 Jahre (Alter 27 bis Alter 67)

Quotient aus tatsächlicher und maximal möglicher Betriebszugehörigkeit: 20/40 = 0,5

Höhe der unverfallbaren Anwartschaft: 1.000 Euro pro Monat × 0,5 = 500 Euro pro Monat

Bemisst sich die zu erreichende Leistung nach der Versorgungszusage u. a. an Bemessungsgrundlagen, die sich im Lauf der Zeit noch ändern können (z. B. Gehalt bei gehaltsbezogenen Versorgungszusagen), so ist auf den Wert zum Zeitpunkt des Ausscheidens abzustellen (§ 2 Absatz 5 Satz 1 BetrAVG, siehe auch → *Veränderungssperre*).

Das Quotierungsprinzip ist für alle Fälle der Berechnung der Höhe einer unverfallbaren Anwartschaft anzuwenden, wenn das BetrAVG keine hiervon abweichende Regelung vorsieht. Es gilt insbesondere für → *unmittelbare Versorgungszusagen* in Form der → *Leistungszusage* im engeren Sinn.

2. Entgeltumwandlungszusagen

Bei Versorgungszusagen, die der Arbeitnehmer durch Entgeltumwandlung selbst finanziert, ist die vom Zeitpunkt der Zusage bis zum Ausscheiden des Arbeitnehmers erreichte Anwartschaft auf Leistungen aus den bis dahin umgewandelten Entgeltbestandteilen aufrechtzuerhalten (§ 2 Absatz 5a BetrAVG). Der Arbeitgeber hat also die Anwartschaften aufrechtzuerhalten, die sich aus den bis zum Ausscheiden umgewandelten Entgeltbestandteilen ergibt („erreichte Anwartschaft").

§ 2 Absatz 5a BetrAVG gilt gemäß § 30g Absatz 1 Satz 1 BetrAVG allerdings nur für Versorgungszusagen, die ab dem 01.01.2001 erteilt wurden bzw. werden. Bei vorher erteilten Versorgungszusagen gilt das unter C.1. dargestellte Quotierungsprinzip. Gemäß § 30g Absatz 1 Satz 2 BetrAVG kann aber auch bei diesen Zusagen zwischen Arbeitgeber und Arbeitnehmer die Geltung von § 2 Absatz 5a BetrAVG vereinbart werden.

Bei Versorgungszusagen, die der Arbeitnehmer durch Entgeltumwandlung selbst finanziert und die vor dem 01.01.2001 erteilt wurden und daher das Quotierungsprinzip gilt, kann es zu einer sog. Deckungslücke kommen. Hatte der Arbeitnehmer bei Erteilung der Versorgungszusage bereits eine längere Dienstzeit („Vordienstzeit") abgeleistet, so fließt bei einem vorzeitigen Ausscheiden auch diese Dienstzeit im Rahmen des Quotierungsprinzips in die Berechnung der Höhe der unverfallbaren Anwartschaft mit ein, obwohl in dieser Zeit noch keine Entgeltumwandlung erfolgte. Die Vereinbarung der Geltung von § 2 Absatz 5a BetrAVG gemäß § 30g Absatz 1 Satz 2 BetrAVG ist bei solchen Zusagen demnach in der Regel sinnvoll, setzt aber natürlich voraus, dass der Arbeitnehmer hiermit einverstanden ist.

WICHTIG!

Bei durch Entgeltumwandlung finanzierten Versorgungszusagen, die vor dem 01.01.2001 erteilt wurden, sollte geprüft werden, ob die Vereinbarung der Geltung von § 2 Absatz 5a BetrAVG möglich ist (Einverständnis des Arbeitnehmers erforderlich).

3. Beitragsorientierte Leistungszusagen

Die unter C.2. dargestellten Grundsätze zur Höhe der unverfallbaren Anwartschaft gelten gemäß § 2 Absatz 5a Halbsatz 2 BetrAVG auch für → *beitragsorientierte Leistungszusagen*. Dies gilt unabhängig davon, ob die beitragsorientierte Leistungszusage vom Arbeitnehmer durch Entgeltumwandlung oder vom Arbeitgeber finanziert wird.

4. Zusagen über eine Direktversicherung oder eine Pensionskasse

Bei der Ermittlung der Höhe der unverfallbaren Anwartschaft im Rahmen von Versorgungszusagen über eine → *Direktversicherung* oder → *Pensionskasse* wird das Quotierungsverfahren seit 2020 standardmäßig durch die sog. → *versicherungsvertragliche Lösung* ersetzt (§ 2 Absatz 2 Satz 2 bzw. § 2 Absatz 3 Satz 2 BetrAVG).

Bei der versicherungsvertraglichen Lösung entspricht die unverfallbare Anwartschaft bei einer Versorgungszusage über eine Direktversicherung der vom Versicherungsunternehmen aufgrund des Versicherungsvertrages zu erbringenden Leistung. Auch bei Anwendung dieses Verfahrens kann es nicht zu einer Deckungslücke kommen. Eine solche wäre bei Anwendung des Quotierungsprinzips möglich (vgl. C.1.), denn gemäß § 2 Absatz 2 Satz 1 BetrAVG richtet sich der Differenzbetrag zwischen der vom Versicherungsunternehmen zu erbringenden Leistung und der nach dem Quotierungsprinzip ermittelten Leistung gegen den Arbeitgeber. Die Anwendung der versicherungsvertraglichen Lösung ist an mehrere Voraussetzungen geknüpft:

- Spätestens drei Monate seit dem Ausscheiden des Arbeitnehmers muss das Bezugsrecht aus dem Versicherungsvertrag unwiderruflich sein und eine Abtretung oder Beleihung durch den Arbeitgeber sowie Beitragsrückstände dürfen nicht vorhanden sein (§ 2 Absatz 2 Satz 2 Ziffer 1 BetrAVG).
- Die Überschussanteile müssen vom Beginn der Versicherung, frühestens vom Beginn der Betriebszugehörigkeit des Arbeitnehmers an nach dem Versicherungsvertrag ausschließlich zur Verbesserung der Versicherungsleistung zu verwenden sein (§ 2 Absatz 2 Satz 2 Ziffer 2 BetrAVG).
- Der ausgeschiedene Arbeitnehmer muss nach dem Versicherungsvertrag das Recht zur Fortführung der Versicherung mit eigenen Beiträgen haben (§ 2 Absatz 2 Satz 2 Ziffer 3 BetrAVG).

Bis zur Gesetzesänderung in 2020 musste der Arbeitgeber für die Anwendung der versicherungsvertraglichen Lösung dies innerhalb von drei Monaten seit dem Ausscheiden des Arbeitnehmers diesem und dem Versicherungsunternehmen mitteilen (§ 2 Absatz 2 Satz 3 BetrAVG).

Dem Gedanken des Verfügungsverbots folgend, hat die Anwendung der versicherungsvertraglichen Lösung auch Verfügungsbeschränkungen für den Arbeitnehmer zur Folge, soweit die Versicherungsleistung auf die Beiträge im Rahmen seiner Versorgungszusage zurückzuführen ist. So kann der ausgeschiedene Arbeitnehmer den Versicherungsvertrag insoweit nicht abtreten, beleihen oder kündigen (§ 2 Absatz 2 Sätze 4 bis 6 BetrAVG).

Für die Höhe der unverfallbaren Anwartschaft bei einer Versorgungszusage über eine Pensionskasse gelten die Ausführungen zur Direktversicherung entsprechend, wobei sich aufgrund der Besonderheiten der Pensionskasse kleinere Abweichungen ergeben (siehe § 2 Absatz 3 BetrAVG).

5. Beitragszusage mit Mindestleistung

Gemäß § 2 Absatz 5b BetrAVG entspricht die Höhe der unverfallbaren Anwartschaft bei der → *Beitragszusage mit Mindestleistung* dem Versorgungskapital, das dem Arbeitnehmer auf der Grundlage der bis zu seinem Ausscheiden geleisteten Beiträge (Beiträge und die bis zum Eintritt des Versorgungsfalls erzielten Erträge) planmäßig zuzurechnen ist. Die unverfallbare Anwartschaft muss dabei aber mindestens der Summe der bis zum Ausscheiden des Arbeitnehmers zugesagten Beiträge entsprechen, soweit sie nicht rechnungsmäßig für einen biometrischen Risikoausgleich verbraucht wurden. Dies bedeutet, dem ausgeschiedenen Arbeitnehmer steht die aus den im Rahmen seiner Versorgungszusage geleisteten Beiträgen und deren Erträgen finanzierte Leistung zu. Diese darf aber nicht geringer sein, als die Summe der Beiträge abzüglich des Teils, der für die Abdeckung eines → *biometrischen Risikos* verbraucht wurde. Vorstellbar ist das Eingreifen dieser Mindestleistung etwa bei Verlusten eines → *Pensionsfonds*, über den die Versorgungszusage abgewickelt wird.

Die Beitragszusage mit Mindestleistung wurde erst zum 01.01.2002 ins BetrAVG aufgenommen. § 2 Absatz 6 BetrAVG (bis 31.12.2017 § 2 Absatz 5a BetrAVG) betrifft daher nur Versorgungszusagen, die ab dem 01.01.2002 erteilt wurden.

D. Wahrung des Teilanspruchs

Mit der Umsetzung der EU Mobilitätrichtlinie gilt für Anwartschaften, die in Dienstzeiten ab dem 01.01.2018 erdient werden (§ 2a Absatz 2 BetrAVG), dass dieser Teil der unverfallbaren Anwartschaft nach Austritt angepasst werden muss. Eine Anpassung kann unterbleiben, wenn das zugrundeliegende Versorgungssystem vor dem 20. Mai 2014 für neue Arbeitnehmer geschlossen war (siehe § 30g Absatz 1 BetrAVG). Ferner kann eine Anpassung unterbleiben, wenn, die Anwartschaft

1. als nominales Anrecht festgelegt ist
2. eine Verzinsung enthält, die auch dem ausgeschiedenen Arbeitnehmer zugutekommt, oder
3. über einen Pensionsfonds, eine Pensionskasse oder eine Direktversicherung durchgeführt wird und die Erträge auch dem ausgeschiedenen Arbeitnehmer zugutekommen,

oder die Anwartschaft angepasst wird

1. um 1 Prozent jährlich
2. wie die Anwartschaften oder die Nettolöhne vergleichbarer nicht ausgeschiedener Arbeitnehmer,
3. wie die laufenden Leistungen, die an Versorgungsempfänger des Arbeitgebers erbracht werden, oder
4. entsprechend dem Verbraucherpreisindex für Deutschland.

Unverfallbarkeit

→ *Unverfallbare Versorgungsanwartschaft*

Unverfallbarkeitsfristen

→ *Unverfallbare Versorgungsanwartschaft*

VAG

→ *Versicherungsaufsichtsgesetz (VAG)*

VAG-Informationspflichten-Verordnung (VAG-InfoV)

Der Anwendungsbereich der Verordnung über Informationspflichten in der betrieblichen Altersversorgung, die von Pensionsfonds, Pensionskassen und anderen Lebensversicherungsunternehmen durchgeführt wird (VAG-Informationspflichten-Verordnung – VAG-InfoV) vom 17. Juni 2019 (BGBl. I S. 871) gilt für durchführende Einrichtungen (→ *Pensionsfonds*, → *Pensionskassen* oder andere Lebensversicherungsunternehmen, soweit sie Leistungen der → *betrieblichen Altersversorgung* erbringen), die der Aufsicht durch die → *Bundesanstalt für Finanzdienstleistungsaufsicht* unterliegen (§ 1 VAG-InfoV). Die Verordnung wurde zur Umsetzung der Richtlinie (EU) 2016/2341 des Europäischen Parlaments und des Rates vom 14. Dezember 2016 über die Tätigkeiten und die Beaufsichtigung von Einrichtungen der betrieblichen Altersversorgung (EbAV) (Neufassung) (ABl. L 354 vom 23.12.2016, S. 37) erlassen.

Gem. § 2 Absatz 1 VAG-InfoV hat die durchführende Einrichtung die Informationen, die nach den §§ 234l bis 234p des Versicherungsaufsichtsgesetzes und nach der VAG-InfoV vorgeschrieben sind, den Versorgungsanwärtern und -empfängern elektronisch oder in Papierform zur Verfügung zu stellen.

Die allgemeinen Mindestinformationen über das Altersversorgungssystem, die die durchführende Einrichtung zur Verfügung zu stellen hat, sind in § 3 VAG-InfoV genannt. Hierzu gehören u. a. Angaben

- zur durchführenden Einrichtung,
- zu den Leistungen,
- zur Struktur des Anlagenportfolios,
- zu den Vertragsbedingungen des Altersvorsorgesystems,
- zu den Übertragungsmodalitäten auf eine andere durchführende Einrichtung.

§ 4 VAG-InfoV führt die Renteninformationen auf, die den → *Versorgungsanwärtern* mindestens mitgeteilt werden müssen.

Versorgungsempfänger erhalten gem. § 5 VAG-InfoV jährlich Informationen über die Anlagemöglichkeiten und die Struktur des Anlagenportfolios sowie das Risikopotenzial, soweit der Versorgungempfänger das Anlagerisiko trägt sowie über die Kosten der Vermögensverwaltung und sonstige mit der Anlage verbundene Kosten.

Vor dem Beitritt zu einem Altersvorsorgesystem erhalten Versorgungsanwärter die in § 3 Absatz 1 Nummer 9 und Absatz 2 VAG-InfoV bezeichneten Informationen.

§ 7 VAG-InfoV regelt, welche Informationen Versorgungsanwärter und -empfänger auf Anfrage von der durchführenden Einheit erhalten können.

Die Anforderungen für die Projektion von Altersversorgungsleistungen sind in § 8 VAG-InfoV aufgeführt.

Nach § 9 VAG-InfoV ist die Verordnung am Tag nach der Verkündung in Kraft getreten.

Veränderungssperre

A. Allgemeines

Nach § 2 Absatz 5 Satz 1 BetrAVG bleiben bei der Berechnung des Teilanspruchs nach § 2 Absatz 1 BetrAVG (Höhe der → *unverfallbaren Versorgungsanwartschaft*) Veränderungen der → *Versorgungsregelung* und der Bemessungsgrundlagen für die Leistung der → *betrieblichen Altersversorgung*, soweit sie nach dem Ausscheiden des Arbeitnehmers eintreten, außer Betracht; dies gilt auch für die Bemessungsgrundlagen anderer Versorgungsbezüge, die bei der Berechnung der Leistung der betrieblichen Altersversorgung zu berücksichtigen sind.

Hiermit ist der Grundsatz aufgestellt, dass die Höhe der unverfallbaren Anwartschaft (gemäß § 2 Absatz 1 BetrAVG) unter Berücksichtigung der zum Ausscheidezeitpunkt des Versorgungsberechtigten maßgeblichen Grundlagen zu ermitteln ist. Diese Grundlagen sind die Versorgungsregelung und die betreffenden Bemessungsgrundlagen.

B. Änderung der Versorgungsregelung

Der Grundsatz, dass Veränderungen der Versorgungsregelung nach Ausscheiden des versorgungsberechtigten Arbeitnehmers außer Betracht bleiben, bedeutet, dass nach diesem Zeitpunkt vorgenommene Änderungen des Inhalts der → *Versorgungszusage* nicht zu berücksichtigen sind. Bei individualrechtlichen Zusagen ist dies letztlich selbstverständlich, der Arbeitgeber kann verschlechternde Änderungen ohne Zustimmung des Versorgungsberechtigten grundsätzlich nicht einseitig vornehmen.

Mehr Bedeutung hat die Veränderungssperre für kollektivrechtliche Versorgungszusagen. Hier ist unter bestimmten Voraussetzungen eine Änderung auch ohne Zustimmung des einzelnen versorgungsberechtigten Arbeitnehmers möglich (→ *Änderung einer Versorgungszusage*). Insoweit wird durch § 2 Absatz 5 Satz 1 BetrAVG klargestellt, dass solche Änderungen nicht für diejenigen ehemaligen Arbeitnehmer gelten, die vor der Änderung mit einer unverfallbaren Versorgungsanwartschaft aus den Diensten des Arbeitgebers ausgeschieden sind.

C. Änderung der Bemessungsgrundlagen

Der Grundsatz, dass Änderungen der Bemessungsgrundlagen nach Ausscheiden des versorgungsberechtigten Arbeitnehmers außer Betracht bleiben, bedeutet, dass nach diesem Zeitpunkt eintretende Änderungen von Größen, die bei der Ermittlung der Höhe der → *Versorgungsleistungen* zugrunde zu legen sind, nicht berücksichtigt werden.

Dieser Grundsatz ist insbesondere für → *gehaltsbezogene Versorgungszusagen* von Bedeutung.

Beispiel:

Eine Versorgungszusage sieht vor, dass der versorgungsberechtigte Arbeitnehmer bei Ausscheiden aus den Diensten des Arbeitgebers nach Vollendung des 65. Lebensjahres eine Altersrente in Höhe von monatlich 10 % seines letzten regelmäßigen monatlichen Bruttogehalts erhalten soll.

Scheidet der Versorgungsberechtigte nun mit einer unverfallbaren Versorgungsanwartschaft vorzeitig aus den Diensten des Arbeitgebers aus, so ist für die Berechnung der Höhe seiner Anwartschaft auf sein letztes regelmäßiges monatliches Bruttogehalt vor seinem vorzeitigen Ausscheiden abzustellen. Die Höhe dieser Anwartschaft erhöht sich dann auch nicht etwa dadurch, dass der ausgeschiedene Arbeitnehmer in die Dienste eines neuen Arbeitgebers tritt und dort sein regelmäßiges monatliches Bruttogehalt eine andere Höhe hat bzw. weiter ansteigt.

In § 2 Absatz 5 Satz 1, 2. Halbsatz BetrAVG ist außerdem ausdrücklich klargestellt, dass die Veränderungssperre auch im Hinblick auf Bemessungsgrundlagen anderer Versorgungsbezüge gilt, die bei der Berechnung der Höhe der Leistungen der Versorgungszusage von Bedeutung sind.

§ 2 Absatz 5 Sätze 2 und 3 BetrAVG enthalten besondere Regelungen für den Fall, dass eine Rente der → *gesetzlichen Rentenversicherung*, einer Pensionskasse oder eines Pensionsfonds zu berücksichtigen ist.

Verbraucherpreisindex (VPI)

Messgröße für Preisveränderungen aller Waren und Dienstleistungen, die private Haushalte in Deutschland zu Konsumzwecken kaufen. Die Preisveränderung gegenüber dem Vorjahresmonat bzw. dem Vorjahr ergibt sich aus dem Vergleich des aktuellen Indexstandes mit dem Indexstand des Vorjahres oder -monats und bildet die Teuerungs- bzw. Inflationsrate ab.

Die Inflationsrate wird anhand folgender Formel ermittelt:

$$\text{Inflationsrate} = \frac{(\text{VPI aktuell-VPI alt})}{\text{VPI alt}} \times 100$$

Der VPI wird aufgrund sich ändernder Verbrauchsgewohnheiten i. d. R. alle fünf Jahre überarbeitet und methodischen Anpassungen unterworfen – zuletzt im Jahr 2023 – und auf ein neues Basisjahr umgestellt. Hierbei erfolgte eine Umstellung vom Basisjahr 2015 auf das Basisjahr 2020.

Durch Preissteigerungen verlieren laufende → *Betriebsrenten* an Wert. Um den → *Betriebsrentner* vor einem schleichenden Verfall seiner → *Rentenleistungen* zu schützen, sieht das → *Betriebsrentengesetz* in § 16 eine Anpassungsprüfungspflicht (→ *Anpassung*) im Hinblick auf laufende Leistungen aus der → *betrieblichen Altersversorgung* vor. Danach hat der Arbeitgeber alle drei Jahre zu prüfen, ob die betrieblichen → *Versorgungsleistungen* seit Rentenbeginn einem von ihm auszugleichenden Kaufkraftverlust unterliegen.

Die erste Anpassungsprüfung erfolgt drei Jahre nach Beginn der ersten Zahlung laufender Leistungen, ist also vom Leistungsbeginn (Eintritt des Versorgungsfalles) des einzelnen Betriebsrentners abhängig.

Beispiel:

Arbeitnehmer A wurde zum 01. Januar 2019 Betriebsrentner. Die nächste Anpassungsprüfung des Unternehmens erfolgt zum 01. Januar 2022.

Rentenbeginn:	**01. Januar 2019, VPI (2020 = 100):**	**97,7 (= VPI alt)**
Anpassungsstichtag:	**01. Januar 2022, VPI (2020 = 100):**	**105,2 (= VPI aktuell)**

$$\text{Inflationsrate} = \frac{(105{,}2\text{-}97{,}7)}{97{,}7} \times 100 = 7{,}68$$

Die Preissteigerung und damit der Anpassungsprozentsatz im Betrachtungszeitraum liegt bei 7,68 Prozent.

Der VPI wird monatlich vom Statistischen Bundesamt veröffentlicht.

Verfallbare Anwartschaft

→ *Verfallbare Versorgungsanwartschaft*

Verfallbare Versorgungsanwartschaft

→ *Versorgungszusagen* im Rahmen der → *betrieblichen Altersversorgung* sehen vor, dass der aus der Zusage berechtigte Arbeitnehmer bei Eintritt eines → *Versorgungsfalles* Anspruch auf bestimmte → *Versorgungsleistungen* hat. Häufig scheidet der → *Versorgungsberechtigte* aber aus dem Arbeitsverhältnis vor Eintritt eines solchen Versorgungsfalles aus. Damit in diesen Fällen kein vollständiger Verlust der Versorgungszusage eintritt, regelt das BetrAVG in § 1b, dass unter bestimmten Voraussetzungen der ausscheidende Arbeitnehmer eine Anwartschaft auf Versorgungsleistungen behält. Darüber hinaus kann auch die Versorgungszusage selbst für den Versorgungsberechtigten günstigere Regelungen zur Unverfallbarkeit enthalten. Sind die gesetzlichen oder in der Versorgungszusage enthaltenen Voraussetzungen erfüllt, spricht man von einer → *unverfallbaren Versorgungsanwartschaft*. Solange diese Voraussetzungen allerdings nicht erfüllt sind, spricht man dementsprechend von einer verfallbaren Versorgungsanwartschaft. Scheidet der Arbeitnehmer mit einer verfallbaren Versorgungsanwartschaft vor Eintritt eines Versorgungsfalles aus dem Arbeitsverhältnis aus, so erlischt die Versorgungszusage.

Verrechnungsabrede

Gem. § 6 Absatz 1 Satz 1 VersAusglG können die Ehegatten anstelle der gesetzlichen Teilung Vereinbarungen über den Versorgungsausgleich schließen.

Verschaffungsanspruch

→ *Einstandspflicht des Arbeitgebers*

Versichertenentlastungsgesetz (GKV-VEG)

→ *GKV-Versichertenentlastungsgesetz (GKV-VEG)*

Versicherungsaufsicht

→ *Bundesanstalt für Finanzdienstleistungsaufsicht* und → *Versicherungsaufsichtsgesetz*

Versicherungsaufsichtsgesetz (VAG)

Die Versicherungsaufsicht durch die → *Bundesanstalt für Finanzdienstleistungsaufsicht (BaFin)* beruht auf dem Gesetz über die Beaufsichtigung der Versicherungsunternehmen (Versicherungsaufsichtsgesetz – VAG) vom 01. April 2015 (BGBl. I S. 434), zuletzt geändert durch Artikel 11 des Gesetzes vom 27. Dezember 2024 (BGBl. 2024 I Nr. 438).

Gemäß dem VAG unterliegen auch → *EbAVs* (→ *Pensionskassen* gemäß § 1 Absatz 1 Nummer 1 i. V. m. § 233 und → *Pensionsfonds*) der Versicherungsaufsicht.

Versicherungsmathematische Abschläge

→ *Versorgungszusagen* legen im Rahmen der Regelungen zur → *vorzeitigen Altersleistung* in Bezug auf eine definierte → *Altersgrenze* häufig versicherungsmathematische Abschläge fest. Diese dienen dazu, den längeren und früheren Bezug der → *Versorgungsleistungen* auszugleichen.

Versicherungsmathematische Rechnungsgrundlagen

Die versicherungsmathematischen Rechnungsgrundlagen sind die Eingangsparameter, die für eine Bewertung einer → *Pensionsverpflichtung* verwendet werden. Für die Bewertung einer Pensionsverpflichtung müssen das versicherungsmathematische Rechenverfahren, der Rechnungszins (Diskontierungsfaktor), zusagespezifische Parameter (Gehaltstrend, Anpassungsrate von Festbeträgen, Entwicklung von Höchstbeträgen), Inflation (wegen der Rentenanpassung gem. § 16 Absatz 2 BetrAVG Anpassung), biometrische Wahrscheinlichkeiten (Tod/Invalidität/Verheiratungswahrscheinlichkeiten → *biometrisches Risiko*), Fluktuation und Renteneintrittsalter definiert werden, damit eine Pensionsverpflichtung bestimmt werden kann.

Nach deutschem Steuerrecht sind die wesentlichen Parameter (versicherungsmathematisches Rechenverfahren, Rechnungszins, Verhältnisse am Bilanzstichtag) festgelegt und ändern sich im Zeitablauf auch nicht, während im Rahmen der internationalen Bilanzierung (IFRS/ US-GAAP) das versicherungsmathematische Rechenverfahren definiert ist. Die restlichen Parameter sollen nach dem Grundsatz des besten Wissens jedoch so gewählt werden (Berücksichtigung von zukünftigen Gehaltssteigerungen bei einem Endgehaltsplan oder Rentenanpassung in der Rentenbezugszeit (Anpassung gem. Inflation), dass damit möglichst genau der wirtschaftliche Wert einer Pensionsverpflichtung bestimmt werden kann. Geänderte Annahmen in den Folgejahren sind die Regel. Für Jahresabschlüsse gem. deutschem Handelsrecht (HGB) ergeben sich durch das Bilanzrechtsmodernisierungsgesetz wesentliche Änderungen. Bis zum 31.12.2009 gab es keine gesetzlich definierten Anforderungen an die Bewertung von Pensionsverpflichtungen, sondern lediglich eine Verlautbarung der Wirtschaftsprüfer, dass die Pensionsrückstellung mindestens in Höhe des steuerlichen Teilwertes nach § 6a EStG auszuweisen ist. Ab dem 01.01.2010 sind bei der Ermittlung von Pensionsverpflichtungen dynamische, ungewisse Parameter zwingend zu berücksichtigen, während der Diskontierungszinssatz durch die Bundesbank veröffentlicht wird.

Versicherungsmathematisches Gutachten

Die im Rahmen einer unmittelbaren Versorgungszusage erteilten Pensionsverpflichtungen müssen nach den anerkannten Regeln der Versicherungsmathematik berechnet und entsprechend bilanziert werden. Dies bedarf i. d. R. der Unterstützung eines fachlichen Beraters, der seine Ergebnisse in einem versicherungsmathematischen Gutachten zusammenfasst.

Versicherungsvertragliche Lösung

Scheidet ein → *Versorgungsberechtigter* vorzeitig aus dem Arbeitsverhältnis aus, so ist unter bestimmten Voraussetzungen eine unverfallbare Versorgungsanwartschaft aufrechtzuerhalten. Die Grundregel für die Bestimmung der Höhe dieser unverfallbaren Versorgungsanwartschaft nach dem BetrAVG ist das sog. Quotierungsprinzip (siehe hierzu → *unverfallbare Versorgungsanwartschaft, C.1.*).

Bei → *Versorgungszusagen* über eine → *Direktversicherung* oder eine → *Pensionskasse* wird seit 2020 das Quotierungsprinzip durch ein anderes Verfahren ersetzt, bei dem die Höhe der unverfallbaren Versorgungsanwartschaft der vom Versicherungsunternehmen aufgrund des Versicherungsvertrages zu erbringenden Leistung (Direktversicherung) bzw. der aufgrund des Geschäftsplans oder der Geschäftsunterlagen von der Pensionskasse zu erbringenden Leistung (Pensionskasse) entspricht. Dieses Verfahren wird versicherungsvertragliche Lösung (bei der Direktversicherung auch Ersatzverfahren Direktversicherung) genannt (→ *unverfallbare Versorgungsanwartschaft, C.4.*).

Durch die Gesetzesänderung in 2020 (Siebtes Gesetz zur Änderung des Vierten Buches Sozialgesetzbuch und anderer Gesetze vom 12.06.2020 [BGBl. I S. 1248]) wurde ein zuvor gefälltes BAG-Urteil für die Praxis angepasst. Nach einem Urteil des Bundesarbeitsgerichts vom 19. Mai 2016 (3 AZR 794/14) war für die Wirksamkeit der versicherungsvertraglichen Lösung notwendig, dass dem Mitarbeiter innerhalb von 3 Monaten nach Ausscheiden aus dem Unternehmen dies erklärt wird, dass das Unternehmen von der versicherungsvertraglichen Regelung Gebrauch macht. Ein Verweis auf eine kollektive Regelung wie z. B. eine Betriebsvereinbarung ist nicht wirksam.

Versicherungsvertragliches Verfahren

(→ *Versicherungsvertragliche Lösung*)

Versorgungsanspruch

Von Versorgungsanspruch im Rahmen der → *betrieblichen Altersversorgung* wird gesprochen, wenn die Voraussetzungen für den Bezug von → *Versorgungsleistungen* aus einer → *Versorgungszusage* bereits erfüllt sind. Bis zu diesem Zeitpunkt spricht man von → *Versorgungsanwartschaft*.

Versorgungsanwärter

Als Versorgungsanwärter wird ein (ehemaliger) Arbeitnehmer mit einer → *Versorgungsanwartschaft* bezeichnet, der also Inhaber einer Versorgungszusage ist, aber noch nicht alle Voraussetzungen zum Bezug von Versorgungsleistungen erfüllt.

Versorgungsanwartschaft

Von Versorgungsanwartschaft im Rahmen der → *betrieblichen Altersversorgung* wird gesprochen, wenn eine → *Versorgungszusage* erteilt wurde, die Voraussetzungen für den Bezug von → *Versorgungsleistungen* aus dieser Zusage aber noch nicht erfüllt sind. Es ist zwischen verfallbaren und unverfallbaren Versorgungsanwartschaften zu unterscheiden:

- Eine → *verfallbare Versorgungsanwartschaft* liegt vor, wenn bei einem vorzeitigen Ausscheiden des → *Versorgungsberechtigten* aus dem Arbeitsverhältnis die Versorgungszusage erlischt, weil die gesetzlichen Unverfallbarkeitsvoraussetzungen nicht erfüllt sind und die Versorgungszusage auch keine darüber hinausgehenden günstigeren Regelungen enthält.
- Eine → *unverfallbare Versorgungsanwartschaft* liegt vor, wenn bei einem vorzeitigen Ausscheiden des Versorgungsberechtigten aus dem Arbeitsverhältnis die Versorgungszusage nicht erlischt und er im Versorgungsfall Versorgungsleistungen in bestimmter Höhe verlangen kann.

Versorgungsausgleich

Mit Inkrafttreten des neuen Gesetzes zur Strukturreform des Versorgungsausgleichs (VAStrRefG) vom 03.04.2009 (BGBl. I S. 700) wurde in Artikel 1 das Gesetz über den Versorgungsausgleich (Versorgungsausgleichsgesetz – VersAusglG) vom 03. April 2009 (BGBl. I S. 700), zuletzt geändert durch Artikel 1 des Gesetzes vom 12. Mai 2021 (BGBl. I S. 1085) verankert und das bisher im BGB geregelte System des Versorgungsausgleichs (§§ 1587 ff. BGB) abgelöst. Am grundsätzlichen Ziel, die hälftige Aufteilung der in einer Ehe/Lebenspartnerschaft erworbenen Versorgungsrechte, hat sich aber durch die Reform nichts geändert.

Bei einem Versorgungsausgleich erfolgt im Falle einer Scheidung der Ausgleich von Versorgungsrechten z. B. aus der → *gesetzlichen Rentenversicherung* und der → *betrieblichen Altersversorgung*, die die geschiedenen Ehegatten/Lebenspartner während ihrer Ehezeit/Lebenspartnerschaftszeit erworben oder aufrechterhalten haben.

Die Regelungen werden auch auf die Aufhebung eingetragener Lebenspartnerschaften angewendet (§ 20 Absatz 1 Lebenspartnerschaftsgesetz; Gesetz über die Eingetragene Lebenspartnerschaft [Lebenspartnerschaftsgesetz – LPartG] vom 16.02.2001 [BGBl. I S. 266], zuletzt geändert durch Artikel 5 des Gesetzes vom 11. Juni 2024 [BGBl. 2024 I Nr. 185]).

Ziel ist es, dem Ausgleichsberechtigten eine vom Ausgleichsverpflichteten unabhängige Versorgung zu ermöglichen bzw. eine bereits vorhandene zu erhöhen. Hierzu teilt das Familiengericht die in der Ehezeit/Lebenspartnerschaftszeit erworbenen oder aufrechterhaltenen Versorgungsrechte zu gleichen Teilen auf. Dabei gilt dann der **Grundsatz der internen Teilung,** der bislang schon bei der gesetzlichen Rentenversicherung Anwendung fand, auch für die Systeme der betrieblichen Altersversorgung und der privaten Altersvorsorge (→ *Eigenvorsorge*). Nach dem Grundsatz der internen Teilung wird der ausgleichsberechtigte Ehegatte/Lebenspartner damit i. d. R. Mitglied des jeweiligen Versorgungssystems. Die Ehezeit/Lebenspartnerschaftszeit beginnt mit dem Monat, in dem geheiratet wurde, und endet mit dem Monat, der dem Monat des Scheidungsantrages vorausgeht. Der Ehegatte/Lebenspartner mit der während der Ehe/Lebenspartnerschaft insgesamt erworbenen werthöheren Versorgung muss dem anderen Ehegatten/Lebenspartner die Hälfte des Wertunterschiedes abgeben. Dies gilt sowohl für Arbeitnehmer als auch Rentner.

Auszugleichen sind laufende → *Versorgungsleistungen* sowie Anwartschaften auf eine Versorgung. Hierzu zählen z. B.

- Renten oder -anwartschaften aus der gesetzlichen Rentenversicherung,
- Versorgungen oder Versorgungsanwartschaften aus einem → *Anspruch* auf Versorgung nach beamtenrechtlichen Grundsätzen,
- sämtliche Renten oder → *Anwartschaften* aus der betrieblichen Altersversorgung und den Zusatzversorgungskassen des öffentlichen Dienstes,
- sonstige Renten oder Anwartschaften (z. B. berufsständischer Versorgungseinrichtungen),
- Anrechte aus → *Riester*- und → *Rürup-Renten* und
- Renten oder -anwartschaften aus privaten Versicherungsverträgen.

Bisher waren Unternehmen mit betrieblicher Altersversorgung bei Durchführung eines Versorgungsausgleichs zur Erteilung einer Auskunft über die erreichbare Anwartschaft der Mitarbeiterin/des Mitarbeiters verpflichtet. Die gerichtliche Entscheidung über die Teilung der → *Betriebsrente* erfolgte dann i. d. R. ohne weitere Beteiligung des Unternehmens. Die Betriebsrente wurde später anhand des sog. schuldrechtlichen Ausgleichs geteilt. Eine Zahlung von Renten erfolgte aber erst dann, wenn und solange beide Ehegatten/Lebenspartner in Rente waren. Dies ändert sich nun, da künftig jedes in einer Ehe/Lebenspartnerschaft aufgebaute Versorgungsanrecht (§ 2 VersAusglG) im entsprechenden Versorgungssystem, z. B. in einer → *Pensionskasse*, hälftig aufgeteilt (§ 1 VersAusglG) wird und damit der ausgleichsberechtigten Person dort ein eigenes Anrecht (Versorgungsanwartschaft bzw. Versorgungsanspruch) einräumt, wenn die Ehe/Lebenspartnerschaft mindestens drei Jahre bestanden hat. Bei kürzeren Ehezeiten/Lebenspartnerschaftszeiten findet ein Versorgungsausgleich nur auf Antrag des Ehegatten/Lebenspartner statt (§ 3 Absatz 3 VersAusglG). Damit erwirbt dann jeder Ehegatte/Lebenspartner einen eigenen Anspruch gegen den jeweiligen Versorgungsträger (Grundsatz der internen Teilung; §§ 10 ff. VersAusglG). Das bedeutet, die ausgleichsberechtigte Person **muss** mit einem eigenen Anrecht in das Versorgungswerk aufgenommen werden. Das bislang geltende Recht sah vor, dass alle – aus verschiedenen Versorgungen – erworbenen Rechte verrechnet und ihren Ausgleich (Einmalausgleich) über die gesetzliche Rentenversicherung fanden.

Auch Kapitalleistungen werden künftig in den Versorgungsausgleich mit einbezogen (§ 22 VersAusglG). Somit werden nachträgliche Ausgleichs- und Abänderungsverfahren weitgehend entbehrlich.

Stimmt die ausgleichsberechtigte Person zu, kann vom Grundsatz der internen Teilung abgewichen und eine externe Teilung (Versorgungsträger zahlt den auszugleichenden Betrag bei einem anderen Versorgungsträger ein) ausnahmsweise vorgenommen werden (§§ 14 ff. VersAusglG). Eine externe Teilung findet statt, wenn

- dies durch den ausgleichsberechtigten Ehegatten/Lebenspartner und die Versorgungseinrichtung des ausgleichspflichtigen Ehegatten/Lebenspartner vereinbart wird oder
- der Versorgungsträger der ausgleichspflichtigen Person eine externe Teilung verlangt und der Ausgleichswert am Ende der Ehezeit/Lebenspartnerschaftszeit bei einem Rentenbetrag als maßgebliche Bezugsgröße höchstens zwei Prozent, in allen anderen Fällen als Kapitalwert höchstens 240 Prozent der monatlichen → *Bezugsgröße* nach § 18 Absatz 1 SGB IV beträgt.

Ist gem. § 19 VersAusglG ein Anrecht zum Zeitpunkt des Versorgungsausgleichs nicht ausgleichsreif, so kann die ausgleichsberechtigte Person ihren Ausgleichsanspruch nach der Scheidung von der ausgleichsverpflichteten Person verlangen (§§ 20 ff. VersAusglG).

Auf den Ausgleich von Bagatellbeträgen wird künftig verzichtet (§ 18 VersAusglG).

Das VersAusglG enthält Sonderbestimmungen für Anrechte nach dem → *Betriebsrentengesetz*. Danach ist bei einem Anrecht im Sinne des Betriebsrentengesetzes der Wert des auszugleichenden Anrechts als Rentenbetrag nach § 2 BetrAVG oder als Kapitalbetrag nach § 4 Absatz 5 des BetrAVG maßgeblich (§ 45 Absatz 1 VAStrRefG). Der Wert des Ehezeitanteils/Lebenspartnerschaftszeitanteils des Anrechts ist nach den Grundsätzen der unmittelbaren Bewertung zu ermitteln (§ 45 Absatz 2 VersAusglG).

Gem. § 13 VersAusglG kann der Versorgungsträger die bei einer internen Teilung entstehenden Kosten jeweils in angemessenem Umfang mit den Anrechten der beiden Ehegatten/Lebenspartner verrechnen.

Mit dem Gesetz zur Änderung des Vierten Buches Sozialgesetzbuch, zur Errichtung einer Versorgungsausgleichskasse und anderer Gesetze (SGBIVÄndG) vom 15.07.2009 (BGBl. I S. 1939) wurde bereits wenige Monate später das VersAusglG in § 15 dahingehend ergänzt, wonach ein im Sinne des Betriebsrentengesetzes auszugleichendes Anrecht bei einer → *Versorgungsausgleichskasse* zu begründen ist.

Nach dem Gesetz über die Versorgungsausgleichskasse (VersAusglKassG) ist es Aufgabe der Versorgungsausgleichskasse, die Versorgung der ausgleichsberechtigten Person bei einer externen Teilung durchzuführen, wenn die ausgleichsberechtigte Person ihr Wahlrecht hinsichtlich der Zielversorgung nach § 15 VersAusglG nicht ausübt (§ 1 VersAusglKassG).

Die Versorgungsausgleichskasse ist eine Pensionskasse im Sinne des § 118a VAG (§ 2 VersAusglKassG) und garantiert auch einen Mindestzins, der dem Höchstwert für den Rechnungszins nach § 65 Absatz 1 Nummer 1 VAG zum Zeitpunkt der Begründung des Anrechts bei der Versorgungsausgleichskasse entspricht (§ 4 Absatz 2 VersAusglKassG). Die Fortführung der Versorgung bei der Versorgungsausgleichskasse mit eigenen Beiträgen ist ausgeschlossen (§ 5 Absatz 2 VersAusglKassG).

WICHTIG!

Das VersAusglG gilt für alle Scheidungen, bei denen der Scheidungsantrag ab dem 01.09.2009 beim Familiengericht eingegangen ist.

Merkblatt zum Auskunftsersuchen an den Arbeitgeber über Anrechte aus einer betrieblichen Altersversorgung

Der Versorgungsträger ist verpflichtet, dem Gericht den Wert des Ehezeitanteils und einen Vorschlag für die Bestimmung des Ausgleichswertes einschließlich einer übersichtlichen und nachvollziehbaren Berechnung sowie die für die Teilung maßgeblichen Regelungen mitzuteilen (§ 220 Abs. 4 FamFG).

Die Angaben zu den erforderlichen Werten sind in den Auskunftsbogen einzutragen. Die Berechnung soll auf einem gesonderten Blatt beigefügt werden.

1. **Anrechte** sind Anwartschaften auf Versorgungen oder Ansprüche aus laufenden Versorgungen. Hierbei sind alle Anrechte nach dem Betriebsrentengesetz unabhängig von der Leistungsform (Rente, Kapital) einzubeziehen. Umfasst sind sämtliche Gestaltungsmöglichkeiten der betrieblichen Altersvorsorge, also
   - Direktzusagen
   - Zusagen auf Leistungen aus Pensionskassen
   - Zusagen auf Leistungen aus Unterstützungskassen
   - Zusagen auf Leistungen aus Direktversicherungen
   - Zusagen auf Leistungen aus Pensionsfonds

2. Maßgeblich für die **Unverfallbarkeit** ist der Zeitpunkt Ihrer Auskunftserteilung.

   Die Unverfallbarkeit kann sich insbesondere ergeben aus
   - § 1b des Betriebsrentengesetzes
   - der Versorgungsordnung, der Betriebsvereinbarung bzw. dem Einzelvertrag, wenn die hierin vorgesehene Unverfallbarkeitsregelung günstiger ist als die gesetzliche Regelung.

   Bei einer endgehaltsbezogenen (auch: einkommensdynamischen) Versorgung, bei der der Arbeitnehmer jährlich einen bestimmten Prozentsatz seines Endgehalts als Betriebsrente erhält, ist nur der Teil der Versorgung unverfallbar und damit in die Entscheidung einzubeziehen, der sich aus dem Prozentsatz des Einkommens am Ende der Ehezeit ergibt. Hinsichtlich des verbleibenden verfallbaren Teils kommt ein späterer schuldrechtlicher Ausgleich in Betracht. Da das Gericht in den Entscheidungsgründen auf noch nicht ausgeglichene Anrechte hinweisen muss, ist die Angabe, ob es sich um eine endgehaltsbezogene Versorgung handelt, erforderlich.

3. Der **Ehezeitanteil** ist der Anteil des Anrechts, der in der Ehezeit (im Sinne des § 3 Abs. 1 VersAusglG) erworben wurde. Er ist nach Maßgabe des § 45 VersAusglG von dem Versorgungsträger zu berechnen.

   Zunächst ist der Wert des bis zum Ende insgesamt bestehenden Anrechts nach § 45 Abs. 1 VersAusglG zu berechnen. Dieser Wert kann entweder als Rentenbetrag nach § 2 des Betriebsrentengesetzes oder als Kapitalwert nach § 4 Abs. 5 des Betriebsrentengesetzes ermittelt werden. Dauerte die Betriebszugehörigkeit bei Ehezeitende noch an, so ist für die Berechnung zu unterstellen, dass die Betriebszugehörigkeit zum Ende der Ehezeit beendet wurde.

   Anschließend ist der Ehezeitanteil des ermittelten Anrechts nach § 45 Abs. 2 VersAusglG zu berechnen. Wenn möglich, ist eine unmittelbare Bewertung nach § 39 VersAusglG vorzunehmen. Danach entspricht der Ehezeitanteil dem Umfang der auf die Ehezeit entfallenden Bezugsgröße, zum Beispiel dem in der Ehezeit gebildeten Deckungskapital oder den in der Ehezeit geleisteten Beiträgen. Ist eine unmittelbare Bewertung nicht

V 22 – Merkblatt zum Auskunftsersuchen betriebliche Altersversorgung (3.12) – Seite 1/2

Quelle: justiz.de

möglich, weil sich der Wert des Anrechts nicht (allein) aus einer unmittelbar bestimmten Zeiträumen zuzuordnenden Bezugsgröße ergibt, ist der Ehezeitanteil zeitratierlich zu berechnen. Dazu ist der nach § 2 Abs. 1 des Betriebsrentengesetzes ermittelte Wert mit dem Quotienten zu multiplizieren, der aus der ehezeitlichen Betriebszugehörigkeit und der gesamten Betriebszugehörigkeit bis maximal zum Ehezeitende zu bilden ist.

4. Der **Ausgleichswert** ist der Wert, der von dem Ehezeitanteil des Anrechts auf die ausgleichsberechtigte Person zu übertragen ist, um die Halbteilung des Anrechts zu realisieren.

5. Nach § 13 VersAusglG kann der Versorgungsträger die **bei der internen Teilung entstehenden Kosten** jeweils hälftig mit den Anrechten beider Ehegatten verrechnen, sofern sie angemessen sind. Wird eine derartige Verrechnung vorgenommen, so ist dies gesondert und mit nachvollziehbarer Berechnung zu erläutern.

6. Falls es sich bei dem vorgeschlagenen Ausgleichswert nicht um einen Kapitalwert handelt, hat der Versorgungsträger einen Vorschlag für einen **korrespondierenden Kapitalwert** (§§ 5 Abs. 3, 47 VersAusglG) zu unterbreiten. Der korrespondierende Kapitalwert entspricht dem Betrag, der zum Ende der Ehezeit aufzubringen wäre, um beim Versorgungsträger der ausgleichspflichtigen Person für sie ein Anrecht in Höhe des Ausgleichswertes zu begründen. Für ein Anrecht im Sinne des Betriebsrentengesetzes gilt der Übertragungswert nach § 4 Abs. 5 des Betriebsrentengesetzes als korrespondierender Kapitalwert (§ 47 Abs. 3 VersAusglG).

7. Das Gesetz sieht grundsätzlich die **interne Teilung** jedes Anrechts vor.

   Die **interne Teilung** muss die gleichwertige Teilhabe der Ehegatten an den in der Ehezeit erworbenen Anrechten sicherstellen (§ 11 Abs. 1 VersAusglG). Der ausgleichsberechtigten Person muss insbesondere der gleiche Risikoschutz gewährt werden; der Risikoschutz kann auf eine Altersversorgung beschränkt werden, wenn der Versorgungsträger für das nicht abgesicherte Risiko einen zusätzlichen Ausgleich bei der Altersversorgung schafft. Dies ist ggf. näher zu erläutern.

   Die **externe Teilung** ist nur möglich, wenn
   a) die ausgleichsberechtigte Person und der Versorgungsträger eine externe Teilung vereinbaren (§ 14 Abs. 2 Nr. 1 VersAusglG) *oder*
   b) der Versorgungsträger die externe Teilung verlangt und der Ausgleichswert bei einem Rentenbetrag höchstens 2 Prozent und bei einem Kapitalwert höchstens 240 Prozent der monatlichen Bezugsgröße nach § 18 Abs. 1 des Vierten Buches Sozialgesetzbuch beträgt (§ 14 Abs. 2 Nr. 2 VersAusglG) *oder*
   c) bei einem Anrecht aus einer Direktzusage oder einer Unterstützungskasse der Versorgungsträger die externe Teilung verlangt und der Ausgleichswert als Kapitalwert höchstens die Beitragsbemessungsgrenze in der allgemeinen Rentenversicherung nach den §§ 159 und 160 des Sechsten Buches Sozialgesetzbuch erreicht (§ 17 VersAusglG).

   Die externe Teilung kann deshalb nur verlangt werden, wenn entweder die Grenzen von § 14 oder § 17 VersAusglG eingehalten sind oder eine Vereinbarung mit der ausgleichsberechtigten Person geschlossen wird.

8. Auf § 29 VersAusglG wird ausdrücklich hingewiesen. § 29 VersAusglG lautet: „Bis zum wirksamen Abschluss eines Verfahrens über den Versorgungsausgleich ist der Versorgungsträger verpflichtet, Zahlungen an die ausgleichspflichtige Person zu unterlassen, die sich auf die Höhe des Ausgleichswerts auswirken können."

V 22 – Merkblatt zum Auskunftsersuchen betriebliche Altersversorgung (3.12) – Seite 2/2

Quelle: justiz.de

Absender

Bearbeiter

Telefon (Durchwahl)

Auskunftsbogen

_____ / _____
lfd.Nr. Gesamtzahl
(bei mehreren Anrechten)

Versorgungsausgleichssache _______________ gegen _______________
Auskunft über Anrechte aus einer betrieblichen Altersversorgung für

Name	Vorname
Geburtdatum	Personal-/Mitglieds-/Versicherungsnummer

Aktenzeichen des Gerichts _______________

Anfrage vom _______________

1. Bezeichnung und Anschrift des Versorgungsträgers

2. Anrecht aus einer betrieblichen Altersversorgung

Diese Auskunft betrifft folgendes Anrecht:

____

Bezeichnung der Zusage; Leistungsform (z. B. Kapital, Rente)

3. Unverfallbarkeit

Die Versorgungsanwartschaft ist bereits unverfallbar:

☐ Ja. ☐ Nein. Das Arbeitsverhältnis muss bis _______________ andauern, damit Unverfallbarkeit eintritt. (In diesem Fall sind keine weiteren Angaben erforderlich.)

Die Versorgung ist endgehaltsbezogen: ☐ Ja. ☐ Nein.

4. Berechneter Ehezeitanteil

Wert	Bezugsgröße

5. Vorschlag für den Ausgleichswert

Wert	Bezugsgröße

V 31 Auskunftsbogen betriebliche Altersversorgung

Quelle: justiz.de

☐ Dieser Wert enthält einen Kostenabzug für Kosten der internen Teilung (§ 13 VersAusglG). Die Kosten der Teilung betragen insgesamt ____________ € (Wert für beide Ehegatten) und sind bei der Berechnung des angegebenen Ausgleichswertes bereits zur Hälfte abgezogen worden.

6. Korrespondierender Kapitalwert: ____________ **€**
(nur erforderlich, falls der Ausgleichswert nicht als Kapitalwert angegeben ist.)

7. Teilungsform

☐ Die **interne Teilung** soll durchgeführt werden.

Bei dem zu übertragenden Anrecht wird der ausgleichsberechtigten Person der gleiche Risikoschutz gewährt wie der ausgleichspflichtigen Person (§ 11 Abs. 1 Nr. 3 VersAusglG):

☐ Ja. ☐ Nein. Das Leistungsspektrum des auszugleichenden Anrechts sowie der Ausgleich für die Beschränkung des Risikoschutzes sind in der Berechnung gesondert erläutert.

Rechtsgrundlage für die interne Teilung, z. B. in folgender Form:

„Satzung/Betriebsvereinbarung/Teilungsordnung...in der Fassung vom ...“:

☐ Die **externe Teilung** soll durchgeführt werden

☐ auf Grund einer Vereinbarung mit der ausgleichsberechtigten Person gemäß § 14 Abs. 2 Nr. 1 VersAusglG. Diese Vereinbarung

☐ ist abgeschlossen und als Anlage beigefügt.

☐ ist noch nicht abgeschlossen.

☐ und wird beantragt. Die Wertgrenzen des

☐ § 14 Abs. 2 Nr. 2 VersAusglG

☐ § 17 VersAusglG

sind nicht überschritten.

Für die Versorgung maßgeblicher Zinssatz (z. B. Rechnungszins): ______ %

8. Rechtliche Grundlagen

Falls Sie die für die Versorgung und Teilung maßgeblichen Rechtsgrundlagen nicht übersenden, geben Sie bitte allgemein zugängliche Fundstellen an. Ein Internet-Link genügt als Angabe, muss aber auf die genaue Seite verweisen.

Eine Erläuterung und Berechnung zu den oben aufgeführten Einzelwerten ist als Anlage beigefügt.

☐ Weitere Anrechte - auch geringfügige - sind nicht vorhanden.

☐ Es bestehen weitere Anrechte. Diese werden mit separaten Auskunftsbögen mitgeteilt. Die laufende Nummer des Anrechts und die Gesamtzahl der Anrechte sind oben angegeben.

____________________ ____________________
Ort, Datum Unterschrift, Firmenstempel

Quelle: justiz.de

Name und Anschrift des Arbeitgebers

Bearbeiter

Telefon (Durchwahl)

Versorgungsausgleichssache ____________________ gegen ____________________
Versorgungsübersicht zu Anrechten aus der betrieblichen Altersversorgung für

Name	Vorname
Geburtsdatum	Personalnummer

Aktenzeichen des Gerichts ____________________

Anfrage vom ______________

Für die genannte Person bestehen ○ keine Anrechte. ○ folgende Anrechte:

(vollständige Auflistung aller, auch geringfügiger Anrechte, die bei Ihnen in der Ehezeit erworben wurden, mit Angabe und Anschrift des zuständigen Versorgungsträgers und der Personal-/Mitglieds-/Versicherungsnummer; bei mehr als drei Zusagen bitte gesondertes Blatt verwenden)

1. ______________________________

2. ______________________________

3. ______________________________

○ weitere Anrechte siehe Zusatzblatt

Für **jedes** Anrecht wird der Auskunftsbogen über Anrechte aus einer betrieblichen Altersversorgung gesondert ausgefüllt und innerhalb der gerichtlich gesetzten Frist übersandt.

Betreffend die Anrechte zu ____________ ist das Auskunftsersuchen an den/die genannten zuständigen Versorgungsträger **weitergeleitet** worden und wird von dort aus bearbeitet.

Ort, Datum

Unterschrift, Firmenstempel

V 30 – Versorgungsübersicht zu Anrechten aus der betrieblichen Altersversorgung (2.12)

Quelle: justiz.de

Amtsgericht ____________________ Aktenzeichen ____________________

Fragebogen zum Versorgungsausgleich

Zu einer Ehescheidung gehört die Teilung aller während der Ehe erworbenen Ansprüche auf Alters- und Invaliditätsvorsorge (Versorgungsausgleich). Dieser Fragebogen dient der Ermittlung dieser Anrechte. Bitte füllen Sie ihn sorgfältig aus. Hierzu sind Sie gesetzlich verpflichtet.

1. Personalien

Familienname	Vornamen (Rufname unterstreichen)	Geburtsname
Staatsangehörigkeit	Geburtsdatum	Geburtsort
Geschlecht ☐ männlich ☐ weiblich	Derzeit ausgeübter Beruf	
Anschrift: Straße, Hausnummer		**Telefonnummer tagsüber** (für Rückfragen bitte unbedingt angeben)
Postleitzahl	Wohnort	

2. Haben Sie mit ihrem Ehegatten eine Vereinbarung zum Versorgungsausgleich abgeschlossen?

☐ **Ja, abgeschlossen** ☐ **Nein**

ggf. Vereinbarung in Kopie beifügen

3. Haben Sie eine Versichungsnummer in der gesetzlichen Rentenversicherung?

☐ **Ja, bei** ☐ **Nein**

Name des Trägers der Rentenversicherung (genaue Angabe)	**Rentenversicherungsnummer**
☐ Deutsche Rentenversicherung Bund (früher BfA) ☐ Deutsche Rentenversicherung Knappschaft-Bahn-See ☐ Deutsche Rentenversicherung (früher LVA) ____________ (genaue Bezeichnung des Regionalträgers)	

4. Bei welchem Arbeitgeber sind Sie derzeit, bei welchen Arbeitgebern waren Sie seit der Eheschließung beschäftigt? Sind Ihnen <u>betriebliche</u> Altersversorgungen <u>zugesagt</u> worden?

Bitte verwenden Sie ggf. ein **<u>Zusatzblatt</u>**.

Zeitraum	Arbeitgeber (die Angabe der Anschriften ist unbedingt erforderlich)	Betriebliche Altersversorgung zugesagt? Ja	Nein
Jetziger Arbeitgeber (mit <u>Anschrift</u> und Angabe der Personalnummer)			
seit		☐	☐
Frühere Arbeitgeber seit der Eheschließung (mit <u>Anschrift</u> und Angabe der Personalnummer)			
		☐	☐
		☐	☐
		☐	☐

5. Haben Sie einen privaten Altersvorsorgevertrag abgeschlossen?

(Hier sind insbesondere aufzuführen: Verträge nach dem Altersvorsorgeverträge-Zertifizierungsgesetz (z. B. „Riester Rente", „Rürup-Rente"), private Rentenversicherungen und private Kapitallebensversicherungen, letztere nur bei bereits ausgeübtem Rentenwahlrecht. Anzugeben sind auch Veträge bei einer ausländischen Versicherung).

Bei mehr als zwei Versicherungen bitte Zusatzblatt verwenden.

☐ **Ja** ☐ **Nein**

V 10 Fragebogen zum Versorgungsausgleich
JVA Geldern – Preisklasse 13 – gen. 01.2018 –

Zu Ziff. 5: Versicherung Nr. 1

Name des Versicherungsunternehmens	Versicherungsnummer
Anschrift des Versicherungsunternehmens	

Zu Ziff. 5: Versicherung Nr. 2

Name des Versicherungsunternehmens	Versicherungsnummer
Anschrift des Versicherungsunternehmens	

6. Beziehen Sie Leistungen wegen Invalidität (z. B aus einer privaten Berufsunfähigkeitsversicherung)? Bei mehreren Versicherungen bitte Zusatzblatt verwenden.

☐ **Ja** ☐ **Nein**

Name des Versicherungsunternehmens	Versicherungsnummer
Anschrift des Versicherungsunternehmens	

7. Sind oder waren Sie als Arbeitnehmer im öffentlichen Dienst (Bund, Länder, Gemeinden, Bahn, Post, kirchlicher Bereich) tätig und haben Sie damit Anrechte aus einer Zusatzversorgung des öffentlichen Dienstes oder bei kirchlichen Zusatzversorgungskassen erworben?

☐ **Ja** ☐ **Nein**

Name der Zusatzversorgungseinrichtung	Versicherungsnummer
Anschrift der Zusatzversorgungseinrichtung	

8. Sind oder waren Sie Beamter, Richter, Berufs- oder Zeitsoldat?

☐ **Ja** ☐ **Nein**

Name des Versorgungsträgers	Personalnummer
Anschrift des Versorgungsträgers	

9. Haben Sie Anrechte in einer berufständischen Versorgungseinrichtung erworben (z. B. als Arzt, Apotheker, Architekt, Notar, Rechtsanwalt, Steuerberater oder Wirtschaftsprüfer)?

☐ **Ja** ☐ **Nein**

Name des Versorgungswerkes	Versorgungsnummer
Anschrift des Versorgungswerkes	

10. Haben Sie Anrechte auf eine sonstige Alters- bzw. Invaliditätsversorgung (z. B. Landwirtschaftliche Alterskasse, Abgeordnetenversorgung, ausländische Versorgungen)?

☐ **Ja** ☐ **Nein**

Name der Versorgungseinrichtung	Versorgungsnummer
Anschrift der Versorgungseinrichtung	

Ich versichere, dass ich die Angaben in diesem Fragebogen nach bestem Wissen und Gewissen richtig und vollständig gemacht habe.

____________________ ____________________

Ort, Datum Unterschrift

Amtsgericht ______________________ Aktenzeichen ______________________

Fragebogen zum Versorgungsausgleich

Zur Aufhebung einer Lebenspartnerschaft gehört die Teilung aller während der Lebenspartnerschaft erworbenen Ansprüche auf Alters- und Invalidenvorsorge (Versorgungsausgleich). Dieser Fragebogen dient der Ermittlung dieser Anrechte. Bitte füllen Sie ihn sorgfältig aus. Hierzu sind Sie gesetzlich verpflichtet.

1. Personalien

Familienname	Vornamen (Rufname unterstreichen)	Geburtsname
Staatsangehörigkeit	Geburtsdatum	Geburtsort
Geschlecht ☐ männlich ☐ weiblich	Derzeit ausgeübter Beruf	
Anschrift: Straße, Hausnummer		**Telefonnummer tagsüber** (für Rückfragen bitte unbedingt angeben)
Postleitzahl	Wohnort	

2. Haben Sie mit Ihrer Lebenspartnerin bzw. Ihrem Lebenspartner eine Vereinbarung zum Versorgungsausgleich abgeschlossen?

☐ **Ja, abgeschlossen** ☐ **Nein**
ggf. Vereinbarung in Kopie beifügen

3. Haben Sie Anrechte in einer <u>gesetzlichen</u> Rentenversicherung erworben (z. B als Arbeitnehmer, selbständig Tätiger, Wehr- oder Zivildienstleistender oder wegen der Erziehung eines Kindes)?

☐ **Ja** ☐ **Nein**

Name des Trägers der Rentenversicherung (genaue Angabe)	**Rentenversicherungsnummer**
☐ Deutsche Rentenversicherung Bund (früher BfA) ☐ Deutsche Rentenversicherung Knappschaft-Bahn-See ☐ Deutsche Rentenversicherung (früher LVA) ______	

4. Bei welchem Arbeitgeber sind Sie derzeit, bei welchen Arbeitgebern waren Sie seit Begründung der Lebenspartnerschaft beschäftigt? Sind Ihnen <u>betriebliche</u> Altersversorgungen <u>zugesagt</u> worden? Bitte verwenden Sie ggf. ein **<u>Zusatzblatt</u>**.

Zeitraum	Arbeitgeber (die Angabe der Anschriften ist unbedingt erforderlich)	Betriebliche Altersversorgung zugesagt? Ja	Nein
Jetziger Arbeitgeber (mit <u>Anschrift</u> und Angabe der Personalnummer)			
seit		☐	☐
Frühere Arbeitgeber seit Begründung der Lebenspartnerschaft (mit <u>Anschrift</u> und Angabe der Personalnummer)			
		☐	☐
		☐	☐
		☐	☐

5. Haben sie einen privaten Altersvorsorgevertrag abgeschlossen?
(Hier sind insbesondere aufzuführen: Verträge nach dem Altersvorsorgeverträge-Zertifizierungsgesetz (z. B. „Riester-Rente", „Rürup-Rente"), private Rentenversicherungen und private Kapitallebensversicherungen, letztere nur bei bereits ausgeübtem Rentenwahlrecht. Anzugeben sind auch Verträge bei einer ausländischen Versicherung).
Bei mehr als zwei Versicherungen bitte Zusatzblatt verwenden.

☐ **Ja** ☐ **Nein**

V 12 Fragebogen zum Versorgungsausgleich für Lebenspartner
JVA Geldern – Preisklasse 13 – gen. 04.2018 –

Zu Ziff. 5: Versicherung Nr. 1

Name des Versicherungsunternehmens	Versicherungsnummer
Anschrift des Versicherungsunternehmens	

Zu Ziff. 5: Versicherung Nr. 2

Name des Versicherungsunternehmens	Versicherungsnummer
Anschrift des Versicherungsunternehmens	

6. Beziehen Sie Leistungen wegen Invalidität (z. B. aus einer privaten Berufsunfähigkeitsversicherung)? Bei mehreren Versicherungen bitte Zusatzblatt verwenden.

☐ **Ja** ☐ **Nein**

Name des Versicherungsunternehmens	Versicherungsnummer
Anschrift des Versicherungsunternehmens	

Bei mehreren Versicherungen bitte Zusatzblatt verwenden.

7. Sind oder waren Sie als Arbeitnehmer im öffentlichen Dienst (Bund, Länder,Gemeinden, Bahn, Post, kirchlicher Bereich) tätig und haben Sie damit Anrechte aus einer Zusatzversorgung des öffentlichen Dienstes oder bei kirchlichen Zusatzversorgungskassen erworben?

☐ **Ja** ☐ **Nein**

Name der Zusatzversorgungseinrichtung	Versicherungsnummer
Anschrift der Zusatzversorgungseinrichtung	

8. Sind oder waren Sie Beamter, Richter oder Berufssoldat?

☐ **Ja** ☐ **Nein**

Name des Versorgungsträgers	Personalnummer
Anschrift des Versorgungsträgers	

9. Haben Sie Anrechte in einer berufständischen Versorgungseinrichtung erworben (z. B. als Arzt, Apotheker, Architekt, Notar, Rechtsanwalt, Steuerberater oder Wirtschaftsprüfer)?

☐ **Ja** ☐ **Nein**

Name des Versorgungswerkes	Versorgungsnummer
Anschrift des Versorgungswerkes	

10. Haben Sie Anrechte auf eine sonstige Alters- bzw. Invaliditätsversorgung (z. B. Landwirtschaftliche Alterskasse, Abgeordnetenversorgung, ausländische Versorgungen)?

☐ **Ja** ☐ **Nein**

Name der Versorgungseinrichtung	Versorgungsnummer
Anschrift der Versorgungseinrichtung	

Ich versichere, dass ich die Angaben in diesem Fragebogen nach bestem Wissen und Gewissen richtig und vollständig gemacht habe.

Ort, Datum Unterschrift

Versorgungsausgleichskasse

Nach der Reform des → *Versorgungsausgleichs* im Jahr 2009 wurde noch im gleichen Jahr zum 01. September 2009 die Versorgungsausgleichskasse als → *Pensionskasse* in der Rechtsform eines Versicherungsvereins auf Gegenseitigkeit eingerichtet und mit dem Gesetz über die Versorgungsausgleichskasse (VersAusglKassG) vom 15.07.2009 (BGBl. I S. 1939, 1947), zuletzt geändert durch Artikel 426 der Verordnung vom 31.08.2015 (BGBL I S. 1474), ein Rechtsrahmen geschaffen.

Mit der Gründung der Versorgungsausgleichskasse wurde ein Auftrag des Gesetzgebers aus dem neuen Versorgungsausgleichsrecht erfüllt und die Grundlage dafür geschaffen, dass im Versorgungsausgleich bei Ausgleichsansprüchen aus der → *betrieblichen Altersversorgung* im Fall der externen Teilung eine kapitalgedeckte Auffanglösung zur Verfügung steht, wenn die Ausgleichsberechtigten sich bis zum Ablauf der vom Familiengericht gesetzten Frist sich für keinen → *Versorgungsträger* entscheiden (§ 15 Abs. 5 VersAusglG). Für die ausgleichsberechtigte Person wird eine Rentenversicherung bei der Versorgungsausgleichskasse eingerichtet. Der Geschäftsbetrieb wurde zum 01. April 2010 aufgenommen.

Ab dem 65. Lebensjahr zahlt die Versorgungsausgleichskasse grundsätzlich eine Altersrente, außer in der Entscheidung über den Versorgungsausgleich ist ein anderer Rentenbeginn bestimmt. Vor dem 60. Lebensjahr ist ein Rentenbeginn nicht möglich.

Hat der Ausgleichsberechtigte zum Zeitpunkt der Begründung des Anrechts bereits das 65. Lebensjahr erreicht, wird die Altersrente sofort ab dem Ersten des Monats gezahlt, in dem die Entscheidung über den Versorgungsausgleich rechtskräftig wird.

→ *Kleinbetragsrenten* kann die Versorgungsausgleichskasse gem. § 5 Absatz 1 Satz 3 VersAusglKassG bis zur Wertgrenze des § 3 Abs. 2 Satz 1 BetrAVG (1 % der → *Bezugsgröße*) ohne Zustimmung der ausgleichsberechtigten Person abfinden (→ *Abfindung*). Liegt der abzufindende Betrag unter 5.000 Euro, so macht die Versorgungsausgleichskasse wegen der unwirtschaftlichen Verwaltung der Kleinbetragsrente von der Abfindungsmöglichkeit Gebrauch.

Versorgungsbeginn

Gem. BMF-Schreiben vom 10. April 2015, IV C 5 - S 2345/08/10001:006; DOK 2015/0294544, ist das Jahr des Versorgungsbeginns (§ 19 Absatz 2 Satz 3 EStG) grundsätzlich das Jahr, in dem der → *Anspruch* auf die → *Versorgungsbezüge* (§ 19 Absatz 2 Satz 2 EStG) entstanden ist.

Bei Versorgungsbezügen wegen Erreichens einer → *Altersgrenze* gem. § 19 Absatz 2 Satz 2 Nummer 2 EStG ist das Jahr des Versorgungsbeginns das Jahr, in dem erstmals zum einen der Anspruch auf die Versorgungsbezüge besteht und zum anderen das 60. bzw. 63. Lebensjahr vollendet ist.

Der Versorgungsbeginn tritt nicht ein, solange der Arbeitnehmer von einer Option, → *Versorgungsleistungen* für einen Zeitraum ab dem Erreichen der maßgeblichen Altersgrenze zu beanspruchen, tatsächlich keinen Gebrauch macht.

Versorgungsberechtigter

Als Versorgungsberechtigter wird allgemein derjenige bezeichnet, der aus einer → *Versorgungszusage* begünstigt ist. Hiervon umfasst sind sowohl Begünstigte, die bereits → *Versorgungsleistungen* empfangen als auch Begünstigte, die → *Versorgungsanwartschaften* aus einer Versorgungszusage innehaben. Im weiteren Sinne werden auch Personen erfasst, die hinsichtlich → *Hinterbliebenenleistungen* aus einer Versorgungszusage begünstigt sind (siehe hierzu auch Versorgungsleistung, B. 3.).

Versorgungsbezug

Als den Renten aus der gesetzlichen Rentenversicherung vergleichbare Einnahmen gelten gemäß § 229 Absatz 1 SGB V Versorgungsbezüge. Sie knüpfen an eine frühere Erwerbstätigkeit an. Versorgungsbezüge unterliegen der Krankenversicherungspflicht, wenn der Arbeitnehmer oder der Rentner Versorgungsbezüge erhält und krankenversicherungspflichtig (→ *Krankenversicherung der Rentner* [KVdR]) ist. Die Beitragspflicht für Versorgungsbezüge erstreckt sich seit dem 01.01.1995 auch auf die Pflegeversicherung.

Auch Leistungen der → *betrieblichen Altersversorgung* sind Versorgungsbezüge, unabhängig vom gewählten → *Durchführungsweg*. Laufende Geld- und seit dem 01.01.2004 auch einmalige Kapitalleistungen stellen Versorgungsbezüge dar und sind somit beitragspflichtig zur KVdR. Damit sind auch Kapitalleistungen aus einer → *Direktversicherung* beitragspflichtig, unabhängig davon, ob die Beiträge der Arbeitgeber oder der Arbeitnehmer gezahlt hat.

Für Kapitalleistungen gilt $1/120$ des Gesamtbetrages – auch bei Auszahlung in Raten – als monatlicher Zahlbetrag. Somit wird die Beitragszahlung zur KVdR für die Kapitalleistung auf zehn Jahre verteilt.

Beispiel:

Bei einer Kapitalleistung aus einer → *Direktversicherung* von 60.000 Euro werden für zehn Jahre als monatlicher Zahlbetrag/monatliche Einnahme 500 Euro der Beitragsbemessung unterworfen. Bei einem Beitragssatz von 14 % sind dann zehn Jahre lang monatlich 70 Euro als Krankenversicherungsbeitrag zu entrichten.

Kapitalleistungen bleiben aber beitragsfrei, wenn der auf den Kalendermonat umgelegte Anteil $1/20$ der monatlichen → *Bezugsgröße* nach § 18 Absatz 1 SGB IV nicht übersteigt.

Leistungen der betrieblichen Altersversorgung, die nach dem → *Altersvermögensgesetz* staatlich gefördert wurden, sind ebenfalls beitragspflichtig. Leistungen aus privater Eigenvorsorge, auch wenn diese staatlich gefördert wurden, stellen hingegen keine beitragspflichtigen Versorgungsbezüge dar.

KVdR-Beiträge für Kapitalleistungen sind nicht von der → *Zahlstelle*, sondern vom Versicherten an die Krankenkasse zu zahlen. Die Zahlstelle muss jedoch die Höhe der Kapitalleistung der zuständigen Krankenkasse melden.

Neben der beitragsrechtlichen Bedeutung sind Versorgungsbezüge auch im Lohnsteuerrecht relevant (vgl. hierzu: Lexikon für das Lohnbüro – Arbeitslohn, Lohnsteuer und Sozialversicherung von A–Z).

Versorgungsehe

Bei dem von der Rechtsprechung entwickelten Begriff der Versorgungsehe wird aufgrund der kurz vor dem Tod – mit dem/der Versicherten geschlossene Ehe oder Lebenspartnerschaft davon ausgegangen, dass diese aus Versorgungsgründen geschlossen wird.

Nach dem Gesetz haben Witwen oder Witwer keinen Anspruch auf Witwenrente oder Witwerrente, wenn die Ehe/Lebenspartnerschaft nicht mindestens ein Jahr gedauert hat, es sei denn, dass nach den besonderen Umständen des Falles die Annahme nicht gerechtfertigt ist, dass es der alleinige oder überwiegende Zweck der Heirat/Begründung einer Lebenspartnerschaft war, einen Anspruch auf Hinterbliebenenversorgung zu verschaffen (§ 46 Absatz 2a SGB VI).

Versorgungseinrichtung

Rechtlich selbstständige Organisationseinheit zur Durchführung einer Altersversorgung (→ *gesetzliche Rentenversicherung*, → *betriebliche Altersversorgung* und private → *Eigenvorsorge*). Im Rahmen einer betrieblichen Altersversorgung sind dies Lebensversicherungsunternehmen (→ *Direktversicherung*), → *Pensionsfonds*, → *Pensionskassen* und → *Unterstützungskassen* (siehe auch → *Durchführungsweg*).

(siehe auch → *Versorgungsträger*)

Versorgungsfall

Als Versorgungsfall wird im weiteren Sinn allgemein der Zeitpunkt bezeichnet, zu dem sämtliche in der Versorgungszusage für die Erbringung der → *Versorgungsleistungen* bestimmten Voraussetzungen erfüllt sind. Neben dem Eintritt des entsprechenden biologischen Ereignisses (Erreichen der vorgesehenen Altersgrenze, Invalidität, Tod; siehe auch → *biometrisches Risiko*) sind dies v. a. die Erfüllung von → *Wartezeiten*, das Ausscheiden aus dem Arbeitsverhältnis usw.

Im engeren Sinn wird durch den Versorgungsfall hinsichtlich der Art des biologischen Ereignisses, an das die jeweilige Leistung der → *betrieblichen Altersversorgung* anknüpft, unterschieden. So wird häufig vom „Versorgungsfall Alter" bzw. „Altersversorgungsfall", vom „Versorgungsfall Invalidität" bzw. „Invaliditätsversorgungsfall" oder vom „Versorgungsfall Tod" bzw. „Hinterbliebenenversorgungsfall" gesprochen.

Versorgungsfähiges Einkommen

→ *Versorgungszusagen*, die für die Bestimmung der Höhe der → *Versorgungsleistung* an die Höhe des Gehalts des → *Versorgungsberechtigten* anknüpfen (→ *gehaltsabhängige Zusage*), enthalten in der Regel eine Definition des hierfür zu berücksichtigenden Gehalts. Dieses wird als versorgungsfähiges Gehalt (auch versorgungsfähiges Einkommen oder pensionsfähiges Gehalt/Einkommen) bezeichnet.

Versorgungsleistung

A. Allgemeines

Versorgungsleistungen sind die Leistungen der → *betrieblichen Altersversorgung*, die der Versorgungsberechtigte im Versorgungsfall in Erfüllung der → *Versorgungszusage* erhält. Abhängig vom gewählten → *Durchführungsweg* erbringt die Versorgungsleistungen entweder der Arbeitgeber unmittelbar selbst (→ *unmittelbare Versorgungszusage*), eine Versicherung (→ *Direktversicherung*), eine → *Pensionskasse*, ein → *Pensionsfonds* oder eine → *Unterstützungskasse*. Anknüpfungspunkt für die jeweilige Leistung ist ein biologisches Ereignis (siehe → *biometrisches Risiko*). Zweck der Leistung muss die Versorgung in Bezug auf das biologische Ereignis sein („Versorgungscharakter" der Leistung).

B. Arten von Versorgungsleistungen

Entsprechend der gesetzlichen Definition in § 1 Absatz 1 Satz 1 BetrAVG können je nach dem, welches biologische Ereignis die Versorgungsleistungen auslöst, → *Altersleistungen*, → *Invaliditätsleistungen* und → *Hinterbliebenenleistungen* unterschieden werden.

Die bei Erreichen der in der Versorgungszusage vorgesehenen → *Altersgrenze* zu erbringenden Leistungen können sowohl laufende Leistungen (→ *Rentenleistungen*) oder Einmalleistungen (→ *Kapitalleistungen*) sein.

1. Altersversorgungsleistungen

Altersversorgungsleistungen werden erbracht, wenn der Versorgungsberechtigte ein bestimmtes, in der Versorgungszusage vorgesehenes Alter erreicht (feste Altersgrenze). In den meisten Fällen war dies die frühere Regelaltersgrenze in der gesetzlichen Rentenversicherung, also die Vollendung des 65. Lebensjahres. Es ist davon auszugehen, dass neue Versorgungsregelungen auf die gesetzliche Regelaltersgrenze Bezug nehmen werden, sodass ab Jahrgang 1964 das 67. Lebensjahr die feste Altersgrenze darstellen wird. Zusätzlich kann unter bestimmten Umständen eine → *vorzeitige Altersleistung* bezogen werden. Unterschiedliche feste Altersgrenzen für Männer und Frauen sind nicht zulässig.

2. Invaliditätsleistungen

Im BetrAVG ist der Begriff der Invalidität nicht näher definiert und kann daher grundsätzlich in der Versorgungszusage frei bestimmt werden. Insbesondere muss er nicht mit dem in der gesetzlichen Rentenversicherung verwendeten Begriffen („Erwerbsminderung", „Erwerbsunfähigkeit", „Berufsunfähigkeit") übereinstimmen. Allerdings ist davon auszugehen, dass die Finanzverwaltung in steuerlicher Hinsicht nicht auf einen unbegrenzt weiten Invaliditätsbegriff abstellt.

Allgemein wird unter Invaliditätsleistung eine Leistung verstanden, die zum Zwecke der Versorgung für den Fall erbracht werden soll, dass der Versorgungsberechtigte aufgrund der Beeinträchtigung seiner körperlichen oder geistigen Leistungsfähigkeit seine Arbeitsleistung nicht mehr ausreichend erbringen kann. Möglich ist diesbezüglich auch, in der Versorgungszusage zusätzlich eine bestimmte Art des Zustandekommens (z. B. durch einen Arbeitsunfall) der Invalidität zur Leistungsvoraussetzung zu machen.

3. Hinterbliebenenleistungen

Hinterbliebenenleistungen knüpfen an den Tod des versorgungsberechtigten Arbeitnehmers an. Begünstigte der Hinterbliebenenleistung sind i. d. R. die Kinder des → *Versorgungsberechtigten* (→ *Waisenleistungen*) und der Ehegatte des Versorgungsberechtigten (→ *Witwen-/Witwerleistungen*). In letzter Zeit sind – insbesondere im Rahmen betrieblicher Altersversorgung aufgrund → *Entgeltumwandlung* – immer häufiger auch nichteheliche → *Lebensgefährten* als Begünstigte der Hinterbliebenenversorgung anzutreffen. Die eingetragene Lebenspartnerschaft im Sinne des Lebenspartnerschaftsgesetzes ist im Rahmen einer Versorgungszusage mit der Ehe gleichzusetzen. Daneben sind in pauschalbesteuerten Direktversicherungen auch Versorgungsregelungen anzutreffen, in denen weitere Personen, wie z. B. Eltern, Geschwister oder sogar Erben in die Hinterbliebenenversorgung einbezogen sind, was für Versorgungszusagen bis zum 31.12.2004 aus steuerlicher Sicht zulässig war (BMF-Schreiben zur steuerlichen Förderung der betrieblichen Altersversorgung vom 12.08.2021, Rdnr. 5).

WICHTIG!

In steuerlicher Hinsicht sind bezüglich der Hinterbliebenenversorgung allerdings die durch die Finanzverwaltung aufgestellten Anerkennungsvoraussetzungen zu beachten. Nach dem BMF-Schreiben zur steuerlichen Förderung der betrieblichen Altersversorgung vom 12.08.2021, Rdnr. 5, umfasst die steuerlich anzuerkennende Hinterbliebenenversorgung (lediglich) Leistungen an die Witwe des Arbeitnehmers oder den Witwer der Arbeitnehmerin, die Kinder im Sinne des § 32 Absätze 3 und 4 Satz 1 Nummer 1 bis 3 und Absatz 5 EStG, den früheren Ehegatten oder an die Lebensgefährtin bzw. den Lebensgefährten. Eine Vererblichkeit von Anwartschaften darf nach Rdnr. 5 dieses BMF-Schreibens nicht vereinbart sein. Zur steuerlichen Anerkennung der Einbeziehung der Lebensgefährtin bzw. des Lebensgefährten enthält das BMF-Schreiben vom 25.07.2002 weitere Einzelheiten (siehe hierzu auch → *Lebensgefährte*).

Grundsätzlich ist die Änderung der Regelung zur Hinterbliebenenversorgung in einer Versorgungszusage ohne Zustimmung des dort bezeichneten Hinterbliebenen möglich, solange der Versorgungsfall noch nicht eingetreten ist (siehe hierzu Höfer, Bd. I, Rdnr. 883).

Versorgungslücke

Als Versorgungslücke wird allgemein die Differenz zwischen der Höhe der einem Rentner zustehenden Einkünfte (gesetzliche Rente, betriebliche Versorgungsleistungen, etc.) und der Höhe der zur Sicherung seines Lebensstandards erforderlichen Versorgungsleistungen verstanden. Die Höhe der zur Sicherung des Lebensstandards erforderlichen Versorgungsleistungen wird in der Regel in Form eines Prozentsatzes des letzten Nettoverdienstes während der Erwerbstätigkeit ausgedrückt.

Aufgrund der gesetzgeberischen Einschnitte im Bereich der → *gesetzlichen Rentenversicherung* wird die Versorgungslücke gesetzlich rentenversicherter Arbeitnehmer als steigend angesehen. Möglichkeiten zur Minderung der Versorgungslücke bestehen v. a. durch → *betriebliche Altersversorgung* und private → *Eigenvorsorge*.

Versorgungsniveau

Verhältnis von → *Standardrente* zum → *Durchschnittsentgelt* (durchschnittlich versicherungspflichtigen Beschäftigungsentgelt) jeweils **vor** Abzug von Steuern und **nach** Abzug der Sozialversicherungsbeiträge.

Versorgungsordnung

Versorgungsordnung ist ein häufig verwendeter Begriff für betriebliche → *Versorgungsregelungen*, die auf einer kollektiven Vereinbarung (Betriebsvereinbarung, Richtlinie) beruhen oder eine Vielzahl von gleichlautenden → *Einzelzusagen* an alle oder eine bestimmte Gruppe von Arbeitnehmern bewirken (→ *Gesamtzusage*).

Ein typischer Aufbau einer Versorgungsordnung stellt sich wie folgt dar:

Versorgungsordnung der xyz-GmbH

1. Präambel
2. Regelungen zu den Voraussetzungen, unter denen ein Mitarbeiter in die Versorgung aufgenommen wird
3. Regelungen zur Art und zur Höhe der Versorgung
4. Regelungen zu (sonstigen) Voraussetzungen und zur Fälligkeit der Versorgungsleistungen
5. Regelungen zum vorzeitigen Ausscheiden
6. Regelung zur Anpassung laufender Versorgungsleistungen
7. Regelungen zu Vorbehalten, Verfügungsbeschränkungen und Sonstigem

Versorgungsregelung

Unter Versorgungsregelung wird im Allgemeinen der Inhalt einer individualrechtlichen oder kollektivrechtlichen Versorgungszusage (→ *kollektive Versorgungszusage*) verstanden.

Der Begriff Versorgungsregelung wird in § 2 Absatz 5 Satz 1 BetrAVG erwähnt. Danach bleiben bei Berechnung des Teilanspruchs nach § 2 Absatz 1 BetrAVG (Höhe der → *unverfallbaren Anwartschaft*) Veränderungen der Versorgungsregelung und der Bemessungsgrundlagen für die Leistung der → *betrieblichen Altersversorgung*, soweit sie nach dem Ausscheiden des Arbeitnehmers eintreten, außer Betracht (→ *Veränderungssperre*). Damit hat der Gesetzgeber den Grundsatz aufgestellt, dass für die Leistungsberechnung der Inhalt der Versorgungszusage zugrunde zu legen ist, den sie bei Ausscheiden des Arbeitnehmers hatte. Bedeutsam ist dies vor allem, wenn es sich um eine kollektivrechtliche Versorgungszusage handelt.

Versorgungsträger

Unter Versorgungsträger wird im Rahmen der → *betrieblichen Altersversorgung* allgemein diejenige Einrichtung verstanden, welche die → *Versorgungsleistungen* an den → *Versorgungsberechtigten* unmittelbar zu erbringen hat.

Bei der → *unmittelbaren Versorgungszusage* ist dies der Arbeitgeber selbst.

Bei einer → *mittelbaren Versorgungszusage* ist es die externe Einrichtung, über die der Arbeitgeber die Versorgungsleistungen zugesagt hat und die die Versorgungsleistungen unmittelbar an den Versorgungsberechtigten erbringt. Solche externen Einrichtungen können ein Versicherungsunternehmen (→ *Direktversicherung*, → *Pensionskasse*), ein → *Pensionsfonds* oder eine → *Unterstützungskasse* sein. Auch hier bleibt der Arbeitgeber gemäß § 1 Absatz 1 Satz 3 BetrAVG allerdings mittelbar verpflichtet (siehe → *Einstandspflicht des Arbeitgebers*).

Versorgungsverpflichtungen

Der Begriff Versorgungsverpflichtungen wird als Synonym für → *Pensionsverpflichtungen* verwendet.

Versorgungszusage

A. Allgemeines

Eine Versorgungszusage im Bereich der → *betrieblichen Altersversorgung* liegt vor, wenn sich der Arbeitgeber gegenüber seinem Arbeitnehmer verpflichtet, Leistungen der → *betrieblichen Altersversorgung* zu erbringen. Die Versorgungszusage ist eine arbeitsvertragliche Abrede. Auf eine ausdrückliche Annahme des Angebots des Arbeitgebers durch den Arbeitnehmer kann in der Regel gemäß § 151 Satz 1 BGB verzichtet werden.

Dabei kann sich der Arbeitgeber verpflichten, die zugesagten Versorgungsleistungen unmittelbar selbst zu erbringen (→ *unmittelbare Versorgungszusage*) oder durch einen zwischengeschalteten externen Träger (→ *mittelbare Versorgungszusage*).

Der Arbeitgeber kann grundsätzlich frei entscheiden, ob er eine Versorgungszusage erteilen will. Eine allgemeine arbeitsrechtliche Verpflichtung hierzu besteht nicht. Entscheidet sich der Arbeitgeber zur Erteilung einer Versorgungszusage, so ist er wiederum grundsätzlich frei in seiner Entscheidung darin, über welchen Durchführungsweg er die Versorgungsleistungen zusagt (siehe zu dieser Thematik auch → *Mitbestimmung*).

Eine Ausnahme vom Grundsatz der Freiwilligkeit besteht insoweit, dass gemäß § 1a Absatz 1 BetrAVG, der mit Wirkung zum 01.01.2001 neu in das BetrAVG aufgenommen wurde, der Arbeitnehmer einen Anspruch auf betriebliche Altersversorgung durch → *Entgeltumwandlung* hat.

B. Erteilung einer Versorgungszusage

1. Form

Versorgungszusagen können individualrechtlich oder kollektivrechtlich erteilt werden. Individualrechtlich kann dies in Form einer → *Einzelzusage*, einer → *Gesamtzusage* oder → *vertraglichen Einheitsregelung* erfolgen. Darüber hinaus kann sich eine Versorgungszusage auch aus → *betrieblicher Übung* oder dem Gleichbehandlungsgrundsatz (→ *Gleichbehandlung*) ergeben (in § 1b Absatz 1 Satz 4 BetrAVG ausdrücklich erwähnt). Kollektivrechtlich (→ *kollektive Versorgungszusage*) kann die Versorgungszusage auf einer Betriebsvereinbarung, einer Richtlinie nach dem Sprecherausschussgesetz bzw. einem Tarifvertrag beruhen.

Individualrechtliche Versorgungszusagen bedürfen (arbeitsrechtlich) grundsätzlich nicht der Schriftform. Allein aus Beweiszwecken sollte eine Versorgungszusage aber schriftlich erteilt werden. Außerdem ist die Schriftform Voraussetzung für die Bildung von → *Pensionsrückstellungen* gemäß § 6a EStG. Kollektivrechtliche Versorgungszusagen bedürfen i. d. R. der Schriftform (§ 77 Absatz 2 Satz 1 BetrVG für Betriebsvereinbarungen, § 28 Absatz 1 SprAuG für Richtlinien und § 1 Absatz 2 TVG für tarifvertragliche Regelungen).

2. Zeitpunkt

Zeitpunkt der Erteilung der Versorgungszusage ist grundsätzlich der Zeitpunkt, zu dem sich Arbeitgeber und Arbeitnehmer nach arbeitsrechtlichen Grundsätzen über ihr Zustandekommen geeinigt haben. Für Versorgungszusagen über eine → *Direktversicherung* oder eine → *Pensionskasse* gilt gemäß § 1b Absatz 2 Satz 4 bzw. § 1b Absatz 3 Satz 2 BetrAVG als Zeitpunkt der Erteilung der Versorgungszusage der Versicherungsbeginn, frühestens jedoch der Beginn der Betriebszugehörigkeit.

Aus § 1b Absatz 1 Satz 5 BetrAVG ergibt sich, dass bei Vorsehen einer → *Wartezeit* in der Versorgungszusage diese nicht erst mit Ablauf der Wartezeit erteilt wird, sondern bereits mit ihrem Beginn. Bei → *statusbezogenen Versorgungszusagen* wird die Zusage grundsätzlich erst bei Erreichen der in der Zusage bestimmten Stellung des Arbeitnehmers erteilt.

C. Ausgestaltung von Versorgungszusagen

Hinsichtlich der Ausgestaltung von Versorgungszusagen besteht ein großer Spielraum. Eine Versorgungszusage kann einzelne oder mehrere Arten von → *Versorgungsleistungen* beinhalten. Sie kann außerdem Kapital- oder Rentenleistungen, feste Beträge, gehaltsabhängige Beträge o. Ä. vorsehen. Abhängig von der Bestimmung der Höhe der Versorgungsleistung kann außerdem zwischen → *Leistungszusage*, → *beitragsorientierter Leistungszusage* und der → *Beitragszusage mit Mindestleistung* unterschieden werden.

Vertragliche Einheitsregelung

Bei der vertraglichen Einheitsregelung vereinbart der Arbeitgeber wie bei der → *Einzelzusage* mit jedem Arbeitnehmer individuell eine → *Versorgungszusage*, die aber für alle Arbeitnehmer jeweils den gleichen Inhalt hat.

Es handelt sich somit bei der vertraglichen Einheitsregelung wie bei der → *Gesamtzusage* um ein Bündel von gleichlautenden Einzelzusagen. Im Vergleich zur Gesamtzusage wird für den Arbeitnehmer der kollektive Bezug bei einer vertraglichen Einheitsregelung schwerer erkennbar sein und sollte, um die Betriebsvereinbarungsoffenheit der Regelung zu gewährleisten, ausdrücklich erklärt bzw. erkennbar gemacht werden.

Vervielfältigungsregelung

Mit dem → *Betriebsrentenstärkungsgesetz* wurde die Vervielfältigungsregel erneut modifiziert. Nach dem neuen Satz 3 des § 3 Nummer 63 EStG sind die Beiträge, die aus Anlass der Beendigung eines Dienstverhältnisses in einen → *Pensionsfonds*, eine → *Pensionskasse* oder für eine → *Direktversicherung* geleistet werden steuerfrei, soweit sie vier Prozent der → *Beitragsbe-*

messungsgrenze West in der allgemeinen Rentenversicherung, vervielfältigt mit der Anzahl der Kalenderjahre (maximal zehn Kalenderjahre), in denen das Dienstverhältnis zwischen Arbeitnehmer und Arbeitgeber bestanden hat, nicht übersteigen.

Mit der Neuregelung der Vervielfältigungsregelung gestrichen wurde auch die Begrenzung des Vervielfältigungsbetrages um die im Jahr des Ausscheidens und in den sechs vorangegangenen Dienstjahren steuerfrei erbrachten Beträge sowie der Wegfall der zu berücksichtigenden Kalenderjahre ab dem Jahr 2005 (siehe oben Absatz 1).

Die bislang existierende Differenzierung zwischen → *Altzusage* (Zusagen vor dem 01. Januar 2005) und → *Neuzusage* (nach dem 31. Dezember 2004), die Grundlage für eine pauschale Lohnbesteuerung der Zuwendungen nach § 40b Absatz 1 und 2 EStG a. F. oder Steuerfreistellung der Beträge nach § 3 Nummer 63 Satz 1 und 3 EStG, ist ebenfalls entfallen. Nach § 52 Absatz 40 Satz 1 EStG ist § 40b Absatz 1 und 2 a. F. weiter anzuwenden auf Beiträge für eine Direktversicherung des Arbeitnehmers und Zuwendungen an eine Pensionskasse, wenn für den Arbeitnehmer vor dem 01. Januar 2018 mindestens ein Betrag nach § 40b Absatz 1 und 2 EStG a. F. pauschal besteuert wurde. Ist dies gegeben, so „liegen für diesen Arbeitnehmer die Voraussetzungen für die Pauschalbesteuerung sein ganzes Leben lang vor. Vertragsänderungen, Neuabschlüsse, Änderungen der Versorgungszusage, Arbeitgeberwechsel etc. sind unbeachtlich." (BT-Drucksache 18/11286 vom 22. Februar 2017, S. 65).

Jedem Arbeitnehmer steht die Vervielfältigungsregelung aus demselben Dienstverhältnis insgesamt nur einmal zu. Werden die Beiträge anstatt als Einmalbeitrag in Teilbeträgen geleistet, sind diese so lange steuerfrei, bis der für den Arbeitnehmer maßgebende Höchstbetrag ausgeschöpft ist. Eine Anwendung der Vervielfältigungsregelung des § 3 Nummer 63 Satz 3 EStG ist nicht möglich, soweit die Vervielfältigungsregelung des § 40b Absatz 2 Satz 3 und 4 EStG a. F. auf die Beiträge, die der Arbeitgeber aus Anlass der Beendigung des Dienstverhältnisses leistet, angewendet wird. Die hiernach pauschal besteuerten Beiträge und Zuwendungen sind folglich auf das steuerfreie Volumen anzurechnen.

Vollrente

→ *Teilrente*

Vollwaisenleistung

→ *Waisenleistung*

Vordienstzeit

Der Begriff Vordienstzeit wird im Rahmen der → *betrieblichen Altersversorgung* v. a. zur Bezeichnung eines Zeitraums vor Beginn der Betriebszugehörigkeit beim zusagenden Arbeitgeber (z. B. Betriebszugehörigkeit bei einem Vorarbeitgeber) verwendet. Vereinzelt werden im Rahmen von → *Versorgungszusagen* solche Zeiträume anerkannt. Diese Anerkennung kann sich auf die Höhe der → *Versorgungsleistungen* (bei dienstzeitabhängigen Versorgungszusagen), auf den Eintritt der → *Unverfallbarkeit* oder auch beides beziehen. Unter bestimmten Voraussetzungen kann die Anerkennung von Vordienstzeiten auch Auswirkungen auf den Eintritt der gesetzlichen Unverfallbarkeit haben.

Von Vordienstzeit wird häufig aber auch gesprochen, um den Zeitraum der Betriebszugehörigkeit beim zusagenden Arbeitgeber vor Erteilung einer Versorgungszusage zu bezeichnen (siehe hierzu auch → *past service*). Auch eine in diesem Sinne verstandene Vordienstzeit kann sich auf die Höhe der Versorgung, den Eintritt der Unverfallbarkeit und auch die Höhe einer → *unverfallbaren Anwartschaft* auswirken.

Vorschaltzeit

In → *Versorgungsregelungen* wird häufig vorgesehen, dass die Aufnahme eines Arbeitnehmers in die Versorgung erst nach einer bestimmten Dauer der Dienstzugehörigkeit erfolgen soll. Nach der Rechtsprechung des BAG ist eine solche Vorschaltzeit in ihren rechtlichen Wirkungen grundsätzlich mit der → *Wartezeit* gleichzusetzen. Dies bedeutet, dass die → *Versorgungszusage* bereits mit Beginn der Vorschaltzeit und nicht erst mit deren Ablauf erteilt wird. Damit beginnt auch der Lauf der gesetzlichen → *Unverfallbarkeitsfristen* nicht erst mit Ablauf der Vorschaltzeit, sondern mit deren Beginn. Erfüllt der Arbeitnehmer bei einem vorzeitigen Ausscheiden vor Ablauf der Vorschaltzeit bereits die gesetzlichen Unverfallbarkeitsfristen, so kann die Vorschaltzeit auch außerhalb des Unternehmens noch erfüllt werden.

WICHTIG!

Eine Vorschaltzeit kann bei einem Ausscheiden nach Ablauf der gesetzlichen Unverfallbarkeitsfristen auch außerhalb des Unternehmens noch erfüllt werden.

Zum Zeitpunkt der Erteilung einer Versorgungszusage siehe auch die entsprechenden Ausführungen zum Stichwort Versorgungszusage.

Vorsorgeaufwendungen

→ *Alterseinkünftegesetz (AltEinkG)*

Vorzeitige Altersleistung

A. Allgemeines

→ *Versorgungszusagen* sehen in der Regel eine feste → *Altersgrenze* (überwiegend die Vollendung des 65. Lebensjahres bzw. die Regelaltersgrenze aufgrund des Ansteigens der Altersgrenze in der gesetzlichen Rentenversicherung) vor (→ *RV-Altersgrenzenanpassungsgesetz*), bei deren Erreichen gegenüber dem → *Versorgungsberechtigten* die entsprechenden Altersversorgungsleistungen erbracht werden.

Häufig ist zusätzlich geregelt, dass der Versorgungsberechtigte die Leistung auch schon erhalten kann, wenn er zu einem früheren Zeitpunkt in den Ruhestand tritt, unabhängig davon, ob er zu diesem Zeitpunkt auch bereits die → *Altersrente* aus der → *gesetzlichen Rentenversicherung* bezieht. Da dieser Zeitpunkt dann vor der festen Altersgrenze (Regelaltersgrenze) der Versorgungszusage liegt, wird die entsprechende Leistung vorzeitige Altersleistung genannt. Aus steuerlichen Gründen darf dieser Zeitpunkt grundsätzlich nicht vor Vollendung des 62. Lebensjahres liegen, für Zusagen bis zum 31.12.2011 ist auch die Vollendung des 60. Lebensjahres zulässig (BMF-Schreiben zur steuerlichen Förderung der betrieblichen Altersversorgung vom 12.08.2021, Rdnr. 3).

Enthält die Versorgungszusage eine solche Regelung zur vorzeitigen Altersleistung, so enthält sie zumeist auch eine Regelung zur Kürzung der Höhe der Versorgungsleistung zum Ausgleich ihres vorzeitigen und längeren Bezugs (häufig → *versicherungsmathematische Abschläge*).

B. Gesetzlicher Anspruch

Aber auch, wenn die Versorgungszusage die Möglichkeit einer vorzeitigen Altersleistung nicht ausdrücklich vorsieht, kann der Versorgungsberechtigte gemäß § 6 BetrAVG eine vorzeitige Altersleistung verlangen, wenn er die Altersrente der gesetzlichen Rentenversicherung als Vollrente bezieht und die in der Versorgungszusage ggf. vorgesehene → *Wartezeit* sowie die sonstigen Leistungsvoraussetzungen erfüllt hat.

Mit dem Begriff „Vollrente" in § 6 BetrAVG wird gegenüber dem Bezug einer Teilrente der gesetzlichen Rentenversicherung abgegrenzt. Wird lediglich eine solche Teilrente bezogen, genügt dies für den Anspruch auf vorzeitige Altersleistung gemäß § 6 BetrAVG nicht.

Bei Wegfall der Altersrente aus der gesetzlichen Rentenversicherung oder ihrer Beschränkung auf eine Teilrente, kann nach § 6 Satz 2 BetrAVG auch die vorzeitige Altersleistung eingestellt werden. Demgemäß hat der Versorgungsberechtigte nach § 6 Satz 3 BetrAVG auch die Verpflichtung, die Aufnahme oder Ausübung einer Beschäftigung oder Erwerbstätigkeit, die zu einem Wegfall oder einer Beschränkung der gesetzlichen Altersrente führt, dem Arbeitgeber oder sonstigen → *Versorgungsträger* unverzüglich anzuzeigen.

Im Gesetz selbst ist keine Regelung zur Höhe der vorzeitigen Altersleistung enthalten. Regelmäßig wird in Versorgungszusagen daher festgelegt, dass die Leistung bei Inanspruchnahme der vorzeitigen Altersleistung als Ausgleich für ihren längeren und früheren Bezug in bestimmter Weise zu kürzen ist (häufig durch versicherungsmathematische Abschläge).

VPI

→ *Verbraucherpreisindex*

Wachstumschancengesetz (WaChaG)

Mit dem Gesetz zur Stärkung von Wachstumschancen, Investitionen und Innovation sowie Steuervereinfachung und Steuerfairness (Wachstumschancengesetz – WaChaG) vom 27. März 2024 (BGBl. I Nr. 108) will die Bundesregierung den Standort Deutschland durch steuerliche Entlastungen stärken. Darüber hinaus soll das Steuersystem vereinfacht und modernisiert werden.

Im Bereich der Rentenbesteuerung wurde u. a. der → *Besteuerungsanteil* (§ 22 Nummer 1 Satz 3 Buchstabe a Doppelbuchstabe aa Satz 3 EStG) reduziert sowie der → *Altersentlastungsbetrag* (§ 24a Satz 5 EStG) verringert.

Waisenleistung

Beinhaltet eine → *Versorgungszusage* auch eine → *Hinterbliebenenversorgung*, so sind Begünstigte dieser Hinterbliebenenversorgung i. d. R. der hinterbliebene Ehegatte und/oder die Kinder des Verstorbenen. Erhalten die hinterbliebenen Kinder eine → *Versorgungsleistung*, so wird von Waisenleistung gesprochen. Handelt es sich bei dieser Versorgungsleistung um eine Rente, so spricht man von Waisenrente, handelt es sich um eine Kapitalzahlung, so spricht man von Waisenkapital.

In → *Versorgungsregelungen* wird häufig zwischen Halbwaisenleistungen und Vollwaisenleistungen (Halb- und Vollwaisenrente bzw. Halb- und Vollwaisenkapital) unterschieden. Halbwaisenleistungen werden erbracht, wenn der andere Elternteil noch lebt. Vollwaisenleistungen werden erbracht, wenn beide Elternteile nicht mehr leben.

In steuerlicher Hinsicht erkennt die Finanzverwaltung Waisenleistungen (lediglich) für Kinder im Sinne des § 32 Absätze 3 und 4 Satz 1 Nr. 1 bis 3 Absatz 5 EStG an (BMF-Schreiben zur steuerlichen Förderung der betrieblichen Altersversorgung vom 12.08.2021, Rdnr. 4).

Waisenrente

→ *Waisenleistung*

Wartezeit

In → *Versorgungszusagen* ist häufig eine Regelung anzutreffen, wonach → *Versorgungsleistungen* erst nach Ablauf eines bestimmten Zeitraums zu erbringen sind. Tritt der → *Versorgungsfall* vor Ablauf dieses Zeitraums ein, entsteht kein Anspruch auf Versorgungsleistungen. Ein solcher Zeitraum wird als Wartezeit bezeichnet. Hintergrund für die Festlegung einer solchen Wartezeit ist häufig der Wunsch des Arbeitgebers nach Risikobegrenzung im Hinblick auf frühzeitig, d. h. kurz nach Eintritt in das Arbeitsverhältnis, eintretende Versorgungsfälle.

Für die Wartezeit wird in der Regel auf einen Zeitraum während des Bestehens des Arbeitsverhältnisses mit dem zusagenden Arbeitgeber abgestellt. Scheidet der Arbeitnehmer vor Erfüllung der Wartezeit aus dem Arbeitsverhältnis aus, so ist diese nicht erfüllt und damit ist ein Anspruch auf Versorgungsleistungen grundsätzlich ausgeschlossen. Nach § 1b Absatz 1 Satz 5 BetrAVG wird allerdings der Ablauf einer vorgesehenen Wartezeit dann nicht berührt, wenn das Arbeitsverhältnis nach Ablauf der gesetzlichen Unverfallbarkeitsfristen endet. Erfüllt der Arbeitnehmer bei seinem vorzeitigen Ausscheiden aus dem Arbeitsverhältnis also bereits die gesetzlichen → *Unverfallbarkeitsfristen*, so kann die Wartzeit auch noch außerhalb des Unternehmens erfüllt werden und der (ehemalige) Arbeitnehmer bei Eintritt des Versorgungsfalls Anspruch auf (anteilige) Versorgungsleistungen haben. Hieran wird deutlich, dass die Versorgungszusage selbst nicht erst nach Ablauf einer vorgesehenen Wartezeit, sondern grundsätzlich bereits zu Beginn dieser Wartezeit erteilt ist und insoweit eine Bindung des Arbeitgebers an die Zusage besteht (siehe zu diesem Problemkreis auch die Ausführungen zur → *Vorschaltzeit*).

WICHTIG!

Gemäß § 1b Absatz 1 Satz 5 BetrAVG kann eine Wartezeit bei einem Ausscheiden nach Ablauf der gesetzlichen Unverfallbarkeitsfristen auch außerhalb des Unternehmens noch erfüllt werden.

Zum Zeitpunkt der Erteilung einer Versorgungszusage siehe auch die entsprechenden Ausführungen zum Stichwort Versorgungszusage.

Widerrufsvorbehalt

A. Allgemeines

B. Steuerschädlicher Widerrufsvorbehalt

C. Steuerunschädlicher Widerrufsvorbehalt

A. Allgemeines

→ *Versorgungszusagen* enthalten vielfach Widerrufsvorbehalte. Dadurch behält sich der zusagende Arbeitgeber vor, bei Eintritt bestimmter Bedingungen die Versorgungszusage vollständig oder teilweise zu widerrufen.

B. Steuerschädlicher Widerrufsvorbehalt

Ein unbedingter Widerrufsvorbehalt, der jederzeit nach Belieben des zusagenden Arbeitgebers ausgeübt werden kann ist sehr selten, weil er der Bildung von Pensionsrückstellungen gemäß § 6a EStG entgegensteht. Als Beispiele für Formeln solcher steuerschädlicher Widerrufsvorbehalte sind in R6a Absatz 3 EStR genannt:

„freiwillig und ohne Rechtsanspruch",

„jederzeitiger Widerruf vorbehalten",

„ein Rechtsanspruch auf die Leistungen besteht nicht",

„die Leistungen sind unverbindlich".

C. Steuerunschädlicher Widerrufsvorbehalt

Sehr verbreitet sind hingegen die in R6a Absatz 4 EStR genannten steuerunschädlichen Widerrufsvorbehalte. Diese stehen der Bildung von Pensionsrückstellungen gemäß § 6a EStG nicht entgegen. Es handelt sich hierbei um die folgenden Widerrufsvorbehalte:

- Allgemeiner Widerrufsvorbehalt

  Die Firma behält sich vor, die Leistungen zu kürzen oder einzustellen, wenn die bei Erteilung der Pensionszusage maßgebenden Verhältnisse sich nachhaltig so wesentlich geändert haben, dass der Firma die Aufrechterhaltung der zugesagten Leistungen auch unter objektiver Beachtung der Belange des Pensionsberechtigten nicht mehr zugemutet werden kann.

- Spezielle Widerrufsvorbehalte

  Die Firma behält sich vor, die zugesagten Leistungen zu kürzen oder einzustellen, wenn

  a) die wirtschaftliche Lage des Unternehmens sich nachhaltig so wesentlich verschlechtert hat, dass ihm eine Aufrechterhaltung der zugesagten Leistungen nicht mehr zugemutet werden kann, oder

  b) der Personenkreis, die Beiträge, die Leistungen oder das Pensionierungsalter bei der gesetzlichen Sozialversicherung oder anderen Versorgungseinrichtungen mit Rechtsanspruch sich wesentlich ändern, oder

  c) die rechtliche, insbesondere die steuerrechtliche Behandlung der Aufwendungen, die zur planmäßigen Finanzierung der Versorgungsleistungen von der Firma gemacht werden oder gemacht worden sind, sich so wesentlich ändert, dass der Firma die Aufrechterhaltung der zugesagten Leistungen nicht mehr zugemutet werden kann, oder

  d) der Pensionsberechtigte Handlungen begeht, die in grober Weise gegen Treu und Glauben verstoßen oder zu einer fristlosen Entlassung berechtigen würden.

Diese Vorbehalte beruhen auf dem Gedanken der Störung bzw. des Wegfalls der Geschäftsgrundlage. Dies bedeutet, die im Rahmen dieses Rechtsinstituts entwickelten Grundsätze sind zu beachten. Dies bedeutet weiterhin, dass sie letztlich nur klarstellende Bedeutung haben, da entsprechende Kürzungsmöglichkeiten nach den Grundsätzen der Störung bzw. des Wegfalls der Geschäftsgrundlage auch dann gegeben sind, wenn die entsprechenden Vorbehalte nicht ausdrücklich in der Versorgungszusage genannt sind.

Wiederverheiratungsklausel

→ *Versorgungszusagen*, die auch → *Hinterbliebenenleistungen* (siehe hierzu auch Versorgungsleistungen, B. 3.) in Form von → *Witwen- bzw.* → *Witwerrenten* enthalten, sehen häufig vor, dass die Rentenzahlung bei einer späteren Wiederheirat endet. Eine solche Regelung wird als Wiederverheiratungsklausel bezeichnet. Dabei kann der Wegfall der Leistungen auch mit einer Ausgleichszahlung (z. B. „Abschlusszahlung", „Abfindung" o. Ä. genannt) verknüpft werden.

Witwen-/Witwerleistung

Beinhaltet eine → *Versorgungszusage* auch eine → *Hinterbliebenenversorgung*, so sind Begünstigte dieser Hinterbliebenenversorgung in der Regel der hinterbliebene Ehegatte und/ oder die Kinder des Verstorbenen. Erhält der hinterbliebene Ehegatte eine → *Versorgungsleistung*, so wird von Witwen- bzw. Witwerleistung (auch Witwen- oder Witwerversorgungsleistung) gesprochen. Handelt es sich bei der Versorgungsleistung um eine Rente, so spricht man von Witwen- bzw. Witwerrente, handelt es sich um eine Kapitalzahlung, so spricht man von Witwen- bzw. Witwerkapital.

Hinsichtlich der Hinterbliebenenversorgung für den hinterbliebenen Ehegatten enthalten die → *Versorgungsregelungen* häufig Beschränkungen für den Fall der Wiederheirat (→ *Wiederverheiratungsklausel*) und hinsichtlich der Ehedauer (→ *Spätehenklausel*).

Witwenrente

→ *Witwen-/Witwerleistung*

Witwerrente

→ *Witwen-/Witwerleistung*

Wohnförderkonto

Mit dem → *Eigenheimrentengesetz* (EigRentG) vom 29.07.2008 (BGBl. I S. 1509) wurde die selbstgenutzte Wohnimmobilie in die staatlich geförderte Altersvorsorge aufgenommen. Das im Wohneigentum gebundene steuerlich geförderte Altersvorsorgekapital wird nach § 22 Nummer 5 EStG nachgelagert besteuert und zu diesem Zweck in einem Wohnförderkonto erfasst.

Für den Bereich der → *betrieblichen Altersversorgung* ist die Möglichkeit des in einem Altersvorsorgevertrag angesparten und steuerlich geförderten Altersvorsorgevermögens für die Anschaffung bzw. Herstellung oder Entschuldung eines selbstgenutzten Wohneigentums oder von Genossenschaftsanteilen gesetzlich nicht vorgesehen. Dies gilt auch dann, wenn das Altersvorsorgevermögen aus Beiträgen im Sinne des § 82 Absatz 2 EStG gebildet wurde.

Wohnriester

→ *Eigenheimrente*

Zahlstelle

Der unmittelbar aus einer → *Versorgungszusage* Verpflichtete kann bei der Auszahlung der → *Versorgungsleistungen* ein weiteres Rechtsubjekt (z. B. Bank, Abrechnungsverband o. Ä.), das allerdings nicht als selbstständiger Versorgungsträger fungiert, einschalten. Dieses Rechtssubjekt wird als Zahlstelle bezeichnet.

Von der Zahlstelle zu unterscheiden sind selbstständige → *Versorgungsträger* im Rahmen einer → *mittelbaren Versorgungszusage*. Hier wird im Unterschied zur Zahlstelle ein selbstständiger Versorgungsträger zur Leistungserbringung verpflichtet.

Zahlstellenverfahren

→ *KVdR-Zahlstellenverfahren*

Zeitrente

Leistungen in Form einer Zeitrente sind nicht vom Leben einer Person abhängig (vgl. hierzu → *Leibrente)*. Zeitrenten werden für einen zuvor festgelegten Zeitraum erbracht. Stirbt der Rentenbezieher vor Ablauf der vereinbarten Laufzeit, geht der Anspruch auf die Rentenleistung i. d. R. auf die Hinterbliebenen über.

Zentrale Stelle

→ *Zentrale Zulagenstelle für Altersvermögen (ZfA)*

Zentrale Stelle für die Digitale Rentenübersicht (ZfDR)

Anhand des Gesetzes zur Verbesserung der Transparenz in der Alterssicherung und der Rehabilitation sowie zur Modernisierung der Sozialversicherungswahlen und zur Änderung anderer Gesetze (Gesetz Digitale Rentenübersicht) vom 11. Februar 2021 (BGBl. I S. 154) sollen sich Bürgerinnen und Bürger mittels einer → *Säulenübergreifende Renteninformation* online über ihren Stand aus der gesetzlichen (→ *gesetzliche Rentenversicherung*), betrieblichen (→ *betriebliche Altersversorgung*) und privaten → *Eigenvorsorge* bzw. Altersvorsorge (→ *Altersvorsorgevertrag*, → *Basisrentenvertrag*) informieren können.

Das Gesetz Digitale Rentenübersicht beinhaltet in Artikel 1 das Gesetz zur Entwicklung und Einführung einer Digitalen Rentenübersicht (Rentenübersichtsgesetz – RentÜG) vom 11. Februar 2021 (BGBl. I S. 154), das am 18. Februar 2021 in Kraft trat. Es wurde durch Artikel 65 des Gesetzes vom 23. Oktober 2024 (BGBl. 2024 I Nr. 323) geändert. Danach wird gem. § 3 RentÜG unter dem Dach der Deutschen Rentenversicherung Bund eine neue Organisationseinheit geschaffen, die Zentrale Stelle für die Digitale Rentenübersicht (ZfDR), die ein elektronisches Portal entwickeln und betreiben soll, über das die Digitale Rentenübersicht abgerufen werden kann.

Ende des Jahres 2022 startete die Pilotphase der Digitalen Rentenübersicht mit Anbietern von Altersvorsorge-Produkten, die sich auf freiwilliger Basis anbinden ließen. Anhand der Digitalen Rentenübersicht sollen künftig (ab Dezember 2023) Bürgerinnen und Bürger ihre gesamten Ansprüche aus den o. g. drei Säulen der Alterssicherung (→ *Drei-Säulen-Modell*) abrufen können.

Mit der Verordnung zur Regelung des Stichtags zur verpflichtenden Anbindung der Versorgungseinrichtungen und des Anbindungsverfahrens an die Zentrale Stelle für die Digitale Rentenübersicht (Rentenübersichtsanbindungsverordnung – RentÜAV) vom 31. Januar 2024 (BGBl. I Nr. 30) wurden Vorsorgeeinrichtungen verpflichtet, sich an die → *Zentrale Stelle für die Digitale Rentenübersicht (ZfDR)* bis zum Stichtag 31. Dezember 2024 anzubinden. Dies gilt für Vorsorgeeinrichtungen, die nach § 7 Absatz 1 Satz 3 des Rentenübersichtsgesetzes verpflichtet sind, sich an die ZfDR anzubinden und gegen die mehr als 1.000 Altersvorsorgeansprüche bestehen, die sich noch nicht in der Auszahlungsphase befinden. Ab dem Stichtag müssen die Vorsorgeeinrichtungen in der Lage sein, Informationen nach § 5 Abs. 1 und 2 des RentÜG an die ZfDR zu übermitteln.

Vorsorgeeinrichtungen mit weniger als 1000 Vorsorgeansprüchen, die nicht zu einer Teilnahme verpflichtet sind, können sich jedoch freiwillig anbinden lassen.

Die Digitale Rentenübersicht bietet eine Darstellung der bereits erreichten und der zukünftig erreichbaren Ansprüche (→ *Anspruch*) für jeden vorliegenden Altersvorsorgeanspruch.

Auf den Seiten der Digitalen Rentenübersicht sind auch Listen der bereits angebundenen bzw. der demnächst angebundenen Versorgungseinrichtungen abzurufen.

Zentrale Zulagenstelle für Altersvermögen (ZfA)

Mit der Einführung des → *Altersvermögensgesetzes* (AVmG) wird der Aufbau einer staatlich geförderten zusätzlichen Altersvorsorge ermöglicht. Zur Administration und Bearbeitung der Förderung wurde eine neue Einrichtung bei der damaligen Bundesversicherungsanstalt für Angestellte geschaffen, die ZfA. Diese ist jetzt der Deutschen Rentenversicherung Bund zugeordnet. Der Standort der ZfA ist in Brandenburg an der Havel, die Fachaufsicht über die ZfA obliegt dem Bundeszentralamt für Steuern.

Zu ihren wesentlichen Aufgaben gehören:

- die jährliche Feststellung des Zulagenanspruchs dem Grunde und der Höhe nach,
- die Auszahlung der → *Zulage(n)* an den → *Anbieter*,
- die Rückabwicklung evtl. zu Unrecht gezahlter → *Zulagen*,
- der Datenabgleich zur Überprüfung der Zulage mit den am Förderverfahren beteiligten Einrichtungen (Rentenversicherungsträger, Bundesanstalt für Arbeit, Familienkassen, Besoldungsstellen und Finanzämter).

Weitere Aufgaben sind z. B. auch die Durchführung gerichtlicher und außergerichtlicher Rechtsbehelfsverfahren, die Verfolgung und Ahndung von Ordnungswidrigkeiten, die Ermittlung und Erstellung statistischer Unterlagen. Darüber hinaus hat die ZfA die Aufgabe, die an sie übermittelten → *Rentenbezugsmitteilungen* zu sammeln und an die Landesfinanzbehörden weiterleiten (§ 5 Absatz 1 Nummer 18 Finanzverwaltungsgesetz – FVG).

Auch Anfragen zur Erlangung der Identifikationsnummer der Übermittlungspflichtigen sind an die ZfA zu richten. Die Anfragen werden dann an das Bundeszentralamt für Steuern (BZSt) weitergeleitet. Die ermittelten Identifikationsnummern werden über die ZfA an die Übermittlungspflichtigen mitgeteilt.

Zertifizierung

Seit dem 01.01.2002 werden im Bereich der → *betrieblichen Altersversorgung* und in der privaten → *Eigenvorsorge* abgeschlossene → *Altersvorsorgeverträge* durch → *Zulagen* und einen → *Sonderausgabenabzug* staatlich gefördert. Eine → *Förderung* kann jedoch nur derjenige erhalten, der → *Altersvorsorgebeiträge* in einen zertifizierten Altersvorsorgevertrag einzahlt. Da Beiträge im Rahmen der betrieblichen Altersversorgung in einen → *Pensionsfonds*, eine → *Pensionskasse* oder eine → *Direktversicherung* den Vorschriften des Betriebsrentengesetzes unterliegen, müssen dort abgeschlossene Verträge nicht zertifiziert sein, wenn diese eine lebenslange Altersversorgung gem. § 1 Absatz 1 Nummer 4 und 5 AltZertG gewährleisten.

Ein zertifizierter Altersvorsorgevertrag erfüllt die → *Zertifizierungskriterien* und somit die Anforderungen des → *Altersvorsorgeverträge-Zertifizierungsgesetzes* (AltZertG). Hat ein Anleger einen solchen Altersvorsorgevertrag abgeschlossen, kann die staatliche Förderung in Form von Zulagen und Sonderausgabenabzug in Anspruch genommen werden.

Für → *Basisrentenverträge* wurde im Rahmen des Jahressteuergesetzes 2009 mit dem § 5a AltZertG die Zertifizierungspflicht für steuerliche Veranlagungszeiträume ab 2010 eingeführt. Mit eingeschlossen wurden damit aber auch Verträge, die vor Verkündung des Jahressteuergesetzes abgeschlossen wurden (Bestandsverträge). Somit können derartige Bestandsverträge ab dem Veranlagungszeitraum 2010 nur dann steuerlich anerkannt werden, wenn die Vertragsbedingungen von der → *Zertifizierungsstelle* zertifiziert sind. Die Zertifizierung eines Basisrentenvertrages nach dem AltZertG ist die Feststellung, dass die Vertragsbedingungen dieses Vertrages die Voraussetzungen des § 10 Absatz 1 Nummer 2b EStG erfüllen und der → *Anbieter* den Anforderungen des § 2 Absatz 2 AltZertG entspricht.

Bislang hat die → *Bundesanstalt für Finanzdienstleistungsaufsicht* (BaFin) die Zertifizierung der Altersvorsorgeprodukte vorgenommen. Ab dem 01.07.2010 ist das Bundeszentralamt für Steuern (BZSt) hierfür zuständig.

Die Zertifizierung eines Altersvorsorgevertrages beinhaltet die Feststellung, dass die Vertragsbedingungen des Altersvorsorgevertrags den Zertifizierungskriterien des § 1 Absatz 1, 1a oder beider Absätze AltZertG entsprechen und der Anbieter die Anforderungen des § 1 Absatz 2 AltZertG erfüllt (§ 1 Absatz 3 AltZertG). Der Altersvorsorgevertrag ist damit im Rahmen des § 10a EStG als zusätzliche Altersvorsorge neben den Sonderausgaben nach § 10 EStG steuerlich förderungsfähig.

Die Zertifizierung eines Basisrentenvertrages beinhaltet die Feststellung, dass die Vertragsbedingungen des Basisrentenvertrages die Anforderungen des § 2 AltZertG erfüllen und der Anbieter den Anforderungen des § 2 Absatz 2 AltZertG entspricht (§ 2 Absatz 3 AltZertG). Damit ist auch dieser Vertrag im Rahmen des § 10 EStG steuerlich förderungsfähig.

Die Zertifizierungsstelle prüft gem. § 3 Absatz 3 AltZertG nicht, ob ein Altersvorsorge- oder ein Basisrentenvertrag wirtschaftlich tragfähig, die Zusage des Anbieters erfüllbar ist und ob die Vertragsbedingungen zivilrechtlich wirksam sind.

Die Zertifizierung der Verträge ist Voraussetzung für die steuerliche Förderung von Altersvorsorge- und Basisrentenverträgen gezahlter Beiträge als Sonderausgaben bei der Einkommensteuerveranlagung.

Sämtliche zertifizierten Verträge werden im Bundessteuerblatt veröffentlicht. Zusätzlich wird vom BZSt eine Datei mit den veröffentlichten Zertifikaten zur Verfügung gestellt.

Die vom ehemaligen Bundesaufsichtsamt für das Versicherungswesen – als Vorgängerbehörde der BaFin – und der BaFin als Zertifizierungsstellen bis zum 30.06.2010 erteilten Zertifikate bleiben auch nach dem Wechsel der Zuständigkeit zum BZSt wirksam.

WICHTIG!

Mit der Zertifizierung erfolgt gem. § 3 Absatz 3 AltZertG keine Überprüfung der wirtschaftlichen Aspekte eines Altersvorsorge- oder Basisrentenvertrages. Es erfolgt keine Produktaufsicht. Somit stellt ein zertifizierter Vertrag kein staatliches Gütesiegel dar. Die Zertifizierung dient damit als Grundlagenbescheid ausschließlich steuerlichen Zwecken.

Zertifizierungskriterien

Um für einen → *Altersvorsorgevertrag* die staatliche → *Förderung* in Form von → *Zulagen* und → *Sonderausgabenabzug* zu erhalten, müssen → *Altersvorsorgebeiträge* entweder in einen → *Pensionsfonds*, eine → *Pensionskasse*, eine → *Direktversicherung* oder in einen zertifizierten Vertrag gem. § 5 AltZertG (siehe auch → *Zertifizierung*) geleistet werden.

Gemäß dem → *Alterseinkünftegesetz* sind folgende wesentlichen Kriterien Voraussetzung dafür, damit ein Altersvorsorgevertrag zertifiziert wird:

- Der Altersvorsorgevertrag muss Zahlungen in Form einer lebenslang berechneten Altersversorgung vorsehen (§ 1 Absatz 1 Satz 1 Nummer 2 AltZertG).
- Bei Vertragsabschluss muss der Anbieter zusagen, dass zu Beginn der Auszahlungsphase mindestens die eingezahlten Altersvorsorgebeiträge für die Auszahlungen zur Verfügung stehen (§ 1 Absatz 1 Satz 1 Nummer 3 AltZertG).
- Die monatlichen Leistungen aus dem Altersvorsorgevertrag müssen während der gesamten Auszahlungsphase gleich bleiben oder steigen (§ 1 Absatz 1 Satz 1 Nummer 4a) AltZertG).
- Die Leistungen müssen eine lebenslange Verminderung des Nutzungsentgelts für eine selbst genutzte Genossenschaftswohnung vorsehen (§ 1 Absatz 1 Satz 1 Nummer 4b) AltZertG).
- Bei Erwerb von Geschäftsanteilen an einer eingetragenen Genossenschaft für eine selbst genutzte Genossenschaftswohnung müssen bei Ausschluss, Ausscheiden des Mitglieds oder Auflösung der Genossenschaft mindestens die eingezahlten Altersvorsorgebeiträge auf einen Altersvorsorgevertrag übertragen (§ 1 Absatz 1 Satz 1 Nummer 5a) AltZertG) werden; die auf Geschäftsanteile entfallenden Erträge dürfen nicht ausgezahlt, sondern müssen für den Erwerb weiterer Geschäftsanteile verwendet werden (§ 1 Absatz 1 Satz 1 Nummer 5b) AltZertG).
- Die in Ansatz gebrachten Abschluss- und Vertriebskosten sind auf fünf Jahre gleichmäßig zu verteilen (§ 1 Absatz 1 Satz 1 Nummer 8 AltZertG).
- Der Anleger hat während der Ansparphase das Recht, den Vertrag ruhen zu lassen, ihn zu kündigen, um das Kapital auf einen anderen Altersvorsorgevertrag zu übertragen sowie das Kapital zum Zwecke des Wohnungsbaus im Sinne des § 92a EStG zu verwenden (§ 1 Absatz 1 Satz 1 Nummer 10 AltZertG).
- Im Fall der Verminderung des monatlichen Nutzungsentgelts für eine vom Vertragspartner selbst genutzte Genossenschaftswohnung ist dem Vertragspartner bei Aufgabe der Selbstnutzung der Genossenschaftswohnung in der Auszahlungsphase ein Anspruch zu gewähren, den Vertrag mit einer Frist von nicht mehr als drei Monaten zum Ende des Geschäftsjahres zu kündigen, um spätestens binnen sechs Monaten nach Wirksamwerden der Kündigung das noch nicht verbrauchte Kapital auf einen anderen auf seinen Namen lautenden Altersvorsorgevertrag desselben oder eines anderen Anbieters übertragen zu lassen (§ 1 Absatz 1 Satz 1 Nummer 11 AltZertG).

Zertifizierungsnummer

Für die → *Zertifizierung* eines → *Altersvorsorge* bzw. → *Basisrentenvertrages* müssen gem. dem → *Altersvorsorgeverträge-Zertifizierungsgesetz (AltZertG)* bestimmte gesetzliche Voraussetzungen erfüllt sein (→ *Zertifizierungskriterien*).

Die Zertifizierung eines Altersvorsorgevertrages beinhaltet die Feststellung, dass die Vertragsbedingungen des Altersvorsorgevertrags den Zertifizierungskriterien des § 1 Absatz 1, 1a oder beider Absätze AltZertG entsprechen und der → *Anbieter* die Anforderungen des § 1 Absatz 2 AltZertG erfüllt (§ 1 Absatz 3 AltZertG). Der Altersvorsorgevertrag ist damit im Rahmen des § 10a EStG als zusätzliche Altersvorsorge neben den Sonderausgaben nach § 10 EStG steuerlich förderungsfähig.

Die Zertifizierung eines Basisrentenvertrages beinhaltet die Feststellung, dass die Vertragsbedingungen des Basisrentenvertrages die Anforderungen des § 2 AltZertG erfüllen und der Anbieter den Anforderungen des § 2 Absatz 2 AltZertG entspricht (§ 2 Absatz 3 AltZertG). Damit ist auch dieser Vertrag im Rahmen des § 10 EStG steuerlich förderungsfähig.

Hierbei prüft gem. § 3 Absatz 3 AltZertG die → *Zertifizierungsstelle* nicht, ob ein Altersvorsorge- oder ein Basisrentenvertrag wirtschaftlich tragfähig, die Zusage des Anbieters erfüllbar ist und ob die Vertragsbedingungen zivilrechtlich wirksam sind.

Erfüllen die von den Anbietern vorgelegten Vertragsbedingungen und -unterlagen die gesetzlichen Voraussetzungen, erhält der Anbieter für jedes vorgelegte Produkt ein Zertifikat mit einer Zertifizierungsnummer.

Produkte der → *Pensionskassen* gem. § 82 Absatz 2 EStG bedürfen keiner Zertifizierung. Daher erhalten diese auch keine Zertifizierungsnummer bzw. ist auf dem → *Zulageantrag* die Angabe einer Zertifizierungsnummer für Pensionskassen nicht erforderlich bzw. möglich.

Die Zertifizierung der Verträge ist Voraussetzung für die steuerliche → *Förderung* von Altersvorsorge- und Basisrentenverträgen gezahlter Beiträge als Sonderausgaben (→ *Sonderausgabenabzug* nach § 10a EStG) bei der Einkommensteuerveranlagung.

Zertifizierungsstelle

Bis zum 01.05.2002 war die Zertifizierungsstelle beim ehemaligen Bundesaufsichtsamt für das Versicherungswesen eingerichtet. Anschließend – bis zum 30.06.2010 – erfüllte die → *Bundesanstalt für Finanzdienstleistungen (BaFin)* die erforderlichen Aufgaben. Mit dem Jahressteuergesetz 2009 wurde die Zertifizierungsstelle beim Bundeszentralamt für Steuern (BZSt) angesiedelt (§ 3 AltZertG). Ab dem 01.07.2010 übernimmt das BZSt die Aufgabe der → *Zertifizierung* sowie die Rücknahme und den Widerruf der Zertifizierung.

Die Zertifizierung eines Altersvorsorgevertrages beinhaltet die Feststellung, dass die Vertragsbedingungen des Altersvorsorgevertrags den Zertifizierungskriterien des § 1 Absatz 1, 1a oder beider Absätze AltZertG entsprechen und der Anbieter die Anforderungen des § 1 Absatz 2 AltZertG erfüllt (§ 1 Absatz 3 AltZertG). Der Altersvorsorgevertrag ist damit im Rahmen des § 10a EStG als zusätzliche Altersvorsorge neben den Sonderausgaben nach § 10 EStG steuerlich förderungsfähig.

Die Zertifizierung eines Basisrentenvertrages beinhaltet die Feststellung, dass die Vertragsbedingungen des Basisrentenvertrages die Anforderungen des § 2 AltZertG erfüllen und der Anbieter den Anforderungen des § 2 Absatz 2 AltZertG entspricht (§ 2 Absatz 3 AltZertG). Damit ist auch dieser Vertrag im Rahmen des § 10 EStG steuerlich förderungsfähig.

Die Zertifizierungsstelle prüft gem. § 3 Absatz 3 AltZertG nicht, ob ein Altersvorsorge- oder ein Basisrentenvertrag wirtschaftlich tragfähig, die Zusage des Anbieters erfüllbar ist und ob die Vertragsbedingungen zivilrechtlich wirksam sind.

Die Zertifizierung der Verträge ist Voraussetzung für die steuerliche Förderung von zu Altersvorsorge- und Basisrentenverträgen gezahlter Beiträge als Sonderausgaben bei der Einkommensteuerveranlagung.

Sämtliche zertifizierten Verträge werden im Bundessteuerblatt veröffentlicht. Zusätzlich wird vom BZSt eine Datei mit den veröffentlichten Zertifikaten zur Verfügung gestellt.

Die vom ehemaligen Bundesaufsichtsamt für das Versicherungswesen – als Vorgängerbehörde der BaFin – und der BaFin als Zertifizierungsstellen bis zum 30.06.2010 erteilten Zertifikate bleiben auch nach dem Wechsel der Zuständigkeit zum BZSt wirksam.

Zertifizierungsverfahren

Die → *Zertifizierung* von → *Altersvorsorgeverträgen* oder → *Basisrentenverträgen* erfolgt gem. § 4 Absatz 1 Satz 1 AltZertG durch Antragstellung durch den → *Anbieter* und wird von der → *Zertifizierungsstelle* des → *Bundeszentralamts für Steuern* vorgenommen.

Nach Zertifizierung gemäß § 1 Absatz 3 AltZertG wird eine → *Zertifizierungsnummer* erteilt und der zertifizierte Vertrag im Bundessteuerblatt veröffentlicht.

ZfDR

→ *Zentrale Stelle für die Digitale Rentenübersicht*

Zillmerung

In einem Versicherungsvertrag sind in den Prämien über die gesamte Laufzeit des Vertrags planmäßig Aufwendungen für die Abschluss- und Vertriebskosten berücksichtigt. Die Zillmerung bei Versicherungen führt nun die sofortige Verrechnung der Abschluss- und Vertriebskosten für einen Versicherungsvertrag mit den ersten Beiträgen durch, ohne dabei die ursprüngliche planmäßige Leistung zu verändern. Die planmäßigen Kosten für einen Versicherungsvertrag werden auf den Beginn bezogen. Bei einer Beendigung des Versicherungsvertrags in den ersten Jahren besteht damit kein oder nur ein geringes Deckungskapital, sodass für einen vorzeitig ausscheidenden Mitarbeiter bei einer Entgeltumwandlungsvereinbarung der Nachteil eines erheblichen Unterschieds zwischen Wert der Versicherung und einbezahlten Beiträgen besteht.

Durch Urteil des BAG vom 15.09.2009 (Az.: 3 AZR 17/09) wurde die Zulässigkeit von gezillmerten Versicherungstarifen bei Entgeltumwandlungen bestätigt. Dieses Verfahren verstößt damit nicht gegen das Wertgleichheitsgebot des § 1 Absatz 2 Nummer 3 BetrAVG. Allerdings könnten gezillmerte Tarife i. S. d. § 307 BGB eine unangemessene Benachteiligung darstellen, wobei die Verteilung der Abschluss- und Vertriebskosten auf fünf Jahre (vgl. § 1 Absatz Nummer 8 AltZertG und § 169 Absatz 3 VVG) wiederum zulässig ist.

Soweit die Zillmerung eines Versicherungsvertrags im Rahmen der Entgeltumwandlung nicht zulässig ist, so führt dies nicht zur Unwirksamkeit der Entgeltumwandlungsvereinbarung, sondern der Arbeitgeber muss ggf. die unverfallbare Anwartschaft aufstocken (→ *Einstandspflicht*).

Zinszusatzreserve

Aufgrund der auf den Kapitalmärkten bestehenden Niedrigzinsphasen wurde eine gesetzlich vorgeschriebene zusätzliche Rückstellung für Lebensversicherungsunternehmen geschaffen, der die Erfüllung der Verpflichtung der Lebensversicherungsunternehmen gegenüber den Kunden gewährleisten soll. Die Zinszusatzreserve ist zu bilden, wenn der Referenzzinssatz (durchschnittliches Zinsniveau der letzten zehn Jahre europäischer Staatsanleihen mit höchster Bonität) die garantierten Zinserträge gegenüber den Kunden unterschreitet. Die Reserve wurde erstmals für 2011 gebildet, da der Referenzzins unter der für frühere Verträge gegebenen Garantie von vier Prozent lag.

ZöD

→ *Zusatzversorgung des öffentlichen Dienstes*

Zugangsfaktor

Der Zugangsfaktor ist Bestandteil der Rentenformel zur Ermittlung der Höhe einer → *Rente* in der → *gesetzlichen Rentenversicherung*. Gem. § 77 SGB VI richtet sich der Zugangsfaktor nach dem Alter der Versicherten bei Rentenbeginn oder bei Tod und bestimmt, in welchem Umfang Entgeltpunkte bei der Ermittlung des Monatsbetrags der Rente als persönliche Entgeltpunkte zu berücksichtigen sind.

Der Zugangsfaktor führt bei einer vorzeitigen Inanspruchnahme einer Rente dazu, dass diese niedriger ausfällt. Wird eine Rente erst nach Erreichen einer → *Altersgrenze* beansprucht, führt dies zu einer Erhöhung der Rente.

Zulage

Der Aufbau eines zusätzlichen kapitalgedeckten → *Altersvorsorgevermögens* wird durch einen → *Sonderausgabenabzug* nach § 10a EStG sowie einer vom Staat gezahlten Altersvorsorgezulage gefördert (→ *Förderung*). Diese Zulage setzt sich aus einer → *Grundzulage* und gegebenenfalls einer → *Kinderzulage* zusammen.

Die Zulagen betragen jährlich

	Grundzulage	Kinderzulage
in den Jahren 2002 und 2003	38 Euro	46 Euro
in den Jahren 2004 und 2005	76 Euro	92 Euro
in den Jahren 2006 und 2007	114 Euro	138 Euro
ab dem Jahr 2008	154 Euro	185 Euro
ab dem Jahr 2018	175 Euro	185 Euro

Im Rahmen der Einführung des → *Eigenheimrentengesetzes* erhalten alle nach § 79 Satz 1 EStG Zulageberechtigten, die zu Beginn des Beitragsjahres das 25. Lebensjahr noch nicht vollendet haben, ab 2008 eine um 200 Euro erhöhte Grundzulage (→ *Berufseinsteiger-Bonus*). Die Grundzulage wird nach § 84 EStG ohne gesonderten Antrag automatisch gewährt, wenn der Zulageberechtigte für ein nach dem 31.12.2007 beginnendes Beitragsjahr eine Zulage beantragt. Der Berufseinsteiger-Bonus stellt auf die Zulageberechtigung und das Lebensalter ab.

Wird in dem entsprechenden Jahr der erforderliche → *Mindesteigenbeitrag* nicht erbracht und dementsprechend die Grundzulage gekürzt, erfolgt auch eine Kürzung für den Berufseinsteiger-Bonus.

Hat der **unmittelbar** → *Zulageberechtigte* mehrere → *Altersvorsorgeverträge* abgeschlossen, so wird die Zulage höchstens für zwei Altersvorsorgeverträge gewährt (§ 87 Absatz 1 Satz 1 EStG). Der Zulageberechtigte kann durch Abgabe des → *Zulageantrags* jährlich neu bestimmen, für welche beiden Verträge die Zulage gezahlt werden soll. Die von der → *Zulagenstelle* zu gewährende Zulage wird auf die beiden Verträge im Verhältnis der zugunsten dieser Verträge gezahlten → *Altesvorsorgebeiträge* verteilt. Hat der Zulageberechtigte mehrere Verträge abgeschlossen, so kann er dennoch die Förderung auch nur für einen Vertrag beantragen.

Hat der Zulageberechtigte mehrere Verträge abgeschlossen und bei der Abgabe seiner Zulageanträge/seines Zulageantrages die Zulage für mehr als zwei Verträge beantragt, so wird die Zulage für die **beiden** Altersvorsorgeverträge mit den höchsten Altersvorsorgebeiträgen im Beitragsjahr gewährt (§ 89 Absatz 1 Satz 3 EStG). Das Gleiche gilt auch, wenn der Zulageberechtigte nicht bestimmt hat, für welche beiden Verträge er die Zulage beantragt.

Beispiel:

Ein Zulageberechtigter (ledig, keine Kinder) hat drei Altersvorsorgeverträge abgeschlossen. Er zahlte im Jahr 2004

- **275 Euro an Altersvorsorgebeiträgen in Vertrag 1,**
- **275 Euro an Altersvorsorgebeiträgen in Vertrag 2 und**
- **100 Euro an Altersvorsorgebeiträgen in Vertrag 3.**

Seine beitragspflichtigen Einnnahmen im vorangegangenen Kalenderjahr (vgl. hierzu § 86 Absatz 1 Satz 2 EStG) betrugen 27.000 Euro. Der erforderliche → *Mindesteigenbeitrag* von 2 % gemäß § 86 Absatz 1 Satz 2 EStG beträgt 540 Euro.

Der Zulageberechtigte beantragt für sich die (Grund-)Zulage für Vertrag 1 und 2.

	Vertrag 1	Vertrag 2	Vertrag 3
Beitrag	275 Euro	275 Euro	100 Euro
Erhaltene Zulage	38 Euro (275 Euro : 550 Euro × 76 Euro)	38 Euro (275 Euro : 550 Euro × 76 Euro)	0 Euro

Da der Zulageberechtigte für die beiden Verträge 1 und 2 mit 550 Euro (mehr als) den erforderlichen Mindesteigenbeitrag geleistet hat, wird die ungekürzte Grundzulage von 76 Euro anteilsmäßig zugunsten von Vertrag 1 und 2 von der Zulagenstelle gezahlt.

Hat der Zulageberechtigte nicht den erforderlichen Mindesteigenbeitrag zugunsten seines Vertrages/seiner Verträge geleistet, so wird die Zulage gekürzt. Die Kürzung der zu gewährenden Zulage wird nach dem Verhältnis der geleisteten Altersvorsorgebeiträge zum Mindesteigenbeitrag ermittelt.

Beispiel:

Wie oben; der Zulageberechtigte zahlte im Jahr 2004

- **230 Euro an Altersvorsorgebeiträgen in Vertrag 1,**
- **230 Euro an Altersvorsorgebeiträgen in Vertrag 2 und**
- **100 Euro an Altersvorsorgebeiträgen in Vertrag 3.**

Der Zulageberechtigte hat für die beiden Altersvorsorgeverträge 1 und 2, für die er die Zulage beantragt, nicht den erforderlichen Mindesteigenbeitrag von 2 % (= 540 Euro) gemäß § 86 Absatz 1 Satz 2 EStG geleistet, sondern lediglich 460 Euro. Somit wird gem. § 86 Absatz 1 Satz 6 die (Grund-)Zulage im Verhältnis der Altersvorsorgebeiträge zum Mindesteigenbeitrag gekürzt:

Er erhält (76 Euro x 460 Euro : 540 Euro =) 64,74 Euro an (Grund-)Zulage. Die Zulage wird auf die beiden Verträge 1 und 2 jeweils in Höhe von 32,37 Euro gutgeschrieben. Obwohl er in die drei Altersvorsorgebeiträge mehr (560 Euro) als den erforderlichen Mindesteigenbeitrag (540 Euro) eingezahlt hat, erhält er eine gekürzte Zulage, da die Zulage nur für höchstens 2 Verträge gewährt wird (§ 87 Absatz 1 Satz 1 EStG).

	Vertrag 1	Vertrag 2	Vertrag 3
Beitrag	230 Euro	230 Euro	100 Euro
Erhaltene Zulage	32,37 Euro (230 Euro : 460 Euro × 64,74 Euro)	32,37 Euro (230 Euro : 460 Euro × 64,74 Euro)	0 Euro

Ein **mittelbar** Zulageberechtigter kann die Zulage(n) für das jeweilige Beitragsjahr nur für einen Vertrag erhalten: Er kann die Zulage(n) nicht auf zwei Verträge verteilen. Er erhält bei Abschluss mehrerer Verträge die Zulage(n) für den Vertrag, für den zuerst die Zulage beantragt wird (§ 87 Absatz 2 EStG).

Bei einer hohen Anzahl von Kindern oder bei einem geringfügigen Einkommen kann der Fall auftreten, dass der Zulageberechtigte keine eigenen Beiträge entrichten muss, sondern der Altersvorsorgevertrag ausschließlich mit Zulagen finanziert wird, die der Staat aufbringt. Um dies zu verhindern wurde bei der → *Riester-Rente* ein sog. → *Sockelbeitrag* eingeführt, den der Zulageberechtigte auf jeden Fall in seinen Altersvorsorgevertrag entrichten muss.

Die Zulagen mussten bislang jährlich durch Abgabe des Zulageantrags beantragt werden. Mit der Einführung des → *Dauerzulageantrags* ab dem Jahr 2005 wird der Anbieter durch den Zulageberechtigten ermächtigt, bis auf Widerruf die Zulage für die Folgejahre zu beantragen.

Zulageantrag

A. Antrag auf Altersvorsorgezulage

Mit dem Zulageantrag kann der → *Zulageberechtigte* die vom Staat für den Aufbau eines kapitalgedeckten → *Altersvorsorgevermögens* gewährte → *Förderung* durch eine → *Altersvorsorgezulage (§ 83 EStG)* beantragen. Hiermit kann der Zulageberechtigte die sog. → *Grundzulage* erhalten. Den Zulageantrag erhält der Zulageberechtigte vom → *Anbieter* zur Verfügung gestellt. Dieser gibt die Daten an die → *Zulagenstelle* weiter. Für eine evtl. zustehende → *Kinderzulage* muss zusätzlich noch der sog. Ergänzungsbogen Kinderzulage ausgefüllt und abgegeben werden.

Der Zulageantrag musste zunächst jährlich neu innerhalb einer Frist von zwei Jahren nach Ablauf des Beitragsjahres gestellt werden. Im Rahmen der Vereinfachungen durch das → *AltEinkG* für die → *Riester-Rente* wurde auch das Antragsverfahren für die Zulagen durch Einführung eines → *Dauerzulageantrags* (§ 89 Absatz 1a EStG) geändert (siehe Anlage). Seit dem 01.01.2005 kann der Zulagenberechtigte seine(n) Anbieter schriftlich bevollmächtigen, für ihn jedes Jahr einen Zulageantrag bei der → *Zulagenstelle* zu stellen. Der Zulageberechtigte muss somit nicht mehr jährlich von neuem einen Zulageantrag ausfüllen und an seine(n) Anbieter senden.

B. Zulageantrag Entsendung

Zulageberechtigt (→ *Zulageberechtigter*) sind Personen, die bestimmte persönliche Voraussetzungen erfüllen. Nach § 79 EStG werden Personen gefördert, die der unbeschränkten Einkommensteuerpflicht unterliegen und gem. § 10a Absatz 1 EStG in der → *gesetzlichen Rentenversicherung* pflichtversichert sind (§ 10a Absatz 1 Satz 1 EStG).

Begibt sich ein Arbeitnehmer auf Anweisung seines Arbeitgebers in das Ausland und unterliegt hierbei nicht mehr der unbeschränkten Steuerpflicht in Deutschland, so ist dieser gem. § 79 EStG nicht mehr zulageberechtigt. Da hiervon zahlreiche Arbeitnehmer betroffen sind, wird zukünftig diesem Personenkreis ermöglicht werden, die Zulage bei erneuter Begründung der unbeschränkten Steuerpflicht im Inland nach einer Entsendung oder einer vergleichbaren zeitlich befristeten Auslandstätigkeit für die Zeit des Auslandsaufenthalts nachträglich zu beantragen, sofern während dieser Tätigkeit eine Pflichtversicherung in der deutschen gesetzlichen Rentenversicherung bestand.

Eine Entsendung liegt dann vor, wenn sich ein Arbeitnehmer, der bisher in Deutschland gewohnt oder ggf. auch gearbeitet hat, auf Weisung seines Arbeitgebers mit Sitz in Deutschland in das Ausland begibt, um dort eine Beschäftigung unmittelbar für Zwecke des Arbeitgebers auszuüben. Vor Beginn des Auslandseinsatzes muss feststehen, dass der Arbeitnehmer nach dem Ende des Auslandseinsatzes vom entsendenden Arbeitgeber weiterbeschäftigt wird. Außerdem muss die Entsendung infolge der Eigenart der Beschäftigung oder vertraglich im Voraus zeitlich begrenzt sein.

Eine zeitlich befristete Auslandstätigkeit, die nicht die Entsendekriterien erfüllt, sondern aufgrund einer Versetzung oder Delegierung ausgeübt wurde, wird einer Entsendung gleichgestellt, sofern während dieser Tätigkeit eine Pflichtversicherung in der deutschen gesetzlichen Rentenversicherung bestand.

Eine Zuweisung liegt vor, wenn Beamten vorübergehend eine ihrem Amt entsprechende Tätigkeit bei einer öffentlichen Einrichtung außerhalb des Anwendungsbereiches des Beamtenrechtsrahmengesetzes zugewiesen wird.

Die Voraussetzungen für eine Entsendung/vergleichbare Versetzung oder Delegierung/Zuweisung können nur bei unmittelbar Zulageberechtigten vorliegen.

Nach einer Entsendung/vergleichbaren Versetzung oder Delegierung/Zuweisung kann für jedes volle Kalenderjahr, in dem keine unbeschränkte Steuerpflicht bestanden hat und für das Altersvorsorgebeiträge geleistet worden sind, ein Antrag auf Altersvorsorgezulage gestellt werden. Dem Zulageantrag Entsendung ist dabei für jedes Jahr der Entsendung/vergleichbaren Versetzung oder Delegierung/Zuweisung ein ausgefüllter und unterschriebener Antrag auf Altersvorsorgezulage beizufügen. Wurde der Anbieter allerdings bevollmächtigt, für die betreffenden Beitragsjahre den Antrag/die Anträge auf Altersvorsorgezulage zu stellen, genügt es, den ausgefüllten und unterschriebenen Zulageantrag Entsendung an diesen zu senden.

War der Arbeitnehmer in einem Beitragsjahr zeitweilig unbeschränkt steuerpflichtig (in dem Beitragsjahr der Entsendung oder in dem Beitragsjahr der Beendigung der Entsendung), muss der Antrag auf Altersvorsorgezulage bis zum Ablauf des zweiten Kalenderjahres, das auf das Beitragsjahr folgt, bei dem Anbieter eingereicht werden, sofern dieser aufgrund eines sog. → *Dauerzulageantrages* nicht zur Antragstellung bevollmächtigt ist.

Der Zulageantrag Entsendung ist innerhalb von zwei Kalenderjahren nach erneuter Begründung der unbeschränkten Steuerpflicht einzureichen. Die unbeschränkte Steuerpflicht tritt ein, wenn der Antragsteller im Inland seinen Wohnsitz begründet, sich überwiegend im Inland aufhält oder einen Antrag nach § 1 Absatz 3 Einkommensteuergesetz (EStG) stellt und die Voraussetzungen vorliegen. Maßgeblich für den Beginn der Frist ist das Kalenderjahr, in dem während des gesamten Jahres die Voraussetzungen für die unbeschränkte Steuerpflicht vorliegen.

Beispiel:

Der Wohnsitz im Inland wird am 15. Oktober 2005 begründet. Die Frist zur Einreichung des Zulageantrags Entsendung würde am 01.01.2006 beginnen und am 31.12.2007 enden.

Anschrift des jeweiligen Anbieters

Feld für Vertragsnummer des Anbieters

2024

Name und Anschrift des Antragstellers

Antrag auf Altersvorsorgezulage

Optionales Feld für Telefonnummer des Antragstellers
- Angabe der Telefonnummer ist freiwillig -

Bitte umgehend an Ihren Anbieter[1] zurücksenden (spätestens bis 31.12.2026)!

A Art der Zulageberechtigung

Ich bin für das Jahr 2024 **unmittelbar** zulageberechtigt.[2]

☐ **Abweichend** hiervon bin ich für das Jahr 2024 **mittelbar** zulageberechtigt.[3]
Bitte füllen Sie in diesem Fall auch unbedingt die Angaben zum Ehegatten / Lebenspartner in Abschnitt C aus.

B Angaben Antragsteller

Bereits erfasste Angaben	Bei Änderungen oder Ergänzungen hier Eintragungen vornehmen
	Umlaute (Ä, ä, Ö, ö, Ü, ü) und ß sind zulässig.
IDENTIFIKATIONSNUMMER[4]	
SOZIALVERSICHERUNGSNUMMER[5] / ZULAGENUMMER	
GESCHLECHT	☐ weiblich ☐ männlich ☐ divers oder laut Geburtenregister ohne Angabe
TITEL (z. B. Dr., Prof.)	
VORNAME(N)	
NAMENSZUSATZ (z. B. Baroness, Baron, Gräfin)	
VORSATZWORT (z. B. von, auf, der, da, de, del)	
NAME	
GEBURTSORT (ohne PLZ)	
GEBURTSNAME	
GEBURTSDATUM (TT.MM.JJJJ)	
STRAßE / HAUSNUMMER	
PLZ ORT (Wohnsitz)	

Die hochgestellten Zahlen verweisen auf die entsprechenden Abschnitte in den Erläuterungen zum Antrag auf Altersvorsorgezulage 2024.

Quelle: Bundeszentralamt für Steuern

Feld für Vertragsnummer des Anbieters

C Angaben zum Ehegatten / Lebenspartner - Erklärung (falls zutreffend bitte ankreuzen)

☐ Die bereits erfassten Angaben zum Ehegatten / Lebenspartner sind seit dem 01.01.2024 nicht mehr gültig (z. B. Scheidung /Aufhebung der Lebenspartnerschaft).

Bereits erfasste Angaben	Bei Änderungen oder Ergänzungen hier Eintragungen vornehmen
	Umlaute (Ä, ä, Ö, ö, Ü, ü) und ß sind zulässig.

IDENTIFIKATIONSNUMMER[4]	
SOZIALVERSICHERUNGSNUMMER[5] / ZULAGENUMMER	
GESCHLECHT	☐ weiblich ☐ männlich ☐ divers oder laut Geburtenregister ohne Angabe
TITEL (z. B. Dr., Prof.)	
VORNAME(N)	
NAMENSZUSATZ (z. B. Baroness, Baron, Gräfin)	
VORSATZWORT (z. B. von, auf, der, da, de, del)	
NAME	
GEBURTSORT (ohne PLZ)	
GEBURTSNAME	
GEBURTSDATUM (TT.MM.JJJJ)	

D Angaben zu Beamten, Richtern, Berufssoldaten oder diesen gleichgestellten Personen sowie Empfängern von Versorgungsbezügen wegen Dienstunfähigkeit (Personenkreis nach § 10a Absatz 1 Satz 1 Halbsatz 2 und Satz 4 Einkommensteuergesetz)[2]

Gehören Sie zu diesem Personenkreis, lesen Sie sich bitte hierzu den gesamten Abschnitt D aufmerksam durch und setzen ein Kreuz im Feld am Ende dieses Absatzes, wenn die nachfolgend genannten Voraussetzungen auf Sie zutreffen.

Ich war in der Zeit zwischen dem 01.01. und 31.12.2023
- Empfänger von
  - inländischer Besoldung nach dem Bundesbesoldungsgesetz oder einem Landesbesoldungsgesetz
  - Amtsbezügen aus einem inländischen Amtsverhältnis, das eine den Beamten gleichgestellte Versorgung gewährleistet
  - Einnahmen als versicherungsfrei Beschäftigter, dessen Versorgungsrecht eine den Beamten gleichgestellte Versorgung gewährleistet
  - Einnahmen als beurlaubter Beamter mit Anspruch auf Versorgung für die Dauer der Beschäftigung
  - Einnahmen als Minister, Senator, Parlamentarischer Staatssekretär
  - Versorgungsbezügen wegen Dienstunfähigkeit

oder
- eine dieser Personengruppe gleichgestellte Person (z. B. beurlaubte Beamte im zeitlichen Umfang der rentenversicherungspflichtigen Kindererziehungszeiten)

und hatte daneben **keine** rentenversicherungspflichtigen Einnahmen.

☐ Die oben genannten Voraussetzungen treffen auf mich zu.

Haben Sie in diesem Abschnitt ein Kreuz gesetzt, beachten Sie bitte zusätzlich die folgenden weiteren Hinweise:
Bei Beamten und diesen gleichgestellten Personen erhält die Zentrale Zulagenstelle für Altersvermögen (ZfA) die Daten, die sie für die Berechnung der Zulage benötigt, mittels elektronischer Übermittlung von Ihrer zuständigen Stelle. Das ist z. B. der Dienstherr, der zur Zahlung des Arbeitsentgelts verpflichtete Arbeitgeber oder die die Versorgung anordnende Stelle.

Für diese Datenübermittlung müssen Sie **schriftlich oder elektronisch** eine **Einwilligungserklärung** bis zum 31.12.2024 gegenüber Ihrer zuständigen Stelle abgeben. Beachten Sie bitte, dass die erneute Abgabe einer Einwilligungserklärung in jedem Fall bei einem Wechsel des Dienstherrn notwendig ist.

Der nachfolgende Abschnitt E ist in diesem Fall für Sie nicht relevant.

Quelle: Bundeszentralamt für Steuern

Feld für Vertragsnummer des Anbieters

E Angaben über die Art und Höhe der maßgebenden Einnahmen, wenn Sie unmittelbar zulageberechtigt[2] sind

Hatten Sie im Jahr 2023 beitragspflichtige Einnahmen aus einem inländischen gesetzlichen rentenversicherungspflichtigen Beschäftigungsverhältnis und / oder haben Sie eine Rente wegen voller Erwerbsminderung bzw. Erwerbsunfähigkeit von der **deutschen gesetzlichen Rentenversicherung** erhalten, erhebt die ZfA die Höhe dieser Einnahmen bei Ihrem Rentenversicherungsträger; hierzu sind keine Angaben erforderlich. Haben Sie im Jahr 2023 Entgeltersatzleistungen (z. B. Kranken- oder Arbeitslosengeld; Kurzarbeitergeld, das von der Bundesagentur für Arbeit gezahlt wird) bezogen, erhebt die ZfA die Höhe dieser Einnahmen bei der Finanzverwaltung; hierzu sind ebenfalls keine Angaben erforderlich.
Füllen Sie bitte die nachfolgenden Felder a) bis c) nur dann aus, wenn Sie im Jahr 2023 Einnahmen hatten, die unter den folgenden Punkten aufgeführt sind:

Punkt a) Sie haben ein **tatsächliches Entgelt** (z. B. bei Altersteilzeit oder aus einer Beschäftigung in einer Werkstatt für Menschen mit Behinderung; Kurzarbeitergeld, das vom Arbeitgeber gezahlt wird) erzielt.

Punkt b) Sie unterlagen einer ausländischen gesetzlichen Rentenversicherungspflicht und haben ausländische Einnahmen erzielt und / oder erhielten aus einer **ausländischen gesetzlichen Rentenversicherung** eine Rente wegen voller Erwerbsminderung bzw. Erwerbsunfähigkeit.

Punkt c) Sie sind pflichtversichert in der **landwirtschaftlichen Alterskasse** und haben Einkünfte aus Land- und Forstwirtschaft erzielt bzw. von dort Ihre Rente wegen voller Erwerbsminderung bzw. Erwerbsunfähigkeit bezogen.

a) Angaben zum tatsächlichen Entgelt

Haben Sie im Jahr 2023 vorübergehend oder dauerhaft ein tatsächliches Entgelt erzielt, das von dem bei dem Rentenversicherungsträger zugrunde gelegten Entgelt - den beitragspflichtigen Einnahmen - abweicht (z. B. bei Altersteilzeit oder aus einer Beschäftigung in einer Werkstatt für Menschen mit Behinderung; Kurzarbeitergeld, das vom Arbeitgeber gezahlt wird)[6], geben Sie hier bitte nachfolgend Ihr tatsächlich erzieltes Entgelt an. Die Angaben dienen der Berechnung der Zulagen.

Zeitraum von - bis (Monat) Tatsächliches Entgelt[6]

☐.2023 - ☐.2023 ☐ EUR

b) Angaben zu ausländischen Einnahmen und / oder einer Rente wegen voller Erwerbsminderung bzw. Erwerbsunfähigkeit aus einer ausländischen gesetzlichen Rentenversicherung

☐ Ich übte im Jahr **2024** eine Beschäftigung aus, die einer ausländischen gesetzlichen Rentenversicherungspflicht unterlag und / oder erhielt eine Rente wegen voller Erwerbsminderung bzw. Erwerbsunfähigkeit aus einer ausländischen gesetzlichen Rentenversicherung.

Ich bezog im Kalenderjahr **2023** Einnahmen aus einer Beschäftigung, die einer ausländischen gesetzlichen Rentenversicherungspflicht unterlag und / oder erhielt eine Rente wegen voller Erwerbsminderung bzw. Erwerbsunfähigkeit aus einer ausländischen gesetzlichen Rentenversicherung. **Die Angabe ist unbedingt erforderlich, sofern unter b) ein Kreuz gesetzt wurde.**

Summe der ausländischen Einnahmen[6, 7] Währung

☐.2023 - ☐.2023 ☐ ☐

c) Angaben zur landwirtschaftlichen Alterskasse

Ich bin pflichtversichert in der landwirtschaftlichen Alterskasse. Meine Mitgliedsnummer der landwirtschaftlichen Alterskasse lautet:

☐[8]

Quelle: Bundeszentralamt für Steuern

Feld für Vertragsnummer des Anbieters

F Kinderzulage

Ich beantrage die Kinderzulage für [ ] Kind/-er.

Bitte füllen Sie hierzu den Ergänzungsbogen - Kinderzulage - aus.

Es müssen im Abschnitt C Angaben zum Ehegatten / Lebenspartner eingetragen werden, sofern *es sich bei den genannten Kindern um Kinder von Eltern handelt, bei denen die nachfolgenden Bedingungen im Beitragsjahr 2024 erfüllt waren:*

- *miteinander verheiratet / Führen einer Lebenspartnerschaft nach dem Lebenspartnerschaftsgesetz*
- *kein dauerhaftes Getrenntleben während des gesamten Beitragsjahres* ***2024***
- *Wohnsitz oder gewöhnlicher Aufenthalt in einem Mitgliedstaat der Europäischen Union oder einem Staat, auf den das Abkommen über den Europäischen Wirtschaftsraum (EWR-Abkommen) anwendbar ist.*

G Bevollmächtigung

Bitte lesen Sie hierzu den Punkt 9 der Erläuterungen zum Antrag auf Altersvorsorgezulage 2024.

Raum für den Anbieter, sich eine Vollmacht erteilen zu lassen.

Dieses Feld ist optional.

Unterschrift nicht vergessen!

Datum (TT.MM.JJJJ) | Antragsteller | gesetzlicher Vertreter / Bevollmächtigter

Datenschutz-Grundverordnung (DSGVO)

Raum für den Anbieter für Hinweise zu seinem Datenschutz

Dieses Feld ist optional.

Quelle: Bundeszentralamt für Steuern

Erläuterungen zum Antrag auf Altersvorsorgezulage 2024

(Die Zahlen beziehen sich auf die entsprechenden hochgestellten Zahlen im Antrag auf Altersvorsorgezulage.)

1 Bitte senden Sie Ihren Antrag auf Altersvorsorgezulage (Zulage) ausgefüllt und unterschrieben an Ihren Anbieter zurück. Bitte beachten Sie dazu nachfolgende Hinweise:

- Jede Person muss einen **eigenen Zulageantrag** stellen unabhängig davon, ob eine unmittelbare oder mittelbare Zulageberechtigung vorliegt.
- Eine einmalig **erhöhte Grundzulage** für unter 25-Jährige (sogenannter „Berufseinsteiger-Bonus") muss nicht gesondert beantragt werden. Diese Zulage wird von der Zentralen Zulagenstelle für Altersvermögen (ZfA) **automatisch ermittelt**.
- Die **maximale Zulage** für das Beitragsjahr 2024 steht Ihnen **nur bei Zahlung des entsprechenden Mindesteigenbeitrages** zu. Grundlage für dessen Berechnung sind z. B. bei Personen, die
  - in der inländischen gesetzlichen Rentenversicherung pflichtversichert sind, die **beitragspflichtigen Einnahmen des Jahres 2023** im Sinne des Sechsten Buches Sozialgesetzbuch. Die beitragspflichtigen Einnahmen entnehmen Sie bitte der vom Arbeitgeber erteilten Bescheinigung (Meldung zur Sozialversicherung).
  - als **Selbständige** versicherungspflichtig sind, (im Regelfall) die Einnahmen in Höhe der Bezugsgröße. In jedem Fall können Sie die beitragspflichtigen Einnahmen der vom Rentenversicherungsträger erteilten Bescheinigung entnehmen. Sind von Ihnen einkommensgerechte Beiträge gezahlt worden, sind die Einkünfte aus dieser Tätigkeit entsprechend dem Einkommensteuerbescheid 2023 (Einkünfte aus Gewerbebetrieb und Einkünfte aus selbständiger Tätigkeit) maßgebend.
- Sofern Sie Altersvorsorgebeiträge zugunsten **mehrerer Verträge** gezahlt haben und für jeden dieser Verträge einen Zulageantrag stellen, ermittelt die ZfA die für Sie höchstmögliche Zulage. Sie wird entsprechend dem Verhältnis der auf diese Verträge geleisteten Eigenbeiträge automatisch verteilt. Die Zulage kann für Sie als unmittelbar zulageberechtigte Person auf höchstens zwei Verträge verteilt werden, für mittelbar zulageberechtigte Personen wird sie nur einem Vertrag zugeordnet.

Ihr Anbieter erfasst die Antragsdaten und übermittelt diese an die ZfA. Die ZfA überweist anschließend die Zulage an Ihren Anbieter. Dieser ist verpflichtet, die Zulage umgehend Ihrem Vertrag gutzuschreiben und Ihnen im Rahmen der jährlich zu erstellenden Bescheinigung nach § 92 Einkommensteuergesetz (EStG) die Höhe der gutgeschriebenen und gegebenenfalls zurückgeforderten Zulagen mitzuteilen. Haben Sie Einwände gegen die Höhe der gezahlten oder zurückgeforderten Zulagen, können Sie innerhalb eines Jahres nach Erteilung dieser Bescheinigung schriftlich oder elektronisch einen Antrag auf Festsetzung der Altersvorsorgezulage an die ZfA richten, sofern Sie nicht bereits einen Festsetzungsbescheid für das entsprechende Beitragsjahr erhalten haben. Im Rahmen des Festsetzungsverfahrens erhalten Sie für das betreffende Beitragsjahr einen Bescheid über das Ergebnis der Festsetzung der Altersvorsorgezulage von der ZfA.

2 Sie sind **unmittelbar zulageberechtigt**, wenn Sie im Jahr 2024 - zumindest zeitweise - in der inländischen gesetzlichen Rentenversicherung pflichtversichert waren. Zu den unmittelbar Zulageberechtigten gehören z. B.

- Arbeitnehmer in einem versicherungspflichtigen Beschäftigungsverhältnis,
- Kindererziehende, für Zeiten der Erziehung eines oder mehrerer Kinder (Kindererziehungszeiten sind beim zuständigen Rentenversicherungsträger zu beantragen),
- geringfügig Beschäftigte, die nicht von der Versicherungspflicht befreit wurden,
- Pflichtversicherte nach dem Gesetz über die Alterssicherung der Landwirte (z. B. neben den versicherungspflichtigen Landwirten auch deren versicherungspflichtige Ehegatten / Lebenspartner sowie ehemalige Landwirte, die unabhängig von einer Tätigkeit als Landwirt oder mithelfender Familienangehöriger versicherungspflichtig sind),
- Bezieher einer Rente wegen voller Erwerbsminderung bzw. Erwerbsunfähigkeit sowie
- Beamte, Richter, Berufssoldaten und diesen gleichgestellte Personen sowie Empfänger von Versorgungsbezügen wegen Dienstunfähigkeit, wenn sie für das Beitragsjahr 2024 spätestens bis zum 31.12.2024 schriftlich oder elektronisch eine **Einwilligung** zur Übermittlung der erforderlichen Daten an die ZfA gegenüber der zuständigen Stelle (z. B. der Dienstherr, der zur Zahlung des Arbeitsentgelts verpflichtete Arbeitgeber oder die die Versorgung anordnende Stelle) abgegeben oder in der Vergangenheit eingewilligt und diese Einwilligung nicht vor Beginn des Beitragsjahres widerrufen haben. Haben Sie diese Frist versäumt, können Sie im Rahmen des Festsetzungsverfahrens (bis zum rechtskräftigen Abschluss des Festsetzungsverfahrens) die Einwilligung gegenüber der zuständigen Stelle noch nachträglich abgeben.

3 Sie sind **mittelbar zulageberechtigt**, wenn folgende Voraussetzungen vorliegen:

- Ihr Ehegatte / Lebenspartner ist unmittelbar zulageberechtigt,
- Ihr Ehegatte / Lebenspartner und Sie
  - hatten im Jahr 2024 - zumindest zeitweise - Ihren Wohnsitz oder gewöhnlichen Aufenthalt in einem Mitgliedstaat der Europäischen Union (EU-Staat) oder einem Staat, auf den das Abkommen über den Europäischen Wirtschaftsraum (EWR-Abkommen) anwendbar ist,
  - haben während des gesamten Jahres 2024 nicht dauernd getrennt gelebt,
  - haben jeweils einen auf Ihren Namen lautenden zertifizierten Vertrag abgeschlossen (§ 5 Altersvorsorgeverträge-Zertifizierungsgesetzes (AltZertG)).
- Sie haben einen Beitrag von mindestens 60 EUR auf Ihren Altersvorsorgevertrag eingezahlt und
- die Auszahlungsphase dieses Vertrags hat noch nicht begonnen.

Für den unmittelbar zulageberechtigten Ehegatten / Lebenspartner muss kein zertifizierter Altersvorsorgevertrag abgeschlossen sein, wenn er stattdessen über eine förderbare betriebliche Altersversorgung im Sinne des § 82 Absatz 2 EstG verfügt. Weitere Voraussetzung für die Zahlung der vollen Zulage ist, dass der unmittelbar zulageberechtigte Ehegatte / Lebenspartner den Mindesteigenbeitrag für das Beitragsjahr gezahlt hat. Gleichzeitig ist es erforderlich, dass er oder sein bevollmächtigter Anbieter einen Antrag auf Altersvorsorgezulage für das Beitragsjahr 2024 stellt und / oder dass er den Sonderausgabenabzug nach § 10a EStG für diesen Beitrag in der Einkommensteuererklärung 2024 geltend gemacht hat und die sich daraus ergebende Steuerermäßigung den Zulageanspruch übersteigt.

Quelle: Bundeszentralamt für Steuern

4 Für die Gewährung der Altersvorsorgezulage ist es **erforderlich**, die elfstellige **steuerliche Identifikationsnummer (IdNr.)** anzugeben. Diese wurde Ihnen vom Bundeszentralamt für Steuern (BZSt) mitgeteilt. Dies gilt ebenfalls für die IdNr. Ihres Ehegatten / Lebenspartners (sofern Angaben zu diesem gemacht wurden). In der Regel finden Sie die IdNr. auf Ihrem Einkommensteuerbescheid oder auf Ihrer Lohnsteuerbescheinigung. Sollte Ihnen die IdNr. nicht vorliegen, können Sie diese beim BZSt erneut anfordern (www.bzst.de; „Privatperson >>Steuerliche Identifikationsnummer >> Wie komme ich an meine IdNr.").

5 Die **Sozialversicherungsnummer** entnehmen Sie bitte Ihrem Sozialversicherungsausweis und / oder dem Nachweis zur Sozialversicherung (Auskünfte hierzu erteilt Ihr Arbeitgeber oder Ihre Personalstelle). Sie haben keine Sozialversicherungsnummer bzw. gehören nicht zum rentenversicherungspflichtigen Personenkreis, dann gilt Folgendes: Beamte und ihnen gleichgestellte Personen beantragen eine Zulagenummer über ihren Dienstherrn bzw. Arbeitgeber oder über die die Versorgung anordnende Stelle. Alle anderen Personen erhalten von der ZfA aufgrund ihrer persönlichen Antragsdaten eine Zulagenummer.

6 Für **bestimmte Personenkreise** werden abweichend vom tatsächlich erzielten Bruttoarbeitsentgelt **besondere** Beträge als beitragspflichtige **Einnahmen** im Sinne der inländischen gesetzlichen Rentenversicherung berücksichtigt. Dazu zählen z. B.:

- Personen, die als Menschen mit Behinderung in Einrichtungen der Jugendhilfe oder in Werkstätten für Menschen mit Behinderungen beschäftigt werden oder
- Personen in Altersteilzeitbeschäftigung oder
- Personen in Kurzarbeit.

Geben Sie bitte in diesen Fällen Ihr tatsächliches Entgelt an, um die Zahlung einer gekürzten Zulage zu vermeiden. Die Höhe der entsprechenden Beträge können Sie aus Ihren Unterlagen entnehmen.

- Bei Personen, die einen Pflegebedürftigen nicht erwerbsmäßig pflegen, ist ein tatsächliches Entgelt von 0 EUR zu berücksichtigen.
- Bei **pflichtversicherten Personen** in **einer ausländischen Rentenversicherung** sind die ausländischen beitragspflichtigen Einnahmen des Jahres 2023 einzutragen.
- **Bezieher einer ausländischen gesetzlichen Erwerbsminderungs- bzw. Erwerbsunfähigkeitsrente** tragen die Höhe der Bruttorente (siehe Punkt 7) ein. Pflichtversicherte Personen in einer ausländischen gesetzlichen Rentenversicherung, die gleichzeitig eine Rente wegen voller Erwerbsminderung bzw. Erwerbsunfähigkeit beziehen, geben bitte die Summe Ihrer Einnahmen an.
- Sofern Sie eine Verdienstausfallentschädigung nach dem Infektionsschutzgesetz (IfSG) erhalten haben, die geringer ist als Ihr ansonsten bezogenes Nettoarbeitsentgelt und die Zulage ggf. aus diesem Grund nicht in voller Höhe gezahlt worden ist, beachten Sie bitte die Ausführungen unter Punkt 1 zur Beantragung einer Festsetzung der Altersvorsorgezulage.

Angaben zu Arbeitslosengeld, Teilarbeitslosengeld, Insolvenzgeld, Übergangsgeld, Krankengeld, Verletztengeld und Versorgungskrankengeld nach dem Bundesversorgungsgesetz sowie zu Kurzarbeitergeld, das von der Bundesagentur für Arbeit gezahlt wird, sind nicht erforderlich, da die ZfA die Höhe dieser tatsächlichen Entgelte bei der Finanzverwaltung erhebt.

7 Der Bruttorentenbetrag ist der Jahresbetrag der Rente vor Abzug der einbehaltenen eigenen Beitragsanteile zur Kranken- und Pflegeversicherung. Nicht diesem Betrag hinzuzurechnen sind Zuschüsse zur Krankenversicherung. Die Höhe der Rente wegen voller Erwerbsminderung bzw. Erwerbsunfähigkeit können Sie dem Rentenbescheid oder der Rentenanpassungsmitteilung entnehmen.

8 Geben Sie bitte unbedingt Ihre Mitgliedsnummer der landwirtschaftlichen Alterskasse an. Angaben zu Einkünften aus Land- und Forstwirtschaft (§ 13 EStG) und / oder einer Rente wegen voller Erwerbsminderung bzw. Erwerbsunfähigkeit nach dem Gesetz über die Alterssicherung der Landwirte, sind nicht erforderlich, da die ZfA diese bei der Finanzverwaltung erhebt.

9 Durch Ihre Bevollmächtigung wird die Zulage in den Folgejahren so lange in Ihrem Namen vom Anbieter bei der ZfA beantragt, bis Sie Ihre Vollmacht widerrufen. Sie sind **verpflichtet**, Ihren Anbieter unverzüglich zu benachrichtigen, wenn eine Änderung der Verhältnisse eintritt, die zu einer Minderung oder zum Wegfall des Zulageanspruchs führt (z. B. Änderung des tatsächlichen Entgelts, Beendigung der Zugehörigkeit zum berechtigten Personenkreis - vgl. Punkte 2 und 3, Änderung im Hinblick auf den Beamtenstatus - vgl. Abschnitt D des Antrags auf Altersvorsorgezulage, Familienstand, Wegfall des Kindergeldes, Anzahl der Kinder, Zuordnung der Kinder, Zuordnung bei mehreren Verträgen).

Abschließende Hinweise:
Die mit dem Antrag auf Altersvorsorgezulage angeforderten Daten werden aufgrund des § 89 EStG erhoben und der ZfA übermittelt. Der Anbieter darf die im Zulageverfahren bekannt gewordenen Verhältnisse der Beteiligten nur für das Verfahren verwerten und sie nur offenbaren, soweit dies gesetzlich zugelassen ist (§ 96 Absatz 6 EStG). Die der ZfA übermittelten Daten dürfen nach § 91 EStG mit den entsprechenden Daten der Träger der Rentenversicherung, der Bundesagentur für Arbeit, der Meldebehörden, der Familienkassen, der landwirtschaftlichen Alterskasse und der Finanzämter im Wege des automatisierten Datenabgleichs geprüft werden. Die beteiligten Stellen haben das Steuergeheimnis nach § 30 der Abgabenordnung zu wahren. Informationen zum Datenschutz in der Deutschen Rentenversicherung Bund/ZfA erhalten Sie unter folgendem Link: https://riester.deutsche-rentenversicherung.de/DE/Service/Footer/Datenschutz/datenschutz_node.html

Weitere Informationen zu Ihrem Zulageantrag, der Zulagenhöhe, dem Zulageverfahren, den berechtigten Personenkreis und zur Geltendmachung des zusätzlichen Sonderausgabenabzugs sind auf der Internetseite der Deutschen Rentenversicherung Bund / ZfA veröffentlicht. Erfahren Sie mehr unter folgendem Link: https://riester.deutsche-rentenversicherung.de/DE/So-geht-Riester/vier-Schritte-bis-zur-Zulage/vier-schritte-bis-zur-zulage.html

Quelle: Bundeszentralamt für Steuern

Anschrift des jeweiligen Anbieters

Feld für Vertragsnummer des Anbieters

Ergänzungsbogen - Kinderzulage
(Bitte dem Antrag auf Altersvorsorgezulage 2024 beifügen)

A Für folgende unten aufgeführte Kinder beantrage ich die Kinderzulage (bitte Abschnitt B beachten):
Erklärung (Bitte kreuzen Sie die Felder nur dann an, wenn die genannten Voraussetzungen auf Sie zutreffen.)
Die bereits erfassten Angaben zu Kind 1 ☐ bzw. Kind 2 ☐ sind **nicht mehr** gültig, da für das **gesamte** Kalenderjahr 2024 **kein** Kindergeld festgesetzt wurde bzw. mir das Kind **nicht mehr** zugeordnet werden soll.

Bereits erfasste Angaben	**Bei Änderungen oder Ergänzungen hier Eintragungen vornehmen**
Kind 1	Umlaute (Ä, ä, Ö, ö, Ü, ü) und ß sind zulässig.
IDENTIFIKATIONSNUMMER[1]	
VORNAME(N)[2]	
NAMENSZUSATZ (z. B. Baroness, Baron, Gräfin)	
VORSATZWORT (z. B. von, auf, der, da, de, del)	
NAME	
GEBURTSDATUM (TT.MM.JJJJ)	
Zuständige Familienkasse / Zahlstelle des Kindergeldes[3]	
Ordnungsmerkmal der Stelle, die das Kindergeld festgesetzt hat[4] (z. B. Kindergeldnummer)	
Zeitraum der Kindergeldfestsetzung VON - BIS (MONAT)	.2024 - .2024
KINDERGELDBERECHTIGTE/R (Eintragung vornehmen, wenn nicht identisch mit Zulageberechtigtem/r) NAME	
VORNAME	

Kind 2	Umlaute (Ä, ä, Ö, ö, Ü, ü) und ß sind zulässig.
IDENTIFIKATIONSNUMMER[1]	
VORNAME(N)[2]	
NAMENSZUSATZ (z. B. Baroness, Baron, Gräfin)	
VORSATZWORT (z. B. von, auf, der, da, de, del)	
NAME	
GEBURTSDATUM (TT.MM.JJJJ)	
Zuständige Familienkasse / Zahlstelle des Kindergeldes[3]	
Ordnungsmerkmal der Stelle, die das Kindergeld festgesetzt hat[4] (z.B. Kindergeldnummer)	
Zeitraum der Kindergeldfestsetzung VON - BIS (MONAT)	.2024 - .2024
KINDERGELDBERECHTIGTE/R (Eintragung vornehmen, wenn nicht identisch mit Zulageberechtigtem/r) NAME	
VORNAME	

Quelle: Bundeszentralamt für Steuern

Feld für Vertragsnummer des Anbieters

B Hinweise und Zuordnung der Kinderzulage

Die Kinderzulage wird grundsätzlich für jedes Kind gewährt, für das gegenüber der / dem Zulageberechtigten für mindestens einen Anspruchszeitraum im Beitragsjahr 2024 Kindergeld festgesetzt worden ist. Die Kinderzulage ist grundsätzlich nicht übertragbar. Zur Ausnahme hinsichtlich Zuordnung und Übertragbarkeit der Kinderzulage siehe den unten stehenden Kasten.

Gibt es für das Beitragsjahr 2024
- nur eine/n Kindergeldberechtigte/n, ist von dieser / diesem der Ergänzungsbogen - Kinderzulage - auszufüllen,
- bei mehreren Kindergeldberechtigten, für die Kindergeld für dasselbe Kind festgesetzt worden ist, steht die Kinderzulage der zulageberechtigten Person zu, zu deren Gunsten für den **ersten** Anspruchszeitraum innerhalb des Beitragsjahres, für das die Zulage beantragt wird, das Kindergeld festgesetzt worden ist. Nur von dieser zulageberechtigten Person ist der Ergänzungsbogen - Kinderzulage - auszufüllen.

  Beispiel: Festsetzung des Kindergeldes für das Kind A
  - für die geschiedene Ehefrau von Januar 2024 bis Mai 2024
  - für den geschiedenen Ehemann von Juni 2024 bis Dezember 2024.

  Folge: Der Ergänzungsbogen - Kinderzulage - ist nur von der geschiedenen Ehefrau auszufüllen.

Bei leiblichen Eltern, Adoptiveltern oder Pflegeeltern, die im Beitragsjahr 2024
- miteinander **verheiratet** sind / eine **Lebenspartnerschaft** nach dem Lebenspartnerschaftsgesetz führen,
- nicht dauernd getrennt leben und
- ihren Wohnsitz oder gewöhnlichen Aufenthalt in einem Mitgliedstaat der Europäischen Union oder einem Staat haben, auf den das Abkommen über den Europäischen Wirtschaftsraum (EWR-Abkommen) anwendbar ist,

wird die Kinderzulage bei miteinander verheirateten Eltern verschiedenen Geschlechts der **Mutter** bzw. bei Eltern gleichen Geschlechts, die miteinander verheiratet sind oder eine Lebenspartnerschaft führen, dem **Ehegatten** / dem **Lebenspartner**, gegenüber dem das **Kindergeld festgesetzt** wurde, zugeordnet. Der Ergänzungsbogen - Kinderzulage - ist in diesem Fall von der Mutter bzw. dem Ehegatten / dem Lebenspartner, gegenüber dem das Kindergeld festgesetzt wurde, auszufüllen, wenn die Kinderzulage **nicht** auf den anderen Elternteil übertragen werden soll.

Übertragung der Kinderzulage auf den Vater bzw. den anderen Ehegatten / den anderen Lebenspartner

Auf Antrag beider Eltern kann die Kinderzulage auf den **Vater** bzw. den **anderen Ehegatten** / den **anderen Lebenspartner** übertragen werden, sofern das Kind auch zu diesem in einem Kindschaftsverhältnis steht und die Eltern nicht dauernd getrennt leben. In diesem Fall ist der Ergänzungsbogen - Kinderzulage - von dem anderen Elternteil auszufüllen. Soll die Kinderzulage auf den Vater bzw. den anderen Ehegatten / den anderen Lebenspartner übertragen werden, muss die Mutter des Kindes bzw. der Ehegatte / der Lebenspartner, gegenüber dem das Kindergeld festgesetzt wurde, zustimmen. Die Übertragung der Kinderzulage muss auch in den Fällen beantragt werden, in denen die Mutter bzw. der Ehegatte / der Lebenspartner, gegenüber dem das Kindergeld festgesetzt wurde, **keinen Anspruch auf Altersvorsorgezulage** hat, weil sie oder er beispielsweise keinen Altersvorsorgevertrag abgeschlossen hat.

Mit der Beantragung der Zulage erklären die Eltern übereinstimmend, dass die Kinderzulage für das unter Abschnitt A genannte

Kind 1 ☐ und / oder Kind 2 ☐

dem Ehemann (Vater des Kindes) bzw. dem anderen Ehegatten / dem anderen Lebenspartner zugeordnet werden soll. Die Erklärung kann für dieses Beitragsjahr nicht zurückgenommen werden und gilt bis auf Widerruf auch für die Folgejahre, wenn **dem Anbieter** eine Vollmacht (vgl. Hinweis 9 in den Erläuterungen zum Antrag auf Altersvorsorgezulage 2024) zur formlosen Antragstellung **vorliegt**. Der Widerruf muss **spätestens am 31. Dezember des Beitragsjahres** vorliegen.

Sollte ein Ergänzungsbogen - Kinderzulage - nicht ausreichen, bitten wir Sie, einen weiteren Ergänzungsbogen auszufüllen und beizufügen. Sie erhalten diesen von Ihrem Anbieter.

C Erläuterungen zum Ergänzungsbogen Kinderzulage 2024

(Die Zahlen beziehen sich auf die entsprechenden hochgestellten Zahlen im Ergänzungsbogen Kinderzulage.)

1 Für die Gewährung der Kinderzulage ist es zwingend **erforderlich**, die Ihnen vom Bundeszentralamt für Steuern (BZSt) mitgeteilte elfstellige steuerliche Identifikationsnummer (IdNr.) Ihres Kindes anzugeben. Sollte Ihnen die IdNr. Ihres Kindes nicht vorliegen, kann diese über das Eingabeformular des BZSt erneut angefordert werden (https://www.bzst.de; hier unter "Privatperson >>Steuerliche Identifikationsnummer >> Wie komme ich an meine IdNr.").

2 Geben Sie bitte bei Doppelnamen die Schreibweise so an, wie Sie sie bei der Beantragung des Kindergeldes gegenüber Ihrer Familienkasse angegeben haben.

3 Die benötigten Angaben finden Sie auf dem Bewilligungsbescheid der Familienkasse oder auf Ihrem Kontoauszug.

4 Bitte achten Sie darauf, den von Ihrer Familienkasse verwendeten Ordnungsbegriff (z. B. Ihre Kindergeldnummer) korrekt anzugeben. Diesen finden Sie auf dem Bewilligungsbescheid der Familienkasse oder auf Ihrem Kontoauszug.

Quelle: Bundeszentralamt für Steuern

Einkommensteuergesetz
Bekanntmachung der Vordruckmuster
für den Antrag auf Altersvorsorgezulage für 2024

Nach § 89 Absatz 1 Einkommensteuergesetz (EStG) ist der Antrag auf Altersvorsorgezulage nach amtlich vorgeschriebenem Vordruck zu stellen. Das Bundesministerium der Finanzen ist nach § 99 Absatz 1 EStG ermächtigt, diesen Vordruck zu bestimmen.

Die Vordruckmuster 2024 mit Erläuterungen werden hiermit bekannt gemacht.
Die Vordruckmuster dürfen maschinell hergestellt werden, wenn sie sämtliche Angaben in der gleichen Reihenfolge enthalten. Abweichende Formate sind zulässig. Anbieter im Sinne des § 80 EStG dürfen die Seiten des Antrags auf Altersvorsorgezulage paginieren, kontrastärmere größere Kästchen bestimmen und die maschinelle Lesbarkeit und damit die OCR-Fähigkeit (insbesondere die Mindestgröße zur OCR) festlegen. Maschinell erstellte Anträge auf Altersvorsorgezulage brauchen von den Anbietern nicht unterschrieben zu werden.

Im Ergänzungsbogen - Kinderzulage - ist ab dem Beitragsjahr 2024 eine Unterschrift in Abschnitt B zur Übertragung der Kinderzulage auf den Ehemann / den anderen Ehegatten / den anderen Lebenspartner für jedes Kind nicht mehr erforderlich, da eine übereinstimmende Erklärung der Eltern hierfür ausreichend ist und diese mit dem Antrag auf Altersvorsorgezulage abgegeben wird.

Folgende Abweichungen werden ausdrücklich zugelassen:

1. Unter der Überschrift „Antrag auf Altersvorsorgezulage" kann der Anbieter die Rufnummer des Kunden abfragen, wobei auf die Freiwilligkeit dieser Angaben hingewiesen werden muss.

2. Zum Abschnitt G

   Der Anbieter kann unter Abschnitt G den Text für eine Bevollmächtigung des Anbieters durch den Anleger für die Inanspruchnahme des Dauerzulageantragsverfahrens und den Text zur Datenschutzgrundverordnung (DSGVO) ergänzen.

3. Das „Feld für Vertragsnummer des Anbieters" auf den Seiten 2, 3 und 4 des Antrags auf Altersvorsorgezulage 2024 ist optional.

4. Zum Ergänzungsbogen - Kinderzulage -

www.bundesfinanzministerium.de

Quelle: Bundeszentralamt für Steuern

Seite 2

a) Die Anzahl der Datenblöcke für Kinder im Abschnitt A ist optional. Für jeden Datenblock in Abschnitt A muss ein entsprechendes Feld zur Übertragung der Kinderzulage in Abschnitt B vorgesehen werden.

b) In Abschnitt A darf der Text
„Die bereits erfassten Angaben zu Kind 1 □ bzw. Kind 2 □ sind nicht mehr gültig, da für das **gesamte** Kalenderjahr 2024 **kein** Kindergeld festgesetzt wurde bzw. mir das Kind nicht mehr zugeordnet werden soll.“

auch wie folgt gefasst werden:

„Die bereits erfassten Angaben zu nachfolgenden Kindern sind nicht mehr gültig, da für das **gesamte** Kalenderjahr 2024 **kein** Kindergeld festgesetzt wurde bzw. mir das Kind nicht mehr zugeordnet werden soll: Kind 1 □ bzw. Kind 2 □.“

Die Vordruckmuster stehen ab sofort für eine Übergangszeit im Internet auf der Homepage des Bundeszentralamtes für Steuern unter der Adresse http://www.bzst.de zum Download bereit.

Berlin, den 13. September 2024
IV C 3 - S 2493/19/10007 :006

Bundesministerium der Finanzen

Im Auftrag
Rochow

Quelle: Bundeszentralamt für Steuern

Anschrift des jeweiligen Anbieters

Feld für Vertragsnummer des Anbieters

2025

Name und Anschrift des Antragstellers

Antrag auf Altersvorsorgezulage

Optionales Feld für Telefonnummer des Antragstellers
- Angabe der Telefonnummer ist freiwillig -

Bitte umgehend an Ihren Anbieter[1] zurücksenden (spätestens bis 31.12.2027)!

A Art der Zulageberechtigung

Ich bin für das Jahr 2025 **unmittelbar** zulageberechtigt.[2]

☐ **Abweichend** hiervon bin ich für das Jahr 2025 **mittelbar** zulageberechtigt.[3]

Bitte füllen Sie in diesem Fall auch unbedingt die Angaben zum Ehegatten / Lebenspartner in Abschnitt C aus.

B Angaben Antragsteller

Bereits erfasste Angaben	Bei Änderungen oder Ergänzungen hier Eintragungen vornehmen
	Umlaute (Ä, ä, Ö, ö, Ü, ü) und ß sind zulässig.
IDENTIFIKATIONSNUMMER[4]	
SOZIALVERSICHERUNGSNUMMER[5] / ZULAGENUMMER	
GESCHLECHT	☐ weiblich ☐ männlich ☐ divers oder laut Geburtenregister ohne Angabe
TITEL (z. B. Dr., Prof.)	
VORNAME(N)	
NAMENSZUSATZ (z. B. Baroness, Baron)	
VORSATZWORT (z. B. von, auf, der, da, del)	
NAME	
GEBURTSORT (ohne PLZ)	
GEBURTSNAME	
GEBURTSDATUM (TT.MM.JJJJ)	
STRAßE / HAUSNUMMER	
PLZ ORT (Wohnsitz)	

Die hochgestellten Zahlen verweisen auf die entsprechenden Abschnitte in den Erläuterungen zum Antrag auf Altersvorsorgezulage 2025.

Quelle: Bundeszentralamt für Steuern

Feld für Vertragsnummer des Anbieters

C Angaben zum Ehegatten / Lebenspartner - Erklärung (falls zutreffend bitte ankreuzen)

Die bereits erfassten Angaben zum Ehegatten / Lebenspartner sind seit dem 01.01.2025 nicht mehr gültig (z. B. Scheidung / Aufhebung der Lebenspartnerschaft).

Bereits erfasste Angaben	**Bei Änderungen oder Ergänzungen hier Eintragungen vornehmen**
	Umlaute (Ä, ä, Ö, ö, Ü, ü) und ß sind zulässig.

IDENTIFIKATIONSNUMMER[4]	
SOZIALVERSICHERUNGSNUMMER[5] / ZULAGENUMMER	
GESCHLECHT	☐ weiblich ☐ männlich ☐ divers oder laut Geburtenregister ohne Angabe
TITEL (z. B. Dr., Prof.)	
VORNAME(N)	
NAMENSZUSATZ (z. B. Baroness, Baron)	
VORSATZWORT (z. B. von, auf, der, da, del)	
NAME	
GEBURTSORT (ohne PLZ)	
GEBURTSNAME	
GEBURTSDATUM (TT.MM.JJJJ)	

D Angaben zu Beamten, Richtern, Berufssoldaten oder diesen gleichgestellten Personen sowie Empfängern von Versorgungsbezügen wegen Dienstunfähigkeit (Personenkreis nach § 10a Absatz 1 Satz 1 Halbsatz 2 und Satz 4 Einkommensteuergesetz)[2]

Gehören Sie zu diesem Personenkreis, lesen Sie sich bitte hierzu den gesamten Abschnitt D aufmerksam durch und setzen ein Kreuz im Feld am Ende dieses Absatzes, wenn die nachfolgend genannten Voraussetzungen auf Sie zutreffen.

Ich war in der Zeit zwischen dem 01.01. und 31.12.2024
- Empfänger von
  - inländischer Besoldung nach dem Bundesbesoldungsgesetz oder einem Landesbesoldungsgesetz
  - Amtsbezügen aus einem inländischen Amtsverhältnis, das eine den Beamten gleichgestellte Versorgung gewährleistet
  - Einnahmen als versicherungsfrei Beschäftigter, dessen Versorgungsrecht eine den Beamten gleichgestellte Versorgung gewährleistet
  - Einnahmen als beurlaubter Beamter mit Anspruch auf Versorgung für die Dauer der Beschäftigung
  - Einnahmen als Minister, Senator, Parlamentarischer Staatssekretär
  - Versorgungsbezügen wegen Dienstunfähigkeit

oder
- eine dieser Personengruppe gleichgestellte Person (z. B. beurlaubte Beamte im zeitlichen Umfang der rentenversicherungspflichtigen Kindererziehungszeiten)

und hatte daneben **keine** rentenversicherungspflichtigen Einnahmen.

☐ Die oben genannten Voraussetzungen treffen auf mich zu.

Haben Sie in diesem Abschnitt ein Kreuz gesetzt, beachten Sie bitte zusätzlich die folgenden weiteren Hinweise:

Bei Beamten und diesen gleichgestellten Personen erhält die Zentrale Zulagenstelle für Altersvermögen (ZfA) die Daten, die sie für die Berechnung der Zulage benötigt, mittels elektronischer Übermittlung von Ihrer zuständigen Stelle. Das ist z. B. der Dienstherr, der zur Zahlung des Arbeitsentgelts verpflichtete Arbeitgeber oder die die Versorgung anordnende Stelle.

Für diese Datenübermittlung müssen Sie **schriftlich oder elektronisch** eine **Einwilligungserklärung** gegenüber Ihrer zuständigen Stelle abgeben[2]. Beachten Sie bitte, dass die erneute Abgabe einer Einwilligungserklärung in jedem Fall bei einem Wechsel des Dienstherrn notwendig ist.

Der nachfolgende Abschnitt E ist in diesem Fall für Sie nicht relevant.

Quelle: Bundeszentralamt für Steuern

Feld für Vertragsnummer des Anbieters

E Angaben über die Art und Höhe der maßgebenden Einnahmen, wenn Sie unmittelbar zulageberechtigt[2] sind

Hatten Sie im Jahr 2024 beitragspflichtige Einnahmen aus einem inländischen gesetzlichen rentenversicherungspflichtigen Beschäftigungsverhältnis und / oder haben Sie eine Rente wegen voller Erwerbsminderung bzw. Erwerbsunfähigkeit von der **deutschen gesetzlichen Rentenversicherung** erhalten, erhebt die ZfA die Höhe dieser Einnahmen bei Ihrem Rentenversicherungsträger; hierzu sind keine Angaben erforderlich. Haben Sie im Jahr 2024 Entgeltersatzleistungen (z. B. Kranken- oder Arbeitslosengeld; Kurzarbeitergeld, das von der Bundesagentur für Arbeit gezahlt wird) bezogen, erhebt die ZfA die Höhe dieser Einnahmen bei der Finanzverwaltung; hierzu sind ebenfalls keine Angaben erforderlich.
Füllen Sie bitte die nachfolgenden Felder a) bis c) nur dann aus, wenn Sie im Jahr 2024 Einnahmen hatten, die unter den folgenden Punkten aufgeführt sind:

Punkt a) Sie haben ein **tatsächliches Entgelt** (z. B. bei Altersteilzeit oder aus einer Beschäftigung in einer Werkstatt für Menschen mit Behinderung; Kurzarbeitergeld, das vom Arbeitgeber gezahlt wird) erzielt.

Punkt b) Sie unterlagen einer ausländischen gesetzlichen Rentenversicherungspflicht und haben ausländische Einnahmen erzielt und / oder erhielten aus einer **ausländischen gesetzlichen Rentenversicherung** eine Rente wegen voller Erwerbsminderung bzw. Erwerbsunfähigkeit.

Punkt c) Sie sind pflichtversichert in der **landwirtschaftlichen Alterskasse** und haben Einkünfte aus Land- und Forstwirtschaft erzielt bzw. von dort Ihre Rente wegen voller Erwerbsminderung bzw. Erwerbsunfähigkeit bezogen.

a) Angaben zum tatsächlichen Entgelt

Haben Sie im Jahr 2024 vorübergehend oder dauerhaft ein tatsächliches Entgelt erzielt, das von dem bei dem Rentenversicherungsträger zugrunde gelegten Entgelt - den beitragspflichtigen Einnahmen - abweicht (z. B. bei Altersteilzeit oder aus einer Beschäftigung in einer Werkstatt für Menschen mit Behinderung; Kurzarbeitergeld, das vom Arbeitgeber gezahlt wird)[6], geben Sie hier bitte nachfolgend Ihr tatsächlich erzieltes Entgelt an. Die Angaben dienen der Berechnung der Zulagen.

Zeitraum von - bis (Monat)	Tatsächliches Entgelt[6]
__ 2024 - __ 2024	________ EUR

b) Angaben zu ausländischen Einnahmen und / oder einer Rente wegen voller Erwerbsminderung bzw. Erwerbsunfähigkeit aus einer ausländischen gesetzlichen Rentenversicherung

☐ Ich übte im Jahr **2025** eine Beschäftigung aus, die einer ausländischen gesetzlichen Rentenversicherungspflicht unterlag und / oder erhielt eine Rente wegen voller Erwerbsminderung bzw. Erwerbsunfähigkeit aus einer ausländischen gesetzlichen Rentenversicherung.

Ich bezog im Kalenderjahr **2024** Einnahmen aus einer Beschäftigung, die einer ausländischen gesetzlichen Rentenversicherungspflicht unterlag und / oder erhielt eine Rente wegen voller Erwerbsminderung bzw. Erwerbsunfähigkeit aus einer ausländischen gesetzlichen Rentenversicherung. **Die Angabe ist unbedingt erforderlich, sofern unter b) ein Kreuz gesetzt wurde.**

Zeitraum von - bis (Monat)	Summe der ausländischen Einnahmen[6, 7]	Währung
__ 2024 - __ 2024	________	___

c) Angaben zur landwirtschaftlichen Alterskasse

Ich bin pflichtversichert in der landwirtschaftlichen Alterskasse. Meine Mitgliedsnummer der landwirtschaftlichen Alterskasse lautet:

__________ [8]

Quelle: Bundeszentralamt für Steuern

Feld für Vertragsnummer des Anbieters

F Kinderzulage

Ich beantrage die Kinderzulage für [ ] Kind/-er.

Bitte füllen Sie hierzu den Ergänzungsbogen - Kinderzulage - aus.

Es müssen im Abschnitt C Angaben zum Ehegatten / Lebenspartner eingetragen werden, sofern *es sich bei den genannten Kindern um Kinder von Eltern handelt, bei denen die nachfolgenden Bedingungen im Beitragsjahr 2025 erfüllt waren:*

- *miteinander verheiratet / Führen einer Lebenspartnerschaft nach dem Lebenspartnerschaftsgesetz*
- *kein dauerhaftes Getrenntleben während des gesamten Beitragsjahres **2025***
- *Wohnsitz oder gewöhnlicher Aufenthalt in einem Mitgliedstaat der Europäischen Union oder einem Staat, auf den das Abkommen über den Europäischen Wirtschaftsraum (EWR-Abkommen) anwendbar ist.*

G Bevollmächtigung

Bitte lesen Sie hierzu den Punkt 9 der Erläuterungen zum Antrag auf Altersvorsorgezulage 2025.

Raum für den Anbieter, sich eine Vollmacht erteilen zu lassen.

Dieses Feld ist optional.

Unterschrift nicht vergessen!

[ ].[ ].[ ]

Datum (TT.MM.JJJJ) | Antragsteller | gesetzlicher Vertreter / Bevollmächtigter

Datenschutz-Grundverordnung (DSGVO)

Raum für den Anbieter für Hinweise zu seinem Datenschutz

Dieses Feld ist optional.

Quelle: Bundeszentralamt für Steuern

Erläuterungen zum Antrag auf Altersvorsorgezulage 2025
(Die Zahlen beziehen sich auf die entsprechenden hochgestellten Zahlen im Antrag auf Altersvorsorgezulage.)

1 Bitte senden Sie Ihren Antrag auf Altersvorsorgezulage (Zulage) ausgefüllt und unterschrieben an Ihren Anbieter zurück. Bitte beachten Sie dazu nachfolgende Hinweise:
- Jede Person muss einen **eigenen Zulageantrag** stellen unabhängig davon, ob eine unmittelbare oder mittelbare Zulageberechtigung vorliegt.
- Eine einmalig **erhöhte Grundzulage** für unter 25-Jährige (sogenannter „Berufseinsteiger-Bonus") muss nicht gesondert beantragt werden. Diese Zulage wird von der Zentralen Zulagenstelle für Altersvermögen (ZfA) **automatisch ermittelt**.
- Die **maximale Zulage** für das Beitragsjahr 2025 steht Ihnen **nur bei Zahlung des entsprechenden Mindesteigenbeitrages** zu. Grundlage für dessen Berechnung sind z. B. bei Personen, die
  - in der inländischen gesetzlichen Rentenversicherung pflichtversichert sind, die **beitragspflichtigen Einnahmen des Jahres 2024** im Sinne des Sechsten Buches Sozialgesetzbuch. Die beitragspflichtigen Einnahmen entnehmen Sie bitte der vom Arbeitgeber erteilten Bescheinigung (Meldung zur Sozialversicherung).
  - als **Selbständige** versicherungspflichtig sind, (im Regelfall) die Einnahmen in Höhe der Bezugsgröße. In jedem Fall können Sie die beitragspflichtigen Einnahmen der vom Rentenversicherungsträger erteilten Bescheinigung entnehmen. Sind von Ihnen einkommensgerechte Beiträge gezahlt worden, sind die Einkünfte aus dieser Tätigkeit entsprechend dem Einkommensteuerbescheid 2024 (Einkünfte aus Gewerbebetrieb und Einkünfte aus selbständiger Tätigkeit) maßgebend.
- Sofern Sie Altersvorsorgebeiträge zugunsten **mehrerer Verträge** gezahlt haben und für jeden dieser Verträge einen Zulageantrag stellen, ermittelt die ZfA die für Sie höchstmögliche Zulage. Sie wird entsprechend dem Verhältnis der auf diese Verträge geleisteten Eigenbeiträge automatisch verteilt. Die Zulage kann für Sie als unmittelbar zulageberechtigte Person auf höchstens zwei Verträge verteilt werden, für mittelbar zulageberechtigte Personen wird sie nur einem Vertrag zugeordnet.

Ihr Anbieter erfasst die Antragsdaten und übermittelt diese an die ZfA. Die ZfA überweist anschließend die Zulage an Ihren Anbieter. Dieser ist verpflichtet, die Zulage umgehend Ihrem Vertrag gutzuschreiben und Ihnen im Rahmen der jährlich zu erstellenden Bescheinigung nach § 92 Einkommensteuergesetz (EStG) die Höhe der gutgeschriebenen und gegebenenfalls zurückgeforderten Zulagen mitzuteilen. Haben Sie Einwände gegen die Höhe der gezahlten oder zurückgeforderten Zulagen, können Sie innerhalb eines Jahres nach Erteilung dieser Bescheinigung schriftlich oder elektronisch einen Antrag auf Festsetzung der Altersvorsorgezulage an die ZfA richten, sofern Sie nicht bereits einen Festsetzungsbescheid für das entsprechende Beitragsjahr erhalten haben. Im Rahmen des Festsetzungsverfahrens erhalten Sie für das betreffende Beitragsjahr einen Bescheid über das Ergebnis der Festsetzung der Altersvorsorgezulage von der ZfA.

2 Sie sind **unmittelbar zulageberechtigt**, wenn Sie im Jahr 2025 - zumindest zeitweise - in der inländischen gesetzlichen Rentenversicherung pflichtversichert waren. Zu den unmittelbar Zulageberechtigten gehören z. B.
- Arbeitnehmer in einem versicherungspflichtigen Beschäftigungsverhältnis,
- Kindererziehende, für Zeiten der Erziehung eines oder mehrerer Kinder (Kindererziehungszeiten sind beim zuständigen Rentenversicherungsträger zu beantragen),
- geringfügig Beschäftigte, die nicht von der Versicherungspflicht befreit wurden,
- Pflichtversicherte nach dem Gesetz über die Alterssicherung der Landwirte (z. B. neben den versicherungspflichtigen Landwirten auch deren versicherungspflichtige Ehegatten / Lebenspartner sowie ehemalige Landwirte, die unabhängig von einer Tätigkeit als Landwirt oder mithelfender Familienangehöriger versicherungspflichtig sind),
- Bezieher einer Rente wegen voller Erwerbsminderung bzw. Erwerbsunfähigkeit sowie
- Beamte, Richter, Berufssoldaten und diesen gleichgestellte Personen sowie Empfänger von Versorgungsbezügen wegen Dienstunfähigkeit, wenn sie für das Beitragsjahr 2025 spätestens bis zum 31.12.2025 schriftlich oder elektronisch eine **Einwilligung** zur Übermittlung der erforderlichen Daten an die ZfA gegenüber der zuständigen Stelle (z. B. der Dienstherr, der zur Zahlung des Arbeitsentgelts verpflichtete Arbeitgeber oder die die Versorgung anordnende Stelle) abgegeben oder in der Vergangenheit eingewilligt und diese Einwilligung nicht vor Beginn des Beitragsjahres widerrufen haben. Haben Sie diese Frist versäumt, können Sie im Rahmen des Festsetzungsverfahrens oder Einspruchsverfahrens (bis zum rechtskräftigen Abschluss des jeweiligen Verfahrens) die Einwilligung gegenüber der zuständigen Stelle noch nachträglich abgeben.

3 Sie sind **mittelbar zulageberechtigt**, wenn folgende Voraussetzungen vorliegen:
- Ihr Ehegatte / Lebenspartner ist unmittelbar zulageberechtigt,
- Ihr Ehegatte / Lebenspartner und Sie
  - hatten im Jahr 2025 - zumindest zeitweise - Ihren Wohnsitz oder gewöhnlichen Aufenthalt in einem Mitgliedstaat der Europäischen Union (EU-Staat) oder einem Staat, auf den das Abkommen über den Europäischen Wirtschaftsraum (EWR-Abkommen) anwendbar ist,
  - haben während des gesamten Jahres 2025 nicht dauernd getrennt gelebt,
  - haben jeweils einen auf Ihren Namen lautenden zertifizierten Vertrag abgeschlossen (§ 5 Altersvorsorgeverträge-Zertifizierungsgesetzes (AltZertG)).
- Sie haben einen Beitrag von mindestens 60 EUR auf Ihren Altersvorsorgevertrag eingezahlt und
- die Auszahlungsphase dieses Vertrags hat noch nicht begonnen.

Für den unmittelbar zulageberechtigten Ehegatten / Lebenspartner muss kein zertifizierter Altersvorsorgevertrag abgeschlossen sein, wenn er stattdessen über eine förderbare betriebliche Altersversorgung im Sinne des § 82 Absatz 2 EstG verfügt. Weitere Voraussetzung für die Zahlung der vollen Zulage ist, dass der unmittelbar zulageberechtigte Ehegatte / Lebenspartner den Mindesteigenbeitrag für das Beitragsjahr gezahlt hat. Gleichzeitig ist es erforderlich, dass er oder sein bevollmächtigter Anbieter einen Antrag auf Altersvorsorgezulage für das Beitragsjahr 2025 stellt und / oder dass er den Sonderausgabenabzug nach § 10a EStG für diesen Beitrag in der Einkommensteuererklärung 2025 geltend gemacht hat und die sich daraus ergebende Steuerermäßigung den Zulageanspruch übersteigt.

Quelle: Bundeszentralamt für Steuern

4 Für die Gewährung der Altersvorsorgezulage ist es **erforderlich,** die elfstellige **steuerliche Identifikationsnummer (IdNr.)** anzugeben. Diese wurde Ihnen vom Bundeszentralamt für Steuern (BZSt) mitgeteilt. Dies gilt ebenfalls für die IdNr. Ihres Ehegatten / Lebenspartners (sofern Angaben zu diesem gemacht wurden). In der Regel finden Sie die IdNr. auf Ihrem Einkommensteuerbescheid oder auf Ihrer Lohnsteuerbescheinigung. Sollte Ihnen die IdNr. nicht vorliegen, können Sie diese beim BZSt erneut anfordern (www.bzst.de; „Privatperson >>Steuerliche Identifikationsnummer >> Wie komme ich an meine IdNr.").

5 Die **Sozialversicherungsnummer** entnehmen Sie bitte Ihrem Sozialversicherungsausweis und / oder dem Nachweis zur Sozialversicherung (Auskünfte hierzu erteilt Ihr Arbeitgeber oder Ihre Personalstelle). Sie haben keine Sozialversicherungsnummer bzw. gehören nicht zum rentenversicherungspflichtigen Personenkreis, dann gilt Folgendes: Beamte und ihnen gleichgestellte Personen beantragen eine Zulagenummer über ihren Dienstherrn bzw. Arbeitgeber oder über die die Versorgung anordnende Stelle. Alle anderen Personen erhalten von der ZfA aufgrund ihrer persönlichen Antragsdaten eine Zulagenummer.

6 Für **bestimmte Personenkreise** werden abweichend vom tatsächlich erzielten Bruttoarbeitsentgelt **besondere** Beträge als beitragspflichtige **Einnahmen** im Sinne der inländischen gesetzlichen Rentenversicherung berücksichtigt. Dazu zählen z. B.:

- Personen, die als Menschen mit Behinderung in Einrichtungen der Jugendhilfe oder in Werkstätten für Menschen mit Behinderungen beschäftigt werden oder
- Personen in Altersteilzeitbeschäftigung oder
- Personen in Kurzarbeit.

Geben Sie bitte in diesen Fällen Ihr tatsächliches Entgelt an, um die Zahlung einer gekürzten Zulage zu vermeiden. Die Höhe der entsprechenden Beträge können Sie aus Ihren Unterlagen entnehmen.

- Bei Personen, die einen Pflegebedürftigen nicht erwerbsmäßig pflegen, ist ein tatsächliches Entgelt von 0 EUR zu berücksichtigen. Eine Angabe ist in diesem Fall nicht erforderlich, da dieser Wert vom Träger der gesetzlichen Rentenversicherung erhoben wird.
- Bei **pflichtversicherten Personen** in **einer ausländischen Rentenversicherung** sind die ausländischen beitragspflichtigen Einnahmen des Jahres 2024 einzutragen.
- **Bezieher einer ausländischen gesetzlichen Erwerbsminderungs- bzw. Erwerbsunfähigkeitsrente** tragen die Höhe der Bruttorente (siehe Punkt 7) ein. Pflichtversicherte Personen in einer ausländischen gesetzlichen Rentenversicherung, die gleichzeitig eine Rente wegen voller Erwerbsminderung bzw. Erwerbsunfähigkeit beziehen, geben bitte die Summe Ihrer Einnahmen an.
- Sofern Sie eine Verdienstausfallentschädigung nach dem Infektionsschutzgesetz (IfSG) erhalten haben, die geringer ist als Ihr ansonsten bezogenes Nettoarbeitsentgelt und die Zulage ggf. aus diesem Grund nicht in voller Höhe gezahlt worden ist, beachten Sie bitte die Ausführungen unter Punkt 1 zur Beantragung einer Festsetzung der Altersvorsorgezulage.

Angaben zu Arbeitslosengeld, Teilarbeitslosengeld, Insolvenzgeld, Übergangsgeld, Krankengeld, Verletztengeld und Versorgungskrankengeld nach dem Bundesversorgungsgesetz sowie zu Kurzarbeitergeld, das von der Bundesagentur für Arbeit gezahlt wird, sind nicht erforderlich, da die ZfA die Höhe dieser tatsächlichen Entgelte bei der Finanzverwaltung erhebt.

7 Der Bruttorentenbetrag ist der Jahresbetrag der Rente vor Abzug der einbehaltenen eigenen Beitragsanteile zur Kranken- und Pflegeversicherung. Nicht diesem Betrag hinzuzurechnen sind Zuschüsse zur Krankenversicherung. Die Höhe der Rente wegen voller Erwerbsminderung bzw. Erwerbsunfähigkeit können Sie dem Rentenbescheid oder der Rentenanpassungsmitteilung entnehmen.

8 Geben Sie bitte unbedingt Ihre Mitgliedsnummer der landwirtschaftlichen Alterskasse an. Angaben zu Einkünften aus Land- und Forstwirtschaft (§ 13 EStG) und / oder einer Rente wegen voller Erwerbsminderung bzw. Erwerbsunfähigkeit nach dem Gesetz über die Alterssicherung der Landwirte, sind nicht erforderlich, da die ZfA diese bei der Finanzverwaltung erhebt.

9 Durch Ihre Bevollmächtigung wird die Zulage in den Folgejahren solange in Ihrem Namen vom Anbieter bei der ZfA beantragt, bis Sie Ihre Vollmacht widerrufen. Sie sind **verpflichtet**, Ihren Anbieter unverzüglich zu benachrichtigen, wenn eine Änderung der Verhältnisse eintritt, die zu einer Minderung oder zum Wegfall des Zulageanspruchs führt (z. B. Änderung des tatsächlichen Entgelts, Beendigung der Zugehörigkeit zum berechtigten Personenkreis - vgl. Punkte 2 und 3, Änderung im Hinblick auf den Beamtenstatus - vgl. Abschnitt D des Antrags auf Altersvorsorgezulage, Familienstand, Wegfall des Kindergeldes, Anzahl der Kinder, Zuordnung der Kinder, Zuordnung bei mehreren Verträgen).

Abschließende Hinweise:
Die mit dem Antrag auf Altersvorsorgezulage angeforderten Daten werden aufgrund des § 89 EStG erhoben und der ZfA übermittelt. Der Anbieter darf die im Zulageverfahren bekannt gewordenen Verhältnisse der Beteiligten nur für das Verfahren verwerten und sie nur offenbaren, soweit dies gesetzlich zugelassen ist (§ 96 Absatz 6 EStG). Die der ZfA übermittelten Daten dürfen nach § 91 EStG mit den entsprechenden Daten der Träger der Rentenversicherung, der Bundesagentur für Arbeit, der Meldebehörden, der Familienkassen, der landwirtschaftlichen Alterskasse und der Finanzämter im Wege des automatisierten Datenabgleichs geprüft werden. Die beteiligten Stellen haben das Steuergeheimnis nach § 30 der Abgabenordnung zu wahren. Informationen zum Datenschutz in der Deutschen Rentenversicherung Bund/ZfA erhalten Sie unter folgendem Link: https://riester.deutsche-rentenversicherung.de/DE/Service/Footer/Datenschutz/datenschutz_node.html

Weitere Informationen zu Ihrem Zulageantrag, der Zulagenhöhe, dem Zulageverfahren, den berechtigten Personenkreis und zur Geltendmachung des zusätzlichen Sonderausgabenabzugs sind auf der Internetseite der Deutschen Rentenversicherung Bund / ZfA veröffentlicht. Erfahren Sie mehr unter folgendem Link: https://riester.deutsche-rentenversicherung.de/DE/So-geht-Riester/vier-Schritte-bis-zur-Zulage/vier-schritte-bis-zur-zulage.html

Quelle: Bundeszentralamt für Steuern

Anschrift des jeweiligen Anbieters

Feld für Vertragsnummer des Anbieters

Ergänzungsbogen – Kinderzulage
(Bitte dem Antrag auf Altersvorsorgezulage 2025 beifügen)

A Für folgende unten aufgeführte Kinder beantrage ich die Kinderzulage (bitte Abschnitt B beachten):
Erklärung (Bitte kreuzen Sie die Felder nur dann an, wenn die genannten Voraussetzungen auf Sie zutreffen.)

Die bereits erfassten Angaben zu Kind 1 ☐ bzw. Kind 2 ☐ sind **nicht mehr** gültig, da für das **gesamte** Kalenderjahr 2025 **kein** Kindergeld festgesetzt wurde bzw. mir das Kind **nicht mehr** zugeordnet werden soll.

Bitte füllen Sie unbedingt die Angaben zum Ehegatten / Lebenspartner im Abschnitt C des Antrags auf Altersvorsorgezulage aus, sofern die Kinderzulage dem Vater bzw. dem anderen Ehegatten / dem anderen Lebenspartner zugeordnet werden soll oder der Kindergeldberechtigte nicht identisch mit dem Zulageberechtigten ist.

Bereits erfasste Angaben	**Bei Änderungen oder Ergänzungen hier Eintragungen vornehmen**
Kind 1	Umlaute (Ä, ä, Ö, ö, Ü, ü) und ß sind zulässig.
IDENTIFIKATIONSNUMMER[1]	
VORNAME(N)[2]	
NAMENSZUSATZ (z. B. Baroness, Baron)	
VORSATZWORT (z. B. von, auf, der, da, del)	
NAME	
GEBURTSDATUM (TT.MM.JJJJ)	
KINDERGELDNUMMER[3]	

Kind 2	Umlaute (Ä, ä, Ö, ö, Ü, ü) und ß sind zulässig.
IDENTIFIKATIONSNUMMER[1]	
VORNAME(N)[2]	
NAMENSZUSATZ (z. B. Baroness, Baron)	
VORSATZWORT (z. B. von, auf, der, da, del)	
NAME	
GEBURTSDATUM (TT.MM.JJJJ)	
KINDERGELDNUMMER[3]	

Sollte ein Ergänzungsbogen - Kinderzulage - nicht ausreichen, bitten wir Sie, einen weiteren Ergänzungsbogen auszufüllen und beizufügen. Sie erhalten diesen von Ihrem Anbieter.

Quelle: Bundeszentralamt für Steuern

Feld für Vertragsnummer des Anbieters

B Hinweise und Zuordnung der Kinderzulage

Die Kinderzulage wird grundsätzlich für jedes Kind gewährt, für das gegenüber der / dem Zulageberechtigten für mindestens einen Anspruchszeitraum im Beitragsjahr 2025 Kindergeld festgesetzt worden ist. Die Kinderzulage ist grundsätzlich nicht übertragbar. Zur Ausnahme hinsichtlich Zuordnung und Übertragbarkeit der Kinderzulage siehe den unten stehenden Kasten.

Gibt es für das Beitragsjahr 2025

- nur eine/n Kindergeldberechtigte/n, ist von dieser / diesem der Ergänzungsbogen - Kinderzulage - auszufüllen,
- bei mehreren Kindergeldberechtigten, für die Kindergeld für dasselbe Kind festgesetzt worden ist, steht die Kinderzulage der zulageberechtigten Person zu, zu deren Gunsten für den **ersten** Anspruchszeitraum innerhalb des Beitragsjahres, für das die Zulage beantragt wird, das Kindergeld festgesetzt worden ist. Nur von dieser zulageberechtigten Person ist der Ergänzungsbogen - Kinderzulage - auszufüllen.

Beispiel: Festsetzung des Kindergeldes für das Kind A
- für die geschiedene Ehefrau von Januar 2025 bis Mai 2025
- für den geschiedenen Ehemann von Juni 2025 bis Dezember 2025.

Folge: Der Ergänzungsbogen - Kinderzulage - ist nur von der geschiedenen Ehefrau auszufüllen.

Bei leiblichen Eltern, Adoptiveltern oder Pflegeeltern, die im Beitragsjahr 2025

- miteinander **verheiratet** sind / eine **Lebenspartnerschaft** nach dem Lebenspartnerschaftsgesetz führen,
- nicht dauernd getrennt leben und
- ihren Wohnsitz oder gewöhnlichen Aufenthalt in einem Mitgliedstaat der Europäischen Union oder einem Staat haben, auf den das Abkommen über den Europäischen Wirtschaftsraum (EWR-Abkommen) anwendbar ist,

wird die Kinderzulage bei miteinander verheirateten Eltern verschiedenen Geschlechts der **Mutter** bzw. bei Eltern gleichen Geschlechts, die miteinander verheiratet sind oder eine Lebenspartnerschaft führen, dem **Ehegatten** / dem **Lebenspartner**, gegenüber dem das **Kindergeld festgesetzt** wurde, zugeordnet. Der Ergänzungsbogen - Kinderzulage - ist in diesem Fall von der Mutter bzw. dem Ehegatten / dem Lebenspartner, gegenüber dem das Kindergeld festgesetzt wurde, auszufüllen, wenn die Kinderzulage **nicht** auf den anderen Elternteil übertragen werden soll.

Übertragung der Kinderzulage auf den Vater bzw. den anderen Ehegatten / den anderen Lebenspartner

Auf Antrag beider Eltern kann die Kinderzulage auf den **Vater** bzw. den **anderen Ehegatten /** den **anderen Lebenspartner** übertragen werden, sofern das Kind auch zu diesem in einem Kindschaftsverhältnis steht **und die Eltern nicht dauernd getrennt leben**. In diesem Fall ist der Ergänzungsbogen - Kinderzulage - von dem anderen Elternteil auszufüllen. Soll die Kinderzulage auf den Vater bzw. den anderen Ehegatten / den anderen Lebenspartner übertragen werden, muss die Mutter des Kindes bzw. der Ehegatte / der Lebenspartner, gegenüber dem das Kindergeld festgesetzt wurde, zustimmen. Die Übertragung der Kinderzulage muss auch in den Fällen beantragt werden, in denen die Mutter bzw. der Ehegatte / der Lebenspartner, gegenüber dem das Kindergeld festgesetzt wurde, **keinen Anspruch auf Altersvorsorgezulage** hat, weil sie oder er beispielsweise keinen Altersvorsorgevertrag abgeschlossen hat.

Mit der Beantragung der Zulage erklären die Eltern übereinstimmend, dass die Kinderzulage für das unter Abschnitt A genannte

Kind 1 ☐ und / oder Kind 2 ☐

dem Ehemann (Vater des Kindes) bzw. dem anderen Ehegatten / dem anderen Lebenspartner zugeordnet werden soll. Die Erklärung kann für dieses Beitragsjahr nicht zurückgenommen werden und gilt bis auf Widerruf auch für die Folgejahre, wenn **dem Anbieter** eine Vollmacht (vgl. Hinweis 9 in den Erläuterungen zum Antrag auf Altersvorsorgezulage 2025) zur formlosen Antragstellung vorliegt. Der Widerruf muss **spätestens am 31. Dezember des Beitragsjahres** vorliegen. Eine gemeinsame Erklärung zur Übertragung der Kinderzulage verliert ihre Wirkung mit dem Beitragsjahr, in dem die Voraussetzungen des § 26 Absatz 1 EStG nicht mehr vorliegen. Dies ist beispielsweise dann der Fall, wenn die Ehegatten im gesamten Beitragsjahr dauernd getrennt gelebt haben.

C Erläuterungen zum Ergänzungsbogen - Kinderzulage 2025

(Die Zahlen beziehen sich auf die entsprechenden hochgestellten Zahlen im Ergänzungsbogen Kinderzulage.)

1 Für die Gewährung der Kinderzulage ist es zwingend erforderlich, die Ihnen vom Bundeszentralamt für Steuern (BZSt) mitgeteilte elfstellige steuerliche Identifikationsnummer (IdNr.) Ihres Kindes anzugeben. Sollte Ihnen die IdNr. Ihres Kindes nicht vorliegen, kann diese über das Eingabeformular des BZSt erneut angefordert werden (www.bzst.de; hier unter "Privatperson >> Steuerliche Identifikationsnummer >> Wie komme ich an meine IdNr.").

2 Geben Sie bitte bei Doppelnamen die Schreibweise so an, wie Sie sie bei der Beantragung des Kindergeldes gegenüber Ihrer Familienkasse angegeben haben. Sie finden diese Information auch auf dem Festsetzungsbescheid der Familienkasse.

3 Bitte achten Sie darauf, Ihre aktuelle Kindergeldnummer korrekt anzugeben. Diese finden Sie auf dem Festsetzungsbescheid der Familienkasse oder auf Ihrem Kontoauszug.

Quelle: Bundeszentralamt für Steuern

Einkommensteuergesetz
Bekanntmachung der Vordruckmuster
für den Antrag auf Altersvorsorgezulage für 2025

Nach § 89 Absatz 1 Einkommensteuergesetz (EStG) ist der Antrag auf Altersvorsorgezulage nach amtlich vorgeschriebenem Vordruck zu stellen. Das Bundesministerium der Finanzen ist nach § 99 Absatz 1 EStG ermächtigt, diesen Vordruck zu bestimmen.

Die Vordruckmuster 2025 mit Erläuterungen werden hiermit bekannt gemacht.
Die Vordruckmuster dürfen maschinell hergestellt werden, wenn sie sämtliche Angaben in der gleichen Reihenfolge enthalten. Abweichende Formate sind zulässig. Anbieter im Sinne des § 80 EStG dürfen die Seiten des Antrags auf Altersvorsorgezulage paginieren, kontrastärmere größere Kästchen bestimmen und die maschinelle Lesbarkeit und damit die OCR-Fähigkeit (insbesondere die Mindestgröße zur OCR) festlegen. Maschinell erstellte Anträge auf Altersvorsorgezulage brauchen von den Anbietern nicht unterschrieben zu werden.

Im Ergänzungsbogen - Kinderzulage - ist eine Unterschrift in Abschnitt B zur Übertragung der Kinderzulage auf den Ehemann / den anderen Ehegatten / den anderen Lebenspartner für jedes Kind nicht mehr erforderlich, da eine übereinstimmende Erklärung der Eltern hierfür ausreichend ist und diese mit dem Antrag auf Altersvorsorgezulage abgegeben wird.

Folgende Abweichungen werden ausdrücklich zugelassen:

1. Unter der Überschrift „Antrag auf Altersvorsorgezulage“ kann der Anbieter die Rufnummer des Kunden abfragen, wobei auf die Freiwilligkeit dieser Angaben hingewiesen werden muss.

2. Zum Abschnitt G

   Der Anbieter kann unter Abschnitt G den Text für eine Bevollmächtigung des Anbieters durch den Anleger für die Inanspruchnahme des Dauerzulageantragsverfahrens und den Text zur Datenschutzgrundverordnung (DSGVO) ergänzen.

3. Das „Feld für Vertragsnummer des Anbieters“ auf den Seiten 2, 3 und 4 des Antrags auf Altersvorsorgezulage 2025 ist optional.

4. Zum Ergänzungsbogen - Kinderzulage -

   a) Die Anzahl der Datenblöcke für Kinder im Abschnitt A ist optional. Für jeden Datenblock in Abschnitt A muss ein entsprechendes Feld zur Übertragung der Kinderzulage in Abschnitt B vorgesehen werden.

   b) In Abschnitt A darf der Text

Quelle: Bundeszentralamt für Steuern

„Die bereits erfassten Angaben zu Kind 1 □ bzw. Kind 2 □ sind nicht mehr gültig, da für das **gesamte** Kalenderjahr 2025 **kein** Kindergeld festgesetzt wurde bzw. mir das Kind nicht mehr zugeordnet werden soll."

auch wie folgt gefasst werden:

„Die bereits erfassten Angaben zu nachfolgenden Kindern sind nicht mehr gültig, da für das **gesamte** Kalenderjahr 2025 **kein** Kindergeld festgesetzt wurde bzw. mir das Kind nicht mehr zugeordnet werden soll: Kind 1 □ bzw. Kind 2 □."

Die Vordruckmuster stehen ab sofort für eine Übergangszeit im Internet auf der Homepage des Bundeszentralamtes für Steuern unter der Adresse http://www.bzst.de zum Download bereit.

Berlin, den 29. Juli 2025
IV C 4 - S 2493/00013/007

Bundesministerium der Finanzen

Im Auftrag
Hensel

Quelle: Bundeszentralamt für Steuern

Anschrift des jeweiligen Anbieters

Feld für Vertragsnummer des Anbieters

Zulageantrag Entsendung①

Name und Anschrift des Antragstellers

Optionales Feld für Tel.Nr. des Antragstellers - Angabe der Tel.Nr. freiwillig -

Bitte an oben links stehende Anschrift② zurücksenden

A Art der Zulageberechtigung

Ich bin für das Jahr 2 0 _ _ / für die Jahre 2 0 _ _ bis 2 0 _ _ **unmittelbar** zulageberechtigt③④, nachdem die unbeschränkte Steuerpflicht nach dem Ende meiner Entsendung erneut am __ . __ . ____ ② begründet wurde.

☐ Abweichend hiervon bin ich für das Jahr 2 0 _ _ / für die Jahre 2 0 _ _ bis 2 0 _ _ **mittelbar** zulageberechtigt③⑤, nachdem die unbeschränkte Steuerpflicht nach dem Ende der Entsendung meines Ehegatten erneut am __ . __ . ____ ② begründet wurde.

Füllen Sie in diesem Fall bitte auch unbedingt die Angaben zum Ehegatten in Block C des Antrags / der Anträge auf Altersvorsorgezulage aus.

B Sozialversicherungsnummer / Zulagenummer

TITEL (z. B. Dr., Prof.)

VORNAME

NAMENSZUSATZ (z. B. Baroness, Baron, Gräfin)

VORSATZWORT (z. B. von, auf der, da, de, del)

NAME

C Für die angegebenen Zeiträume beantrage ich Altersvorsorgezulage und füge ☐⑥ Anlage/ n (Antrag auf Altersvorsorgezulage) und ☐⑥ Anlage/ n (Kinderergänzungsbogen) bei.

D Bevollmächtigung (Bitte lesen Sie die Erläuterungen unter⑦.)

Raum für den Anbieter, sich eine Vollmacht erteilen zu lassen

Dieses Feld ist optional

Unterschrift nicht vergessen!

__ . __ . ____ Datum (TT.MM.JJJJ) — Antragsteller(in) — gesetzliche/r Vertreter(in)/Bevollmächtigte/r

Erläuterungen

(Die in einen Kreis gesetzten Zahlen beziehen sich auf die entsprechenden Zahlen im Zulageantrag Entsendung.)

① **Der Zulageantrag Entsendung ist zu verwenden bei erneuter Begründung der unbeschränkten Steuerpflicht im Inland nach Beendigung einer Entsendung bzw. einer vergleichbaren zeitlich befristeten Auslandstätigkeit, sofern während dieser Tätigkeit eine Pflichtversicherung in der deutschen gesetzlichen Rentenversicherung bestand, oder einer Zuweisung.**

Eine Entsendung liegt vor, wenn sich ein Beschäftigter, der bisher in der Bundesrepublik Deutschland gewohnt, ggf. auch gearbeitet hat, auf Weisung seines Arbeitgebers mit Sitz in der Bundesrepublik Deutschland in das Ausland begibt, um dort eine Beschäftigung unmittelbar für Zwecke des Arbeitgebers auszuüben. Vor Beginn des Auslandseinsatzes muss feststehen, dass der Arbeitnehmer nach dem Ende des Auslandseinsatzes vom entsendenden Arbeitgeber weiterbeschäftigt wird. Außerdem muss die Entsendung infolge der Eigenart der Beschäftigung oder vertraglich im Voraus zeitlich begrenzt sein.
Eine zeitlich befristete Auslandstätigkeit, die nicht die Entsendekriterien erfüllt, sondern aufgrund einer Versetzung oder Delegierung ausgeübt wurde, wird einer Entsendung gleichgestellt, sofern während dieser Tätigkeit eine Pflichtversicherung in der deutschen gesetzlichen Rentenversicherung bestand.
Eine Zuweisung liegt vor, wenn Beamten vorübergehend eine ihrem Amt entsprechende Tätigkeit bei einer öffentlichen Einrichtung außerhalb des Anwendungsbereiches des Beamtenrechtsrahmengesetzes zugewiesen wird.
Die Voraussetzungen für eine Entsendung / vergleichbare Versetzung oder Delegierung / Zuweisung können nur bei unmittelbar Zulageberechtigten vorliegen.

Quelle: Bundeszentralamt für Steuern

Nach einer Entsendung / vergleichbaren Versetzung oder Delegierung / Zuweisung / kann für jedes volle Kalenderjahr, in dem keine unbeschränkte Steuerpflicht bestanden hat und für das Altersvorsorgebeiträge geleistet worden sind, ein Antrag auf Altersvorsorgezulage gestellt werden. Dem Zulageantrag Entsendung ist dabei für jedes Jahr der Entsendung / vergleichbaren Versetzung oder Delegierung /Zuweisung / ein ausgefüllter und unterschriebener Antrag auf Altersvorsorgezulage beizufügen. Haben Sie Ihren Anbieter allerdings bevollmächtigt, für die betreffenden Beitragsjahre den Antrag / die Anträge auf Altersvorsorgezulage für Sie zu stellen, genügt es den ausgefüllten und unterschriebenen Zulageantrag Entsendung an Ihren Anbieter zu senden.

Waren Sie in einem Beitragsjahr zeitweilig unbeschränkt steuerpflichtig (in dem Beitragsjahr der Entsendung oder in dem Beitragsjahr der Beendigung der Entsendung), müssen Sie den Antrag auf Altersvorsorgezulage bis zum Ablauf des zweiten Kalenderjahres, das auf das Beitragsjahr folgt, bei Ihrem Anbieter einreichen, sofern Sie ihn für dieses Beitragsjahr nicht zur Antragstellung bevollmächtigt haben.

② Der Zulageantrag Entsendung ist innerhalb von zwei Kalenderjahren nach erneuter Begründung der unbeschränkten Steuerpflicht einzureichen. Die unbeschränkte Steuerpflicht tritt ein, wenn der Antragsteller im Inland seinen Wohnsitz begründet, sich überwiegend im Inland aufhält oder einen Antrag nach § 1 Abs. 3 Einkommensteuergesetz (EStG) stellt und die Voraussetzungen vorliegen. Maßgeblich für den Beginn der Frist ist das Kalenderjahr, in dem während des gesamten Jahres die Voraussetzungen für die unbeschränkte Steuerpflicht vorliegen.

Beispiel: Der Wohnsitz im Inland wird am 10. Mai 2004 begründet. Die Frist zur Einreichung des Zulageantrags Entsendung beginnt am 01.01.2005 und endet am 31.12.2006.

Bitte senden Sie den Zulageantrag Entsendung und, soweit Sie Ihren Anbieter nicht zur Antragstellung bevollmächtigt haben, die Anträge auf Altersvorsorgezulage ausgefüllt und unterschrieben an den im Vordruck oben links bezeichneten Anbieter zurück. Dieser erfasst dann die für die Ermittlung des Zulageanspruches erforderlichen Daten und übermittelt diese an die Zentrale Zulagenstelle für Altersvermögen (ZfA). Für den Fall, dass Sie Ihren Anbieter für die betreffenden Beitragsjahre bevollmächtigt haben, die Zulage zu beantragen, müssen Sie dennoch den Zulageantrag Entsendung ausgefüllt und unterschrieben an die im Vordruck oben genannte Anschrift des Anbieters zurücksenden.

③ Sowohl unmittelbar als auch mittelbar zulageberechtigte Ehegatten müssen jeweils einen eigenen Zulageantrag Entsendung stellen.

④ **Unmittelbar zulageberechtigt** sind Personen, die im betreffenden Beitragsjahr in der gesetzlichen Rentenversicherung pflichtversichert waren. Nach einer Entsendung ist dem unmittelbar Zulageberechtigten für die vollen Kalenderjahre der Entsendung die Zulage zu gewähren (§ 95 Abs. 3 S. 2 EStG).

Zu den Pflichtversicherten der gesetzlichen Rentenversicherung gehören insbesondere

- Arbeitnehmer in einem versicherungspflichtigen Beschäftigungsverhältnis bei einem privaten, öffentlichen oder kirchlichen Arbeitgeber,
- Selbständige (z. B. Lehrer und Erzieher, Hebammen, Künstler, Handwerker und Hausgewerbetreibende sowie Selbständige mit einem Auftraggeber) bei Vorliegen von Versicherungspflicht in der gesetzlichen Rentenversicherung (dies hat Ihnen Ihr Rentenversicherungsträger mitgeteilt),
- Kindererziehende für die ersten 36 Kalendermonate nach dem Monat der Geburt (sog. Kindererziehungszeiten; diese sollten zeitnah nach Ablauf der 36 Kalendermonate beim zuständigen Rentenversicherungsträger beantragt werden),
- Personen, die einen Pflegebedürftigen nicht erwerbsmäßig wenigstens 14 Stunden wöchentlich in seiner häuslichen Umgebung pflegen (sog. Pflegepersonen),
- Wehr- und Zivildienstleistende,
- Bezieher von Entgeltersatzleistungleistungen (z. B. Kranken-, Arbeitslosengeld) oder Arbeitslosengeld II,
- Vorruhestandsgeldbezieher,
- geringfügig beschäftigte Personen, die auf die Versicherungsfreiheit verzichtet haben (der Verzicht führt dazu, dass der pauschale Arbeitgeberbeitrag zur Rentenversicherung durch eigene Beitragsleistung auf den vollen Satz aufgestockt wird),
- ab 01.01.2003 Personen für die Dauer des Bezugs eines Zuschusses nach § 421l des Dritten Buches Sozialgesetzbuch.

Zu den unmittelbar Zulageberechtigten gehören auch

- Pflichtversicherte nach dem Gesetz über die Alterssicherung der Landwirte (z. B. neben den versicherungspflichtigen Landwirten auch deren versicherungspflichtige Ehegatten sowie ehemalige Landwirte, die unabhängig von einer Tätigkeit als Landwirt oder mithelfender Familienangehöriger versicherungspflichtig sind),
- Arbeitslose, die bei einer inländischen Arbeitsagentur als Arbeitsuchende gemeldet sind und wegen des zu berücksichtigenden Vermögens oder Einkommens keine Entgeltersatzleistung erhalten,
- Pflichtversicherte einer ausländischen gesetzlichen Rentenversicherung, soweit die Pflichtmitgliedschaft der deutschen Rentenversicherungspflicht vergleichbar ist
  sowie
- Beamte, Richter und Berufssoldaten,
- sonstige Beschäftigte, die wegen gewährleisteter Versorgungsanwartschaften den Beamten gleichgestellt sind und damit in der gesetzlichen Rentenversicherung versicherungsfrei oder von der Versicherungspflicht befreit sind,
- Minister, Senatoren und Parlamentarische Staatssekretäre,
- beurlaubte Beamte, Richter, Berufssoldaten und Soldaten auf Zeit für die Zeit einer Beschäftigung, wenn sich der Anspruch auf Versorgung während der Beurlaubung auf diese Beschäftigung erstreckt,

  wenn sie eine **Einwilligung fristgemäß** gegenüber der zuständigen Stelle (z.B. Dienstherrn) abgegeben haben.

Nicht zum Kreis der unmittelbar Zulageberechtigten gehören u. a.

- Pflichtversicherte einer berufsständischen Versorgungseinrichtung,
- freiwillig in der gesetzlichen Rentenversicherung Versicherte und
- Selbständige ohne Vorliegen von Versicherungspflicht in der gesetzlichen Rentenversicherung sowie
- geringfügig Beschäftigte, für die nur der pauschale Arbeitgeberbeitrag zur gesetzlichen Rentenversicherung gezahlt wird.

⑤ Ist nur ein Ehegatte unmittelbar zulageberechtigt, ist der andere Ehegatte mittelbar zulageberechtigt, wenn beide Ehegatten nicht während des gesamten Beitragsjahres dauernd getrennt gelebt haben und beide jeweils einen auf ihren Namen lautenden, nach § 5 des Altersvorsorgeverträge-Zertifizierungsgesetzes zertifizierten Vertrag abgeschlossen haben. Für den unmittelbar zulageberechtigten Ehegatten muss kein zertifizierter Altersvorsorgevertrag abgeschlossen sein, wenn er stattdessen über eine förderbare betriebliche Altersversorgung i. S. d. § 82 Abs. 2 EStG verfügt. Weitere Voraussetzung für die Zahlung der vollen Zulage ist, dass der unmittelbar zulageberechtigte Ehegatte den jährlichen Mindesteigenbeitrag für den Zeitraum geleistet hat, für den er einen Zulagenantrag Entsendung stellt.

⑥ Bitte die Summe **aller** Anlagen für **alle** Beitragsjahre angeben, sofern Sie den Anbieter **nicht bevollmächtigt**⑦ haben.

⑦ Durch die **Bevollmächtigung** erreichen Sie, dass der Anbieter, an den die Altersvorsorgebeiträge geleistet worden sind, für Sie den Antrag auf Altersvorsorgezulage stellt. Die Zulage wird in den Folgejahren solange in Ihrem Namen vom Anbieter bei der ZfA beantragt, bis Sie die Vollmacht widerrufen.

Sie sind **verpflichtet**, den Anbieter unverzüglich zu benachrichtigen, wenn eine Änderung in den Verhältnissen eintritt, die zu einer Minderung oder zum Wegfall des Zulageanspruchs führt (z. B. Beendigung der unbeschränkten EInkommensteuerpflicht durch Aufgabe des Wohnsitzes oder gewöhnlichen Aufenthaltes im Inland, Änderung der beitragspflichtigen Einnahmen - nur wenn Angaben gemacht wurden - / des tatsächlichen Arbeitsentgelts / der Entgeltersatzleistung, Beendigung der Zugehörigkeit zum berechtigten Personenkreis - vgl. Hinweis ④ und ⑤ -, Familienstand, Wegfall des Kindergeldes, Anzahl der Kinder, Zuordnung bei mehreren Verträgen).

Abschließende Hinweise:
Ergänzend zur Altersvorsorgezulage können Sie für die Beitragsjahre, in denen Sie unbeschränkt steuerpflichtig sind, einen zusätzlichen Sonderausgabenabzug nach § 10a EStG im Rahmen Ihrer Einkommensteuererklärung beantragen.

Quelle: Bundeszentralamt für Steuern

Zulageberechtigter

A. Allgemeines

Die Förderung über → *Zulagen* und einem → *Sonderausgabenabzug* für die sog. → *Riester-Rente* können Personen erhalten, wenn sie bestimmte persönliche Voraussetzungen erfüllen.

Diese Voraussetzungen müssen im jeweiligen Beitragsjahr zumindest während eines Teils des Jahres vorgelegen haben.

Werden in einen → *Altersvorsorgevertrag*, aus dem bereits Leistungen fließen, noch → *Altersvorsorgebeiträge* eingezahlt, so kommt eine steuerliche Förderung nach § 10a EStG oder Abschnitt XI EStG nicht mehr in Betracht.

Gefördert werden unmittelbar und mittelbar begünstigte Personen (vgl. hierzu Rz. 22 ff. des BMF-Schreibens vom 21. Dezember 2017 - IV C 3 - S 2015/17/10001 :005).

B. Unmittelbar begünstigte Personen

Nach § 79 EStG werden Personen gefördert, die der unbeschränkten Einkommensteuerpflicht (§ 1 Absatz 1 bis 3 EStG) unterliegen und gem. § 10a Absatz 1 EStG

- in der → *gesetzlichen Rentenversicherung* pflichtversichert sind (§ 10a Absatz 1 Satz 1 Halbsatz 1 EStG) und Pflichtversicherte nach dem Gesetz über die Alterssicherung der Landwirte
  (§ 10a Absatz 1 Satz 3 EStG),
- Empfänger von inländischer Besoldung nach dem Bundesbesoldungsgesetz oder einem Landesbesoldungsgesetz (§ 10a Absatz 1 Satz 1 Halbsatz 2 EStG),
- Empfänger von Amtsbezügen aus einem inländischen Amtsverhältnis, deren Versorgungsrecht die entsprechende Anwendung des § 69e Absatz 3 und 4 des Beamtenversorgungsgesetzes vorsieht
  (§ 10a Absatz 1 Satz 1 Halbsatz 2 EStG),
- die nach § 5 Absatz 1 Satz 1 Nummer 2 und 3 des Sechsten Buches Sozialgesetzbuch (SGB VI) versicherungsfrei Beschäftigten, die nach § 6 Absatz 1 Satz 1 Nummer 2 des SGB VI oder nach § 230 Absatz 2 Satz 2 SGB VI von der Versicherungspflicht befreiten Beschäftigten, deren Versorgungsrecht die entsprechende Anwendung des § 69e Absatz 3 und 4 des Beamtenversorgungsgesetzes vorsieht (§ 10a Absatz 1 Satz 1 Ziffer 3 EStG),
- Beamte, Richter, Berufssoldaten und Soldaten auf Zeit, die ohne Besoldung beurlaubt sind, für die Zeit einer Beschäftigung, wenn während der Beurlaubung die Gewährleistung einer Versorgungsanwartschaft unter den Voraussetzungen des § 5 Absatz 1 Satz 1 SGB VI auf diese Beschäftigung erstreckt wird
  (§ 10a Absatz 1 Satz 1 Ziffer 4 EStG),
- Steuerpflichtige im Sinne von § 10a Absatz 1 Nummer 1 bis 4 EStG, die beurlaubt sind und deshalb keine Besoldung, Amtsbezüge oder Entgelt erhalten, sofern sie eine Anrechnung von Kindererziehungszeiten nach § 56 SGB VI in Anspruch nehmen könnten, wenn die Versicherungsfreiheit in der inländischen gesetzlichen Rentenversicherung nicht bestehen würde.

Darüber hinaus ist für die steuerliche Förderung (→ *Sonderausgabenabzug*) erforderlich, wenn die Personen spätestens bis zum Ablauf des zweiten Kalenderjahres, das auf das Beitragsjahr (§ 88 EStG) folgt, gegenüber der zuständigen Stelle (§ 81a EStG) schriftlich eingewilligt haben, dass diese der zentralen Stelle (§ 81 EStG) jährlich mitteilt, dass der Steuerpflichtige zum begünstigten Personenkreis gehört, dass die zuständige Stelle der zentralen Stelle die für die Ermittlung des Mindesteigenbeitrags (§ 86 EStG) und die Gewährung der Kinderzulage (§ 85 EStG) erforderlichen Daten übermittelt und die zentrale Stelle diese Daten für das Zulageverfahren verwenden darf. Bei der Erteilung der Einwilligung ist der Steuerpflichtige darauf hinzuweisen, dass er die Einwilligung vor Beginn des Kalenderjahres, für das sie erstmals nicht mehr gelten soll, gegenüber der zuständigen Stelle widerrufen kann. Versicherungspflichtige nach dem Gesetz über die Alterssicherung der Landwirte stehen Pflichtversicherten gleich.

Zu den Empfängern von Besoldung oder Amtsbezügen und diesen gleichgestellten Personen gehören z. B.

- Bundesbeamte; Beamte der Länder, der Gemeinden und Gemeindeverbände sowie der sonstigen der Aufsicht eines Landes unterstehenden Körperschaften, Anstalten und Stiftungen des öffentlichen Rechts;
- Richter des Bundes und der Länder;
- Berufssoldaten und Soldaten auf Zeit;
- Empfänger von Amtsbezügen aus einem Amtsverhältnis (z. B. Parlamentarische Staatssekretäre auf Bundes- und Landesebene);

Zu den Pflichtversicherten in der gesetzlichen Rentenversicherung bzw. in der Alterssicherung der Landwirte sowie den Pflichtversicherten gleichstehenden Personen zählen z. B.

- Personen, die gegen Arbeitsentgelt oder in Ausbildung beschäftigt sind (z. B. geringfügig beschäftigte Personen, die auf die Versicherungsfreiheit verzichtet haben und den pauschalen Arbeitgeberbeitrag zur gesetzlichen Rentenversicherung auf den vollen Beitragssatz aufstocken);
- Versicherungspflichtige Selbstständige (z. B. Lehrer, Erzieher und Pflegepersonen, die im Zusammenhang mit ihrer selbstständigen Tätigkeit keinen versicherungspflichtigen Arbeitnehmer beschäftigen; Hebammen und Entbindungspfleger; Handwerker, die in der Handwerksrolle eingetragen sind);
- Kindererziehende während der Kindererziehungszeit (Versicherungspflicht wegen Kindererziehung besteht grundsätzlich für 36 Kalendermonate nach dem Geburtsmonat des Kindes);
- nicht erwerbsmäßig tätige Pflegepersonen;
- Bezieher von Arbeitslosengeld, Arbeitslosenhilfe, Krankengeld, Übergangsgeld, wenn sie im letzten Jahr vor Beginn der Leistung zuletzt versicherungspflichtig waren;
- Bezieher von Vorruhestandsgeld, wenn sie unmittelbar vor Beginn der Leistung versicherungspflichtig waren;
- Personen, die aufgrund gesetzlicher Verpflichtung mehr als drei Tage Wehr- oder Zivildienst leisten;
- Personen, die auf Antrag versicherungspflichtig sind (z. B. Entwicklungshelfer; Deutsche, die für eine begrenzte Zeit im Ausland beschäftigt sind);
- versicherungspflichtige Landwirte, deren Ehegatten und mitarbeitende Familienangehörige.

C. Mittelbar zulageberechtigte Personen

Liegen bei Ehegatten oder Lebenspartnern, die nicht dauernd getrennt leben, die Voraussetzungen des § 26 Absatz 1 EStG vor und ist nur ein Ehegatte/Lebenspartner unmittelbar begünstigt, dann ist auch der andere Ehegatte/Lebenspartner (mittelbar) zulageberechtigt. Voraussetzung ist, dass beide Ehegatten/Lebenspartner jeweils einen auf ihren Namen lautenden → *Altersvorsorgevertrag* nach § 5 AltZertG abgeschlossen haben, oder der unmittelbar zulageberechtigte Ehepartner/Lebenspartner über eine förderbare Versorgung der → *betrieblichen Altersversorgung* verfügt und sie ihren Wohnsitz oder gewöhnlichen Aufenthalt in einem Mitgliedstaat der Europäischen Union oder einem Staat, auf den das Abkommen über den Europäischen Wirtschaftsraum anwendbar ist, (EU-/EWR-Staat) haben. Lediglich der unmittelbar zulageberechtigte Ehegatte/Lebenspartner muss dann → *Altersvorsorgebeiträge* für seinen Altersvorsorgevertrag entrichten, nicht jedoch der mittelbar zulageberechtigte Ehegatte/Lebenspartner. Wird der mittelbar Zulageberechtigte unmittelbar zulageberechtigt, so entfällt die mittelbare Zulageberechtigung.

Beispiel:

Der nicht berufstätige Ehegatte/Lebenspartner ergreift einen Beruf. Dieser fällt durch seine Berufstätigkeit unter die unmittelbar zulageberechtigten Personen. Weiterhin entfällt die mittelbare Zulageberechtigung, wenn der bislang unmittelbar zulageberechtigte Ehepartner/Lebenspartner nicht mehr zum unmittelbar zulageberechtigten Personenkreis gehört. Erfüllen die Ehegatten/Lebenspartner nicht mehr die Voraussetzungen des § 26 Absatz 1 EStG, so entfällt ebenfalls die mittelbare Zulageberechtigung.

Die mittelbare Zulageberechtigung entfällt auch dann, wenn die Ehegatten/Lebenspartner dauernd getrennt leben oder mindestens ein Ehegatte/Lebenspartner seinen Wohnsitz oder gewöhnlichen Aufenthalt nicht mehr in einem EU-/EWR-Staat hat.

Erhält der mittelbar zulageberechtigte Ehegatte/Lebenspartner Leistungen aus einem Altersvorsorgevertrag, so können für diesen Vertrag keine Zulagen beansprucht werden.

Bei Scheidung verliert der mittelbar Zulageberechtigte für das Jahr der Auflösung der Ehe bzw. der Aufhebung der eingetragenen Lebenspartnerschaft seine Zulageberechtigung, wenn der unmittelbar Zulageberechtigte im selben Jahr wieder heiratet bzw. eine neue eingetragene Lebenspartnerschaft begründet hat und er und der neue Ehegatte/Lebenspartner nicht dauernd getrennt leben und ihren Wohnsitz oder gewöhnlichen Aufenthalt in einem EU-/EWR-Staat haben.

D. Nicht unmittelbar begünstigte Personen

Zu den Personen, die nicht zulageberechtigt (→ *Förderkriterien*) sind, gehören z. B.

- Arbeitnehmer und selbstständig Tätige, die als Pflichtversicherte (Pflichtmitglied) einer berufsständischen Versorgungseinrichtung angehören und auf eigenen Antrag von der Versicherungspflicht in der gesetzlichen Rentenversicherung befreit sind (z. B. Ärzte, Architekten, Rechtsanwälte);
- in der gesetzlichen Rentenversicherung freiwillig Versicherte (vgl. §§ 7, 232 SGB VI).

Zulagenamt

→ *Zentrale Zulagenstelle für Altersvermögen (ZfA)*

Zulagenausschöpfung

Prozentualer Wert der tatsächlich berechneten → *Zulage* des → *Zulageberechtigten* im Verhältnis zum individuellen Zulageanspruch.

Zulagenförderung

→ *Riester-Rente*; → *Zulage*

Zulagenkonto

Die ZfA (→ *Zentrale Zulagenstelle für Altersvermögen*) richtet für jeden → *Zulageberechtigten* ein Zulagekonto ein, das mit dem Eingang des ersten → *Zulageantrags* der ersten Mitteilung nach § 10a Absatz 5 EStG (→ *Sonderausgabenabzug*) bzw. mit dem Antrag auf Vergabe einer → *Zulagenummer* einer → *zuständigen Stelle* nach einer internen Prüfung angelegt wird.

Zulagenstelle

→ *Zentrale Zulagenstelle für Altersvermögen (ZfA)*

Zulagenummer

Der Aufbau eines zusätzlichen kapitalgedeckten → *Altersvorsorgevermögens* wird durch einen → *Sonderausgabenabzug* nach § 10a EStG und eine vom Staat gezahlte → *Altersvorsorgezulage* gefördert (→ *Förderung*). Die Gewährung der Altersvorsorgezulage erfolgt durch die → *Zentrale Zulagenstelle für Altersvermögen*.

Um die Altersvorsorgezulage(n) zu erhalten, muss der → *Zulageberechtigte* bei seinem → *Anbieter* einen → *Zulageantrag* stellen (§ 89 Absatz 1 Satz 1 EStG). Der Anbieter ist verpflichtet, verschiedene Daten aus dem Zulageantrag an die → *Zulagenstelle* zu übermitteln, u. a. auch die Zulagenummer (§ 89 Absatz 2 Satz 1 Ziffer b EStG). Als Zulagenummer wird i. d. R. die Sozialversicherungsnummer, unter der das Rentenkonto bei der Deutschen Rentenversicherung geführt wird, verwendet. Wurde keine Versicherungsnummer vergeben, vergibt die Zulagenstelle auf Antrag eine Zulagenummer (§ 90 Absatz 1 Satz 2 EStG).

Keine Sozialversicherungsnummer z. B. haben i. d. R. Beamte, da diese ihre Altersversorgung nicht von einem Rentenversicherungsträger, sondern durch ihren Dienstherrn beziehen. Daher muss u. a. dieser Personenkreis eine Zulagenummer beantragen.

Die Zulagenstelle teilt im Falle eines Antrags nach § 10a Absatz 1a EStG der zuständigen Stelle, im Falle eines Antrags nach § 89 Absatz 1 Satz 4 dem Anbieter die Zulagenummer mit.

Zulagenverfahren

→ *Riester-Rente*; → *Zulage*

Zulagenvertrag

Ein mittelbar zulageberechtigter Ehegatte/Lebenspartner (→ *mittelbare Zulageberechtigung*) kann eine → *Zulage* aus der → *Riester-Förderung* ohne Entrichtung eigener Beiträge erhalten. Hierfür muss dieser einen eigenen → *Altersvorsorgevertrag* – einen sogenannten reinen Zulagenvertrag – abschließen, auf den die Zulage durch die → *Zentrale Zulagenstelle für Altersvermögen (ZfA)* gezahlt werden kann. Voraussetzungen hierfür sind die Entrichtung von Altersvorsorgebeiträgen bzw. des → *Mindesteigenbeitrags* durch den unmittelbar berechtigten Ehegatten/Lebenspartner (→ *unmittelbare Zulageberechtigung*) sowie die Beantragung der Zulage durch beide Ehegatten/Lebenspartner für den jeweils eigenen Vertrag. Siehe hierzu auch → *abgeleiteter Zulagenanspruch*.

Zurechnungszeiten

Bei jüngeren Versicherten in der → *gesetzlichen Rentenversicherung* würden frühzeitige → *Versorgungsfälle*, z. B. durch eine → *Erwerbsminderung*, aufgrund geringer Beitragsleistungen zu geringen Renten führen. Um dies zu vermeiden, werden in solchen Fällen Zurechnungszeiten bei der Ermittlung der Leistung berücksichtigt. Bei der Rentenberechnung wird unterstellt, dass der Leistungsfall erst mit Vollendung des 60. Lebensjahres eingetreten ist. Die zwischen dem Zeitpunkt des Versorgungsfalles und dem 60. Lebensjahr liegenden Zeiten werden in der gesetzlichen Rentenversicherung als beitragsfreie Zeiten hinzugerechnet.

Auch in der → *betrieblichen Altersversorgung* werden häufig Zurechnungszeiten angewandt. Dort wird nach Eintritt eines vorzeitigen Versorgungsfalles die theoretisch mögliche Dienstzeit bis zu einem bestimmten Lebensalter bei der Leistungsbemessung mit berücksichtigt.

Zusage

→ *Versorgungszusage*

Zusatzversorgung des öffentlichen Dienstes

Die beim Bund, den Ländern und in den Gemeinden als auch bei der evangelischen und katholischen Kirche Beschäftigten erwerben i. d. R. während ihres Arbeitslebens ebenfalls einen Anspruch auf eine → *betriebliche Altersversorgung*, die sie dann neben der gesetzlichen Rente (→ *gesetzliche Rentenversicherung*) erhalten. Diese Zusatzversorgung des öffentlichen Dienstes beruht auf tarifvertraglichen Grundlagen und wird im → *Betriebsrentengesetz* durch § 18 BetrAVG geregelt.

Die Leistungen (→ *Versorgungsleistungen*) der Zusatzversorgung des öffentlichen Dienstes werden durch Arbeitgeber- und Arbeitnehmerbeiträge finanziert. Erbracht werden die Leistungen aber nicht von den Arbeitgebern, sondern von speziell hierfür eingerichteten Zusatzversorgungskassen.

Zuständige Stelle

Gem. § 81a EStG ist die zuständige Stelle bei einem

- Empfänger von Besoldung nach dem Bundesbesoldungsgesetz oder einem Landesbesoldungsgesetz die die Besoldung anordnende Stelle,
- Empfänger von Amtsbezügen im Sinne des § 10a Absatz 1 Satz 1 Nummer 2 die die Amtsbezüge anordnende Stelle,
- versicherungsfrei Beschäftigten sowie bei einem von der Versicherungspflicht befreiten Beschäftigten im Sinne des § 10a Absatz 1 Satz 1 Nummer 3 der die Versorgung gewährleistende Arbeitgeber der rentenversicherungsfreien Beschäftigung,
- Beamten, Richter, Berufssoldaten und Soldaten auf Zeit im Sinne des § 10a Absatz 1 Satz 1 Nummer 4 der zur Zahlung des Arbeitsentgelts verpflichtete Arbeitgeber und
- Empfänger einer Versorgung im Sinne des § 10a Absatz 1 Satz 4 die die Versorgung anordnende Stelle.

Zuwendung

Der Begriff der Zuwendung im Rahmen der → *betrieblichen Altersversorgung* ist vor allem steuerrechtlich von Bedeutung. Unter Zuwendung wird ganz allgemein die Leistung des Arbeitgebers verstanden, die er an einen externen → *Versorgungsträger* erbringt, welche dieser zur Finanzierung der über ihn zugesagten → *Versorgungsleistungen* benötigt.

Regelungen zur Frage der steuerlichen Berücksichtigungsfähigkeit von Zuwendungen finden sich in §§ 4c (→ *Pensionskasse*), 4d (→ *Unterstützungskasse*) und 4e (→ *Pensionsfonds*) EStG.

Link-Liste

Arbeitsgemeinschaft für betriebliche Altersversorgung e. V. (aba):
www.aba-online.de
Informationen rund um die betriebliche Altersversorgung in Deutschland.

Arbeitgeberverband Gesamtmetall:
www.gesamtmetall.de
Ziel der Metall- und Elektroindustrie ist es, die ergänzende private Altersvorsorge ihrer Beschäftigten durch einen speziellen tarifvertraglich vereinbarten Rentenbaustein zu fördern.

Bundesanstalt für Finanzdienstleistungsaufsicht:
www.bafin.de
Die BaFin als selbstständige Bundesanstalt des öffentlichen Rechts hat die Aufsicht über Banken und Finanzdienstleister, Versicherer und den Wertpapierhandel inne. Hier sind u. a. Informationen zum Zertifizierungsverfahren für förderfähige Altersvorsorge zu finden.

Bundesministerium der Finanzen:
www.bundesfinanzministerium.de
Broschüren, Gesetzestexte und Infos zu den Alterseinkünften/ zur Altersvorsorge.

Bundesministerium für Arbeit und Soziales:
www.bmas.de
Umfangreiche Hinweise insbesondere zur gesetzlichen Rentenversicherung und zur zusätzlichen kapitalgedeckten Altersvorsorge (Riester-Rente).

Bundesvereinigung der Deutschen Arbeitgeberverbände (BDA):
www.arbeitgeber.de
Infos zur Alterssicherung (Publikationen, Stellungnahmen etc.) sowie eine Übersicht tarifvertraglicher Vereinbarungen zur betrieblichen Altersversorgung.

Bundeszentralamt für Steuern (BZSt):
www.bzst.de
Stellt eine Auswahl an Vorschriften, Broschüren und Formularen sowie F&As zur privaten kapitalgedeckten Altersvorsorge nach dem Altersvermögensgesetz (Riester-Rente) zur Verfügung. Enthält eine Liste aller der Zertifizierungsstelle gemeldeten Links zu den Muster-Produktinformationsblättern nach § 7 Absatz 4 AltZertG sowie eine Liste der erteilten Zertifikate.

Deutscher Gewerkschaftsbund (DGB):
www.dgb.de
Unter dem Themenkomplex „Altersvorsorge" sind Artikel zur gesetzlichen Rente, betrieblichen und privaten Altersvorsorge, Zusatzvorsorge im öffentlichen Dienst und der Beamtenversorgung zu finden.

Deutsches Institut für Altersvorsorge GmbH:
www.dia-vorsorge.de
Umfangreicher Infopool und Publikationen zur Altersvorsorge.

Deutsche Rentenversicherung:
www.deutsche-rentenversicherung.de
Statistiken, Publikationen und Informationen insbesondere zur gesetzlichen Rentenversicherung sowie ein hilfreicher Zulagenrechner zur Ermittlung der Riester-Zulagen.

Deutsche Rentenversicherung, Zentrale Stelle für die Digitale Rentenübersicht:
www.rentenübersicht.de
Die Digitale Rentenübersicht ist ein Portal, das einen Überblick über individuelle Anwartschaften in der gesetzlichen Rentenversicherung, der betrieblichen und der privaten Altersvorsorge bei Versorgungseinrichtungen gibt, die zur Anbindung an die Digitale Rentenübersicht verpflichtet sind bzw. sich freiwillig anbinden. Die Digitale Rentenübersicht wird von der Deutschen Rentenversicherung bereit gestellt.

European Insurance and Occupational Pensions Authority (EIOPA):
https://eiopa.europa.eu
Informationen zu den Aufgaben der europäischen Aufsichtsbehörde.

Europäische Kommission:
http://ec.europa.eu
Mehrsprachiges Web-Portal zu den Politikbereichen – insbesondere zum Thema „Renten" – der EU-Kommission.

Gesamtverband der Deutschen Versicherungswirtschaft e. V.:
www.gdv.de
Liefert Hintergrundinformationen zu Themen aus der Versicherungswirtschaft, u. a. auch zur Altersvorsorge.

Gesellschaft für Versicherungswissenschaft und -gestaltung e. V. (GVG):
www.gvg.org
Downloadangebote zur sozialen Sicherung.

Initiative Neue Soziale Marktwirtschaft (INSM):
www.insm.de
Die INSM nimmt Stellung zu wirtschaftspolitischen Themen, u. a. auch zur Rente.

Max-Planck-Institut für Sozialrecht und Sozialpolitik:
www.mpisoc.mpg.de
Möglichkeit zur Nutzung elektronischer Zeitschriften durch die Elektronische Zeitschriftenbibliothek (EZB), in der die MPG-weit lizenzierten E-Journals zusammen mit kostenlosen, im Internet frei zugänglichen wissenschaftlichen Zeitschriften verzeichnet sind. Über die EZB ist der direkte Zugriff auf diese Titel möglich, egal bei welchem Verlag und unter welchem System die jeweilige Zeitschrift vorgehalten wird.
Der Zugriff auf die Zeitschriften ist nur innerhalb des Institutsgebäudes in München möglich.

Pensions-Sicherungs-Verein (PSVaG):
www.psvag.de
Informiert Mitglieder und Unternehmen zum Umfang der gesetzlichen Insolvenzsicherungspflicht sowie Arbeitnehmer über die Voraussetzungen zur Durchführung der Insolvenzsicherung von Betriebsrenten und Anwartschaften und welche Leistungen bei Arbeitgeberinsolvenz erbracht werden.

Produktinformationsstelle Altersvorsorge gemeinnützige GmbH (PIA gGmbH):
www.produktinformationsstelle.de
Informationen zu den Produktinformationsblättern und der Berechnungsmethodik der Effektivkosten.

Statistisches Bundesamt:
www.destatis.de
Monatliche Aktualisierung der Verbraucherpreise (Preisindizes).

Verlässlicher Generationenvertrag:
www.verlaesslicher-generationenvertrag.de
Informationen zum Ziel der Kommission, Wege zu einer nachhaltigen Sicherung und Fortentwicklung der Alterssicherungssysteme ab dem Jahr 2025 zu finden.

Versicherungswirtschaft:
Zahlreiche Versicherungsunternehmen bieten Informationen zur gesetzlichen Rentenversicherung, betrieblichen Altersversorgung und privaten Eigenvorsorge an. Förderrechner zur Riester-Rente – teilweise mit Ermittlung der Steuerersparnis aufgrund Geltendmachung des Sonderausgabenabzugs nach § 10a EStG – sowie Rechner zur Ermittlung einer Versorgungslücke sind ebenfalls zu finden.

Versorgungsausgleichskasse:
www.va-kasse.de
Informationen für Ausgleichsberechtigte, Richter, Anwälte und Versorgungsträger. Anhand eines Online-Rechners kann die sich aus einem Ausgleichsbetrag ergebende Rente ermittelt werden.

Zertifizierungsstelle des Bundeszentralamtes für Steuern (BZSt):
www.bzst.de
Umfangreiche Informationen zur Zertifizierung von Altersvorsorge- und Basisrentenverträgen, Formulare und Checklisten sowie FAQs.

Allgemeines Gleichbehandlungsgesetz (AGG)[1])

vom 14.8.2006 (BGBl. I S. 1897),
zuletzt geändert durch Art. 15 G vom 22.12.2023 (BGBl. I Nr. 414)

– Auszug –

§ 1
Ziel des Gesetzes

Ziel des Gesetzes ist, Benachteiligungen aus Gründen der Rasse oder wegen der ethnischen Herkunft, des Geschlechts, der Religion oder Weltanschauung, einer Behinderung, des Alters oder der sexuellen Identität zu verhindern oder zu beseitigen.

§ 2
Anwendungsbereich

(1) Benachteiligungen aus einem in § 1 genannten Grund sind nach Maßgabe dieses Gesetzes unzulässig in Bezug auf:

1. die Bedingungen, einschließlich Auswahlkriterien und Einstellungsbedingungen, für den Zugang zu unselbstständiger und selbstständiger Erwerbstätigkeit, unabhängig von Tätigkeitsfeld und beruflicher Position, sowie für den beruflichen Aufstieg,
2. die Beschäftigungs- und Arbeitsbedingungen einschließlich Arbeitsentgelt und Entlassungsbedingungen, insbesondere in individual- und kollektivrechtlichen Vereinbarungen und Maßnahmen bei der Durchführung und Beendigung eines Beschäftigungsverhältnisses sowie beim beruflichen Aufstieg,
3. den Zugang zu allen Formen und allen Ebenen der Berufsberatung, der Berufsbildung einschließlich der Berufsausbildung, der beruflichen Weiterbildung und der Umschulung sowie der praktischen Berufserfahrung,
4. die Mitgliedschaft und Mitwirkung in einer Beschäftigten- oder Arbeitgebervereinigung oder einer Vereinigung, deren Mitglieder einer bestimmten Berufsgruppe angehören, einschließlich der Inanspruchnahme der Leistungen solcher Vereinigungen,
5. den Sozialschutz, einschließlich der sozialen Sicherheit und der Gesundheitsdienste,
6. die sozialen Vergünstigungen,
7. die Bildung,
8. den Zugang zu und die Versorgung mit Gütern und Dienstleistungen, die der Öffentlichkeit zur Verfügung stehen, einschließlich von Wohnraum.

(2) [1]Für Leistungen nach dem Sozialgesetzbuch gelten § 33c des Ersten Buches Sozialgesetzbuch und § 19a des Vierten Buches Sozialgesetzbuch. [2]Für die betriebliche Altersvorsorge gilt das Betriebsrentengesetz.

(3) [1]Die Geltung sonstiger Benachteiligungsverbote oder Gebote der Gleichbehandlung wird durch dieses Gesetz nicht berührt. [2]Dies gilt auch für öffentlich-rechtliche Vorschriften, die dem Schutz bestimmter Personengruppen dienen.

(4) Für Kündigungen gelten ausschließlich die Bestimmungen zum allgemeinen und besonderen Kündigungsschutz.

§ 10
Zulässige unterschiedliche Behandlung wegen des Alters

[1]Ungeachtet des § 8 ist eine unterschiedliche Behandlung wegen des Alters auch zulässig, wenn sie objektiv und angemessen und durch ein legitimes Ziel gerechtfertigt ist. [2]Die Mittel zur Erreichung dieses Ziels müssen angemessen und erforderlich sein. [3]Derartige unterschiedliche Behandlungen können insbesondere Folgendes einschließen:

1. die Festlegung besonderer Bedingungen für den Zugang zur Beschäftigung und zur beruflichen Bildung sowie besonderer Beschäftigungs- und Arbeitsbedingungen, einschließlich der Bedingungen für Entlohnung und Beendigung des Beschäftigungsverhältnisses, um die berufliche Eingliederung von Jugendlichen, älteren Beschäftigten und Personen mit Fürsorgepflichten zu fördern oder ihren Schutz sicherzustellen,
2. die Festlegung von Mindestanforderungen an das Alter, die Berufserfahrung oder das Dienstalter für den Zugang zur Beschäftigung oder für bestimmte mit der Beschäftigung verbundene Vorteile,
3. die Festsetzung eines Höchstalters für die Einstellung aufgrund der spezifischen Ausbildungsanforderungen eines bestimmten Arbeitsplatzes oder aufgrund der Notwendigkeit einer angemessenen Beschäftigungszeit vor dem Eintritt in den Ruhestand,
4. die Festsetzung von Altersgrenzen bei den betrieblichen Systemen der sozialen Sicherheit als Voraussetzung für die Mitgliedschaft oder den Bezug von Altersrente oder von Leistungen bei Invalidität einschließlich der Festsetzung unterschiedlicher Altersgrenzen im Rahmen dieser Systeme für bestimmte Beschäftigte oder Gruppen von Beschäftigten und die Verwendung von Alterskriterien im Rahmen dieser Systeme für versicherungsmathematische Berechnungen,
5. eine Vereinbarung, die die Beendigung des Beschäftigungsverhältnisses ohne Kündigung zu einem Zeitpunkt vorsieht, zu dem der oder die Beschäftigte eine Rente wegen Alters beantragen kann; § 41 des Sechsten Buches Sozialgesetzbuch bleibt unberührt,
6. Differenzierungen von Leistungen in Sozialplänen im Sinne des Betriebsverfassungsgesetzes, wenn die Parteien eine nach Alter oder Betriebszugehörigkeit gestaffelte Abfindungsregelung geschaffen haben, in der die wesentlich vom Alter abhängenden Chancen auf dem Arbeitsmarkt durch eine verhältnismäßig starke Betonung des Lebensalters erkennbar berücksichtigt worden sind, oder Beschäftigte von den Leistungen des Sozialplans ausgeschlossen haben, die wirtschaftlich abgesichert sind, weil sie, gegebenenfalls nach Bezug von Arbeitslosengeld, rentenberechtigt sind.

1) **Anm. d. Verlages:** Dieses Gesetz wurde verkündet als Artikel 1 des Gesetzes zur Umsetzung europäischer Richtlinien zur Verwirklichung des Grundsatzes der Gleichbehandlung und ist am 18.8.2006 in Kraft getreten.

Verordnung zur Durchführung der steuerlichen Vorschriften des Einkommensteuergesetzes zur Altersvorsorge und zum Rentenbezugsmitteilungsverfahren sowie zum weiteren Datenaustausch mit der zentralen Stelle (Altersvorsorge-Durchführungsverordnung – AltvDV)

i.d.F. der Bek. vom 28.2.2005 (BGBl. I S. 487),
zuletzt geändert durch Art. 31 G vom 2.12.2024 (BGBl. I Nr. 387)

ABSCHNITT 1
Grundsätze der Datenübermittlung

§ 1
Datensätze

(1) Eine Übermittlung von Daten nach

1. § 10 Absatz 2a, 2b, 2c und 4b, den §§ 10a, 22a oder Abschnitt XI des Einkommensteuergesetzes,
2. § 32b Absatz 3 des Einkommensteuergesetzes, soweit auf § 22a des Einkommensteuergesetzes verwiesen wird, § 52 Absatz 30b des Einkommensteuergesetzes oder
3. dieser Verordnung

sowie eine nach diesen Vorschriften bestehende Anzeige- und Mitteilungspflicht zwischen den am Verfahren Beteiligten erfolgen in Form eines amtlich vorgeschriebenen Datensatzes.

(2) [1]Absatz 1 gilt nicht für

1. Mitteilungen an den Zulageberechtigten,
2. Mitteilungen des Zulageberechtigten nach § 10a oder Abschnitt XI des Einkommensteuergesetzes,
3. Anzeigen nach den §§ 5 und 13 oder
4. Mitteilungen nach den §§ 6, 10 Absatz 2 Satz 2 und § 11 Absatz 1 und 3.

[2]Wird die Mitteilung nach § 11 Abs. 1 und 3 über die zentrale Stelle übermittelt, ist Absatz 1 anzuwenden. [3]Die Mitteilung des Anbieters an den Zulageberechtigten nach § 90 Abs. 1 Satz 3 des Einkommensteuergesetzes kann mit der Bescheinigung nach § 92 des Einkommensteuergesetzes erfolgen.

§ 2
Technisches Übermittlungsformat

(1) Die Datensätze sind im XML-Format zu übermitteln.

(2) [1]Der codierte Zeichensatz für eine nach § 10a oder Abschnitt XI des Einkommensteuergesetzes oder nach einer im Abschnitt 2 dieser Verordnung vorzunehmenden Datenübermittlung hat vorbehaltlich der Sätze 2 und 3 den Anforderungen der DIN 66303, Ausgabe Juni 2000, zu entsprechen. [2]Die zentrale Stelle kann für einzelne oder alle Datensätze die Verwendung eines anderen Zeichensatzes und die dafür erforderliche Codierung bestimmen. [3]Der Zeitpunkt der erstmaligen Verwendung wird mindestens sechs Monate vorher durch das Bundesministerium der Finanzen im Bundessteuerblatt bekannt gegeben.

(3) [1]Der codierte Zeichensatz für eine Datenübermittlung nach

1. § 10 Absatz 2a, 2b, 2c und 4b oder § 22a des Einkommensteuergesetzes,
2. § 32b Absatz 3 des Einkommensteuergesetzes, soweit auf § 22a des Einkommensteuergesetzes verwiesen wird, § 52 Absatz 30b des Einkommensteuergesetzes oder
3. den Abschnitten 3 und 4 dieser Verordnung

hat vorbehaltlich des Satzes 2 den Anforderungen der ISO/IEC 8859-15, Ausgabe März 1999, zu entsprechen. [2]Absatz 2 Satz 2 und 3 gilt entsprechend.

§ 2a
DIN- und ISO/IEC-Normen

DIN- und ISO/IEC-Normen, auf die in dieser Verordnung verwiesen wird, sind im Beuth-Verlag GmbH, Berlin und Köln, erschienen und beim Deutschen Patent- und Markenamt in München archivmäßig gesichert niedergelegt.

§ 3
Verfahren der Datenübermittlung, Schnittstellen

(1) Die Übermittlung der Datensätze hat durch Datenfernübertragung zu erfolgen.

(1a) [1]Bei der elektronischen Übermittlung sind die für den jeweiligen Besteuerungszeitraum oder -zeitpunkt bestimmten Schnittstellen ordnungsgemäß zu bedienen. [2]Die für die Datenübermittlung erforderlichen Schnittstellen und die dazugehörige Dokumentation werden über das Internet in einem geschützten Bereich der zentralen Stelle zur Verfügung gestellt.

(2) [1]Werden Mängel festgestellt, die eine ordnungsgemäße Übernahme der Daten beeinträchtigen, kann die Übernahme der Daten abgelehnt werden. [2]Der Absender ist über die Mängel zu unterrichten.

(3) Die technischen Einrichtungen für die Datenübermittlung stellt jede übermittelnde Stelle für ihren Bereich bereit.

§ 4
Übermittlung durch Datenfernübertragung

(1) [1]Bei der Datenfernübertragung sind dem jeweiligen Stand der Technik entsprechende Maßnahmen zur Sicherstellung von Datenschutz und Datensicherheit zu treffen, die insbesondere die Vertraulichkeit und Unversehrtheit der Daten sowie die Authentifizierung der übermittelnden und empfangenden Stelle gewährleisten. [2]Bei der Nutzung allgemein zugänglicher Netze sind Verschlüsselungsverfahren zu verwenden. [3]Die zentrale Stelle bestimmt das einzusetzende Verschlüsselungsverfahren, das dem jeweiligen Stand der Technik entsprechen muss.

(2) [1]Die zentrale Stelle bestimmt den zu nutzenden Übertragungsweg. [2]Hierbei soll der Übertragungsweg zugelassen werden, der von den an der Datenübermittlung Beteiligten gewünscht wird.

(3) *– aufgehoben –*

(4) Hat die mitteilungspflichtige Stelle einen Auftragnehmer im Sinne des § 87d der Abgabenordnung mit der Datenübermittlung beauftragt, gilt der Auftragnehmer als Empfangsbevollmächtigter für Mitteilungen der zentralen Stelle an den Auftraggeber, solange dieser nicht widerspricht.

§ 5
Identifikation der am Verfahren Beteiligten

(1) Der Anbieter, die zuständige Stelle und die Familienkassen haben der zentralen Stelle auf Anforderung anzuzeigen:

1. die Kundenart,
2. den Namen und die Anschrift,
3. soweit erforderlich die E-Mail-Adresse,
4. die Telefon- und soweit vorhanden die Telefaxnummer,
5. die Betriebsnummer und
6. die Art der Verbindung.

(2) [1]Der Anbieter hat zusätzlich zu den in Absatz 1 aufgeführten Angaben eine Zertifizierungsnummer sowie die Bankverbindung, über welche die Zulagenzahlungen abgewickelt werden sollen, anzuzeigen. [2]Hat der Anbieter ausschließlich Daten nach § 10 Absatz 2a, 2b und 4b des Einkommensteuergesetzes zu übermitteln, ist die Angabe der Bankverbindung nicht erforderlich.

(2a) Die Familienkassen haben zusätzlich zu den in Absatz 1 aufgeführten Angaben eine von ihnen im Außenverhältnis gegenüber dem Kindergeldempfänger verwendete Kurzbezeichnung der Familienkasse anzuzeigen.

(3) [1]Im Fall der Beauftragung eines Auftragnehmers (§ 87d der Abgabenordnung) hat der Auftraggeber der zentralen Stelle auch die in Absatz 1 genannten Daten des Auftragnehmers anzuzeigen. [2]Eine Mandanten- oder Institutionsnummer des Beteiligten beim beauftragten Dritten ist ebenfalls anzuzeigen.

(4) Die am Verfahren Beteiligten (übermittelnde Stellen und ihre Auftragnehmer) erhalten von der zentralen Stelle eine Kundennummer und ein Passwort, die den Zugriff auf den geschützten Bereich des Internets der zentralen Stelle ermöglichen.

(5) Jede Änderung der in den Absätzen 1 bis 3 genannten Daten ist der zentralen Stelle von dem am Verfahren Beteiligten unter Angabe der Kundennummer (Absatz 4) unverzüglich anzuzeigen.

(6) Die Absätze 1 und 3 bis 5 gelten für die mitteilungspflichtigen Stellen im Sinne des § 10 Absatz 2a, 2b, 2c und 4b, § 22a Absatz 1 Satz 1 und § 32b Absatz 3 des Einkommensteuergesetzes entsprechend.

ABSCHNITT 2
Vorschriften zur Altersvorsorge nach § 10a oder Abschnitt XI des Einkommensteuergesetzes

UNTERABSCHNITT 1
Mitteilungs- und Anzeigepflichten

§ 6
Mitteilungspflichten des Arbeitgebers

(1) [1]Der Arbeitgeber hat der Versorgungseinrichtung (Pensionsfonds, Pensionskasse, Direktversicherung), die für ihn die betriebliche Altersversorgung durchführt, spätestens zwei Monate nach Ablauf des Kalenderjahres oder nach Beendigung des Dienstverhältnisses im Laufe des Kalenderjahres mitzuteilen, in welcher Höhe die für den einzelnen Arbeitnehmer geleisteten Beiträge individuell besteuert wurden. [2]Die Mitteilungspflicht des Arbeitgebers kann durch einen Auftragnehmer wahrgenommen werden.

(2) Eine Mitteilung nach Absatz 1 kann unterbleiben, wenn die Versorgungseinrichtung dem Arbeitgeber mitgeteilt hat, dass

1. sie die Höhe der individuell besteuerten Beiträge bereits kennt oder aus den bei ihr vorhandenen Daten feststellen kann, oder
2. eine Förderung nach § 10a oder Abschnitt XI des Einkommensteuergesetzes nicht möglich ist.

(3) Der Arbeitnehmer kann gegenüber der Versorgungseinrichtung für die individuell besteuerten Beiträge insgesamt auf die Förderung nach § 10a oder Abschnitt XI des Einkommensteuergesetzes verzichten; der Verzicht kann für die Zukunft widerrufen werden.

(4) Soweit eine Mitteilung nach Absatz 1 unterblieben ist und die Voraussetzungen des Absatzes 2 Nr. 1 nicht vorliegen oder der Arbeitnehmer nach Absatz 3 verzichtet hat, hat die Versorgungseinrichtung davon auszugehen, dass es sich nicht um Altersvorsorgebeiträge im Sinne des § 82 Abs. 2 des Einkommensteuergesetzes handelt.

§ 7
Besondere Mitteilungspflichten der zuständigen Stelle

(1) [1]Beantragt ein Steuerpflichtiger, der zu dem in § 10a Abs. 1 Satz 1 zweiter Halbsatz des Einkommensteuergesetzes bezeichneten Personenkreis gehört, über die für ihn zuständige Stelle (§ 81a des Einkommensteuergesetzes) eine Zulagenummer (§ 10a Abs. 1a des Einkommensteuergesetzes), übermittelt die zuständige Stelle die Angaben des Steuerpflichtigen an die zentrale Stelle. [2]Für Empfänger einer Versorgung im Sinne des § 10a Abs. 1 Satz 4 des Einkommensteuergesetzes gilt Satz 1 entsprechend.

(2) [1]Hat der Steuerpflichtige die nach § 10a Abs. 1 Satz 1 zweiter Halbsatz des Einkommensteuergesetzes erforderliche Einwilligung erteilt, hat die zuständige Stelle die Zugehörigkeit des Steuerpflichtigen zum begünstigten Personenkreis für das Beitragsjahr zu bestätigen und die für die Ermittlung des Mindesteigenbeitrags und für die Gewährung der Kinderzulage erforderlichen Daten an die zentrale Stelle zu übermitteln. [2]Sind für ein Beitragsjahr oder für das vorangegangene Kalenderjahr mehrere zuständige Stellen nach § 91 Abs. 2 des Einkommensteuergesetzes zur Meldung der Daten nach § 10a Abs. 1 Satz 1 zweiter Halbsatz des Einkommensteuergesetzes verpflichtet, meldet jede zuständige Stelle die Daten für den Zeitraum, für den jeweils das Beschäftigungs-, Amts- oder Dienstverhältnis bestand und auf den sich jeweils die zu übermittelnden Daten beziehen. [3]Gehört der Steuerpflichtige im Beitragsjahr nicht mehr zum berechtigten Personenkreis im Sinne des § 10a Abs. 1 Satz 1 zweiter Halbsatz des Einkommensteuergesetzes oder ist er nicht mehr Empfänger einer Versorgung im Sinne des § 10a Abs. 1 Satz 4 des Einkommensteuergesetzes oder hat er im Beitragsjahr erstmalig einen Altersvorsorgevertrag (§ 82 Abs. 1 des Einkommensteuergesetzes) abgeschlossen, hat die zuständige Stelle die für die Ermittlung des Mindesteigenbeitrags erforderlichen Daten an die zentrale Stelle zu übermitteln, wenn ihr eine Einwilligung des Steuerpflichtigen vorliegt. [4]Sind die zuständige Stelle und die Familienkasse verschiedenen juristischen Personen zugeordnet, entfällt die Meldung der kinderbezogenen Daten nach Satz 1. [5]In den anderen Fällen kann eine Übermittlung der Kinderdaten durch die zuständige Stelle entfallen, wenn sichergestellt ist, dass die Familienkasse die für die Gewährung der Kinderzulage erforderlichen Daten an die zentrale Stelle über-

mittelt oder ein Datenabgleich (§ 91 Abs. 1 Satz 1 erster Halbsatz des Einkommensteuergesetzes) erfolgt.

(3) Hat die zuständige Stelle die für die Gewährung der Kinderzulage erforderlichen Daten an die zentrale Stelle übermittelt (§ 91 Abs. 2 des Einkommensteuergesetzes) und wird für diesen gemeldeten Zeitraum das Kindergeld insgesamt zurückgefordert, hat die zuständige Stelle dies der zentralen Stelle bis zum 31. März des Kalenderjahres, das dem Kalenderjahr der Rückforderung folgt, mitzuteilen.

§ 8

– weggefallen –

§ 9

Besondere Mitteilungspflicht der Familienkasse

Hat die zuständige Familienkasse der zentralen Stelle die Daten für die Gewährung der Kinderzulage übermittelt und wird für diesen gemeldeten Zeitraum das Kindergeld insgesamt zurückgefordert, hat die Familienkasse dies der zentralen Stelle unverzüglich mitzuteilen.

§ 10

Besondere Mitteilungspflichten des Anbieters

(1) [1]Der Anbieter hat die vom Antragsteller im Zulageantrag anzugebenden Daten sowie die Mitteilungen nach § 89 Abs. 1 Satz 5 des Einkommensteuergesetzes zu erfassen und an die zentrale Stelle zu übermitteln. [2]Erfolgt eine Datenübermittlung nach § 89 Abs. 3 des Einkommensteuergesetzes, gilt Satz 1 entsprechend.

(2) [1]Der Anbieter hat einen ihm bekannt gewordenen Tatbestand des § 95 des Einkommensteuergesetzes der zentralen Stelle mitzuteilen. [2]Wenn dem Anbieter ausschließlich eine Anschrift des Zulageberechtigten außerhalb der Mitgliedstaaten der Europäischen Union und der Staaten, auf die das Abkommen über den Europäischen Wirtschaftsraum (EWR-Abkommen) anwendbar ist, bekannt ist, teilt er dies der zentralen Stelle mit.

(3) Der Anbieter hat der zentralen Stelle die Zahlung des nach § 90 Abs. 3 Satz 3 des Einkommensteuergesetzes abzuführenden Rückforderungsbetrages und des nach § 94 Abs. 1 Satz 3 des Einkommensteuergesetzes abzuführenden Rückzahlungsbetrages, jeweils bezogen auf den Zulageberechtigten, sowie die Zahlung von ihm geschuldeter Verspätungs- oder Säumniszuschläge mitzuteilen.

(4) [1]Der Zulageberechtigte kann gegenüber seinem Anbieter erklären, dass er eine steuerliche Berücksichtigung seiner an den Anbieter entrichteten Altersvorsorgebeiträge für den jeweiligen Vertrag bei der Ermittlung der abziehbaren Sonderausgaben nach § 10a des Einkommensteuergesetzes durch die Finanzbehörden nicht beabsichtigt. [2]Liegt dem Anbieter eine Erklärung nach Satz 1 vor, hat er ab dem 1. Januar 2022 ein gesondertes Merkmal in der Meldung nach § 10a Absatz 5 des Einkommensteuergesetzes aufzunehmen. [3]Die Erklärung gilt ab dem Veranlagungsjahr, das dem Jahr folgt, in welchem die Erklärung gegenüber dem Anbieter abgegeben wird. [4]Die Erklärung kann widerrufen werden; Satz 3 gilt entsprechend. [5]Wird die Erklärung im Jahr des Vertragsabschlusses abgegeben, so gilt sie abweichend von Satz 3 schon für das Jahr des Vertragsabschlusses.

§ 11

Anbieterwechsel

(1) [1]Im Fall der Übertragung von Altersvorsorgevermögen nach § 1 Abs. 1 Satz 1 Nr. 10 Buchstabe b des Altersvorsorgeverträge-Zertifizierungsgesetzes sowie in den Fällen des § 93 Abs. 1 Satz 4 Buchstabe c, Abs. 1a Satz 1 oder Abs. 2 Satz 2 und 3 des Einkommensteuergesetzes hat der Anbieter des bisherigen Vertrags dem Anbieter des neuen Vertrags die in § 92 des Einkommensteuergesetzes genannten Daten einschließlich der auf den Zeitpunkt der Übertragung fortgeschriebenen Beträge im Sinne des § 19 Abs. 1 und 2 mitzuteilen. [2]Dies gilt auch bei einer Übertragung von ausschließlich ungefördertem Altersvorsorgevermögen, die mit einer Übertragung nach § 93 Absatz 1a Satz 1 des Einkommensteuergesetzes vergleichbar ist. [3]Bei der Übermittlung hat er die bisherige Vertragsnummer, die Zertifizierungsnummer und die Anbieternummer anzugeben. [4]Der Anbieter des bisherigen Vertrags kann die Mitteilung nach Satz 1 über die zentrale Stelle dem Anbieter des neuen Vertrags durch Datensatz übermitteln. [5]Die zentrale Stelle leitet die Mitteilung ohne inhaltliche Prüfung an den Anbieter des neuen Vertrags. [6]Der Anbieter des bisherigen Vertrags hat den Anbieter des neuen Vertrags über eine Abweisung eines Datensatzes nach § 12 Abs. 1 Satz 3 oder 4 unverzüglich zu unterrichten.

(2) Wird das Altersvorsorgevermögen im laufenden Beitragsjahr vollständig auf einen neuen Anbieter übertragen, ist dieser Anbieter zur Ausstellung der Bescheinigung nach § 92 des Einkommensteuergesetzes sowie zur Übermittlung der Daten nach § 10a Abs. 5 des Einkommensteuergesetzes an die zentrale Stelle für das gesamte Beitragsjahr verpflichtet.

(3) [1]Bei Übertragungen von Altersvorsorgevermögen nach Absatz 1 Satz 1 oder Satz 2 haben der Anbieter des bisherigen Vertrags sowie der Anbieter des neuen Vertrags die Übertragung der zentralen Stelle mitzuteilen. [2]Bei einer Übertragung von gefördertem Altersvorsorgevermögen nach § 82 Absatz 1 Satz 4 des Einkommensteuergesetzes hat der Anbieter des neuen Vertrags dies der zentralen Stelle ergänzend mitzuteilen. [3]Bei einer Übertragung von Altersvorsorgevermögen nach § 93 Absatz 1a Satz 2 des Einkommensteuergesetzes oder bei einer Übertragung von ausschließlich ungefördertem Altersvorsorgevermögen, die mit einer Übertragung nach § 93 Absatz 1a Satz 2 des Einkommensteuergesetzes vergleichbar ist, hat der Anbieter des bisherigen Vertrags die Übertragung der zentralen Stelle mitzuteilen. [4]Bei einer Übertragung nach § 93 Absatz 1a Satz 1 oder Satz 2 des Einkommensteuergesetzes oder bei einer Übertragung von ausschließlich ungefördertem Altersvorsorgevermögen, die mit einer Übertragung nach § 93 Absatz 1a Satz 1 oder Satz 2 des Einkommensteuergesetzes vergleichbar ist, hat der Anbieter des bisherigen Vertrags der zentralen Stelle außerdem die vom Familiengericht angegebene Ehezeit oder die Lebenspartnerschaftszeit mitzuteilen.

(4) [1]Wird Altersvorsorgevermögen aufgrund vertraglicher Vereinbarung nur teilweise auf einen anderen Vertrag übertragen, gehen Zulagen, Beiträge und Erträge anteilig auf den neuen Vertrag über. [2]Die Absätze 1 und 3 gelten entsprechend.

§ 12

Besondere Mitteilungspflichten der zentralen Stelle gegenüber dem Anbieter

(1) [1]Die zentrale Stelle hat dem Anbieter das Ermittlungsergebnis (§ 90 Abs. 1 Satz 1 des Einkommensteuergesetzes) mitzuteilen. [2]Die Mitteilung steht unter dem Vorbehalt der Nachprüfung (§ 164 der Abgabenordnung). [3]Das Ermittlungsergeb-

nis kann auch durch Abweisung des nach § 89 Abs. 2 des Einkommensteuergesetzes übermittelten Datensatzes, der um eine in dem vom Bundesministerium der Finanzen veröffentlichten Fehlerkatalog besonders gekennzeichnete Fehlermeldung ergänzt wird, übermittelt werden. [4]Ist der Datensatz nach § 89 Abs. 2 des Einkommensteuergesetzes aufgrund von unzureichenden oder fehlerhaften Angaben des Zulageberechtigten abgewiesen sowie um eine Fehlermeldung ergänzt worden und werden die Angaben innerhalb der Antragsfrist des § 89 Abs. 1 Satz 1 des Einkommensteuergesetzes von dem Zulageberechtigten an den Anbieter nicht nachgereicht, gilt auch diese Abweisung des Datensatzes als Übermittlung des Ermittlungsergebnisses.

(2) [1]Die zentrale Stelle hat dem Anbieter die Auszahlung der Zulage nach § 90 Abs. 2 Satz 1 des Einkommensteuergesetzes und § 15, jeweils bezogen auf den Zulageberechtigten, mitzuteilen. [2]Mit Zugang der Mitteilung nach Satz 1 entfällt der Vorbehalt der Nachprüfung der Mitteilung nach Absatz 1 Satz 2. [3]Die zentrale Stelle kann eine Mahnung (§ 259 der Abgabenordnung) nach amtlich vorgeschriebenem Datensatz an den Anbieter übermitteln.

§ 13
Anzeigepflichten des Zulageberechtigten

Liegt ein Tatbestand des § 95 des Einkommensteuergesetzes vor, hat der Zulageberechtigte dies dem Anbieter ab Beginn der Auszahlungsphase anzuzeigen.

UNTERABSCHNITT 2
Ermittlung, Festsetzung, Auszahlung, Rückforderung und Rückzahlung der Zulagen

§ 14
Nachweis der Rentenversicherungspflicht und der Höhe der maßgebenden Einnahmen

(1) [1]Weichen die Angaben des Zulageberechtigten zur Rentenversicherungspflicht oder zu den beitragspflichtigen Einnahmen oder zu der bezogenen Rente wegen voller Erwerbsminderung oder Erwerbsunfähigkeit im Sinne des Sechsten Buches Sozialgesetzbuch – Gesetzliche Rentenversicherung – in der Fassung der Bekanntmachung vom 19. Februar 2002 (BGBl. I S. 754, 1404, 3384), zuletzt geändert durch Artikel 5 des Gesetzes vom 23. Juli 2002 (BGBl. I S. 2787), in der jeweils geltenden Fassung von den nach § 91 Abs. 1 Satz 1 des Einkommensteuergesetzes übermittelten Angaben des zuständigen Sozialversicherungsträgers ab, sind für den Nachweis der Rentenversicherungspflicht oder die Berechnung des Mindesteigenbeitrags die Angaben des zuständigen Sozialversicherungsträgers maßgebend. [2]Für die von der landwirtschaftlichen Alterskasse übermittelten Angaben gilt Satz 1 entsprechend. [3]Wird abweichend vom tatsächlich erzielten Entgelt oder vom Zahlbetrag der Entgeltersatzleistung ein höherer Betrag als beitragspflichtige Einnahmen im Sinne des § 86 Abs. 1 Satz 2 Nr. 1 des Einkommensteuergesetzes berücksichtigt und stimmen der vom Zulageberechtigten angegebene und der bei dem zuständigen Sozialversicherungsträger ermittelte Zeitraum überein, ist Satz 1 insoweit nicht anzuwenden. [4]Im Festsetzungsverfahren ist dem Zulageberechtigten Gelegenheit zu geben, eine Klärung mit dem Sozialversicherungsträger herbeizuführen.

(2) Liegt der zentralen Stelle eine Bestätigung der zuständigen Stelle über die Zugehörigkeit des Zulageberechtigten zu dem in § 10a Abs. 1 Satz 1 Nr. 1 bis 5 und Satz 4 des Einkommensteuergesetzes genannten Personenkreis vor, gilt Absatz 1 entsprechend.

§ 15
Auszahlung der Zulage

[1]Die Zulagen werden jeweils am 15. der Monate Februar, Mai, August und November eines Jahres zur Zahlung angewiesen. [2]Zum jeweiligen Auszahlungstermin werden angewiesen:

a) Zulagen, die bis zum Ablauf des dem Auszahlungstermin vorangegangenen Kalendervierteljahres über den Anbieter beantragt worden sind und von der zentralen Stelle bis zum Ablauf des dem Auszahlungstermin vorangehenden Kalendermonats ermittelt wurden,
b) Erhöhungen von Zulagen, die bis zum Ablauf des dem Auszahlungstermin vorangehenden Kalendervierteljahres ermittelt oder festgesetzt wurden.

§ 16
Kleinbetragsgrenze für Rückforderungen gegenüber dem Zulageberechtigten

Ein Rückzahlungsbetrag nach § 94 Absatz 2 des Einkommensteuergesetzes, der nicht über den Anbieter zurückgefordert werden kann, wird nur festgesetzt, wenn die Rückforderung mindestens 25 Euro beträgt.

§ 17
Vollstreckung von Bescheiden über Forderungen der zentralen Stelle

[1]Bescheide über Forderungen der zentralen Stelle werden von den Hauptzollämtern vollstreckt. [2]Zuständig ist das Hauptzollamt, in dessen Vollstreckungsbezirk der Schuldner oder die Schuldnerin einen Wohnsitz oder gewöhnlichen Aufenthalt hat. [3]Mangelt es an einem Wohnsitz oder gewöhnlichen Aufenthalt im Inland, ist das Hauptzollamt Potsdam zuständig. [4]Über die Niederschlagung (§ 261 der Abgabenordnung) entscheidet die zentrale Stelle.

UNTERABSCHNITT 3
Bescheinigungs-, Aufzeichnungs- und Aufbewahrungspflichten

§ 18
Erteilung der Anbieterbescheinigungen

(1) Werden Bescheinigungen nach § 22 Nr. 5 Satz 7, § 92 oder § 94 Abs. 1 Satz 4 des Einkommensteuergesetzes mit Hilfe automatischer Einrichtungen erstellt, können Unterschrift und Namenswiedergabe des Anbieters oder des Vertretungsberechtigten fehlen.

(2) [1]Wird die Bescheinigung nach § 92 oder § 94 Abs. 1 Satz 4 des Einkommensteuergesetzes durch die Post übermittelt, ist das Datum der Aufgabe zur Post auf der Bescheinigung anzugeben. [2]Für die Berechnung der Frist nach § 90 Abs. 4 Satz 2 des Einkommensteuergesetzes ist § 122 Abs. 2 und 2a der Abgabenordnung sinngemäß anzuwenden.

§ 19
Aufzeichnungs- und Aufbewahrungspflichten

(1) [1]Der Anbieter nach § 1 Abs. 2 des Altersvorsorgeverträge-Zertifizierungsgesetzes hat für jedes Kalenderjahr Aufzeichnungen zu führen über

1. Namen und Anschrift des Anlegers,
2. Vertragsnummer und Vertragsdatum,
3. Altersvorsorgebeiträge, auf die § 10a oder Abschnitt XI des Einkommensteuergesetzes angewendet wurde,
4. dem Vertrag gutgeschriebene Zulagen,

5. dem Vertrag insgesamt gutgeschriebene Erträge,
6. Beiträge, auf die § 10a oder Abschnitt XI des Einkommensteuergesetzes nicht angewendet wurde,
7. Beiträge und Zulagen, die zur Absicherung der verminderten Erwerbsfähigkeit verwendet wurden,
8. Beiträge und Zulagen, die zur Hinterbliebenenabsicherung im Sinne des § 1 Abs. 1 Satz 1 Nr. 2 des Altersvorsorgeverträge-Zertifizierungsgesetzes oder § 1 Abs. 1 Satz 1 Nr. 6 des Altersvorsorgeverträge-Zertifizierungsgesetzes in der bis zum 31. Dezember 2004 geltenden Fassung verwendet wurden, und
9. die im Wohnförderkonto (§ 92a Abs. 2 Satz 1 des Einkommensteuergesetzes) zu berücksichtigenden Beiträge.

[2]Werden zugunsten des Altersvorsorgevertrags auch nicht geförderte Beiträge geleistet, sind die Erträge anteilig den geförderten und den nicht geförderten Beiträgen zuzuordnen und entsprechend aufzuzeichnen. [3]Die auf den 31. Dezember des jeweiligen Kalenderjahres fortgeschriebenen Beträge sind gesondert aufzuzeichnen.

(2) [1]Für einen Anbieter nach § 80 zweite Alternative des Einkommensteuergesetzes gilt Absatz 1 sinngemäß. [2]Darüber hinaus hat er Aufzeichnungen zu führen über

1. Beiträge, auf die § 3 Nr. 63 des Einkommensteuergesetzes angewendet wurde; hierzu gehören auch die Beiträge im Sinne des § 5 Abs. 3 Satz 2 der Lohnsteuer-Durchführungsverordnung,
2. Beiträge, auf die § 40b des Einkommensteuergesetzes in der am 31. Dezember 2004 geltenden Fassung angewendet wurde, und
3. Leistungen, auf die § 3 Nr. 66 des Einkommensteuergesetzes angewendet wurde.

(3) [1]Für die Aufbewahrung der Aufzeichnungen nach den Absätzen 1 und 2, der Mitteilungen nach § 5 Abs. 2 der Lohnsteuer-Durchführungsverordnung und des Antrags auf Altersvorsorgezulage oder der einer Antragstellung nach § 89 Abs. 3 des Einkommensteuergesetzes zugrunde liegenden Unterlagen gilt § 147 Abs. 3 der Abgabenordnung entsprechend. [2]Die Unterlagen sind spätestens am Ende des zehnten Kalenderjahres zu löschen oder zu vernichten, das auf die Mitteilung nach § 22 Nr. 5 Satz 7 des Einkommensteuergesetzes folgt. [3]Satz 2 gilt nicht, soweit die Löschung oder Vernichtung schutzwürdige Interessen des Anlegers oder die Wahrnehmung von Aufgaben oder berechtigten Interessen des Anbieters beeinträchtigen würde.

(3a) Unterlagen über die Auszahlung des Altersvorsorge-Eigenheimbetrages im Sinne des § 92a Absatz 1 Satz 1 des Einkommensteuergesetzes sowie Unterlagen, die eine wohnungswirtschaftliche Verwendung im Sinne des § 92a Absatz 1 Satz 1 des Einkommensteuergesetzes nach dem 31. Dezember 2007 eines Darlehens im Sinne des § 1 Absatz 1a des Altersvorsorgeverträge-Zertifizierungsgesetzes nachweisen, sind für die Dauer von zehn Jahren nach der Auflösung oder der Schließung des für den Altersvorsorgevertrag geführten Wohnförderkontos (§ 92a Absatz 2 Satz 1 des Einkommensteuergesetzes) aufzubewahren.

(4) [1]Nach Absatz 3 Satz 1 und Absatz 3a aufzubewahrende schriftliche Unterlagen können als Wiedergabe auf einem Bild- oder anderen dauerhaften Datenträger aufbewahrt werden, wenn sichergestellt ist, dass

1. die Wiedergabe während der Dauer der Aufbewahrungsfrist verfügbar bleibt und innerhalb angemessener Zeit lesbar gemacht werden kann und
2. die lesbar gemachte Wiedergabe mit der schriftlichen Unterlage bildlich und inhaltlich übereinstimmt.

[2]Das Vorliegen der Voraussetzung nach Satz 1 Nr. 2 ist vor der Vernichtung der schriftlichen Unterlage zu dokumentieren.

(5) Sonstige Vorschriften über Aufzeichnungs- und Aufbewahrungspflichten bleiben unberührt.

(6) Der Anbieter hat der zentralen Stelle auf Anforderung den Inhalt der Aufzeichnungen mitzuteilen und die für die Überprüfung der Zulage erforderlichen Unterlagen zur Verfügung zu stellen.

ABSCHNITT 3
Vorschriften zu Rentenbezugsmitteilungen

§ 20

– aufgehoben –

§ 20a
Vollstreckung von Bescheiden über Forderungen der zentralen Stelle

§ 17 gilt für Bescheide über Forderungen der zentralen Stelle im Rahmen des Rentenbezugsmitteilungsverfahrens nach § 22a des Einkommensteuergesetzes entsprechend.

§ 21
Erprobung des Verfahrens

(1) Die zentrale Stelle kann bei den mitteilungspflichtigen Stellen Daten nach § 22a Abs. 1 Satz 1 des Einkommensteuergesetzes erheben zum Zweck der Erprobung

1. des Verfahrens der Datenübermittlung von den mitteilungspflichtigen Stellen an die zentrale Stelle,
2. der bei der zentralen Stelle einzusetzenden Programme,
3. der Weiterleitung an die Finanzverwaltung und
4. der Weiterverarbeitung der Daten in der Finanzverwaltung.

(2) Das Bundeszentralamt für Steuern kann bei den mitteilungspflichtigen Stellen Daten nach § 22a Abs. 2 Satz 3 des Einkommensteuergesetzes in Verbindung mit § 139b Abs. 3 der Abgabenordnung erheben zum Zweck der Erprobung

1. des Verfahrens der Datenübermittlung von den mitteilungspflichtigen Stellen an das Bundeszentralamt für Steuern,
2. des Verfahrens der Datenübermittlung von dem Bundeszentralamt für Steuern an die mitteilungspflichtigen Stellen,
3. der vom Bundeszentralamt für Steuern und der zentralen Stelle einzusetzenden Programme, mit denen den mitteilungspflichtigen Stellen die Daten zur Verfügung gestellt werden.

(3) Die Datenübermittlung erfolgt durch Datenfernübertragung; § 4 Abs. 1 gilt entsprechend.

(4) [1]Die Daten dürfen nur für die in Absatz 1 und 2 genannten Zwecke verwendet werden. [2]Sie sind unmittelbar nach Beendigung der Erprobung, spätestens am 31. Dezember 2009, zu löschen.

ABSCHNITT 4
Vorschriften zum weiteren Datenaustausch mit der zentralen Stelle

§ 22

– aufgehoben –

§ 23
Erprobung des Verfahrens

§ 21 Absatz 1 dieser Verordnung gilt für die Erprobung des Verfahrens nach § 10 Absatz 2a, 2b und 4b des Einkommensteuergesetzes entsprechend mit der Maßgabe, dass die zentrale Stelle bei den mitteilungspflichtigen Stellen die Daten nach § 10 Absatz 2a, 2b und 4b des Einkommensteuergesetzes erheben kann.

§ 24
Mitteilungspflichten nach § 10 Absatz 4b des Einkommensteuergesetzes

[1]Die in § 10 Absatz 4b Satz 4 des Einkommensteuergesetzes genannten mitteilungspflichtigen Stellen haben der zentralen Stelle folgende Daten zu übermitteln:

1. die Höhe der im jeweiligen Zahlungsjahr geleisteten und zurückgeforderten steuerfreien Zuschüsse und der erstatteten Vorsorgeaufwendungen, jeweils gesondert betragsmäßig nach Art der Vorsorgeaufwendungen ausgewiesen,
2. den Beginn und das Ende des Zeitraums, für den der steuerfreie Zuschuss und die Erstattung der Vorsorgeaufwendungen erfolgt sind, und
3. das Jahr des Zuflusses oder Abflusses.

[2]Eine Mitteilungspflicht nach Satz 1 besteht nicht, wenn die mitteilungspflichtige Stelle der Finanzverwaltung die Zahlung der geleisteten und zurückgeforderten steuerfreien Zuschüsse und der erstatteten Vorsorgeaufwendungen bereits aufgrund anderer Vorschriften elektronisch mitzuteilen hat.

Gesetz über die Zertifizierung von Altersvorsorge- und Basisrentenverträgen (Altersvorsorgeverträge-Zertifizierungsgesetz – AltZertG)[1])

vom 26.6.2001 (BGBl. I S. 1310, 1322),
zuletzt geändert durch Art. 5 G vom 25.10.2023 (BGBl. I Nr. 294)

– Auszug –

§ 1
Begriffsbestimmungen zum Altersvorsorgevertrag

(1) [1]Ein Altersvorsorgevertrag im Sinne dieses Gesetzes liegt vor, wenn zwischen dem Anbieter und einer natürlichen Person (Vertragspartner) eine Vereinbarung in deutscher Sprache geschlossen wird,

1. *– weggefallen –*
2. die für den Vertragspartner eine lebenslange und unabhängig vom Geschlecht berechnete Altersversorgung vorsieht, die nicht vor Vollendung des 62. Lebensjahres oder einer vor Vollendung des 62. Lebensjahres beginnenden Leistung aus einem gesetzlichen Alterssicherungssystem des Vertragspartners (Beginn der Auszahlungsphase) gezahlt werden darf; Leistungen aus einer ergänzenden Absicherung der verminderten Erwerbsfähigkeit oder Dienstunfähigkeit und einer zusätzlichen Absicherung der Hinterbliebenen können vereinbart werden; Hinterbliebene in diesem Sinne sind der Ehegatte, der Lebenspartner und die Kinder, für die dem Vertragspartner zum Zeitpunkt des Eintritts des Versorgungsfalles ein Anspruch auf Kindergeld oder ein Freibetrag nach § 32 Abs. 6 des Einkommensteuergesetzes zugestanden hätte; der Anspruch auf Waisenrente oder Waisengeld darf längstens für den Zeitraum bestehen, in dem der Rentenberechtigte die Voraussetzungen für die Berücksichtigung als Kind im Sinne des § 32 des Einkommensteuergesetzes erfüllt;
3. in welcher der Anbieter zusagt, dass zu Beginn der Auszahlungsphase zumindest die eingezahlten Altersvorsorgebeiträge für die Auszahlungsphase zur Verfügung stehen und für die Leistungserbringung genutzt werden; sofern Beitragsanteile zur Absicherung der verminderten Erwerbsfähigkeit oder Dienstunfähigkeit oder zur Hinterbliebenenversorgung verwendet werden, sind bis zu 20 Prozent der Gesamtbeiträge in diesem Zusammenhang nicht zu berücksichtigen; das gilt auch für den Fall, dass das gebildete Kapital zu Beginn der Auszahlungsphase nach Nummer 10 Buchstabe b auf einen anderen Altersvorsorgevertrag übertragen wird;
4. die monatliche Leistungen für den Vertragspartner in Form einer
   a) lebenslangen Leibrente oder Ratenzahlungen im Rahmen eines Auszahlungsplans mit einer anschließenden Teilkapitalverrentung ab spätestens dem 85. Lebensjahr vorsieht; die Leistungen müssen während der gesamten Auszahlungsphase gleich bleiben oder steigen; Anbieter und Vertragspartner können vereinbaren, dass bis zu zwölf Monatsleistungen in einer Auszahlung zusammengefasst werden oder eine Kleinbetragsrente nach § 93 Abs. 3 des Einkommensteuergesetzes abgefunden wird, wenn die Vereinbarungen vorsehen, dass der Vertragspartner bis vier Wochen nach der Mitteilung des Anbieters darüber, dass die Auszahlung in Form einer Kleinbetragsrentenabfindung erfolgen wird, den Beginn der Auszahlungsphase auf den 1. Januar des darauffolgenden Jahres verschieben kann; bis zu 30 Prozent des zu Beginn der Auszahlungsphase zur Verfügung stehenden Kapitals kann an den Vertragspartner außerhalb der monatlichen Leistungen ausgezahlt werden; die gesonderte Auszahlung der in der Auszahlungsphase anfallenden Zinsen und Erträge ist zulässig;
   b) lebenslangen Verminderung des monatlichen Nutzungsentgelts für eine vom Vertragspartner selbst genutzte Genossenschaftswohnung vorsieht oder eine zeitlich befristete Verminderung mit einer anschließenden Teilkapitalverrentung ab spätestens dem 85. Lebensjahr vorsieht; die Leistungen müssen während der gesamten Auszahlungsphase gleich bleiben oder steigen; die Ansparleistung muss in diesem Fall durch die Einzahlung auf weitere Geschäftsanteile an einer eingetragenen Genossenschaft erfolgen; die weiteren Geschäftsanteile gelten mit Beginn der Auszahlungsphase als gekündigt; Buchstabe a Teilsatz 3 bis 5 gilt entsprechend;

1) **Anm. d. Verlages:** Dieses Gesetz wurde verkündet als Artikel 7 des Altersvermögensgesetzes und ist am 1.8.2001 in Kraft getreten.

5. die einen Erwerb weiterer Geschäftsanteile an einer eingetragenen Genossenschaft nur zulässt, wenn der Vertragspartner im Zeitpunkt des Abschlusses des Altersvorsorgevertrags sowie in den neun Monaten davor eine Genossenschaftswohnung des Anbieters durchgehend selbst genutzt hat und bei Erwerb weiterer Geschäftsanteile an einer eingetragenen Genossenschaft vorsieht, dass
   a) im Fall der Aufgabe der Selbstnutzung der Genossenschaftswohnung, des Ausschlusses, des Ausscheidens des Mitglieds oder der Auflösung der Genossenschaft die Möglichkeit eingeräumt wird, dass mindestens die eingezahlten Altersvorsorgebeiträge und die gutgeschriebenen Erträge auf einen vom Vertragspartner zu bestimmenden Altervorsorgevertrag übertragen werden, und
   b) die auf die weiteren Geschäftsanteile entfallenden Erträge nicht ausgezahlt, sondern für den Erwerb weiterer Geschäftsanteile verwendet werden;

6. und 7. – *weggefallen* –

8. die vorsieht, dass die angesetzten Abschluss- und Vertriebskosten gleichmäßig mindestens auf die ersten fünf Vertragsjahre verteilt werden, soweit sie nicht als Prozentsatz von den Altersvorsorgebeiträgen abgezogen werden;

9. – *weggefallen* –

10. die dem Vertragspartner bis zum Beginn der Auszahlungsphase einen Anspruch gewährt,
    a) den Vertrag ruhen zu lassen,
    b) den Vertrag mit einer Frist von drei Monaten zum Ende eines Kalendervierteljahres oder zum Beginn der Auszahlungsphase zu kündigen, um das gebildete Kapital auf einen anderen auf seinen Namen lautenden Altersvorsorgevertrag mit einer Vertragsgestaltung nach diesem Absatz desselben oder eines anderen Anbieters übertragen zu lassen, oder
    c) mit einer Frist von drei Monaten zum Ende eines Kalendervierteljahres eine Auszahlung des gebildeten Kapitals für eine Verwendung im Sinne des § 92a des Einkommensteuergesetzes zu verlangen;

    soweit es sich um den Erwerb weiterer Geschäftsanteile an einer Genossenschaft handelt, gilt der erste Halbsatz mit der Maßgabe, dass die weiteren Geschäftsanteile mit einer Frist von drei Monaten zum Ende des Geschäftsjahres gekündigt werden können und die Auszahlung des auf die weiteren Geschäftsanteile entfallenden Geschäftsguthabens binnen sechs Monaten nach Wirksamwerden der Kündigung verlangt werden kann;

11. die im Fall der Verminderung des monatlichen Nutzungsentgelts für eine vom Vertragspartner selbst genutzte Genossenschaftswohnung dem Vertragspartner bei Aufgabe der Selbstnutzung der Genossenschaftswohnung in der Auszahlungsphase einen Anspruch gewährt, den Vertrag mit einer Frist von nicht mehr als drei Monaten zum Ende des Geschäftsjahres zu kündigen, um spätestens binnen sechs Monaten nach Wirksamwerden der Kündigung das noch nicht verbrauchte Kapital auf einen anderen auf seinen Namen lautenden Altersvorsorgevertrag desselben oder eines anderen Anbieters übertragen zu lassen.

[2]Ein Altersvorsorgevertrag im Sinne dieses Gesetzes kann zwischen dem Anbieter und dem Vertragspartner auch auf Grundlage einer rahmenvertraglichen Vereinbarung mit einer Vereinigung geschlossen werden, wenn der begünstigte Personenkreis die Voraussetzungen des § 10a des Einkommensteuergesetzes erfüllt. [3]Bei einer Übertragung des nach Satz 1 Nummer 10 Buchstabe b gekündigten Kapitals ist es unzulässig, dass der Anbieter des bisherigen Altersvorsorgevertrags dem Vertragspartner Kosten in Höhe von mehr als 150 Euro in Rechnung stellt. [4]Bei der Berechnung der Abschluss- und Vertriebskosten sind vom Anbieter des neuen Altersvorsorgevertrags maximal 50 Prozent des übertragenen, im Zeitpunkt der Übertragung nach § 10a oder Abschnitt XI des Einkommensteuergesetzes geförderten Kapitals zu berücksichtigen.

(1a) [1]Als Altersvorsorgevertrag gilt auch ein Vertrag,

1. der für den Vertragspartner einen Rechtsanspruch auf Gewährung eines Darlehens vorsieht,

2. der dem Vertragspartner einen Rechtsanspruch auf Gewährung eines Darlehens einräumt, sowie der darauf beruhende Darlehensvertrag; der Vertrag kann auch mit einer Vertragsgestaltung nach Absatz 1 zu einem einheitlichen Vertrag zusammengefasst werden,

3. der dem Vertragspartner einen Rechtsanspruch auf Gewährung eines Darlehens einräumt und bei dem unwiderruflich vereinbart wird, dass dieses Darlehen durch Altersvorsorgevermögen getilgt wird, welches in einem Altersvorsorgevertrag nach Absatz 1 oder Nummer 2 gebildet wird; beide Vertragsbestandteile (Darlehensvertrag und Altersvorsorgevertrag nach Absatz 1 oder Nummer 2) gelten als einheitlicher Vertrag.

[2]Das Darlehen ist für eine wohnungswirtschaftliche Verwendung im Sinne des § 92a Abs. 1 Satz 1 des Einkommensteuergesetzes einzusetzen und ist spätestens bis zur Vollendung des 68. Lebensjahres des Vertragspartners zu tilgen. [3]Absatz 1 Satz 1 Nr. 8 gilt entsprechend.

(2) [1]Anbieter eines Altersvorsorgevertrags im Sinne dieses Gesetzes sind

1. mit Sitz im Inland:
   a) Lebensversicherungsunternehmen, soweit ihnen hierfür eine Erlaubnis nach dem Versicherungsaufsichtsgesetz vom 1. April 2015 (BGBl. I S. 434), in der jeweils geltenden Fassung erteilt worden ist,
   b) Kreditinstitute, die eine Erlaubnis zum Betreiben des Einlagengeschäfts im Sinne des § 1 Abs. 1 Satz 2 Nr. 1 des Kreditwesengesetzes haben,
   c) Bausparkassen im Sinne des Gesetzes über Bausparkassen in der Fassung der Bekanntmachung vom 15. Februar 1991 (BGBl. I S. 454), zuletzt geändert durch Artikel 13a Nr. 3 des Gesetzes vom 16. Juli 2007 (BGBl. I S. 1330), in der jeweils geltenden Fassung,
   d) externe Kapitalverwaltungsgesellschaften im Sinne des § 17 Absatz 2 Nummer 1 des Kapitalanlagegesetzbuchs;

2. mit Sitz in einem anderen Staat des Europäischen Wirtschaftsraums:
   a) Lebensversicherungsunternehmen im Sinne der Richtlinie 2009/138/EG des Europäischen Parlaments und des Rates vom 25. November 2009 betreffend die Aufnahme und Ausübung der Versicherungs- und der Rückversicherungstätigkeit (Solvabilität II) (ABl. L 335 vom 17.12.2009, S. 1), die zuletzt durch die Richtlinie 2014/51/EU (ABl. L 153 vom 22.5.2014, S. 1) geändert worden ist, in der jeweils geltenden Fassung, soweit sie nach § 61 Absatz 2 und 3 des Versicherungsaufsichtsgesetzes entsprechende Geschäfte im Inland betreiben dürfen,

b) Kreditinstitute im Sinne der Richtlinie 2006/48/EG des Europäischen Parlaments und des Rates vom 14. Juni 2006 über die Aufnahme und Ausübung der Tätigkeit der Kreditinstitute (ABl. EU Nr. L 177 S. 1), zuletzt geändert durch die Richtlinie 2007/64/EG des Europäischen Parlaments und des Rates vom 13. November 2007 (ABl. EU Nr. L 319 S. 1), soweit sie nach § 53b Abs. 1 Satz 1 des Kreditwesengesetzes entsprechende Geschäfte im Inland betreiben dürfen,

c) Verwaltungs- oder Investmentgesellschaften im Sinne der Richtlinie 85/611/EWG des Rates vom 20. Dezember 1985 zur Koordinierung der Rechts- und Verwaltungsvorschriften betreffend bestimmte Organismen für gemeinsame Anlagen in Wertpapieren (OGAW) (ABl. EG Nr. L 375 S. 3), zuletzt geändert durch die Richtlinie 2005/1/EG des Europäischen Parlaments und des Rates vom 9. März 2005 (ABl. EU Nr. L 79 S. 9);

3. mit Sitz außerhalb des Europäischen Wirtschaftsraums, soweit die Zweigstellen die Voraussetzungen des § 67 des Versicherungsaufsichtsgesetzes oder des § 53, auch in Verbindung mit § 53c, des Kreditwesengesetzes erfüllen, inländische Zweigstellen von Lebensversicherungsunternehmen oder Kreditinstituten, die eine Erlaubnis zum Betreiben des Einlagengeschäfts im Sinne von § 1 Abs. 1 Satz 2 Nr. 1 des Kreditwesengesetzes haben;

4. in das Genossenschaftsregister eingetragene Genossenschaften,

a) bei denen nach einer gutachterlichen Äußerung des Prüfungsverbands, von dem die Genossenschaft geprüft wird, keine Feststellungen zur Einschränkung der Ordnungsmäßigkeit der Geschäftsführung zu treffen sind, keine Tatsachen vorliegen, die den Bestand der Genossenschaft gefährden oder ihre Entwicklung wesentlich beeinträchtigen könnten und keine Anhaltspunkte dafür vorliegen, dass die von der Genossenschaft abgeschlossenen Altersvorsorgeverträge nicht ordnungsgemäß erfüllt werden,

b) die entweder eine Erlaubnis nach dem Kreditwesengesetz besitzen oder wenn sie Leistungen nach Absatz 1 Satz 1 Nr. 4 Buchstabe b anbieten, deren Satzungszweck ist, ihren Mitgliedern Wohnraum zur Verfügung zu stellen, und die Erfüllung der Verpflichtungen nach Absatz 1 Satz 1 Nr. 3 und 10 durch eine Versicherung bei einem im Geltungsbereich dieses Gesetzes zum Geschäftsbetrieb befugten Versicherungsunternehmen oder durch ein Zahlungsversprechen eines im Geltungsbereich dieses Gesetzes zum Geschäftsbetrieb befugten Kreditinstituts oder durch eine Sicherung nach § 7d Satz 5 gesichert ist; die Sicherung kann auf 20 000 Euro pro Vertrag begrenzt werden; und

c) deren Satzung zum einen eine Beteiligung mit mehreren Geschäftsanteilen erlaubt und zum anderen für Mitglieder, die weitere Geschäftsanteile zum Zwecke der Durchführung eines Altersvorsorgevertrages angeschafft haben, hinsichtlich dieser weiteren Geschäftsanteile keine Verpflichtung zu Nachschüssen zur Insolvenzmasse oder zu weiteren Einzahlungen nach § 87a Abs. 2 des Genossenschaftsgesetzes oder zur Verlustzuschreibung im Sinne des § 19 Absatz 1 des Genossenschaftsgesetzes sowie keine längere Kündigungsfrist als die des § 65 Abs. 2 Satz 1 des Genossenschaftsgesetzes und keine abweichenden Regelungen für die Auszahlung des Auseinandersetzungsguthabens im Sinne des § 73 Abs. 4 des Genossenschaftsgesetzes vorsieht; das Vorliegen dieser Voraussetzungen ist durch den Prüfungsverband, von dem die Genossenschaft geprüft wird, zu bestätigen.

[2]Finanzdienstleistungsinstitute, Wertpapierinstitute sowie Kreditinstitute mit Sitz im Inland, die keine Erlaubnis zum Betreiben des Einlagengeschäftes im Sinne des § 1 Abs. 1 Satz 2 Nr. 1 des Kreditwesengesetzes haben, und Wertpapierdienstleistungsunternehmen im Sinne der Richtlinie 2004/39/EG des Europäischen Parlaments und des Rates vom 21. April 2004 über Märkte für Finanzinstrumente, zur Änderung der Richtlinien 85/611/EWG und 93/6/EWG des Rates und der Richtlinie 2000/12/EG des Europäischen Parlaments und des Rates und zur Aufhebung der Richtlinie 93/22/EWG des Rates (ABl. EU Nr. L 145 S. 1, 2005 Nr. L 45 S. 18), zuletzt geändert durch die Richtlinie 2007/44/EG des Europäischen Parlaments und des Rates vom 5. September 2007 (ABl. EU Nr. L 247 S. 1) mit Sitz in einem anderen Staat des Europäischen Wirtschaftsraums können Anbieter sein, wenn sie

1. nach ihrem Erlaubnisumfang nicht unter die Ausnahmeregelungen nach § 2 Abs. 7, 7a oder 8 des Kreditwesengesetzes fallen oder im Fall von Wertpapierdienstleistungsunternehmen vergleichbaren Einschränkungen der Solvenzaufsicht in dem anderen Staat des Europäischen Wirtschaftsraums unterliegen,

2. ein Anfangskapital im Sinne des Artikels 4 Absatz 1 Nummer 51 der Verordnung (EU) Nr. 575/2013 des Europäischen Parlaments und des Rates vom 26. Juni 2013 über Aufsichtsanforderungen an Kreditinstitute und Wertpapierfirmen und zur Änderung der Verordnung (EU) Nr. 646/2012 (ABl. L 176 vom 27.6.2013, S. 1) (Anfangskapital) in Höhe von mindestens 730 000 Euro nachweisen und

3. nach den Bedingungen des Altersvorsorgevertrages die Gelder nur anlegen bei Kreditinstituten im Sinne des Satzes 1.

(3) [1]Die Zertifizierung eines Altersvorsorgevertrages nach diesem Gesetz ist die Feststellung, dass die Vertragsbedingungen des Altersvorsorgevertrages dem Absatz 1, 1a oder beiden Absätzen sowie dem § 2a entsprechen und der Anbieter den Anforderungen des Absatzes 2 entspricht. [2]Eine Zertifizierung im Sinne des § 4 Abs. 2 Satz 1 stellt ausschließlich die Übereinstimmung des Vertrages mit den Anforderungen des Absatzes 1 oder 1a oder beiden sowie des § 2a fest.

(4) – *aufgehoben* –

(5) [1]Gebildetes Kapital im Sinne dieses Gesetzes ist

a) bei Versicherungsverträgen das nach den anerkannten Regeln der Versicherungsmathematik mit den Rechnungsgrundlagen der Beitragskalkulation berechnete Deckungskapital der Versicherung zuzüglich bereits zugeteilter Überschussanteile, des übertragungsfähigen Werts aus Schlussüberschussanteilen sowie der nach § 153 Abs. 1 und 3 des Versicherungsvertragsgesetzes zuzuteilenden Bewertungsreserven, § 169 Abs. 6 des Versicherungsvertragsgesetzes gilt entsprechend; bei fondsgebundenen Versicherungen und anderen Versicherungen, die Leistungen der in § 124 Absatz 2 des Versicherungsaufsichtsgesetzes bezeichneten Art vorsehen, abweichend hiervon die Summe aus dem vorhandenen Wert der Anteilseinheiten und der im sonstigen Vermögen angelegten verzinsten Beitrags- und Zulagenteile, abzüglich der tariflichen Kosten, zuzüglich zugeteilter Überschussanteile, des übertragungsfähigen Werts aus Schlussüberschussanteilen und der nach § 153 Abs. 1 und 3 des Versicherungsvertragsgesetzes zuzuteilenden Bewertungsreserven,

b) bei Investmentsparverträgen der Wert der Fondsanteile zum Stichtag,

c) bei Sparverträgen der Wert des Guthabens einschließlich der bis zum Stichtag entstandenen, aber noch nicht fälligen Zinsen,

d) bei Geschäftsanteilen an einer Genossenschaft der jeweilige Anschaffungspreis; bei Verträgen nach Absatz 1a Satz 1 Nummer 3 jeweils abzüglich des Darlehens, soweit es noch nicht getilgt ist.

[2]Abzüge, soweit sie nicht in diesem Gesetz vorgesehen sind, sind nicht zulässig. [3]In Bezug auf § 2a Satz 1 Nummer 1 Buchstabe b ist nur das für die Leistungserbringung unwiderruflich zugeteilte Kapital zu berücksichtigen.

§ 2

Begriffsbestimmungen zum Basisrentenvertrag

(1) [1]Ein Basisrentenvertrag im Sinne dieses Gesetzes liegt vor, wenn zwischen dem Anbieter und einer natürlichen Person (Vertragspartner) eine Vereinbarung in deutscher Sprache geschlossen wird, die die Voraussetzungen des § 10 Absatz 1 Nummer 2 Buchstabe b Doppelbuchstabe aa des Einkommensteuergesetzes erfüllt. [2]Dies gilt entsprechend, wenn zum Aufbau einer kapitalgedeckten betrieblichen Altersversorgung eine Vereinbarung, die die Anforderungen des § 10 Absatz 1 Nummer 2 Buchstabe b Doppelbuchstabe aa des Einkommensteuergesetzes erfüllt, zwischen dem Anbieter und dem Arbeitgeber zugunsten des Arbeitnehmers geschlossen wird.

(1a) Ein Basisrentenvertrag im Sinne dieses Gesetzes liegt auch vor, wenn zwischen dem Anbieter und einer natürlichen Person (Vertragspartner) eine Vereinbarung in deutscher Sprache geschlossen wird, die die Voraussetzungen des § 10 Absatz 1 Nummer 2 Buchstabe b Doppelbuchstabe bb des Einkommensteuergesetzes erfüllt und bei der vorgesehen ist, dass der Anbieter

1. eine teilweise Erwerbsminderung anerkennt, wenn ärztlich prognostiziert wird, dass der Vertragspartner wegen Krankheit, Körperverletzung oder Behinderung voraussichtlich für mindestens zwölf Monate außerstande ist, unter den üblichen Bedingungen des allgemeinen Arbeitsmarktes mindestens sechs Stunden täglich erwerbstätig zu sein oder eine volle Erwerbsminderung anerkennt, wenn ärztlich prognostiziert wird, dass der Vertragspartner wegen Krankheit, Körperverletzung oder Behinderung voraussichtlich für mindestens zwölf Monate außerstande ist, unter den üblichen Bedingungen des allgemeinen Arbeitsmarktes mindestens drei Stunden täglich erwerbstätig zu sein; die versicherte Leistung ist bei einer teilweisen Erwerbsminderung mindestens zur Hälfte und bei voller Erwerbsminderung in voller Höhe zu erbringen;
2. von dem Kalendermonat an leistet, zu dessen Beginn die teilweise oder volle Erwerbsminderung eingetreten ist, wenn die Leistung bis zum Ende des 36. Kalendermonats nach Ablauf des Monats des Eintritts der teilweisen oder vollen Erwerbsminderung beantragt wird; wird der Antrag zu einem späteren Zeitpunkt gestellt, ist die Leistung ab dem Kalendermonat zu gewähren, der 36 Monate vor dem Monat der Beantragung liegt;
3. auf Antrag des Vertragspartners die Beiträge für die Absicherung der teilweisen oder vollen Erwerbsminderung ab dem Zeitpunkt der Geltendmachung der Ansprüche auf eine teilweise oder volle Erwerbsminderung bis zur endgültigen Entscheidung über die Leistungspflicht zinslos und ohne andere Auflagen stundet;
4. für die Absicherung der teilweisen oder vollen Erwerbsminderung auf das Kündigungsrecht nach § 19 Absatz 3 Satz 2 und das Abänderungsrecht nach § 19 Absatz 4 des Versicherungsvertragsgesetzes verzichtet, wenn der Vertragspartner seine Anzeigepflicht schuldlos verletzt hat; und
5. die medizinische Mitwirkungspflicht des Vertragspartners zur Feststellung und nach der Feststellung der teilweisen oder vollen Erwerbsminderung auf zumutbare und medizinisch indizierte ärztliche Untersuchungs- und Behandlungsleistungen beschränkt.

(2) Anbieter eines Basisrentenvertrags im Sinne dieses Gesetzes sind die Anbieter im Sinne des § 1 Abs. 2, einschließlich der Pensionskassen im Sinne des § 232 Versicherungsaufsichtsgesetzes, sowie der Pensionsfonds im Sinne des § 236 Versicherungsaufsichtsgesetzes.

(3) [1]Die Zertifizierung eines Basisrentenvertrages nach diesem Gesetz ist die Feststellung, dass die Vertragsbedingungen des Basisrentenvertrages dem Absatz 1 oder dem Absatz 1a sowie dem § 2a entsprechen und der Anbieter den Anforderungen des § 2 Abs. 2 entspricht. [2]Eine Zertifizierung im Sinne des § 4 Abs. 2 Satz 1 stellt ausschließlich die Übereinstimmung des Vertrages mit den Anforderungen des Absatzes 1 oder des Absatzes 1a sowie dem § 2a fest.

(4) – *aufgehoben* –

§ 7

Informationspflichten im Produktinformationsblatt

(1) [1]Der Anbieter eines Altersvorsorge- oder Basisrentenvertrags hat den Vertragspartner rechtzeitig durch ein individuelles Produktinformationsblatt zu informieren, spätestens jedoch, bevor dieser seine Vertragserklärung abgibt. [2]Das individuelle Produktinformationsblatt muss folgende Angaben enthalten:

1. die Produktbezeichnung;
2. die Benennung des Produkttyps und eine kurze Produktbeschreibung;
3. die Zertifizierungsnummer;
4. bei Altersvorsorgeverträgen die Empfehlung, vor Abschluss des Vertrags die Förderberechtigung zu prüfen;
5. den vollständigen Namen des Anbieters nach § 1 Absatz 2 oder § 2 Absatz 2;
6. die wesentlichen Bestandteile des Vertrags;
7. die auf Wahrscheinlichkeitsrechnungen beruhende Einordnung in Chancen-Risiko-Klassen;
8. bei Altersvorsorgeverträgen in Form eines Darlehens und bei Altersvorsorgeverträgen im Sinne des § 1 Absatz 1a Nummer 3 die Angabe des Nettodarlehensbetrags, der Gesamtkosten, ausgedrückt als jährlicher Prozentsatz des Nettodarlehensbetrags nach § 16 Absatz 1 der Preisangabenverordnung und, des Gesamtdarlehensbetrags;
9. eine Aufstellung der Kosten nach § 2a Satz 1 Nummer 1 Buchstabe a bis f sowie § 2a Satz 1 Nummer 2 Buchstabe a bis c, getrennt für jeden Gliederungspunkt; soweit die Angaben zu § 2a Satz 1 Nummer 1 Buchstabe f noch nicht feststehen, muss ein Hinweis hierauf erfolgen. Auf Kosten nach § 2a Satz 2, die vertragstypisch sind, muss hingewiesen werden. Kosten nach § 2a Satz 1, die

im individuellen Produktinformationsblatt nicht ausgewiesen sind oder auf die nicht hingewiesen wurde, sind vom Vertragspartner nicht geschuldet;

10. Angaben zum Preis-Leistungs-Verhältnis;
11. bei Basisrentenverträgen nach § 10 Absatz 1 Nummer 2 Buchstabe b Doppelbuchstabe bb des Einkommensteuergesetzes die garantierte monatliche Leistung;
12. einen Hinweis auf die einschlägige Einrichtung der Insolvenzsicherung und den Umfang des insoweit gewährten Schutzes;
13. Informationen zum Anbieterwechsel und zur Kündigung des Vertrags;
14. Hinweise zu den Möglichkeiten und Folgen einer Beitragsfreistellung oder Tilgungsaussetzung und
15. den Stand des Produktinformationsblatts.

[3]Sieht der Vertrag eine ergänzende Absicherung der Berufsunfähigkeit, der verminderten Erwerbsfähigkeit oder Dienstunfähigkeit oder eine zusätzliche Absicherung von Hinterbliebenen vor, muss das individuelle Produktinformationsblatt zusätzlich folgende Angaben enthalten:

1. den Beginn, das Ende und den Umfang der ergänzenden Absicherung;
2. Hinweise zu den Folgen unterbliebener oder verspäteter Beitragszahlungen und
3. Angaben zu Leistungsausschlüssen und zu Obliegenheiten.

[4]Satz 2 Nummer 7 und 10 bis 13 gilt nicht für

1. Altersvorsorgeverträge in Form eines Darlehens oder für Altersvorsorgeverträge im Sinne des § 1 Absatz 1a Nummer 3 und
2. die Darlehenskomponente eines Altersvorsorgevertrags nach § 1 Absatz 1a Satz 1 Nummer 2.

[5]Satz 2 Nummer 7, 8, 10 und 13 gilt nicht für Basisrentenverträge nach § 10 Absatz 1 Nummer 2 Buchstabe b Doppelbuchstabe bb des Einkommensteuergesetzes. [6]Die nach diesem Absatz notwendigen Kostenangaben treten bei Versicherungsverträgen an die Stelle der Kostenangaben gemäß § 2 Absatz 1 Nummer 1 und 2 der VVG-Informationspflichtenverordnung. [7]Erfolgt der Vertragsabschluss nicht zeitnah zur Information durch das individuelle Produktinformationsblatt, muss der Anbieter den Vertragspartner nur auf dessen Antrag oder bei einer zwischenzeitlichen Änderung der im Produktinformationsblatt ausgewiesenen Kosten durch ein neues individuelles Produktinformationsblatt informieren.

(2) [1]Das individuelle Produktinformationsblatt ersetzt das Informationsblatt zu Versicherungsprodukten nach § 4 der VVG-Informationspflichtenverordnung in der jeweils geltenden Fassung. [2]Eine Modellrechnung nach § 154 des Versicherungsvertragsgesetzes ist für zertifizierte Altersvorsorgeverträge und für zertifizierte Basisrentenverträge nicht durchzuführen. [3]Diese darf dem individuellen Produktinformationsblatt auch nicht zusätzlich beigefügt werden. [4]Der rechtzeitige Zugang des individuellen Produktinformationsblatts muss nachgewiesen werden können. [5]Das Produktinformationsblatt ist dem Vertragspartner kostenlos bereitzustellen.

(3) [1]Erfüllt der Anbieter seine Verpflichtungen nach Absatz 1 nicht, nicht richtig, nicht vollständig, nicht in der vorgeschriebenen Weise oder nicht rechtzeitig, kann der Vertragspartner innerhalb von zwei Jahren nach der Abgabe der Vertragserklärung vom Vertrag zurücktreten. [2]Der Rücktritt ist innerhalb von drei Monaten ab Erlangung der Kenntnis vom Rücktrittsgrund zu erklären. [3]Der Anbieter hat dem Vertragspartner bei einem Rücktritt mindestens einen Geldbetrag in Höhe der auf den Vertrag eingezahlten Beiträge und Altersvorsorgezulagen zu zahlen. [4]Auf die Beiträge und Altersvorsorgezulagen hat der Anbieter dem Vertragspartner Zinsen in Höhe des gesetzlichen Zinssatzes nach § 246 des Bürgerlichen Gesetzbuchs zu zahlen. [5]Die Verzinsung beginnt an dem Tag, an dem die Beiträge oder die Zulagen dem Anbieter zufließen. [6]§ 8 des Versicherungsvertragsgesetzes bleibt unberührt.

(4) [1]Der Anbieter hat für jeden auf der Basis eines zertifizierten Altersvorsorge- oder Basisrentenvertragsmusters vertriebenen Tarif vor dem erstmaligen Vertrieb eines darauf beruhenden Altersvorsorge- oder Basisrentenvertrags für unterstellte Vertragslaufzeiten von 12, 20, 30 und 40 Jahren, soweit es die vertraglich vorgesehene Laufzeit zulässt, jeweils ein Muster-Produktionsinformationsblatt nach Satz 2 zu erstellen. [2]Dieses Muster-Produktinformationsblatt hat nach Art, Inhalt, Umfang und Darstellung dem individuellen Produktinformationsblatt nach Absatz 1 mit der Maßgabe zu entsprechen, dass den Informationen statt der individuellen Werte Musterdaten zugrunde zu legen sind. [3]Entspricht ein Muster-Produktinformationsblatt nicht mehr den gesetzlichen Vorgaben, muss es geändert werden. [4]Ein Muster-Produktinformationsblatt ist erst mit der öffentlichen Zugänglichmachuung auf der Internetseite des Anbieters erstellt oder geändert. [5]Die öffentliche Zugänglichmachung ist der Zertifizierungsstelle formlos anzuzeigen. [6]Die Einzelheiten der Veröffentlichung regelt ein Schreiben des Bundesministeriums der Finanzen, das im Bundessteuerblatt veröffentlicht wird.

(5) Die §§ 297 bis 299, 301 und 303 des Kapitalanlagengesetzbuches bleiben unberührt.

(6) [1]Die Absätze 1 bis 4 gelten nicht für Verträge, deren Auszahlungsphase unmittelbar nach der Einzahlung eines Einmalbetrags beginnt. [2]Sie gelten auch nicht für Altersvorsorge- und Basisrentenverträge, die abgeschlossen werden, um Anrechte aufgrund einer internen Teilung nach § 10 des Versorgungsausgleichsgesetzes zu übertragen.

§ 14
Übergangsvorschrift

(1) [1]Für Verträge, die nach § 5 in der am 31. Dezember 2004 geltenden Fassung zertifiziert wurden und die alle die in Artikel 7 Nr. 1 des Gesetzes vom 5. Juli 2004 (BGBl. I S. 1427) enthaltenen Änderungen insgesamt bis zum 31. Dezember 2005 nachvollziehen, ist eine erneute Zertifizierung des Vertrags nicht erforderlich. [2]Satz 1 gilt ohne zeitliche Beschränkung entsprechend, soweit der Anbieter unter Beibehaltung der vertraglichen Ausgestaltung nach § 1 Abs. 1 Satz 1 Nr. 8 in der bis 31. Dezember 2004 geltenden Fassung mit seinen Bestandskunden die einvernehmliche Übernahme der in Artikel 7 Nr. 1 Buchstabe a Doppelbuchstabe aa bis cc und ee des Gesetzes vom 5. Juli 2004 (BGBl. I S. 1427) enthaltenen Änderungen ganz oder teilweise vereinbart. [3]Die Änderung des Vertrags ist der Zertifizierungsstelle gegenüber schriftlich anzuzeigen.

(2) [1]Für Altersvorsorgeverträge, die vor dem 1. Januar 2012 abgeschlossen worden sind, ist § 1 Absatz 1 Satz 1 Nummer 2 mit der Maßgabe anzuwenden, dass die Vereinbarung für den Vertragspartner eine lebenslange und unabhängig vom Geschlecht berechnete Altersversorgung vorsieht, die nicht vor Vollendung des 60. Lebensjahres oder einer vor Vollendung des 60. Lebensjahres beginnenden Leistung aus einem gesetzlichen Alterssicherungssystem des Vertragspartners (Beginn

der Auszahlungsphase) gezahlt werden darf. [2]Die übrigen in § 1 Absatz 1 Satz 1 genannten Voraussetzungen bleiben unberührt. [3]Für Verträge, die nach § 5 in der am 31. Dezember 2011 geltenden Fassung zertifiziert wurden und die die Anhebung der Altersgrenze vom 60. auf das 62. Lebensjahr bis zum 31. Dezember 2012 nachvollziehen, ist eine erneute Zertifizierung des Vertrags nicht erforderlich. [4]Satz 3 gilt entsprechend, soweit die Anhebung der Altersgrenze vom 60. auf das 62. Lebensjahr einzelvertraglich oder durch Vertragsänderung mit dem Kunden vereinbart wird. [5]Absatz 1 Satz 3 gilt entsprechend.

(2a) [1]Für Verträge, die nach den §§ 5 oder 5a in der am 31. Dezember 2012 geltenden Fassung zertifiziert wurden und in denen allein die Änderungen der Zertifizierungsvoraussetzungen durch Artikel 2 des Gesetzes vom 24. Juni 2013 (BGBl. I S. 1667) nachvollzogen werden, ist keine erneute Zertifizierung erforderlich. [2]Absatz 1 Satz 3 gilt entsprechend. [3]Geht bis zum Ablauf des Tages vor dem in Absatz 6 Satz 2 genannten Anwendungszeitpunkt keine Änderungsanzeige bei der Zertifizierungsstelle ein, gilt dies als Verzicht des Anbieters auf die Zertifizierung im Sinne des § 8 Absatz 2 ab dem in Absatz 6 Satz 2 genannten Anwendungszeitpunkt.

(2b) [1]Für Verträge, die nach § 5 oder § 5a bis zum 23. Juli 2014 zertifiziert wurden und in denen allein die Änderungen durch Artikel 1 des Gesetzes vom 15. Juli 2013 (BGBl. I S. 2397) und durch Artikel 5 Nummer 1 des Gesetzes vom 18. Juli 2014 (BGBl. I S. 1042) aufgenommen werden, ist keine erneute Zertifizierung erforderlich. [2]Absatz 1 Satz 3 gilt entsprechend.

(2c) [1]Für Verträge, die nach § 5 in der am 31. Dezember 2017 geltenden Fassung zertifiziert wurden und in denen allein die Änderungen nach Artikel 14 Nummer 1 Buchstabe a des Gesetzes vom 17. August 2017 (BGBl. I S. 3214) nachvollzogen werden, ist keine erneute Zertifizierung erforderlich. [2]Absatz 1 Satz 3 gilt entsprechend.

(3) [1]Die Zertifizierung für Verträge, deren Vertragsgestaltung sich auf die in Artikel 2 Nr. 1 Buchstabe a bis c des Gesetzes vom 29. Juli 2008 (BGBl. I S. 1509) vorgenommenen Änderungen beziehen, kann frühestens zum 1. November 2008 erteilt werden. [2]Bis zu dem Zeitpunkt, der sich aus Satz 1 ergibt, können Zertifizierungen auf Grundlage des bis zum 31. Dezember 2007 geltenden Rechts erteilt werden. [3]Verträge, die nach § 4 Abs. 1, 2 oder Abs. 3 in Verbindung mit § 5 in der am 31. Dezember 2007 geltenden Fassung zertifiziert wurden, können um die Regelungen in Artikel 2 Nr. 1 Buchstabe b des Gesetzes vom 29. Juli 2008 (BGBl. I S. 1509) ergänzt werden. [4]Die Gebühren für die Zertifizierung nach Satz 3 richten sich nach § 12 Satz 3. [5]Die durch Artikel 2 Nr. 4 Buchstabe d des Gesetzes vom 29. Juli 2008 (BGBl. I S. 1509) geänderten jährlichen Informationspflichten sind erstmals für nach dem 31. Dezember 2008 beginnende Beitragsjahre anzuwenden.

(4) Für Altersvorsorgeverträge, die bis zum 31. Dezember 2009 nach § 4 Abs. 1 zertifiziert werden, gilt § 1 Abs. 1 Satz 1 Nr. 10 Buchstabe b und c mit der Maßgabe, dass Bausparkassen im Sinne des Gesetzes über Bausparkassen jeweils eine Frist von nicht mehr als sechs Monaten zum Monatsende vereinbaren können.

(5) [1]Bis zum 30. Juni 2010 ist abweichend von § 3 Abs. 1 Zertifizierungsstelle die Bundesanstalt für Finanzdienstleistungsaufsicht. [2]Ab dem 1. Juli 2010 sind auf Verwaltungsverfahren nach diesem Gesetz die Vorschriften der Abgabenordnung anzuwenden. [3]Auf am 30. Juni 2010 anhängige Verfahren bleiben weiterhin die Vorschriften des Verwaltungsverfahrensgesetzes anwendbar. [4]Dies gilt auch für zu diesem Zeitpunkt anhängige Rechtsbehelfe.

(6) [1]Die Änderungen des Artikels 2 Nummer 1 bis 3, 6 und 7, 11 bis 13 Buchstabe a und b des Gesetzes vom 24. Juni 2013 (BGBl. I S. 1667) sind erstmals am 1. Januar 2014 anzuwenden. [2]Die Änderungen des Artikels 2 Nummer 9 und 10 des Gesetzes vom 24. Juni 2013 (BGBl. I S. 1667) sind erstmals am ersten Tag des 18. auf die Verkündung einer Verordnung im Sinne des § 6 Satz 1 folgenden Kalendermonats anzuwenden. [3]§ 7 Absatz 1 Satz 2 Nummer 9 und § 7c gelten nicht für Verträge, die vor dem in Satz 2 genannten Anwendungszeitpunkt abgeschlossen wurden.

Gesetz zur Verbesserung der betrieblichen Altersversorgung (Betriebsrentengesetz – BetrAVG)

vom 19.12.1974 (BGBl. I S. 3610),
zuletzt geändert durch Art. 14 G vom 20.12.2022 (BGBl. I S. 2759)
– Auszug –

ERSTER TEIL
Arbeitsrechtliche Vorschriften

ERSTER ABSCHNITT
Durchführung der betrieblichen Altersversorgung

§ 1
Zusage des Arbeitgebers auf betriebliche Altersvorsorge

(1) [1]Werden einem Arbeitnehmer Leistungen der Alters-, Invaliditäts- oder Hinterbliebenenversorgung aus Anlass seines Arbeitsverhältnisses vom Arbeitgeber zugesagt (betriebliche Altersversorgung), gelten die Vorschriften dieses Gesetzes. [2]Die Durchführung der betrieblichen Altersversorgung kann unmittelbar über den Arbeitgeber oder über einen der in § 1b Abs. 2 bis 4 genannten Versorgungsträger erfolgen. [3]Der Arbeitgeber steht für die Erfüllung der von ihm zugesagten Leistungen auch dann ein, wenn die Durchführung nicht unmittelbar über ihn erfolgt.

(2) Betriebliche Altersversorgung liegt auch vor, wenn

1. der Arbeitgeber sich verpflichtet, bestimmte Beiträge in eine Anwartschaft auf Alters-, Invaliditäts- oder Hinterbliebenenversorgung umzuwandeln (beitragsorientierte Leistungszusage),
2. der Arbeitgeber sich verpflichtet, Beiträge zur Finanzierung von Leistungen der betrieblichen Altersversorgung an einen Pensionsfonds, eine Pensionskasse oder eine Direktversicherung zu zahlen und für Leistungen zur Altersversorgung das planmäßig zuzurechnende Versorgungskapital auf der Grundlage der gezahlten Beiträge (Beiträge und die daraus erzielten Erträge), mindestens die Summe der zugesagten Beiträge, soweit sie nicht rechnungsmäßig für einen biometrischen Risikoausgleich verbraucht wurden, hierfür zur Verfügung zu stellen (Beitragszusage mit Mindestleistung),

2a. der Arbeitgeber durch Tarifvertrag oder aufgrund eines Tarifvertrages in einer Betriebs- oder Dienstvereinbarung verpflichtet wird, Beiträge zur Finanzierung von Leistungen der betrieblichen Altersversorgung an einen Pensionsfonds, eine Pensionskasse oder eine Direktversicherung nach § 22 zu zahlen; die Pflichten des Arbeitgebers nach Absatz 1 Satz 3, § 1a Absatz 4 Satz 2, den §§ 1b bis 6 und 16 sowie die Insolvenzsicherungspflicht nach dem Vierten Abschnitt bestehen nicht (reine Beitragszusage),

3. künftige Entgeltansprüche in eine wertgleiche Anwartschaft auf Versorgungsleistungen umgewandelt werden (Entgeltumwandlung) oder

4. der Arbeitnehmer Beiträge aus seinem Arbeitsentgelt zur Finanzierung von Leistungen der betrieblichen Altersversorgung an einen Pensionsfonds, eine Pensionskasse oder eine Direktversicherung leistet und die Zusage des Arbeitgebers auch die Leistungen aus diesen Beiträgen umfasst; die Regelungen für Entgeltumwandlung sind hierbei entsprechend anzuwenden, soweit die zugesagten Leistungen aus diesen Beiträgen im Wege der Kapitaldeckung finanziert werden.

§ 1a
Anspruch auf betriebliche Altersversorgung durch Entgeltumwandlung

(1) [1]Der Arbeitnehmer kann vom Arbeitgeber verlangen, dass von seinen künftigen Entgeltansprüchen bis zu 4 vom Hundert der jeweiligen Beitragsbemessungsgrenze in der allgemeinen Rentenversicherung durch Entgeltumwandlung für seine betriebliche Altersversorgung verwendet werden. [2]Die Durchführung des Anspruchs des Arbeitnehmers wird durch Vereinbarung geregelt. [3]Ist der Arbeitgeber zu einer Durchführung über einen Pensionsfonds oder eine Pensionskasse (§ 1b Abs. 3) oder über eine Versorgungseinrichtung nach § 22 bereit, ist die betriebliche Altersversorgung dort durchzuführen; andernfalls kann der Arbeitnehmer verlangen, dass der Arbeitgeber für ihn eine Direktversicherung (§ 1b Abs. 2) abschließt. [4]Soweit der Anspruch geltend gemacht wird, muss der Arbeitnehmer jährlich einen Betrag in Höhe von mindestens einem Hundertsechzigstel der Bezugsgröße nach § 18 Abs. 1 des Vierten Buches Sozialgesetzbuch für seine betriebliche Altersversorgung verwenden. [5]Soweit der Arbeitnehmer Teile seines regelmäßigen Entgelts für betriebliche Altersversorgung verwendet, kann der Arbeitgeber verlangen, dass während eines laufenden Kalenderjahres gleich bleibende monatliche Beträge verwendet werden.

(1a) Der Arbeitgeber muss 15 Prozent des umgewandelten Entgelts zusätzlich als Arbeitgeberzuschuss an den Pensionsfonds, die Pensionskasse oder die Direktversicherung weiterleiten, soweit er durch die Entgeltumwandlung Sozialversicherungsbeiträge einspart.

(2) Soweit eine durch Entgeltumwandlung finanzierte betriebliche Altersversorgung besteht, ist der Anspruch des Arbeitnehmers auf Entgeltumwandlung ausgeschlossen.

(3) Soweit der Arbeitnehmer einen Anspruch auf Entgeltumwandlung für betriebliche Altersversorgung nach Abs. 1 hat, kann er verlangen, dass die Voraussetzungen für eine Förderung nach den §§ 10a, 82 Abs. 2 des Einkommensteuergesetzes erfüllt werden, wenn die betriebliche Altersversorgung über einen Pensionsfonds, eine Pensionskasse oder eine Direktversicherung durchgeführt wird.

(4) [1]Falls der Arbeitnehmer bei fortbestehendem Arbeitsverhältnis kein Entgelt erhält, hat er das Recht, die Versicherung oder Versorgung mit eigenen Beiträgen fortzusetzen. [2]Der Arbeitgeber steht auch für die Leistungen aus diesen Beiträgen ein. [3]Die Regelungen über Entgeltumwandlung gelten entsprechend.

§ 1b
Unverfallbarkeit und Durchführung der betrieblichen Altersversorgung

(1) [1]Einem Arbeitnehmer, dem Leistungen aus der betrieblichen Altersversorgung zugesagt worden sind, bleibt die Anwartschaft erhalten, wenn das Arbeitsverhältnis vor Eintritt des Versorgungsfalls, jedoch nach Vollendung des 21. Lebensjahres endet und die Versorgungszusage zu diesem Zeitpunkt mindestens drei Jahre bestanden hat (unverfallbare Anwartschaft). [2]Ein Arbeitnehmer behält seine Anwartschaft auch dann, wenn er aufgrund einer Vorruhestandsregelung ausscheidet und ohne das vorherige Ausscheiden die Wartezeit und die sonstigen Voraussetzungen für den Bezug von Leistungen der betrieblichen Altersversorgung hätte erfüllen können. [3]Eine Änderung der Versorgungszusage oder ihre Übernahme durch eine andere Person unterbricht nicht den Ablauf der Fristen nach Satz 1. [4]Der Verpflichtung aus einer Versorgungszusage stehen Versorgungsverpflichtungen gleich, die auf betrieblicher Übung oder dem Grundsatz der Gleichbehandlung beruhen. [5]Der Ablauf einer vorgesehenen Wartezeit wird durch die Beendigung des Arbeitsverhältnisses nach Erfüllung der Voraussetzungen der Sätze 1 und 2 nicht berührt. [6]Wechselt ein Arbeitnehmer vom Geltungsbereich dieses Gesetzes in einen anderen Mitgliedstaat der Europäischen Union, bleibt die Anwartschaft in gleichem Umfange wie für Personen erhalten, die auch nach Beendigung eines Arbeitsverhältnisses innerhalb des Geltungsbereichs dieses Gesetzes verbleiben.

(2) [1]Wird für die betriebliche Altersversorgung eine Lebensversicherung auf das Leben des Arbeitnehmers durch den Arbeitgeber abgeschlossen und sind der Arbeitnehmer oder seine Hinterbliebenen hinsichtlich der Leistungen des Versicherers ganz oder teilweise bezugsberechtigt (Direktversicherung), so ist der Arbeitgeber verpflichtet, wegen Beendigung des Arbeitsverhältnisses nach Erfüllung der in Absatz 1 Satz 1 und 2 genannten Voraussetzungen das Bezugsrecht nicht mehr zu widerrufen. [2]Eine Vereinbarung, nach der das Bezugsrecht durch die Beendigung des Arbeitsverhältnisses nach Erfüllung der in Absatz 1 Satz 1 und 2 genannten Voraussetzungen auflösend bedingt ist, ist unwirksam. [3]Hat der Arbeitgeber die Ansprüche aus dem Versicherungsvertrag abgetreten oder beliehen, so ist er verpflichtet, den Arbeitnehmer, dessen Arbeitsverhältnis nach Erfüllung der in Absatz 1 Satz 1 und 2 genannten Voraussetzungen geendet hat, bei Eintritt des Versicherungsfalles so zu stellen, als ob die Abtretung oder Beleihung nicht erfolgt wäre. [4]Als Zeitpunkt der Erteilung der Versorgungszusage im Sinne des Absatzes 1 gilt der Versicherungsbeginn, frühestens jedoch der Beginn der Betriebszugehörigkeit.

(3) [1]Wird die betriebliche Altersversorgung von einer rechtsfähigen Versorgungseinrichtung durchgeführt, die dem Arbeitnehmer oder seinen Hinterbliebenen auf ihre Leistungen einen Rechtsanspruch gewährt (Pensionskasse und Pensionsfonds), so gilt Absatz 1 entsprechend. [2]Als Zeitpunkt der Erteilung der Versorgungszusage im Sinne des Absatzes 1 gilt der Versicherungsbeginn, frühestens jedoch der Beginn der Betriebszugehörigkeit.

(4) [1]Wird die betriebliche Altersversorgung von einer rechtsfähigen Versorgungseinrichtung durchgeführt, die auf ihre Leistungen keinen Rechtsanspruch gewährt (Unterstützungskasse), so sind die nach Erfüllung der in Absatz 1 Satz 1 und 2 genannten Voraussetzungen und vor Eintritt des Versorgungsfalles aus dem Unternehmen ausgeschiedenen Arbeitnehmer und ihre Hinterbliebenen den bis zum Eintritt des Versorgungsfalles dem Unternehmen angehörenden Arbeitnehmern und deren Hinterbliebenen gleichgestellt. [2]Die Versorgungszusage gilt

in dem Zeitpunkt als erteilt im Sinne des Absatzes 1, von dem an der Arbeitnehmer zum Kreis der Begünstigten der Unterstützungskasse gehört.

(5) [1]Soweit betriebliche Altersversorgung durch Entgeltumwandlung einschließlich eines möglichen Arbeitgeberzuschusses nach § 1a Absatz 1a erfolgt, behält der Arbeitnehmer seine Anwartschaft, wenn sein Arbeitsverhältnis vor Eintritt des Versorgungsfalles endet; in den Fällen der Absätze 2 und 3

1. dürfen die Überschussanteile nur zur Verbesserung der Leistung verwendet,
2. muss dem ausgeschiedenen Arbeitnehmer das Recht zur Fortsetzung der Versicherung oder Versorgung mit eigenen Beiträgen eingeräumt und
3. muss das Recht zur Verpfändung, Abtretung oder Beleihung durch den Arbeitgeber ausgeschlossen werden.

[2]Im Fall einer Direktversicherung ist dem Arbeitnehmer darüber hinaus mit Beginn der Entgeltumwandlung ein unwiderrufliches Bezugsrecht einzuräumen.

§ 2
Höhe der unverfallbaren Anwartschaft

(1) [1]Bei Eintritt des Versorgungsfalles wegen Erreichen der Altersgrenze, wegen Invalidität oder Tod haben ein vorher ausgeschiedener Arbeitnehmer, dessen Anwartschaft nach § 1b fortbesteht, und seine Hinterbliebenen einen Anspruch mindestens in Höhe des Teiles der ohne das vorherige Ausscheiden zustehenden Leistung, der dem Verhältnis der Dauer der Betriebszugehörigkeit zu der Zeit vom Beginn der Betriebszugehörigkeit bis zum Erreichen der Regelaltersgrenze in der gesetzlichen Rentenversicherung entspricht; an die Stelle des Erreichens der Regelaltersgrenze tritt ein früherer Zeitpunkt, wenn dieser in der Versorgungsregelung als feste Altersgrenze vorgesehen ist, spätestens der Zeitpunkt der Vollendung des 65. Lebensjahres, falls der Arbeitnehmer ausscheidet und gleichzeitig eine Altersrente aus der gesetzlichen Rentenversicherung für besonders langjährig Versicherte in Anspruch nimmt. [2]Der Mindestanspruch auf Leistungen wegen Invalidität oder Tod vor Erreichen der Altersgrenze ist jedoch nicht höher als der Betrag, den der Arbeitnehmer oder seine Hinterbliebenen erhalten hätten, wenn im Zeitpunkt des Ausscheidens der Versorgungsfall eingetreten wäre und die sonstigen Leistungsvoraussetzungen erfüllt gewesen wären.

(2) [1]Ist bei einer Direktversicherung der Arbeitnehmer nach Erfüllung der Voraussetzungen des § 1b Abs. 1 und 5 vor Eintritt des Versorgungsfalls ausgeschieden, so gilt Absatz 1 mit der Maßgabe, dass sich der vom Arbeitgeber zu finanzierende Teilanspruch nach Absatz 1, soweit er über die von dem Versicherer nach dem Versicherungsvertrag aufgrund der Beiträge des Arbeitgebers zu erbringende Versicherungsleistung hinausgeht, gegen den Arbeitgeber richtet. [2]An die Stelle der Ansprüche nach Satz 1 tritt die von dem Versicherer aufgrund des Versicherungsvertrags zu erbringende Versicherungsleistung, wenn

1. spätestens nach 3 Monaten seit dem Ausscheiden des Arbeitnehmers das Bezugsrecht unwiderruflich ist und eine Abtretung oder Beleihung des Rechts aus dem Versicherungsvertrag durch den Arbeitgeber und Beitragsrückstände nicht vorhanden sind,
2. vom Beginn der Versicherung, frühstens jedoch vom Beginn der Betriebszugehörigkeit an, nach dem Versicherungsvertrag die Überschussanteile nur zur Verbesserung der Versicherungsleistung zu verwenden sind und
3. der ausgeschiedene Arbeitnehmer nach dem Versicherungsvertrag das Recht zur Fortsetzung der Versicherung mit eigenen Beiträgen hat.

[3]Die Einstandspflicht des Arbeitgebers nach § 1 Absatz 1 Satz 3 bleibt unberührt. [4]Der ausgeschiedene Arbeitnehmer darf die Ansprüche aus dem Versicherungsvertrag in Höhe des durch Beitragszahlungen des Arbeitgebers gebildeten geschäftsplanmäßigen Deckungskapitals oder, soweit die Berechnung des Deckungskapitals nicht zum Geschäftsplan gehört, des nach § 169 Abs. 3 und 4 des Versicherungsvertragsgesetzes berechneten Wertes weder abtreten noch beleihen. [5]In dieser Höhe darf der Rückkaufswert aufgrund einer Kündigung des Versicherungsvertrags nicht in Anspruch genommen werden; im Falle einer Kündigung wird die Versicherung in eine prämienfreie Versicherung umgewandelt. [6]§ 169 Abs. 1 des Versicherungsvertragsgesetzes findet insoweit keine Anwendung. [7]Eine Abfindung des Anspruchs nach § 3 ist weiterhin möglich.

(3) [1]Für Pensionskassen gilt Absatz 1 mit der Maßgabe, dass sich der vom Arbeitgeber zu finanzierende Teilanspruch nach Absatz 1, soweit er über die von der Pensionskasse nach dem aufsichtsbehördlich genehmigten Geschäftsplan oder, soweit eine aufsichtsbehördliche Genehmigung nicht vorgeschrieben ist, nach den allgemeinen Versicherungsbedingungen und den fachlichen Geschäftsunterlagen im Sinne des § 9 Absatz 2 Nummer 2 in Verbindung mit § 219 Absatz 3 Nummer 1 Buchstabe b des Versicherungsaufsichtsgesetzes (Geschäftsunterlagen) aufgrund der Beiträge des Arbeitgebers zu erbringende Leistung hinausgeht, gegen den Arbeitgeber richtet. [2]An die Stelle der Ansprüche nach Satz 1 tritt die von der Pensionskasse aufgrund des Geschäftsplans oder der Geschäftsunterlagen zu erbringende Leistung, wenn nach dem aufsichtsbehördlich genehmigten Geschäftsplan oder den Geschäftsunterlagen

1. vom Beginn der Versicherung, frühestens jedoch vom Beginn der Betriebszugehörigkeit an, Überschussanteile, die aufgrund des Finanzierungsverfahrens regelmäßig entstehen, nur zur Verbesserung der Versicherungsleistung zu verwenden sind oder die Steigerung der Versorgungsanwartschaften des Arbeitnehmers der Entwicklung seines Arbeitsentgelts, soweit es unter den jeweiligen Beitragsbemessungsgrenzen der gesetzlichen Rentenversicherungen liegt, entspricht und
2. der ausgeschiedene Arbeitnehmer das Recht zur Fortsetzung der Versicherung mit eigenen Beiträgen hat.

[3]Absatz 2 Satz 3 bis 7 gilt entsprechend.

(3a) Für Pensionsfonds gilt Absatz 1 mit der Maßgabe, dass sich der vom Arbeitgeber zu finanzierende Teilanspruch, soweit er über die vom Pensionsfonds auf der Grundlage der nach dem geltenden Pensionsplan im Sinne des § 237 Absatz 1 Satz 3 des Versicherungsaufsichtsgesetzes berechnete Deckungsrückstellung hinausgeht, gegen den Arbeitgeber richtet.

(4) Eine Unterstützungskasse hat bei Eintritt des Versorgungsfalls einem vorzeitig ausgeschiedenen Arbeitnehmer, der nach § 1b Abs. 4 gleichgestellt ist, und seinen Hinterbliebenen mindestens den nach Absatz 1 berechneten Teil der Versorgung zu gewähren.

(5) Bei einer unverfallbaren Anwartschaft aus Entgeltumwandlung tritt an die Stelle der Ansprüche nach Absatz 1, 3a oder 4 die vom Zeitpunkt der Zusage auf betriebliche Altersversorgung bis zum Ausscheiden des Arbeitnehmers erreichte Anwartschaft auf Leistungen aus den bis dahin umgewandelten Entgeltbestandteilen; dies gilt entsprechend für eine unverfallbare Anwartschaft aus Beiträgen im Rahmen einer beitragsorientierten Leistungszusage.

(6) An die Stelle der Ansprüche nach den Absätzen 2, 3, 3a und 5 tritt bei einer Beitragszusage mit Mindestleistung das dem Arbeitnehmer planmäßig zuzurechnende Versorgungskapital auf der Grundlage der bis zu seinem Ausscheiden geleisteten Beiträge (Beiträge und die bis zum Eintritt des Versorgungsfalls erzielten Erträge), mindestens die Summe der bis dahin zugesagten Beiträge, soweit sie nicht rechnungsmäßig für einen biometrischen Risikoausgleich verbraucht wurden.

§ 2a
Berechnung und Wahrung des Teilanspruchs

(1) Bei der Berechnung des Teilanspruchs eines mit unverfallbarer Anwartschaft ausgeschiedenen Arbeitnehmers nach § 2 sind die Versorgungsregelung und die Bemessungsgrundlagen im Zeitpunkt des Ausscheidens zugrunde zu legen; Veränderungen, die nach dem Ausscheiden eintreten, bleiben außer Betracht.

(2) [1]Abweichend von Absatz 1 darf ein ausgeschiedener Arbeitnehmer im Hinblick auf den Wert seiner unverfallbaren Anwartschaft gegenüber vergleichbaren nicht ausgeschiedenen Arbeitnehmern nicht benachteiligt werden. [2]Eine Benachteiligung gilt insbesondere als ausgeschlossen, wenn

1. die Anwartschaft
   a) als nominales Anrecht festgelegt ist,
   b) eine Verzinsung enthält, die auch dem ausgeschiedenen Arbeitnehmer zugutekommt, oder
   c) über einen Pensionsfonds, eine Pensionskasse oder eine Direktversicherung durchgeführt wird und die Erträge auch dem ausgeschiedenen Arbeitnehmer zugutekommen, oder
2. die Anwartschaft angepasst wird
   a) um 1 Prozent jährlich,
   b) wie die Anwartschaften oder die Nettolöhne vergleichbarer nicht ausgeschiedener Arbeitnehmer,
   c) wie die laufenden Leistungen, die an die Versorgungsempfänger des Arbeitgebers erbracht werden, oder
   d) entsprechend dem Verbraucherpreisindex für Deutschland.

(3) [1]Ist bei der Berechnung des Teilanspruchs eine Rente der gesetzlichen Rentenversicherung zu berücksichtigen, so kann bei einer unmittelbaren oder über eine Unterstützungskasse durchgeführten Versorgungszusage das bei der Berechnung von Pensionsrückstellungen allgemein zulässige Verfahren zugrunde gelegt werden, es sei denn, der ausgeschiedene Arbeitnehmer weist die bei der gesetzlichen Rentenversicherung im Zeitpunkt des Ausscheidens erreichten Entgeltpunkte nach. [2]Bei einer Versorgungszusage, die über eine Pensionskasse oder einen Pensionsfonds durchgeführt wird, sind der aufsichtsbehördlich genehmigte Geschäftsplan, der Pensionsplan oder die sonstigen Geschäftsunterlagen zugrunde zu legen.

(4) Versorgungsanwartschaften, die der Arbeitnehmer nach seinem Ausscheiden erwirbt, dürfen nicht zu einer Kürzung des Teilanspruchs führen.

§ 3
Abfindung

(1) Unverfallbare Anwartschaften im Falle der Beendigung des Arbeitsverhältnisses und laufende Leistungen dürfen nur unter den Voraussetzungen der folgenden Absätze abgefunden werden.

(2) [1]Der Arbeitgeber kann eine Anwartschaft ohne Zustimmung des Arbeitnehmers abfinden, wenn der Monatsbetrag der aus der Anwartschaft resultierenden laufenden Leistung bei Erreichen der vorgesehenen Altersgrenze 1 vom Hundert, bei Kapitalleistungen zwölf Zehntel der monatlichen Bezugsgröße nach § 18 des Vierten Buches Sozialgesetzbuch nicht übersteigen würde. [2]Dies gilt entsprechend für die Abfindung einer laufenden Leistung. [3]Die Abfindung einer Anwartschaft bedarf der Zustimmung des Arbeitnehmers, wenn dieser nach Beendigung des Arbeitsverhältnisses ein neues Arbeitsverhältnis in einem anderen Mitgliedstaat der Europäischen Union begründet und dies innerhalb von drei Monaten nach Beendigung des Arbeitsverhältnisses seinem ehemaligen Arbeitgeber mitteilt. [4]Die Abfindung ist unzulässig, wenn der Arbeitnehmer von seinem Recht auf Übertragung der Anwartschaft Gebrauch macht.

(3) Die Anwartschaft ist auf Verlangen des Arbeitnehmers abzufinden, wenn die Beiträge zur gesetzlichen Rentenversicherung erstattet worden sind.

(4) Der Teil der Anwartschaft, der während eines Insolvenzverfahrens erdient worden ist, kann ohne Zustimmung des Arbeitnehmers abgefunden werden, wenn die Betriebstätigkeit vollständig eingestellt und das Unternehmen liquidiert wird.

(5) Für die Berechnung des Abfindungsbetrages gilt § 4 Abs. 5 entsprechend.

(6) Die Abfindung ist gesondert auszuweisen und einmalig zu zahlen.

§ 4
Übertragung

(1) Unverfallbare Anwartschaften und laufende Leistungen dürfen nur unter den Voraussetzungen der folgenden Absätze übertragen werden.

(2) Nach Beendigung des Arbeitsverhältnisses kann im Einvernehmen des ehemaligen mit dem neuen Arbeitgeber sowie dem Arbeitnehmer

1. die Zusage vom neuen Arbeitgeber übernommen werden oder
2. der Wert der vom Arbeitnehmer erworbenen unverfallbaren Anwartschaft auf betriebliche Altersversorgung (Übertragungswert) auf den neuen Arbeitgeber übertragen werden, wenn dieser eine wertgleiche Zusage erteilt; für die neue Anwartschaft gelten die Regelungen über Entgeltumwandlung entsprechend.

(3) [1]Der Arbeitnehmer kann innerhalb eines Jahres nach Beendigung des Arbeitsverhältnisses von seinem ehemaligen Arbeitgeber verlangen, dass der Übertragungswert auf den neuen Arbeitgeber oder auf die Versorgungseinrichtung nach § 22 des neuen Arbeitgebers übertragen wird, wenn

1. die betriebliche Altersversorgung über einen Pensionsfonds, eine Pensionskasse oder eine Direktversicherung durchgeführt worden ist und
2. der Übertragungswert die Beitragsbemessungsgrenze in der allgemeinen Rentenversicherung nicht übersteigt.

[2]Der Anspruch richtet sich gegen den Versorgungsträger, wenn die versicherungsförmige Lösung nach § 2 Abs. 2 oder 3 vorliegt oder soweit der Arbeitnehmer die Versicherung oder Versorgung mit eigenen Beiträgen fortgeführt hat. [3]Der neue Ar-

beitgeber ist verpflichtet, eine dem Übertragungswert wertgleiche Zusage zu erteilen und über einen Pensionsfonds, eine Pensionskasse oder eine Direktversicherung durchzuführen. [4]Für die neue Anwartschaft gelten die Regelungen über Entgeltumwandlung entsprechend. [5]Ist der neue Arbeitgeber zu einer Durchführung über eine Versorgungseinrichtung nach § 22 bereit, ist die betriebliche Altersversorgung dort durchzuführen; die Sätze 3 und 4 sind in diesem Fall nicht anzuwenden.

(4) [1]Wird die Betriebstätigkeit eingestellt und das Unternehmen liquidiert, kann eine Zusage von einer Pensionskasse oder einem Unternehmen der Lebensversicherung ohne Zustimmung des Arbeitnehmers oder Versorgungsempfängers übernommen werden, wenn sichergestellt ist, dass die Überschussanteile ab Rentenbeginn entsprechend § 16 Abs. 3 Nr. 2 verwendet werden. [2]Bei einer Pensionskasse nach § 7 Absatz 1 Satz 2 Nummer 3 muss sichergestellt sein, dass im Zeitpunkt der Übernahme der in der Rechtsverordnung zu § 235 Absatz 1 Nummer 4 des Versicherungsaufsichtsgesetzes in der jeweils geltenden Fassung festgesetzte Höchstzinssatz zur Berechnung der Deckungsrückstellung nicht überschritten wird. [3]§ 2 Abs. 2 Satz 4 bis 6 gilt entsprechend.

(5) [1]Der Übertragungswert entspricht bei einer unmittelbar über den Arbeitgeber oder über eine Unterstützungskasse durchgeführten betrieblichen Altersversorgung dem Barwert der nach § 2 bemessenen künftigen Versorgungsleistung im Zeitpunkt der Übertragung; bei der Berechnung des Barwerts sind die Rechnungsgrundlagen sowie die anerkannten Regeln der Versicherungsmathematik maßgebend. [2]Soweit die betriebliche Altersversorgung über einen Pensionsfonds, eine Pensionskasse oder eine Direktversicherung durchgeführt worden ist, entspricht der Übertragungswert dem gebildeten Kapital im Zeitpunkt der Übertragung.

(6) Mit der vollständigen Übertragung des Übertragungswerts erlischt die Zusage des ehemaligen Arbeitgebers.

§ 4a
Auskunftspflichten

(1) Der Arbeitgeber oder der Versorgungsträger hat dem Arbeitnehmer auf dessen Verlangen mitzuteilen,

1. ob und wie eine Anwartschaft auf betriebliche Altersversorgung erworben wird,
2. wie hoch der Anspruch auf betriebliche Altersversorgung aus der bisher erworbenen Anwartschaft ist und bei Erreichen der in der Versorgungsregelung vorgesehenen Altersgrenze voraussichtlich sein wird,
3. wie sich eine Beendigung des Arbeitsverhältnisses auf die Anwartschaft auswirkt und
4. wie sich die Anwartschaft nach einer Beendigung des Arbeitsverhältnisses entwickeln wird.

(2) [1]Der Arbeitgeber oder der Versorgungsträger hat dem Arbeitnehmer oder dem ausgeschiedenen Arbeitnehmer auf dessen Verlangen mitzuteilen, wie hoch bei einer Übertragung der Anwartschaft nach § 4 Absatz 3 der Übertragungswert ist. [2]Der neue Arbeitgeber oder der Versorgungsträger hat dem Arbeitnehmer auf dessen Verlangen mitzuteilen, in welcher Höhe aus dem Übertragungswert ein Anspruch auf Altersversorgung bestehen würde und ob eine Invaliditäts- oder Hinterbliebenenversorgung bestehen würde.

(3) [1]Der Arbeitgeber oder der Versorgungsträger hat dem ausgeschiedenen Arbeitnehmer auf dessen Verlangen mitzuteilen, wie hoch die Anwartschaft auf betriebliche Altersversorgung ist und wie sich die Anwartschaft künftig entwickeln wird. [2]Satz 1 gilt entsprechend für Hinterbliebene im Versorgungsfall.

(4) Die Auskunft muss verständlich, in Textform und in angemessener Frist erteilt werden.

ZWEITER ABSCHNITT
Auszehrungsverbot

§ 5
Auszehrung und Anrechnung

(1) Die bei Eintritt des Versorgungsfalls festgesetzten Leistungen der betrieblichen Altersversorgung dürfen nicht mehr dadurch gemindert oder entzogen werden, dass Beträge, um die sich andere Versorgungsbezüge nach diesem Zeitpunkt durch Anpassung an die wirtschaftliche Entwicklung erhöhen, angerechnet oder bei der Begrenzung der Gesamtversorgung auf einen Höchstbetrag berücksichtigt werden.

(2) [1]Leistungen der betrieblichen Altersversorgung dürfen durch Anrechnung oder Berücksichtigung anderer Versorgungsbezüge, soweit sie auf eigenen Beiträgen des Versorgungsempfängers beruhen, nicht gekürzt werden. [2]Dies gilt nicht für Renten aus den gesetzlichen Rentenversicherungen, soweit sie auf Pflichtbeiträgen beruhen, sowie für sonstige Versorgungsbezüge, die mindestens zur Hälfte auf Beiträgen oder Zuschüssen des Arbeitgebers beruhen.

DRITTER ABSCHNITT
Altersgrenze

§ 6
Vorzeitige Altersleistung

[1]Einem Arbeitnehmer, der die Altersrente aus der gesetzlichen Rentenversicherung als Vollrente in Anspruch nimmt, sind auf sein Verlangen nach Erfüllung der Wartezeit und sonstiger Leistungsvoraussetzungen Leistungen der betrieblichen Altersversorgung zu gewähren. [2]Wird die Altersrente aus der gesetzlichen Rentenversicherung auf einen Teilbetrag beschränkt, können die Leistungen der betrieblichen Altersversorgung eingestellt werden. [3]Der ausgeschiedene Arbeitnehmer ist verpflichtet, eine Beschränkung der Altersrente aus der gesetzlichen Rentenversicherung dem Arbeitgeber oder sonstigen Versorgungsträger unverzüglich anzuzeigen.

VIERTER ABSCHNITT
Insolvenzsicherung

§ 7
Umfang des Versicherungsschutzes

(1) [1]Versorgungsempfänger, deren Ansprüche aus einer unmittelbaren Versorgungszusage des Arbeitgebers nicht erfüllt werden, weil über das Vermögen des Arbeitgebers oder über seinen Nachlass das Insolvenzverfahren eröffnet worden ist, und ihre Hinterbliebenen haben gegen den Träger der Insolvenzsicherung einen Anspruch in Höhe der Leistung, die der Arbeitgeber aufgrund der Versorgungszusage zu erbringen hätte, wenn das Insolvenzverfahren nicht eröffnet worden wäre. [2]Satz 1 gilt entsprechend,

1. wenn Leistungen aus einer Direktversicherung aufgrund der in § 1b Abs. 2 Satz 3 genannten Tatbestände nicht

gezahlt werden und der Arbeitgeber seiner Verpflichtung nach § 1b Abs. 2 Satz 3 wegen der Eröffnung des Insolvenzverfahrens nicht nachkommt,

2. wenn eine Unterstützungskasse die nach ihrer Versorgungsregelung vorgesehene Versorgung nicht erbringt, weil über das Vermögen oder den Nachlass eines Arbeitgebers, der der Unterstützungskasse Zuwendungen leistet, das Insolvenzverfahren eröffnet worden ist,
3. wenn über das Vermögen oder den Nachlass des Arbeitgebers, dessen Versorgungszusage von einem Pensionsfonds oder einer Pensionskasse durchgeführt wird, das Insolvenzverfahren eröffnet worden ist und soweit der Pensionsfonds oder die Pensionskasse die nach der Versorgungszusage des Arbeitgebers vorgesehene Leistung nicht erbringt; ein Anspruch gegen den Träger der Insolvenzsicherung besteht nicht, wenn eine Pensionskasse einem Sicherungsfonds nach dem Dritten Teil des Versicherungsaufsichtsgesetzes angehört oder in Form einer gemeinsamen Einrichtung nach § 4 des Tarifvertragsgesetzes organisiert ist.

[3]§ 14 des Versicherungsvertragsgesetzes findet entsprechende Anwendung. [4]Der Eröffnung des Insolvenzverfahrens stehen bei der Anwendung der Sätze 1 bis 3 gleich

1. die Abweisung des Antrags auf Eröffnung des Insolvenzverfahrens mangels Masse,
2. der außergerichtliche Vergleich (Stundungs-, Quoten- oder Liquidationsvergleich) des Arbeitgebers mit seinen Gläubigern zur Abwendung eines Insolvenzverfahrens, wenn ihm der Träger der Insolvenzsicherung zustimmt,
3. die vollständige Beendigung der Betriebstätigkeit im Geltungsbereich dieses Gesetzes, wenn ein Antrag auf Eröffnung des Insolvenzverfahrens nicht gestellt worden ist und ein Insolvenzverfahren offensichtlich mangels Masse nicht in Betracht kommt.

(1a) [1]Der Anspruch gegen den Träger der Insolvenzsicherung entsteht mit dem Beginn des Kalendermonats, der auf den Eintritt des Sicherungsfalles folgt. [2]Der Anspruch endet mit Ablauf des Sterbemonats des Begünstigten, soweit in der Versorgungszusage des Arbeitgebers nicht etwas anderen bestimmt ist. [3]In den Fällen des Absatzes 1 Satz 1 und 4 Nr. 1 und 3 umfasst der Anspruch auch rückständige Versorgungsleistungen, soweit diese bis zu zwölf Monaten vor Entstehen der Leistungspflicht des Trägers der Insolvenzsicherung entstanden sind.

(2) Personen, die bei Eröffnung des Insolvenzverfahrens oder bei Eintritt der nach Absatz 1 Satz 4 gleichstehenden Voraussetzungen (Sicherungsfall) eine nach § 1b unverfallbare Versorgungsanwartschaft haben, und ihre Hinterbliebenen haben bei Eintritt des Versorgungsfalls einen Anspruch gegen den Träger der Insolvenzsicherung, wenn die Anwartschaft beruht

1. auf einer unmittelbaren Versorgungszusage des Arbeitgebers,
2. auf einer Direktversicherung und der Arbeitnehmer hinsichtlich der Leistungen des Versicherers widerruflich bezugsberechtigt ist oder die Leistungen aufgrund der in § 1b Absatz 2 Satz 3 genannten Tatbestände nicht gezahlt werden und der Arbeitgeber seiner Verpflichtung aus § 1b Absatz 2 Satz 3 wegen der Eröffnung des Insolvenzverfahrens nicht nachkommt,
3. auf einer Versorgungszusage des Arbeitgebers, die von einer Unterstützungskasse durchgeführt wird, oder
4. auf einer Versorgungszusage des Arbeitgebers, die von einem Pensionsfonds oder einer Pensionskasse nach Absatz 1 Satz 2 Nummer 3 durchgeführt wird, soweit der Pensionsfonds oder die Pensionskasse die nach der Versorgungszusage des Arbeitgebers vorgesehene Leistung nicht erbringt.

(2a) [1]Die Höhe des Anspruchs nach Absatz 2 richtet sich

1. bei unmittelbaren Versorgungszusagen, Unterstützungskassen und Pensionsfonds nach § 2 Absatz 1,
2. bei Direktversicherungen nach § 2 Absatz 2 Satz 2,
3. bei Pensionskassen nach § 2 Absatz 3 Satz 2.

[2]Die Betriebszugehörigkeit wird bis zum Eintritt des Sicherungsfalls berücksichtigt. [3]§ 2 Absatz 5 und 6 gilt entsprechend. [4]Veränderungen der Versorgungsregelung und der Bemessungsgrundlagen, die nach dem Eintritt des Sicherungsfalls eintreten, sind nicht zu berücksichtigen; § 2a Absatz 2 findet keine Anwendung.

(3) [1]Ein Anspruch auf laufende Leistungen gegen den Träger der Insolvenzsicherung beträgt jedoch im Monat höchstens das Dreifache der im Zeitpunkt der ersten Fälligkeit maßgebenden monatlichen Bezugsgröße gemäß § 18 des Vierten Buches Sozialgesetzbuch. [2]Satz 1 gilt entsprechend bei einem Anspruch auf Kapitalleistungen mit der Maßgabe, dass zehn vom Hundert der Leistung als Jahresbetrag einer laufenden Leistung anzusetzen sind.

(4) [1]Ein Anspruch auf Leistungen gegen den Träger der Insolvenzsicherung vermindert sich in dem Umfang, in dem der Arbeitgeber oder sonstige Träger der Versorgung die Leistungen der betrieblichen Altersversorgung erbringt. [2]Wird im Insolvenzverfahren ein Insolvenzplan bestätigt, vermindert sich der Anspruch auf Leistungen gegen den Träger der Insolvenzsicherung insoweit, als nach dem Insolvenzplan der Arbeitgeber oder sonstige Träger der Versorgung einen Teil der Leistungen selbst zu erbringen hat. [3]Sieht der Insolvenzplan vor, dass der Arbeitgeber oder sonstige Träger der Versorgung die Leistungen der betrieblichen Altersversorgung von einem bestimmten Zeitpunkt an selbst zu erbringen hat, so entfällt der Anspruch auf Leistungen gegen den Träger der Insolvenzsicherung von diesem Zeitpunkt an. [4]Die Sätze 2 und 3 sind für den außergerichtlichen Vergleich nach Absatz 1 Satz 4 Nr. 2 entsprechend anzuwenden. [5]Im Insolvenzplan soll vorgesehen werden, dass bei einer nachhaltigen Besserung der wirtschaftlichen Lage des Arbeitgebers die vom Träger der Insolvenzsicherung zu erbringenden Leistungen ganz oder zum Teil vom Arbeitgeber oder sonstigen Träger der Versorgung wieder übernommen werden.

(5) [1]Ein Anspruch gegen den Träger der Insolvenzsicherung besteht nicht, soweit nach den Umständen des Falles die Annahme gerechtfertigt ist, dass es der alleinige oder überwiegende Zweck der Versorgungszusage oder ihre Verbesserung oder der für die Direktversicherung in § 1b Abs. 2 Satz 3 genannten Tatbestände gewesen ist, den Träger der Insolvenzsicherung in Anspruch zu nehmen. [2]Diese Annahme ist insbesondere dann gerechtfertigt, wenn bei Erteilung oder Verbesserung der Versorgungszusage wegen der wirtschaftlichen Lage des Arbeitgebers zu erwarten war, dass die Zusage nicht erfüllt werde. [3]Ein Anspruch auf Leistungen gegen den Träger der Insolvenzsicherung besteht bei Zusagen und Verbesserungen von Zusagen, die in den beiden letzten Jahren vor dem Eintritt des Sicherungsfalls erfolgt sind, nur

1. für ab dem 1. Januar 2002 gegebene Zusagen, soweit bei Entgeltumwandlung Beträge von bis zu 4 vom Hundert der Beitragsbemessungsgrenze in der allgemeinen Rentenversicherung für eine betriebliche Altersversorgung verwendet werden oder
2. für im Rahmen von Übertragungen gegebene Zusagen, soweit der Übertragungswert die Beitragsbemes-

sungsgrenze in der allgemeinen Rentenversicherung nicht übersteigt.

(6) Ist der Sicherungsfall durch kriegerische Ereignisse, innere Unruhen, Naturkatastrophen oder Kernenergie verursacht worden, kann der Träger der Insolvenzsicherung mit Zustimmung der Bundesanstalt für Finanzdienstleistungsaufsicht die Leistungen nach billigem Ermessen abweichend von den Absätzen 1 bis 5 festsetzen.

§ 8

Übertragung der Leistungspflicht

(1) Ein Anspruch gegen den Träger der Insolvenzsicherung auf Leistungen nach § 7 besteht nicht, wenn ein Unternehmen der Lebensversicherung sich dem Träger der Insolvenzsicherung gegenüber verpflichtet, diese Leistungen zu erbringen, und die nach § 7 Berechtigten ein unmittelbares Recht erwerben, die Leistungen zu fordern.

(2) [1]An die Stelle des Anspruchs gegen den Träger der Insolvenzsicherung nach § 7 tritt auf Verlangen des Berechtigten die Versicherungsleistung aus einer auf sein Leben abgeschlossenen Rückdeckungsversicherung, wenn die Versorgungszusage auf die Leistungen der Rückdeckungsversicherung verweist. [2]Das Wahlrecht des Berechtigten nach Satz 1 besteht nicht, sofern die Rückdeckungsversicherung in die Insolvenzmasse des Arbeitgebers fällt oder die Aufsichtsbehörde das Vermögen nach § 9 Absatz 3a oder 3b nicht auf den Träger der Insolvenzsicherung überträgt [3]Der Berechtigte hat das Recht, als Versicherungsnehmer in die Versicherung einzutreten und die Versicherung mit eigenen Beiträgen fortzusetzen; § 1b Absatz 5 Satz 1 Nummer 1 und § 2 Absatz 2 Satz 4 bis 6 gelten entsprechend. [4]Der Träger der Insolvenzsicherung informiert den Berechtigten über sein Wahlrecht nach Satz 1 und über die damit verbundenen Folgen für den Insolvenzschutz. [5]Das Wahlrecht erlischt sechs Monate nach Information durch den Träger der Insolvenzsicherung. [6]Der Versicherer informiert den Träger der Insolvenzsicherung unverzüglich über den Versicherungsnehmerwechsel.

§ 8a

Abfindung durch den Träger der Insolvenzsicherung

[1]Der Träger der Insolvenzsicherung kann eine Anwartschaft ohne Zustimmung des Arbeitnehmers abfinden, wenn der Monatsbetrag der aus der Anwartschaft resultierenden laufenden Leistung bei Erreichen der vorgesehenen Altersgrenze 1 vom Hundert, bei Kapitalleistungen zwölf Zehntel der monatlichen Bezugsgröße nach § 18 des Vierten Buches Sozialgesetzbuch nicht übersteigen würde oder wenn dem Arbeitnehmer die Beiträge zur gesetzlichen Rentenversicherung erstattet worden sind. [2]Dies gilt entsprechend für die Abfindung einer laufenden Leistung. [3]Die Abfindung ist darüber hinaus möglich, wenn sie an ein Unternehmen der Lebensversicherung gezahlt wird, bei dem der Versorgungsberechtigte im Rahmen einer Direktversicherung versichert ist. [4]§ 2 Abs. 2 Satz 4 bis 6 und § 3 Abs. 5 gelten entsprechend.

§ 9

Mitteilungspflicht; Forderungs- und Vermögensübergang

(1) [1]Der Träger der Insolvenzsicherung teilt dem Berechtigten die ihm nach § 7 oder § 8 zustehenden Ansprüche oder Anwartschaften schriftlich mit. [2]Unterbleibt die Mitteilung, so ist der Anspruch oder die Anwartschaft spätestens ein Jahr nach dem Sicherungsfall bei dem Träger der Insolvenzsicherung anzumelden; erfolgt die Anmeldung später, so beginnen die Leistungen frühestens mit dem Ersten des Monats der Anmeldung, es sei denn, dass der Berechtigte an der rechtzeitigen Anmeldung ohne sein Verschulden verhindert war.

(2) [1]Ansprüche oder Anwartschaften des Berechtigten gegen den Arbeitgeber auf Leistungen der betrieblichen Altersversorgung, die den Anspruch gegen den Träger der Insolvenzsicherung begründen, gehen im Falle eines Insolvenzverfahrens mit dessen Eröffnung, in den übrigen Sicherungsfällen dann auf den Träger der Insolvenzsicherung über, wenn dieser nach Absatz 1 Satz 1 dem Berechtigten die ihm zustehenden Ansprüche oder Anwartschaften mitteilt. [2]Der Übergang kann nicht zum Nachteil des Berechtigten geltend gemacht werden. [3]Die mit der Eröffnung des Insolvenzverfahrens übergegangenen Anwartschaften werden im Insolvenzverfahren als unbedingte Forderungen nach § 45 der Insolvenzordnung geltend gemacht.

(3) [1]Ist der Träger der Insolvenzsicherung zu Leistungen verpflichtet, die ohne den Eintritt des Sicherungsfalls eine Unterstützungskasse erbringen würde, geht deren Vermögen einschließlich der Verbindlichkeiten auf ihn über; die Haftung für die Verbindlichkeiten beschränkt sich auf das übergegangene Vermögen. [2]Wenn die übergegangenen Vermögenswerte den Barwert der Ansprüche und Anwartschaften gegen den Träger der Insolvenzsicherung übersteigen, hat dieser den übersteigenden Teil entsprechend der Satzung der Unterstützungskasse zu verwenden. [3]Bei einer Unterstützungskasse mit mehreren Trägerunternehmen hat der Träger der Insolvenzsicherung einen Anspruch gegen die Unterstützungskasse auf einen Betrag, der dem Teil des Vermögens der Kasse entspricht, der auf das Unternehmen entfällt, bei dem der Sicherungsfall eingetreten ist. [4]Die Sätze 1 bis 3 gelten nicht, wenn der Sicherungsfall auf den in § 7 Abs. 1 Satz 4 Nr. 2 genannten Gründen beruht, es sei denn, dass das Trägerunternehmen seine Betriebstätigkeit nach Eintritt des Sicherungsfalls nicht fortsetzt und aufgelöst wird (Liquidationsvergleich).

(3a) [1]Hat die Pensionskasse nach § 7 Absatz 1 Satz 2 Nummer 3 Kenntnis über den Sicherungsfall bei einem Arbeitgeber erlangt, dessen Versorgungszusage von ihr durchgeführt wird, hat sie dies und die Auswirkungen des Sicherungsfalls auf die Pensionskasse der Aufsichtsbehörde und dem Träger der Insolvenzsicherung unverzüglich mitzuteilen. [2]Sind bei der Pensionskasse vor Eintritt des Sicherungsfalls garantierte Leistungen gekürzt worden oder liegen der Aufsichtsbehörde Informationen vor, die eine dauerhafte Verschlechterung der finanziellen Lage der Pensionskasse wegen der Insolvenz des Arbeitgebers erwarten lassen, entscheidet die Aufsichtsbehörde nach Anhörung des Trägers der Insolvenzsicherung und der Pensionskasse nach pflichtgemäßem Ermessen, ob das dem Arbeitgeber zuzuordnende Vermögen der Pensionskasse einschließlich der Verbindlichkeiten auf den Träger der Insolvenzsicherung übertragen werden soll. [3]Die Aufsichtsbehörde teilt ihre Entscheidung dem Träger der Insolvenzsicherung und der Pensionskasse mit. [4]Die Übertragungsanordnung kann mit Nebenbestimmungen versehen werden. [5]Absatz 3 Satz 1 zweiter Halbsatz gilt entsprechend. [6]Der Träger der Insolvenzsicherung kann nach Anhörung der Aufsichtsbehörde der Pensionskasse Finanzmittel zur Verfügung stellen. [7]Werden nach Eintritt des Sicherungsfalls von der Pensionskasse garantierte Leistungen gekürzt, gelten die Sätze 2 bis 6 entsprechend.

(3b) [1]Absatz 3a gilt entsprechend für den Pensionsfonds. [2]Abweichend von Absatz 3a Satz 2 hat die Aufsichtsbehörde bei nicht versicherungsförmigen Pensionsplänen stets das dem Arbeitgeber zuzuordnende Vermögen einschließlich der Verbindlichkeiten auf den Träger der Insolvenzsicherung zu übertragen.

(4) [1]In einem Insolvenzplan, der die Fortführung des Unternehmens oder eines Betriebes vorsieht, ist für den Träger der Insolvenzsicherung eine besondere Gruppe zu bilden, sofern er hierauf nicht verzichtet. [2]Sofern im Insolvenzplan nichts anderes vorgesehen ist, kann der Träger der Insolvenzsicherung, wenn innerhalb von drei Jahren nach der Aufhebung des Insolvenzverfahrens ein Antrag auf Eröffnung eines neuen Insolvenzverfahrens über das Vermögen des Arbeitgebers gestellt wird, in diesem Verfahren als Insolvenzgläubiger Erstattung der von ihm erbrachten Leistungen verlangen.

(5) Dem Träger der Insolvenzsicherung steht gegen den Beschluss, durch den das Insolvenzverfahren eröffnet wird, die sofortige Beschwerde zu.

§ 10
Beitragspflicht und Beitragsbemessung

(1) [1]Die Mittel für die Durchführung der Insolvenzsicherung werden aufgrund öffentlich-rechtlicher Verpflichtung durch Beiträge aller Arbeitgeber aufgebracht, die Leistungen der betrieblichen Altersversorgung unmittelbar zugesagt haben, eine betriebliche Altersversorgung über eine Unterstützungskasse, eine Direktversicherung der in § 7 Abs. 1 Satz 2 und Absatz 2 Satz 1 Nr. 2 bezeichneten Art, einen Pensionsfonds oder eine Pensionskasse nach § 7 Absatz 1 Satz 2 Nummer 3 durchführen. [2]Der Versorgungsträger kann die Beiträge für den Arbeitgeber übernehmen.

(2) [1]Die Beiträge müssen den Barwert der im laufenden Kalenderjahr entstehenden Ansprüche auf Leistungen der Insolvenzsicherung decken zuzüglich eines Betrages für die aufgrund eingetretener Insolvenzen zu sichernden Anwartschaften, der sich aus dem Unterschied der Barwerte dieser Anwartschaften am Ende des Kalenderjahres und am Ende des Vorjahres bemisst. [2]Der Rechnungszinsfuß bei der Berechnung des Barwertes der Ansprüche auf Leistungen der Insolvenzsicherung bestimmt sich nach § 235 Absatz 1 Nummer 4 des Versicherungsaufsichtsgesetzes; soweit keine Übertragung nach § 8 Abs. 1 stattfindet, ist der Rechnungszinsfuß bei der Berechnung des Barwerts der Anwartschaften um ein Drittel höher. [3]Darüber hinaus müssen die Beiträge die im gleichen Zeitraum entstehenden Verwaltungskosten und sonstigen Kosten, die mit der Gewährung der Leistungen zusammenhängen, und die Zuführung zu einem von der Bundesanstalt für Finanzdienstleistungsaufsicht festgesetzten Ausgleichsfonds decken; § 193 des Versicherungsaufsichtsgesetzes bleibt unberührt. [4]Auf die am Ende des Kalenderjahrs fälligen Beiträge können Vorschüsse erhoben werden. [5]In Jahren, in denen sich außergewöhnlich hohe Beiträge ergeben würden, kann zu deren Ermäßigung der Ausgleichsfonds in einem von der Bundesanstalt für Finanzdienstleistungsaufsicht zu genehmigenden Umfang herangezogen werden; außerdem können die nach den Sätzen 1 bis 3 erforderlichen Beiträge auf das laufende und die bis zu vier folgenden Kalenderjahre verteilt werden.

(3) Die nach Absatz 2 erforderlichen Beiträge werden auf die Arbeitgeber nach Maßgabe der nachfolgenden Beträge umgelegt, soweit sie sich auf die laufenden Versorgungsleistungen und die nach § 1b unverfallbaren Versorgungsanwartschaften beziehen (Beitragsbemessungsgrundlage); diese Beträge sind festzustellen auf den Schluss des Wirtschaftsjahrs des Arbeitgebers, das im abgelaufenen Kalenderjahr geendet hat:

1. Bei Arbeitgebern, die Leistungen der betrieblichen Altersversorgung unmittelbar zugesagt haben, ist Beitragsbemessungsgrundlage der Teilwert der Pensionsverpflichtung (§ 6a Abs. 3 des Einkommensteuergesetzes).
2. Bei Arbeitgebern, die eine betriebliche Altersversorgung über eine Direktversicherung mit widerruflichem Bezugsrecht durchführen, ist Beitragsbemessungsgrundlage das geschäftsplanmäßige Deckungskapital oder, soweit die Berechnung des Deckungskapitals nicht zum Geschäftsplan gehört, die Deckungsrückstellung. [2]Für Versicherungen, bei denen der Versicherungsfall bereits eingetreten ist, und für Versicherungsanwartschaften, für die ein unwiderrufliches Bezugsrecht eingeräumt ist, ist das Deckungskapital oder die Deckungsrückstellung nur insoweit zu berücksichtigen, als die Versicherungen abgetreten oder beliehen sind.
3. Bei Arbeitgebern, die eine betriebliche Altersversorgung über eine Unterstützungskasse durchführen, ist Beitragsbemessungsgrundlage das Deckungskapital für die laufenden Leistungen (§ 4d Abs. 1 Nr. 1 Buchstabe a des Einkommensteuergesetzes) zuzüglich des Zwanzigfachen der nach § 4d Abs. 1 Nr. 1 Buchstabe b Satz 1 des Einkommensteuergesetzes errechneten jährlichen Zuwendungen für Leistungsanwärter im Sinne von § 4d Abs. 1 Nr. 1 Buchstabe b Satz 2 des Einkommensteuergesetzes.
4. Bei Arbeitgebern, die eine betriebliche Altersversorgung über einen Pensionsfonds oder eine Pensionskasse nach § 7 Absatz 1 Satz 2 Nummer 3 durchführen, ist Beitragsbemessungsgrundlage
   a) für unverfallbare Anwartschaften auf lebenslange Altersleistungen die Höhe der jährlichen Versorgungsleistung, die im Versorgungsfall, spätestens zum Zeitpunkt des Erreichens der Regelaltersgrenze in der gesetzlichen Rentenversicherung, erreicht werden kann, bei ausschließlich lebenslangen Invaliditäts- oder lebenslangen Hinterbliebenenleistungen jeweils ein Viertel dieses Wertes; bei Kapitalleistungen gelten 10 Prozent der Kapitalleistung, bei Auszahlungsplänen 10 Prozent der Ratensumme zuzüglich des Restkapitals als Höhe der lebenslangen jährlichen Versorgungsleistung,
   b) für lebenslang laufende Versorgungsleistungen 20 Prozent des nach Anlage 1 Spalte 2 zu § 4d Absatz 1 des Einkommensteuergesetzes berechneten Deckungskapitals; bei befristeten Versorgungsleistungen gelten 10 Prozent des Produktes aus maximal möglicher Restlaufzeit in vollen Jahren und der Höhe der jährlichen laufenden Leistung, bei Auszahlungsplänen 10 Prozent der zukünftigen Ratensumme zuzüglich des Restkapitals als Höhe der lebenslangen jährlichen Versorgungsleistung.

(4) [1]Aus den Beitragsbescheiden des Trägers der Insolvenzsicherung findet die Zwangsvollstreckung in entsprechender Anwendung der Vorschriften der Zivilprozessordnung statt. [2]Die vollstreckbare Ausfertigung erteilt der Träger der Insolvenzsicherung.

§ 10a
Säumniszuschläge; Zinsen; Verjährung

(1) Für Beiträge, die wegen Verstoßes des Arbeitgebers gegen die Meldepflicht erst nach Fälligkeit erhoben werden, kann der Träger der Insolvenzsicherung für jeden angefangenen Monat vom Zeitpunkt der Fälligkeit an einen Säumniszuschlag in Höhe von bis zu eins vom Hundert der nacherhobenen Beiträge erheben.

(2) [1]Für festgesetzte Beiträge und Vorschüsse, die der Arbeitgeber nach Fälligkeit zahlt, erhebt der Träger der Insolvenzsicherung für jeden Monat Verzugszinsen in Höhe von 0,5 vom

Hundert der rückständigen Beiträge. [2]Angefangene Monate bleiben außer Ansatz.

(3) [1]Vom Träger der Insolvenzsicherung zu erstattende Beiträge werden vom Tage der Fälligkeit oder bei Feststellung des Erstattungsanspruchs durch gerichtliche Entscheidung vom Tage der Rechtshängigkeit an für jeden Monat mit 0,5 vom Hundert verzinst. [2]Angefangene Monate bleiben außer Ansatz.

(4) [1]Ansprüche auf Zahlung der Beiträge zur Insolvenzsicherung gemäß § 10 sowie Erstattungsansprüche nach Zahlung nicht geschuldeter Beiträge zur Insolvenzsicherung verjähren in sechs Jahren. [2]Die Verjährungsfrist beginnt mit Ablauf des Kalenderjahres, in dem die Beitragspflicht entstanden oder der Erstattungsanspruch fällig geworden ist. [3]Auf die Verjährung sind die Vorschriften des Bürgerlichen Gesetzbuchs anzuwenden.

§ 11

Melde-, Auskunfts- und Mitteilungspflichten

(1) [1]Der Arbeitgeber hat dem Träger der Insolvenzsicherung eine betriebliche Altersversorgung nach § 1b Abs. 1 bis 4 für seine Arbeitnehmer innerhalb von 3 Monaten nach Erteilung der unmittelbaren Versorgungszusage, dem Abschluss einer Direktversicherung, der Errichtung einer Unterstützungskasse, eines Pensionsfonds oder einer Pensionskasse nach § 7 Absatz 1 Satz 2 Nummer 3 mitzuteilen. [2]Der Arbeitgeber, der sonstige Träger der Versorgung, der Insolvenzverwalter und die nach § 7 Berechtigten sind verpflichtet, dem Träger der Insolvenzsicherung alle Auskünfte zu erteilen, die zur Durchführung der Vorschriften dieses Abschnitts erforderlich sind, sowie Unterlagen vorzulegen, aus denen die erforderlichen Angaben ersichtlich sind.

(2) [1]Ein beitragspflichtiger Arbeitgeber hat dem Träger der Insolvenzsicherung spätestens bis zum 30. September eines jeden Kalenderjahrs die Höhe des nach § 10 Abs. 3 für die Bemessung des Beitrages maßgebenden Betrages bei unmittelbaren Versorgungszusagen aufgrund eines versicherungsmathematischen Gutachtens, bei Direktversicherungen aufgrund einer Bescheinigung des Versicherers und bei Unterstützungskassen, Pensionsfonds und Pensionskassen aufgrund einer nachprüfbaren Berechnung mitzuteilen. [2]Der Arbeitgeber hat die in Satz 1 bezeichneten Unterlagen mindestens 6 Jahre aufzubewahren.

(3) [1]Der Insolvenzverwalter hat dem Träger der Insolvenzsicherung die Eröffnung des Insolvenzverfahrens, Namen und Anschriften der Versorgungsempfänger und die Höhe ihrer Versorgung nach § 7 unverzüglich mitzuteilen. [2]Er hat zugleich Namen und Anschriften der Personen, die bei Eröffnung des Insolvenzverfahrens eine nach § 1 unverfallbare Versorgungsanwartschaft haben, sowie die Höhe ihrer Anwartschaft nach § 7 mitzuteilen.

(4) Der Arbeitgeber, der sonstige Träger der Versorgung und die nach § 7 Berechtigten sind verpflichtet, dem Insolvenzverwalter Auskünfte über alle Tatsachen zu erteilen, auf die sich die Mitteilungspflicht nach Absatz 3 bezieht.

(5) In den Fällen, in denen ein Insolvenzverfahren nicht eröffnet wird (§ 7 Abs. 1 Satz 4) oder nach § 207 der Insolvenzordnung eingestellt worden ist, sind die Pflichten des Insolvenzverwalters nach Absatz 3 vom Arbeitgeber oder dem sonstigen Träger der Versorgung zu erfüllen.

(6) [1]Kammern und andere Zusammenschlüsse von Unternehmern oder anderen selbstständigen Berufstätigen, die als Körperschaften des öffentlichen Rechts errichtet sind, ferner Verbände und andere Zusammenschlüsse, denen Unternehmer oder andere selbstständige Berufstätige kraft Gesetzes angehören oder anzugehören haben, haben den Träger der Insolvenzsicherung bei der Ermittlung der nach § 10 beitragspflichtigen Arbeitgeber zu unterstützen. [2]Die Aufsichtsbehörden haben auf Anfrage dem Träger der Insolvenzsicherung die unter ihrer Aufsicht stehenden Pensionskassen mitzuteilen.

(6a) Ist bei einem Arbeitgeber, dessen Versorgungszusage von einer Pensionskasse oder einem Pensionsfonds durchgeführt wird, der Sicherungsfall eingetreten, muss die Pensionskasse oder der Pensionsfonds dem Träger der Insolvenzsicherung beschlossene Änderungen von Versorgungsleistungen unverzüglich mitteilen.

(7) Die nach den Absätzen 1 bis 3 und 5 zu Mitteilungen und Auskünften und die nach Absatz 6 zur Unterstützung Verpflichteten haben die vom Träger der Insolvenzsicherung vorgesehenen Vordrucke und technischen Verfahren zu verwenden.

(8) [1]Zur Sicherung der vollständigen Erfassung der nach § 10 beitragspflichtigen Arbeitgeber können die Finanzämter dem Träger der Insolvenzsicherung mitteilen, welche Arbeitgeber für die Beitragspflicht in Betracht kommen. [2]Die Bundesregierung wird ermächtigt, durch Rechtsverordnung mit Zustimmung des Bundesrates das Nähere zu bestimmen und Einzelheiten des Verfahrens zu regeln.

§ 12

Ordnungswidrigkeiten

(1) Ordnungswidrig handelt, wer vorsätzlich oder fahrlässig

1. entgegen § 11 Absatz 1 Satz 1, Absatz 2 Satz 1, Absatz 3, 5 oder 6a eine Mitteilung nicht, nicht richtig, nicht vollständig oder nicht rechtzeitig vornimmt,
2. entgegen § 11 Abs. 1 Satz 2 oder Abs. 4 eine Auskunft nicht, nicht richtig, nicht vollständig oder nicht rechtzeitig erteilt oder
3. entgegen § 11 Abs. 1 Satz 2 Unterlagen nicht, nicht richtig, nicht vollständig oder nicht rechtzeitig vorlegt oder entgegen § 11 Abs. 2 Satz 2 Unterlagen nicht aufbewahrt.

(2) Die Ordnungswidrigkeit kann mit einer Geldbuße bis zu zweitausendfünfhundert Euro geahndet werden.

(3) Verwaltungsbehörde im Sinne des § 36 Abs. 1 Nr. 1 des Gesetzes über Ordnungswidrigkeiten ist die Bundesanstalt für Finanzdienstleistungsaufsicht.

§ 13

– weggefallen –

§ 14

Träger der Insolvenzsicherung

(1) [1]Träger der Insolvenzsicherung ist der Pensions-Sicherungs-Verein Versicherungsverein auf Gegenseitigkeit. [2]Er ist zugleich Träger der Insolvenzsicherung von Versorgungszusagen Luxemburger Unternehmen nach Maßgabe des Abkommens vom 22. September 2000 zwischen der Bundesrepublik Deutschland und dem Großherzogtum Luxemburg über Zusammenarbeit im Bereich der Insolvenzsicherung betrieblicher Altersversorgung.

(2) [1]Der Pensions-Sicherungs-Verein Versicherungsverein auf Gegenseitigkeit unterliegt der Aufsicht durch die Bundesanstalt für Finanzdienstleistungsaufsicht. [2]Soweit dieses Gesetz

nichts anderes bestimmt, gelten für ihn die Vorschriften für kleine Versicherungsunternehmen nach den §§ 212 bis 216 des Versicherungsaufsichtsgesetzes und die aufgrund des § 217 des Versicherungsaufsichtsgesetzes erlassenen Rechtsverordnungen entsprechend. [3]Die folgenden Vorschriften gelten mit folgenden Maßgaben:

1. § 212 Absatz 2 Nummer 1 des Versicherungsaufsichtsgesetzes gilt mit der Maßgabe, dass § 30 des Versicherungsaufsichtsgesetzes Anwendung findet;
2. § 212 Absatz 3 Nummer 6 des Versicherungsaufsichtsgesetzes gilt ohne Maßgabe; § 212 Absatz 3 Nummer 7, 10 und 12 des Versicherungsaufsichtsgesetzes gilt mit der Maßgabe, dass die dort genannten Vorschriften auch auf die interne Revision Anwendung finden; § 212 Absatz 3 Nummer 13 des Versicherungsaufsichtsgesetzes gilt mit der Maßgabe, dass die Bundesanstalt für Finanzdienstleistungsaufsicht bei Vorliegen der gesetzlichen Tatbestandsmerkmale die Erlaubnis zum Geschäftsbetrieb widerrufen kann;
3. § 214 Absatz 1 des Versicherungsaufsichtsgesetzes gilt mit der Maßgabe, dass grundsätzlich die Hälfte des Ausgleichsfonds den Eigenmitteln zugerechnet werden kann. [2]Auf Antrag des Pensions-Sicherungs-Vereins Versicherungsverein auf Gegenseitigkeit kann die Bundesanstalt für Finanzdienstleistungsaufsicht im Fall einer Inanspruchnahme des Ausgleichsfonds nach § 10 Absatz 2 Satz 5 festsetzen, dass der Ausgleichsfonds vorübergehend zu einem hierüber hinausgehenden Anteil den Eigenmitteln zugerechnet werden kann; § 214 Absatz 6 des Versicherungsaufsichtsgesetzes findet keine Anwendung;
4. der Umfang des Sicherungsvermögens muss mindestens der Summe aus den Bilanzwerten der in § 125 Absatz 2 des Versicherungsaufsichtsgesetzes genannten Beträge und dem nicht den Eigenmitteln zuzurechnenden Teil des Ausgleichsfonds entsprechen;
5. § 134 Absatz 3 Satz 2 des Versicherungsaufsichtsgesetzes gilt mit der Maßgabe, dass die Aufsichtsbehörde die Frist für Maßnahmen des Pensions-Sicherungs-Vereins Versicherungsverein auf Gegenseitigkeit um einen angemessenen Zeitraum verlängern kann; § 134 Absatz 6 Satz 1 des Versicherungsaufsichtsgesetzes ist entsprechend anzuwenden;
6. § 135 Absatz 2 Satz 2 des Versicherungsaufsichtsgesetzes gilt mit der Maßgabe, dass die Aufsichtsbehörde die genannte Frist um einen angemessenen Zeitraum verlängern kann.

(3) [1]Der Bundesminister für Arbeit und Sozialordnung weist durch Rechtsverordnung mit Zustimmung des Bundesrates die Stellung des Trägers der Insolvenzsicherung der Kreditanstalt für Wiederaufbau zu, bei der ein Fonds zur Insolvenzsicherung der betrieblichen Altersversorgung gebildet wird, wenn

1. bis zum 31. Dezember 1974 nicht nachgewiesen worden ist, dass der in Absatz 1 genannte Träger die Erlaubnis der Aufsichtsbehörde zum Geschäftsbetrieb erhalten hat,
2. der in Absatz 1 genannte Träger aufgelöst worden ist oder
3. die Aufsichtsbehörde den Geschäftsbetrieb des in Absatz 1 genannten Trägers untersagt oder die Erlaubnis zum Geschäftsbetrieb widerruft.

[2]In den Fällen der Nummern 2 und 3 geht das Vermögen des in Absatz 1 genannten Trägers einschließlich der Verbindlichkeiten auf die Kreditanstalt für Wiederaufbau über, die es dem Fonds zur Insolvenzsicherung der betrieblichen Altersversorgung zuweist.

(4) [1]Wird die Insolvenzsicherung von der Kreditanstalt für Wiederaufbau durchgeführt, gelten die Vorschriften dieses Abschnittes mit folgenden Abweichungen:

1. In § 7 Abs. 6 entfällt die Zustimmung der Bundesanstalt für Finanzdienstleistungsaufsicht.
2. § 10 Abs. 2 findet keine Anwendung. [2]Die von der Kreditanstalt für Wiederaufbau zu erhebenden Beiträge müssen den Bedarf für die laufenden Leistungen der Insolvenzsicherung im laufenden Kalenderjahr und die im gleichen Zeitraum entstehenden Verwaltungskosten und sonstigen Kosten, die mit der Gewährung der Leistungen zusammenhängen, decken. [3]Bei einer Zuweisung nach Absatz 2 Nr. 1 beträgt der Beitrag für die ersten 3 Jahre mindestens 0,1 vom Hundert der Beitragsbemessungsgrundlage gemäß § 10 Abs. 3; der nicht benötigte Teil dieses Beitragsaufkommens wird einer Betriebsmittelreserve zugeführt. [4]Bei einer Zuweisung nach Absatz 2 Nr. 2 oder 3 wird in den ersten 3 Jahren zu dem Beitrag nach Nummer 2 Satz 2 ein Zuschlag von 0,08 vom Hundert der Beitragsbemessungsgrundlage gemäß § 10 Abs. 3 zur Bildung einer Betriebsmittelreserve erhoben. [5]Auf die Beiträge können Vorschüsse erhoben werden.
3. In § 12 Abs. 3 tritt an die Stelle der Bundesanstalt für Finanzdienstleistungsaufsicht die Kreditanstalt für Wiederaufbau.

[2]Die Kreditanstalt für Wiederaufbau verwaltet den Fonds im eigenen Namen. [3]Für Verbindlichkeiten des Fonds haftet sie nur mit dem Vermögen des Fonds. [4]Dieser haftet nicht für die sonstigen Verbindlichkeiten der Bank. [5]§ 11 Abs. 1 Satz 1 des Gesetzes über die Kreditanstalt für Wiederaufbau in der Fassung der Bekanntmachung vom 23. Juni 1969 (BGBl. I S. 573), das zuletzt durch Artikel 14 des Gesetzes vom 21. Juni 2002 (BGBl. I S. 2010) geändert worden ist, ist in der jeweils geltenden Fassung auch für den Fonds anzuwenden.

§ 15
Verschwiegenheitspflicht

[1]Personen, die bei dem Träger der Insolvenzsicherung beschäftigt oder für ihn tätig sind, dürfen fremde Geheimnisse, insbesondere Betriebs- oder Geschäftsgeheimnisse, nicht unbefugt offenbaren oder verwerten. [2]Sie sind nach dem Gesetz über die förmliche Verpflichtung nichtbeamteter Personen vom 2. März 1974 (Bundesgesetzbl. I S. 469, 547) von der Bundesanstalt für Finanzdienstleistungsaufsicht auf die gewissenhafte Erfüllung ihrer Obliegenheiten zu verpflichten.

FÜNFTER ABSCHNITT
Anpassung

§ 16
Anpassungsprüfungspflicht

(1) Der Arbeitgeber hat alle drei Jahre eine Anpassung der laufenden Leistungen der betrieblichen Altersversorgung zu prüfen und hierüber nach billigem Ermessen zu entscheiden; dabei sind insbesondere die Belange des Versorgungsempfängers und die wirtschaftliche Lage des Arbeitgebers zu berücksichtigen.

(2) Die Verpflichtung nach Absatz 1 gilt als erfüllt, wenn die Anpassung nicht geringer ist als der Anstieg

1. des Verbraucherpreisindexes für Deutschland oder

2. der Nettolöhne vergleichbarer Arbeitnehmergruppen des Unternehmens

im Prüfungszeitraum.

(3) Die Verpflichtung nach Absatz 1 entfällt, wenn

1. der Arbeitgeber sich verpflichtet, die laufenden Leistungen jährlich um wenigstens eins vom Hundert anzupassen,
2. die betriebliche Altersversorgung über eine Direktversicherung im Sinne des § 1b Abs. 2 oder über eine Pensionskasse im Sinne des § 1b Abs. 3 durchgeführt wird und ab Rentenbeginn sämtliche auf den Rentenbestand entfallende Überschussanteile zur Erhöhung der laufenden Leistungen verwendet werden oder
3. eine Beitragszusage mit Mindestleistung erteilt wurde; Absatz 5 findet insoweit keine Anwendung.

(4) [1]Sind laufende Leistungen nach Absatz 1 nicht oder nicht in vollem Umfang anzupassen (zu Recht unterbliebene Anpassung), ist der Arbeitgeber nicht verpflichtet, die Anpassung zu einem späteren Zeitpunkt nachzuholen. [2]Eine Anpassung gilt als zu Recht unterblieben, wenn der Arbeitgeber dem Versorgungsempfänger die wirtschaftliche Lage des Unternehmens schriftlich dargelegt, der Versorgungsempfänger nicht binnen drei Kalendermonaten nach Zugang der Mitteilung schriftlich widersprochen hat und er auf die Rechtsfolgen eines nicht fristgemäßen Widerspruchs hingewiesen wurde.

(5) Soweit betriebliche Altersversorgung durch Entgeltumwandlung finanziert wird, ist der Arbeitgeber verpflichtet, die Leistungen mindestens entsprechend Absatz 3 Nr. 1 anzupassen oder im Falle der Durchführung über eine Direktversicherung oder eine Pensionskasse sämtliche Überschussanteile entsprechend Absatz 3 Nr. 2 zu verwenden.

(6) Eine Verpflichtung zur Anpassung besteht nicht für monatliche Raten im Rahmen eines Auszahlungsplans sowie für Renten ab Vollendung des 85. Lebensjahres im Anschluss an einen Auszahlungsplan.

SECHSTER ABSCHNITT
Geltungsbereich

§ 17
Persönlicher Geltungsbereich

(1) [1]Arbeitnehmer im Sinne der §§ 1 bis 16 sind Arbeiter und Angestellte einschließlich der zu ihrer Berufsausbildung Beschäftigten; ein Berufsausbildungsverhältnis steht einem Arbeitsverhältnis gleich. [2]Die §§ 1 bis 16 gelten entsprechend für Personen, die nicht Arbeitnehmer sind, wenn ihnen Leistungen der Alters-, Invaliditäts- oder Hinterbliebenenversorgung aus Anlass ihrer Tätigkeit für ein Unternehmen zugesagt worden sind. [3]Arbeitnehmer im Sinne von § 1a Abs. 1 sind nur Personen nach den Sätzen 1 und 2, soweit sie aufgrund der Beschäftigung oder Tätigkeit bei dem Arbeitgeber, gegen den sich der Anspruch nach § 1a richten würde, in der gesetzlichen Rentenversicherung pflichtversichert sind.

(2) Die §§ 7 bis 15 gelten nicht für den Bund, die Länder, die Gemeinden sowie die Körperschaften, Stiftungen und Anstalten des öffentlichen Rechts, bei denen das Insolvenzverfahren nicht zulässig ist, und solche juristische Personen des öffentlichen Rechts, bei denen der Bund, ein Land oder eine Gemeinde kraft Gesetzes die Zahlungsfähigkeit sichert.

(3) Gesetzliche Regelungen über Leistungen der betrieblichen Altersversorgung werden unbeschadet des § 18 durch die §§ 1 bis 16 und 26 bis 30 nicht berührt.

§ 18
Sonderregelungen für den öffentlichen Dienst

(1) [1]Für Personen, die

1. bei der Versorgungsanstalt des Bundes und der Länder (VBL) oder einer kommunalen oder kirchlichen Zusatzversorgungseinrichtung versichert sind, oder
2. bei einer anderen Zusatzversorgungseinrichtung versichert sind, die mit einer der Zusatzversorgungseinrichtungen nach Nummer 1 ein Überleitungsabkommen abgeschlossen hat oder aufgrund satzungsrechtlicher Vorschriften der Zusatzversorgungseinrichtungen nach Nummer 1 ein solches Abkommen abschließen kann, oder
3. unter das Hamburgische Zusatzversorgungsgesetz oder unter das Bremische Ruhelohngesetz in ihren jeweiligen Fassungen fallen oder auf die diese Gesetze sonst Anwendung finden,

gelten die §§ 2, 2a Absatz 1, 3 und 4 sowie die §§ 5, 16, 27 und 28 nicht, soweit sich aus den nachfolgenden Regelungen nichts Abweichendes ergibt; § 4 gilt nicht, wenn die Anwartschaft oder die laufende Leistung ganz oder teilweise umlage- oder haushaltsfinanziert ist. [2]Soweit die betriebliche Altersversorgung über eine der in Satz 1 genannten Einrichtungen durchgeführt wird, finden die §§ 7 bis 15 keine Anwendung.

(2) Bei Eintritt des Versorgungsfalles vor dem 2. Januar 2002 erhalten die in Absatz 1 Nummer 1 und 2 bezeichneten Personen, deren Anwartschaft nach § 1b fortbesteht und deren Arbeitsverhältnis vor Eintritt des Versorgungsfalles geendet hat, von der Zusatzversorgungseinrichtung eine Zusatzrente nach folgenden Maßgaben:

1. Der monatliche Betrag der Zusatzrente beträgt für jedes Jahr der aufgrund des Arbeitsverhältnisses bestehenden Pflichtversicherung bei einer Zusatzversorgungseinrichtung 2,25 vom Hundert, höchstens jedoch 100 vom Hundert der Leistung, die bei dem höchstmöglichen Versorgungssatz zugestanden hätte (Voll-Leistung). [2]Für die Berechnung der Voll-Leistung
   a) ist der Versicherungsfall der Regelaltersrente maßgebend,
   b) ist das Arbeitsentgelt maßgebend, das nach der Versorgungsregelung für die Leistungsbemessung maßgebend wäre, wenn im Zeitpunkt des Ausscheidens der Versicherungsfall im Sinne der Versorgungsregelung eingetreten wäre,
   c) findet § 2a Absatz 1 entsprechend Anwendung,
   d) ist im Rahmen einer Gesamtversorgung der im Falle einer Teilzeitbeschäftigung oder Beurlaubung nach der Versorgungsregelung für die gesamte Dauer des Arbeitsverhältnisses maßgebliche Beschäftigungsquotient nach der Versorgungsregelung als Beschäftigungsquotient auch für die übrige Zeit maßgebend,
   e) finden die Vorschriften der Versorgungsregelung über eine Mindestleistung keine Anwendung und
   f) ist eine anzurechnende Grundversorgung nach dem bei der Berechnung von Pensionsrückstellungen für die Berücksichtigung von Renten aus der gesetzlichen Rentenversicherung allgemein zulässigen Verfahren zu ermitteln. Hierbei ist das Arbeitsentgelt nach Buch-

stabe b zugrunde zu legen und – soweit während der Pflichtversicherung Teilzeitbeschäftigung bestand – diese nach Maßgabe der Versorgungsregelung zu berücksichtigen.

2. Die Zusatzrente vermindert sich um 0,3 vom Hundert für jeden vollen Kalendermonat, den der Versorgungsfall vor Vollendung des 65. Lebensjahres eintritt, höchstens jedoch um den in der Versorgungsregelung für die Voll-Leistung vorgesehenen Vomhundertsatz.
3. Übersteigt die Summe der Vomhundertsätze nach Nummer 1 aus unterschiedlichen Arbeitsverhältnissen 100, sind die einzelnen Leistungen im gleichen Verhältnis zu kürzen.
4. Die Zusatzrente muss monatlich mindestens den Betrag erreichen, der sich aufgrund des Arbeitsverhältnisses nach der Versorgungsregelung als Versicherungsrente aus den jeweils maßgeblichen Vomhundertsätzen der zusatzversorgungspflichtigen Entgelte oder der gezahlten Beiträge und Erhöhungsbeträge ergibt.
5. Die Vorschriften der Versorgungsregelung über das Erlöschen, das Ruhen und die Nichtleistung der Versorgungsrente gelten entsprechend. [2]Soweit die Versorgungsregelung eine Mindestleistung in Ruhensfällen vorsieht, gilt dies nur, wenn die Mindestleistung der Leistung im Sinne der Nummer 4 entspricht.
6. Verstirbt die in Absatz 1 genannte Person und beginnt die Hinterbliebenenrente vor dem 2. Januar 2002, erhält eine Witwe oder ein Witwer 60 vom Hundert, eine Witwe oder ein Witwer im Sinne des § 46 Abs. 1 des Sechsten Buches Sozialgesetzbuch 42 vom Hundert, eine Halbwaise 12 vom Hundert und eine Vollwaise 20 vom Hundert der unter Berücksichtigung der in diesem Absatz genannten Maßgaben zu berechnenden Zusatzrente; die §§ 46, 48, 103 bis 105 des Sechsten Buches Sozialgesetzbuch sind entsprechend anzuwenden. [2]Die Leistungen an mehrere Hinterbliebene dürfen den Betrag der Zusatzrente nicht übersteigen; gegebenenfalls sind die Leistungen im gleichen Verhältnis zu kürzen.
7. Versorgungsfall ist der Versicherungsfall im Sinne der Versorgungsregelung.

(2a) Bei Eintritt des Versorgungsfalles oder bei Beginn der Hinterbliebenenrente nach dem 1. Januar 2002 erhalten die in Absatz 1 Nummer 1 und 2 genannten Personen, deren Anwartschaft nach § 1b fortbesteht und deren Arbeitsverhältnis vor Eintritt des Versorgungsfalles geendet hat, von der Zusatzversorgungseinrichtung die nach der jeweils maßgebenden Versorgungsregelung vorgesehenen Leistungen.

(3) [1]Personen, auf die bis zur Beendigung ihres Arbeitsverhältnisses die Regelungen des Hamburgischen Zusatzversorgungsgesetzes oder des Bremischen Ruhelohngesetzes in ihren jeweiligen Fassungen Anwendung gefunden haben, haben Anspruch gegenüber ihrem ehemaligen Arbeitgeber auf Leistungen in sinngemäßer Anwendung des Absatzes 2 mit Ausnahme von Absatz 2 Nummer 3 und 4 sowie Nummer 5 Satz 2; bei Anwendung des Hamburgischen Zusatzversorgungsgesetzes bestimmt sich der monatliche Betrag der Zusatzrente abweichend von Absatz 2 nach der nach dem Hamburgischen Zusatzversorgungsgesetz maßgebenden Berechnungsweise. [2]An die Stelle des Stichtags 2. Januar 2002 tritt im Bereich des Hamburgischen Zusatzversorgungsgesetzes der 1. August 2003 und im Bereich des Bremischen Ruhelohngesetzes der 1. März 2007.

(4) [1]Die Leistungen nach den Absätzen 2, 2a und 3 werden in der Pflichtversicherung jährlich zum 1. Juli um 1 Prozent erhöht. [2]In der freiwilligen Versicherung bestimmt sich die Anpassung der Leistungen nach der jeweils maßgebenden Versorgungsregelung.

(5) Besteht bei Eintritt des Versorgungsfalles neben dem Anspruch auf Zusatzrente nach Absatz 2 oder auf die in Absatz 3 oder Absatz 7 bezeichneten Leistungen auch Anspruch auf eine Versorgungsrente oder Versicherungsrente der in Absatz 1 Satz 1 Nr. 1 und 2 bezeichneten Zusatzversorgungseinrichtungen oder Anspruch auf entsprechende Versorgungsleistungen der Versorgungsanstalt der deutschen Kulturorchester oder der Versorgungsanstalt der deutschen Bühnen oder nach den Regelungen des Ersten Ruhegeldgesetzes, des Zweiten Ruhegeldgesetzes oder des Bremischen Ruhelohngesetzes, in deren Berechnung auch die der Zusatzrente zugrunde liegenden Zeiten berücksichtigt sind, ist nur die im Zahlbetrag höhere Rente zu leisten.

(6) Eine Anwartschaft auf Versorgungsleistungen kann bei Übertritt der anwartschaftsberechtigten Person in ein Versorgungssystem einer überstaatlichen Einrichtung in das Versorgungssystem dieser Einrichtung übertragen werden, wenn ein entsprechendes Abkommen zwischen der Zusatzversorgungseinrichtung oder der Freien und Hansestadt Hamburg oder der Freien Hansestadt Bremen und der überstaatlichen Einrichtung besteht.

(7) [1]Für Personen, die bei der Versorgungsanstalt der deutschen Kulturorchester oder der Versorgungsanstalt der deutschen Bühnen pflichtversichert sind, gelten die §§ 2 und 3, mit Ausnahme von § 3 Absatz 2 Satz 3, sowie die §§ 4, 5, 16, 27 und 28 nicht; soweit die betriebliche Altersversorgung über die Versorgungsanstalten durchgeführt wird, finden die §§ 7 bis 15 keine Anwendung. [2]Bei Eintritt des Versorgungsfalles treten an die Stelle der Zusatzrente und der Leistungen an Hinterbliebene nach Absatz 2 und an die Stelle der Regelung in Absatz 4 die satzungsgemäß vorgesehenen Leistungen; Absatz 2 Nr. 5 findet entsprechend Anwendung. [3]Als pflichtversichert gelten auch die freiwillig Versicherten der Versorgungsanstalt der deutschen Kulturorchester und der Versorgungsanstalt der deutschen Bühnen.

(8) Gegen Entscheidungen der Zusatzversorgungseinrichtungen über Ansprüche nach diesem Gesetz ist der Rechtsweg gegeben, der für Versicherte der Einrichtung gilt.

(9) Bei Personen, die aus einem Arbeitsverhältnis ausscheiden, in dem sie nach § 5 Abs. 1 Satz 1 Nr. 2 des Sechsten Buches Sozialgesetzbuch versicherungsfrei waren, dürfen die Ansprüche nach § 2 Abs. 1 Satz 1 und 2 nicht hinter dem Rentenanspruch zurückbleiben, der sich ergeben hätte, wenn der Arbeitnehmer für die Zeit der versicherungsfreien Beschäftigung in der gesetzlichen Rentenversicherung nachversichert worden wäre; die Vergleichsberechnung ist im Versorgungsfall aufgrund einer Auskunft der Deutschen Rentenversicherung Bund vorzunehmen.

§ 18a
Verjährung

[1]Der Anspruch auf Leistungen aus der betrieblichen Altersversorgung verjährt in 30 Jahren. [2]Ansprüche auf regelmäßig wiederkehrende Leistungen unterliegen der regelmäßigen Verjährungsfrist nach den Vorschriften des Bürgerlichen Gesetzbuchs.

SIEBTER ABSCHNITT
Betriebliche Altersversorgung und Tarifvertrag

UNTERABSCHNITT 1
Tariföffnung; Optionssysteme

§ 19
Allgemeine Tariföffnungsklausel

(1) Von den §§ 1a, 2, 2a Absatz 1, 3 und 4, § 3, mit Ausnahme des § 3 Absatz 2 Satz 3, von den §§ 4, 5, 16, 18a Satz 1, §§ 27 und 28 kann in Tarifverträgen abgewichen werden.

(2) Die abweichenden Bestimmungen haben zwischen nichttarifgebundenen Arbeitgebern und Arbeitnehmern Geltung, wenn zwischen diesen die Anwendung der einschlägigen tariflichen Regelung vereinbart ist.

(3) Im Übrigen kann von den Bestimmungen dieses Gesetzes nicht zuungunsten des Arbeitnehmers abgewichen werden.

§ 20
Tarifvertrag und Entgeltumwandlung; Optionssysteme

(1) Soweit Entgeltansprüche auf einem Tarifvertrag beruhen, kann für diese eine Entgeltumwandlung nur vorgenommen werden, soweit dies durch Tarifvertrag vorgesehen oder durch Tarifvertrag zugelassen ist.

(2) [1]In einem Tarifvertrag oder aufgrund eines Tarifvertrages in einer Betriebs- oder Dienstvereinbarung kann geregelt werden, dass der Arbeitgeber für alle Arbeitnehmer oder für eine Gruppe von Arbeitnehmern des Unternehmens oder einzelner Betriebe eine automatische Entgeltumwandlung einführt, gegen die der Arbeitnehmer ein Widerspruchsrecht hat (Optionssystem). [2]Das Angebot des Arbeitgebers auf Entgeltumwandlung gilt als vom Arbeitnehmer angenommen, wenn er nicht widersprochen hat und das Angebot

1. in Textform und mindestens drei Monate vor der ersten Fälligkeit des umzuwandelnden Entgelts gemacht worden ist und
2. deutlich darauf hinweist,
   a) welcher Betrag und welcher Vergütungsbestandteil umgewandelt werden sollen und
   b) dass der Arbeitnehmer ohne Angabe von Gründen innerhalb einer Frist von mindestens einem Monat nach dem Zugang des Angebots widersprechen und die Entgeltumwandlung mit einer Frist von höchstens einem Monat beenden kann. [3]Nichttarifgebundene Arbeitgeber können ein einschlägiges tarifvertragliches Optionssystem anwenden oder aufgrund eines einschlägigen Tarifvertrages durch Betriebs- oder Dienstvereinbarung die Einführung eines Optionssystems regeln; Satz 2 gilt entsprechend.

UNTERABSCHNITT 2
Tarifvertrag und reine Beitragszusage

§ 21
Tarifvertragsparteien

(1) Vereinbaren die Tarifvertragsparteien eine betriebliche Altersversorgung in Form der reinen Beitragszusage, müssen sie sich an deren Durchführung und Steuerung beteiligen.

(2) [1]Die Tarifvertragsparteien sollen im Rahmen von Tarifverträgen nach Absatz 1 bereits bestehende Betriebsrentensysteme angemessen berücksichtigen. [2]Die Tarifvertragsparteien müssen insbesondere prüfen, ob auf der Grundlage einer Betriebs- oder Dienstvereinbarung oder, wenn ein Betriebs- oder Personalrat nicht besteht, durch schriftliche Vereinbarung zwischen Arbeitgeber und Arbeitnehmer, tarifvertraglich vereinbarte Beiträge für eine reine Beitragszusage für eine andere nach diesem Gesetz zulässige Zusageart verwendet werden dürfen.

(3) [1]Die Tarifvertragsparteien sollen nichttarifgebundenen Arbeitgebern und Arbeitnehmern den Zugang zur durchführenden Versorgungseinrichtung nicht verwehren. [2]Der durchführenden Versorgungseinrichtung dürfen im Hinblick auf die Aufnahme und Verwaltung von Arbeitnehmern nichttarifgebundener Arbeitgeber keine sachlich unbegründeten Vorgaben gemacht werden.

(4) Wird eine reine Beitragszusage über eine Direktversicherung durchgeführt, kann eine gemeinsame Einrichtung nach § 4 des Tarifvertragsgesetzes als Versicherungsnehmer an die Stelle des Arbeitgebers treten.

§ 22
Arbeitnehmer und Versorgungseinrichtung

(1) [1]Bei einer reinen Beitragszusage hat der Pensionsfonds, die Pensionskasse oder die Direktversicherung dem Versorgungsempfänger auf der Grundlage des planmäßig zuzurechnenden Versorgungskapitals laufende Leistungen der betrieblichen Altersversorgung zu erbringen. [2]Die Höhe der Leistungen darf nicht garantiert werden.

(2) [1]Die auf den gezahlten Beiträgen beruhende Anwartschaft auf Altersrente ist sofort unverfallbar. [2]Die Erträge der Versorgungseinrichtung müssen auch dem ausgeschiedenen Arbeitnehmer zugutekommen.

(3) Der Arbeitnehmer hat gegenüber der Versorgungseinrichtung das Recht,

1. nach Beendigung des Arbeitsverhältnisses
   a) die Versorgung mit eigenen Beiträgen fortzusetzen oder
   b) innerhalb eines Jahres das gebildete Versorgungskapital auf die neue Versorgungseinrichtung, an die Beiträge auf der Grundlage einer reinen Beitragszusage gezahlt werden, zu übertragen,
2. entsprechend § 4a Auskunft zu verlangen und
3. entsprechend § 6 vorzeitige Altersleistungen in Anspruch zu nehmen.

(4) [1]Die bei der Versorgungseinrichtung bestehende Anwartschaft ist nicht übertragbar, nicht beleihbar und nicht veräußerbar. [2]Sie darf vorbehaltlich des Satzes 3 nicht vorzeitig verwertet werden. [3]Die Versorgungseinrichtung kann Anwartschaften und laufende Leistungen bis zu der Wertgrenze in § 3 Absatz 2 Satz 1 abfinden; § 3 Absatz 2 Satz 3 gilt entsprechend.

(5) Für die Verjährung der Ansprüche gilt § 18a entsprechend.

§ 23
Zusatzbeiträge des Arbeitgebers

(1) Zur Absicherung der reinen Beitragszusage soll im Tarifvertrag ein Sicherungsbeitrag vereinbart werden.

(2) Bei einer reinen Beitragszusage ist im Fall der Entgeltumwandlung im Tarifvertrag zu regeln, dass der Arbeitgeber 15 Prozent des umgewandelten Entgelts zusätzlich als Arbeitgeberzuschuss an die Versorgungseinrichtung weiterleiten muss, soweit der Arbeitgeber durch die Entgeltumwandlung Sozialversicherungsbeiträge einspart.

§ 24
Nichttarifgebundene Arbeitgeber und Arbeitnehmer

Nichttarifgebundene Arbeitgeber und Arbeitnehmer können die Anwendung der einschlägigen tariflichen Regelung vereinbaren.

§ 25
Verordnungsermächtigung

[1]Das Bundesministerium für Arbeit und Soziales wird ermächtigt, im Einvernehmen mit dem Bundesministerium der Finanzen durch Rechtsverordnung Mindestanforderungen an die Verwendung der Beiträge nach § 1 Absatz 2 Nummer 2a festzulegen. [2]Die Ermächtigung kann im Einvernehmen mit dem Bundesministerium der Finanzen auf die Bundesanstalt für Finanzdienstleistungsaufsicht übertragen werden. [3]Rechtsverordnungen nach den Sätzen 1 und 2 bedürfen nicht der Zustimmung des Bundesrates.

ZWEITER TEIL
Übergangs- und Schlussvorschriften

§ 26

Die §§ 1 bis 4 und 18 gelten nicht, wenn das Arbeitsverhältnis oder Dienstverhältnis vor dem Inkrafttreten des Gesetzes beendet worden ist.

§ 26a
Übergangsvorschrift zu § 1a Absatz 1a

§ 1a Absatz 1a gilt für individual- und kollektivrechtliche Entgeltumwandlungsvereinbarungen, die vor dem 1. Januar 2019 geschlossen worden sind, erst ab dem 1. Januar 2022.

§ 27

§ 2 Abs. 2 Satz 2 Nr. 2 und 3 und Abs. 3 Satz 2 Nr. 1 und 2 gelten in Fällen, in denen vor dem Inkrafttreten des Gesetzes die Direktversicherung abgeschlossen worden ist oder die Versicherung des Arbeitnehmers bei einer Pensionskasse begonnen hat, mit der Maßgabe, dass die in diesen Vorschriften genannten Voraussetzungen spätestens für die Zeit nach Ablauf eines Jahres seit dem Inkrafttreten des Gesetzes erfüllt sein müssen.

§ 28

§ 5 gilt für Fälle, in denen der Versorgungsfall vor dem Inkrafttreten des Gesetzes eingetreten ist, mit der Maßgabe, dass diese Vorschrift bei der Berechnung der nach dem Inkrafttreten des Gesetzes fällig werdenden Versorgungsleistungen anzuwenden ist.

§ 29

§ 6 gilt für die Fälle, in denen das Altersruhegeld der gesetzlichen Rentenversicherung bereits vor dem Inkrafttreten des Gesetzes in Anspruch genommen worden ist, mit der Maßgabe, dass die Leistungen der betrieblichen Altersversorgung vom Inkrafttreten des Gesetzes an zu gewähren sind.

§ 30

(1) [1]Ein Anspruch gegen den Träger der Insolvenzsicherung nach § 7 besteht nur, wenn der Sicherungsfall nach dem Inkrafttreten der §§ 7 bis 15 eingetreten ist; er kann erstmals nach dem Ablauf von sechs Monaten nach diesem Zeitpunkt geltend gemacht werden. [2]Die Beitragspflicht des Arbeitgebers beginnt mit dem Inkrafttreten der §§ 7 bis 15.

(2) [1]Wenn die betriebliche Altersversorgung über eine Pensionskasse nach § 7 Absatz 1 Satz 2 Nummer 3 durchgeführt wird, besteht ein Anspruch gegen den Träger der Insolvenzsicherung, wenn der Sicherungsfall nach dem 31. Dezember 2021 eingetreten ist. [2]Die Beitragspflicht des Arbeitgebers, der betriebliche Altersversorgung über eine Pensionskasse nach § 7 Absatz 1 Satz 2 Nummer 3 durchführt, beginnt im Jahr 2021; der Beitrag beträgt in diesem Jahr 3 Promille der Beitragsbemessungsgrundlage nach § 10 Absatz 3 Nummer 4. [3]Zusätzlich zum Beitrag nach § 10 Absatz 2 Satz 1 wird für die betriebliche Altersversorgung nach Satz 2 für die Jahre 2022 bis 2025 ein Beitrag in Höhe von 1,5 Promille der Beitragsbemessungsgrundlage nach § 10 Absatz 3 Nummer 4 erhoben; die Beiträge sind zum Ende des jeweiligen Kalenderjahres fällig.

(3) [1]Ist der Sicherungsfall nach Absatz 2 vor dem 1. Januar 2022 eingetreten, besteht ein Anspruch gegen den Träger der Insolvenzsicherung, wenn die Pensionskasse die nach der Versorgungszusage des Arbeitgebers vorgesehene Leistung um mehr als die Hälfte kürzt oder das Einkommen des ehemaligen Arbeitnehmers wegen einer Kürzung unter die von Eurostat für Deutschland ermittelte Armutsgefährdungsschwelle fällt. [2]Leistungen werden nur auf Antrag und nicht rückwirkend erbracht; sie können mit Nebenbestimmungen versehen werden. [3]Mit dem Antrag sind Unterlagen vorzulegen, die den Anspruch belegen. [4]Die Kosten, die dem Träger der Insolvenzsicherung insofern entstehen, werden vom Bund übernommen; Einzelheiten werden in einer Verwaltungsvereinbarung zwischen dem Träger der Insolvenzsicherung und dem Bundesministerium für Arbeit und Soziales im Einvernehmen mit dem Bundesministerium der Finanzen geregelt.

(4) Soweit die betriebliche Altersversorgung über einen Pensionsfonds durchgeführt wird, gelten für Sicherungsfälle, die vor dem 1. Januar 2022 eingetreten sind, die §§ 7, 8 und 9 in der am 31. Dezember 2019 geltenden Fassung; für die Beitragsjahre 2020 bis 2022 können Arbeitgeber die Beitragsbemessungsgrundlage nach § 10 Absatz 3 Nummer 4 in der am 31. Dezember 2019 geltenden Fassung ermitteln.

(5) [1]Das Bundesministerium für Arbeit und Soziales untersucht 2026, ob die Beitragsbemessung nach § 10 Absatz 3 Nummer 4 bei betrieblicher Altersversorgung, die von Pensionskassen durchgeführt wird, weiterhin sachgerecht ist, insbesondere, ob die Höhe des Beitrags dem vom Träger der Insolvenzsicherung zu tragenden Risiko entspricht. [2]Das Bundesministerium für Arbeit und Soziales kann Dritte mit dieser Untersuchung beauftragen.

§ 30a

– aufgehoben –

§ 30b

§ 4 Abs. 3 gilt nur für Zusagen, die nach dem 31. Dezember 2004 erteilt werden.

§ 30c

(1) § 16 Abs. 3 Nr. 1 gilt nur für laufende Leistungen, die auf Zusagen beruhen, die nach dem 31. Dezember 1998 erteilt werden.

(1a) § 16 Absatz 3 Nummer 2 gilt auch für Anpassungszeiträume, die vor dem 1. Januar 2016 liegen; in diesen Zeiträumen bereits erfolgte Anpassungen oder unterbliebene Anpassungen, gegen die der Versorgungsberechtigte vor dem 1. Januar 2016 Klage erhoben hat, bleiben unberührt.

(2) § 16 Abs. 4 gilt nicht für vor dem 1. Januar 1999 zu Recht unterbliebene Anpassungen.

(3) § 16 Abs. 5 gilt nur für laufende Leistungen, die auf Zusagen beruhen, die nach dem 31. Dezember 2000 erteilt werden.

(4) Für die Erfüllung der Anpassungsprüfungspflicht für Zeiträume vor dem 1. Januar 2003 gilt § 16 Abs. 2 Nr. 1 mit der Maßgabe, dass an die Stelle des Verbraucherpreisindexes für Deutschland der Preisindex für die Lebenshaltung von 4-Personen-Haushalten von Arbeitern und Angestellten mit mittlerem Einkommen tritt.

§ 30d
Übergangsregelung zu § 18

(1) [1]Ist der Versorgungsfall vor dem 1. Januar 2001 eingetreten oder ist der Arbeitnehmer vor dem 1. Januar 2001 aus dem Beschäftigungsverhältnis bei einem öffentlichen Arbeitgeber ausgeschieden und der Versorgungsfall nach dem 31. Dezember 2000 und vor dem 2. Januar 2002 eingetreten, sind für die Berechnung der Voll-Leistung die Regelungen der Zusatzversorgungseinrichtungen nach § 18 Abs. 1 Satz 1 Nr. 1 und 2 oder die Gesetze im Sinne des § 18 Abs. 1 Satz 1 Nr. 3 sowie die weiteren Berechnungsfaktoren jeweils in der am 31. Dezember 2000 und vor dem 2. Januar 2002 geltenden Fassung maßgebend; § 18 Abs. 2 Nr. 1 Buchstabe b bleibt unberührt. [2]Die Steuerklasse III/0 ist zugrunde zu legen. [3]Ist der Versorgungsfall vor dem 1. Januar 2001 eingetreten, besteht der Anspruch auf Zusatzrente mindestens in der Höhe, wie er sich aus § 18 in der Fassung vom 16. Dezember 1997 (BGBl. I S. 2998) ergibt.

(2) Die Anwendung des § 18 ist in den Fällen des Absatzes 1 ausgeschlossen, soweit eine Versorgungsrente der in § 18 Abs. 1 Satz 1 Nr. 1 und 2 bezeichneten Zusatzversorgungseinrichtungen oder eine entsprechende Leistung aufgrund der Regelungen des Ersten Ruhegeldgesetzes, des Zweiten Ruhegeldgesetzes oder des Bremischen Ruhelohngesetzes bezogen wird, oder eine Versicherungsrente abgefunden wurde.

(2a) Für Personen, deren Beschäftigungsverhältnis vor dem 1. Januar 2002 vor Eintritt des Versorgungsfalls geendet hat und deren Anwartschaft nach § 1b fortbesteht, haben die in § 18 Absatz 1 Satz 1 Nummer 1 und 2 bezeichneten Zusatzversorgungseinrichtungen bei Eintritt des Versorgungsfalls nach dem 1. Januar 2002 die Anwartschaft für Zeiten bis zum 1. Januar 2002 nach § 18 Absatz 2 unter Berücksichtigung des § 18 Absatz 5 zu ermitteln.

(3) [1]Für Arbeitnehmer im Sinne des § 18 Abs. 1 Satz 1 Nr. 4, 5 und 6 in der bis zum 31. Dezember 1998 geltenden Fassung, für die bis zum 31. Dezember 1998 ein Anspruch auf Nachversicherung nach § 18 Abs. 6 entstanden ist, gilt Absatz 1 Satz 1 für die aufgrund der Nachversicherung zu ermittelnde Voll-Leistung entsprechend mit der Maßgabe, dass sich der nach § 2 zu ermittelnde Anspruch gegen den ehemaligen Arbeitgeber richtet. [2]Für den nach § 2 zu ermittelnden Anspruch gilt § 18 Abs. 2 Nr. 1 Buchstabe b entsprechend; für die übrigen Bemessungsfaktoren ist auf die Rechtslage am 31. Dezember 2000 abzustellen. [3]Leistungen der gesetzlichen Rentenversicherung, die auf einer Nachversicherung wegen Ausscheidens aus einem Dienstordnungsverhältnis beruhen, und Leistungen, die die zuständige Versorgungseinrichtung aufgrund von Nachversicherungen im Sinne des § 18 Abs. 6 in der am 31. Dezember 1998 geltenden Fassung gewährt, werden auf den Anspruch nach § 2 angerechnet. [4]Hat das Arbeitsverhältnis im Sinne des § 18 Abs. 9 bereits am 31. Dezember 1998 bestanden, ist in die Vergleichsberechnung nach § 18 Abs. 9 auch die Zusatzrente nach § 18 in der bis zum 31. Dezember 1998 geltenden Fassung einzubeziehen.

§ 30e

(1) § 1 Abs. 2 Nr. 4 zweiter Halbsatz gilt für Zusagen, die nach dem 31. Dezember 2002 erteilt werden.

(2) [1]§ 1 Abs. 2 Nr. 4 zweiter Halbsatz findet auf Pensionskassen, deren Leistungen der betrieblichen Altersversorgung durch Beiträge der Arbeitnehmer und Arbeitgeber gemeinsam finanziert und die als beitragsorientierte Leistungszusage oder als Leistungszusage durchgeführt werden, mit der Maßgabe Anwendung, dass dem ausgeschiedenen Arbeitnehmer das Recht zur Fortführung mit eigenen Beiträgen nicht eingeräumt werden und eine Überschussverwendung gemäß § 1b Abs. 5 Nr. 1 nicht erfolgen muss. [2]Wird dem ausgeschiedenen Arbeitnehmer ein Recht zur Fortführung nicht eingeräumt, gilt für die Höhe der unverfallbaren Anwartschaft § 2 Absatz 5 entsprechend. [3]Für die Anpassung laufender Leistungen gelten die Regelungen nach § 16 Abs. 1 bis 4. [4]Die Regelung in Absatz 1 bleibt unberührt.

§ 30f

(1) [1]Wenn Leistungen der betrieblichen Altersversorgung vor dem 1. Januar 2001 zugesagt worden sind, ist § 1b Abs. 1 mit der Maßgabe anzuwenden, dass die Anwartschaft erhalten bleibt, wenn das Arbeitsverhältnis vor Eintritt des Versorgungsfalles, jedoch nach Vollendung des 35. Lebensjahres endet und die Versorgungszusage zu diesem Zeitpunkt

1. mindestens zehn Jahre oder
2. bei mindestens zwölfjähriger Betriebszugehörigkeit mindestens drei Jahre

bestanden hat; in diesen Fällen bleibt die Anwartschaft auch erhalten, wenn die Zusage ab dem 1. Januar 2001 fünf Jahre bestanden hat und bei Beendigung des Arbeitsverhältnisses das 30. Lebensjahr vollendet ist. [2]§ 1b Abs. 5 findet für Anwartschaften aus diesen Zusagen keine Anwendung.

(2) Wenn Leistungen der betrieblichen Altersversorgung vor dem 1. Januar 2009 und nach dem 31. Dezember 2000 zugesagt worden sind, ist § 1b Abs. 1 Satz 1 mit der Maßgabe anzuwenden, dass die Anwartschaft erhalten bleibt, wenn das Arbeitsverhältnis vor Eintritt des Versorgungsfalls, jedoch nach Vollendung des 30. Lebensjahres endet und die Versorgungszusage zu diesem Zeitpunkt fünf Jahre bestanden hat; in diesen Fällen bleibt die Anwartschaft auch erhalten, wenn die Zusage ab dem 1. Januar 2009 fünf Jahre bestanden hat und bei Beendigung des Arbeitsverhältnisses das 25. Lebensjahr vollendet ist.

(3) Wenn Leistungen der betrieblichen Altersversorgung vor dem 1. Januar 2018 und nach dem 31. Dezember 2008 zugesagt worden sind, ist § 1b Absatz 1 Satz 1 mit der Maßgabe

anzuwenden, dass die Anwartschaft erhalten bleibt, wenn das Arbeitsverhältnis vor Eintritt des Versorgungsfalls, jedoch nach Vollendung des 25. Lebensjahres endet und die Versorgungszusage zu diesem Zeitpunkt fünf Jahre bestanden hat; in diesen Fällen bleibt die Anwartschaft auch erhalten, wenn die Zusage ab dem 1. Januar 2018 drei Jahre bestanden hat und bei Beendigung des Arbeitsverhältnisses das 21. Lebensjahr vollendet ist.

§ 30g

(1) [1]§ 2a Absatz 2 gilt nicht für Beschäftigungszeiten vor dem 1. Januar 2018. [2]Für Beschäftigungszeiten nach dem 31. Dezember 2017 gilt § 2a Absatz 2 nicht, wenn das Versorgungssystem vor dem 20. Mai 2014 für neue Arbeitnehmer geschlossen war.

(2) [1]§ 2 Absatz 5 gilt nur für Anwartschaften, die auf Zusagen beruhen, die nach dem 31. Dezember 2000 erteilt worden sind. [2]Im Einvernehmen zwischen Arbeitgeber und Arbeitnehmer kann § 2 Absatz 5 auch auf Anwartschaften angewendet werden, die auf Zusagen beruhen, die vor dem 1. Januar 2001 erteilt worden sind.

(3) § 3 findet keine Anwendung auf laufende Leistungen, die vor dem 1. Januar 2005 erstmals gezahlt worden sind.

§ 30h

§ 20 Absatz 1 gilt für Entgeltumwandlungen, die auf Zusagen beruhen, die nach dem 29. Juni 2001 erteilt werden.

§ 30i

(1) [1]Der Barwert der bis zum 31. Dezember 2005 aufgrund eingetretener Insolvenzen zu sichernden Anwartschaften wird einmalig auf die beitragspflichtigen Arbeitgeber entsprechend § 10 Abs. 3 umgelegt und vom Träger der Insolvenzsicherung nach Maßgabe der Beträge zum Schluss des Wirtschaftsjahres, das im Jahr 2004 geendet hat, erhoben. [2]Der Rechnungszinsfuß bei der Berechnung des Barwerts beträgt 3,67 vom Hundert.

(2) [1]Der Betrag ist in 15 gleichen Raten fällig. [2]Die erste Rate wird am 31. März 2007 fällig, die weiteren zum 31. März der folgenden Kalenderjahre. [3]Bei vorfälliger Zahlung erfolgt eine Diskontierung der einzelnen Jahresraten mit dem zum Zeitpunkt der Zahlung um ein Drittel erhöhten Rechnungszinsfuß nach der nach § 235 Nummer 4 des Versicherungsaufsichtsgesetzes erlassenen Rechtsverordnung, wobei nur volle Monate berücksichtigt werden.

(3) Der abgezinste Gesamtbetrag ist gemäß Absatz 2 am 31. März 2007 fällig, wenn die sich ergebende Jahresrate nicht höher als 50 Euro ist.

(4) Insolvenzbedingte Zahlungsausfälle von ausstehenden Raten werden im Jahr der Insolvenz in die erforderlichen jährlichen Beiträge gemäß § 10 Abs. 2 eingerechnet.

§ 30j
Übergangsregelung zu § 20 Absatz 2

§ 20 Absatz 2 gilt nicht für Optionssysteme, die auf der Grundlage von Betriebs- oder Dienstvereinbarungen vor dem 1. Juni 2017 eingeführt worden sind.

§ 31

Auf Sicherungsfälle, die vor dem 1. Januar 1999 eingetreten sind, ist dieses Gesetz in der bis zu diesem Zeitpunkt geltenden Fassung anzuwenden.

§ 32

[1]Dieses Gesetz tritt vorbehaltlich des Satzes 2 am Tag nach seiner Verkündung[1]) in Kraft. [2]Die §§ 7 bis 15 treten am 1. Januar 1975 in Kraft.

Betriebsverfassungsgesetz

i.d.F. der Bek. vom 25.9.2001 (BGBl. I S. 2518),
zuletzt geändert durch G vom 19.7.2024 (BGBl. I Nr. 248)

– Auszug –

§ 77
Durchführung gemeinsamer Beschlüsse, Betriebsvereinbarungen

(1) [1]Vereinbarungen zwischen Betriebsrat und Arbeitgeber, auch soweit sie auf einem Spruch der Einigungsstelle beruhen, führt der Arbeitgeber durch, es sei denn, dass im Einzelfall etwas anderes vereinbart ist. [2]Der Betriebsrat darf nicht durch einseitige Handlungen in die Leitung des Betriebs eingreifen.

(2) [1]Betriebsvereinbarungen sind von Betriebsrat und Arbeitgeber gemeinsam zu beschließen und schriftlich niederzulegen. [2]Sie sind von beiden Seiten zu unterzeichnen; dies gilt nicht, soweit Betriebsvereinbarungen auf einem Spruch der Einigungsstelle beruhen. [3]Werden Betriebsvereinbarungen in elektronischer Form geschlossen, haben Arbeitgeber und Betriebsrat abweichend von § 126a Absatz 2 des Bürgerlichen Gesetzbuchs dasselbe Dokument elektronisch zu signieren. [4]Der Arbeitgeber hat die Betriebsvereinbarungen an geeigneter Stelle im Betrieb auszulegen.

(3) [1]Arbeitsentgelte und sonstige Arbeitsbedingungen, die durch Tarifvertrag geregelt sind oder üblicherweise geregelt werden, können nicht Gegenstand einer Betriebsvereinbarung sein. [2]Dies gilt nicht, wenn ein Tarifvertrag den Abschluss ergänzender Betriebsvereinbarungen ausdrücklich zulässt.

(4) [1]Betriebsvereinbarungen gelten unmittelbar und zwingend. [2]Werden Arbeitnehmern durch die Betriebsvereinbarung Rechte eingeräumt, so ist ein Verzicht auf sie nur mit Zustimmung des Betriebsrats zulässig. [3]Die Verwirkung dieser Rechte ist ausgeschlossen. [4]Ausschlussfristen für ihre Geltendmachung sind nur insoweit zulässig, als sie in einem Tarifvertrag oder einer Betriebsvereinbarung vereinbart werden; dasselbe gilt für die Abkürzung der Verjährungsfristen.

(5) Betriebsvereinbarungen können, soweit nichts anderes vereinbart ist, mit einer Frist von drei Monaten gekündigt werden.

(6) Nach Ablauf einer Betriebsvereinbarung gelten ihre Regelungen in Angelegenheiten, in denen ein Spruch der Einigungsstelle die Einigung zwischen Arbeitgeber und Betriebsrat ersetzen kann, weiter, bis sie durch eine andere Abmachung ersetzt werden.

§ 87
Mitbestimmungsrechte

(1) Der Betriebsrat hat, soweit eine gesetzliche oder tarifliche Regelung nicht besteht, in folgenden Angelegenheiten mitzubestimmen:

1. Fragen der Ordnung des Betriebs und des Verhaltens der Arbeitnehmer im Betrieb;
2. Beginn und Ende der täglichen Arbeitszeit einschließlich der Pausen sowie Verteilung der Arbeitszeit auf die einzelnen Wochentage;

1) **Anm. d. Verlages:** Verkündet am 21.12.1974.

3. vorübergehende Verkürzung oder Verlängerung der betriebsüblichen Arbeitszeit;
4. Zeit, Ort und Art der Auszahlung der Arbeitsentgelte;
5. Aufstellung allgemeiner Urlaubsgrundsätze und des Urlaubsplans sowie die Festsetzung der zeitlichen Lage des Urlaubs für einzelne Arbeitnehmer, wenn zwischen dem Arbeitgeber und den beteiligten Arbeitnehmern kein Einverständnis erzielt wird;
6. Einführung und Anwendung von technischen Einrichtungen, die dazu bestimmt sind, das Verhalten oder die Leistung der Arbeitnehmer zu überwachen;
7. Regelungen über die Verhütung von Arbeitsunfällen und Berufskrankheiten sowie über den Gesundheitsschutz im Rahmen der gesetzlichen Vorschriften oder der Unfallverhütungsvorschriften;
8. Form, Ausgestaltung und Verwaltung von Sozialeinrichtungen, deren Wirkungsbereich auf den Betrieb, das Unternehmen oder den Konzern beschränkt ist;
9. Zuweisung und Kündigung von Wohnräumen, die den Arbeitnehmern mit Rücksicht auf das Bestehen eines Arbeitsverhältnisses vermietet werden, sowie die allgemeine Festlegung der Nutzungsbedingungen;
10. Fragen der betrieblichen Lohngestaltung, insbesondere die Aufstellung von Entlohnungsgrundsätzen und die Einführung und Anwendung von neuen Entlohnungsmethoden sowie deren Änderung;
11. Festsetzung der Akkord- und Prämiensätze und vergleichbarer leistungsbezogener Entgelte, einschließlich der Geldfaktoren;
12. Grundsätze über das betriebliche Vorschlagswesen;
13. Grundsätze über die Durchführung von Gruppenarbeit; Gruppenarbeit im Sinne dieser Vorschrift liegt vor, wenn im Rahmen des betrieblichen Arbeitsablaufs eine Gruppe von Arbeitnehmern eine ihr übertragene Gesamtaufgabe im Wesentlichen eigenverantwortlich erledigt;
14. Ausgestaltung von mobiler Arbeit, die mittels Informations- und Kommunikationstechnik erbracht wird.

(2) [1]Kommt eine Einigung über eine Angelegenheit nach Absatz 1 nicht zustande, so entscheidet die Einigungsstelle. [2]Der Spruch der Einigungsstelle ersetzt die Einigung zwischen Arbeitgeber und Betriebsrat.

Bürgerliches Gesetzbuch (BGB)[1)]

i.d.F. der Bek. vom 2.1.2002 (BGBl. I S. 42, ber. S. 2909, ber. 2003 S. 738),
zuletzt geändert durch Art. 1 G vom 17.7.2025 (BGBl. I Nr. 163)

– Auszug –

§ 133
Auslegung einer Willenserklärung

Bei der Auslegung einer Willenserklärung ist der wirkliche Wille zu erforschen und nicht an dem buchstäblichen Sinne des Ausdrucks zu haften.

§ 151
Annahme ohne Erklärung gegenüber dem Antragenden

[1]Der Vertrag kommt durch die Annahme des Antrags zustande, ohne dass die Annahme dem Antragenden gegenüber erklärt zu werden braucht, wenn eine solche Erklärung nach der Verkehrssitte nicht zu erwarten ist oder der Antragende auf sie verzichtet hat. [2]Der Zeitpunkt, in welchem der Antrag erlischt, bestimmt sich nach dem aus dem Antrag oder den Umständen zu entnehmenden Willen des Antragenden.

§ 157
Auslegung von Verträgen

Verträge sind so auszulegen, wie Treu und Glauben mit Rücksicht auf die Verkehrssitte es erfordern.

§ 613a
Rechte und Pflichten bei Betriebsübergang

(1) [1]Geht ein Betrieb oder Betriebsteil durch Rechtsgeschäft auf einen anderen Inhaber über, so tritt dieser in die Rechte und Pflichten aus den im Zeitpunkt des Übergangs bestehenden Arbeitsverhältnissen ein. [2]Sind diese Rechte und Pflichten

1) **Anm. d. Verlages:** Amtlicher Hinweis:
Dieses Gesetz dient der Umsetzung folgender Richtlinien:

1. Richtlinie 76/207/EWG des Rates vom 9. Februar 1976 zur Verwirklichung des Grundsatzes der Gleichbehandlung von Männern und Frauen hinsichtlich des Zugangs zur Beschäftigung, zur Berufsbildung und zum beruflichen Aufstieg sowie in Bezug auf die Arbeitsbedingungen (ABl. EG Nr. L 39 S. 40),
2. Richtlinie 77/187/EWG des Rates vom 14. Februar 1977 zur Angleichung der Rechtsvorschriften der Mitgliedstaaten über die Wahrung von Ansprüchen der Arbeitnehmer beim Übergang von Unternehmen, Betrieben oder Betriebsteilen (ABl. EG Nr. L 61 S. 26),
3. Richtlinie 85/577/EWG des Rates vom 20. Dezember 1985 betreffend den Verbraucherschutz im Falle von außerhalb von Geschäftsräumen geschlossenen Verträgen (ABl. EG Nr. L 372 S. 31),
4. Richtlinie 87/102/EWG des Rates zur Angleichung der Rechts- und Verwaltungsvorschriften der Mitgliedstaaten über den Verbraucherkredit (ABl. EG Nr. L 42 S. 48), zuletzt geändert durch die Richtlinie 98/7/EG des Europäischen Parlaments und des Rates vom 16. Februar 1998 zur Änderung der Richtlinie 87/102/EWG zur Angleichung der Rechts- und Verwaltungsvorschriften der Mitgliedstaaten über den Verbraucherkredit (ABl. EG Nr. L 101 S. 17),
5. Richtlinie 90/314/EWG des Europäischen Parlaments und des Rates vom 13. Juni 1990 über Pauschalreisen (ABl. EG Nr. L 158 S. 59),
6. Richtlinie 93/13/EWG des Rates vom 5. April 1993 über missbräuchliche Klauseln in Verbraucherverträgen (ABl. EG Nr. L 95 S. 29),
7. Richtlinie 94/47/EG des Europäischen Parlaments und des Rates vom 26. Oktober 1994 zum Schutz der Erwerber im Hinblick auf bestimmte Aspekte von Verträgen über den Erwerb von Teilzeitnutzungsrechten an Immobilien (ABl. EG Nr. L 280 S. 82),
8. der Richtlinie 97/5/EG des Europäischen Parlaments und des Rates vom 27. Januar 1997 über grenzüberschreitende Überweisungen (ABl. EG Nr. L 43 S. 25),
9. Richtlinie 97/7/EG des Europäischen Parlaments und des Rates vom 20. Mai 1997 über den Verbraucherschutz bei Vertragsabschlüssen im Fernabsatz (ABl. EG Nr. L 144 S. 19),
10. Artikel 3 bis 5 der Richtlinie 98/26/EG des Europäischen Parlaments und des Rates über die Wirksamkeit von Abrechnungen in Zahlungs- und Wertpapierliefer- und -abrechnungssystemen vom 19. Mai 1998 (ABl. EG Nr. L 166 S. 45),
11. Richtlinie 1999/44/EG des Europäischen Parlaments und des Rates vom 25. Mai 1999 zu bestimmten Aspekten des Verbrauchsgüterkaufs und der Garantien für Verbrauchsgüter (ABl. EG Nr. L 171 S. 12),
12. Artikel 10, 11 und 18 der Richtlinie 2000/31/EG des Europäischen Parlaments und des Rates vom 8. Juni 2000 über bestimmte rechtliche Aspekte der Dienste der Informationsgesellschaft, insbesondere des elektronischen Geschäftsverkehrs, im Binnenmarkt („Richtlinie über den elektronischen Geschäftsverkehr“, ABl. EG Nr. L 178 S. 1),
13. Richtlinie 2000/35/EG des Europäischen Parlaments und des Rates vom 29. Juni 2000 zur Bekämpfung von Zahlungsverzug im Geschäftsverkehr (ABl. EG Nr. L 200 S. 35).

durch Rechtsnormen eines Tarifvertrags oder durch eine Betriebsvereinbarung geregelt, so werden sie Inhalt des Arbeitsverhältnisses zwischen dem neuen Inhaber und dem Arbeitnehmer und dürfen nicht vor Ablauf eines Jahres nach dem Zeitpunkt des Übergangs zum Nachteil des Arbeitnehmers geändert werden. 3Satz 2 gilt nicht, wenn die Rechte und Pflichten bei dem neuen Inhaber durch Rechtsnormen eines anderen Tarifvertrags oder durch eine andere Betriebsvereinbarung geregelt werden. 4Vor Ablauf der Frist nach Satz 2 können die Rechte und Pflichten geändert werden, wenn der Tarifvertrag oder die Betriebsvereinbarung nicht mehr gilt oder bei fehlender beiderseitiger Tarifgebundenheit im Geltungsbereich eines anderen Tarifvertrags dessen Anwendung zwischen dem neuen Inhaber und dem Arbeitnehmer vereinbart wird.

(2) 1Der bisherige Arbeitgeber haftet neben dem neuen Inhaber für Verpflichtungen nach Absatz 1, soweit sie vor dem Zeitpunkt des Übergangs entstanden sind und vor Ablauf von einem Jahr nach diesem Zeitpunkt fällig werden, als Gesamtschuldner. 2Werden solche Verpflichtungen nach dem Zeitpunkt des Übergangs fällig, so haftet der bisherige Arbeitgeber für sie jedoch nur in dem Umfang, der dem im Zeitpunkt des Übergangs abgelaufenen Teil ihres Bemessungszeitraums entspricht.

(3) Absatz 2 gilt nicht, wenn eine juristische Person oder eine Personenhandelsgesellschaft durch Umwandlung erlischt.

(4) 1Die Kündigung des Arbeitsverhältnisses eines Arbeitnehmers durch den bisherigen Arbeitgeber oder durch den neuen Inhaber wegen des Übergangs eines Betriebs oder eines Betriebsteils ist unwirksam. 2Das Recht zur Kündigung des Arbeitsverhältnisses aus anderen Gründen bleibt unberührt.

(5) Der bisherige Arbeitgeber oder der neue Inhaber hat die von einem Übergang betroffenen Arbeitnehmer vor dem Übergang in Textform zu unterrichten über:

1. den Zeitpunkt oder den geplanten Zeitpunkt des Übergangs,
2. den Grund für den Übergang,
3. die rechtlichen, wirtschaftlichen und sozialen Folgen des Übergangs für die Arbeitnehmer und
4. die hinsichtlich der Arbeitnehmer in Aussicht genommenen Maßnahmen.

(6) 1Der Arbeitnehmer kann dem Übergang des Arbeitsverhältnisses innerhalb eines Monats nach Zugang der Unterrichtung nach Absatz 5 schriftlich widersprechen. 2Der Widerspruch kann gegenüber dem bisherigen Arbeitgeber oder dem neuen Inhaber erklärt werden.

Einkommensteuer-Durchführungsverordnung 2000 (EStDV 2000)

i.d.F. der Bek. vom 10.5.2000 (BGBl. I S. 717),
zuletzt geändert durch Art. 7 G vom 2.12.2024 (BGBl. I Nr. 387)

– Auszug –

§ 55
Ermittlung des Ertrags aus Leibrenten in besonderen Fällen

(1) Der Ertrag des Rentenrechts ist in den folgenden Fällen aufgrund der in § 22 Nr. 1 Satz 3 Buchstabe a Doppelbuchstabe bb des Gesetzes aufgeführten Tabelle zu ermitteln:

1. bei Leibrenten, die vor dem 1. Januar 1955 zu laufen begonnen haben. 2Dabei ist das vor dem 1. Januar 1955 vollendete Lebensjahr des Rentenberechtigten maßgebend;
2. bei Leibrenten, deren Dauer von der Lebenszeit einer anderen Person als des Rentenberechtigten abhängt. 2Dabei ist das bei Beginn der Rente, im Fall der Nummer 1 das vor dem 1. Januar 1955 vollendete Lebensjahr dieser Person maßgebend;
3. bei Leibrenten, deren Dauer von der Lebenszeit mehrerer Personen abhängt. 2Dabei ist das bei Beginn der Rente, im Fall der Nummer 1 das vor dem 1. Januar 1955 vollendete Lebensjahr der ältesten Person maßgebend, wenn das Rentenrecht mit dem Tod des zuerst Sterbenden erlischt, und das Lebensjahr der jüngsten Person, wenn das Rentenrecht mit dem Tod des zuletzt Sterbenden erlischt.

(2) 1Der Ertrag der Leibrenten, die auf eine bestimmte Zeit beschränkt sind (abgekürzte Leibrenten), ist nach der Lebenserwartung unter Berücksichtigung der zeitlichen Begrenzung zu ermitteln. 2Der Ertragsanteil ist aus der nachstehenden Tabelle zu entnehmen. 3Absatz 1 ist entsprechend anzuwenden.

Beschränkung der Laufzeit der Rente auf . . . Jahre ab Beginn des Rentenbezugs (ab 1. Januar 1955, falls die Rente vor diesem Zeitpunkt zu laufen begonnen hat)	Der Ertragsanteil beträgt vorbehaltlich der Spalte 3 . . . Prozent	Der Ertragsanteil ist der Tabelle in § 22 Nr. 1 Satz 3 Buchstabe a Doppelbuchstabe bb des Gesetzes zu entnehmen, wenn der Rentenberechtigte zu Beginn des Rentenbezugs (vor dem 1. Januar 1955, falls die Rente vor diesem Zeitpunkt zu laufen begonnen hat) das . . . te Lebensjahr vollendet hatte
1	2	3
1	0	entfällt
2	1	entfällt
3	2	97
4	4	92
5	5	88
6	7	83
7	8	81
8	9	80
9	10	78
10	12	75
11	13	74
12	14	72
13	15	71
14–15	16	69
16–17	18	67
18	19	65
19	20	64
20	21	63
21	22	62
22	23	60
23	24	59
24	25	58
25	26	57
26	27	55
27	28	54
28	29	53
29–30	30	51

Beschränkung der Laufzeit der Rente auf . . . Jahre ab Beginn des Rentenbezugs (ab 1. Januar 1955, falls die Rente vor diesem Zeitpunkt zu laufen begonnen hat)	Der Ertragsanteil beträgt vorbehaltlich der Spalte 3 . . . Prozent	Der Ertragsanteil ist der Tabelle in § 22 Nr. 1 Satz 3 Buchstabe a Doppelbuchstabe bb des Gesetzes zu entnehmen, wenn der Rentenberechtigte zu Beginn des Rentenbezugs (vor dem 1. Januar 1955, falls die Rente vor diesem Zeitpunkt zu laufen begonnen hat) das . . . te Lebensjahr vollendet hatte
1	2	3
31	31	50
32	32	49
33	33	48
34	34	46
35–36	35	45
37	36	43
38	37	42
39	38	41
40–41	39	39
42	40	38
43–44	41	36
45	42	35
46–47	43	33
48	44	32
49–50	45	30
51–52	46	28
53	47	27
54–55	48	25
56–57	49	23
58–59	50	21
60–61	51	19
62–63	52	17
64–65	53	15
66–67	54	13
68–69	55	11
70–71	56	9
72–74	57	6
75–76	58	4
77–79	59	2
ab 80	Der Ertragsanteil ist immer der Tabelle in § 22 Nr. 1 Satz 3 Buchstabe a Doppelbuchstabe bb des Gesetzes zu entnehmen.	

Einkommensteuergesetz (EStG)

i.d.F. der Bek. vom 8.10.2009 (BGBl. I S. 3366, ber. S. 3862), zuletzt geändert durch Art. 1 G vom 14.7.2025 (BGBl. I Nr. 161)

– Auszug –

§ 1

Steuerpflicht

(1) [1]Natürliche Personen, die im Inland einen Wohnsitz oder ihren gewöhnlichen Aufenthalt haben, sind unbeschränkt einkommensteuerpflichtig. [2]Zum Inland im Sinne dieses Gesetzes gehört auch der der Bundesrepublik Deutschland zustehende Anteil

1. an der ausschließlichen Wirtschaftszone, soweit dort
   a) die lebenden und nicht lebenden natürlichen Ressourcen der Gewässer über dem Meeresboden, des Meeresbodens und seines Untergrunds erforscht, ausgebeutet, erhalten oder bewirtschaftet werden,
   b) andere Tätigkeiten zur wirtschaftlichen Erforschung oder Ausbeutung der ausschließlichen Wirtschaftszone ausgeübt werden, wie beispielsweise die Energieerzeugung aus Wasser, Strömung und Wind oder
   c) künstliche Inseln errichtet oder genutzt werden und Anlagen und Bauwerke für die in den Buchstaben a und b genannten Zwecke errichtet oder genutzt werden, und
2. am Festlandsockel, soweit dort
   a) dessen natürliche Ressourcen erforscht oder ausgebeutet werden; natürliche Ressourcen in diesem Sinne sind die mineralischen und sonstigen nicht lebenden Ressourcen des Meeresbodens und seines Untergrunds sowie die zu den sesshaften Arten gehörenden Lebewesen, die im nutzbaren Stadium entweder unbeweglich auf oder unter dem Meeresboden verbleiben oder sich nur in ständigem körperlichen Kontakt mit dem Meeresboden oder seinem Untergrund fortbewegen können; oder
   b) künstliche Inseln errichtet oder genutzt werden und Anlagen und Bauwerke für die in Buchstabe a genannten Zwecke errichtet oder genutzt werden.

(2) [1]Unbeschränkt einkommensteuerpflichtig sind auch deutsche Staatsangehörige, die

1. im Inland weder einen Wohnsitz noch ihren gewöhnlichen Aufenthalt haben und
2. zu einer inländischen juristischen Person des öffentlichen Rechts in einem Dienstverhältnis stehen und dafür Arbeitslohn aus einer inländischen öffentlichen Kasse beziehen,

sowie zu ihrem Haushalt gehörende Angehörige, die die deutsche Staatsangehörigkeit besitzen oder keine Einkünfte oder nur Einkünfte beziehen, die ausschließlich im Inland einkommensteuerpflichtig sind. [2]Dies gilt nur für natürliche Personen, die in dem Staat, in dem sie ihren Wohnsitz oder ihren gewöhnlichen Aufenthalt haben, lediglich in einem der beschränkten Einkommensteuerpflicht ähnlichen Umfang zu einer Steuer vom Einkommen herangezogen werden.

(3) [1]Auf Antrag werden auch natürliche Personen als unbeschränkt einkommensteuerpflichtig behandelt, die im Inland weder einen Wohnsitz noch ihren gewöhnlichen Aufenthalt haben, soweit sie inländische Einkünfte im Sinne des § 49 haben. [2]Dies gilt nur, wenn ihre Einkünfte im Kalenderjahr mindestens zu 90 Prozent der deutschen Einkommensteuer unterliegen oder die nicht der deutschen Einkommensteuer unterliegenden Einkünfte den Grundfreibetrag nach § 32a Absatz 1 Satz 2 Nummer 1 nicht übersteigen; dieser Betrag ist zu kürzen, soweit es nach den Verhältnissen im Wohnsitzstaat des Steuerpflichtigen notwendig und angemessen ist. [3]Inländische Einkünfte, die nach einem Abkommen zur Vermeidung der Doppelbesteuerung nur der Höhe nach beschränkt besteuert werden dürfen, gelten hierbei als nicht der deutschen Einkommensteuer unterliegend. [4]Unberücksichtigt bleiben bei der Ermittlung der Einkünfte nach Satz 2 nicht der deutschen Einkommensteuer unterliegende Einkünfte, die im Ausland nicht

besteuert werden, soweit vergleichbare Einkünfte im Inland steuerfrei sind. [5]Weitere Voraussetzung ist, dass die Höhe der nicht der deutschen Einkommensteuer unterliegenden Einkünfte durch eine Bescheinigung der zuständigen ausländischen Steuerbehörde nachgewiesen wird. [6]Der Steuerabzug nach § 50a ist ungeachtet der Sätze 1 bis 4 vorzunehmen.

(4) Natürliche Personen, die im Inland weder einen Wohnsitz noch ihren gewöhnlichen Aufenthalt haben, sind vorbehaltlich der Absätze 2 und 3 und des § 1a beschränkt einkommensteuerpflichtig, wenn sie inländische Einkünfte im Sinne des § 49 haben.

§ 3

[1]Steuerfrei sind

1. ...

62. Ausgaben des Arbeitgebers für die Zukunftssicherung des Arbeitnehmers, soweit der Arbeitgeber dazu nach sozialversicherungsrechtlichen oder anderen gesetzlichen Vorschriften oder nach einer auf gesetzlicher Ermächtigung beruhenden Bestimmung verpflichtet ist, und es sich nicht um Zuwendungen oder Beiträge des Arbeitgebers nach den Nummern 56, 63 und 63a handelt. [2]Den Ausgaben des Arbeitgebers für die Zukunftssicherung, die aufgrund gesetzlicher Verpflichtung geleistet werden, werden gleichgestellt Zuschüsse des Arbeitgebers zu den Aufwendungen des Arbeitnehmers
    a) für eine Lebensversicherung,
    b) für die freiwillige Versicherung in der gesetzlichen Rentenversicherung,
    c) für eine öffentlich-rechtliche Versicherungs- oder Versorgungseinrichtung seiner Berufsgruppe,

    wenn der Arbeitnehmer von der Versicherungspflicht in der gesetzlichen Rentenversicherung befreit worden ist. [3]Die Zuschüsse sind nur insoweit steuerfrei, als sie insgesamt bei Befreiung von der Versicherungspflicht in der allgemeinen Rentenversicherung die Hälfte und bei Befreiung von der Versicherungspflicht in der knappschaftlichen Rentenversicherung zwei Drittel der Gesamtaufwendungen des Arbeitnehmers nicht übersteigen und nicht höher sind als der Betrag, der als Arbeitgeberanteil bei Versicherungspflicht in der allgemeinen Rentenversicherung oder in der knappschaftlichen Rentenversicherung zu zahlen wäre;
63. Beiträge des Arbeitgebers aus dem ersten Dienstverhältnis an einen Pensionsfonds, eine Pensionskasse oder für eine Direktversicherung zum Aufbau einer kapitalgedeckten betrieblichen Altersversorgung, bei der eine Auszahlung der zugesagten Alters-, Invaliditäts- oder Hinterbliebenenversorgungsleistungen entsprechend § 82 Absatz 2 Satz 2 vorgesehen ist, soweit die Beiträge im Kalenderjahr 8 Prozent der Beitragsbemessungsgrenze in der allgemeinen Rentenversicherung nicht übersteigen. [2]Dies gilt nicht, soweit der Arbeitnehmer nach § 1a Absatz 3 des Betriebsrentengesetzes verlangt hat, dass die Voraussetzungen für eine Förderung nach § 10a oder Abschnitt XI erfüllt werden. [3]Aus Anlass der Beendigung des Dienstverhältnisses geleistete Beiträge im Sinne des Satzes 1 sind steuerfrei, soweit sie 4 Prozent der Beitragsbemessungsgrenze in der allgemeinen Rentenversicherung, vervielfältigt mit der Anzahl der Kalenderjahre, in denen das Dienstverhältnis des Arbeitnehmers zu dem Arbeitgeber bestanden hat, höchstens jedoch zehn Kalenderjahre, nicht übersteigen. [4]Beiträge im Sinne des Satzes 1, die für Kalenderjahre nachgezahlt werden, in denen das erste Dienstverhältnis ruhte und vom Arbeitgeber im Inland kein steuerpflichtiger Arbeitslohn bezogen wurde, sind steuerfrei, soweit sie 8 Prozent der Beitragsbemessungsgrenze in der allgemeinen Rentenversicherung, vervielfältigt mit der Anzahl dieser Kalenderjahre, höchstens jedoch zehn Kalenderjahre, nicht übersteigen;

§ 4b
Direktversicherung

[1]Der Versicherungsanspruch aus einer Direktversicherung, die von einem Steuerpflichtigen aus betrieblichem Anlass abgeschlossen wird, ist dem Betriebsvermögen des Steuerpflichtigen nicht zuzurechnen, soweit am Schluss des Wirtschaftsjahres hinsichtlich der Leistungen des Versicherers die Person, auf deren Leben die Lebensversicherung abgeschlossen ist, oder ihre Hinterbliebenen bezugsberechtigt sind. [2]Das gilt auch, wenn der Steuerpflichtige die Ansprüche aus dem Versicherungsvertrag abgetreten oder beliehen hat, sofern er sich der bezugsberechtigten Person gegenüber schriftlich verpflichtet, sie bei Eintritt des Versicherungsfalls so zu stellen, als ob die Abtretung oder Beleihung nicht erfolgt wäre.

§ 4c
Zuwendungen an Pensionskassen

(1) [1]Zuwendungen an eine Pensionskasse dürfen von dem Unternehmen, das die Zuwendungen leistet (Trägerunternehmen), als Betriebsausgaben abgezogen werden, soweit sie auf einer in der Satzung oder im Geschäftsplan der Kasse festgelegten Verpflichtung oder auf einer Anordnung der Versicherungsaufsichtsbehörde beruhen oder der Abdeckung von Fehlbeträgen bei der Kasse dienen. [2]Soweit die allgemeinen Versicherungsbedingungen und die fachlichen Geschäftsunterlagen im Sinne des § 219 Absatz 3 Nummer 1 Buchstabe b Versicherungsaufsichtsgesetzes nicht zum Geschäftsplan gehören, gelten diese als Teil des Geschäftsplans.

(2) Zuwendungen im Sinne des Absatzes 1 dürfen als Betriebsausgaben nicht abgezogen werden, soweit die Leistungen der Kasse, wenn sie vom Trägerunternehmen unmittelbar erbracht würden, bei diesem nicht betrieblich veranlasst wären.

§ 4d
Zuwendungen an Unterstützungskassen

(1) [1]Zuwendungen an eine Unterstützungskasse dürfen von dem Unternehmen, das die Zuwendungen leistet (Trägerunternehmen), als Betriebsausgaben abgezogen werden, soweit die Leistungen der Kasse, wenn sie vom Trägerunternehmen unmittelbar erbracht würden, bei diesem betrieblich veranlasst wären und sie die folgenden Beträge nicht übersteigen:

1. bei Unterstützungskassen, die lebenslänglich laufende Leistungen gewähren:
    a) das Deckungskapital für die laufenden Leistungen nach der dem Gesetz als Anlage 1 beigefügten Tabelle. [2]Leistungsempfänger ist jeder ehemalige Arbeitnehmer des Trägerunternehmens, der von der Unterstützungskasse Leistungen erhält; soweit die Kasse Hinterbliebenenversorgung gewährt, ist Leistungsempfänger der Hinterbliebene eines ehemaligen Arbeitnehmers des Trägerunternehmens, der von der Kasse Leistungen erhält. [3]Dem ehemaligen Arbeitnehmer stehen andere Personen gleich, denen Leistungen der Alters-, Invaliditäts- oder Hinterbliebenenversorgung aus Anlass ihrer ehemaligen Tätigkeit für das Trägerunternehmen zugesagt worden sind;

b) in jedem Wirtschaftsjahr für jeden Leistungsanwärter,

aa) wenn die Kasse nur Invaliditätsversorgung oder nur Hinterbliebenenversorgung gewährt, jeweils 6 Prozent,

bb) wenn die Kasse Altersversorgung mit oder ohne Einschluss von Invaliditätsversorgung oder Hinterbliebenenversorgung gewährt, 25 Prozent

der jährlichen Versorgungsleistungen, die der Leistungsanwärter oder, wenn nur Hinterbliebenenversorgung gewährt wird, dessen Hinterbliebene nach den Verhältnissen am Schluss des Wirtschaftsjahres der Zuwendung im letzten Zeitpunkt der Anwartschaft, spätestens zum Zeitpunkt des Erreichens der Regelaltersgrenze der gesetzlichen Rentenversicherung erhalten können. [2]Leistungsanwärter ist jeder Arbeitnehmer oder ehemalige Arbeitnehmer des Trägerunternehmens, der von der Unterstützungskasse schriftlich zugesagte Leistungen erhalten kann und am Schluss des Wirtschaftsjahres, in dem die Zuwendung erfolgt,

aa) bei erstmals nach dem 31. Dezember 2017 zugesagten Leistungen das 23. Lebensjahr vollendet hat,

bb) bei erstmals nach dem 31. Dezember 2008 und vor dem 1. Januar 2018 zugesagten Leistungen das 27. Lebensjahr vollendet hat oder

cc) bei erstmals vor dem 1. Januar 2009 zugesagten Leistungen das 28. Lebensjahr vollendet hat;

soweit die Kasse nur Hinterbliebenenversorgung gewährt, gilt als Leistungsanwärter jeder Arbeitnehmer oder ehemalige Arbeitnehmer des Trägerunternehmens, der am Schluss des Wirtschaftsjahres, in dem die Zuwendung erfolgt, das nach dem ersten Halbsatz maßgebende Lebensjahr vollendet hat und dessen Hinterbliebene die Hinterbliebenenversorgung erhalten können. [3]Das Trägerunternehmen kann bei der Berechnung nach Satz 1 statt des dort maßgebenden Betrages den Durchschnittsbetrag der von der Kasse im Wirtschaftsjahr an Leistungsempfänger im Sinne des Buchstabens a Satz 2 gewährten Leistungen zugrunde legen. [4]In diesem Fall sind Leistungsanwärter im Sinne des Satzes 2 nur die Arbeitnehmer oder ehemaligen Arbeitnehmer des Trägerunternehmens, die am Schluss des Wirtschaftsjahres, in dem die Zuwendung erfolgt, das 50. Lebensjahr vollendet haben. [5]Dem Arbeitnehmer oder ehemaligen Arbeitnehmer als Leistungsanwärter stehen andere Personen gleich, denen schriftlich Leistungen der Alters, Invaliditäts- oder Hinterbliebenenversorgung aus Anlass ihrer Tätigkeit für das Trägerunternehmen zugesagt worden sind;

c) den Betrag des Beitrages, den die Kasse an einen Versicherer zahlt, soweit sie sich die Mittel für ihre Versorgungsleistungen, die der Leistungsanwärter oder Leistungsempfänger nach den Verhältnissen am Schluss des Wirtschaftsjahres der Zuwendung erhalten kann, durch Abschluss einer Versicherung verschafft. [2]Bei Versicherungen für einen Leistungsanwärter ist der Abzug des Beitrages nur zulässig, wenn der Leistungsanwärter die in Buchstabe b Satz 2 und 5 genannten Voraussetzungen erfüllt, die Versicherung für die Dauer bis zu dem Zeitpunkt abgeschlossen ist, für den erstmals Leistungen der Altersversorgung vorgesehen sind, mindestens jedoch bis zu dem Zeitpunkt, an dem der Leistungsanwärter das 55. Lebensjahr vollendet hat, und während dieser Zeit jährlich Beiträge gezahlt werden, die der Höhe nach gleich bleiben oder steigen. [3]Das Gleiche gilt für Leistungsanwärter, die das nach Buchstabe b Satz 2 jeweils maßgebende Kalenderjahr noch nicht vollendet haben, für Leistungen der Invaliditäts- oder Hinterbliebenenversorgung, für Leistungen der Altersversorgung unter der Voraussetzung, dass die Leistungsanwartschaft bereits unverfallbar ist. [4]Ein Abzug ist ausgeschlossen, wenn die Ansprüche aus der Versicherung der Sicherung eines Darlehens dienen. [5]Liegen die Voraussetzungen der Sätze 1 bis 4 vor, sind die Zuwendungen nach den Buchstaben a und b in dem Verhältnis zu vermindern, in dem die Leistungen der Kasse durch die Versicherung gedeckt sind;

d) den Betrag, den die Kasse einem Leistungsanwärter im Sinne des Buchstabens b Satz 2 und 5 vor Eintritt des Versorgungsfalls als Abfindung für künftige Versorgungsleistungen gewährt, den Übertragungswert nach § 4 Absatz 5 des Betriebsrentengesetzes oder den Betrag, den sie an einen anderen Versorgungsträger zahlt, der eine ihr obliegende Versorgungsverpflichtung übernommen hat.

[2]Zuwendungen dürfen nicht als Betriebsausgaben abgezogen werden, wenn das Vermögen der Kasse ohne Berücksichtigung künftiger Versorgungsleistungen am Schluss des Wirtschaftsjahres das zulässige Kassenvermögen übersteigt. [3]Bei der Ermittlung des Vermögens der Kasse ist am Schluss des Wirtschaftsjahres vorhandener Grundbesitz mit den Anschaffungs- und Herstellungskosten anzusetzen; Ansprüche aus einer Versicherung sind mit dem Wert des geschäftsplanmäßigen Deckungskapitals zuzüglich der Guthaben aus Beitragsrückerstattung am Schluss des Wirtschaftsjahres anzusetzen, und das übrige Vermögen ist mit dem gemeinen Wert am Schluss des Wirtschaftsjahres zu bewerten. [4]Zulässiges Kassenvermögen ist die Summe aus dem Deckungskapital für alle am Schluss des Wirtschaftsjahres laufenden Leistungen nach der dem Gesetz als Anlage 1 beigefügten Tabelle für Leistungsempfänger im Sinne des Satzes 1 Buchstabe a und dem Achtfachen der nach Satz 1 Buchstabe b abzugsfähigen Zuwendungen. [5]Soweit sich die Kasse die Mittel für ihre Leistungen durch Abschluss einer Versicherung verschafft, ist, wenn die Voraussetzungen für den Abzug des Beitrages nach Satz 1 Buchstabe c erfüllt sind, zulässiges Kassenvermögen der Wert des geschäftsplanmäßigen Deckungskapitals aus der Versicherung am Schluss des Wirtschaftsjahres; in diesem Fall ist das zulässige Kassenvermögen nach Satz 4 in dem Verhältnis zu vermindern, in dem die Leistungen der Kasse durch die Versicherung gedeckt sind. [6]Soweit die Berechnung des Deckungskapitals nicht zum Geschäftsplan gehört, tritt an die Stelle des geschäftsplanmäßigen Deckungskapitals der nach § 169 Absatz 3 und 4 des Versicherungsvertragsgesetzes berechnete Wert, beim zulässigen Kassenvermögen ohne Berücksichtigung des Guthabens aus Beitragsrückerstattung. [7]Gewährt eine Unterstützungskasse an Stelle von lebenslänglich laufenden Leistungen eine einmalige Kapitalleistung, so gelten 10 Prozent der Kapitalleistung als Jahresbetrag einer lebenslänglich laufenden Leistung;

2. bei Kassen, die keine lebenslänglich laufenden Leistungen gewähren, für jedes Wirtschaftsjahr 0,2 Prozent der Lohn- und Gehaltssumme des Trägerunternehmens, mindestens jedoch den Betrag der von der Kasse in einem Wirtschaftsjahr erbrachten Leistungen, soweit dieser Betrag höher ist als die in den vorangegangenen fünf Wirtschaftsjahren vorgenommenen Zuwendungen abzüglich der in dem gleichen Zeitraum erbrachten Leistungen. [2]Diese Zuwendungen dürfen nicht als Betriebsausgaben abgezogen werden, wenn das Vermögen der Kasse am Schluss des Wirtschaftsjahres das zulässige Kassenvermögen übersteigt. [3]Als zulässiges

Kassenvermögen kann 1 Prozent der durchschnittlichen Lohn- und Gehaltssumme der letzten drei Jahre angesetzt werden. [4]Hat die Kasse bereits zehn Wirtschaftsjahre bestanden, darf das zulässige Kassenvermögen zusätzlich die Summe der in den letzten zehn Wirtschaftsjahren gewährten Leistungen nicht übersteigen. [5]Für die Bewertung des Vermögens der Kasse gilt Nummer 1 Satz 3 entsprechend. [6]Bei der Berechnung der Lohn- und Gehaltssumme des Trägerunternehmens sind Löhne und Gehälter von Personen, die von der Kasse keine nicht lebenslänglich laufenden Leistungen erhalten können, auszuscheiden.

[2]Gewährt eine Kasse lebenslänglich laufende und nicht lebenslänglich laufende Leistungen, so gilt Satz 1 Nummer 1 und 2 nebeneinander. [3]Leistet ein Trägerunternehmen Zuwendungen an mehrere Unterstützungskassen, so sind diese Kassen bei der Anwendung der Nummern 1 und 2 als Einheit zu behandeln.

(2) [1]Zuwendungen im Sinne des Absatzes 1 sind von dem Trägerunternehmen in dem Wirtschaftsjahr als Betriebsausgaben abzuziehen, in dem sie geleistet werden. [2]Zuwendungen, die bis zum Ablauf eines Monats nach Aufstellung oder Feststellung der Bilanz des Trägerunternehmens für den Schluss eines Wirtschaftsjahres geleistet werden, können von dem Trägerunternehmen noch für das abgelaufene Wirtschaftsjahr durch eine Rückstellung gewinnmindernd berücksichtigt werden. [3]Übersteigen die in einem Wirtschaftsjahr geleisteten Zuwendungen die nach Absatz 1 abzugsfähigen Beträge, so können die übersteigenden Beträge im Wege der Rechnungsabgrenzung auf die folgenden drei Wirtschaftsjahre vorgetragen und im Rahmen der für diese Wirtschaftsjahre abzugsfähigen Beträge als Betriebsausgaben behandelt werden. [4]§ 5 Absatz 1 Satz 2 ist nicht anzuwenden.

(3) [1]Abweichend von Absatz 1 Satz 1 Nummer 1 Satz 1 Buchstabe d und Absatz 2 können auf Antrag die insgesamt erforderlichen Zuwendungen an die Unterstützungskasse für den Betrag, den die Kasse an einen Pensionsfonds zahlt, der eine ihr obliegende Versorgungsverpflichtung ganz oder teilweise übernommen hat, nicht im Wirtschaftsjahr der Zuwendung, sondern erst in den dem Wirtschaftsjahr der Zuwendung folgenden zehn Wirtschaftsjahren gleichmäßig verteilt als Betriebsausgaben abgezogen werden. [2]Der Antrag ist unwiderruflich; der jeweilige Rechtsnachfolger ist an den Antrag gebunden.

§ 4e
Beiträge an Pensionsfonds

(1) Beiträge an einen Pensionsfonds im Sinne des § 236 des Versicherungsaufsichtsgesetzes dürfen von dem Unternehmen, das die Beiträge leistet (Trägerunternehmen), als Betriebsausgaben abgezogen werden, soweit sie auf einer festgelegten Verpflichtung beruhen oder der Abdeckung von Fehlbeträgen bei dem Fonds dienen.

(2) Beiträge im Sinne des Absatzes 1 dürfen als Betriebsausgaben nicht abgezogen werden, soweit die Leistungen des Fonds, wenn sie vom Trägerunternehmen unmittelbar erbracht würden, bei diesem nicht betrieblich veranlasst wären.

(3) [1]Der Steuerpflichtige kann auf Antrag die insgesamt erforderlichen Leistungen an einen Pensionsfonds zur teilweisen oder vollständigen Übernahme einer bestehenden Versorgungsverpflichtung oder Versorgungsanwartschaft durch den Pensionsfonds erst in den dem Wirtschaftsjahr der Übertragung folgenden zehn Wirtschaftsjahren gleichmäßig verteilt als Betriebsausgaben abziehen. [2]Der Antrag ist unwiderruflich; der jeweilige Rechtsnachfolger ist an den Antrag gebunden. [3]Ist eine Pensionsrückstellung nach § 6a gewinnerhöhend aufzulösen, ist Satz 1 mit der Maßgabe anzuwenden, dass die Leistungen an den Pensionsfonds im Wirtschaftsjahr der Übertragung in Höhe der aufgelösten Rückstellung als Betriebsausgaben abgezogen werden können; der die aufgelöste Rückstellung übersteigende Betrag ist in den dem Wirtschaftsjahr der Übertragung folgenden zehn Wirtschaftsjahren gleichmäßig verteilt als Betriebsausgaben abzuziehen. [4]Satz 3 gilt entsprechend, wenn es im Zuge der Leistungen des Arbeitgebers an den Pensionsfonds zu Vermögensübertragungen einer Unterstützungskasse an den Arbeitgeber kommt.

§ 6a
Pensionsrückstellung

(1) Für eine Pensionsverpflichtung darf eine Rückstellung (Pensionsrückstellung) nur gebildet werden, wenn und soweit

1. der Pensionsberechtigte einen Rechtsanspruch auf einmalige oder laufende Pensionsleistungen hat,
2. die Pensionszusage keine Pensionsleistungen in Abhängigkeit von künftigen gewinnabhängigen Bezügen vorsieht und keinen Vorbehalt enthält, dass die Pensionsanwartschaft oder die Pensionsleistung gemindert oder entzogen werden kann, oder ein solcher Vorbehalt sich nur auf Tatbestände erstreckt, bei deren Vorliegen nach allgemeinen Rechtsgrundsätzen unter Beachtung billigen Ermessens eine Minderung oder ein Entzug der Pensionsanwartschaft oder der Pensionsleistung zulässig ist, und
3. die Pensionszusage schriftlich erteilt ist; die Pensionszusage muss eindeutige Angaben zu Art, Form, Voraussetzungen und Höhe der in Aussicht gestellten künftigen Leistungen enthalten.

(2) Eine Pensionsrückstellung darf erstmals gebildet werden

1. vor Eintritt des Versorgungsfalls für das Wirtschaftsjahr, in dem die Pensionszusage erteilt wird, frühestens jedoch für das Wirtschaftsjahr, bis zu dessen Mitte der Pensionsberechtigte bei
   a) erstmals nach dem 31. Dezember 2017 zugesagten Pensionsleistungen das 23. Lebensjahr vollendet,
   b) erstmals nach dem 31. Dezember 2008 und vor dem 1. Januar 2018 zugesagten Pensionsleistungen das 27. Lebensjahr vollendet,
   c) erstmals nach dem 31. Dezember 2000 und vor dem 1. Januar 2009 zugesagten Pensionsleistungen das 28. Lebensjahr vollendet,
   d) erstmals vor dem 1. Januar 2001 zugesagten Pensionsleistungen das 30. Lebensjahr vollendet

   oder bei nach dem 31. Dezember 2000 vereinbarten Entgeltumwandlungen im Sinne von § 1 Absatz 2 des Betriebsrentengesetzes für das Wirtschaftsjahr, in dessen Verlauf die Pensionsanwartschaft gemäß den Vorschriften des Betriebsrentengesetzes unverfallbar wird,
2. nach Eintritt des Versorgungsfalls für das Wirtschaftsjahr, in dem der Versorgungsfall eintritt.

(3) [1]Eine Pensionsrückstellung darf höchstens mit dem Teilwert der Pensionsverpflichtung angesetzt werden. [2]Als Teilwert einer Pensionsverpflichtung gilt

1. vor Beendigung des Dienstverhältnisses des Pensionsberechtigten der Barwert der künftigen Pensionsleistungen am Schluss des Wirtschaftsjahres abzüglich des sich auf denselben Zeitpunkt ergebenden Barwertes betragsmäßig gleich bleibender Jahresbeträge, bei einer Entgeltumwandlung im Sinne des § 1 Absatz 2 des Betriebsrentengesetzes

mindestens jedoch der Barwert der gemäß den Vorschriften des Betriebsrentengesetzes unverfallbaren künftigen Pensionsleistungen am Schluss des Wirtschaftsjahres. [2]Die Jahresbeträge sind so zu bemessen, dass am Beginn des Wirtschaftsjahres, in dem das Dienstverhältnis begonnen hat, ihr Barwert gleich dem Barwert der künftigen Pensionsleistungen ist; die künftigen Pensionsleistungen sind dabei mit dem Betrag anzusetzen, der sich nach den Verhältnissen am Bilanzstichtag ergibt. [3]Es sind die Jahresbeträge zugrunde zu legen, die vom Beginn des Wirtschaftsjahres, in dem das Dienstverhältnis begonnen hat, bis zu dem in der Pensionszusage vorgesehenen Zeitpunkt des Eintritts des Versorgungsfalls rechnungsmäßig aufzubringen sind. [4]Erhöhungen oder Verminderungen der Pensionsleistungen nach dem Schluss des Wirtschaftsjahres, die hinsichtlich des Zeitpunktes ihres Wirksamwerdens oder ihres Umfangs ungewiss sind, sind bei der Berechnung des Barwertes der künftigen Pensionsleistungen und der Jahresbeträge erst zu berücksichtigen, wenn sie eingetreten sind. [5]Wird die Pensionszusage erst nach dem Beginn des Dienstverhältnisses erteilt, so ist die Zwischenzeit für die Berechnung der Jahresbeträge nur insoweit als Wartezeit zu behandeln, als sie in der Pensionszusage als solche bestimmt ist. [6]Hat das Dienstverhältnis schon vor der Vollendung des nach Absatz 2 Nummer 1 maßgebenden Lebensjahres des Pensionsberechtigten bestanden, gilt es als zu Beginn des Wirtschaftsjahres begonnen, bis zu dessen Mitte der Pensionsberechtigte das nach Absatz 2 Nummer 1 maßgebende Lebensjahr vollendet; bei nach dem 31. Dezember 2000 vereinbarten Entgeltumwandlungen im Sinne von § 1 Absatz 2 des Betriebsrentengesetzes gilt für davor liegende Wirtschaftsjahre als Teilwert der Barwert der gemäß den Vorschriften des Betriebsrentengesetzes unverfallbaren künftigen Pensionsleistungen am Schluss des Wirtschaftsjahres;

2. nach Beendigung des Dienstverhältnisses des Pensionsberechtigten unter Aufrechterhaltung seiner Pensionsanwartschaft oder nach Eintritt des Versorgungsfalls der Barwert der künftigen Pensionsleistungen am Schluss des Wirtschaftsjahres; Nummer 1 Satz 4 gilt sinngemäß.

[3]Bei der Berechnung des Teilwertes der Pensionsverpflichtung sind ein Rechnungszinsfuß von 6 Prozent und die anerkannten Regeln der Versicherungsmathematik anzuwenden.

(4) [1]Eine Pensionsrückstellung darf in einem Wirtschaftsjahr höchstens um den Unterschied zwischen dem Teilwert der Pensionsverpflichtung am Schluss des Wirtschaftsjahres und am Schluss des vorangegangenen Wirtschaftsjahres erhöht werden. [2]Soweit der Unterschiedsbetrag auf der erstmaligen Anwendung neuer oder geänderter biometrischer Rechnungsgrundlagen beruht, kann er nur auf mindestens drei Wirtschaftsjahre gleichmäßig verteilt der Pensionsrückstellung zugeführt werden; Entsprechendes gilt beim Wechsel auf andere biometrische Rechnungsgrundlagen. [3]In dem Wirtschaftsjahr, in dem mit der Bildung einer Pensionsrückstellung frühestens begonnen werden darf (Erstjahr), darf die Rückstellung bis zur Höhe des Teilwertes der Pensionsverpflichtung am Schluss des Wirtschaftsjahres gebildet werden; diese Rückstellung kann auf das Erstjahr und die beiden folgenden Wirtschaftsjahre gleichmäßig verteilt werden. [4]Erhöht sich in einem Wirtschaftsjahr gegenüber dem vorangegangenen Wirtschaftsjahr der Barwert der künftigen Pensionsleistungen um mehr als 25 Prozent, so kann die für dieses Wirtschaftsjahr zulässige Erhöhung der Pensionsrückstellung auf dieses Wirtschaftsjahr und die beiden folgenden Wirtschaftsjahre gleichmäßig verteilt werden. [5]Am Schluss des Wirtschaftsjahres, in dem das Dienstverhältnis des Pensionsberechtigten unter Aufrechterhaltung seiner Pensionsanwartschaft endet oder der Versorgungsfall eintritt, darf die Pensionsrückstellung stets bis zur Höhe des Teilwertes der Pensionsverpflichtung gebildet werden; die für dieses Wirtschaftsjahr zulässige Erhöhung der Pensionsrückstellung kann auf dieses Wirtschaftsjahr und die beiden folgenden Wirtschaftsjahre gleichmäßig verteilt werden. [6]Satz 2 gilt in den Fällen der Sätze 3 bis 5 entsprechend.

(5) Die Absätze 3 und 4 gelten entsprechend, wenn der Pensionsberechtigte zu dem Pensionsverpflichteten in einem anderen Rechtsverhältnis als einem Dienstverhältnis steht.

§ 10

(1) Sonderausgaben sind die folgenden Aufwendungen, wenn sie weder Betriebsausgaben noch Werbungskosten sind oder wie Betriebsausgaben oder Werbungskosten behandelt werden:

1. – *weggefallen* –

1a. – *weggefallen* –

1b. – *weggefallen* –

2.
   a) Beiträge zu den gesetzlichen Rentenversicherungen oder zur landwirtschaftlichen Alterskasse sowie zu berufsständischen Versorgungseinrichtungen, die den gesetzlichen Rentenversicherungen vergleichbare Leistungen erbringen;

   b) Beiträge des Steuerpflichtigen

      aa) zum Aufbau einer eigenen kapitalgedeckten Altersversorgung, wenn der Vertrag nur die Zahlung einer monatlichen, auf das Leben des Steuerpflichtigen bezogenen lebenslangen Leibrente nicht vor Vollendung des 62. Lebensjahres oder zusätzlich die ergänzende Absicherung des Eintritts der Berufsunfähigkeit (Berufsunfähigkeitsrente), der verminderten Erwerbsfähigkeit (Erwerbsminderungsrente) oder von Hinterbliebenen (Hinterbliebenenrente) vorsieht. [2]Hinterbliebene in diesem Sinne sind der Ehegatte des Steuerpflichtigen und die Kinder, für die er Anspruch auf Kindergeld oder auf einen Freibetrag nach § 32 Absatz 6 hat. [3]Der Anspruch auf Waisenrente darf längstens für den Zeitraum bestehen, in dem der Rentenberechtigte die Voraussetzungen für die Berücksichtigung als Kind im Sinne des § 32 erfüllt;

      bb) für seine Absicherung gegen den Eintritt der Berufsunfähigkeit oder der verminderten Erwerbsfähigkeit (Versicherungsfall), wenn der Vertrag nur die Zahlung einer monatlichen, auf das Leben des Steuerpflichtigen bezogenen lebenslangen Leibrente für einen Versicherungsfall vorsieht, der bis zur Vollendung des 67. Lebensjahres eingetreten ist. [2]Der Vertrag kann die Beendigung der Rentenzahlung wegen eines medizinisch begründeten Wegfalls der Berufsunfähigkeit oder der verminderten Erwerbsfähigkeit vorsehen. [3]Die Höhe der zugesagten Rente kann vom Alter des Steuerpflichtigen bei Eintritt des Versicherungsfalls abhängig gemacht werden, wenn der Steuerpflichtige das 55. Lebensjahr vollendet hat.[2]Die Ansprüche nach Buchstabe b dürfen nicht vererblich, nicht übertragbar, nicht beleihbar, nicht veräußerbar und nicht kapitalisierbar sein. [3]Anbieter und Steuerpflichtiger können vereinbaren, dass bis zu zwölf Monatsleistungen in einer Auszahlung zusammengefasst werden oder eine Kleinbetragsrente im Sinne von § 93 Absatz 3 Satz 2 oder 4 abgefunden wird. [4]Bei der Berechnung der Kleinbetragsrente sind alle bei einem Anbieter bestehenden Verträge des Steuerpflichtigen jeweils nach Buchstabe b Doppelbuchstabe aa oder Doppelbuchstabe bb zusammenzurechnen. [5]Neben den genannten Auszahlungsformen darf kein weiterer Anspruch auf Auszahlungen bestehen. [6]Zu den Beiträgen nach den Buchstaben a und b ist der nach § 3 Nummer 62 steuerfreie Arbeitgeberanteil zur gesetzlichen Rentenversicherung und ein diesem gleichgestellter steuerfreier Zuschuss des Arbeitgebers hinzuzurechnen. [7]Beiträge nach § 168 Absatz 1 Nummer 1b oder 1c oder nach § 172 Absatz 3 oder 3a des Sechsten Buches Sozialgesetzbuch werden abweichend von Satz 6 nur auf Antrag des Steuerpflichtigen hinzugerechnet;

3. Beiträge zu

   a) Krankenversicherungen, soweit diese zur Erlangung eines durch das Zwölfte Buch Sozialgesetzbuch bestimmten sozialhilfegleichen Versorgungsniveaus erforderlich sind und sofern auf die Leistungen ein Anspruch besteht. [2]Für Beiträge zur gesetzlichen Krankenversicherung sind dies die nach dem Dritten Titel des Ersten Abschnitts des Achten Kapitels des Fünften Buches Sozialgesetzbuch oder die nach dem Sechsten Abschnitt des Zweiten Gesetzes über die Krankenversicherung der Landwirte festgesetzten Beiträge. [3]Für Beiträge zu einer privaten Krankenversicherung sind dies die Beitragsanteile, die auf Vertragsleistungen entfallen, die, mit Ausnahme der auf das Krankengeld entfallenden Beitragsanteile, in Art, Umfang und Höhe den Leistungen nach dem Dritten Kapitel des Fünften Buches Sozialgesetzbuch vergleichbar sind; § 158 Absatz 2 des Versicherungsaufsichtsgesetzes gilt entsprechend. [4]Wenn sich aus den Krankenversicherungsbeiträgen nach Satz 2 ein Anspruch auf Krankengeld oder ein Anspruch auf eine Leistung, die anstelle von Krankengeld gewährt wird, ergeben kann, ist der jeweilige Beitrag um 4 Prozent zu vermindern;

   b) gesetzlichen Pflegeversicherungen (soziale Pflegeversicherung und private Pflege-Pflichtversicherung).

   [2]Als eigene Beiträge des Steuerpflichtigen können auch eigene Beiträge im Sinne der Buchstaben a oder b eines Kindes behandelt werden, wenn der Steuerpflichtige die Beiträge des Kindes, für das ein Anspruch auf einen Freibetrag nach § 32 Absatz 6 oder auf Kindergeld besteht, durch Leistungen in Form von Bar- oder Sachunterhalt wirtschaftlich getragen hat, unabhängig von Einkünften oder Bezügen des Kindes; Voraussetzung für die Berücksichtigung beim Steuerpflichtigen ist die Angabe der erteilten Identifikationsnummer (§ 139b der Abgabenordnung) des Kindes in der Einkommensteuererklärung des Steuerpflichtigen. [3]Satz 2 gilt entsprechend, wenn der Steuerpflichtige die Beiträge für ein unterhaltsberechtigtes Kind trägt, welches nicht selbst Versicherungsnehmer ist, sondern der andere Elternteil. [4]Hat der Steuerpflichtige in den Fällen des Absatzes 1a Nummer 1 eigene Beiträge im Sinne des Buchstaben a oder des Buchstaben b zum Erwerb einer Krankenversicherung oder gesetzlichen Pflegeversicherung für einen geschiedenen oder dauernd getrennt lebenden unbeschränkt einkommensteuerpflichtigen Ehegatten geleistet, dann werden diese abweichend von Satz 1 als eigene Beiträge des geschiedenen oder dauernd getrennt lebenden unbeschränkt einkommensteuerpflichtigen Ehegatten behandelt. [5]Beiträge, die für nach Ablauf des Veranlagungszeitraums beginnende Beitragsjahre geleistet werden und in der Summe das Dreifache der auf den Veranlagungszeitraum entfallenden Beiträge überschreiten, sind in dem Veranlagungszeitraum anzusetzen, für den sie geleistet wurden;

3a. Beiträge zu Kranken- und Pflegeversicherungen, soweit diese nicht nach Nummer 3 zu berücksichtigen sind; Beiträge zu Versicherungen gegen Arbeitslosigkeit, zu Erwerbs- und Berufsunfähigkeitsversicherungen, die nicht unter Nummer 2 Satz 1 Buchstabe b fallen, zu Unfall- und Haftpflichtversicherungen sowie zu Risikoversicherungen, die nur für den Todesfall eine Leistung vorsehen; Beiträge zu Versicherungen im Sinne des § 10 Absatz 1 Nummer 2 Buchstabe b Doppelbuchstabe bb bis dd in der am 31. Dezember 2004 geltenden Fassung, wenn die Laufzeit dieser Versicherungen vor dem 1. Januar 2005 begonnen hat und ein Versicherungsbeitrag bis zum 31. Dezember 2004 entrichtet wurde; § 10 Absatz 1 Nummer 2 Satz 2 bis 6 und Absatz 2 Satz 2 in der am 31. Dezember 2004 geltenden Fassung ist in diesen Fällen weiter anzuwenden;

4. gezahlte Kirchensteuer; dies gilt nicht, soweit die Kirchensteuer als Zuschlag zur Kapitalertragsteuer oder als Zuschlag auf die nach dem gesonderten Tarif des § 32d Absatz 1 ermittelte Einkommensteuer gezahlt wurde;

5. 80 Prozent der Aufwendungen, höchstens 4 800 Euro je Kind, für Dienstleistungen zur Betreuung eines zum Haushalt des Steuerpflichtigen gehörenden Kindes im Sinne des § 32 Absatz 1, welches das 14. Lebensjahr noch nicht vollendet hat oder wegen einer vor Vollendung des 25. Lebensjahres eingetretenen körperlichen, geistigen oder seelischen Behinderung außerstande ist, sich selbst zu unterhalten. [2]Dies gilt nicht für Aufwendungen für Unterricht, die Vermittlung besonderer Fähigkeiten sowie für sportliche und andere Freizeitbetätigungen. [3]Ist das zu betreuende Kind nicht nach § 1 Absatz 1 oder Absatz 2 unbeschränkt einkommensteuerpflichtig, ist der in Satz 1 genannte Betrag zu kürzen, soweit es nach den Verhältnissen im Wohnsitzstaat des Kindes notwendig und angemessen ist. [4]Voraussetzung für den Abzug der Aufwendungen nach Satz 1 ist, dass der Steuerpflichtige für die Aufwendungen eine Rechnung erhalten hat und die Zahlung auf das Konto des Erbringers der Leistung erfolgt ist;

6. *– weggefallen –*

7. Aufwendungen für die eigene Berufsausbildung bis zu 6 000 Euro im Kalenderjahr. [2]Bei Ehegatten, die die Voraussetzungen des § 26 Absatz 1 Satz 1 erfüllen, gilt Satz 1 für jeden Ehegatten. [3]Zu den Aufwendungen im Sinne des Satzes 1 gehören auch Aufwendungen für eine auswärtige Unterbringung. [4]§ 4 Absatz 5 Satz 1 Nummer 6b und 6c sowie § 9 Absatz 1 Satz 3 Nummer 4 und 5, Absatz 2, 4 Satz 8 und Absatz 4a sind bei der Ermittlung der Aufwendungen anzuwenden.

8. *– weggefallen –*

9. 30 Prozent des Entgelts, höchstens 5 000 Euro, das der Steuerpflichtige für ein Kind, für das er Anspruch auf einen Freibetrag nach § 32 Absatz 6 oder auf Kindergeld hat, für dessen Besuch einer Schule in freier Trägerschaft oder einer überwiegend privat finanzierten Schule entrichtet, mit Ausnahme des Entgelts für Beherbergung, Betreuung und Verpflegung. [2]Voraussetzung ist, dass die Schule in einem Mitgliedstaat der Europäischen Union oder in einem Staat belegen ist, auf den das Abkommen über den Europäischen Wirtschaftsraum Anwendung findet, und die Schule

zu einem von dem zuständigen inländischen Ministerium eines Landes, von der Kultusministerkonferenz der Länder oder von einer inländischen Zeugnisanerkennungsstelle anerkannten oder einem inländischen Abschluss an einer öffentlichen Schule als gleichwertig anerkannten allgemeinbildenden oder berufsbildenden Schul-, Jahrgangs- oder Berufsabschluss führt. [3]Der Besuch einer anderen Einrichtung, die auf einen Schul-, Jahrgangs- oder Berufsabschluss im Sinne des Satzes 2 ordnungsgemäß vorbereitet, steht einem Schulbesuch im Sinne des Satzes 1 gleich. [4]Der Besuch einer Deutschen Schule im Ausland steht dem Besuch einer solchen Schule gleich, unabhängig von ihrer Belegenheit. [5]Der Höchstbetrag nach Satz 1 wird für jedes Kind, bei dem die Voraussetzungen vorliegen, je Elternpaar nur einmal gewährt.

(1a) Sonderausgaben sind auch die folgenden Aufwendungen:

1. Unterhaltsleistungen an den geschiedenen oder dauernd getrennt lebenden unbeschränkt einkommensteuerpflichtigen Ehegatten, wenn der Geber dies mit Zustimmung des Empfängers beantragt, bis zu 13 805 Euro im Kalenderjahr. [2]Der Höchstbetrag nach Satz 1 erhöht sich um den Betrag der im jeweiligen Veranlagungszeitraum nach Absatz 1 Nummer 3 für die Absicherung des geschiedenen oder dauernd getrennt lebenden unbeschränkt einkommensteuerpflichtigen Ehegatten aufgewandten Beiträge. [3]Der Antrag kann jeweils nur für ein Kalenderjahr gestellt und nicht zurückgenommen werden. [4]Die Zustimmung ist mit Ausnahme der nach § 894 der Zivilprozessordnung als erteilt geltenden bis auf Widerruf wirksam. [5]Der Widerruf ist vor Beginn des Kalenderjahres, für das die Zustimmung erstmals nicht gelten soll, gegenüber dem Finanzamt zu erklären. [6]Die Sätze 1 bis 5 gelten für Fälle der Nichtigkeit oder der Aufhebung der Ehe entsprechend. [7]Voraussetzung für den Abzug der Aufwendungen ist die Angabe der erteilten Identifikationsnummer (§ 139b der Abgabenordnung) der unterhaltenen Person in der Steuererklärung des Unterhaltsleistenden, wenn die unterhaltene Person der unbeschränkten oder beschränkten Steuerpflicht unterliegt. [8]Die unterhaltene Person ist für diese Zwecke verpflichtet, dem Unterhaltsleistenden ihre erteilte Identifikationsnummer (§ 139b der Abgabenordnung) mitzuteilen. [9]Kommt die unterhaltene Person dieser Verpflichtung nicht nach, ist der Unterhaltsleistende berechtigt, bei der für ihn zuständigen Finanzbehörde die Identifikationsnummer der unterhaltenen Person zu erfragen;
2. auf besonderen Verpflichtungsgründen beruhende, lebenslange und wiederkehrende Versorgungsleistungen, die nicht mit Einkünften in wirtschaftlichem Zusammenhang stehen, die bei der Veranlagung außer Betracht bleiben, wenn der Empfänger unbeschränkt einkommensteuerpflichtig ist. [2]Dies gilt nur für
   a) Versorgungsleistungen im Zusammenhang mit der Übertragung eines Mitunternehmeranteils an einer Personengesellschaft, die eine Tätigkeit im Sinne der §§ 13, 15 Absatz 1 Satz 1 Nummer 1 oder des § 18 Absatz 1 ausübt,
   b) Versorgungsleistungen im Zusammenhang mit der Übertragung eines Betriebs oder Teilbetriebs, sowie
   c) Versorgungsleistungen im Zusammenhang mit der Übertragung eines mindestens 50 Prozent betragenden Anteils an einer Gesellschaft mit beschränkter Haftung, wenn der Übergeber als Geschäftsführer tätig war und der Übernehmer diese Tätigkeit nach der Übertragung übernimmt.

   [3]Satz 2 gilt auch für den Teil der Versorgungsleistungen, der auf den Wohnteil eines Betriebs der Land- und Forstwirtschaft entfällt. [4]Voraussetzung für den Abzug der Aufwendungen ist die Angabe der erteilten Identifikationsnummer (§ 139b der Abgabenordnung) des Empfängers in der Steuererklärung des Leistenden; Nummer 1 Satz 8 und 9 gilt entsprechend.
3. Ausgleichsleistungen zur Vermeidung eines Versorgungsausgleichs nach § 6 Absatz 1 Satz 2 Nummer 2 und § 23 des Versorgungsausgleichsgesetzes sowie § 1408 Absatz 2 und § 1587 des Bürgerlichen Gesetzbuchs, soweit der Verpflichtete dies mit Zustimmung des Berechtigten beantragt und der Berechtigte unbeschränkt einkommensteuerpflichtig ist. [2]Nummer 1 Satz 3 bis 5 gilt entsprechend. [3]Voraussetzung für den Abzug der Aufwendungen ist die Angabe der erteilten Identifikationsnummer (§ 139b der Abgabenordnung) des Berechtigten in der Steuererklärung des Verpflichteten; Nummer 1 Satz 8 und 9 gilt entsprechend;
4. Ausgleichszahlungen im Rahmen des Versorgungsausgleichs nach den §§ 20 bis 22 und 26 des Versorgungsausgleichsgesetzes und nach den §§ 1587f, 1587g und 1587i des Bürgerlichen Gesetzbuchs in der bis 31. August 2009 geltenden Fassung sowie nach § 3a des Gesetzes zur Regelung von Härten im Versorgungsausgleich, soweit die ihnen zu Grunde liegenden Einnahmen bei der ausgleichspflichtigen Person der Besteuerung unterliegen, wenn die ausgleichsberechtigte Person unbeschränkt einkommensteuerpflichtig ist. [2]Nummer 3 Satz 3 gilt entsprechend.

(2) [1]Voraussetzung für den Abzug der in Absatz 1 Nummer 2, 3 und 3a bezeichneten Beträge (Vorsorgeaufwendungen) ist, dass sie

1. nicht in unmittelbarem wirtschaftlichen Zusammenhang mit steuerfreien Einnahmen stehen; ungeachtet dessen sind Vorsorgeaufwendungen im Sinne des Absatzes 1 Nummer 2, 3 und 3a zu berücksichtigen, soweit
   a) sie in unmittelbarem wirtschaftlichen Zusammenhang mit in einem Mitgliedstaat der Europäischen Union oder einem Vertragsstaat des Abkommens über den Europäischen Wirtschaftsraum oder in der Schweizerischen Eidgenossenschaft erzielten Einnahmen stehen,
   b) diese Einnahmen nach einem Abkommen zur Vermeidung der Doppelbesteuerung im Inland steuerfrei sind und
   c) der andere Staat keinerlei steuerliche Berücksichtigung von Vorsorgeaufwendungen im Rahmen der Besteuerung dieser Einnahmen zulässt;

   steuerfreie Zuschüsse zu einer Kranken- oder Pflegeversicherung stehen insgesamt in unmittelbarem wirtschaftlichen Zusammenhang mit den Vorsorgeaufwendungen im Sinne des Absatzes 1 Nummer 3,
2. geleistet werden an
   a) Versicherungsunternehmen,
      aa) die ihren Sitz oder ihre Geschäftsleitung in einem Mitgliedstaat der Europäischen Union oder einem anderen Vertragsstaat des Europäischen Wirtschaftsraums haben und das Versicherungsgeschäft im Inland betreiben dürfen, oder
      bb) denen die Erlaubnis zum Geschäftsbetrieb im Inland erteilt ist.

   [2]Darüber hinaus werden Beiträge nur berücksichtigt, wenn es sich um Beträge im Sinne des Absatzes 1 Nummer 3 Satz 1 Buchstabe a an eine Einrichtung

handelt, die eine anderweitige Absicherung im Krankheitsfall im Sinne des § 5 Absatz 1 Nummer 13 des Fünften Buches Sozialgesetzbuch oder eine der Beihilfe oder freien Heilfürsorge vergleichbare Absicherung im Sinne des § 193 Absatz 3 Satz 2 Nummer 2 des Versicherungsvertragsgesetzes gewährt. [3]Dies gilt entsprechend, wenn ein Steuerpflichtiger, der weder seinen Wohnsitz noch seinen gewöhnlichen Aufenthalt im Inland hat, mit den Beiträgen einen Versicherungsschutz im Sinne des Absatzes 1 Nummer 3 Satz 1 erwirbt,

b) berufsständische Versorgungseinrichtungen,

c) einen Sozialversicherungsträger oder

d) einen Anbieter im Sinne des § 80.

[2]Vorsorgeaufwendungen nach Absatz 1 Nummer 2 Buchstabe 2 werden nur berücksichtigt, wenn die Beiträge zugunsten eines Vertrags geleistet wurden, der nach § 5a des Altersvorsorgeverträge-Zertifizierungsgesetzes zertifiziert ist, wobei die Zertifizierung Grundlagenbescheid im Sinne des § 171 Absatz 10 der Abgabenordnung ist.

(2a) [1]Bei Vorsorgeaufwendungen nach Absatz 1 Nummer 2 Buchstabe b hat der Anbieter als mitteilungspflichtige Stelle nach Maßgabe des § 93c der Abgabenordnung und unter Angabe der Vertrags- oder der Versicherungsdaten die Höhe der im jeweiligen Beitragsjahr geleisteten Beiträge und die Zertifizierungsnummer an die zentrale Stelle (§ 81) zu übermitteln. § 22a Absatz 2 gilt entsprechend. [2]§ 72a Absatz 4 und § 93c Absatz 4 der Abgabenordnung finden keine Anwendung.

(2b) [1]Bei Vorsorgeaufwendungen nach Absatz 1 Nummer 3 hat das Versicherungsunternehmen, der Träger der gesetzlichen Kranken- und Pflegeversicherung, die Künstlersozialkasse oder eine Einrichtung im Sinne des Absatzes 2 Satz 1 Nummer 2 Buchstabe a Satz 2 als mitteilungspflichtige Stelle nach Maßgabe des § 93c der Abgabenordnung und unter Angabe der Vertrags- oder der Versicherungsdaten die Höhe der im jeweiligen Beitragsjahr geleisteten und erstatteten Beiträge sowie die in § 93c Absatz 1 Nummer 2 Buchstabe c der Abgabenordnung genannten Daten mit der Maßgabe, dass insoweit als Steuerpflichtiger die versicherte Person gilt, an die Stelle (§ 81) zu übermitteln; sind Versicherungsnehmer und versicherte Person nicht identisch, sind zusätzlich die Identifikationsnummer und der Tag der Geburt des Versicherungsnehmers anzugeben. [2]Auf der Grundlage des § 65a des Fünften Buches Sozialgesetzbuch nach den Satzungen der gesetzlichen Krankenkassen erbrachte Bonusleistungen gelten bis zu einer Höhe von 150 Euro pro versicherter Person und Beitragsjahr nicht als Beitragserstattung; diese Summe übersteigende Bonusleistungen gelten stets als Beitragserstattung. [3]Der Steuerpflichtige kann nachweisen, dass Bonusleistungen in Höhe des übersteigenden Betrags nicht als Beitragserstattung zu qualifizieren sind. [4]Satz 1 gilt nicht, soweit diese Daten mit der elektronischen Lohnsteuerbescheinigung (§ 41b Absatz 1 Satz 2) oder der Rentenbezugsmitteilung (§ 22a Absatz 1 Satz 1 Nummer 4) zu übermitteln sind. [5]§ 22a Absatz 2 gilt entsprechend. [6]Zuständige Finanzbehörde im Sinne des § 72a Absatz 4 und des § 93c Absatz 4 der Abgabenordnung ist das Bundeszentralamt für Steuern. [7]Wird in den Fällen des § 72a Absatz 4 der Abgabenordnung eine unzutreffende Höhe der Beiträge übermittelt, ist die entgangene Steuer mit 30 Prozent des zu hoch ausgewiesenen Betrags anzusetzen.

(2c) [1]Bei Vorsorgeaufwendungen nach Absatz 1 Nummer 2 Buchstabe a hat der Träger der gesetzlichen Rentenversicherung, die landwirtschaftliche Alterskasse oder die berufsständische Versorgungseinrichtung als mitteilungspflichtige Stelle nach Maßgabe des § 93c der Abgabenordung unter Angabe der Versicherungsdaten die Höhe der im jeweiligen Beitragsjahr geleisteten und erstatteten Beiträge an die zentrale Stelle (§ 81) zu übermitteln. [2]Satz 1 gilt nicht, soweit diese Daten mit der elektronischen Lohnsteuerbescheinigung (§ 41b Absatz 1 Satz 2) zu übermitteln sind. [3]§ 22a Absatz 2 gilt entsprechend. [4]§ 72a Absatz 4 und § 93c Absatz 4 der Abgabenordnung finden keine Anwendung.

(3) [1]Vorsorgeaufwendungen nach Absatz 1 Nummer 2 sind bis zu dem Höchstbeitrag zur knappschaftlichen Rentenversicherung, aufgerundet auf einen vollen Betrag in Euro, zu berücksichtigen. [2]Bei zusammenveranlagten Ehegatten verdoppelt sich der Höchstbetrag. [3]Der Höchstbetrag nach Satz 1 oder 2 ist bei Steuerpflichtigen, die

1. Arbeitnehmer sind und die während des ganzen oder eines Teils des Kalenderjahres
   a) in der gesetzlichen Rentenversicherung versicherungsfrei oder auf Antrag des Arbeitgebers von der Versicherungspflicht befreit waren und denen für den Fall ihres Ausscheidens aus der Beschäftigung aufgrund des Beschäftigungsverhältnisses eine lebenslängliche Versorgung oder an deren Stelle eine Abfindung zusteht oder die in der gesetzlichen Rentenversicherung nachzuversichern sind oder
   b) nicht der gesetzlichen Rentenversicherungspflicht unterliegen, eine Berufstätigkeit ausgeübt und im Zusammenhang damit aufgrund vertraglicher Vereinbarungen Anwartschaftsrechte auf eine Altersversorgung erworben haben, oder
2. Einkünfte im Sinne des § 22 Nummer 4 erzielen und die ganz oder teilweise ohne eigene Beitragsleistungen einen Anspruch auf Altersversorgung erwerben,

um den Betrag zu kürzen, der, bezogen auf die Einnahmen aus der Tätigkeit, die die Zugehörigkeit zum genannten Personenkreis begründen, dem Gesamtbeitrag (Arbeitgeber- und Arbeitnehmeranteil) zur allgemeinen Rentenversicherung entspricht. [4]Im Kalenderjahr 2013 sind 76 Prozent der nach den Sätzen 1 bis 3 ermittelten Vorsorgeaufwendungen anzusetzen. [5]Der sich danach ergebende Betrag, vermindert um den nach § 3 Nummer 62 steuerfreien Arbeitgeberanteil zur gesetzlichen Rentenversicherung und einen diesem gleichgestellten steuerfreien Zuschuss des Arbeitgebers, ist als Sonderausgabe abziehbar. [6]Der Prozentsatz in Satz 4 erhöht sich in den folgenden Kalenderjahren bis zum Kalenderjahr 2022 um je 2 Prozentpunkte je Kalenderjahr; ab dem Kalenderjahr 2023 beträgt er 100 Prozent. [7]Beiträge nach § 168 Absatz 1 Nummer 1b oder 1c oder nach § 172 Absatz 3 oder 3a des Sechsten Buches Sozialgesetzbuch vermindern den abziehbaren Betrag nach Satz 5 nur, wenn der Steuerpflichtige die Hinzurechnung dieser Beiträge zu den Vorsorgeaufwendungen nach Absatz 1 Nummer 2 Satz 7 beantragt hat.

(4) [1]Vorsorgeaufwendungen im Sinne des Absatzes 1 Nummer 3 und 3a können je Kalenderjahr insgesamt bis 2 800 Euro abgezogen werden. [2]Der Höchstbetrag beträgt 1 900 Euro bei Steuerpflichtigen, die ganz oder teilweise ohne eigene Aufwendungen einen Anspruch auf vollständige oder teilweise Erstattung oder Übernahme von Krankheitskosten haben oder für deren Krankenversicherung Leistungen im Sinne des § 3 Nummer 9, 14, 57 oder 62 erbracht werden. [3]Bei zusammen veranlagten Ehegatten bestimmt sich der gemeinsame Höchstbetrag aus der Summe der jedem Ehegatten unter den Voraussetzungen von Satz 1 und 2 zustehenden Höchstbeträge. [4]Übersteigen die Vorsorgeaufwendungen im Sinne des Absatzes 1 Nummer 3 die nach den Sätzen 1 bis 3 zu berücksichtigenden Vorsorgeaufwendungen, sind diese abzu-

ziehen und ein Abzug von Vorsorgeaufwendungen im Sinne des Absatzes 1 Nummer 3a scheidet aus.

(4a) [1]Ist in den Kalenderjahren 2013 bis 2019 der Abzug der Vorsorgeaufwendungen nach Absatz 1 Nummer 2 Buchstabe a, Absatz 1 Nummer 3 und Nummer 3a in der für das Kalenderjahr 2004 geltenden Fassung des § 10 Absatz 3 mit folgenden Höchstbeträgen für den Vorwegabzug

Kalenderjahr	Vorwegabzug für den Steuerpflichtigen	Vorwegabzug im Falle der Zusammenveranlagung von Ehegatten
2013	2 100	4 200
2014	1 800	3 600
2015	1 500	3 000
2016	1 200	2 400
2017	900	1 800
2018	600	1 200
2019	300	600

zuzüglich des Erhöhungsbetrags nach Satz 3 günstiger, ist der sich danach ergebende Betrag anstelle des Abzugs nach Absatz 3 und 4 anzusetzen. [2]Mindestens ist bei Anwendung des Satzes 1 der Betrag anzusetzen, der sich ergeben würde, wenn zusätzlich noch die Vorsorgeaufwendungen nach Absatz 1 Nummer 2 Buchstabe b in die Günstigerprüfung einbezogen werden würden; der Erhöhungsbetrag nach Satz 3 ist nicht hinzuzurechnen. [3]Erhöhungsbetrag sind die Beiträge nach Absatz 1 Nummer 2 Buchstabe b, soweit sie nicht den um die Beiträge nach Absatz 1 Nummer 2 Buchstabe a und den nach § 3 Nummer 62 steuerfreien Arbeitgeberanteil zur gesetzlichen Rentenversicherung und einen diesem gleichgestellten steuerfreien Zuschuss verminderten Höchstbetrag nach Absatz 3 Satz 1 bis 3 überschreiten; Absatz 3 Satz 4 und 6 gilt entsprechend.

(4b) [1]Erhält der Steuerpflichtige für die von ihm für einen anderen Veranlagungszeitraum geleisteten Aufwendungen im Sinne des Satzes 2 einen steuerfreien Zuschuss, ist dieser den erstatteten Aufwendungen gleichzustellen. [2]Übersteigen bei den Sonderausgaben nach Absatz 1 Nummer 2 bis 3a die im Veranlagungszeitraum erstatteten Aufwendungen die geleisteten Aufwendungen (Erstattungsüberhang), ist der Erstattungsüberhang mit anderen im Rahmen der jeweiligen Nummer anzusetzenden Aufwendungen zu verrechnen. [3]Ein verbleibender Betrag des sich bei den Aufwendungen nach Absatz 1 Nummer 3 und 4 ergebenden Erstattungsüberhangs ist dem Gesamtbetrag der Einkünfte hinzuzurechnen. [4]Nach Maßgabe des § 93c der Abgabenordnung haben Behörden im Sinne des § 6 Absatz 1 der Abgabenordnung und andere öffentliche Stellen, die einem Steuerpflichtigen für die von ihm geleisteten Beiträge im Sinne des Absatzes 1 Nummer 2, 3 und 3a steuerfreie Zuschüsse gewähren oder Vorsorgeaufwendungen im Sinne dieser Vorschrift erstatten als mitteilungspflichtige Stellen, neben den nach § 93c Absatz 1 der Abgabenordnung erforderlichen Angaben, die zur Gewährung und Prüfung des Sonderausgabenabzugs nach § 10 erforderlichen Daten an die zentrale Stelle zu übermitteln. [5]§ 22a Absatz 2 gilt entsprechend. [6]§ 72a Absatz 4 und § 93c Absatz 4 der Abgabenordnung finden keine Anwendung.

(5) Durch Rechtsverordnung wird bezogen auf den Versicherungstarif bestimmt, wie der nicht abziehbare Teil der Beiträge zum Erwerb eines Krankenversicherungsschutzes im Sinne des Absatzes 1 Nummer 3 Buchstabe a Satz 3 durch einheitliche prozentuale Abschläge auf die zugunsten des jeweiligen Tarifs gezahlte Prämie zu ermitteln ist, soweit der nicht abziehbare Beitragsteil nicht bereits als gesonderter Tarif oder Tarifbaustein ausgewiesen wird.

(6) Absatz 1 Nummer 2 Buchstabe b Doppelbuchstabe aa ist für Vertragsabschlüsse vor dem 1. Januar 2012 mit der Maßgabe anzuwenden, dass der Vertrag die Zahlung der Leibrente nicht vor der Vollendung des 60. Lebensjahres vorsehen darf.

§ 10a
Zusätzliche Altersvorsorge

(1) [1]In der inländischen gesetzlichen Rentenversicherung Pflichtversicherte können Altersvorsorgebeiträge (§ 82) zuzüglich der dafür nach Abschnitt XI zustehenden Zulage jährlich bis zu 2 100 Euro als Sonderausgaben abziehen; das Gleiche gilt für

1. Empfänger von inländischer Besoldung nach dem Bundesbesoldungsgesetz oder einem Landesbesoldungsgesetz,
2. Empfänger von Amtsbezügen aus einem inländischen Amtsverhältnis, deren Versorgungsrecht die entsprechende Anwendung des § 69e Absatz 3 und 4 des Beamtenversorgungsgesetzes vorsieht,
3. die nach § 5 Absatz 1 Satz 1 Nummer 2 und 3 des Sechsten Buches Sozialgesetzbuch versicherungsfrei Beschäftigten, die nach § 6 Absatz 1 Satz 1 Nummer 2 oder nach § 230 Absatz 2 Satz 2 des Sechsten Buches Sozialgesetzbuch von der Versicherungspflicht befreiten Beschäftigten, deren Versorgungsrecht die entsprechende Anwendung des § 69e Absatz 3 und 4 des Beamtenversorgungsgesetzes vorsieht,
4. Beamte, Richter, Berufssoldaten und Soldaten auf Zeit, die ohne Besoldung beurlaubt sind, für die Zeit einer Beschäftigung, wenn während der Beurlaubung die Gewährleistung einer Versorgungsanwartschaft unter den Voraussetzungen des § 5 Absatz 1 Satz 1 des Sechsten Buches Sozialgesetzbuch auf diese Beschäftigung erstreckt wird und
5. Steuerpflichtige im Sinne der Nummern 1 bis 4, die beurlaubt sind und deshalb keine Besoldung, Amtsbezüge oder Entgelt erhalten, sofern sie eine Anrechnung von Kindererziehungszeiten nach § 56 des Sechsten Buches Sozialgesetzbuch in Anspruch nehmen könnten, wenn die Versicherungsfreiheit in der inländischen gesetzlichen Rentenversicherung nicht bestehen würde,

wenn sie spätestens bis zum Ablauf des Beitragsjahres (§ 88) gegenüber der zuständigen Stelle (§ 81a) schriftlich oder elektronisch eingewilligt haben, dass diese der zentralen Stelle (§ 81) jährlich unter Angabe der Identifikationsnummer mitteilt, dass der Steuerpflichtige zum begünstigten Personenkreis gehört, dass die zuständige Stelle der zentralen Stelle die für die Ermittlung des Mindesteigenbeitrags (§ 86) und die Gewährung der Kinderzulage (§ 85) erforderlichen Daten übermittelt und die zentrale Stelle diese Daten für das Zulageverfahren verarbeiten darf. [2]Bei der Erteilung der Einwilligung ist der Steuerpflichtige darauf hinzuweisen, dass er die Einwilligung vor Beginn des Kalenderjahres, für das sie erstmals nicht mehr gelten soll, gegenüber der zuständigen Stelle widerrufen kann. [3]Versicherungspflichtige nach dem Gesetz über die Alterssicherung der Landwirte stehen Pflichtversicherten gleich; dies gilt auch für Personen, die

1. eine Anrechnungszeit nach § 58 Absatz 1 Nummer 3 oder Nummer 6 des Sechsten Buches Sozialgesetzbuch in der gesetzlichen Rentenversicherung erhalten und

2. unmittelbar vor einer Anrechnungszeit nach § 58 Absatz 1 Nummer 3 oder Nummer 6 des Sechsten Buches Sozialgesetzbuch einer der im ersten Halbsatz, in Satz 1 oder in Satz 4 genannten begünstigten Personengruppen angehörten.

[4]Die Sätze 1 und 2 gelten entsprechend für Steuerpflichtige, die nicht zum begünstigten Personenkreis nach Satz 1 oder 3 gehören und eine Rente wegen voller Erwerbsminderung oder Erwerbsunfähigkeit oder eine Versorgung wegen Dienstunfähigkeit aus einem der in Satz 1 oder 3 genannten Alterssicherungssysteme beziehen, wenn unmittelbar vor dem Bezug der entsprechenden Leistungen der Leistungsbezieher einer der in Satz 1 oder 3 genannten begünstigten Personengruppen angehörte; dies gilt nicht, wenn der Steuerpflichtige das 67. Lebensjahr vollendet hat. [5]Bei der Ermittlung der dem Steuerpflichtigen zustehenden Zulage nach Satz 1 bleibt die Erhöhung der Grundzulage nach § 84 Satz 2 außer Betracht.

(1a) [1]Steuerpflichtige, die eine Kinderzulage für ein Kind beantragen oder auf den Ehegatten übertragen haben, das im Beitragsjahr sein viertes Lebensjahr noch nicht vollendet hat und für das gegenüber dem Steuerpflichtigen oder seinem Ehegatten Kindergeld festgesetzt worden ist, stehen einem in der inländischen gesetzlichen Rentenversicherung Pflichtversicherten gleich, wenn eine Anrechnung von Kindererziehungszeiten nach § 56 des Sechsten Buches Sozialgesetzbuch nur aufgrund eines fehlenden oder noch nicht beschiedenen Antrags auf Berücksichtigung von Kindererziehungszeiten bislang nicht erfolgt ist. [2]Voraussetzung ist, dass der Steuerpflichtige spätestens am Tag nach der Vollendung des vierten Lebensjahres des Kindes die Kindererziehungszeiten beim zuständigen Träger der gesetzlichen Rentenversicherung beantragt. [3]Werden die Kindererziehungszeiten vom Träger der gesetzlichen Rentenversicherung nicht anerkannt, entfällt rückwirkend die Förderberechtigung nach Satz 1. [4]Wurde das Kind am 1. Januar geboren, gilt Satz 1 mit der Maßgabe, dass das fünfte Lebensjahr noch nicht vollendet sein darf.

(1b) [1]Sofern eine Zulagennummer (§ 90 Absatz 1 Satz 2) durch die zentrale Stelle oder eine Versicherungsnummer nach § 147 des Sechsten Buches Sozialgesetzbuch noch nicht vergeben ist, haben die in Absatz 1 Satz 1 Nummer 1 bis 5 genannten Steuerpflichtigen über die zuständige Stelle eine Zulagenummer bei der zentralen Stelle zu beantragen. [2]Für Empfänger einer Versorgung im Sinne des Absatzes 1 Satz 4 gilt Satz 1 entsprechend.

(2) [1]Ist der Sonderausgabenabzug nach Absatz 1 für den Steuerpflichtigen günstiger als der Anspruch auf die Zulage nach Abschnitt XI, erhöht sich die unter Berücksichtigung des Sonderausgabenabzugs ermittelte tarifliche Einkommensteuer um den Anspruch auf Zulage. [2]In den anderen Fällen scheidet der Sonderausgabenabzug aus. [3]Die Günstigerprüfung wird von Amts wegen vorgenommen.

(3) [1]Der Abzugsbetrag nach Absatz 1 steht im Fall der Veranlagung von Ehegatten nach § 26 Absatz 1 jedem Ehegatten unter den Voraussetzungen des Absatzes 1 gesondert zu. [2]Gehört nur ein Ehegatte zu dem nach Absatz 1 begünstigten Personenkreis und ist der andere Ehegatte nach § 79 Satz 2 zulageberechtigt, sind bei dem nach Absatz 1 abzugsberechtigten Ehegatten die von beiden Ehegatten geleisteten Altersvorsorgebeiträge und die dafür zustehenden Zulagen bei der Anwendung der Absätze 1 und 2 zu berücksichtigen. [3]Der Höchstbetrag nach Absatz 1 Satz 1 erhöht sich in den Fällen des Satzes 2 um 60 Euro. [4]Dabei sind die von dem Ehegatten, der zu dem nach Absatz 1 begünstigten Personenkreis gehört, geleisteten Altersvorsorgebeiträge vorrangig zu berücksichtigen, jedoch mindestens 60 Euro der von dem anderen Ehegatten geleisteten Altersvorsorgebeiträge. [5]Gehören beide Ehegatten zu dem nach Absatz 1 begünstigten Personenkreis und liegt ein Fall der Veranlagung nach § 26 Absatz 1 vor, ist bei der Günstigerprüfung nach Absatz 2 der Anspruch auf Zulage beider Ehegatten anzusetzen.

(4) [1]Im Fall des Absatzes 2 Satz 1 stellt das Finanzamt die über den Zulageanspruch nach Abschnitt XI hinausgehende Steuerermäßigung gesondert fest und teilt diese der zentralen Stelle (§ 81) mit; § 10d Absatz 4 Satz 3 bis 5 gilt entsprechend. [2]Sind Altersvorsorgebeiträge zugunsten von mehreren Verträgen geleistet worden, erfolgt die Zurechnung im Verhältnis der nach Absatz 1 berücksichtigten Altersvorsorgebeiträge. [3]Ehegatten ist der nach Satz 1 festzustellende Betrag auch im Falle der Zusammenveranlagung jeweils getrennt zuzurechnen; die Zurechnung erfolgt im Verhältnis der nach Absatz 1 berücksichtigten Altersvorsorgebeiträge. [4]Werden Altersvorsorgebeiträge nach Absatz 3 Satz 2 berücksichtigt, die der nach § 79 Satz 2 zulageberechtigte Ehegatte zugunsten eines auf seinen Namen lautenden Vertrages geleistet hat, ist die hierauf entfallende Steuerermäßigung dem Vertrag zuzurechnen, zu dessen Gunsten die Altersvorsorgebeiträge geleistet wurden. [5]Die Übermittlung an die zentrale Stelle erfolgt unter Angabe der Vertragsnummer und der Identifikationsnummer (§ 139b der Abgabenordnung) sowie der Zulage- oder Versicherungsnummer nach § 147 des Sechsten Buches Sozialgesetzbuch.

(5) [1]Nach Maßgabe des § 93c der Abgabenordnung hat der Anbieter als mitteilungspflichtige Stelle auch unter Angabe der Vertragsdaten die Höhe der im jeweiligen Beitragsjahr zu berücksichtigenden Altersvorsorgebeiträge sowie die Zulage- oder die Versicherungsnummer nach § 147 des Sechsten Buches Sozialgesetzbuch an die zentrale Stelle zu übermitteln. [2]§ 22a Absatz 2 gilt entsprechend. [3]§ 72a Absatz 4 der Abgabenordnung findet keine Anwendung. [4]Die übrigen Voraussetzungen für den Sonderausgabenabzug nach den Absätzen 1 bis 3 werden im Wege der Datenerhebung und des automatisierten Datenabgleichs nach § 91 überprüft. [5]Erfolgt eine Datenübermittlung nach Satz 1 und wurde noch keine Zulagenummer (§ 90 Absatz 1 Satz 2) durch die zentrale Stelle oder keine Versicherungsnummer nach § 147 des Sechsten Buches Sozialgesetzbuch vergeben, gilt § 90 Absatz 1 Satz 2 und 3 entsprechend.

(6) [1]Für die Anwendung der Absätze 1 bis 5 stehen den in der inländischen gesetzlichen Rentenversicherung Pflichtversicherten nach Absatz 1 Satz 1 die Pflichtmitglieder in einem ausländischen gesetzlichen Alterssicherungssystem gleich, wenn diese Pflichtmitgliedschaft

1. mit einer Pflichtmitgliedschaft in einem inländischen Alterssicherungssystem nach Absatz 1 Satz 1 oder 3 vergleichbar ist und
2. vor dem 1. Januar 2010 begründet wurde.

[2]Für die Anwendung der Absätze 1 bis 5 stehen den Steuerpflichtigen nach Absatz 1 Satz 4 die Personen gleich,

1. die aus einem ausländischen gesetzlichen Alterssicherungssystem eine Leistung erhalten, die den in Absatz 1 Satz 4 genannten Leistungen vergleichbar ist,
2. die unmittelbar vor dem Bezug der entsprechenden Leistung nach Satz 1 oder Absatz 1 Satz 1 oder 3 begünstigt waren und
3. die noch nicht das 67. Lebensjahr vollendet haben.

[3]Als Altersvorsorgebeiträge (§ 82) sind bei den in Satz 1 oder 2 genannten Personen nur diejenigen Beiträge zu berücksichtigen, die vom Abzugsberechtigten zugunsten seines vor dem

1. Januar 2010 abgeschlossenen Vertrags geleistet wurden. [4]Endet die unbeschränkte Steuerpflicht eines Zulageberechtigten im Sinne des Satzes 1 oder 2 durch Aufgabe des inländischen Wohnsitzes oder gewöhnlichen Aufenthalts und wird die Person nicht nach § 1 Absatz 3 als unbeschränkt einkommensteuerpflichtig behandelt, so gelten die §§ 93 und 94 entsprechend; § 99 Absatz 1 in der am 31. Dezember 2008 geltenden Fassung ist anzuwenden.

(7) Soweit nichts anderes bestimmt ist, sind die Regelungen des § 10a und des Abschnitts XI in der für das jeweilige Beitragsjahr geltenden Fassung anzuwenden.

§ 19

(1) [1]Zu den Einkünften aus nichtselbstständiger Arbeit gehören

1. Gehälter, Löhne, Gratifikationen, Tantiemen und andere Bezüge und Vorteile für eine Beschäftigung im öffentlichen oder privaten Dienst;

1a. Zuwendungen des Arbeitgebers an seinen Arbeitnehmer und dessen Begleitpersonen anlässlich von Veranstaltungen auf betrieblicher Ebene mit gesellschaftlichem Charakter (Betriebsveranstaltung). [2]Zuwendungen im Sinne des Satzes 1 sind alle Aufwendungen des Arbeitgebers einschließlich Umsatzsteuer unabhängig davon, ob sie einzelnen Arbeitnehmern individuell zurechenbar sind oder ob es sich um einen rechnerischen Anteil an den Kosten der Betriebsveranstaltung handelt, die der Arbeitgeber gegenüber Dritten für den äußeren Rahmen der Betriebsveranstaltung aufwendet. [3]Soweit solche Zuwendungen den Betrag von 110 Euro je Betriebsveranstaltung und teilnehmenden Arbeitnehmer nicht übersteigen, gehören sie nicht zu den Einkünften aus nichtselbstständiger Arbeit, wenn die Teilnahme an der Betriebsveranstaltung allen Angehörigen des Betriebs oder eines Betriebsteils offensteht. [4]Satz 3 gilt für bis zu zwei Betriebsveranstaltungen jährlich. [5]Die Zuwendungen im Sinne des Satzes 1 sind abweichend von § 8 Absatz 2 mit den anteilig auf den Arbeitnehmer und dessen Begleitpersonen entfallenden Aufwendungen des Arbeitgebers im Sinne des Satzes 2 anzusetzen;

2. Wartegelder, Ruhegelder, Witwen- und Waisengelder und andere Bezüge und Vorteile aus früheren Dienstleistungen, auch soweit sie von Arbeitgebern ausgleichspflichtiger Personen an ausgleichsberechtigte Personen infolge einer nach § 10 oder § 14 des Versorgungsausgleichsgesetzes durchgeführten Teilung geleistet werden;

3. laufende Beiträge und laufende Zuwendungen des Arbeitgebers aus einem bestehenden Dienstverhältnis an einen Pensionsfonds, eine Pensionskasse oder für eine Direktversicherung für eine betriebliche Altersversorgung. [2]Zu den Einkünften aus nichtselbstständiger Arbeit gehören auch Sonderzahlungen, die der Arbeitgeber neben den laufenden Beiträgen und Zuwendungen an eine solche Versorgungseinrichtung leistet, mit Ausnahme der Zahlungen des Arbeitgebers

   a) zur erstmaligen Bereitstellung der Kapitalausstattung zur Erfüllung der Solvabilitätskapitalanforderung nach den §§ 89, 213, 234g oder 238 des Versicherungsaufsichtsgesetzes,

   b) zur Wiederherstellung einer angemessenen Kapitalausstattung nach unvorhersehbaren Verlusten oder zur Finanzierung der Verstärkung der Rechnungsgrundlagen aufgrund einer unvorhersehbaren und nicht nur vorübergehenden Änderung der Verhältnisse, wobei die Sonderzahlungen nicht zu einer Absenkung des laufenden Beitrags führen oder durch die Absenkung des laufenden Beitrags Sonderzahlungen ausgelöst werden dürfen,

   c) in der Rentenbezugszeit nach § 236 Absatz 2 des Versicherungsaufsichtsgesetzes oder

   d) in Form von Sanierungsgeldern;

   Sonderzahlungen des Arbeitgebers sind insbesondere Zahlungen an eine Pensionskasse anlässlich

   a) seines Ausscheidens aus einer nicht im Wege der Kapitaldeckung finanzierten betrieblichen Altersversorgung oder

   b) des Wechsels von einer nicht im Wege der Kapitaldeckung zu einer anderen nicht im Wege der Kapitaldeckung finanzierten betrieblichen Altersversorgung.

   [3]Von Sonderzahlungen im Sinne des Satzes 2 zweiter Halbsatz Buchstabe b ist bei laufenden und wiederkehrenden Zahlungen entsprechend dem periodischen Bedarf nur auszugehen, soweit die Bemessung der Zahlungsverpflichtungen des Arbeitgebers in das Versorgungssystem nach dem Wechsel die Bemessung der Zahlungsverpflichtung zum Zeitpunkt des Wechsels übersteigt. [4]Sanierungsgelder sind Sonderzahlungen des Arbeitgebers an eine Pensionskasse anlässlich der Systemumstellung einer nicht im Wege der Kapitaldeckung finanzierten betrieblichen Altersversorgung auf der Finanzierungs- oder Leistungsseite, die der Finanzierung der zum Zeitpunkt der Umstellung bestehenden Versorgungsverpflichtungen oder Versorgungsanwartschaften dienen; bei laufenden und wiederkehrenden Zahlungen entsprechend dem periodischen Bedarf ist nur von Sanierungsgeldern auszugehen, soweit die Bemessung der Zahlungsverpflichtungen des Arbeitgebers in das Versorgungssystem nach der Systemumstellung die Bemessung der Zahlungsverpflichtung zum Zeitpunkt der Systemumstellung übersteigt.

[2]Es ist gleichgültig, ob es sich um laufende oder um einmalige Bezüge handelt und ob ein Rechtsanspruch auf sie besteht.

(2) [1]Von Versorgungsbezügen bleiben ein nach einem Prozentsatz ermittelter, auf einen Höchstbetrag begrenzter Betrag (Versorgungsfreibetrag) und ein Zuschlag zum Versorgungsfreibetrag steuerfrei. [2]Versorgungsbezüge sind

1. das Ruhegehalt, Witwen- oder Waisengeld, der Unterhaltsbeitrag oder ein gleichartiger Bezug

   a) aufgrund beamtenrechtlicher oder entsprechender gesetzlicher Vorschriften,

   b) nach beamtenrechtlichen Grundsätzen von Körperschaften, Anstalten oder Stiftungen des öffentlichen Rechts oder öffentlich-rechtlichen Verbänden von Körperschaften

   oder

2. in anderen Fällen Bezüge und Vorteile aus früheren Dienstleistungen wegen Erreichens einer Altersgrenze, verminderter Erwerbsfähigkeit oder Hinterbliebenenbezüge; Bezüge wegen Erreichens einer Altersgrenze gelten erst dann als Versorgungsbezüge, wenn der Steuerpflichtige das 63. Lebensjahr oder, wenn er schwerbehindert ist, das 60. Lebensjahr vollendet hat.

[3]Der maßgebende Prozentsatz, der Höchstbetrag des Versorgungsfreibetrags und der Zuschlag zum Versorgungsfreibetrag sind der nachstehenden Tabelle zu entnehmen:

Jahr des Versorgungs-beginns	Versorgungsfreibetrag		Zuschlag zum Versorgungs-freibetrag in Euro
	in % der Versorgungs-bezüge	Höchst-betrag in Euro	
bis 2005	40,0	3 000	900
ab 2006	38,4	2 880	864
2007	36,8	2 760	828
2008	35,2	2 640	792
2009	33,6	2 520	756
2010	32,0	2 400	720
2011	30,4	2 280	684
2012	28,8	2 160	648
2013	27,2	2 040	612
2014	25,6	1 920	576
2015	24,0	1 800	540
2016	22,4	1 680	504
2017	20,8	1 560	468
2018	19,2	1 440	432
2019	17,6	1 320	396
2020	16,0	1 200	360
2021	15,2	1 140	342
2022	14,4	1 080	324
2023	14,0	1 050	315
2024	13,6	1 020	306
2025	13,2	990	297
2026	12,8	960	288
2027	12,4	930	279
2028	12,0	900	270
2029	11,6	870	261
2030	11,2	840	252
2031	10,8	810	243
2032	10,4	780	234
2033	10,0	750	225
2034	9,6	720	216
2035	9,2	690	207
2036	8,8	660	198
2037	8,4	630	189
2038	8,0	600	180
2039	7,6	570	171
2040	7,2	540	162
2041	6,8	510	153
2042	6,4	480	144
2043	6,0	450	135
2044	5,6	420	126
2045	5,2	390	117
2046	4,8	360	108
2047	4,4	330	99
2048	4,0	300	90
2049	3,6	270	81
2050	3,2	240	72
2051	2,8	210	63
2052	2,4	180	54
2053	2,0	150	45
2054	1,6	120	36
2055	1,2	90	27
2056	0,8	60	18
2057	0,4	30	9
2058	0,0	0	0

[4]Bemessungsgrundlage für den Versorgungsfreibetrag ist

a) bei Versorgungsbeginn vor 2005

   das Zwölffache des Versorgungsbezugs für Januar 2005,

b) bei Versorgungsbeginn ab 2005

   das Zwölffache des Versorgungsbezugs für den ersten vollen Monat,

jeweils zuzüglich voraussichtlicher Sonderzahlungen im Kalenderjahr, auf die zu diesem Zeitpunkt ein Rechtsanspruch besteht. [5]Der Zuschlag zum Versorgungsfreibetrag darf nur bis zur Höhe der um den Versorgungsfreibetrag geminderten Bemessungsgrundlage berücksichtigt werden. [6]Bei mehreren Versorgungsbezügen mit unterschiedlichem Bezugsbeginn bestimmen sich der insgesamt berücksichtigungsfähige Höchstbetrag des Versorgungsfreibetrags und der Zuschlag zum Versorgungsfreibetrag nach dem Jahr des Beginns des ersten Versorgungsbezugs. [7]Folgt ein Hinterbliebenenbezug einem Versorgungsbezug, bestimmen sich der Prozentsatz, der Höchstbetrag des Versorgungsfreibetrags und der Zuschlag zum Versorgungsfreibetrag für den Hinterbliebenenbezug nach dem Jahr des Beginns des Versorgungsbezugs. [8]Der nach den Sätzen 3 bis 7 berechnete Versorgungsfreibetrag und Zuschlag zum Versorgungsfreibetrag gelten für die gesamte Laufzeit des Versorgungsbezugs. [9]Regelmäßige Anpassungen des Versorgungsbezugs führen nicht zu einer Neuberechnung. [10]Abweichend hiervon sind der Versorgungsfreibetrag und der Zuschlag zum Versorgungsfreibetrag neu zu berechnen, wenn sich der Versorgungsbezug wegen Anwendung von Anrechnungs-, Ruhens-, Erhöhungs- oder Kürzungsregelungen erhöht oder vermindert. [11]In diesen Fällen sind die Sätze 3 bis 7 mit dem geänderten Versorgungsbezug als Bemessungsgrundlage im Sinne des Satzes 4 anzuwenden; im Kalenderjahr der Änderung sind der höchste Versorgungsfreibetrag und Zuschlag zum Versorgungsfreibetrag maßgebend. [12]Für jeden vollen Kalendermonat, für den keine Versorgungsbezüge gezahlt werden, ermäßigen sich der Versorgungsfreibetrag und der Zuschlag zum Versorgungsfreibetrag in diesem Kalenderjahr um je ein Zwölftel.

(3) [1]Die Energiepreispauschale nach dem Versorgungsrechtlichen Energiepreispauschalen-Gewährungsgesetz oder vergleichbare Leistungen zum Ausgleich gestiegener Energiepreise nach Landesrecht sind als Einnahmen nach Absatz 2 zu berücksichtigen. [2]Sie gelten nicht als Sonderzahlung im Sinne von Absatz 2 Satz 4, jedoch als regelmäßige Anpassung des Versorgungsbezugs im Sinne von Absatz 2 Satz 9. [3]Im Lohnsteuerabzugsverfahren sind die Energiepreispauschale und vergleichbare Leistungen bei der Berechnung einer Vorsorgepauschale nach § 39b Absatz 2 Satz 5 Nummer 3 Buchstabe b und c nicht zu berücksichtigen. [4]In den Fällen des Satzes 1 sind die §§ 3 und 24a nicht anzuwenden.

§ 22
Arten der sonstigen Einkünfte

Sonstige Einkünfte sind

1. Einkünfte aus wiederkehrenden Bezügen, soweit sie nicht zu den in § 2 Absatz 1 Nummer 1 bis 6 bezeichneten Einkunftsarten gehören; § 15b ist sinngemäß anzuwenden. [2]Werden die Bezüge freiwillig oder aufgrund einer freiwillig begründeten Rechtspflicht oder einer gesetzlich unterhaltsberechtigten Person gewährt, so sind sie nicht dem Empfänger zuzurechnen; dem Empfänger sind dagegen zuzurechnen

   a) Bezüge, die von einer Körperschaft, Personenvereinigung oder Vermögensmasse außerhalb der Erfüllung steuerbegünstigter Zwecke im Sinne der §§ 52 bis 54 der Abgabenordnung gewährt werden, und

   b) Bezüge im Sinne des § 1 der Verordnung über die Steuerbegünstigung von Stiftungen, die an die Stelle von Familienfideikommissen getreten sind, in der im Bundesgesetzblatt Teil III, Gliederungsnummer 611-4-3, veröffentlichten bereinigten Fassung.

   [3]Zu den in Satz 1 bezeichneten Einkünften gehören auch

   a) Leibrenten und andere Leistungen,

      aa) die aus den gesetzlichen Rentenversicherungen, der landwirtschaftlichen Alterskasse, den berufsständischen Versorgungseinrichtungen und aus Rentenversicherungen im Sinne des § 10 Absatz 1 Nummer 2 Buchstabe b erbracht werden, soweit sie jeweils der Besteuerung unterliegen. [2]Bemessungsgrundlage für den der Besteuerung unterliegenden Anteil ist der Jahresbetrag der Rente. [3]Der der Besteuerung unterliegende Anteil ist nach dem Jahr des Rentenbeginns und dem in diesem Jahr maßgebenden Prozentsatz aus der nachstehenden Tabelle zu entnehmen:

Jahr des Rentenbeginns	Besteuerungsanteil in %	Jahr des Rentenbeginns	Besteuerungsanteil in %
bis 2005	50,0	2032	87,0
ab 2006	52,0	2033	87,5
2007	54,0	2034	88,0
2008	56,0	2035	88,5
2009	58,0	2036	89,0
2010	60,0	2037	89,5
2011	62,0	2038	90,0
2012	64,0	2039	90,5
2013	66,0	2040	91,0
2014	68,0	2041	91,5
2015	70,0	2042	92,0
2016	72,0	2043	92,5
2017	74,0	2044	93,0
2018	76,0	2045	93,5
2019	78,0	2046	94,0
2020	80,0	2047	94,5
2021	81,0	2048	95,0
2022	82,0	2049	95,5
2023	82,5	2050	96,0
2024	83,0	2051	96,5
2025	83,5	2052	97,0
2026	84,0	2053	97,5
2027	84,5	2054	98,0
2028	85,0	2055	98,5
2029	85,5	2056	99,0
2030	86,0	2057	99,5
2031	86,5	2058	100,0

      [4]Der Unterschiedsbetrag zwischen dem Jahresbetrag der Rente und dem der Besteuerung unterliegenden Anteil der Rente ist der steuerfreie Teil der Rente. [5]Dieser gilt ab dem Jahr, das dem Jahr des Rentenbeginns folgt, für die gesamte Laufzeit des Rentenbezugs. [6]Abweichend hiervon ist der steuerfreie Teil der Rente bei einer Veränderung des Jahresbetrags der Rente in dem Verhältnis anzupassen, in dem der veränderte Jahresbetrag der Rente zum Jahresbetrag der Rente steht, der der Ermittlung des steuerfreien Teils der Rente zugrunde liegt. [7]Regelmäßige Anpassungen des Jahresbetrags der Rente führen nicht zu einer Neuberechnung und bleiben bei einer Neuberechnung außer Betracht. [8]Folgen nach dem 31. Dezember 2004 Renten aus derselben Versicherung einander nach, gilt für die spätere Rente Satz 3 mit der Maßgabe, dass sich der Prozentsatz nach dem Jahr richtet, das sich ergibt, wenn die Laufzeit der vorhergehenden Renten von dem Jahr des Beginns der späteren Rente abgezogen wird; der Prozentsatz kann jedoch nicht niedriger bemessen werden als der für das Jahr 2005. [9]Verstirbt der Rentenempfänger, ist ihm die Rente für den Sterbemonat noch zuzurechnen;

      bb) die nicht solche im Sinne des Doppelbuchstaben aa sind und bei denen in den einzelnen Bezügen Einkünfte aus Erträgen des Rentenrechts enthalten sind. [2]Dies gilt auf Antrag auch für Leibrenten und andere Leistungen, soweit diese auf bis zum 31. Dezember 2004 geleisteten Beiträgen beruhen, welche oberhalb des Betrags des Höchstbeitrags zur gesetzlichen Rentenversicherung gezahlt wurden; der Steuerpflichtige muss nachweisen, dass der Betrag des Höchstbeitrags mindestens zehn Jahre überschritten wurde; soweit hiervon im Versorgungsausgleich übertragene Rentenanwartschaften betroffen sind, gilt § 4 Absatz 1 und 2 des Versorgungsausgleichsgesetzes entsprechend. [3]Als Ertrag des Rentenrechts gilt für die gesamte Dauer des Rentenbezugs der Unterschiedsbetrag zwischen dem Jahresbetrag der Rente und dem Betrag, der sich bei gleichmäßiger Verteilung des Kapitalwerts der Rente auf ihre voraussichtliche Laufzeit ergibt; dabei ist der Kapitalwert nach dieser Laufzeit zu berechnen. [4]Der Ertrag des Rentenrechts (Ertragsanteil) ist aus der nachstehenden Tabelle zu entnehmen:

Bei Beginn der Rente vollendetes Lebensjahr des Rentenberechtigten	Ertragsanteil in %
0 bis 1	59
2 bis 3	58
4 bis 5	57
6 bis 8	56
9 bis 10	55
11 bis 12	54
13 bis 14	53
15 bis 16	52
17 bis 18	51
19 bis 20	50
21 bis 22	49
23 bis 24	48
25 bis 26	47
27	46
28 bis 29	45
30 bis 31	44
32	43
33 bis 34	42
35	41
36 bis 37	40
38	39
39 bis 40	38
41	37
42	36
43 bis 44	35
45	34
46 bis 47	33
48	32
49	31
50	30
51 bis 52	29
53	28
54	27
55 bis 56	26
57	25
58	24
59	23
60 bis 61	22
62	21
63	20
64	19
65 bis 66	18
67	17
68	16
69 bis 70	15
71	14
72 bis 73	13
74	12
75	11
76 bis 77	10
78 bis 79	9
80	8
81 bis 82	7
83 bis 84	6
85 bis 87	5
88 bis 91	4
92 bis 93	3
94 bis 96	2
ab 97	1

[5]Die Ermittlung des Ertrags aus Leibrenten, die vor dem 1. Januar 1955 zu laufen begonnen haben, und aus Renten, deren Dauer von der Lebenszeit mehrerer Personen oder einer anderen Person als des Rentenberechtigten abhängt, sowie aus Leibrenten, die auf eine bestimmte Zeit beschränkt sind, wird durch eine Rechtsverordnung bestimmt. [6]Doppelbuchstabe aa Satz 9 gilt entsprechend;

b) Einkünfte aus Zuschüssen und sonstigen Vorteilen, die als wiederkehrende Bezüge gewährt werden;

c) die Energiepreispauschale nach dem Rentenbeziehende-Energiepreispauschalengesetz;

1a. Einkünfte aus Leistungen und Zahlungen nach § 10 Absatz 1a, soweit für diese die Voraussetzungen für den Sonderausgabenabzug beim Leistungs- oder Zahlungsverpflichteten nach § 10 Absatz 1a erfüllt sind;

1b. – *weggefallen* –

1c. – *weggefallen* –

2. Einkünfte aus privaten Veräußerungsgeschäften im Sinne des § 23;

3. Einkünfte aus Leistungen, soweit sie weder zu anderen Einkunftsarten (§ 2 Absatz 1 Satz 1 Nummer 1 bis 6) noch zu den Einkünften im Sinne der Nummern 1, 1a, 2 oder 4 gehören, z. B. Einkünfte aus gelegentlichen Vermittlungen und aus der Vermietung beweglicher Gegenstände. [2]Solche Einkünfte sind nicht einkommensteuerpflichtig, wenn sie weniger als 256 Euro im Kalenderjahr betragen haben. [3]Übersteigen die Werbungskosten die Einnahmen, so darf der übersteigende Betrag bei Ermittlung des Einkommens nicht ausgeglichen werden; er darf auch nicht nach § 10d abgezogen werden. [4]Die Verluste mindern jedoch nach Maßgabe des § 10d die Einkünfte, die der Steuerpflichtige in dem unmittelbar vorangegangenen Veranlagungszeitraum oder in den folgenden Veranlagungszeiträumen aus Leistungen im Sinne des Satzes 1 erzielt hat oder erzielt; § 10d Absatz 4 gilt entsprechend;

4. Entschädigungen, Amtszulagen, Zuschüsse zu Kranken- und Pflegeversicherungsbeiträgen, Übergangsgelder, Überbrückungsgelder, Sterbegelder, Versorgungsabfindungen, Versorgungsbezüge, die aufgrund des Abgeordnetengesetzes oder des Europaabgeordnetengesetzes, sowie vergleichbare Bezüge, die aufgrund der entsprechenden Gesetze der Länder gezahlt werden, und die Entschädigungen, das Übergangsgeld, das Ruhegehalt und die Hinterbliebenenversorgung, die aufgrund des Abgeordnetenstatus des

Europäischen Parlaments von der Europäischen Union gezahlt werden. [2]Werden zur Abgeltung des durch das Mandat veranlassten Aufwandes Aufwandsentschädigungen gezahlt, so dürfen die durch das Mandat veranlassten Aufwendungen nicht als Werbungskosten abgezogen werden. [3]Wahlkampfkosten zur Erlangung eines Mandats im Bundestag, im Europäischen Parlament oder im Parlament eines Landes dürfen nicht als Werbungskosten abgezogen werden. [4]Es gelten entsprechend

a) für Nachversicherungsbeiträge aufgrund gesetzlicher Verpflichtung nach den Abgeordnetengesetzen im Sinne des Satzes 1 und für Zuschüsse zu Kranken- und Pflegeversicherungsbeiträgen § 3 Nummer 62,

b) für Versorgungsbezüge § 19 Absatz 2 nur bezüglich des Versorgungsfreibetrags; beim Zusammentreffen mit Versorgungsbezügen im Sinne des § 19 Absatz 2 Satz 2 bleibt jedoch insgesamt höchstens ein Betrag in Höhe des Versorgungsfreibetrags nach § 19 Absatz 2 Satz 3 im Veranlagungszeitraum steuerfrei,

c) für das Übergangsgeld, das in einer Summe gezahlt wird, und für die Versorgungsabfindung § 34 Absatz 1,

d) für die Gemeinschaftssteuer, die auf die Entschädigung, das Übergangsgeld, das Ruhegehalt und die Hinterbliebenenversorgung aufgrund des Abgeordnetenstatuts des Europäischen Parlaments von der Europäischen Union erhoben wird, § 34c Absatz 1; dabei sind die im ersten Halbsatz genannten Einkünfte für die entsprechende Anwendung des § 34c Absatz 1 wie ausländische Einkünfte und die Gemeinschaftssteuer wie eine der deutschen Einkommensteuer entsprechende ausländische Steuer zu behandeln;

5. Leistungen aus Altersvorsorgeverträgen, Pensionsfonds, Pensionskassen und Direktversicherungen. [2]Soweit die Leistungen nicht auf Beiträgen, auf die § 3 Nummer 63, 63a, § 10a, Abschnitt XI oder Abschnitt XII angewendet wurden, nicht auf Zulagen im Sinne des Abschnitts XI, nicht auf Zahlungen im Sinne des § 92a Absatz 2 Satz 4 Nummer 1 und des § 92a Absatz 3 Satz 9 Nummer 2, nicht auf steuerfreien Leistungen nach § 3 Nummer 66, nicht auf Ansprüchen beruhen, die durch steuerfreie Zuwendungen nach § 3 Nummer 56 oder die durch die nach § 3 Nummer 55b Satz 1 oder § 3 Nummer 55c steuerfreie Leistung aus einem neu begründeten Anrecht erworben wurden, und nicht auf Beiträgen in eine ausländische Versorgungseinrichtung beruhen, für die bei der deutschen Besteuerung oder der Besteuerung in einem anderen Staat eine vergleichbare steuerliche Freistellung oder Begünstigung gewährt wurde,

   a) ist bei lebenslangen Renten sowie bei Berufsunfähigkeits-, Erwerbsminderungs- und Hinterbliebenenrenten Nummer 1 Satz 3 Buchstabe a entsprechend anzuwenden,

   b) ist bei Leistungen aus Versicherungsverträgen, Pensionsfonds, Pensionskassen und Direktversicherungen, die nicht solche nach Buchstabe a sind, § 20 Absatz 1 Nummer 6 in der jeweils für den Vertrag geltenden Fassung entsprechend anzuwenden,

   c) unterliegt bei anderen Leistungen der Unterschiedsbetrag zwischen der Leistung und der Summe der auf sie entrichteten Beiträge der Besteuerung; § 20 Absatz 1 Nummer 6 Satz 2 gilt entsprechend.

[3]In den Fällen des § 93 Absatz 1 Satz 1 und 2 gilt das ausgezahlte geförderte Altersvorsorgevermögen nach Abzug der Zulagen im Sinne des Abschnitts XI als Leistung im Sinne des Satzes 2. [4]Als Leistung im Sinne des Satzes 1 gilt auch der Verminderungsbetrag nach § 92a Absatz 2 Satz 5 und der Auflösungsbetrag nach § 92a Absatz 3 Satz 5. [5]Der Auflösungsbetrag nach § 92a Absatz 2 Satz 6 wird zu 70 Prozent als Leistung nach Satz 1 erfasst. [6]Tritt nach dem Beginn der Auszahlungsphase zu Lebzeiten des Zulageberechtigten der Fall des § 92a Absatz 3 Satz 1 ein, dann ist

a) innerhalb eines Zeitraums bis zum zehnten Jahr nach dem Beginn der Auszahlungsphase das Eineinhalbfache,

b) innerhalb eines Zeitraums zwischen dem zehnten und 20. Jahr nach dem Beginn der Auszahlungsphase das Einfache

des nach Satz 5 noch nicht erfassten Auflösungsbetrags als Leistung nach Satz 1 zu erfassen; § 92a Absatz 3 Satz 9 gilt entsprechend mit der Maßgabe, dass als noch nicht zurückgeführter Betrag im Wohnförderungskonto der noch nicht erfasste Auflösungsbetrag gilt. [7]Bei erstmaligem Bezug von Leistungen, in den Fällen des § 93 Absatz 1 sowie bei Änderung der im Kalenderjahr auszuzahlenden Leistung hat der Anbieter (§ 80) nach Ablauf des Kalenderjahres dem Steuerpflichtigen nach amtlich vorgeschriebenem Muster den Betrag der im abgelaufenen Kalenderjahr zugeflossenen Leistungen im Sinne der Sätze 1 bis 3 je gesondert mitzuteilen; mit Einverständnis des Steuerpflichtigen kann die Mitteilung elektronisch bereitgestellt werden. [8]Werden dem Steuerpflichtigen Abschluss- und Vertriebskosten eines Altersvorsorgevertrages erstattet, gilt der Erstattungsbetrag als Leistung im Sinne des Satzes 1. [9]In den Fällen des § 3 Nummer 55a richtet sich die Zuordnung zu Satz 1 oder Satz 2 bei der ausgleichsberechtigten Person danach, wie eine nur auf die Ehezeit bezogene Zuordnung der sich aus dem übertragenen Anrecht ergebenden Leistung zu Satz 1 oder Satz 2 bei der ausgleichspflichtigen Person im Zeitpunkt der Übertragung ohne die Teilung vorzunehmen gewesen wäre. [10]Dies gilt sinngemäß in den Fällen des § 3 Nummer 55 und 55e. [11]Wird eine Versorgungsverpflichtung nach § 3 Nummer 66 auf einen Pensionsfonds übertragen und hat der Steuerpflichtige bereits vor dieser Übertragung Leistungen aufgrund dieser Versorgungsverpflichtung erhalten, so sind insoweit auf die Leistungen aus dem Pensionsfonds im Sinne des Satzes 1 die Beträge nach § 9a Satz 1 Nummer 1 und § 19 Absatz 2 entsprechend anzuwenden; § 9a Satz 1 Nummer 3 ist nicht anzuwenden. [12]Wird aufgrund einer internen Teilung nach § 10 des Versorgungsausgleichsgesetzes oder einer externen Teilung nach § 14 des Versorgungsausgleichsgesetzes ein Anrecht zugunsten der ausgleichsberechtigten Person begründet, so gilt dieser Vertrag insoweit zu dem gleichen Zeitpunkt als abgeschlossen wie der Vertrag der ausgleichspflichtigen Person, wenn die aus dem Vertrag der ausgleichspflichtigen Person ausgezahlten Leistungen zu einer Besteuerung nach Satz 2 führen. [13]Für Leistungen aus Altersvorsorgeverträgen nach § 93 Absatz 3 ist § 34 Absatz 1 entsprechend anzuwenden. [14]§ 20 Absatz 1 Nummer 6 Satz 9 in der ab dem 27. Juli 2016 geltenden Fassung findet keine Anwendung. [15]Nummer 1 Satz 3 Doppelbuchstabe aa Satz 9 gilt entsprechend.

§ 22a[1])

Rentenbezugsmitteilungen an die zentrale Stelle

(1) [1]Nach Maßgabe des § 93c der Abgabenordnung haben die Träger der gesetzlichen Rentenversicherung, die landwirtschaftliche Alterskasse, die berufsständischen Versorgungseinrichtungen, die Pensionskassen, die Pensionsfonds, die Versicherungsunternehmen, die Unternehmen, die Verträge im Sinne des § 10 Absatz 1 Nummer 2 Buchstabe b anbieten, und die Anbieter im Sinne des § 80 als mitteilungspflichtige Stellen der zentralen Stelle (§ 81) unter Beachtung der im Bundessteuerblatt veröffentlichten Auslegungsvorschriften der Finanzverwaltung folgende Daten zu übermitteln (Rentenbezugsmitteilung):

1. die in § 93c Absatz 1 Nummer 2 Buchstabe c der Abgabenordnung genannten Daten mit der Maßgabe, dass der Leistungsempfänger als Steuerpflichtiger gilt. [2]Eine inländische Anschrift des Leistungsempfängers ist nicht zu übermitteln. [3]Ist der mitteilungspflichtigen Stelle eine ausländische Anschrift des Leistungsempfängers bekannt, ist diese anzugeben. [4]In diesen Fällen ist auch die Staatsangehörigkeit des Leistungsempfängers, soweit bekannt, mitzuteilen;
2. je gesondert den Betrag der Leibrenten und anderen Leistungen im Sinne des § 22 Nummer 1 Satz 3 Buchstabe a Doppelbuchstabe aa und bb Satz 4 sowie Doppelbuchstabe bb Satz 5 in Verbindung mit § 55 Absatz 2 der Einkommensteuer-Durchführungsverordnung sowie im Sinne des § 22 Nummer 5 Satz 1 bis 3. [2]Der im Betrag der Rente enthaltene Teil, der ausschließlich auf einer Anpassung der Rente beruht, ist gesondert mitzuteilen;
3. Zeitpunkt des Beginns und des Endes des jeweiligen Leistungsbezugs; folgen nach dem 31. Dezember 2004 Renten aus derselben Versicherung einander nach, so ist auch die Laufzeit der vorhergehenden Renten mitzuteilen;
4. die Beiträge im Sinne des § 10 Absatz 1 Nummer 3 Buchstabe a Satz 1 und 2 und Buchstabe b, soweit diese von der mitteilungspflichtigen Stelle an die Träger der gesetzlichen Kranken- und Pflegeversicherung abgeführt werden;
5. die dem Leistungsempfänger zustehenden Beitragszuschüsse nach § 106 des Sechsten Buches Sozialgesetzbuch;
6. ab dem 1. Januar 2017 ein gesondertes Merkmal und ab dem 1. Januar 2019 zwei gesonderte Merkmale für Verträge, auf denen gefördertes Altersvorsorgevermögen gebildet wurde; die zentrale Stelle ist in diesen Fällen berechtigt, die Daten dieser Rentenbezugsmitteilung im Zulagekonto zu speichern und zu verarbeiten;
7. ab dem 1. Januar 2019 die gesonderte Kennzeichnung einer Leistung aus einem Altersvorsorgevertrag nach § 93 Absatz 3;
8. ab dem 1. Januar 2022 die durch Steuerabzug gemäß § 50a Absatz 7 einbehaltenen Beträge.

[2]Die Träger der gesetzlichen Rentenversicherung und die landwirtschaftliche Alterskasse haben gesondert neben der nach Satz 1 zu übermittelnden Rentenbezugsmitteilung für Leistungsempfänger im Sinne des § 1 Absatz 2 des Rentenbeziehende-Energiepreispauschalengesetzes einmalig eine Rentenbezugsmitteilung nach Maßgabe des § 93c der Abgabenordnung mit den Daten nach Satz 1 Nummer 1 und 3 sowie den Betrag der Leistung nach § 1 Absatz 1 des Rentenbeziehende-Energiepreispauschalengesetzes zu übermitteln. [3]§ 72a Absatz 4 und § 93c Absatz 1 Nummer 3 der Abgabenordnung finden keine Anwendung.

(2) [1]Der Leistungsempfänger hat der mitteilungspflichtigen Stelle seine Identifikationsnummer sowie den Tag seiner Geburt mitzuteilen. [2]Teilt der Leistungsempfänger die Identifikationsnummer der mitteilungspflichtigen Stelle trotz Aufforderung nicht mit, übermittelt das Bundeszentralamt für Steuern der mitteilungspflichtigen Stelle auf deren Anfrage die Identifikationsnummer des Leistungsempfängers sowie, falls es sich bei der mitteilungspflichtigen Stelle um einen Träger der gesetzlichen Sozialversicherung handelt, auch den beim Bundeszentralamt für Steuern gespeicherten Tag der Geburt des Leistungsempfängers (§ 139b Absatz 3 Nummer 8 der Abgabenordnung), wenn dieser von dem in der Anfrage übermittelten Tag der Geburt abweicht und für die weitere Datenübermittlung benötigt wird; weitere Daten dürfen nicht übermittelt werden. [3]In der Anfrage dürfen nur die in § 139b Absatz 3 der Abgabenordnung genannten Daten des Leistungsempfängers angegeben werden, soweit sie der mitteilungspflichtigen Stelle bekannt sind. [4]Die Anfrage der mitteilungspflichtigen Stelle und die Antwort des Bundeszentralamtes für Steuern sind nach amtlich vorgeschriebenem Datensatz durch Datenfernübertragung über die zentrale Stelle zu übermitteln. [5]Die zentrale Stelle führt eine ausschließlich automatisierte Prüfung der ihr übermittelten Daten daraufhin durch, ob sie vollständig und schlüssig sind und ob das vorgeschriebene Datenformat verwendet worden ist. [6]Sie speichert die Daten des Leistungsempfängers nur für Zwecke dieser Prüfung bis zur Übermittlung an das Bundeszentralamt für Steuern oder an die mitteilungspflichtige Stelle. [7]Die Daten sind für die Übermittlung zwischen der zentralen Stelle und dem Bundeszentralamt für Steuern zu verschlüsseln. [8]Die mitteilungspflichtige Stelle darf die Identifikationsnummer sowie einen nach Satz 2 mitgeteilten Tag der Geburt nur verarbeiten, soweit dies für die Erfüllung der Mitteilungspflicht nach Absatz 1 Satz 1 erforderlich ist. [9]§ 93c der Abgabenordnung ist für das Verfahren nach den Sätzen 1 bis 8 nicht anzuwenden. [10]Die Sätze 1 bis 9 gelten ab dem 1. Januar 2027 für die mitteilungspflichtige Stelle nach Absatz 1 mit der Maßgabe, dass diese die Identifikationsnummer ihrer Versicherten oder ihrer Kunden zur Durchführung des Rentenübersichtsgesetzes bereits vor dem Leistungsbezug erheben können; in diesen Fällen teilt das Bundeszentralamt für Steuern der mitteilungspflichtigen Stelle auf deren Anfrage die Identifikationsnummer des Versicherten oder des Kunden nur mit, wenn die von der anfragenden Stelle übermittelten Daten mit den nach § 139b Absatz 3 der Abgabenordnung beim Bundeszentralamt für Steuern gespeicherten Daten im maschinellen Datenabgleich übereinstimmen. [11]Wird im Rahmen einer Registermodernisierung ein gesondertes Erhebungsverfahren für die Erhebung der Identifikationsnummer eingerichtet, ist abweichend von Satz 10 das neu eingerichtete Erhebungsverfahren zu nutzen.

---

1) **Anm. d. Verlages:** Gemäß Art. 6 G vom 2.12.2024 (BGBl. I Nr. 387) wird § 22a Absatz 2 mit Wirkung vom 1.1.2027 wie folgt geändert:

1. Satz 10 wird wie folgt gefasst:

   „Die Sätze 2 bis 9 gelten ab dem 1. Januar 2027 für die mitteilungspflichtige Stelle nach Absatz 1 mit der Maßgabe, dass diese ohne eine vorherige Aufforderung an den Versicherten oder den Kunden deren Identifikationsnummer zur Durchführung des Rentenübersichtsgesetzes bereits vor dem Leistungsbezug erheben kann; in diesen Fällen teilt das Bundeszentralamt für Steuern der mitteilungspflichtigen Stelle auf deren Anfrage die Identifikationsnummer des Versicherten oder des Kunden nur mit, wenn die von der anfragenden Stelle übermittelten Daten mit den nach § 139b Absatz 3 der Abgabenordnung beim Bundeszentralamt für Steuern gespeicherten Daten im maschinellen Datenabgleich übereinstimmen."

2. Folgender Satz wird angefügt:

   „Vor einer Anfrage nach Satz 2 kann die mitteilungspflichtige Stelle abweichend von Satz 1 und 2 ohne eine vorherige Aufforderung an den Leistungsempfänger dessen Identifikationsnummer beim Bundeszentralamt für Steuern anfordern; das Bundeszentralamt für Steuern teilt in diesem Fall die Identifikationsnummer nur mit, wenn die von der mitteilungspflichtigen Stelle übermittelten Daten mit den nach § 139b Absatz 3 der Abgabenordnung beim Bundeszentralamt für Steuern gespeicherten Daten im maschinellen Datenabgleich übereinstimmen."

(3) Die mitteilungspflichtige Stelle hat den Leistungsempfänger jeweils darüber zu unterrichten, dass die Leistung der zentralen Stelle mitgeteilt wird.

(4) *– aufgehoben –*

(5) [1]Wird eine Rentenbezugsmitteilung nicht innerhalb der in § 93c Absatz 1 Nummer 1 der Abgabenordnung genannten Frist übermittelt, so ist für jeden angefangenen Monat, in dem die Rentenbezugsmitteilung noch aussteht, ein Betrag in Höhe von 10 Euro für jede ausstehende Rentenbezugsmitteilung an die zentrale Stelle zu entrichten (Verspätungsgeld). [2]Die Erhebung erfolgt durch die zentrale Stelle im Rahmen ihrer Prüfung nach § 93c Absatz 4 der Abgabenordnung. [3]Von der Erhebung ist abzusehen, soweit die Fristüberschreitung auf Gründen beruht, die die mitteilungspflichtige Stelle nicht zu vertreten hat. [4]Das Handeln eines gesetzlichen Vertreters oder eines Erfüllungsgehilfen steht dem eigenen Handeln gleich. [5]Das von einer mitteilungspflichtigen Stelle zu entrichtende Verspätungsgeld darf 50 000 Euro für alle für einen Veranlagungszeitraum zu übermittelnden Rentenbezugsmitteilungen nicht übersteigen.

(6) Die zentrale Stelle ist berechtigt, in den in § 151b Absatz 3 Satz 2 des Sechsten Buches Sozialgesetzbuch genannten Fällen die Rentenbezugsmitteilung an die Träger der gesetzlichen Rentenversicherung zu übermitteln.

§ 26
Veranlagung von Ehegatten

(1) [1]Ehegatten können zwischen der Einzelveranlagung (§ 26a) und der Zusammenveranlagung (§ 26b) wählen, wenn

1. beide unbeschränkt einkommensteuerpflichtig im Sinne des § 1 Absatz 1 oder 2 oder des § 1a sind,
2. sie nicht dauernd getrennt leben und
3. bei ihnen die Voraussetzungen aus den Nummern 1 und 2 zu Beginn des Veranlagungszeitraums vorgelegen haben oder im Laufe des Veranlagungszeitraums eingetreten sind.

[2]Hat ein Ehegatte in dem Veranlagungszeitraum, in dem seine zuvor bestehende Ehe aufgelöst worden ist, eine neue Ehe geschlossen und liegen bei ihm und dem neuen Ehegatten die Voraussetzungen des Satzes 1 vor, bleibt die zuvor bestehende Ehe für die Anwendung des Satzes 1 unberücksichtigt.

(2) [1]Ehegatten werden einzeln veranlagt, wenn einer der Ehegatten die Einzelveranlagung wählt. [2]Ehegatten werden zusammen veranlagt, wenn beide Ehegatten die Zusammenveranlagung wählen. [3]Die Wahl wird für den betreffenden Veranlagungszeitraum durch Angabe in der Steuererklärung getroffen. [4]Die Wahl der Veranlagungsart innerhalb eines Veranlagungszeitraums kann nach Eintritt der Unanfechtbarkeit des Steuerbescheids nur noch geändert werden, wenn

1. ein Steuerbescheid, der die Ehegatten betrifft, aufgehoben, geändert oder berichtigt wird und
2. die Änderung der Wahl der Veranlagungsart der zuständigen Finanzbehörde bis zum Eintritt der Unanfechtbarkeit des Änderungs- oder Berichtigungsbescheids schriftlich oder elektronisch mitgeteilt oder zur Niederschrift erklärt worden ist und
3. der Unterschiedsbetrag aus der Differenz der festgesetzten Einkommensteuer entsprechend der bisher gewählten Veranlagungsart und der festzusetzenden Einkommensteuer, die sich bei einer geänderten Ausübung der Wahl der Veranlagungsarten ergeben würde, positiv ist. [2]Die Einkommensteuer der einzeln veranlagten Ehegatten ist hierbei zusammenzurechnen.

(3) Wird von dem Wahlrecht nach Absatz 2 nicht oder nicht wirksam Gebrauch gemacht, so ist eine Zusammenveranlagung durchzuführen.

§ 32[1])
Kinder, Freibeträge für Kinder

(1) Kinder sind

1. im ersten Grad mit dem Steuerpflichtigen verwandte Kinder,
2. Pflegekinder (Personen, mit denen der Steuerpflichtige durch ein familienähnliches, auf längere Dauer berechnetes Band verbunden ist, sofern er sie nicht zu Erwerbszwecken in seinen Haushalt aufgenommen hat und das Obhuts- und Pflegeverhältnis zu den Eltern nicht mehr besteht).

(2) [1]Besteht bei einem angenommenen Kind das Kindschaftsverhältnis zu den leiblichen Eltern weiter, ist es vorrangig als angenommenes Kind zu berücksichtigen. [2]Ist ein im ersten Grad mit dem Steuerpflichtigen verwandtes Kind zugleich ein Pflegekind, ist es vorrangig als Pflegekind zu berücksichtigen.

(3) Ein Kind wird in dem Kalendermonat, in dem es lebend geboren wurde, und in jedem folgenden Kalendermonat, zu dessen Beginn es das 18. Lebensjahr noch nicht vollendet hat, berücksichtigt.

(4) [1]Ein Kind, das das 18. Lebensjahr vollendet hat, wird berücksichtigt, wenn es

1. noch nicht das 21. Lebensjahr vollendet hat, nicht in einem Beschäftigungsverhältnis steht und bei einer Agentur für Arbeit im Inland als Arbeitsuchender gemeldet ist oder
2. noch nicht das 25. Lebensjahr vollendet hat und
   a) für einen Beruf ausgebildet wird oder
   b) sich in einer Übergangszeit von höchstens vier Monaten befindet, die zwischen zwei Ausbildungsabschnitten oder zwischen einem Ausbildungsabschnitt und der Ableistung des gesetzlichen Wehr- oder Zivildienstes, einer vom Wehr- oder Zivildienst befreienden Tätigkeit als Entwicklungshelfer oder als Dienstleistender im Ausland nach § 14b des Zivildienstgesetzes oder der Ableistung des freiwilligen Wehrdienstes nach § 58b des Soldatengesetzes oder der Ableistung eines freiwilligen Dienstes im Sinne des Buchstaben d liegt, oder
   c) eine Berufsausbildung mangels Ausbildungsplatzes nicht beginnen oder fortsetzen kann oder
   d) einen der folgenden freiwilligen Dienste leistet:
      aa) ein freiwilliges soziales Jahr im Sinne des Jugendfreiwilligendienstegesetzes,
      bb) ein freiwilliges ökologisches Jahr im Sinne des Jugendfreiwilligendienstegesetzes,
      cc) einen Bundesfreiwilligendienst im Sinne des Bundesfreiwilligendienstgesetzes,
      dd) eine Freiwilligentätigkeit im Rahmen des Europäischen Solidaritätskorps im Sinne der Verordnung (EU) 2021/888 des Europäischen Parlaments und

1) **Anm. d. Verlages:** Gemäß Art. 2 Nr. 1 G vom 23.12.2024 (BGBl. I Nr. 449) wird in § 32 Absatz 6 Satz 1 mit Wirkung vom 1.1.2026 die Angabe „3 336 Euro" durch die Angabe „3 414 Euro" ersetzt.

des Rates vom 20. Mai 2021 zur Aufstellung des Programms für das Europäische Solidaritätskorps und zur Aufhebung der Verordnungen (EU) 2018/1475 und (EU) Nr. 375/2014 (ABl. L 202 vom 8.6.2021, S. 32),

ee) einen anderen Dienst im Ausland im Sinne von § 5 des Bundesfreiwilligendienstgesetzes,

ff) einen entwicklungspolitischen Freiwilligendienst „weltwärts" im Sinne der Förderleitlinie des Bundesministeriums für wirtschaftliche Zusammenarbeit und Entwicklung vom 1. Januar 2016,

gg) einen Freiwilligendienst aller Generationen im Sinne von § 2 Absatz 1a des Siebten Buches Sozialgesetzbuch oder

hh) einen Internationalen Jugendfreiwilligendienst im Sinne der Richtlinie des Bundesministeriums für Familie, Senioren, Frauen und Jugend vom 4. Januar 2021 (GMBl. S. 77) oder

3. wegen körperlicher, geistiger oder seelischer Behinderung außerstande ist, sich selbst zu unterhalten; Voraussetzung ist, dass die Behinderung vor Vollendung des 25. Lebensjahres eingetreten ist.

[2]Nach Abschluss einer erstmaligen Berufsausbildung oder eines Erststudiums wird ein Kind in den Fällen des Satzes 1 Nummer 2 nur berücksichtigt, wenn das Kind keiner Erwerbstätigkeit nachgeht. [3]Eine Erwerbstätigkeit mit bis zu 20 Stunden regelmäßiger wöchentlicher Arbeitszeit, ein Ausbildungsdienstverhältnis oder ein geringfügiges Beschäftigungsverhältnis im Sinne der §§ 8 und 8a des Vierten Buches Sozialgesetzbuch sind unschädlich.

(5) [1]In den Fällen des Absatzes 4 Satz 1 Nummer 1 oder Nummer 2 Buchstabe a und b wird ein Kind, das

1. den gesetzlichen Grundwehrdienst oder Zivildienst geleistet hat, oder
2. sich an Stelle des gesetzlichen Grundwehrdienstes freiwillig für die Dauer von nicht mehr als drei Jahren zum Wehrdienst verpflichtet hat, oder
3. eine vom gesetzlichen Grundwehrdienst oder Zivildienst befreiende Tätigkeit als Entwicklungshelfer im Sinne des § 1 Absatz 1 des Entwicklungshelfer-Gesetzes ausgeübt hat,

für einen der Dauer dieser Dienste oder der Tätigkeit entsprechenden Zeitraum, höchstens für die Dauer des inländischen gesetzlichen Grundwehrdienstes oder bei anerkannten Kriegsdienstverweigerern für die Dauer des inländischen gesetzlichen Zivildienstes über das 21. oder 25. Lebensjahr hinaus berücksichtigt. [2]Wird der gesetzliche Grundwehrdienst oder Zivildienst in einem Mitgliedstaat der Europäischen Union oder einem Staat, auf den das Abkommen über den Europäischen Wirtschaftsraum Anwendung findet, geleistet, so ist die Dauer dieses Dienstes maßgebend. [3]Absatz 4 Satz 2 und 3 gilt entsprechend.

(6) [1]Bei der Veranlagung zur Einkommensteuer wird für jedes zu berücksichtigende Kind des Steuerpflichtigen ein Freibetrag von 3 336 Euro für das sächliche Existenzminimum des Kindes (Kinderfreibetrag) sowie ein Freibetrag von 1 464 Euro für den Betreuungs- und Erziehungs- oder Ausbildungsbedarf des Kindes vom Einkommen abgezogen. [2]Bei Ehegatten, die nach den §§ 26, 26b zusammen zur Einkommensteuer veranlagt werden, verdoppeln sich die Beträge nach Satz 1, wenn das Kind zu beiden Ehegatten in einem Kindschaftsverhältnis steht. [3]Die Beträge nach Satz 2 stehen dem Steuerpflichtigen auch dann zu, wenn

1. der andere Elternteil verstorben oder nicht unbeschränkt einkommensteuerpflichtig ist oder
2. der Steuerpflichtige allein das Kind angenommen hat oder das Kind nur zu ihm in einem Pflegekindschaftsverhältnis steht.

[4]Für ein nicht nach § 1 Absatz 1 oder 2 unbeschränkt einkommensteuerpflichtiges Kind können die Beträge nach den Sätzen 1 bis 3 nur abgezogen werden, soweit sie nach den Verhältnissen seines Wohnsitzstaates notwendig und angemessen sind. [5]Für jeden Kalendermonat, in dem die Voraussetzungen für einen Freibetrag nach den Sätzen 1 bis 4 nicht vorliegen, ermäßigen sich die dort genannten Beträge um ein Zwölftel. [6]Abweichend von Satz 1 wird bei einem unbeschränkt einkommensteuerpflichtigen Elternpaar, bei dem die Voraussetzungen des § 26 Absatz 1 Satz 1 nicht vorliegen, auf Antrag eines Elternteils der dem anderen Elternteil zustehende Kinderfreibetrag auf ihn übertragen, wenn er, nicht jedoch der andere Elternteil, seiner Unterhaltspflicht gegenüber dem Kind für das Kalenderjahr im Wesentlichen nachkommt oder der andere Elternteil mangels Leistungsfähigkeit nicht unterhaltspflichtig ist; die Übertragung des Kinderfreibetrags führt stets auch zur Übertragung des Freibetrags für den Betreuungs- und Erziehungs- oder Ausbildungsbedarf. [7]Eine Übertragung nach Satz 6 scheidet für Zeiträume aus, für die Unterhaltsleistungen nach dem Unterhaltsvorschussgesetz gezahlt werden. [8]Bei minderjährigen Kindern wird der dem Elternteil, in dessen Wohnung das Kind nicht gemeldet ist, zustehende Freibetrag für den Betreuungs- und Erziehungs- oder Ausbildungsbedarf auf Antrag des anderen Elternteils auf diesen übertragen, wenn bei dem Elternpaar die Voraussetzungen des § 26 Absatz 1 Satz 1 nicht vorliegen. [9]Eine Übertragung nach Satz 8 scheidet aus, wenn der Übertragung widersprochen wird, weil der Elternteil, bei dem das Kind nicht gemeldet ist, Kinderbetreuungskosten trägt oder das Kind regelmäßig in einem nicht unwesentlichen Umfang betreut. [10]Die den Eltern nach den Sätzen 1 bis 9 zustehenden Freibeträge können auf Antrag auch auf einen Stiefelternteil oder Großelternteil übertragen werden, wenn dieser das Kind in seinen Haushalt aufgenommen hat oder dieser einer Unterhaltspflicht gegenüber dem Kind unterliegt. [11]Die Übertragung nach Satz 10 kann auch mit Zustimmung des berechtigten Elternteils erfolgen, die nur für künftige Kalenderjahre widerrufen werden kann. [12]Voraussetzung für die Berücksichtigung des Kinderfreibetrags sowie des Freibetrags für den Betreuungs- und Erziehungs- oder Ausbildungsbedarf des Kindes ist die Identifizierung des Kindes durch die an dieses Kind vergebene Identifikationsnummer (§ 139b der Abgabenordnung). [13]Ist das Kind nicht nach einem Steuergesetz steuerpflichtig (§ 139a Absatz 2 der Abgabenordnung), ist es in anderer geeigneter Weise zu identifizieren. [14]Die nachträgliche Identifizierung oder nachträgliche Vergabe der Identifikationsnummer wirkt auf Monate zurück, in denen die übrigen Voraussetzungen für die Gewährung des Kinderfreibetrags sowie des Freibetrags für den Betreuungs- und Erziehungs- oder Ausbildungsbedarf des Kindes vorliegen.

§ 40
Pauschalierung der Lohnsteuer in besonderen Fällen

(1) [1]Das Betriebsstättenfinanzamt (§ 41a Absatz 1 Satz 1 Nummer 1) kann auf Antrag des Arbeitgebers zulassen, dass die Lohnsteuer mit einem unter Berücksichtigung der Vorschriften des § 38a zu ermittelnden Pauschsteuersatz erhoben wird, soweit

1. von dem Arbeitgeber sonstige Bezüge in einer größeren Zahl von Fällen gewährt werden oder

2. in einer größeren Zahl von Fällen Lohnsteuer nachzuerheben ist, weil der Arbeitgeber die Lohnsteuer nicht vorschriftsmäßig einbehalten hat.

[2]Bei der Ermittlung des Pauschsteuersatzes ist zu berücksichtigen, dass die in Absatz 3 vorgeschriebene Übernahme der pauschalen Lohnsteuer durch den Arbeitgeber für den Arbeitnehmer eine in Geldeswert bestehende Einnahme im Sinne des § 8 Absatz 1 darstellt (Nettosteuersatz). [3]Die Pauschalierung ist in den Fällen der Nummer 1 ausgeschlossen, soweit der Arbeitgeber einem Arbeitnehmer sonstige Bezüge von mehr als 1 000 Euro im Kalenderjahr gewährt. [4]Der Arbeitgeber hat dem Antrag eine Berechnung beizufügen, aus der sich der durchschnittliche Steuersatz unter Zugrundelegung der durchschnittlichen Jahresarbeitslöhne und der durchschnittlichen Jahreslohnsteuer in jeder Steuerklasse für diejenigen Arbeitnehmer ergibt, denen die Bezüge gewährt werden sollen oder gewährt worden sind.

(2) [1]Abweichend von Absatz 1 kann der Arbeitgeber die Lohnsteuer mit einem Pauschsteuersatz von 25 Prozent erheben, soweit er

1. arbeitstäglich Mahlzeiten im Betrieb an die Arbeitnehmer unentgeltlich oder verbilligt abgibt oder Barzuschüsse an ein anderes Unternehmen leistet, das arbeitstäglich Mahlzeiten an die Arbeitnehmer unentgeltlich oder verbilligt abgibt. [2]Voraussetzung ist, dass die Mahlzeiten nicht als Lohnbestandteile vereinbart sind,

1a. oder auf seine Veranlassung ein Dritter den Arbeitnehmern anlässlich einer beruflichen Tätigkeit außerhalb seiner Wohnung und ersten Tätigkeitsstätte Mahlzeiten zur Verfügung stellt, die nach § 8 Absatz 2 Satz 8 und 9 mit dem Sachbezugswert anzusetzen sind,

2. Arbeitslohn aus Anlass von Betriebsveranstaltungen zahlt,

3. Erholungsbeihilfen gewährt, wenn diese zusammen mit Erholungsbeihilfen, die in demselben Kalenderjahr früher gewährt worden sind, 156 Euro für den Arbeitnehmer, 104 Euro für dessen Ehegatten und 52 Euro für jedes Kind nicht übersteigen und der Arbeitgeber sicherstellt, dass die Beihilfen zu Erholungszwecken verwendet werden,

4. Vergütungen für Verpflegungsmehraufwendungen anlässlich einer Tätigkeit im Sinne des § 9 Absatz 4a Satz 2 oder Satz 4 zahlt, soweit die Vergütungen die nach § 9 Absatz 4a Satz 3, 5 und 6 zustehenden Pauschalen um nicht mehr als 100 Prozent übersteigen,

5. den Arbeitnehmern zusätzlich zum ohnehin geschuldeten Arbeitslohn unentgeltlich oder verbilligt Datenverarbeitungsgeräte übereignet; das gilt auch für Zubehör und Internetzugang. [2]Das Gleiche gilt für Zuschüsse des Arbeitgebers, die zusätzlich zum ohnehin geschuldeten Arbeitslohn zu den Aufwendungen des Arbeitnehmers für die Internetnutzung gezahlt werden,

6. den Arbeitnehmern zusätzlich zum ohnehin geschuldeten Arbeitslohn unentgeltlich oder verbilligt die Ladevorrichtung für Elektrofahrzeuge oder Hybridelektrofahrzeuge im Sinne des § 6 Absatz 1 Nummer 4 Satz 2 zweiter Halbsatz übereignet. [2]Das Gleiche gilt für Zuschüsse des Arbeitgebers, die zusätzlich zum ohnehin geschuldeten Arbeitslohn zu den Aufwendungen des Arbeitnehmers für den Erwerb und die Nutzung dieser Ladevorrichtung gezahlt werden,

7. den Arbeitnehmern zusätzlich zum ohnehin geschuldeten Arbeitslohn unentgeltlich oder verbilligt ein betriebliches Fahrrad, das kein Kraftfahrzeug im Sinne des § 6 Absatz 1 Nummer 4 Satz 2 ist, übereignet.

[2]Der Arbeitgeber kann die Lohnsteuer mit folgenden Pauschsteuersätzen erheben:

1. mit einem Pauschsteuersatz von 15 Prozent für die nicht nach § 3 Nummer 15 steuerfreien
   a) Sachbezüge in Form einer unentgeltlichen oder verbilligten Beförderung eines Arbeitnehmers zwischen Wohnung und erster Tätigkeitsstätte sowie Fahrten nach § 9 Absatz 1 Satz 3 Nummer 4a Satz 3 oder
   b) Zuschüsse zu den Aufwendungen des Arbeitnehmers für Fahrten zwischen Wohnung und erster Tätigkeitsstätte oder Fahrten nach § 9 Absatz 1 Satz 3 Nummer 4a Satz 3, die zusätzlich zum ohnehin geschuldeten Arbeitslohn geleistet werden,

   soweit die Bezüge den Betrag nicht übersteigen, den der Arbeitnehmer nach § 9 Absatz 1 Satz 3 Nummer 4 und Absatz 2 als Werbungskosten geltend machen könnte, wenn die Bezüge nicht pauschal besteuert würden; diese pauschal besteuerten Bezüge mindern die nach § 9 Absatz 1 Satz 3 Nummer 4 Satz 2 und Absatz 2 abziehbaren Werbungskosten oder

2. mit einem Pauschsteuersatz von 25 Prozent anstelle der Steuerfreiheit nach § 3 Nummer 15 einheitlich für alle dort genannten Bezüge eines Kalenderjahres, auch wenn die Bezüge dem Arbeitnehmer nicht zusätzlich zum ohnehin geschuldeten Arbeitslohn gewährt werden; für diese pauschal besteuerten Bezüge unterbleibt eine Minderung der nach § 9 Absatz 1 Satz 3 Nummer 4 Satz 2 und Absatz 2 abziehbaren Werbungskosten oder

3. mit einem Pauschsteuersatz von 25 Prozent für die Freifahrtberechtigungen, die Soldaten nach § 30 Absatz 6 des Soldatengesetzes erhalten; für diese pauschal besteuerten Bezüge unterbleibt eine Minderung der nach § 9 Absatz 1 Satz 3 Nummer 4 Satz 2 sowie Nummer 5 Satz 6 abziehbaren Werbungskosten.

[3]Die nach Satz 2 pauschalbesteuerten Bezüge bleiben bei der Anwendung des § 40a Absatz 1 bis 4 außer Ansatz. [4]Bemessungsgrundlage der pauschalen Lohnsteuer sind in den Fällen des Satzes 2 Nummer 2 und 3 die Aufwendungen des Arbeitgebers einschließlich Umsatzsteuer.

(3) [1]Der Arbeitgeber hat die pauschale Lohnsteuer zu übernehmen. [2]Er ist Schuldner der pauschalen Lohnsteuer; auf den Arbeitnehmer abgewälzte pauschale Lohnsteuer gilt als zugeflossener Arbeitslohn und mindert nicht die Bemessungsgrundlage. [3]Der pauschal besteuerte Arbeitslohn und die pauschale Lohnsteuer bleiben bei einer Veranlagung zur Einkommensteuer und beim Lohnsteuer-Jahresausgleich außer Ansatz. [4]Die pauschale Lohnsteuer ist weder auf die Einkommensteuer noch auf die Jahreslohnsteuer anzurechnen.

(4) [1]Das Pauschalierungswahlrecht des Arbeitgebers ist durch Übermittlung oder Abgabe einer Lohnsteuer-Anmeldung, in der die pauschale Lohnsteuer angegeben wird, auszuüben. [2]Abweichend von Satz 1 kann der Arbeitgeber für den Prüfungszeitraum einer Lohnsteuer-Außenprüfung das Pauschalierungswahlrecht durch schriftliche oder elektronische Erklärung gegenüber dem Betriebsstättenfinanzamt ausüben. [3]Die Erklärung nach Satz 2 ist spätestens bis zur Bestandskraft der auf Grund der Lohnsteuer-Außenprüfung erlassenen Bescheide abzugeben. [4]Im Fall des Satzes 2 wird die pauschale Lohnsteuer vom Betriebsstättenfinanzamt durch Steuerbescheid festgesetzt.

§ 40b
Pauschalierung der Lohnsteuer bei bestimmten Zukunftssicherungsleistungen

(1) Der Arbeitgeber kann die Lohnsteuer von den Zuwendungen zum Aufbau einer nicht kapitalgedeckten betrieblichen Altersversorgung an eine Pensionskasse mit einem Pauschsteuersatz von 20 Prozent der Zuwendungen erheben.

(2) [1]Absatz 1 gilt nicht, soweit die zu besteuernden Zuwendungen des Arbeitgebers für den Arbeitnehmer 1 752 Euro im Kalenderjahr übersteigen oder nicht aus seinem ersten Dienstverhältnis bezogen werden. [2]Sind mehrere Arbeitnehmer gemeinsam in der Pensionskasse versichert, so gilt als Zuwendung für den einzelnen Arbeitnehmer der Teilbetrag, der sich bei einer Aufteilung der gesamten Zuwendungen durch die Zahl der begünstigten Arbeitnehmer ergibt, wenn dieser Teilbetrag 1 752 Euro nicht übersteigt; hierbei sind Arbeitnehmer, für die Zuwendungen von mehr als 2 148 Euro im Kalenderjahr geleistet werden, nicht einzubeziehen. [3]Für Zuwendungen, die der Arbeitgeber für den Arbeitnehmer aus Anlass der Beendigung des Dienstverhältnisses erbracht hat, vervielfältigt sich der Betrag von 1 752 Euro mit der Anzahl der Kalenderjahre, in denen das Dienstverhältnis des Arbeitnehmers zu dem Arbeitgeber bestanden hat; in diesem Fall ist Satz 2 nicht anzuwenden. [4]Der vervielfältigte Betrag vermindert sich um die nach Absatz 1 pauschal besteuerten Zuwendungen, die der Arbeitgeber in dem Kalenderjahr, in dem das Dienstverhältnis beendet wird, und in den sechs vorangegangenen Kalenderjahren erbracht hat.

(3) Von den Beiträgen für eine Unfallversicherung des Arbeitnehmers kann der Arbeitgeber die Lohnsteuer mit einem Pauschsteuersatz von 20 Prozent der Beiträge erheben, wenn mehrere Arbeitnehmer gemeinsam in einem Unfallversicherungsvertrag versichert sind.

(4) In den Fällen des § 19 Absatz 1 Satz 1 Nummer 3 Satz 2 hat der Arbeitgeber die Lohnsteuer mit einem Pauschsteuersatz in Höhe von 15 Prozent der Sonderzahlungen zu erheben.

(5) [1]§ 40 Absatz 3 und 4 ist anzuwenden. [2]Die Anwendung des § 40 Absatz 1 Satz 1 Nummer 1 auf Bezüge im Sinne des Absatzes 1, des Absatzes 3 und des Absatzes 4 ist ausgeschlossen.

§ 43
Kapitalerträge mit Steuerabzug

(1) [1]Bei den folgenden inländischen und in den Fällen der Nummern 5 bis 7 Buchstabe a und Nummern 8 bis 12 sowie Satz 2 auch ausländischen Kapitalerträgen wird die Einkommensteuer durch Abzug vom Kapitalertrag (Kapitalertragsteuer) erhoben:

1. Kapitalerträgen im Sinne des § 20 Absatz 1 Nummer 1, soweit diese nicht nachfolgend in Nummer 1a gesondert genannt sind, und Kapitalerträgen im Sinne des § 20 Absatz 1 Nummer 2. [2]Entsprechendes gilt für Kapitalerträge im Sinne des § 20 Absatz 2 Satz 1 Nummer 2 Buchstabe a und Nummer 2 Satz 2;

1a. Kapitalerträgen im Sinne des § 20 Absatz 1 Nummer 1 aus Aktien und Genussscheinen,
   a) die gemäß § 5 des Depotgesetzes zur Sammelverwahrung durch eine Wertpapiersammelbank zugelassen sind und dieser zur Sammelverwahrung im Inland anvertraut wurden,
   b) bei denen eine Sonderverwahrung gemäß § 2 Satz 1 des Depotgesetzes erfolgt,
   c) bei denen die Erträge gegen Aushändigung der Dividendenscheine oder sonstiger Erträgnisscheine ausgezahlt oder gutgeschrieben werden oder
   d) die in ein elektronisches Wertpapierregister im Sinne des § 4 Absatz 1 des Gesetzes über elektronische Wertpapiere eingetragen sind;

2. Zinsen aus Teilschuldverschreibungen, bei denen neben der festen Verzinsung ein Recht auf Umtausch in Gesellschaftsanteile (Wandelanleihen) oder eine Zusatzverzinsung, die sich nach der Höhe der Gewinnausschüttungen des Schuldners richtet (Gewinnobligationen), eingeräumt ist, und Zinsen aus Genussrechten, die nicht in § 20 Absatz 1 Nummer 1 genannt sind. [2]Zu den Gewinnobligationen gehören nicht solche Teilschuldverschreibungen, bei denen der Zinsfuß nur vorübergehend herabgesetzt und gleichzeitig eine von dem jeweiligen Gewinnergebnis des Unternehmens abhängige Zusatzverzinsung bis zur Höhe des ursprünglichen Zinsfußes festgelegt worden ist. [3]Zu den Kapitalerträgen im Sinne des Satzes 1 gehören nicht die Bundesbankgenussrechte im Sinne des § 3 Absatz 1 des Gesetzes über die Liquidation der Deutschen Reichsbank und der Deutschen Golddiskontbank in der im Bundesgesetzblatt Teil III, Gliederungsnummer 7620-6, veröffentlichten bereinigten Fassung, das zuletzt durch das Gesetz vom 17. Dezember 1975 (BGBl. I S. 3123) geändert worden ist. [4]Beim Steuerabzug auf Kapitalerträge sind die für den Steuerabzug nach Nummer 1a geltenden Vorschriften entsprechend anzuwenden, wenn
   a) die Teilschuldverschreibungen und Genussrechte gemäß § 5 des Depotgesetzes zur Sammelverwahrung durch eine Wertpapiersammelbank zugelassen sind und dieser zur Sammelverwahrung im Inland anvertraut wurden,
   b) die Teilschuldverschreibungen und Genussrechte gemäß § 2 Satz 1 des Depotgesetzes gesondert aufbewahrt werden,
   c) die Erträge der Teilschuldverschreibungen und Genussrechte gegen Aushändigung der Erträgnisscheine ausgezahlt oder gutgeschrieben werden oder
   d) die Teilschuldverschreibungen in ein elektronisches Wertpapierregister im Sinne des § 4 Absatz 1 des Gesetzes über elektronische Wertpapiere eingetragen sind;

3. Kapitalerträgen im Sinne des § 20 Absatz 1 Nummer 4, außer bei Kapitalerträgen im Sinne der Nummer 8a;

4. Kapitalerträgen im Sinne des § 20 Absatz 1 Nummer 6 Satz 1 bis 6; § 20 Absatz 1 Nummer 6 Satz 2 und 3 in der am 1. Januar 2008 anzuwendenden Fassung bleiben für Zwecke der Kapitalertragsteuer unberücksichtigt. [2]Der Steuerabzug vom Kapitalertrag ist in den Fällen des § 20 Absatz 1 Nummer 6 Satz 4 in der am 31. Dezember 2004 geltenden Fassung nur vorzunehmen, wenn das Versicherungsunternehmen aufgrund einer Mitteilung des Finanzamts weiß oder infolge der Verletzung eigener Anzeigeverpflichtungen nicht weiß, dass die Kapitalerträge nach dieser Vorschrift zu den Einkünften aus Kapitalvermögen gehören;

5. Kapitalerträgen im Sinne des § 20 Absatz 1 Nummer 3 mit Ausnahme der Gewinne aus der Veräußerung von Anteilen an Investmentfonds im Sinne des § 16 Absatz 1 Nummer 3 in Verbindung mit § 2 Absatz 13 des Investmentsteuergesetzes;

6. ausländischen Kapitalerträgen im Sinne der Nummern 1 und 1a;
7. Kapitalerträgen im Sinne des § 20 Absatz 1 Nummer 7, außer bei Kapitalerträgen im Sinne der Nummern 2 und 8a, wenn
   a) es sich um Zinsen aus Anleihen und Forderungen handelt, die in ein öffentliches Schuldbuch, ein elektronisches Wertpapierregister im Sinne des § 4 Absatz 1 des Gesetzes über elektronische Wertpapiere oder in ein ausländisches Register eingetragen oder über die Sammelurkunden im Sinne des § 9a des Depotgesetzes oder Teilschuldverschreibungen ausgegeben sind;
   b) der Schuldner der nicht in Buchstabe a genannten Kapitalerträge ein inländisches Kreditinstitut oder ein inländisches Finanzdienstleistungsinstitut im Sinne des Gesetzes über das Kreditwesen oder ein Wertpapierinstitut im Sinne des Wertpapierinstitutsgesetzes ist. [2]Kreditinstitut in diesem Sinne ist auch die Kreditanstalt für Wiederaufbau, eine Bausparkasse, ein Versicherungsunternehmen für Erträge aus Kapitalanlagen, die mit Einlagegeschäften bei Kreditinstituten vergleichbar sind, die Deutsche Bundesbank bei Geschäften mit jedermann einschließlich ihrer Betriebsangehörigen im Sinne der §§ 22 und 25 des Gesetzes über die Deutsche Bundesbank und eine inländische Zweigstelle oder Zweigniederlassung eines ausländischen Unternehmens im Sinne der §§ 53 und 53b des Gesetzes über das Kreditwesen, nicht aber eine ausländische Zweigstelle eines inländischen Kredit-, Finanzdienstleistungs- oder Wertpapierinstituts. [3]Die inländische Zweigstelle oder Zweigniederlassung gilt an Stelle des ausländischen Unternehmens als Schuldner der Kapitalerträge;

7a. Kapitalerträgen im Sinne des § 20 Absatz 1 Nummer 9;

7b. Kapitalerträgen im Sinne des § 20 Absatz 1 Nummer 10 Buchstabe a;

7c. Kapitalerträgen im Sinne des § 20 Absatz 1 Nummer 10 Buchstabe b;

8. Kapitalerträgen im Sinne des § 20 Absatz 1 Nummer 11;

8a. Kapitalerträgen im Sinne des § 20 Absatz 1 Nummer 4 und 7, wenn es sich um Zinsen aus Forderungen handelt, die über eine Internet-Dienstleistungsplattform erworben wurden. [2]Eine Internet-Dienstleistungsplattform in diesem Sinne ist ein webbasiertes Medium, das Kauf- und Verkaufsaufträge in Aktien und anderen Finanzinstrumenten sowie Darlehensnehmer und Darlehensgeber zusammenführt und so einen Vertragsabschluss vermittelt;

9. Kapitalerträgen im Sinne des § 20 Absatz 2 Satz 1 Nummer 1 und Gewinnen aus der Veräußerung von Anteilen an Investmentfonds im Sinne des § 16 Absatz 1 Nummer 3 in Verbindung mit § 2 Absatz 13 des Investmentsteuergesetzes;

10. Kapitalerträgen im Sinne des § 20 Absatz 2 Satz 1 Nummer 2 Buchstabe b und Nummer 7;

11. Kapitalerträgen im Sinne des § 20 Absatz 2 Satz 1 Nummer 3;

12. Kapitalerträgen im Sinne des § 20 Absatz 2 Satz 1 Nummer 8.

[2]Dem Steuerabzug unterliegen auch Kapitalerträge im Sinne des § 20 Absatz 3, die neben den in den Nummern 1 bis 12 bezeichneten Kapitalerträgen oder an deren Stelle gewährt werden. [3]Der Steuerabzug ist ungeachtet des § 3 Nummer 40 und des § 8b des Körperschaftsteuergesetzes vorzunehmen. [4]Für Zwecke des Kapitalertragsteuerabzugs gilt die Übertragung eines von einer auszahlenden Stelle verwahrten oder verwalteten Wirtschaftsguts im Sinne des § 20 Absatz 2 auf einen anderen Gläubiger als Veräußerung des Wirtschaftsguts. [5]Satz 4 gilt nicht, wenn der Steuerpflichtige der auszahlenden Stelle unter Benennung der in Satz 6 Nummer 4 bis 6 bezeichneten Daten mitteilt, dass es sich um eine unentgeltliche Übertragung handelt. [6]Die auszahlende Stelle hat in den Fällen des Satzes 5 folgende Daten dem für sie zuständigen Betriebsstättenfinanzamt bis zum 31. Mai des jeweiligen Folgejahres nach nach Maßgabe des § 93c der Abgabenordnung mitzuteilen:

1. Bezeichnung der auszahlenden Stelle,
2. das zuständige Betriebsstättenfinanzamt,
3. das übertragene Wirtschaftsgut, den Übertragungszeitpunkt, den Wert zum Übertragungszeitpunkt und die Anschaffungskosten des Wirtschaftsguts,
4. Name, Geburtsdatum, Anschrift und Identifikationsnummer des Übertragenden,
5. Name, Geburtsdatum, Anschrift und Identifikationsnummer des Empfängers, sowie die Bezeichnung des Kreditinstituts, der Nummer des Depots, des Kontos oder des Schuldbuchkontos. [2]Sofern die Identifikationsnummer des Empfängers nicht bereits bekannt ist, kann die auszahlende Stelle diese in einem maschinellen Verfahren nach amtlich vorgeschriebenem Datensatz beim Bundeszentralamt für Steuern erfragen. [3]In der Anfrage dürfen nur die in § 139b Absatz 3 der Abgabenordnung genannten Daten der betroffenen Person angegeben werden. [4]Das Bundeszentralamt für Steuern teilt der auszahlenden Stelle die Identifikationsnummer der betroffenen Person mit, sofern die übermittelten Daten mit den nach § 139b Absatz 3 der Abgabenordnung beim Bundeszentralamt für Steuern gespeicherten Daten übereinstimmen. [5]Ist eine eindeutige Zuordnung des Empfängers nicht möglich, ist die Depotübertragung als kapitalertragsteuerpflichtiger Vorgang nach Satz 4 dieses Absatzes zu behandeln,
6. soweit bekannt, das persönliche Verhältnis (Verwandtschaftsverhältnis, Ehe, Lebenspartnerschaft) zwischen Übertragendem und Empfänger.

[7]§ 72a Absatz 4, § 93c Absatz 4 und § 203a der Abgabenordnung finden keine Anwendung.

(2) [1]Der Steuerabzug ist außer in den Fällen des Absatzes 1 Satz 1 Nummer 1a und 7c nicht vorzunehmen, wenn Gläubiger und Schuldner der Kapitalerträge (Schuldner) oder die auszahlende Stelle im Zeitpunkt des Zufließens dieselbe Person sind. [2]Der Steuerabzug ist außerdem nicht vorzunehmen, wenn in den Fällen des Absatzes 1 Satz 1 Nummer 5 bis 7 und 8 bis 12 Gläubiger der Kapitalerträge ein inländisches Kredit-, Finanzdienstleistungs- oder Wertpapierinstitut nach Absatz 1 Satz 1 Nummer 7 Buchstabe b oder eine inländische Kapitalverwaltungsgesellschaft ist. [3]Bei Kapitalerträgen im Sinne des Absatzes 1 Satz 1 Nummer 6 und 8 bis 12 ist ebenfalls kein Steuerabzug vorzunehmen, wenn

1. eine unbeschränkt steuerpflichtige Körperschaft, Personenvereinigung oder Vermögensmasse, die nicht unter Satz 2 oder § 44a Absatz 4 Satz 1 fällt, Gläubigerin der Kapitalerträge ist, oder
2. die Kapitalerträge Betriebseinnahmen eines inländischen Betriebs sind und der Gläubiger der Kapitalerträge dies gegenüber der auszahlenden Stelle nach amtlich vorgeschriebenem Muster erklärt; dies gilt entsprechend für Kapital-

erträge aus Options- und Termingeschäften im Sinne des Absatzes 1 Satz 1 Nummer 8 und 11, wenn sie zu den Einkünften aus Vermietung und Verpachtung gehören.

[4]Im Fall des § 1 Absatz 1 Nummer 4 und 5 des Körperschaftsteuergesetzes ist Satz 3 Nummer 1 nur anzuwenden, wenn die Körperschaft, Personenvereinigung oder Vermögensmasse durch eine Bescheinigung des für sie zuständigen Finanzamts ihre Zugehörigkeit zu dieser Gruppe von Steuerpflichtigen nachweist. [5]Die Bescheinigung ist unter dem Vorbehalt des Widerrufs auszustellen. [6]Die Fälle des Satzes 3 Nummer 2 hat die auszahlende Stelle gesondert aufzuzeichnen und die Erklärung der Zugehörigkeit der Kapitalerträge zu den Betriebseinnahmen oder zu den Einnahmen aus Vermietung und Verpachtung sechs Jahre aufzubewahren; die Frist beginnt mit dem Schluss des Kalenderjahres, in dem die Freistellung letztmalig berücksichtigt wird.

(3) [1]Kapitalerträge im Sinne des Absatzes 1 Satz 1 Nummer 1 Satz 1 sowie Nummer 1a bis 4 sind inländische, wenn der Schuldner Wohnsitz, Geschäftsleitung oder Sitz im Inland hat; Kapitalerträge im Sinne des Absatzes 1 Satz 1 Nummer 4 sind auch dann inländische, wenn der Schuldner eine Niederlassung im Sinne der §§ 61, 65 oder des § 68 des Versicherungsaufsichtsgesetzes im Inland hat. [2]Kapitalerträge im Sinne des Absatzes 1 Satz 1 Nummer 1 Satz 2 sind inländische, wenn der Schuldner der veräußerten Ansprüche die Voraussetzungen des Satzes 1 erfüllt. [3]Kapitalerträge im Sinne des § 20 Absatz 1 Nummer 1 Satz 4 sind inländische, wenn der Emittent der Aktien Geschäftsleitung oder Sitz im Inland hat. [4]Kapitalerträge im Sinne des Absatzes 1 Satz 1 Nummer 6 sind ausländische, wenn weder die Voraussetzungen nach Satz 1 noch nach Satz 2 vorliegen.

(4) Der Steuerabzug ist auch dann vorzunehmen, wenn die Kapitalerträge beim Gläubiger zu den Einkünften aus Land- und Forstwirtschaft, aus Gewerbebetrieb, aus selbstständiger Arbeit oder aus Vermietung und Verpachtung gehören.

(5) [1]Für Kapitalerträge im Sinne des § 20, soweit sie der Kapitalertragsteuer unterlegen haben, ist die Einkommensteuer mit dem Steuerabzug abgegolten; die Abgeltungswirkung des Steuerabzugs tritt nicht ein, wenn der Gläubiger nach § 44 Absatz 1 Satz 10 und 11 und Absatz 5 in Anspruch genommen werden kann. [2]Dies gilt nicht in Fällen des § 32d Absatz 2 und für Kapitalerträge, die zu den Einkünften aus Land- und Forstwirtschaft, aus Gewerbebetrieb, aus selbstständiger Arbeit oder aus Vermietung und Verpachtung gehören. [3]Auf Antrag des Gläubigers werden Kapitalerträge im Sinne des Satzes 1 in die besondere Besteuerung von Kapitalerträgen nach § 32d einbezogen. [4]Eine vorläufige Festsetzung der Einkommensteuer im Sinne des § 165 Absatz 1 Satz 2 Nummer 2 bis 4 der Abgabenordnung umfasst auch Einkünfte im Sinne des Satzes 1, für die der Antrag nach Satz 3 nicht gestellt worden ist.

§ 64

Zusammentreffen mehrerer Ansprüche

(1) Für jedes Kind wird nur einem Berechtigten Kindergeld gezahlt.

(2) [1]Bei mehreren Berechtigten wird das Kindergeld demjenigen gezahlt, der das Kind in seinen Haushalt aufgenommen hat. [2]Ist ein Kind in den gemeinsamen Haushalt von Eltern, einem Elternteil und dessen Ehegatten, Pflegeeltern oder Großeltern aufgenommen worden, so bestimmen diese untereinander den Berechtigten. [3]Wird eine Bestimmung nicht getroffen, so bestimmt das Familiengericht auf Antrag den Berechtigten. [4]Den Antrag kann stellen, wer ein berechtigtes Interesse an der Zahlung des Kindergeldes hat. [5]Lebt ein Kind im gemeinsamen Haushalt von Eltern und Großeltern, so wird das Kindergeld vorrangig einem Elternteil gezahlt; es wird an einen Großelternteil gezahlt, wenn der Elternteil gegenüber der zuständigen Stelle auf seinen Vorrang schriftlich verzichtet hat.

(3) [1]Ist das Kind nicht in den Haushalt eines Berechtigten aufgenommen, so erhält das Kindergeld derjenige, der dem Kind eine Unterhaltsrente zahlt. [2]Zahlen mehrere Berechtigte dem Kind Unterhaltsrenten, so erhält das Kindergeld derjenige, der dem Kind die höchste Unterhaltsrente zahlt. [3]Werden gleich hohe Unterhaltsrenten gezahlt oder zahlt keiner der Berechtigten dem Kind Unterhalt, so bestimmen die Berechtigten untereinander, wer das Kindergeld erhalten soll. [4]Wird eine Bestimmung nicht getroffen, so gilt Absatz 2 Satz 3 und 4 entsprechend.

§ 79

Zulageberechtigte

[1]Die in § 10a Absatz 1 genannten Personen haben Anspruch auf eine Altersvorsorgezulage (Zulage). [2]Ist nur ein Ehegatte nach Satz 1 begünstigt, so ist auch der andere Ehegatte zulageberechtigt, wenn

1. beide Ehegatten nicht dauernd getrennt leben (§ 26 Absatz 1),
2. beide Ehegatten ihren Wohnsitz oder gewöhnlichen Aufenthalt in einem Mitgliedstaat der Europäischen Union oder einem Staat haben, auf den das Abkommen über den Europäischen Wirtschaftsraum anwendbar ist,
3. ein auf den Namen des anderen Ehegatten lautender Altersvorsorgevertrag besteht,
4. der andere Ehegatte zugunsten des Altersvorsorgevertrags nach Nummer 3 im jeweiligen Beitragsjahr mindestens 60 Euro geleistet hat und
5. die Auszahlungsphase des Altersvorsorgevertrags nach Nummer 3 noch nicht begonnen hat.

[3]Satz 1 gilt entsprechend für die in § 10a Absatz 6 Satz 1 und 2 genannten Personen, sofern sie unbeschränkt steuerpflichtig sind oder für das Beitragsjahr nach § 1 Absatz 3 als unbeschränkt steuerpflichtig behandelt werden.

§ 80

Anbieter

Anbieter im Sinne dieses Gesetzes sind Anbieter von Altersvorsorgeverträgen gemäß § 1 Absatz 2 des Altersvorsorgeverträge-Zertifizierungsgesetzes sowie die in § 82 Absatz 2 genannten Versorgungseinrichtungen.

§ 81

Zentrale Stelle

Zentrale Stelle im Sinne dieses Gesetzes ist die Deutsche Rentenversicherung Bund.

§ 82

Altersvorsorgebeiträge

(1) [1]Geförderte Altersvorsorgebeiträge sind im Rahmen des in § 10a Absatz 1 Satz 1 genannten Höchstbetrags

1. Beiträge,
2. Tilgungsleistungen,

die der Zulageberechtigte (§ 79) bis zum Beginn der Auszahlungsphase zugunsten eines auf seinen Namen lautenden Vertrags leistet, der nach § 5 des Altersvorsorgeverträge-Zertifizierungsgesetzes zertifiziert ist (Altersvorsorgevertrag). [2]Die Zertifizierung ist Grundlagenbescheid im Sinne des § 171

Absatz 10 der Abgabenordnung. [3]Als Tilgungsleistungen gelten auch Beiträge, die vom Zulageberechtigten zugunsten eines auf seinen Namen lautenden Altersvorsorgevertrags im Sinne des § 1 Absatz 1a Satz 1 Nummer 3 des Altersvorsorgeverträge-Zertifizierungsgesetzes erbracht wurden und die zur Tilgung eines im Rahmen des Altersvorsorgevertrags abgeschlossenen Darlehens abgetreten wurden. [4]Im Fall der Übertragung von gefördertem Altersvorsorgevermögen nach § 1 Absatz 1 Satz 1 Nummer 10 Buchstabe b des Altersvorsorgeverträge-Zertifizierungsgesetzes in einen Altersvorsorgevertrag im Sinne des § 1 Absatz 1a Satz 1 Nummer 3 des Altersvorsorgeverträge-Zertifizierungsgesetzes gelten die Beiträge nach Satz 1 Nummer 1 ab dem Zeitpunkt der Übertragung als Tilgungsleistungen nach Satz 3; eine erneute Förderung nach § 10a oder Abschnitt XI erfolgt insoweit nicht. [5]Tilgungsleistungen nach den Sätzen 1 und 3 werden nur berücksichtigt, wenn das zugrunde liegende Darlehen für eine nach dem 31. Dezember 2007 vorgenommene wohnungswirtschaftliche Verwendung im Sinne des § 92a Absatz 1 Satz 1 eingesetzt wurde. [6]Bei einer Aufgabe der Selbstnutzung nach § 92a Absatz 3 Satz 1 gelten im Beitragsjahr der Aufgabe der Selbstnutzung auch die nach der Aufgabe der Selbstnutzung geleisteten Beiträge oder Tilgungsleistungen als Altersvorsorgebeiträge nach Satz 1. [7]Bei einer Reinvestition nach § 92a Absatz 3 Satz 9 Nummer 1 gelten im Beitragsjahr der Reinvestition auch die davor geleisteten Beiträge oder Tilgungsleistungen als Altersvorsorgebeiträge nach Satz 1. [8]Bei einem beruflich bedingten Umzug nach § 92a Absatz 4 gelten

1. im Beitragsjahr des Wegzugs auch die nach dem Wegzug und
2. im Beitragsjahr des Wiedereinzugs auch die vor dem Wiedereinzug

geleisteten Beiträge und Tilgungsleistungen als Altersvorsorgebeiträge nach Satz 1.

(2) [1]Zu den Altersvorsorgebeiträgen gehören auch

a) die aus dem individuell versteuerten Arbeitslohn des Arbeitnehmers geleisteten Beiträge an einen Pensionsfonds, eine Pensionskasse oder eine Direktversicherung zum Aufbau einer kapitalgedeckten betrieblichen Altersversorgung und
b) Beiträge des Arbeitnehmers und des ausgeschiedenen Arbeitnehmers, die dieser im Fall der zunächst durch Entgeltumwandlung (§ 1a des Betriebsrentengesetzes) finanzierten und nach § 3 Nummer 63 oder § 10a und diesem Abschnitt geförderten kapitalgedeckten betrieblichen Altersversorgung nach Maßgabe des § 1a Absatz 4, des § 1b Absatz 5 Satz 1 Nummer 2 und des § 22 Absatz 3 Nummer 1 Buchstabe a des Betriebsrentengesetzes selbst erbringt.

[2]Satz 1 gilt nur, wenn

1. a) vereinbart ist, dass die zugesagten Altersversorgungsleistungen als monatliche Leistungen in Form einer lebenslangen Leibrente oder als Ratenzahlungen im Rahmen eines Auszahlungsplans mit einer anschließenden Teilkapitalverrentung ab spätestens dem 85. Lebensjahr ausgezahlt werden und die Leistungen während der gesamten Auszahlungsphase gleich bleiben oder steigen; dabei können bis zu zwölf Monatsleistungen in einer Auszahlung zusammengefasst und bis zu 30 Prozent des zu Beginn der Auszahlungsphase zur Verfügung stehenden Kapitals außerhalb der monatlichen Leistungen ausgezahlt werden, und
   b) ein vereinbartes Kapitalwahlrecht nicht oder nicht außerhalb des letzten Jahres vor dem vertraglich vorgesehenen Beginn der Altersversorgungsleistung ausgeübt wurde, oder
2. bei einer reinen Beitragszusage nach § 1 Absatz 2 Nummer 2a des Betriebsrentengesetzes der Pensionsfonds, die Pensionskasse oder die Direktversicherung eine lebenslange Zahlung als Altersversorgungsleistung zu erbringen hat.

[3]Die §§ 3 und 4 des Betriebsrentengesetzes stehen dem vorbehaltlich des § 93 nicht entgegen.

(3) Zu den Altersvorsorgebeiträgen gehören auch die Beitragsanteile, die zur Absicherung der verminderten Erwerbsfähigkeit des Zulageberechtigten und zur Hinterbliebenenversorgung verwendet werden, wenn in der Leistungsphase die Auszahlung in Form einer Rente erfolgt.

(4) Nicht zu den Altersvorsorgebeiträgen zählen

1. Aufwendungen, die vermögenswirksame Leistungen nach dem Fünften Vermögensbildungsgesetz in der jeweils geltenden Fassung darstellen,
2. prämienbegünstigte Aufwendungen nach dem Wohnungsbau-Prämiengesetz in der Fassung der Bekanntmachung vom 30. Oktober 1997 (BGBl. I S. 2678), zuletzt geändert durch Artikel 5 des Gesetzes vom 29. Juli 2008 (BGBl. I S. 1509), in der jeweils geltenden Fassung,
3. Aufwendungen, die im Rahmen des § 10 als Sonderausgaben geltend gemacht werden,
4. Zahlungen nach § 92a Absatz 2 Satz 4 Nummer 1 und Absatz 3 Satz 9 Nummer 2 oder
5. Übertragungen im Sinne des § 3 Nummer 55 bis 55c.

(5) [1]Der Zulageberechtigte kann für ein abgelaufenes Beitragsjahr bis zum Beitragsjahr 2011 Altersvorsorgebeiträge auf einen auf seinen Namen lautenden Altersvorsorgevertrag leisten, wenn

1. der Anbieter des Altersvorsorgevertrags davon Kenntnis erhält, in welcher Höhe und für welches Beitragsjahr die Altersvorsorgebeiträge berücksichtigt werden sollen,
2. in dem Beitragsjahr, für das die Altersvorsorgebeiträge berücksichtigt werden sollen, ein Altersvorsorgevertrag bestanden hat,
3. im fristgerechten Antrag auf Zulage für dieses Beitragsjahr eine Zulageberechtigung nach § 79 Satz 2 angegeben wurde, aber tatsächlich eine Zulageberechtigung nach § 79 Satz 1 vorliegt,
4. die Zahlung der Altersvorsorgebeiträge für abgelaufene Beitragsjahre bis zum Ablauf von zwei Jahren nach Erteilung der Bescheinigung nach § 92, mit der zuletzt Ermittlungsergebnisse für dieses Beitragsjahr bescheinigt wurden, längstens jedoch bis zum Beginn der Auszahlungsphase des Altersvorsorgevertrages erfolgt und
5. der Zulageberechtigte vom Anbieter in hervorgehobener Weise darüber informiert wurde oder dem Anbieter seine Kenntnis darüber versichert, dass die Leistungen aus diesen Altersvorsorgebeiträgen der vollen nachgelagerten Besteuerung nach § 22 Nummer 5 Satz 1 unterliegen.

[2]Wurden die Altersvorsorgebeiträge dem Altersvorsorgevertrag gutgeschrieben und sind die Voraussetzungen nach Satz 1 erfüllt, so hat der Anbieter der zentralen Stelle (§ 81) die entsprechenden Daten nach § 89 Absatz 2 Satz 1 für das zurückliegende Beitragsjahr nach einem mit der zentralen Stelle abgestimmten Verfahren mitzuteilen. [3]Die Beträge nach Satz 1 gelten für die Ermittlung der zu zahlenden Altersvorsorgezulage

nach § 83 als Altersvorsorgebeiträge für das Beitragsjahr, für das sie gezahlt wurden. [4]Für die Anwendung des § 10a Absatz 1 Satz 1 sowie bei der Ermittlung der dem Steuerpflichtigen zustehenden Zulage im Rahmen des § 2 Absatz 6 und des § 10a sind die nach Satz 1 gezahlten Altersvorsorgebeiträge weder für das Beitragsjahr nach Satz 1 Nummer 2 noch für das Beitragsjahr der Zahlung zu berücksichtigen.

§ 83
Altersvorsorgezulage

In Abhängigkeit von den geleisteten Altersvorsorgebeiträgen wird eine Zulage gezahlt, die sich aus einer Grundzulage (§ 84) und einer Kinderzulage (§ 85) zusammensetzt.

§ 84
Grundzulage

[1]Jeder Zulageberechtigte erhält eine Grundzulage; diese beträgt ab dem Beitragsjahr 2018 jährlich 175 Euro. [2]Für Zulageberechtigte nach § 79 Satz 1, die zu Beginn des Beitragsjahres (§ 88) das 25. Lebensjahr noch nicht vollendet haben, erhöht sich die Grundzulage nach Satz 1 um einmalig 200 Euro. [3]Die Erhöhung nach Satz 2 ist für das erste nach dem 31. Dezember 2007 beginnende Beitragsjahr zu gewähren, für das eine Altersvorsorgezulage beantragt wird.

§ 85
Kinderzulage

(1) [1]Die Kinderzulage beträgt für jedes Kind, für das gegenüber dem Zulageberechtigten Kindergeld festgesetzt wird, jährlich 185 Euro. [2]Für ein nach dem 31. Dezember 2007 geborenes Kind erhöht sich die Kinderzulage nach Satz 1 auf 300 Euro. [3]Der Anspruch auf Kinderzulage entfällt für den Veranlagungszeitraum, für den das Kindergeld insgesamt zurückgefordert wird. [4]Erhalten mehrere Zulageberechtigte für dasselbe Kind Kindergeld, steht die Kinderzulage demjenigen zu, dem gegenüber für den ersten Anspruchszeitraum (§ 66 Absatz 2) im Kalenderjahr Kindergeld festgesetzt worden ist.

(2) [1]Bei Eltern verschiedenen Geschlechts, die miteinander verheiratet sind, nicht dauernd getrennt leben (§ 26 Absatz 1) und ihren Wohnsitz oder gewöhnlichen Aufenthalt in einem Mitgliedstaat der Europäischen Union oder einem Staat haben, auf den das Abkommen über den Europäischen Wirtschaftsraum (EWR-Abkommen) anwendbar ist, wird die Kinderzulage der Mutter zugeordnet, auf Antrag beider Eltern dem Vater. [2]Bei Eltern gleichen Geschlechts, die miteinander verheiratet sind oder eine Lebenspartnerschaft führen, nicht dauernd getrennt leben (§ 26 Absatz 1) und ihren Wohnsitz oder gewöhnlichen Aufenthalt in einem Mitgliedstaat der Europäischen Union oder einem Staat haben, auf den das EWR-Abkommen anwendbar ist, ist die Kinderzulage dem Elternteil zuzuordnen, dem gegenüber das Kindergeld festgesetzt wird, auf Antrag beider Eltern dem anderen Elternteil. [3]Der Antrag kann für ein abgelaufenes Beitragsjahr nicht zurückgenommen werden.

§ 86
Mindesteigenbeitrag

(1) [1]Die Zulage nach den §§ 84 und 85 wird gekürzt, wenn der Zulageberechtigte nicht den Mindesteigenbeitrag leistet. [2]Dieser beträgt jährlich 4 Prozent der Summe der in dem dem Kalenderjahr vorangegangenen Kalenderjahr

1. erzielten beitragspflichtigen Einnahmen im Sinne des Sechsten Buches Sozialgesetzbuch,
2. bezogenen Besoldung und Amtsbezüge,
3. in den Fällen des § 10a Absatz 1 Satz 1 Nummer 3 und Nummer 4 erzielten Einnahmen, die beitragspflichtig wären, wenn die Versicherungsfreiheit in der gesetzlichen Rentenversicherung nicht bestehen würde und
4. bezogenen Rente wegen voller Erwerbsminderung oder Erwerbsunfähigkeit oder bezogenen Versorgungsbezüge wegen Dienstunfähigkeit in den Fällen des § 10a Absatz 1 Satz 4,

jedoch nicht mehr als der in § 10a Absatz 1 Satz 1 genannte Höchstbetrag, vermindert um die Zulage nach den §§ 84 und 85; gehört der Ehegatte zum Personenkreis nach § 79 Satz 2, berechnet sich der Mindesteigenbeitrag des nach § 79 Satz 1 Begünstigten unter Berücksichtigung der den Ehegatten insgesamt zustehenden Zulagen. [3]Auslandsbezogene Bestandteile nach den §§ 52 ff. des Bundesbesoldungsgesetzes oder entsprechender Regelungen eines Landesbesoldungsgesetzes bleiben unberücksichtigt. [4]Als Sockelbetrag sind ab dem Jahr 2005 jährlich 60 Euro zu leisten. [5]Ist der Sockelbetrag höher als der Mindesteigenbeitrag nach Satz 2, so ist der Sockelbetrag als Mindesteigenbeitrag zu leisten. [6]Die Kürzung der Zulage ermittelt sich nach dem Verhältnis der Altersvorsorgebeiträge zum Mindesteigenbeitrag.

(2) [1]Ein nach § 79 Satz 2 begünstigter Ehegatte hat Anspruch auf eine ungekürzte Zulage, wenn der zum begünstigten Personenkreis nach § 79 Satz 1 gehörende Ehegatte seinen geförderten Mindesteigenbeitrag unter Berücksichtigung der den Ehegatten insgesamt zustehenden Zulagen erbracht hat. [2]Werden bei einer in der gesetzlichen Rentenversicherung pflichtversicherten Person beitragspflichtige Einnahmen zu Grunde gelegt, die höher sind als das tatsächlich erzielte Entgelt oder die Entgeltersatzleistung, ist das tatsächlich erzielte Entgelt oder der Zahlbetrag der Entgeltersatzleistung für die Berechnung des Mindesteigenbeitrags zu berücksichtigen. [3]Für die nicht erwerbsmäßig ausgeübte Pflegetätigkeit einer nach § 3 Satz 1 Nummer 1a des Sechsten Buches Sozialgesetzbuch rentenversicherungspflichtigen Person ist für die Berechnung des Mindesteigenbeitrags ein tatsächlich erzieltes Entgelt von 0 Euro zu berücksichtigen.

(3) [1]Für Versicherungspflichtige nach dem Gesetz über die Alterssicherung der Landwirte ist Absatz 1 mit der Maßgabe anzuwenden, dass auch die Einkünfte aus Land- und Forstwirtschaft im Sinne des § 13 des zweiten dem Beitragsjahr vorangegangenen Veranlagungszeitraums als beitragspflichtige Einnahmen des vorangegangenen Kalenderjahres gelten. [2]Negative Einkünfte im Sinne des Satzes 1 bleiben unberücksichtigt, wenn weitere nach Absatz 1 oder Absatz 2 zu berücksichtigende Einnahmen erzielt werden.

(4) Wird nach Ablauf des Beitragsjahres festgestellt, dass die Voraussetzungen für die Gewährung einer Kinderzulage nicht vorgelegen haben, ändert sich dadurch die Berechnung des Mindesteigenbeitrags für dieses Beitragsjahr nicht.

(5) Bei den in § 10a Absatz 6 Satz 1 und 2 genannten Personen ist der Summe nach Absatz 1 Satz 2 die Summe folgender Einnahmen und Leistungen aus dem dem Kalenderjahr vorangegangenen Kalenderjahr hinzuzurechnen:

1. die erzielten Einnahmen aus der Tätigkeit, die die Zugehörigkeit zum Personenkreis des § 10a Absatz 6 Satz 1 begründet, und
2. die bezogenen Leistungen im Sinne des § 10a Absatz 6 Satz 2 Nummer 1.

§ 87
Zusammentreffen mehrerer Verträge

(1) [1]Zahlt der nach § 79 Satz 1 Zulageberechtigte Altersvorsorgebeiträge zugunsten mehrerer Verträge, so wird die Zulage nur für zwei dieser Verträge gewährt. [2]Der insgesamt nach § 86 zu leistende Mindesteigenbeitrag muss zugunsten dieser Verträge geleistet worden sein. [3]Die Zulage ist entsprechend dem Verhältnis der auf diese Verträge geleisteten Beiträge zu verteilen.

(2) [1]Der nach § 79 Satz 2 Zulageberechtigte kann die Zulage für das jeweilige Beitragsjahr nicht auf mehrere Altersvorsorgeverträge verteilen. [2]Es ist nur der Altersvorsorgevertrag begünstigt, für den zuerst die Zulage beantragt wird.

§ 88
Entstehung des Anspruchs auf Zulage

Der Anspruch auf die Zulage entsteht mit Ablauf des Kalenderjahres, in dem die Altersvorsorgebeiträge geleistet worden sind (Beitragsjahr).

§ 89
Antrag

(1) [1]Der Zulageberechtigte hat den Antrag auf Zulage nach amtlich vorgeschriebenem Vordruck bis zum Ablauf des zweiten Kalenderjahres, das auf das Beitragsjahr (§ 88) folgt, bei dem Anbieter seines Vertrages einzureichen; dies kann auch elektronisch unter Angabe der erforderlichen Antragsdaten erfolgen, wenn sowohl der Anbieter als auch der Zulageberechtigte mit diesem Verfahren einverstanden sind. [2]Hat der Zulageberechtigte im Beitragsjahr Altersvorsorgebeiträge für mehrere Verträge gezahlt, so hat er mit dem Zulageantrag zu bestimmen, auf welche Verträge die Zulage überwiesen werden soll. [3]Beantragt der Zulageberechtigte die Zulage für mehr als zwei Verträge, so wird die Zulage nur für die zwei Verträge mit den höchsten Altersvorsorgebeiträgen gewährt. [4]Sofern eine Zulagenummer (§ 90 Absatz 1 Satz 2) durch die zentrale Stelle (§ 81) oder eine Versicherungsnummer nach § 147 des Sechsten Buches Sozialgesetzbuch für den nach § 79 Satz 2 berechtigten Ehegatten noch nicht vergeben ist, hat dieser über seinen Anbieter eine Zulagenummer bei der zentralen Stelle zu beantragen. [5]Der Antragsteller ist verpflichtet, dem Anbieter unverzüglich eine Änderung der Verhältnisse mitzuteilen, die zu einer Minderung oder zum Wegfall des Zulageanspruchs führt; dies kann auch elektronisch erfolgen, wenn sowohl der Anbieter als auch der Zulageberechtigte mit diesem Verfahren einverstanden sind.

(1a) [1]Der Zulageberechtigte kann den Anbieter seines Vertrages unter Angabe der erforderlichen Antragsdaten schriftlich bevollmächtigen, für ihn abweichend von Absatz 1 die Zulage für jedes Beitragsjahr zu beantragen; dies kann auch elektronisch erfolgen, wenn sowohl der Anbieter als auch der Zulageberechtigte mit diesem Verfahren einverstanden sind. [2]Absatz 1 Satz 5 gilt mit Ausnahme der Mitteilung geänderter beitragspflichtiger Einnahmen im Sinne des Sechsten Buches Sozialgesetzbuch entsprechend; erlangt der Anbieter von einer Änderung der Verhältnisse Kenntnis, hat dieser die zentrale Stelle zu unterrichten. [3]Ein Widerruf der Vollmacht ist bis zum Ablauf des Beitragsjahres, für das der Anbieter keinen Antrag auf Zulage stellen soll, gegenüber dem Anbieter zu erklären.

(2) [1]Der Anbieter ist verpflichtet,

a) die Vertragsdaten,

b) die Identifikationsnummer, die Versicherungsnummer nach § 147 des Sechsten Buches Sozialgesetzbuch, die Zulagenummer des Zulageberechtigten und dessen Ehegatten oder einen Antrag auf Vergabe einer Zulagenummer eines nach § 79 Satz 2 berechtigten Ehegatten,

c) die vom Zulageberechtigten mitgeteilten Angaben zur Ermittlung des Mindesteigenbeitrags (§ 86),

d) die Identifikationsnummer des Kindes sowie die weiteren für die Gewährung der Kinderzulage erforderlichen Daten,

e) die Höhe der geleisteten Altersvorsorgebeiträge und

f) das Vorliegen einer nach Absatz 1a erteilten Vollmacht

als die für die Ermittlung und Überprüfung des Zulageanspruchs und Durchführung des Zulageverfahrens erforderlichen Daten zu erfassen. [2]Er hat die Daten der bei ihm im Laufe eines Kalendervierteljahres eingegangenen Anträge bis zum Ende des folgenden Monats nach amtlich vorgeschriebenem Datensatz durch amtlich bestimmte Datenfernübertragung an die zentrale Stelle zu übermitteln. [3]Dies gilt auch im Fall des Absatzes 1 Satz 5. [4]§ 22a Absatz 2 gilt entsprechend.

(3) [1]Ist der Anbieter nach Absatz 1a Satz 1 bevollmächtigt worden, hat er der zentralen Stelle die nach Absatz 2 Satz 1 erforderlichen Angaben für jedes Kalenderjahr bis zum Ablauf des auf das Beitragsjahr folgenden Kalenderjahres zu übermitteln. [2]Liegt die Bevollmächtigung erst nach dem im Satz 1 genannten Meldetermin vor, hat der Anbieter die Angaben bis zum Ende des folgenden Kalendervierteljahres nach der Bevollmächtigung, spätestens jedoch bis zum Ablauf der in Absatz 1 Satz 1 genannten Antragsfrist, zu übermitteln. [3]Absatz 2 Satz 2 und 3 gilt sinngemäß.

§ 90
Verfahren

(1) [1]Die zentrale Stelle ermittelt aufgrund der von ihr erhobenen oder der ihr übermittelten Daten, ob und in welcher Höhe ein Zulageanspruch besteht. [2]Soweit der zuständige Träger der Rentenversicherung keine Versicherungsnummer vergeben hat, vergibt die zentrale Stelle zur Erfüllung der ihr nach diesem Abschnitt zugewiesenen Aufgaben eine Zulagenummer. [3]Die zentrale Stelle teilt im Falle eines Antrags nach § 10a Absatz 1b der zuständigen Stelle, im Falle eines Antrags nach § 89 Absatz 1 Satz 4 dem Anbieter die Zulagenummer mit; von dort wird sie an den Antragsteller weitergeleitet.

(2) [1]Die zentrale Stelle veranlasst die Auszahlung an den Anbieter zugunsten der Zulageberechtigten durch die zuständige Kasse nach erfolgter Berechnung nach Absatz 1 und Überprüfung nach § 91. [2]Ein gesonderter Bescheid ergeht vorbehaltlich des Absatzes 4 nicht. [3]Der Anbieter hat die erhaltenen Zulagen unverzüglich den begünstigten Verträgen gutzuschreiben. [4]Zulagen, die nach Beginn der Auszahlungsphase für das Altersvorsorgevermögen von der zentralen Stelle an den Anbieter überwiesen werden, können vom Anbieter an den Anleger ausgezahlt werden. [5]Besteht kein Zulageanspruch, so teilt die zentrale Stelle dies dem Anbieter durch Datensatz mit. [6]Die zentrale Stelle teilt dem Anbieter die Altersvorsorgebeiträge im Sinne des § 82, auf die § 10a oder dieser Abschnitt angewendet wurde, durch Datensatz mit.

(3) [1]Erkennt die zentrale Stelle bis zum Ende des zweiten auf die Ermittlung der Zulage folgenden Jahres nachträglich aufgrund neuer, berichtigter oder stornierter Daten, dass der Zulageanspruch ganz oder teilweise nicht besteht oder weggefallen ist, so hat sie zu Unrecht gutgeschriebene oder ausgezahlte Zulagen bis zum Ablauf eines Jahres nach der Erkenntnis zurückzufordern und dies dem Zulageberechtigten durch Bescheid nach Absatz 4 Satz 1 Nummer 2 und dem Anbieter durch Datensatz mitzuteilen. [2]Bei bestehendem Vertragsverhältnis hat der Anbieter das Konto zu belasten. [3]Die ihm im Kalendervierteljahr mitgeteilten Rückforderungsbeträge hat er

bis zum zehnten Tag des dem Kalendervierteljahr folgenden Monats in einem Betrag bei der zentralen Stelle anzumelden und an diese abzuführen. [4]Die Anmeldung nach Satz 3 ist nach amtlich vorgeschriebenem Vordruck abzugeben. [5]Sie gilt als Steueranmeldung im Sinne der Abgabenordnung. [6]Abweichend von Satz 1 gilt die Ausschlussfrist für den Personenkreis der Kindererziehenden nach § 10a Absatz 1a und deren nach § 79 Satz 2 förderberechtigten Ehegatten nicht; die zentrale Stelle hat die Zulage des Zulageberechtigten als auch des nach § 79 Satz 2 förderberechtigten Ehegatten bis zur Vollendung des fünften Lebensjahres des Kindes, das für die Anerkennung der Förderberechtigung nach § 10a Absatz 1a maßgebend war, zurückzufordern, wenn die Kindererziehungszeiten bis zu diesem Zeitpunkt in der gesetzlichen Rentenversicherung nicht angerechnet wurden. [7]Hat der Zulageberechtigte die Kindererziehungszeiten innerhalb der in § 10a Absatz 1a genannten Frist beantragt, der zuständige Träger der gesetzlichen Rentenversicherung aber nicht innerhalb der Ausschlussfrist von Satz 6 darüber abschließend beschieden, verlängert sich die Ausschlussfrist um drei Monate nach Kenntniserlangung der zentralen Stelle vom Erlass des Bescheides.

(3a) [1]Erfolgt nach der Durchführung einer versorgungsrechtlichen Teilung eine Rückforderung von zu Unrecht gezahlten Zulagen, setzt die zentrale Stelle den Rückforderungsbetrag nach Absatz 3 unter Anrechnung bereits vom Anbieter einbehaltener und abgeführter Beträge gegenüber dem Zulageberechtigten fest, soweit

1. das Guthaben auf dem Vertrag des Zulageberechtigten zur Zahlung des Rückforderungsbetrags nach § 90 Absatz 3 Satz 1 nicht ausreicht

   und

2. im Rückforderungsbetrag ein Zulagebetrag enthalten ist, der in der Ehe- oder Lebenspartnerschaftszeit ausgezahlt wurde.

[2]Erfolgt nach einer Inanspruchnahme eines Altersvorsorge-Eigenheimbetrags im Sinne des § 92a Absatz 1 oder während einer Darlehenstilgung bei Altersvorsorgeverträgen nach § 1 Absatz 1a des Altersvorsorgeverträge-Zertifizierungsgesetzes eine Rückforderung zu Unrecht gezahlter Zulagen, setzt die zentrale Stelle den Rückforderungsbetrag nach Absatz 3 unter Anrechnung bereits vom Anbieter einbehaltener und abgeführter Beträge gegenüber dem Zulageberechtigten fest, soweit das Guthaben auf dem Altersvorsorgevertrag des Zulageberechtigten zur Zahlung des Rückforderungsbetrags nicht ausreicht. [3]Der Anbieter hat in diesen Fällen der zentralen Stelle die nach Absatz 3 einbehaltenen und abgeführten Beträge nach amtlich vorgeschriebenem Datensatz durch amtlich bestimmte Datenfernübertragung mitzuteilen.

(4) [1]Eine Festsetzung der Zulage erfolgt

1. von Amts wegen, wenn die nach den vorliegenden Daten abschließend berechnete Zulage von der beantragten Zulage abweicht,
2. im Falle des Absatzes 3 von Amts wegen,
3. auf besonderen Antrag des Zulageberechtigten, sofern nicht bereits eine Festsetzung von Amts wegen erfolgt ist, oder
4. auf Anforderung des zuständigen Finanzamtes, wenn dessen Daten von den Daten der zentralen Stelle abweichen; eine gesonderte Festsetzung unterbleibt, wenn eine Festsetzung nach den Nummern 1 bis 3 bereits erfolgt ist, für das Beitragsjahr keine Zulage beantragt wurde oder die Frist nach Absatz 3 Satz 1 abgelaufen ist.

[2]Der Antrag nach Satz 1 Nummer 3 ist schriftlich oder elektronisch innerhalb eines Jahres vom Zulageberechtigten an die zentrale Stelle zu richten; die Frist beginnt mit der Erteilung der Bescheinigung nach § 92, die die Ermittlungsergebnisse für das Beitragsjahr enthält, für das eine Festsetzung der Zulage erfolgen soll. [3]Der Anbieter teilt auf Anforderung der zentralen Stelle nach amtlich vorgeschriebenem Datensatz durch amtlich bestimmte Datenfernübertragung das Datum der Erteilung der nach Satz 2 maßgebenden Bescheinigung nach § 92 mit. [4]Er hat auf Anforderung weitere ihm vorliegende, für die Festsetzung erforderliche Unterlagen beizufügen; eine ergänzende Stellungnahme kann beigefügt werden; dies kann auch elektronisch erfolgen, wenn sowohl der Anbieter als auch die zentrale Stelle mit diesem Verfahren einverstanden sind. [5]Die zentrale Stelle teilt die Festsetzung auch dem Anbieter und die Festsetzung nach Satz 1 Nummer 4 auch dem Finanzamt mit; erfolgt keine Festsetzung nach Satz 1 Nummer 4, teilt dies die zentrale Stelle dem Finanzamt ebenfalls mit. [6]Im Übrigen gilt Absatz 3 entsprechend. [7]Satz 1 Nummer 1 gilt nicht, wenn der Datensatz nach § 89 Absatz 2 aufgrund von unzureichenden oder fehlerhaften Angaben des Zulageberechtigten abgewiesen sowie um eine Fehlermeldung ergänzt worden ist und die Angaben nicht innerhalb der Antragsfrist des § 89 Absatz 1 Satz 1 von dem Zulageberechtigten an den Anbieter nachgereicht werden.

(5) [1]Im Rahmen des Festsetzungsverfahrens oder Einspruchsverfahrens kann der Zulageberechtigte bis zum rechtskräftigen Abschluss des Festsetzungsverfahrens oder Einspruchsverfahrens eine nicht fristgerecht abgegebene Einwilligung nach § 10a Absatz 1 Satz 1 Halbsatz 2 gegenüber der zuständigen Stelle nachholen. [2]Über die Nachholung hat er die zentrale Stelle unter Angabe des Datums der Erteilung der Einwilligung unmittelbar zu informieren. [3]Hat der Zulageberechtigte im Rahmen des Festsetzungsverfahrens eine wirksame Einwilligung gegenüber der zuständigen Stelle erteilt, wird er so gestellt, als hätte er die Einwilligung innerhalb der Frist nach § 10a Absatz 1 Satz 1 Halbsatz 2 wirksam gestellt.

§ 91
Datenerhebung und Datenabgleich

(1) [1]Für die Berechnung und Überprüfung der Zulage sowie die Überprüfung des Vorliegens der Voraussetzungen des Sonderausgabenabzugs nach § 10a übermitteln die Träger der gesetzlichen Rentenversicherung, die landwirtschaftliche Alterskasse, die Bundesagentur für Arbeit, die Meldebehörden, die Familienkassen und die Finanzämter der zentralen Stelle auf Anforderung unter Angabe der Identifikationsnummer (§ 139b der Abgabenordnung) des Steuerpflichtigen die bei ihnen vorhandenen Daten nach § 89 Absatz 2 durch Datenfernübertragung; für Zwecke der Berechnung des Mindesteigenbeitrags für ein Beitragsjahr darf die zentrale Stelle bei den Trägern der gesetzlichen Rentenversicherung und der landwirtschaftlichen Alterskasse die bei ihnen vorhandenen Daten zu den beitragspflichtigen Einnahmen sowie in den Fällen des § 10a Absatz 1 Satz 4 zur Höhe der bezogenen Rente wegen voller Erwerbsminderung oder Erwerbsunfähigkeit erheben, sofern diese nicht vom Anbieter nach § 89 übermittelt worden sind; im Datenabgleich mit den Familienkassen sind auch die Identifikationsnummern des Kindergeldberechtigten und des Kindes anzugeben. [2]Für Zwecke der Überprüfung nach Satz 1 darf die zentrale Stelle die ihr übermittelten Daten mit den ihr nach § 89 Absatz 2 übermittelten Daten automatisiert abgleichen. [3]Ergibt die Überprüfung eine Abweichung von dem in der Steuerfestsetzung berücksichtigten Sonderausgabenabzug nach § 10a oder der gesonderten Feststellung nach § 10a Absatz 4, ist dies dem Finanzamt mitzuteilen; die Steuerfestsetzung oder die gesonderte Feststellung ist insoweit zu än-

dern. [4]Ist die Zulage nach § 90 Absatz 4 von der zentralen Stelle unanfechtbar festgesetzt worden, sind diese gesondert festgesetzten Besteuerungsgrundlagen für das Finanzamt bindend und auch der gesonderten Feststellung nach § 10a Absatz 4 zu Grunde zu legen.

(2) [1]Die zuständige Stelle hat der zentralen Stelle die Daten nach § 10a Absatz 1 Satz 1 zweiter Halbsatz bis zum 31. März des dem Beitragsjahr folgenden Kalenderjahres durch Datenfernübertragung zu übermitteln. [2]Liegt die Einwilligung nach § 10a Absatz 1 Satz 1 zweiter Halbsatz erst nach dem in Satz 1 genannten Meldetermin vor, hat die zuständige Stelle die Daten spätestens bis zum Ende des folgenden Kalendervierteljahres nach Erteilung der Einwilligung nach Maßgabe von Satz 1 zu übermitteln.

§ 92
Bescheinigung

[1]Der Anbieter hat dem Zulageberechtigten jährlich bis zum Ablauf des auf das Beitragsjahr folgenden Jahres eine Bescheinigung nach amtlich vorgeschriebenem Muster zu erteilen über

1. die Höhe der im abgelaufenen Beitragsjahr geleisteten Altersvorsorgebeiträge (Beiträge und Tilgungsleistungen),
2. die im abgelaufenen Beitragsjahr getroffenen, aufgehobenen oder geänderten Ermittlungsergebnisse (§ 90),
3. die Summe der bis zum Ende des abgelaufenen Beitragsjahres dem Vertrag gutgeschriebenen Zulagen,
4. die Summe der bis zum Ende des abgelaufenen Beitragsjahres geleisteten Altersvorsorgebeiträge (Beiträge und Tilgungsleistungen),
5. den Stand des Altersvorsorgevermögens,
6. den Stand des Wohnförderkontos (§ 92a Absatz 2 Satz 1), sofern er diesen von der zentralen Stelle mitgeteilt bekommen hat, und
7. die Bestätigung der durch den Anbieter erfolgten Datenübermittlung an die zentrale Stelle im Fall des § 10a Absatz 5 Satz 1.

[2]Einer jährlichen Bescheinigung bedarf es nicht, wenn zu Satz 1 Nummer 1, 2, 6 und 7 keine Angaben erforderlich sind und sich zu Satz 1 Nummer 3 bis 5 keine Änderungen gegenüber der zuletzt erteilten Bescheinigung ergeben. [3]Liegen die Voraussetzungen des Satzes 2 nur hinsichtlich der Angabe nach Satz 1 Nummer 6 nicht vor und wurde die Geschäftsbeziehung im Hinblick auf den jeweiligen Altersvorsorgevertrag zwischen Zulageberechtigtem und Anbieter beendet, weil

1. das angesparte Kapital vollständig aus dem Altersvorsorgevertrag entnommen wurde oder
2. das gewährte Darlehen vollständig getilgt wurde,

bedarf es keiner jährlichen Bescheinigung, wenn der Anbieter dem Zulageberechtigten in einer Bescheinigung im Sinne dieser Vorschrift Folgendes mitteilt: „Das Wohnförderkonto erhöht sich bis zum Beginn der Auszahlungsphase jährlich um 2 Prozent, solange Sie keine Zahlungen zur Minderung des Wohnförderkontos leisten.“ [4]Der Anbieter kann dem Zulageberechtigten mit dessen Einverständnis die Bescheinigung auch elektronisch bereitstellen.

§ 93
Schädliche Verwendung

(1) [1]Wird gefördertes Altersvorsorgevermögen nicht unter den in § 1 Absatz 1 Satz 1 Nummer 4 und 10 Buchstabe c des Altersvorsorgeverträge-Zertifizierungsgesetzes oder § 1 Absatz 1 Satz 1 Nummer 4, 5 und 10 Buchstabe c des Altersvorsorgeverträge-Zertifizierungsgesetzes in der bis zum 31. Dezember 2004 geltenden Fassung genannten Voraussetzungen an den Zulageberechtigten ausgezahlt (schädliche Verwendung), sind die auf das ausgezahlte geförderte Altersvorsorgevermögen entfallenden Zulagen und die nach § 10a Absatz 4 gesondert festgestellten Beträge (Rückzahlungsbetrag) zurückzuzahlen. [2]Dies gilt auch bei einer Auszahlung nach Beginn der Auszahlungsphase (§ 1 Absatz 1 Satz 1 Nummer 2 des Altersvorsorgeverträge-Zertifizierungsgesetzes) und bei Auszahlungen im Falle des Todes des Zulageberechtigten. [3]Hat der Zulageberechtigte im Sinne des § 92a Absatz 2 Satz 4 Nummer 1 oder § 92a Absatz 3 Satz 9 Nummer 2 geleistet, dann handelt es sich bei dem hierauf beruhenden Altersvorsorgevermögen um gefördertes Altersvorsorgevermögen im Sinne des Satzes 1; der Rückzahlungsbetrag bestimmt sich insoweit nach der für die in das Wohnförderkonto eingestellten Beträge gewährten Förderung. [4]Eine Rückzahlungsverpflichtung besteht nicht für den Teil der Zulagen und der Steuerermäßigung,

a) der auf nach § 1 Absatz 1 Satz 1 Nummer 2 des Altersvorsorgeverträge-Zertifizierungsgesetzes angespartes gefördertes Altersvorsorgevermögen entfällt, wenn es in Form einer Hinterbliebenenrente an die dort genannten Hinterbliebenen ausgezahlt wird; dies gilt auch für Leistungen im Sinne des § 82 Absatz 3 an Hinterbliebene des Steuerpflichtigen;

b) der den Beitragsanteilen zuzuordnen ist, die für die zusätzliche Absicherung der verminderten Erwerbsfähigkeit und eine zusätzliche Hinterbliebenenabsicherung ohne Kapitalbildung verwendet worden sind;

c) der auf gefördertes Altersvorsorgevermögen entfällt, das im Falle des Todes des Zulageberechtigten auf einen auf den Namen des Ehegatten lautenden Altersvorsorgevertrag übertragen wird, wenn die Ehegatten im Zeitpunkt des Todes des Zulageberechtigten nicht dauernd getrennt gelebt haben (§ 26 Absatz 1) und ihren Wohnsitz oder gewöhnlichen Aufenthalt in einem Mitgliedstaat der Europäischen Union oder einem Staat hatten, auf den das Abkommen über den Europäischen Wirtschaftsraum (EWR-Abkommen) anwendbar ist; dies gilt auch, wenn die Ehegatten ihren vor dem Zeitpunkt, ab dem das Vereinigte Königreich Großbritannien und Nordirland nicht mehr Mitgliedstaat der Europäischen Union ist und auch nicht wie ein solcher zu behandeln ist, begründeten Wohnsitz oder gewöhnlichen Aufenthalt im Vereinigten Königreich Großbritannien und Nordirland hatten und der Vertrag vor dem 23. Juni 2016 abgeschlossen worden ist;

d) der auf den Altersvorsorge-Eigenheimbetrag entfällt.

(1a) [1]Eine schädliche Verwendung liegt nicht vor, wenn gefördertes Altersvorsorgevermögen aufgrund einer internen Teilung nach § 10 des Versorgungsausgleichsgesetzes oder aufgrund einer externen Teilung nach § 14 des Versorgungsausgleichsgesetzes auf einen zertifizierten Altersvorsorgevertrag oder eine nach § 82 Absatz 2 begünstigte betriebliche Altersversorgung übertragen wird; die auf das übertragene Anrecht entfallende steuerliche Förderung geht mit allen Rechten und Pflichten auf die ausgleichsberechtigte Person über. [2]Eine schädliche Verwendung liegt ebenfalls nicht vor, wenn gefördertes Altersvorsorgevermögen aufgrund einer externen Teilung nach § 14 des Versorgungsausgleichsgesetzes auf die Versorgungsausgleichskasse oder die gesetzliche Rentenversicherung übertragen wird; die Rechte und Pflichten der ausgleichspflichtigen Person aus der steuerlichen Förderung des übertragenen Anteils entfallen. [3]In den Fällen der Sätze 1 und 2 teilt die zentrale Stelle der ausgleichspflichtigen Person die Höhe der auf die Ehezeit im

Sinne des § 3 Absatz 1 des Versorgungsausgleichsgesetzes oder die Lebenspartnerschaftszeit im Sinne des § 20 Absatz 2 des Lebenspartnerschaftsgesetzes entfallenden gesondert festgestellten Beträge nach § 10a Absatz 4 und die ermittelten Zulagen mit. [4]Die entsprechenden Beträge sind monatsweise zuzuordnen. [5]Die zentrale Stelle teilt die geänderte Zuordnung der gesondert festgestellten Beträge nach § 10a Absatz 4 sowie der ermittelten Zulagen der ausgleichspflichtigen und in den Fällen des Satzes 1 auch der ausgleichsberechtigten Person durch Feststellungsbescheid mit. [6]Nach Eintritt der Unanfechtbarkeit dieses Feststellungsbescheids informiert die zentrale Stelle den Anbieter durch einen Datensatz über die geänderte Zuordnung.

(2) [1]Die Übertragung von gefördertem Altersvorsorgevermögen auf einen anderen auf den Namen des Zulageberechtigten lautenden Altersvorsorgevertrag (§ 1 Absatz 1 Satz 1 Nummer 10 Buchstabe b des Altersvorsorgeverträge-Zertifizierungsgesetzes) stellt keine schädliche Verwendung dar. [2]Dies gilt sinngemäß in den Fällen des § 4 Absatz 2 und 3 des Betriebsrentengesetzes, wenn das geförderte Altersvorsorgevermögen auf eine der in § 82 Absatz 2 Buchstabe a genannten Einrichtungen der betrieblichen Altersversorgung zum Aufbau einer kapitalgedeckten betrieblichen Altersversorgung übertragen und eine lebenslange Altersversorgung entsprechend § 82 Absatz 2 Satz 2 vorgesehen ist wie auch in den Fällen einer Übertragung nach § 3 Nummer 55c Satz 2 Buchstabe a. [3]In den übrigen Fällen der Abfindung von Anwartschaften der betrieblichen Altersversorgung gilt dies, soweit das geförderte Altersvorsorgevermögen zugunsten eines auf den Namen des Zulageberechtigten lautenden Altersvorsorgevertrages geleistet wird. [4]Auch keine schädliche Verwendung sind der gesetzliche Forderungs- und Vermögensübergang nach § 9 des Betriebsrentengesetzes und die gesetzlich vorgesehene schuldbefreiende Übertragung nach § 8 Absatz 1 des Betriebsrentengesetzes.

(3) [1]Auszahlungen zur Abfindung einer Kleinbetragsrente zu Beginn der Auszahlungsphase oder im darauffolgenden Jahr gelten nicht als schädliche Verwendung. [2]Eine Kleinbetragsrente ist eine Rente, die bei gleichmäßiger Verrentung des gesamten zu Beginn der Auszahlungsphase zur Verfügung stehenden Kapitals eine monatliche Rente ergibt, die 1 Prozent der monatlichen Bezugsgröße nach § 18 des Vierten Buches Sozialgesetzbuch nicht übersteigt. [3]Bei der Berechnung dieses Betrags sind alle bei einem Anbieter bestehenden Verträge des Zulageberechtigten insgesamt zu berücksichtigen, auf die nach diesem Abschnitt geförderte Altersvorsorgebeiträge geleistet wurden. [4]Die Sätze 1 bis 3 gelten entsprechend, wenn

1. nach dem Beginn der Auszahlungsphase ein Versorgungsausgleich durchgeführt wird und
2. sich dadurch die Rente verringert.

(4) [1]Wird bei einem einheitlichen Vertrag nach § 1 Absatz 1a Satz 1 Nummer 2 zweiter Halbsatz des Altersvorsorgeverträge-Zertifizierungsgesetzes das Darlehen nicht wohnungswirtschaftlich im Sinne des § 92a Absatz 1 Satz 1 verwendet, liegt zum Zeitpunkt der Darlehensauszahlung eine schädliche Verwendung des geförderten Altersvorsorgevermögens vor, es sei denn, das geförderte Altersvorsorgevermögen wird innerhalb eines Jahres nach Ablauf des Veranlagungszeitraums, in dem das Darlehen ausgezahlt wurde, auf einen anderen zertifizierten Altersvorsorgevertrag übertragen, der auf den Namen des Zulageberechtigten lautet. [2]Der Zulageberechtigte hat dem Anbieter die Absicht zur Kapitalübertragung, den Zeitpunkt der Kapitalübertragung bis zum Zeitpunkt der Darlehensauszahlung und die Aufgabe der Absicht zur Kapitalübertragung mitzuteilen. [3]Wird die Absicht zur Kapitalübertragung aufgegeben, tritt die schädliche Verwendung zu dem Zeitpunkt ein, zu dem die Mitteilung des Zulageberechtigten hierzu beim Anbieter eingeht, spätestens aber am 1. Januar des zweiten Jahres nach dem Jahr, in dem das Darlehen ausgezahlt wurde.

§ 94
Verfahren bei schädlicher Verwendung

(1) [1]In den Fällen des § 93 Absatz 1 hat der Anbieter der zentralen Stelle vor der Auszahlung des geförderten Altersvorsorgevermögens die schädliche Verwendung nach amtlich vorgeschriebenem Datensatz durch amtlich bestimmte Datenfernübertragung anzuzeigen. [2]Die zentrale Stelle ermittelt den Rückzahlungsbetrag und teilt diesen dem Anbieter durch Datensatz mit. [3]Der Anbieter hat den Rückzahlungsbetrag einzubehalten, mit der nächsten Anmeldung nach § 90 Absatz 3 anzumelden und an die zentrale Stelle abzuführen. [4]Der Anbieter hat die einbehaltenen und abgeführten Beträge der zentralen Stelle nach amtlich vorgeschriebenem Datensatz durch amtlich bestimmte Datenfernübertragung mitzuteilen und diese Beträge dem Zulageberechtigten zu bescheinigen; mit Einverständnis des Zulageberechtigten kann die Bescheinigung elektronisch bereitgestellt werden. [5]In den Fällen des § 93 Absatz 3 gilt Satz 1 entsprechend.

(2) [1]Eine Festsetzung des Rückzahlungsbetrags erfolgt durch die zentrale Stelle auf besonderen Antrag des Zulageberechtigten oder sofern die Rückzahlung nach Absatz 1 ganz oder teilweise nicht möglich oder nicht erfolgt ist. [2]§ 90 Absatz 4 Satz 2 bis 6 gilt entsprechend; § 90 Absatz 4 Satz 5 gilt nicht, wenn die Geschäftsbeziehung im Hinblick auf den jeweiligen Altersvorsorgevertrag zwischen dem Zulageberechtigten und dem Anbieter beendet wurde. [3]Im Rückforderungsbescheid sind auf den Rückzahlungsbetrag die vom Anbieter bereits einbehaltenen und abgeführten Beträge nach Maßgabe der Bescheinigung nach Absatz 1 Satz 4 anzurechnen. [4]Der Zulageberechtigte hat den verbleibenden Rückzahlungsbetrag innerhalb eines Monats nach Bekanntgabe des Rückforderungsbescheids an die zuständige Kasse zu entrichten. [5]Die Frist für die Festsetzung des Rückzahlungsbetrags beträgt vier Jahre und beginnt mit Ablauf des Kalenderjahres, in dem die Auszahlung im Sinne des § 93 Absatz 1 erfolgt ist.

(3) [1]Sofern der zentralen Stelle für den Zulageberechtigten im Zeitpunkt der schädlichen Verwendung eine Meldung nach § 118 Absatz 1a des Zwölften Buches Sozialgesetzbuch zum erstmaligen Bezug von Hilfe zum Lebensunterhalt und von Grundsicherung im Alter und bei Erwerbsminderung vorliegt, teilt die zentrale Stelle zum Zeitpunkt der Mitteilung nach Absatz 1 Satz 2 der Datenstelle der Rentenversicherungsträger als Vermittlungsstelle die schädliche Verwendung durch Datenfernübertragung mit. [2]Dies gilt nicht, wenn das Ausscheiden aus diesem Hilfebezug nach § 118 Absatz 1a des Zwölften Buches Sozialgesetzbuch angezeigt wurde.

§ 95
Sonderfälle der Rückzahlung

[1]Die §§ 93 und 94 gelten entsprechend, wenn sich der Wohnsitz oder gewöhnliche Aufenthalt des Zulageberechtigten ab Beginn der Auszahlungsphase außerhalb der Mitgliedstaaten der Europäischen Union und der Staaten befindet, auf die das Abkommen über den Europäischen Wirtschaftsraum (EWR-Abkommen) anwendbar ist, oder wenn der Zulageberechtigte ungeachtet eines Wohnsitzes oder gewöhnlichen Aufenthaltes in einem dieser Staaten nach einem Abkommen zur Vermeidung der Doppelbesteuerung mit einem dritten Staat als außerhalb des Hoheitsgebiets dieser Staaten ansässig gilt. [2]Satz 1 gilt nicht,

sofern sich der Wohnsitz oder gewöhnliche Aufenthalt des Zulageberechtigten bereits seit dem 22. Juni 2016 ununterbrochen im Vereinigten Königreich Großbritannien und Nordirland befindet und der Vertrag vor dem 23. Juni 2016 abgeschlossen worden ist.

§ 96

Anwendung der Abgabenordnung, allgemeine Vorschriften

(1) [1]Auf die Zulagen und die Rückzahlungsbeträge sind die für Steuervergütungen geltenden Vorschriften der Abgabenordnung entsprechend anzuwenden. [2]Dies gilt nicht für § 163 der Abgabenordnung.

(2) [1]Hat der Anbieter vorsätzlich oder grob fahrlässig

1. unrichtige oder unvollständige Daten übermittelt oder
2. Daten pflichtwidrig nicht übermittelt,

obwohl der Zulageberechtigte seiner Informationspflicht gegenüber dem Anbieter zutreffend und rechtzeitig nachgekommen ist, haftet der Anbieter für die entgangene Steuer und die zu Unrecht gewährte Steuervergünstigung. [2]Dies gilt auch, wenn im Verhältnis zum Zulageberechtigten Festsetzungsverjährung eingetreten ist. [3]Der Zulageberechtigte haftet als Gesamtschuldner neben dem Anbieter, wenn er weiß, dass der Anbieter unrichtige oder unvollständige Daten übermittelt oder Daten pflichtwidrig nicht übermittelt hat. [4]Für die Inanspruchnahme des Anbieters ist die zentrale Stelle zuständig.

(3) Die zentrale Stelle hat auf Anfrage des Anbieters Auskunft über die Anwendung des Abschnitts XI zu geben.

(4) [1]Die zentrale Stelle kann beim Anbieter ermitteln, ob er seine Pflichten erfüllt hat. [2]Die §§ 193 bis 203 der Abgabenordnung gelten sinngemäß. [3]Auf Verlangen der zentralen Stelle hat der Anbieter ihr Unterlagen, soweit sie im Ausland geführt und aufbewahrt werden, verfügbar zu machen.

(5) Der Anbieter erhält vom Bund oder den Ländern keinen Ersatz für die ihm aus diesem Verfahren entstehenden Kosten.

(6) [1]Der Anbieter darf die im Zulageverfahren bekannt gewordenen Verhältnisse der Beteiligten nur für das Verfahren verwerten. [2]Er darf sie ohne Zustimmung der Beteiligten nur offenbaren, soweit dies gesetzlich zugelassen ist.

(7) [1]Für die Zulage gelten die Strafvorschriften des § 370 Absatz 1 bis 4, der §§ 371, 375 Absatz 1 und des § 376 sowie die Bußgeldvorschriften der §§ 378, 379 Absatz 1 und 4 und der §§ 383 und 384 der Abgabenordnung entsprechend. [2]Für das Strafverfahren wegen einer Straftat nach Satz 1 sowie der Begünstigung einer Person, die eine solche Tat begangen hat, gelten die §§ 385 bis 408, für das Bußgeldverfahren wegen einer Ordnungswidrigkeit nach Satz 1 die §§ 409 bis 412 der Abgabenordnung entsprechend.

§ 97

Übertragbarkeit

[1]Das nach § 10a oder Abschnitt XI geförderte Altersvorsorgevermögen einschließlich seiner Erträge, die geförderten laufenden Altersvorsorgebeiträge und der Anspruch auf die Zulage sind nicht übertragbar. [2]§ 93 Absatz 1a und § 4 des Betriebsrentengesetzes bleiben unberührt.

§ 98

Rechtsweg

In öffentlich-rechtlichen Streitigkeiten über die aufgrund des Abschnitts XI ergehenden Verwaltungsakte ist der Finanzrechtsweg gegeben.

§ 100

Förderbetrag zur betrieblichen Altersversorgung

(1) [1]Arbeitgeber im Sinne des § 38 Absatz 1 dürfen vom Gesamtbetrag der einzubehaltenden Lohnsteuer für jeden Arbeitnehmer mit einem ersten Dienstverhältnis einen Teilbetrag des Arbeitgeberbeitrags zur kapitalgedeckten betrieblichen Altersversorgung (Förderbetrag) entnehmen und bei der nächsten Lohnsteuer-Anmeldung gesondert absetzen. [2]Übersteigt der insgesamt zu gewährende Förderbetrag den Betrag, der insgesamt an Lohnsteuer abzuführen ist, so wird der übersteigende Betrag dem Arbeitgeber auf Antrag von dem Finanzamt, an das die Lohnsteuer abzuführen ist, aus den Einnahmen der Lohnsteuer ersetzt.

(2) [1]Der Förderbetrag beträgt im Kalenderjahr 30 Prozent des zusätzlichen Arbeitgeberbeitrags nach Absatz 3, höchstens 288 Euro. [2]In Fällen, in denen der Arbeitgeber bereits im Jahr 2016 einen zusätzlichen Arbeitgeberbeitrag an einen Pensionsfonds, eine Pensionskasse oder für eine Direktversicherung geleistet hat, ist der jeweilige Förderbetrag auf den Betrag beschränkt, den der Arbeitgeber darüber hinaus leistet.

(3) Voraussetzung für die Inanspruchnahme des Förderbetrags nach den Absätzen 1 und 2 ist, dass

1. der Arbeitslohn des Arbeitnehmers im Lohnzahlungszeitraum, für den der Förderbetrag geltend gemacht wird, im Inland dem Lohnsteuerabzug unterliegt;
2. der Arbeitgeber für den Arbeitnehmer zusätzlich zum ohnehin geschuldeten Arbeitslohn im Kalenderjahr mindestens einen Betrag in Höhe von 240 Euro an einen Pensionsfonds, eine Pensionskasse oder für eine Direktversicherung zahlt;
3. im Zeitpunkt der Beitragsleistung der laufende Arbeitslohn (§ 39b Absatz 2 Satz 1 und 2), der pauschal besteuerte Arbeitslohn (§ 40a Absatz 1 und 3) oder das pauschal besteuerte Arbeitsentgelt (§ 40a Absatz 2 und 2a) nicht mehr beträgt als
   a) 85,84 Euro bei einem täglichen Lohnzahlungszeitraum,
   b) 600,84 Euro bei einem wöchentlichen Lohnzahlungszeitraum,
   c) 2 575 Euro bei einem monatlichen Lohnzahlungszeitraum oder
   d) 30 900 Euro bei einem jährlichen Lohnzahlungszeitraum;
4. eine Auszahlung der zugesagten Alters-, Invaliditäts- oder Hinterbliebenenversorgungsleistungen entsprechend § 82 Absatz 2 Satz 2 vorgesehen ist;
5. sichergestellt ist, dass von den Beiträgen jeweils derselbe prozentuale Anteil zur Deckung der Vertriebskosten herangezogen wird; der Prozentsatz kann angepasst werden, wenn die Kalkulationsgrundlagen geändert werden, darf die ursprüngliche Höhe aber nicht überschreiten.

(4) [1]Für die Inanspruchnahme des Förderbetrags sind die Verhältnisse im Zeitpunkt der Beitragsleistung maßgeblich; spätere Änderungen der Verhältnisse sind unbeachtlich. [2]Abweichend davon sind die für den Arbeitnehmer nach Absatz 1

geltend gemachten Förderbeträge zurückzugewähren, wenn eine Anwartschaft auf Leistungen aus einer nach Absatz 1 geförderten betrieblichen Altersversorgung später verfällt und sich daraus eine Rückzahlung an den Arbeitgeber ergibt. [3]Der Förderbetrag ist nur zurückzugewähren, soweit er auf den Rückzahlungsbetrag entfällt. [4]Der Förderbetrag ist in der Lohnsteuer-Anmeldung für den Lohnzahlungszeitraum, in dem die Rückzahlung zufließt, der an das Betriebsstättenfinanzamt abzuführenden Lohnsteuer hinzuzurechnen.

(5) Für den Förderbetrag gelten entsprechend:

1. die §§ 41, 41a, 42e, 42f und 42g,
2. die für Steuervergütungen geltenden Vorschriften der Abgabenordnung mit Ausnahme des § 163 der Abgabenordnung und
3. die §§ 195 bis 203 der Abgabenordnung, die Strafvorschriften des § 370 Absatz 1 bis 4, der §§ 371, 375 Absatz 1 und des § 376, die Bußgeldvorschriften der §§ 378, 379 Absatz 1 und 4 und der §§ 383 und 384 der Abgabenordnung, die §§ 385 bis 408 für das Strafverfahren und die §§ 409 bis 412 der Abgabenordnung für das Bußgeldverfahren.

(6) [1]Der Arbeitgeberbeitrag im Sinne des Absatzes 3 Nummer 2 ist steuerfrei, soweit er im Kalenderjahr 960 Euro nicht übersteigt. [2]Die Steuerfreistellung des § 3 Nummer 63 bleibt hiervon unberührt.

Allgemeine Verwaltungsvorschrift zur Anwendung des Einkommensteuerrechts (Einkommensteuer-Richtlinien 2005 – EStR 2005)

vom 16.12.2005 (BStBl. I Sondernummer 1, S. 3),
zuletzt geändert durch EStÄR 2012 vom 25.3.2013 (BStBl. I S. 276)

– Auszug –

Nach Artikel 108 Abs. 7 des Grundgesetzes wird folgende Allgemeine Verwaltungsvorschrift erlassen:

Schädlicher Vorbehalt

(3) [1]Ein schädlicher Vorbehalt i. S. d. § 6a Abs. 1 Nr. 2 EStG liegt vor, wenn der Arbeitgeber die Pensionszusage nach freiem Belieben, d. h. nach seinen eigenen Interessen ohne Berücksichtigung der Interessen des Pensionsberechtigten widerrufen kann. [2]Ein Widerruf nach freiem Belieben ist nach dem Urteil des Bundesarbeitsgerichtes (BAG) vom 14.12.1956 (BStBl. 1959 I S. 258) gegenüber einem noch aktiven Arbeitnehmer im Allgemeinen zulässig, wenn die Pensionszusage eine der folgenden Formeln

„freiwillig und ohne Rechtsanspruch“,

„jederzeitiger Widerruf vorbehalten“,

„ein Rechtsanspruch auf die Leistungen besteht nicht“,

„die Leistungen sind unverbindlich“

oder ähnliche Formulierungen enthält, sofern nicht besondere Umstände eine andere Auslegung rechtfertigen. [3]Solche besonderen Umstände liegen nicht schon dann vor, wenn das Unternehmen in der Vergangenheit tatsächlich Pensionszahlungen geleistet oder eine Rückdeckungsversicherung abgeschlossen hat oder Dritten gegenüber eine Verpflichtung zur Zahlung von Pensionen eingegangen ist oder wenn die unter den oben bezeichneten Vorbehalten gegebene Pensionszusage die weitere Bestimmung enthält, dass der Widerruf nur nach „billigem Ermessen“ ausgeübt werden darf oder dass im Falle eines Widerrufes die gebildeten Rückstellungen dem Versorgungszweck zu erhalten sind. [4]Vorbehalte der oben bezeichneten Art in einer Pensionszusage schließen danach die Bildung von Rückstellungen für Pensionsanwartschaften aus. [5]Befindet sich der Arbeitnehmer bereits im Ruhestand oder steht er unmittelbar davor, ist der Widerruf von Pensionszusagen, die unter den oben bezeichneten Vorbehalten erteilt worden sind, nach dem BAG-Urteil vom 14.12.1956 nicht mehr nach freiem Belieben, sondern nur noch nach billigem Ermessen (>Absatz 4) zulässig. [6]Enthält eine Pensionszusage die oben bezeichneten allgemeinen Widerrufsvorbehalte, ist die Rückstellungsbildung vorzunehmen, sobald der Arbeitnehmer in den Ruhestand tritt; dies gilt auch hinsichtlich einer etwa zugesagten Hinterbliebenenversorgung.

Handelsgesetzbuch (HGB)

vom 10.5.1897 (RGBl. I S. 219),
zuletzt geändert durch Art. 1 G vom 28.2.2025 (BGBl. I Nr. 69)

– Auszug –

§ 249
Rückstellungen

(1) [1]Rückstellungen sind für ungewisse Verbindlichkeiten und für drohende Verluste aus schwebenden Geschäften zu bilden. [2]Ferner sind Rückstellungen zu bilden für

1. im Geschäftsjahr unterlassene Aufwendungen für Instandhaltung, die im folgenden Geschäftsjahr innerhalb von drei Monaten, oder für Abraumbeseitigung, die im folgenden Geschäftsjahr nachgeholt werden,
2. Gewährleistungen, die ohne rechtliche Verpflichtung erbracht werden.

(2) [1]Für andere als die in Absatz 1 bezeichneten Zwecke dürfen Rückstellungen nicht gebildet werden. [2]Rückstellungen dürfen nur aufgelöst werden, soweit der Grund hierfür entfallen ist.

Gesetz über die Eingetragene Lebenspartnerschaft (Lebenspartnerschaftsgesetz – LPartG)[1])

vom 16.2.2001 (BGBl. I S. 266),
zuletzt geändert durch Art. 5 Abs. 3 G vom 11.6.2024 (BGBl. I Nr. 185)

– Auszug –

§ 20
Versorgungsausgleich

(1) Wird eine Lebenspartnerschaft aufgehoben, findet in entsprechender Anwendung des Versorgungsausgleichsgesetzes ein Ausgleich von im In- oder Ausland bestehenden Anrechten (§ 2 Abs. 1 des Versorgungsausgleichsgesetzes) statt, soweit sie in der Lebenspartnerschaftszeit begründet oder aufrechterhalten worden sind.

(2) Als Lebenspartnerschaftszeit gilt die Zeit vom Beginn des Monats, in dem die Lebenspartnerschaft begründet worden ist,

1) **Anm. d. Verlages:** Dieses Gesetz ist Art. 1 des Gesetzes zur Beendigung der Diskriminierung gleichgeschlechtlicher Gemeinschaften: Lebenspartnerschaften und ist am 1.8.2001 in Kraft getreten.

bis zum Ende des Monats, der dem Eintritt der Rechtshängigkeit des Antrages auf Aufhebung der Lebenspartnerschaft vorausgeht.

(3) Schließen die Lebenspartner in einem Lebenspartnerschaftsvertrag (§ 7) Vereinbarungen über den Versorgungsausgleich, so sind die §§ 6 bis 8 des Versorgungsausgleichsgesetzes entsprechend anzuwenden.

(4) Die Absätze 1 bis 3 sind nicht anzuwenden, wenn die Lebenspartnerschaft vor dem 1. Januar 2005 begründet worden ist und die Lebenspartner eine Erklärung nach § 21 Abs. 4 nicht abgegeben haben.

Viertes Buch Sozialgesetzbuch – Gemeinsame Vorschriften für die Sozialversicherung – (SGB IV)

i.d.F. der Bek. vom 12.11.2009 (BGBl. I S. 3710, ber. S. 3973, ber. 2011 S. 363),
zuletzt geändert durch Art. 6a G vom 25.2.2025 (BGBl. I Nr. 63)

Inhaltsübersicht[1][2]

1) **Anm. d. Verlages:** Gemäß Art. 61 Nr. 1 Buchst. a G vom 23.10.2024 (BGBl. I Nr. 323) wird in der Inhaltsübersicht mit Wirkung vom 1.1.2028 nach der Angabe zu § 105 folgende Angabe eingefügt:

„§ 105a Nutzung der Vollmachtsdatenbank nach § 86 Absatz 2 Nummer 13 des Steuerberatungsgesetzes".

2) **Anm. d. Verlages:** Gemäß Art. 61 Nr. 1 Buchst. b G vom 23.10.2024 (BGBl. I Nr. 323) werden in der Inhaltsübersicht mit Wirkung vom 1.1.2027 der Angabe zu § 109a die Wörter „und die Jobcenter" angefügt.

– Auszug –

§ 7
Beschäftigung

(1) [1]Beschäftigung ist die nicht selbstständige Arbeit, insbesondere in einem Arbeitsverhältnis. [2]Anhaltspunkte für eine Beschäftigung sind eine Tätigkeit nach Weisungen und eine Eingliederung in die Arbeitsorganisation des Weisungsgebers.

(1a) [1]Eine Beschäftigung besteht auch in Zeiten der Freistellung von der Arbeitsleistung von mehr als einem Monat, wenn

1. während der Freistellung Arbeitsentgelt aus einem Wertguthaben nach § 7b fällig ist und
2. das monatlich fällige Arbeitsentgelt in der Zeit der Freistellung nicht unangemessen von dem für die vorausgegangenen zwölf Kalendermonate abweicht, in denen Arbeitsentgelt bezogen wurde.

[2]Satz 1 gilt entsprechend, wenn während einer bis zu dreimonatigen Freistellung Arbeitsentgelt aus einer Vereinbarung zur flexiblen Gestaltung der werktäglichen oder wöchentlichen Arbeitszeit oder dem Ausgleich betrieblicher Produktions- und Arbeitszeitzyklen fällig ist. [3]Beginnt ein Beschäftigungsverhältnis mit einer Zeit der Freistellung, gilt Satz 1 Nummer 2 mit der Maßgabe, dass das monatlich fällige Arbeitsentgelt in der Zeit der Freistellung nicht unangemessen von dem für die Zeit der Arbeitsleistung abweichen darf, mit der das Arbeitsentgelt später erzielt werden soll. [4]Eine Beschäftigung gegen Arbeitsentgelt besteht während der Zeit der Freistellung auch, wenn die Arbeitsleistung, mit der das Arbeitsentgelt später erzielt werden soll, wegen einer im Zeitpunkt der Vereinbarung nicht vorhersehbaren vorzeitigen Beendigung des Beschäftigungsverhältnisses nicht mehr erbracht werden kann. [5]Die Vertragsparteien können beim Abschluss der Vereinbarung nur für den Fall, dass Wertguthaben wegen der Beendigung der Beschäftigung aufgrund verminderter Erwerbsfähigkeit, des Erreichens einer Altersgrenze, zu der eine Rente wegen Alters beansprucht werden kann, oder des Todes des Beschäftigten nicht mehr für Zeiten einer Freistellung von der Arbeitsleistung verwendet werden können, einen anderen Verwendungszweck vereinbaren. [6]Die Sätze 1 bis 4 gelten nicht für Beschäftigte, auf die Wertguthaben übertragen werden.

(1b) Die Möglichkeit eines Arbeitnehmers zur Vereinbarung flexibler Arbeitszeiten gilt nicht als eine die Kündigung des Arbeitsverhältnisses durch den Arbeitgeber begründende Tatsache im Sinne des § 1 Absatz 2 Satz 1 des Kündigungsschutzgesetzes.

(2) Als Beschäftigung gilt auch der Erwerb beruflicher Kenntnisse, Fertigkeiten oder Erfahrungen im Rahmen betrieblicher Berufsbildung.

(3) [1]Eine Beschäftigung gegen Arbeitsentgelt gilt als fortbestehend, solange das Beschäftigungsverhältnis ohne Anspruch auf Arbeitsentgelt fortdauert, jedoch nicht länger als einen Monat. [2]Eine Beschäftigung gilt auch als fortbestehend, wenn Arbeitsentgelt aus einem der Deutschen Rentenversicherung Bund übertragenen Wertguthaben bezogen wird. [3]Satz 1 gilt nicht, wenn Krankengeld, Krankentagegeld, Verletztengeld, Krankengeld der Sozialen Entschädigung, Krankengeld der Soldatenentschädigung, Übergangsgeld, Pflegeunterstützungsgeld oder Mutterschaftsgeld oder nach gesetzlichen Vorschriften Erziehungsgeld oder Elterngeld bezogen oder Elternzeit in Anspruch genommen oder Wehrdienst oder Zivildienst geleistet wird. [4]Satz 1 gilt auch nicht für die Freistellung nach § 3 des Pflegezeitgesetzes.

(4) Beschäftigt ein Arbeitgeber einen Ausländer ohne die nach § 284 Absatz 1 des Dritten Buches erforderliche Genehmigung oder ohne die nach § 4a Absatz 5 des Aufenthaltsgesetzes erforderliche Berechtigung zur Erwerbstätigkeit, wird vermutet, dass ein Beschäftigungsverhältnis gegen Arbeitsentgelt für den Zeitraum von drei Monaten bestanden hat.

§ 7a
Feststellung des Erwerbsstatus

(1) [1]Die Beteiligten können bei der Deutschen Rentenversicherung Bund schriftlich oder elektronisch eine Entscheidung beantragen, ob bei einem Auftragsverhältnis eine Beschäftigung oder eine selbstständige Tätigkeit vorliegt, es sei denn, die Einzugsstelle oder ein anderer Versicherungsträger hatte im Zeitpunkt der Antragstellung bereits ein Verfahren zur Feststellung von Versicherungspflicht aufgrund einer Beschäftigung eingeleitet. [2]Die Einzugsstelle hat einen Antrag nach Satz 1 zu stellen, wenn sich aus der Meldung des Arbeitgebers (§ 28a) ergibt, dass der Beschäftigte Ehegatte, Lebenspartner oder Abkömmling des Arbeitgebers oder geschäftsführender Gesellschafter einer Gesellschaft mit beschränkter Haftung ist.

(2) [1]Die Deutsche Rentenversicherung Bund entscheidet aufgrund einer Gesamtwürdigung aller Umstände des Einzelfalles, ob eine Beschäftigung oder eine selbstständige Tätigkeit vorliegt. [2]Wird die vereinbarte Tätigkeit für einen Dritten erbracht und liegen Anhaltspunkte dafür vor, dass der Auftragnehmer in dessen Arbeitsorganisation eingegliedert ist und dessen Weisungen unterliegt, stellt sie bei Vorliegen einer Beschäftigung auch fest, ob das Beschäftigungsverhältnis zu dem Dritten besteht. [3]Der Dritte kann bei Vorliegen von Anhaltspunkten im Sinne des Satzes 2 ebenfalls eine Entscheidung nach Absatz 1 Satz 1 beantragen. [4]Bei der Beurteilung von Versicherungspflicht aufgrund des Auftragsverhältnisses sind andere Versicherungsträger an die Entscheidungen der Deutschen Rentenversicherung Bund gebunden.

(3) [1]Die Deutsche Rentenversicherung Bund teilt den Beteiligten schriftlich oder elektronisch mit, welche Angaben und Unterlagen sie für ihre Entscheidung benötigt. [2]Sie setzt den Beteiligten eine angemessene Frist, innerhalb der diese die Angaben zu machen und die Unterlagen vorzulegen haben.

(4) [1]Die Deutsche Rentenversicherung Bund teilt den Beteiligten mit, welche Entscheidung sie zu treffen beabsichtigt, bezeichnet die Tatsachen, auf die sie ihre Entscheidung stützen will, und gibt den Beteiligten Gelegenheit, sich zu der beabsichtigten Entscheidung zu äußern. [2]Satz 1 gilt nicht, wenn die Deutsche Rentenversicherung Bund einem übereinstimmenden Antrag der Beteiligten entspricht.

(4a) [1]Auf Antrag der Beteiligten entscheidet die Deutsche Rentenversicherung Bund bereits vor Aufnahme der Tätigkeit nach Absatz 2. [2]Neben den schriftlichen Vereinbarungen sind die beabsichtigten Umstände der Vertragsdurchführung zu

Grunde zu legen. [3]Ändern sich die schriftlichen Vereinbarungen oder die Umstände der Vertragsdurchführung bis zu einem Monat nach der Aufnahme der Tätigkeit, haben die Beteiligten dies unverzüglich mitzuteilen. [4]Ergibt sich eine wesentliche Änderung, hebt die Deutsche Rentenversicherung Bund die Entscheidung nach Maßgabe des § 48 des Zehnten Buches auf. [5]Die Aufnahme der Tätigkeit gilt als Zeitpunkt der Änderung der Verhältnisse.

(4b) [1]Entscheidet die Deutsche Rentenversicherung Bund in einem Einzelfall über den Erwerbsstatus, äußert sie sich auf Antrag des Auftraggebers gutachterlich zu dem Erwerbsstatus von Auftragnehmern in gleichen Auftragsverhältnissen. [2]Auftragsverhältnisse sind gleich, wenn die vereinbarten Tätigkeiten ihrer Art und den Umständen der Ausübung nach übereinstimmen und ihnen einheitliche vertragliche Vereinbarungen zu Grunde liegen. [3]In der gutachterlichen Äußerung sind die Art der Tätigkeit, die zu Grunde gelegten vertraglichen Vereinbarungen und die Umstände der Ausübung sowie ihre Rechtswirkungen anzugeben. [4]Bei Abschluss eines gleichen Auftragsverhältnisses hat der Auftraggeber dem Auftragnehmer eine Kopie der gutachterlichen Äußerung auszuhändigen. [5]Der Auftragnehmer kann für gleiche Auftragsverhältnisse mit demselben Auftraggeber ebenfalls eine gutachterliche Äußerung beantragen.

(4c) [1]Hat die Deutsche Rentenversicherung Bund in einer gutachterlichen Äußerung nach Absatz 4b das Vorliegen einer selbstständigen Tätigkeit angenommen und stellt sie in einem Verfahren nach Absatz 1 oder ein anderer Versicherungsträger in einem Verfahren auf Feststellung von Versicherungspflicht für ein gleiches Auftragsverhältnis eine Beschäftigung fest, so tritt eine Versicherungspflicht aufgrund dieser Beschäftigung erst mit dem Tag der Bekanntgabe dieser Entscheidung ein, wenn die Voraussetzungen des Absatzes 5 Satz 1 Nummer 2 erfüllt sind. [2]Im Übrigen findet Absatz 5 Satz 1 keine Anwendung. [3]Satz 1 gilt nur für Auftragsverhältnisse, die innerhalb von zwei Jahren seit Zugang der gutachterlichen Äußerung geschlossen werden. [4]Stellt die Deutsche Rentenversicherung Bund die Beschäftigung in einem Verfahren nach Absatz 1 fest, so entscheidet sie auch darüber, ob die Voraussetzungen des Absatzes 5 Satz 1 Nummer 2 erfüllt sind.

(5) Die Deutsche Rentenversicherung Bund fordert die Beteiligten auf, innerhalb einer angemessenen Frist die Tatsachen anzugeben, die eine Widerlegung begründen, wenn diese die Vermutung widerlegen wollen.

(6) [1]Wird der Antrag nach Absatz 1 innerhalb eines Monats nach Aufnahme der Tätigkeit gestellt und stellt die Deutsche Rentenversicherung Bund ein versicherungspflichtiges Beschäftigungsverhältnis fest, tritt die Versicherungspflicht mit der Bekanntgabe der Entscheidung ein, wenn der Beschäftigte

1. zustimmt und
2. er für den Zeitraum zwischen Aufnahme der Beschäftigung und der Entscheidung eine Absicherung gegen das finanzielle Risiko von Krankheit und zur Altersvorsorge vorgenommen hat, die der Art nach den Leistungen der gesetzlichen Krankenversicherung und der gesetzlichen Rentenversicherung entspricht.

[2]Der Gesamtsozialversicherungsbeitrag wird erst zu dem Zeitpunkt fällig, zu dem die Entscheidung, dass eine Beschäftigung vorliegt, unanfechtbar geworden ist.

(7) [1]Widerspruch und Klage gegen Entscheidungen, dass eine Beschäftigung vorliegt, haben aufschiebende Wirkung. [2]Eine Klage auf Erlass der Entscheidung ist abweichend von § 88 Absatz 1 des Sozialgerichtsgesetzes nach Ablauf von drei Monaten zulässig.

§ 7b
Wertguthabenvereinbarungen

Eine Wertguthabenvereinbarung liegt vor, wenn

1. der Aufbau des Wertguthabens aufgrund einer schriftlichen Vereinbarung erfolgt,
2. diese Vereinbarung nicht das Ziel der flexiblen Gestaltung der werktäglichen oder wöchentlichen Arbeitszeit oder den Ausgleich betrieblicher Produktions- und Arbeitszeitzyklen verfolgt,
3. Arbeitsentgelt in das Wertguthaben eingebracht wird, um es für Zeiten der Freistellung von der Arbeitsleistung oder der Verringerung der vertraglich vereinbarten Arbeitszeit zu entnehmen,
4. das aus dem Wertguthaben fällige Arbeitsentgelt mit einer vor oder nach der Freistellung von der Arbeitsleistung oder der Verringerung der vertraglich vereinbarten Arbeitszeit erbrachten Arbeitsleistung erzielt wird und
5. das fällige Arbeitsentgelt insgesamt die Geringfügigkeitsgrenze übersteigt, es sei denn, die Beschäftigung wurde vor der Freistellung als geringfügige Beschäftigung ausgeübt.

§ 7c
Verwendung von Wertguthaben

(1) Das Wertguthaben aufgrund einer Vereinbarung nach § 7b kann in Anspruch genommen werden

1. für gesetzlich geregelte vollständige oder teilweise Freistellungen von der Arbeitsleistung oder gesetzlich geregelte Verringerungen der Arbeitszeit, insbesondere für Zeiten,
   a) in denen der Beschäftigte eine Freistellung nach § 3 des Pflegezeitgesetzes oder nach § 2 des Familienpflegezeitgesetzes verlangen kann,
   b) in denen der Beschäftigte nach § 15 des Bundeselterngeld- und Elternzeitgesetzes ein Kind selbst betreut und erzieht,
   c) für die der Beschäftigte eine Verringerung seiner vertraglich vereinbarten Arbeitszeit nach § 8 oder § 9a des Teilzeit- und Befristungsgesetzes verlangen kann; § 8 des Teilzeit- und Befristungsgesetzes gilt mit der Maßgabe, dass die Verringerung der Arbeitszeit auf die Dauer der Entnahme aus dem Wertguthaben befristet werden kann,
2. für vertraglich vereinbarte vollständige oder teilweise Freistellungen von der Arbeitsleistung oder vertraglich vereinbarte Verringerungen der Arbeitszeit, insbesondere für Zeiten,
   a) die unmittelbar vor dem Zeitpunkt liegen, zu dem der Beschäftigte eine Rente wegen Alters nach dem Sechsten Buch bezieht oder beziehen könnte oder
   b) in denen der Beschäftigte an beruflichen Qualifizierungsmaßnahmen teilnimmt.

(2) Die Vertragsparteien können die Zwecke, für die das Wertguthaben in Anspruch genommen werden kann, in der Vereinbarung nach § 7b abweichend von Absatz 1 auf bestimmte Zwecke beschränken.

§ 7d
Führung und Verwaltung von Wertguthaben

(1) [1]Wertguthaben sind als Arbeitsentgeltguthaben einschließlich des darauf entfallenden Arbeitgeberanteils am Gesamtsozialversicherungsbeitrag zu führen. [2]Die Arbeitszeitguthaben sind in Arbeitsentgelt umzurechnen.

(2) Arbeitgeber haben Beschäftigte mindestens einmal jährlich in Textform über die Höhe ihres im Wertguthaben enthaltenen Arbeitsentgeltguthabens zu unterrichten.

(3) [1]Für die Anlage von Wertguthaben gelten die Vorschriften über die Anlage der Mittel von Versicherungsträgern nach dem Vierten Titel des Vierten Abschnitts entsprechend, mit der Maßgabe, dass eine Anlage in Aktien oder Aktienfonds bis zu einer Höhe von 20 Prozent zulässig und ein Rückfluss zum Zeitpunkt der Inanspruchnahme des Wertguthabens mindestens in der Höhe des angelegten Betrages gewährleistet ist. [2]Ein höherer Anlageanteil in Aktien oder Aktienfonds ist zulässig, wenn

1. dies in einem Tarifvertrag oder aufgrund eines Tarifvertrages in einer Betriebsvereinbarung vereinbart ist oder
2. das Wertguthaben nach der Wertguthabenvereinbarung ausschließlich für Freistellungen nach § 7c Absatz 1 Nummer 2 Buchstabe a in Anspruch genommen werden kann.

§ 7e
Insolvenzschutz

(1) [1]Die Vertragsparteien treffen im Rahmen ihrer Vereinbarung nach § 7b durch den Arbeitgeber zu erfüllende Vorkehrungen, um das Wertguthaben einschließlich des darin enthaltenen Gesamtsozialversicherungsbeitrages gegen das Risiko der Insolvenz des Arbeitgebers vollständig abzusichern, soweit

1. ein Anspruch auf Insolvenzgeld nicht besteht und wenn
2. das Wertguthaben des Beschäftigten einschließlich des darin enthaltenen Gesamtsozialversicherungsbeitrages einen Betrag in Höhe der monatlichen Bezugsgröße übersteigt.

[2]In einem Tarifvertrag oder aufgrund eines Tarifvertrages in einer Betriebsvereinbarung kann ein von Satz 1 Nummer 2 abweichender Betrag vereinbart werden.

(2) [1]Zur Erfüllung der Verpflichtung nach Absatz 1 sind Wertguthaben unter Ausschluss der Rückführung durch einen Dritten zu führen, der im Fall der Insolvenz des Arbeitgebers für die Erfüllung der Ansprüche aus dem Wertguthaben für den Arbeitgeber einsteht, insbesondere in einem Treuhandverhältnis, das die unmittelbare Übertragung des Wertguthabens in das Vermögen des Dritten und die Anlage des Wertguthabens auf einem offenen Treuhandkonto oder in anderer geeigneter Weise sicherstellt. [2]Die Vertragsparteien können in der Vereinbarung nach § 7b ein anderes, einem Treuhandverhältnis im Sinne des Satzes 1 gleichwertiges Sicherungsmittel vereinbaren, insbesondere ein Versicherungsmodell oder ein schuldrechtliches Verpfändungs- oder Bürgschaftsmodell mit ausreichender Sicherung gegen Kündigung.

(3) Keine geeigneten Vorkehrungen sind bilanzielle Rückstellungen sowie zwischen Konzernunternehmen (§ 18 des Aktiengesetzes) begründete Einstandspflichten, insbesondere Bürgschaften, Patronatserklärungen oder Schuldbeitritte.

(4) Der Arbeitgeber hat den Beschäftigten unverzüglich über die Vorkehrungen zum Insolvenzschutz in geeigneter Weise schriftlich zu unterrichten, wenn das Wertguthaben die in Absatz 1 Satz 1 Nummer 2 genannten Voraussetzungen erfüllt.

(5) Hat der Beschäftigte den Arbeitgeber schriftlich aufgefordert, seinen Verpflichtungen nach den Absätzen 1 bis 3 nachzukommen und weist der Arbeitgeber dem Beschäftigten nicht innerhalb von zwei Monaten nach der Aufforderung die Erfüllung seiner Verpflichtung zur Insolvenzsicherung des Wertguthabens nach, kann der Beschäftigte die Vereinbarung nach § 7b mit sofortiger Wirkung kündigen; das Wertguthaben ist nach Maßgabe des § 23b Absatz 2 aufzulösen.

(6) [1]Stellt der Träger der Rentenversicherung bei der Prüfung des Arbeitgebers nach § 28p fest, dass

1. für ein Wertguthaben keine Insolvenzschutzregelung getroffen worden ist,
2. die gewählten Sicherungsmittel nicht geeignet sind im Sinne des Absatzes 3,
3. die Sicherungsmittel in ihrem Umfang das Wertguthaben um mehr als 30 Prozent unterschreiten oder
4. die Sicherungsmittel den im Wertguthaben enthaltenen Gesamtsozialversicherungsbeitrag nicht umfassen,

weist er in dem Verwaltungsakt nach § 28p Absatz 1 Satz 5 den in dem Wertguthaben enthaltenen und vom Arbeitgeber zu zahlenden Gesamtsozialversicherungsbeitrag aus. [2]Weist der Arbeitgeber dem Träger der Rentenversicherung innerhalb von zwei Monaten nach der Feststellung nach Satz 1 nach, dass er seiner Verpflichtung nach Absatz 1 nachgekommen ist, entfällt die Verpflichtung zur sofortigen Zahlung des Gesamtsozialversicherungsbeitrages. [3]Hat der Arbeitgeber den Nachweis nach Satz 2 nicht innerhalb der dort vorgesehenen Frist erbracht, ist die Vereinbarung nach § 7b als von Anfang an unwirksam anzusehen; das Wertguthaben ist aufzulösen.

(7) [1]Kommt es wegen eines nicht geeigneten oder nicht ausreichenden Insolvenzschutzes zu einer Verringerung oder einem Verlust des Wertguthabens, haftet der Arbeitgeber für den entstandenen Schaden, ist der Arbeitgeber eine juristische Person oder eine Gesellschaft ohne Rechtspersönlichkeit haften auch die organschaftlichen Vertreter gesamtschuldnerisch für den Schaden. [2]Der Arbeitgeber oder ein organschaftlicher Vertreter haften nicht, wenn sie den Schaden nicht zu vertreten haben.

(8) Eine Beendigung, Auflösung oder Kündigung der Vorkehrungen zum Insolvenzschutz vor der bestimmungsgemäßen Auflösung des Wertguthabens ist unzulässig, es sei denn die Vorkehrungen werden mit Zustimmung des Beschäftigten durch einen mindestens gleichwertigen Insolvenzschutz abgelöst.

(9) Die Absätze 1 bis 8 finden keine Anwendung gegenüber dem Bund, den Ländern, Gemeinden, Körperschaften, Stiftungen und Anstalten des öffentlichen Rechts, über deren Vermögen die Eröffnung des Insolvenzverfahrens nicht zulässig ist, sowie solchen juristischen Personen des öffentlichen Rechts, bei denen der Bund, ein Land oder eine Gemeinde kraft Gesetzes die Zahlungsfähigkeit sichert.

§ 7f
Übertragung von Wertguthaben

(1) [1]Bei Beendigung der Beschäftigung kann der Beschäftigte durch schriftliche Erklärung gegenüber dem bisherigen Arbeitgeber verlangen, dass das Wertguthaben nach § 7b

1. auf den neuen Arbeitgeber übertragen wird, wenn dieser mit dem Beschäftigten eine Wertguthabenvereinbarung nach § 7b abgeschlossen und der Übertragung zugestimmt hat,
2. auf die Deutsche Rentenversicherung Bund übertragen wird, wenn das Wertguthaben einschließlich des Gesamtsozialversicherungsbeitrages einen Betrag in Höhe des Sechsfachen der monatlichen Bezugsgröße übersteigt; die Rückübertragung ist ausgeschlossen.

[2]Nach der Übertragung sind die mit dem Wertguthaben verbundenen Arbeitgeberpflichten vom neuen Arbeitgeber oder von der Deutschen Rentenversicherung Bund zu erfüllen.

(2) [1]Im Fall der Übertragung auf die Deutsche Rentenversicherung Bund kann der Beschäftigte das Wertguthaben für Zeiten der Freistellung von der Arbeitsleistung und Zeiten der Verringerung der vertraglich vereinbarten Arbeitszeit nach § 7c Absatz 1 sowie auch außerhalb eines Arbeitsverhältnisses für die in § 7c Absatz 1 Nummer 2 Buchstabe a genannten Zeiten in Anspruch nehmen. [2]Der Antrag ist spätestens einen Monat vor der begehrten Freistellung schriftlich bei der Deutschen Rentenversicherung Bund zu stellen; in dem Antrag ist auch anzugeben, in welcher Höhe Arbeitsentgelt aus dem Wertguthaben entnommen werden soll; dabei ist § 7 Absatz 1a Satz 1 Nummer 2 zu berücksichtigen.

(3) [1]Die Deutsche Rentenversicherung Bund verwaltet die ihr übertragenen Wertguthaben einschließlich des darin enthaltenen Gesamtsozialversicherungsbeitrages als ihr übertragene Aufgabe bis zu deren endgültiger Auflösung getrennt von ihrem sonstigen Vermögen treuhänderisch. [2]Die Wertguthaben sind nach den Vorschriften über die Anlage der Mittel von Versicherungsträgern nach dem Vierten Titel des Vierten Abschnitts anzulegen. [3]Die der Deutschen Rentenversicherung Bund durch die Übertragung, Verwaltung und Verwendung von Wertguthaben entstehenden Kosten sind vollständig vom Wertguthaben in Abzug zu bringen und in der Mitteilung an den Beschäftigten nach § 7d Absatz 2 gesondert auszuweisen.

§ 7g

– außer Kraft –

§ 18
Bezugsgröße

Bezugsgröße im Sinne der Vorschriften für die Sozialversicherung ist, soweit in den besonderen Vorschriften für die einzelnen Versicherungszweige nichts Abweichendes bestimmt ist, das Durchschnittsentgelt der gesetzlichen Rentenversicherung im vorvergangenen Kalenderjahr, aufgerundet auf den nächsthöheren, durch 420 teilbaren Betrag.

Sozialgesetzbuch (SGB) – Fünftes Buch (V) – Gesetzliche Krankenversicherung[1])

vom 20.12.1988 (BGBl. I S. 2477),

zuletzt geändert durch Art. 9 G vom 30.9.2025 (BGBl. I Nr. 231)

– Auszug –

1) **Anm. d. Verlages:** Das Gesetz ist Art. 1 des Gesetzes zur Strukturreform im Gesundheitswesen (Gesundheits-Reformgesetz – GRG).

§ 229
Versorgungsbezüge als beitragspflichtige Einnahmen

(1) [1]Als der Rente vergleichbare Einnahmen (Versorgungsbezüge) gelten, soweit sie wegen einer Einschränkung der Erwerbsfähigkeit oder zur Alters- oder Hinterbliebenenversorgung erzielt werden,

1. Versorgungsbezüge aus einem öffentlich-rechtlichen Dienstverhältnis oder aus einem Arbeitsverhältnis mit Anspruch auf Versorgung nach beamtenrechtlichen Vorschriften oder Grundsätzen; außer Betracht bleiben
   a) lediglich übergangsweise gewährte Bezüge,
   b) unfallbedingte Leistungen, Entschädigungszahlungen nach dem Vierzehnten Buch sowie dem Soldatenentschädigungsgesetz,
   c) bei einer Unfallversorgung ein Betrag von 20 vom Hundert des Zahlbetrags und
   d) bei einer erhöhten Unfallversorgung der Unterschiedsbetrag zum Zahlbetrag der Normalversorgung, mindestens 20 vom Hundert des Zahlbetrags der erhöhten Unfallversorgung,
2. Bezüge aus der Versorgung der Abgeordneten, Parlamentarischen Staatssekretäre und Minister,
3. Renten der Versicherungs- und Versorgungseinrichtungen, die für Angehörige bestimmter Berufe errichtet sind,
4. Renten und Landabgaberenten nach dem Gesetz über die Alterssicherung der Landwirte mit Ausnahme einer Übergangshilfe,
5. Renten der betrieblichen Altersversorgung einschließlich der Zusatzversorgung im öffentlichen Dienst und der hüttenknappschaftlichen Zusatzversorgung; außer Betracht bleiben Leistungen aus Altersvorsorgevermögen im Sinne des § 92 des Einkommensteuergesetzes sowie Leistungen, die der Versicherte nach dem Ende des Arbeitsverhältnisses als alleiniger Versicherungsnehmer aus nicht durch den Arbeitgeber finanzierten Beiträgen erworben hat.

[2]Satz 1 gilt auch, wenn Leistungen dieser Art aus dem Ausland oder von einer zwischenstaatlichen oder überstaatlichen Einrichtung bezogen werden. [3]Tritt an die Stelle der Versorgungsbezüge eine nicht regelmäßig wiederkehrende Leistung, oder ist eine solche Leistung vor Eintritt des Versicherungsfalls vereinbart oder zugesagt worden, gilt ein Einhundertzwanzigstel der Leistung als monatlicher Zahlbetrag der Versorgungsbezüge, längstens jedoch für einhundertzwanzig Monate.

(2) Für Nachzahlungen von Versorgungsbezügen gilt § 228 Abs. 2 entsprechend.

Sozialgesetzbuch (SGB) Sechstes Buch (VI) – Gesetzliche Rentenversicherung –

i.d.F. der Bek. vom 19.2.2002 (BGBl. I S. 754, ber. S. 1404, ber. S. 3384),

zuletzt geändert durch Art. 11 G vom 18.12.2024 (BGBl. I Nr. 423)

– Auszug –

§ 38

Altersrente für besonders langjährig Versicherte

Versicherte haben Anspruch auf Altersrente für besonders langjährig Versicherte, wenn sie

1. das 65. Lebensjahr vollendet und
2. die Wartezeit von 45 Jahren erfüllt

haben.

§ 235

Regelaltersrente

(1) [1]Versicherte, die vor dem 1. Januar 1964 geboren sind, haben Anspruch auf Regelaltersrente, wenn sie

1. die Regelaltersgrenze erreicht und
2. die allgemeine Wartezeit erfüllt

haben. [2]Die Regelaltersgrenze wird frühestens mit Vollendung des 65. Lebensjahres erreicht.

(2) [1]Versicherte, die vor dem 1. Januar 1947 geboren sind, erreichen die Regelaltersgrenze mit Vollendung des 65. Lebensjahres. [2]Für Versicherte, die nach dem 31. Dezember 1946 geboren sind, wird die Regelaltersgrenze wie folgt angehoben:

Versicherte Geburtsjahr	Anhebung um Monate	auf Alter	
		Jahr	Monat
1947	1	65	1
1948	2	65	2
1949	3	65	3
1950	4	65	4
1951	5	65	5
1952	6	65	6
1953	7	65	7
1954	8	65	8
1955	9	65	9
1956	10	65	10
1957	11	65	11
1958	12	66	0
1959	14	66	2
1960	16	66	4
1961	18	66	6
1962	20	66	8
1963	22	66	10.

[3]Für Versicherte, die

1. vor dem 1. Januar 1955 geboren sind und vor dem 1. Januar 2007 Altersteilzeitarbeit im Sinne der §§ 2 und 3 Abs. 1 Nr. 1 des Altersteilzeitgesetzes vereinbart haben oder
2. Anpassungsgeld für entlassene Arbeitnehmer des Bergbaus bezogen haben,

wird die Regelaltersgrenze nicht angehoben.

§ 236

Altersrente für langjährig Versicherte

(1) [1]Versicherte, die vor dem 1. Januar 1964 geboren sind, haben frühestens Anspruch auf Altersrente für langjährig Versicherte, wenn sie

1. das 65. Lebensjahr vollendet und
2. die Wartezeit von 35 Jahren erfüllt

haben. [2]Die vorzeitige Inanspruchnahme dieser Altersgrenze ist nach Vollendung des 63. Lebensjahres möglich.

(2) [1]Versicherte, die vor dem 1. Januar 1949 geboren sind, haben Anspruch auf diese Altersrente nach Vollendung des 65. Lebensjahres. [2]Für Versicherte, die nach dem 31. Dezember 1948 geboren sind, wird die Altersgrenze von 65 Jahren wie folgt angehoben:

Versicherte Geburtsjahr Geburtsmonat	Anhebung um Monate	auf Alter	
		Jahr	Monat
1949			
Januar	1	65	1
Februar	2	65	2
März – Dezember	3	65	3
1950	4	65	4
1951	5	65	5
1952	6	65	6
1953	7	65	7
1954	8	65	8
1955	9	65	9
1956	10	65	10
1957	11	65	11
1958	12	66	0
1959	14	66	2
1960	16	66	4
1961	18	66	6
1962	20	66	8
1963	22	66	10.

[3]Für Versicherte, die

1. vor dem 1. Januar 1955 geboren sind und vor dem 1. Januar 2007 Altersteilzeitarbeit im Sinne der §§ 2 und 3 Abs. 1 Nr. 1 des Altersteilzeitgesetzes vereinbart haben oder
2. Anpassungsgeld für entlassene Arbeitnehmer des Bergbaus bezogen haben,

wird die Altersgrenze von 65 Jahren nicht angehoben.

(3) Für Versicherte, die

1. nach dem 31. Dezember 1947 geboren sind und
2. entweder
   a) vor dem 1. Januar 1955 geboren sind und vor dem 1. Januar 2007 Altersteilzeitarbeit im Sinne der §§ 2 und 3 Abs. 1 Nr. 1 des Altersteilzeitgesetzes vereinbart haben

   oder

b) Anpassungsgeld für entlassene Arbeitnehmer des Bergbaus bezogen haben,

bestimmt sich die Altersgrenze für die vorzeitige Inanspruchnahme wie folgt:

Versicherte Geburtsjahr Geburtsmonat	Vorzeitige Inanspruchnahme möglich ab Alter	
	Jahr	Monat
1948		
Januar - Februar	62	11
März - April	62	10
Mai - Juni	62	9
Juli - August	62	8
September - Oktober	62	7
November - Dezember	62	6
1949		
Januar - Februar	62	5
März - April	62	4
Mai - Juni	62	3
Juli - August	62	2
September - Oktober	62	1
November - Dezember	62	0
1950 - 1963	62	0.

Sozialgesetzbuch (SGB) - Elftes Buch (XI) - Soziale Pflegeversicherung

vom 26.5.1994 (BGBl. I S. 1014),
zuletzt geändert durch Art. 4 G vom 30.5.2024 (BGBl. I Nr. 173)

- Auszug -

§ 55
Beitragssatz, Beitragsbemessungsgrenze, Verordnungsermächtigung

(1) [1]Der Beitragssatz beträgt, vorbehaltlich des Satzes 2, bundeseinheitlich 3,4 Prozent der beitragspflichtigen Einnahmen der Mitglieder; er wird grundsätzlich durch Gesetz festgesetzt. [2]Die Bundesregierung wird ermächtigt, den Beitragssatz nach Satz 1 ausschließlich nach Maßgabe des Absatzes 1a durch Rechtsverordnung mit Zustimmung des Bundesrates anzupassen. [3]Für Personen, bei denen § 28 Abs. 2 Anwendung findet, beträgt der Beitragssatz die Hälfte des Beitragssatzes nach Satz 1.

(1a) [1]Die Bundesregierung darf den Beitragssatz nach Absatz 1 Satz 1 ausschließlich zur mittelfristigen Sicherung der Zahlungsfähigkeit der sozialen Pflegeversicherung anpassen, wenn der Mittelbestand der sozialen Pflegeversicherung absehbar die Höhe einer Monatsausgabe laut Haushaltsplänen der Pflegekassen zu unterschreiten droht; mehrere Anpassungen durch Rechtsverordnung dürfen insgesamt nicht höher als 0,5 Beitragssatzpunkte über dem jeweils zuletzt gesetzlich festgesetzten Beitragssatz liegen. [2]Die Rechtsverordnung nach Absatz 1 Satz 2 ist dem Bundestag vor der Zuleitung an den Bundesrat zuzuleiten. [3]Sie kann durch Beschluss des Bundestages geändert oder abgelehnt werden. [4]Der Beschluss des Bundestages wird der Bundesregierung zugeleitet. [5]Hat sich der Bundestag nach Ablauf von drei Sitzungswochen seit Eingang der Rechtsverordnung nicht mit ihr befasst, so wird die unveränderte Rechtsverordnung dem Bundesrat zugeleitet.

(2) Beitragspflichtige Einnahmen sind bis zu einem Betrag von $^1/_{360}$ der in § 6 Abs. 7 des Fünften Buches festgelegten Jahresarbeitsentgeltgrenze für den Kalendertag zu berücksichtigen (Beitragsbemessungsgrenze).

(3) [1]Der Beitragssatz nach Absatz 1 Satz 1 und 3 erhöht sich für Mitglieder nach Ablauf des Monats, in dem sie das 23. Lebensjahr vollendet haben, um einen Beitragszuschlag in Höhe von 0,6 Beitragssatzpunkten (Beitragszuschlag für Kinderlose). [2]Satz 1 gilt nicht für Mitglieder, die vor dem 1. Januar 1940 geboren wurden, für Wehr- und Zivildienstleistende sowie für Bezieher von Bürgergeld nach § 19 Absatz 1 Satz 1 des Zweiten Buches. [3]Satz 1 gilt auch nicht für Eltern im Sinne des § 56 Absatz 1 Satz 1 Nummer 3 und Absatz 3 Nummer 2 und 3 des Ersten Buches. [4]Für diese reduziert sich der Beitragssatz nach Absatz 1 Satz 1 und 3 für jedes Kind ab dem zweiten Kind bis zum fünften Kind um jeweils einen Abschlag in Höhe von 0,25 Beitragssatzpunkten bis zum Ablauf des Monats, in dem das jeweilige Kind das 25. Lebensjahr vollendet hat oder vollendet hätte; bei der Ermittlung des Abschlags nicht berücksichtigungsfähig sind Kinder, die das 25. Lebensjahr vollendet haben. [5]Satz 4 gilt auch für Eltern, die das 23. Lebensjahr noch nicht vollendet haben.

(3a) [1]Die Elterneigenschaft sowie die Anzahl der Kinder unter 25 Jahren müssen gegenüber der beitragsabführenden Stelle, bei Selbstzahlern gegenüber der Pflegekasse, nachgewiesen sein, sofern diesen die Angaben nicht bereits bekannt sind. [2]Der Spitzenverband Bund der Pflegekassen gibt Empfehlungen darüber, welche Nachweise geeignet sind. [3]Die beitragsabführenden Stellen und die Pflegekassen sind berechtigt, entsprechende Nachweise anzufordern.

(3b) [1]Nachweise für vor dem 1. Juli 2023 geborene Kinder wirken vom 1. Juli 2023 an; erfolgt der Nachweis für zwischen dem 1. April 2023 und dem 30. Juni 2023 geborene Kinder innerhalb von drei Monaten nach der Geburt des Kindes, gilt der Nachweis in Bezug auf den Beitragszuschlag für Kinderlose mit Beginn des Monats der Geburt als erbracht. [2]Nachweise für Kinder, die im Zeitraum vom 1. Juli 2023 bis zum 30. Juni 2025 geboren werden, wirken ab Beginn des Monats der Geburt. [3]Erfolgt der Nachweis für ab dem 1. Juli 2025 geborene Kinder innerhalb von drei Monaten nach der Geburt des Kindes, gilt der Nachweis mit Beginn des Monats der Geburt als erbracht, ansonsten wirkt der Nachweis ab Beginn des Monats, der dem Monat folgt, in dem der Nachweis erbracht wird; für Nachweise, die im Verfahren nach Absatz 3c Satz 1 abgerufen werden, gilt Satz 2.

(3c) [1]Um eine einheitliche Rechtsanwendung sicherzustellen und ein möglichst effizientes, schnelles und bürgerfreundliches Verwaltungshandeln zu gewährleisten, wird bis zum 31. März 2025 ein digitales Verfahren zur Erhebung und zum Nachweis der Elterneigenschaft und der Anzahl der berücksichtigungsfähigen Kinder entwickelt. [2]Die Bundesregierung berichtet bis zum 31. Dezember 2023 über den Stand der Entwicklung des digitalen Verfahrens.

(3d) [1]Können die Abschläge nach Absatz 3 Satz 4 und 5 von den beitragsabführenden Stellen und den Pflegekassen nicht ab dem 1. Juli 2023 berücksichtigt werden, sind sie so bald wie möglich, spätestens bis zum 30. Juni 2025 zu erstatten. [2]In dem Zeitraum vom 1. Juli 2023 bis zum 30. Juni 2025 gilt der Nachweis unbeschadet des Absatzes 3a auch dann als erbracht, wenn das Mitglied auf Anforderung der beitragsabführenden Stelle oder der Pflegekasse die erforderlichen Angaben zu den berücksichtigungsfähigen Kindern mitteilt.

(4) Zu den Eltern im Sinne des Absatzes 3 Satz 3 gehören nicht

1. Adoptiveltern, wenn das Kind zum Zeitpunkt des Wirksamwerdens der Adoption bereits die in § 25 Abs. 2 vorgesehenen Altersgrenzen erreicht hat,
2. Stiefeltern, wenn das Kind zum Zeitpunkt der Eheschließung oder der Begründung der eingetragenen Lebenspartnerschaft gemäß § 1 des Lebenspartnerschaftsgesetzes mit dem Elternteil des Kindes bereits die in § 25 Abs. 2 vorgesehenen Altersgrenzen erreicht hat oder wenn das Kind vor Erreichen dieser Altersgrenzen nicht in den gemeinsamen Haushalt mit dem Mitglied aufgenommen worden ist.

(5) [1]Sind landwirtschaftliche Unternehmer, die nicht zugleich Bürgergeld beziehen, sowie mitarbeitende Familienangehörige Mitglied der landwirtschaftlichen Krankenkasse, wird der Beitrag abweichend von den Absätzen 1 bis 3 in Form eines Zuschlags auf den Krankenversicherungsbeitrag, den sie nach den Vorschriften des Zweiten Gesetzes über die Krankenversicherung der Landwirte aus dem Arbeitseinkommen aus Land- und Forstwirtschaft zu zahlen haben, erhoben. [2]Die Höhe des Zuschlags ergibt sich aus dem Verhältnis des Beitragssatzes nach Absatz 1 Satz 1 zu dem um den durchschnittlichen Zusatzbeitragssatz erhöhten allgemeinen Beitragssatz nach § 241 des Fünften Buches. [3]Sind die Voraussetzungen für einen Beitragszuschlag für Kinderlose nach Absatz 3 Satz 1 erfüllt und handelt es sich nicht um Mitglieder, die vor dem 1. Januar 1940 geboren wurden und nicht um Wehr- und Zivildienstleistende, erhöht sich der Zuschlag nach Satz 2 um das Verhältnis des Beitragszuschlags für Kinderlose zu dem Beitragssatz nach Absatz 1 Satz 1. [4]Sind die Voraussetzungen für einen Abschlag nach Absatz 3 Satz 4 und 5 erfüllt und handelt es sich nicht um Wehr- und Zivildienstleistende, reduziert sich der Zuschlag nach Satz 2 um das Verhältnis des Abschlags zu dem Beitragssatz nach Absatz 1 Satz 1; § 59a Satz 2 findet keine Anwendung auf mitarbeitende Familienangehörige.

Gesetz über Sprecherausschüsse der leitenden Angestellten (Sprecherausschussgesetz – SprAuG)[1]

vom 20.12.1988 (BGBl. I S. 2316),
zuletzt geändert durch Art. 6e G vom 16.9.2022 (BGBl. I S. 1454)

– Auszug –

§ 1

Errichtung von Sprecherausschüssen

(1) In Betrieben mit in der Regel mindestens zehn leitenden Angestellten § 5 Abs. 3 des Betriebsverfassungsgesetzes) werden Sprecherausschüsse der leitenden Angestellten gewählt.

(2) Leitende Angestellte eines Betriebs mit in der Regel weniger als zehn leitenden Angestellten gelten für die Anwendung dieses Gesetzes als leitende Angestellte des räumlich nächstgelegenen Betriebs desselben Unternehmens, der die Voraussetzungen des Absatzes 1 erfüllt.

(3) Dieses Gesetz findet keine Anwendung auf

1. Verwaltungen und Betriebe des Bundes, der Länder, der Gemeinden und sonstiger Körperschaften, Anstalten und Stiftungen des öffentlichen Rechts sowie
2. Religionsgemeinschaften und ihre karitativen und erzieherischen Einrichtungen unbeschadet deren Rechtsform.

1) **Anm. d. Verlages:** Dieses Gesetz wurde verkündet als Artikel 2 des Gesetzes zur Änderung des Betriebsverfassungsgesetzes, über Sprecherausschüsse der leitenden Angestellten und zur Sicherung der Montan-Mitbestimmung vom 20.12.1988 (BGBl. I S. 2312) und ist am 1.1.1989 in Kraft getreten.

Verordnung über die sozialversicherungsrechtliche Beurteilung von Zuwendungen des Arbeitgebers als Arbeitsentgelt (Sozialversicherungsentgeltverordnung – SvEV)[2]

vom 21.12.2006 (BGBl. I S. 3385),
zuletzt geändert durch V vom 3.12.2024 (BGBl. I Nr. 394)

– Auszug –

§ 1

Dem sozialversicherungspflichtigen Arbeitsentgelt nicht zuzurechnende Zuwendungen

(1) [1]Dem Arbeitsentgelt sind nicht zuzurechnen:

1. einmalige Einnahmen, laufende Zulagen, Zuschläge, Zuschüsse sowie ähnliche Einnahmen, die zusätzlich zu Löhnen oder Gehältern gewährt werden, soweit sie lohnsteuerfrei sind; dies gilt nicht für Sonntags-, Feiertags- und Nachtarbeitszuschläge, soweit das Entgelt, auf dem sie berechnet werden, mehr als 25 Euro für jede Stunde beträgt, und nicht für Vermögensbeteiligungen nach § 19a Absatz 1 Satz 1 des Einkommensteuergesetzes,
2. sonstige Bezüge nach § 40 Abs. 1 Satz 1 Nr. 1 des Einkommensteuergesetzes, die nicht einmalig gezahltes Arbeitsentgelt nach § 23a des Vierten Buches Sozialgesetzbuch sind,
3. Einnahmen nach § 40 Abs. 2 des Einkommensteuergesetzes,
4. Beiträge nach § 40b des Einkommensteuergesetzes in der am 31. Dezember 2004 geltenden Fassung, die zusätzlich zu Löhnen und Gehältern gewährt werden; dies gilt auch für darin enthaltene Beträge, die aus einer Entgeltumwandlung (§ 1 Abs. 2 Nr. 3 des Betriebsrentengesetzes) stammen,

4a. Zuwendungen nach § 3 Nr. 56 und § 40b des Einkommensteuergesetzes, die zusätzlich zu Löhnen und Gehältern gewährt werden und für die Satz 3 und 4 nichts Abweichendes bestimmen,

5. Beträge nach § 10 des Entgeltfortzahlungsgesetzes,
6. Zuschüsse zum Mutterschaftsgeld nach § 20 des Mutterschutzgesetzes,
7. in den Fällen des § 3 Abs. 3 der vom Arbeitgeber insoweit übernommene Teil des Gesamtsozialversicherungsbeitrags,
8. Zuschüsse des Arbeitgebers zum Kurzarbeitergeld und Saison-Kurzarbeitergeld, soweit sie zusammen mit dem Kurzarbeitergeld 80 Prozent des Unterschieds-

2) **Anm. d. Verlages:** Diese Verordnung wurde verkündet als Artikel 1 der Verordnung zur Neuordnung der Regelungen über die sozialversicherungsrechtliche Beurteilung von Zuwendungen des Arbeitgebers als Arbeitsentgelt und ist am 1.1.2007 in Kraft getreten.

betrages zwischen dem Sollentgelt und dem Ist-Entgelt nach § 106 des Dritten Buches Sozialgesetzbuch nicht übersteigen,

9. steuerfreie Zuwendungen an Pensionskassen, Pensionsfonds oder Direktversicherungen nach § 3 Nr. 63 Satz 1 und 2 sowie § 100 Absatz 6 Satz 1 des Einkommensteuergesetzes im Kalenderjahr bis zur Höhe von insgesamt 4 Prozent der Beitragsbemessungsgrenze in der allgemeinen Rentenversicherung; dies gilt auch für darin enthaltene Beträge, die aus einer Entgeltumwandlung (§ 1 Abs. 2 Nr. 3 des Betriebsrentengesetzes) stammen,
10. Leistungen eines Arbeitgebers oder einer Unterstützungskasse an einen Pensionsfonds zur Übernahme bestehender Versorgungsverpflichtungen oder Versorgungsanwartschaften durch den Pensionsfonds, soweit diese nach § 3 Nr. 66 des Einkommensteuergesetzes steuerfrei sind,
11. steuerlich nicht belastete Zuwendungen des Beschäftigten zugunsten von durch Naturkatastrophen im Inland Geschädigten aus Arbeitsentgelt einschließlich Wertguthaben,
12. Sonderzahlungen nach § 19 Absatz 1 Satz 1 Nummer 3 Satz 2 bis 4 des Einkommensteuergesetzes der Arbeitgeber zur Deckung eines finanziellen Fehlbetrages an die Einrichtungen, für die Satz 3 gilt,
13. Sachprämien nach § 37a des Einkommensteuergesetzes,
14. Zuwendungen nach § 37b Abs. 1 des Einkommensteuergesetzes, soweit die Zuwendungen an Arbeitnehmer eines Dritten erbracht werden und diese Arbeitnehmer nicht Arbeitnehmer eines mit dem Zuwendenden verbundenen Unternehmens sind,
15. vom Arbeitgeber getragene oder übernommene Studiengebühren für ein Studium des Beschäftigten, soweit sie steuerrechtlich kein Arbeitslohn sind,
16. steuerfreie Aufwandsentschädigungen und die in § 3 Nummer 26 und 26a des Einkommensteuergesetzes genannten steuerfreien Einnahmen.

[2]Dem Arbeitsentgelt sind die in Satz 1 Nummer 1 bis 4a, 9 bis 11, 13, 15 und 16 genannten Einnahmen, Zuwendungen und Leistungen nur dann nicht zuzurechnen, soweit diese vom Arbeitgeber oder von einem Dritten mit der Entgeltabrechnung für den jeweiligen Abrechnungszeitraum lohnsteuerfrei belassen oder pauschal besteuert werden. [3]Die Summe der in Satz 1 Nr. 4a genannten Zuwendungen nach § 3 Nr. 56 und § 40b des Einkommensteuergesetzes, die vom Arbeitgeber oder von einem Dritten mit der Entgeltabrechnung für den jeweiligen Abrechnungszeitraum lohnsteuerfrei belassen oder pauschal besteuert werden, höchstens jedoch monatlich 100 Euro, sind bis zur Höhe von 2,5 Prozent des für ihre Bemessung maßgebenden Entgelts dem Arbeitsentgelt zuzurechnen, wenn die Versorgungsregelung mindestens bis zum 31. Dezember 2000 vor der Anwendung etwaiger Nettobegrenzungsregelungen eine allgemein erreichbare Gesamtversorgung von mindestens 75 Prozent des gesamtversorgungsfähigen Entgelts und nach dem Eintritt des Versorgungsfalles eine Anpassung nach Maßgabe der Entwicklung der Arbeitsentgelte im Bereich der entsprechenden Versorgungsregelung oder gesetzlicher Versorgungsbezüge vorsieht; die dem Arbeitsentgelt zuzurechnenden Beiträge und Zuwendungen vermindern sich um monatlich 13,30 Euro. [4]Satz 3 gilt mit der Maßgabe, dass die Zuwendungen nach § 3 Nr. 56 und § 40b des Einkommensteuergesetzes dem Arbeitsentgelt insoweit zugerechnet werden, als sie in der Summe monatlich 100 Euro übersteigen.

(2) In der gesetzlichen Unfallversicherung und in der Seefahrt sind auch lohnsteuerfreie Zuschläge für Sonntags-, Feiertags- und Nachtarbeit dem Arbeitsentgelt zuzurechnen; dies gilt in der Unfallversicherung nicht für Erwerbseinkommen, das bei einer Hinterbliebenenrente zu berücksichtigen ist.

Tarifvertragsgesetz (TVG)

i.d.F. der Bek. vom 25.8.1969 (BGBl. I S. 1323),

zuletzt geändert durch Art. 8 G vom 20.5.2020 (BGBl. I S. 1055)

– Auszug –

§ 4

Wirkung der Rechtsnormen

(1) [1]Die Rechtsnormen des Tarifvertrages, die den Inhalt, den Abschluss oder die Beendigung von Arbeitsverhältnissen ordnen, gelten unmittelbar und zwingend zwischen den beiderseits Tarifgebundenen, die unter den Geltungsbereich des Tarifvertrages fallen. [2]Diese Vorschrift gilt entsprechend für Rechtsnormen des Tarifvertrages über betriebliche und betriebsverfassungsrechtliche Fragen.

(2) Sind im Tarifvertrag gemeinsame Einrichtungen der Tarifvertragsparteien vorgesehen und geregelt (Lohnausgleichskassen, Urlaubskassen usw.), so gelten diese Regelungen auch unmittelbar und zwingend für die Satzung dieser Einrichtung und das Verhältnis der Einrichtung zu den tarifgebundenen Arbeitgebern und Arbeitnehmern.

(3) Abweichende Abmachungen sind nur zulässig, soweit sie durch den Tarifvertrag gestattet sind oder eine Änderung der Regelungen zugunsten des Arbeitnehmers enthalten.

(4) [1]Ein Verzicht auf entstandene tarifliche Rechte ist nur in einem von den Tarifvertragsparteien gebilligten Vergleich zulässig. [2]Die Verwirkung von tariflichen Rechten ist ausgeschlossen. [3]Ausschlussfristen für die Geltendmachung tariflicher Rechte können nur im Tarifvertrag vereinbart werden.

(5) Nach Ablauf des Tarifvertrages gelten seine Rechtsnormen weiter, bis sie durch eine andere Abmachung ersetzt werden.

Gesetz über die Beaufsichtigung der Versicherungsunternehmen (Versicherungsaufsichtsgesetz – VAG)[1)][2)]

vom 1.4.2015 (BGBl. I S. 434),

zuletzt geändert durch Art. 11 G vom 27.12.2024 (BGBl. I Nr. 438)

– Auszug –

§ 1

Geltungsbereich

(1) Der Aufsicht nach diesem Gesetz unterliegen

1. Versicherungsunternehmen im Sinne des § 7 Nummer 33 und 34,

1) **Anm. d. Verlages:** Dieses Gesetz dient der Umsetzung der Richtlinie 2009/138/EG des Europäischen Parlaments und des Rates vom 25. November 2009 betreffend die Aufnahme und Ausübung der Versicherungs- und der Rückversicherungstätigkeit (Solvabilität II) (ABl. L 335 vom 17.12.2009, S. 1), die zuletzt durch die Richtlinie 2014/51/EU (ABl. L 153 vom 22.5.2014, S. 1) geändert worden ist.

2) **Anm. d. Verlages:** Dieses Gesetz wurde verkündet als Art. 1 des Gesetzes zur Modernisierung der Finanzaufsicht über Versicherungen und ist mit Ausnahme von § 355 am 1.1.2016 in Kraft getreten. § 355 ist am 11.4.2015 in Kraft getreten.

2. Versicherungs-Holdinggesellschaften im Sinne des § 7 Nummer 31 sowie Unternehmen im Sinne des § 293 Absatz 4,
3. Versicherungs-Zweckgesellschaften im Sinne des § 168,
4. Sicherungsfonds im Sinne des § 223 und
5. Pensionsfonds im Sinne des § 236 Absatz 1.

(2) [1]Die in der Anlage 1 Nummer 22 bis 24 genannten Geschäfte fallen nur dann in den Anwendungsbereich dieses Gesetzes, wenn sie von Versicherungsunternehmen betrieben werden, denen die Erlaubnis für eine der in der Anlage 1 Nummer 19 bis 21 genannten Versicherungssparten erteilt wurde; in diesem Fall werden diese Geschäfte Lebensversicherungsgeschäften gleichgestellt. [2]Als Kapitalisierungsgeschäfte (Anlage 1 Nummer 23) gelten Geschäfte, bei denen unter Anwendung eines mathematischen Verfahrens die im Voraus festgesetzten einmaligen oder wiederkehrenden Prämien und die übernommenen Verpflichtungen nach Dauer und Höhe festgelegt sind. [3]Geschäfte nach der Anlage 1 Nummer 24 bestehen in der Verwaltung von Versorgungseinrichtungen, die Leistungen im Todes- oder Erlebensfall oder bei Arbeitseinstellung oder bei Minderung der Erwerbsfähigkeit vorsehen; dazu gehören auch die Anlage und Verwaltung der Vermögenswerte. [4]Bei Geschäften nach Satz 3 dürfen die Versicherungsunternehmen im Zusammenhang mit der Verwaltung auch Garantiezusagen für die Erhaltung des verwalteten Kapitals und das Erreichen einer Mindestverzinsung abgeben.

(3) [1]Für öffentlich-rechtliche Versicherungsunternehmen des öffentlichen Dienstes oder der Kirchen, die ausschließlich die Alters-, Invaliditäts- oder Hinterbliebenenversorgung zum Gegenstand haben, gelten nur § 12 Absatz 1, die §§ 13, 37 Absatz 1, § 38 Absatz 1, die §§ 39, 47 Nummer 12 sowie die §§ 294 bis 298, 300, 302, 305 bis 307, §§ 310 bis 312 und 314. [2]Für die nach Landesrecht errichteten und der Landesaufsicht unterliegenden Versicherungsunternehmen kann das Landesrecht Abweichendes bestimmen.

(4) [1]Für Einrichtungen der in § 140 Absatz 1 des Siebten Buches Sozialgesetzbuch bezeichneten Art gelten § 12 Absatz 1, die §§ 13, 37 Absatz 1, § 38 Absatz 1, § 39 sowie die §§ 294 bis 298, 300, 302, 305 bis 307, 310, 312 und 314 entsprechend. [2]Beschlüsse der Vertreterversammlung über diese Einrichtungen sowie über deren Satzungen und Geschäftspläne bedürfen der Genehmigung der Aufsichtsbehörde; § 8 Absatz 1, § 9 Absatz 1 bis 4 und § 11 gelten hierfür entsprechend.

§ 232
Pensionskassen

(1) Eine Pensionskasse ist ein rechtlich selbstständiges Lebensversicherungsunternehmen, dessen Zweck die Absicherung wegfallenden Erwerbseinkommens wegen Alters, Invalidität oder Todes ist und das

1. das Versicherungsgeschäft im Wege des Kapitaldeckungsverfahrens betreibt,
2. Leistungen grundsätzlich erst ab dem Zeitpunkt des Wegfalls des Erwerbseinkommens vorsieht; soweit das Erwerbseinkommen teilweise wegfällt, können die allgemeinen Versicherungsbedingungen anteilige Leistungen vorsehen,
3. Leistungen im Todesfall nur an Hinterbliebene erbringen darf, wobei für Dritte ein Sterbegeld begrenzt auf die Höhe der gewöhnlichen Bestattungskosten vereinbart werden kann, und
4. der versicherten Person einen eigenen Anspruch auf Leistung gegen die Pensionskasse einräumt oder Leistungen als Rückdeckungsversicherung erbringt.

(2) [1]Pensionskassen dürfen nur Erstversicherungsgeschäft betreiben. [2]Ihnen kann die Erlaubnis ausschließlich in den Versicherungssparten nach Anlage 1 Nummer 19, 21 und 24 erteilt werden.

§ 233
Regulierte Pensionskassen

(1) [1]Pensionskassen können mit Genehmigung der Bundesanstalt reguliert werden (regulierte Pensionskassen). [2]Den Antrag, reguliert zu werden, können stellen

1. Pensionskassen in der Rechtsform des Versicherungsvereins auf Gegenseitigkeit, wenn
   a) die Satzung vorsieht, dass Versicherungsansprüche gekürzt werden dürfen,
   b) nach der Satzung mindestens 50 Prozent der Mitglieder der obersten Vertretung Versicherte oder ihre Vertreter sein sollen oder, wenn nur das Rückdeckungsgeschäft betrieben wird, nach der Satzung ein solches Recht den Versicherungsnehmern eingeräumt wird,
   c) ausschließlich die unter § 17 des Betriebsrentengesetzes fallenden Personen, die Geschäftsleiter oder die Inhaber der Trägerunternehmen versichert werden sowie solche Personen, die der Pensionskasse durch Gesetz zugewiesen werden oder die nach Beendigung des Arbeitsverhältnisses das Versicherungsverhältnis mit der Pensionskasse fortführen, und
   d) keine rechnungsmäßigen Abschlusskosten für die Vermittlung von Versicherungsverträgen erhoben und keine Vergütung für die Vermittlung oder den Abschluss von Versicherungsverträgen gewährt werden und
2. Pensionskassen, bei denen die Bundesanstalt festgestellt hat, dass sie die Voraussetzungen des § 156a Absatz 3 Satz 1 des Versicherungsaufsichtsgesetzes in der Fassung vom 15. Dezember 2004 erfüllen.

[3]Die Bundesanstalt genehmigt den Antrag, wenn die Voraussetzungen des Satzes 2 Nummer 1 oder 2 erfüllt sind.

(2) Separate Abrechnungsverbände nach § 2 Absatz 1, Pensionskassen unter Landesaufsicht und Pensionskassen, die auf Grund eines allgemeinverbindlichen Tarifvertrags errichtete gemeinsame Einrichtungen im Sinne des § 4 Absatz 2 des Tarifvertragsgesetzes sind, gelten immer als regulierte Pensionskassen.

(3) [1]Für regulierte Pensionskassen gelten nicht § 140 Absatz 2 Satz 2 und Absatz 4, § 145 Absatz 2 und 3 sowie § 234 Absatz 2 Satz 2 und 3 und Absatz 6. [2]Entsprechend anzuwenden sind § 210 Absatz 3 Satz 1, § 219 Absatz 2 Satz 2 und Absatz 3 Nummer 1 Buchstabe b und Nummer 2. [3]Soweit Versicherungsverhältnisse vor der Regulierung der Pensionskassen abgeschlossen worden sind und ihnen kein von der Aufsichtsbehörde genehmigter Geschäftsplan zugrunde liegt, gehören die fachlichen Geschäftsunterlagen im Sinne des § 219 Absatz 3 Nummer 1 Buchstabe b abweichend von Satz 2 nicht zum Geschäftsplan. [4]Entgegen Satz 1 wird in diesem Fall auf die allgemeinen Versicherungsbedingungen § 234 Absatz 2 Satz 2 und 3 weiterhin angewendet.

(4) [1]Auf regulierte Pensionskassen, die mit Genehmigung der Aufsichtsbehörde nach Maßgabe des § 211 Absatz 2

Nummer 2 des Versicherungsvertragsgesetzes von § 153 des Versicherungsvertragsgesetzes abweichende Bestimmungen getroffen haben, findet § 139 Absatz 3 und 4 keine Anwendung. [2]Regulierte Pensionskassen, die nicht nach Maßgabe des § 211 Absatz 2 Nummer 2 des Versicherungsvertragsgesetzes von § 153 des Versicherungsvertragsgesetzes abweichende Bestimmungen getroffen haben, können mit Genehmigung der Aufsichtsbehörde den Sicherungsbedarf aus den Versicherungsverträgen mit Zinsgarantie gemäß § 139 Absatz 4 nach einem abweichenden Verfahren berechnen.

(5) [1]Erfüllt eine regulierte Pensionskasse nicht mehr die Voraussetzungen des Absatzes 1 oder 2, stellt die Bundesanstalt durch Bescheid fest, dass es sich nicht mehr um eine regulierte Pensionskasse handelt. [2]Auf Versicherungsverhältnisse, die vor dem im Bescheid genannten Zeitpunkt in Kraft getreten sind, ist § 234 Absatz 6 entsprechend anzuwenden.

§ 234
Besonderheiten der Geschäftstätigkeit, die nicht die Geschäftsorganisation betreffen

(1) [1]Für Pensionskassen gilt § 341k des Handelsgesetzbuchs; § 36 Absatz 2 findet keine Anwendung. [2]§ 1 Absatz 2 Satz 4, § 35 Absatz 2, § 37 Absatz 2, die §§ 40 bis 42 und 48 Absatz 2a, die §§ 52 bis 56, 141 Absatz 5 Satz 2 und § 144 gelten nicht.

(2) [1]Die allgemeinen Versicherungsbedingungen gehören zum Geschäftsplan als Bestandteil nach § 9 Absatz 2 Nummer 2. [2]Das Genehmigungserfordernis nach § 12 Absatz 1 Satz 1 gilt für sie nicht. [3]Änderungen und die Einführung neuer allgemeiner Versicherungsbedingungen werden erst drei Monate nach Vorlage bei der Aufsichtsbehörde wirksam, falls die Aufsichtsbehörde nicht vorher die Unbedenklichkeit feststellt.

(3) [1]Von § 138 können Pensionskassen mit Genehmigung der Aufsichtsbehörde abweichen. [2]In § 141 Absatz 5 Satz 1 Nummer 1 und 2 treten die Grundsätze der auf Grund des § 235 Absatz 1 Nummer 4 bis 7 erlassenen Rechtsverordnung an die Stelle der Grundsätze der auf Grund des § 88 Absatz 3 erlassenen Rechtsverordnung. [3]Der Treuhänder nach § 142 muss auch über ausreichende Kenntnisse im Bereich der betrieblichen Altersversorgung verfügen. [4]Ist die Pensionskasse ein kleinerer Verein, hat der Verantwortliche Aktuar zu bestätigen, dass die Voraussetzungen der nach § 235 Absatz 1 Satz 1 Nummer 8 oder 9 erlassenen Rechtsverordnung erfüllt sind.

(4) Hängt die Höhe der Versorgungsleistungen von der Wertentwicklung eines nach Maßgabe des Geschäftsplans gebildeten Investmentvermögens ab, ist für dieses Investmentvermögen entsprechend den §§ 67, 101, 120, 135, 148 und 158 des Kapitalanlagegesetzbuchs oder entsprechend § 44 des Investmentgesetzes in der bis zum 21. Juli 2013 geltenden Fassung gesondert Rechnung zu legen; § 101 Absatz 2 des Kapitalanlagegesetzbuchs oder § 44 Absatz 2 des Investmentgesetzes in der bis zum 21. Juli 2013 geltenden Fassung ist nicht anzuwenden.

(5) [1] Abweichend von § 210 Absatz 1 Satz 1 ist § 184 auch dann anzuwenden, wenn die Pensionskasse ein kleinerer Verein ist. [2]Dabei hat die Satzung zu bestimmen, dass der Vorstand vom Aufsichtsrat oder vom obersten Organ zu bestellen ist.

(6) [1]Auf Versicherungsverhältnisse, die vor dem 1. Januar 2006 in Kraft getreten sind, ist § 336 entsprechend anzuwenden, soweit ihnen ein von der Aufsichtsbehörde genehmigter Geschäftsplan zugrunde liegt. [2]§ 142 gilt in diesen Fällen nicht.

(7) [1]Enthält die Satzung der Pensionskasse eine Vorschrift, nach der Versicherungsansprüche gekürzt werden dürfen, kann die Satzung nach Maßgabe dieses Absatzes auch mit Wirkung für bestehende Versicherungsverhältnisse geändert werden. [2]Es kann eine Regelung aufgenommen werden, die das in den Sätzen 3 bis 6 beschriebene Verfahren vorsieht für den Fall, dass

1. die Deckungsrückstellung erhöht wird, weil die Rechnungsgrundlagen auf Grund einer unvorhersehbaren und nicht nur vorübergehenden Änderung der Verhältnisse angepasst werden müssen, und

2. die Versicherungsansprüche aus der Durchführung betrieblicher Altersversorgung, für die weiterhin ein Arbeitgeber nach § 1 Absatz 1 Satz 3 des Betriebsrentengesetzes einsteht, einen Anteil von mindestens 75 Prozent an der zu erhöhenden Deckungsrückstellung ausmachen und wenigstens zwei Drittel dieses Anteils auf Versicherungsansprüche entfallen, für die Arbeitgeber oder Dritte erklärt haben, der Pensionskasse die erforderlichen finanziellen Mittel zur Verfügung zu stellen, damit sie die Erhöhung der Deckungsrückstellung zumindest für diese Versicherungsansprüche vollständig finanzieren kann.

[3]Für jeden Versicherungsanspruch wird der Teilanspruch bestimmt, für den die Erhöhung der Deckungsrückstellung nicht aus Erträgen des Geschäftsjahres oder Mitteln nach Satz 2 Nummer 2 finanziert ist. [4]Versicherungsansprüche, für die kein Arbeitgeber einsteht, werden um den jeweiligen Teilanspruch nach Satz 3 gekürzt, höchstens aber um den Betrag, der sich ergäbe, wenn keine Mittel nach Satz 2 Nummer 2 zugesagt wären und die in Satz 1 genannte Vorschrift angewendet würde. [5]Die übrigen Versicherungsansprüche werden um den jeweiligen Teilanspruch nach Satz 3 gekürzt, soweit die Eigenmittel dadurch auf bis zu 110 Prozent der Solvabilitätskapitalanforderung steigen. [6]Die Kürzung der Versicherungsansprüche bedarf der Zustimmung von drei Vierteln der abgegebenen Stimmen der obersten Vertretung der Pensionskasse und der Zustimmung der Aufsichtsbehörde.

§ 235
Verordnungsermächtigung zur Finanzaufsicht

(1) Das Bundesministerium der Finanzen wird ermächtigt, für Pensionskassen durch Rechtsverordnung Vorschriften zu erlassen

1. über die Berechnung und die Höhe der Solvabilitätskapitalanforderung;

2. über den maßgebenden Mindestbetrag der Mindestkapitalanforderung sowie über seine Berechnung;

3. darüber, wie nicht in der Bilanz ausgewiesene Eigenmittel errechnet werden und in welchem Umfang sie auf die Solvabilitätskapitalanforderung und die Mindestkapitalanforderung angerechnet werden dürfen;

4. über einen oder mehrere Höchstwerte für den Rechnungszins bei Versicherungsverträgen mit Zinsgarantie;

5. über weitere Vorgaben zur Ermittlung der Diskontierungszinssätze nach § 341f Absatz 2 des Handelsgesetzbuchs;

6. über die Höchstbeträge für die Zillmerung;

7. über die versicherungsmathematischen Rechnungsgrundlagen und die Bewertungsansätze für die Deckungsrückstellung;

8. darüber, wie bei Pensionskassen, bei denen vertraglich sowohl Arbeitnehmer als auch Arbeitgeber zur Prämienzahlung verpflichtet sind, für Lebensversicherungsverträge, denen kein genehmigter Geschäftsplan zugrunde liegt, der auf die Arbeitnehmer entfallende Teil der überrechnungsmäßigen Erträge zu bestimmen ist und welche Beteiligung der Arbeitnehmer an diesen Erträgen angemessen im Sinne des § 140 Absatz 2 ist;
9. über die versicherungsmathematischen Methoden zur Berechnung der Prämien einschließlich der Prämienänderungen und der versicherungstechnischen Rückstellungen im Sinne der §§ 341e bis 341h des Handelsgesetzbuchs, insbesondere der Deckungsrückstellung, bei Pensionskassen mit kollektiven Finanzierungssystemen für Lebensversicherungsverträge, denen kein genehmigter Geschäftsplan zugrunde liegt, insbesondere darüber wie die maßgeblichen Annahmen zur Sterblichkeit, zur Alters- und Geschlechtsabhängigkeit des Risikos und zur Stornowahrscheinlichkeit, die Annahmen über die Zusammensetzung des Bestandes und des Neuzugangs, der Zinssatz einschließlich der Höhe der Sicherheitszuschläge und die Grundsätze für die Bemessung der sonstigen Zuschläge zu berücksichtigen sind;
10. über Anlagegrundsätze qualitativer und quantitativer Art für das Sicherungsvermögen ergänzend zu § 124 Absatz 1 Satz 1 und 2 Nummer 1 Buchstabe a, Nummer 2, 3, 5 bis 8 sowie § 234h Absatz 1 bis 3, um die Kongruenz sowie die dauernde Erfüllbarkeit des jeweiligen Geschäftsplans sicherzustellen, wobei die Anlageformen des § 215 Absatz 2 Satz 1 Nummer 1 bis 7 und weitere durch diese Verordnung zugelassene Anlageformen sowie die Festlegungen im Geschäftsplan hinsichtlich des Anlagerisikos und des Trägers dieses Risikos zu berücksichtigen sind, sowie über Beschränkungen von Anlagen beim Trägerunternehmen;
11. über den Inhalt der Prüfungsberichte gemäß § 35 Absatz 1, soweit dies zur Erfüllung der Aufgaben der Aufsichtsbehörde erforderlich ist, insbesondere, um einheitliche Unterlagen zur Beurteilung der von den Pensionskassen durchgeführten Versicherungsgeschäfte zu erhalten;
12. über den Inhalt, die Form und die Stückzahl der gemäß § 234g Absatz 4 zu erstellenden Solvabilitätsübersicht und des Berichts über die Vermögensanlagen sowie die Frist für die Einreichung bei der Aufsichtsbehörde und
13. über die Art und Weise der Datenübermittlung, die zu verwendenden Datenformate sowie die einzuhaltende Datenqualität.

(2) [1]Die Ermächtigung kann durch Rechtsverordnung auf die Bundesanstalt übertragen werden. [2]Rechtsverordnungen nach Absatz 1 Satz 1 und nach Satz 1 bedürfen nicht der Zustimmung des Bundesrates. [3]Rechtsverordnungen nach Absatz 1 Satz 1 Nummer 9 und 11 und nach Satz 1, soweit sie die Ermächtigung nach Absatz 1 Satz 1 Nummer 9 und 11 erfassen, ergehen im Einvernehmen mit dem Bundesministerium der Justiz und für Verbraucherschutz.

§ 236
Pensionsfonds

(1) [1]Ein Pensionsfonds im Sinne dieses Gesetzes ist eine rechtsfähige Versorgungseinrichtung, die

1. im Wege des Kapitaldeckungsverfahrens Leistungen der betrieblichen Altersversorgung für einen oder mehrere Arbeitgeber zugunsten von Arbeitnehmern erbringt,
2. die Höhe der Leistungen oder die Höhe der für diese Leistungen zu entrichtenden künftigen Beiträge nicht für alle vorgesehenen Leistungsfälle durch versicherungsförmige Garantien zusagen darf,
3. den Arbeitnehmern einen eigenen Anspruch auf Leistung gegen den Pensionsfonds einräumt und
4. verpflichtet ist, die Altersversorgungsleistung als lebenslange Zahlung oder als Einmalkapitalzahlung zu erbringen.

[2]Eine lebenslange Zahlung im Sinne des Satzes 1 Nummer 4 kann mit einem teilweisen oder vollständigen Kapitalwahlrecht verbunden werden. [3]Pensionsfonds dürfen auch Sterbegeldzahlungen an Hinterbliebene erbringen, wobei das Sterbegeld begrenzt ist auf die Höhe der gewöhnlichen Bestattungskosten.

(2) [1]Pensionsfonds können Altersversorgungsleistungen abweichend von Absatz 1 Satz 1 Nummer 4 erbringen, solange Beitragszahlungen durch den Arbeitgeber auch in der Rentenbezugszeit vorgesehen sind. [2]Ein fester Termin für das Zahlungsende darf nicht vorgesehen werden. [3]Satz 1 gilt nicht für Zusagen im Sinne des § 1 Absatz 2 Nummer 2 des Betriebsrentengesetzes.

(3) [1]Bei Zusagen im Sinne des § 1 Absatz 2 Nummer 2 des Betriebsrentengesetzes können Pensionsfonds lebenslange Zahlungen als Altersversorgungsleistungen abweichend von Absatz 1 Satz 1 Nummer 4 erbringen, wenn

1. die zuständigen Tarifvertragsparteien zustimmen,
2. der Pensionsplan eine lebenslange Zahlung sowie eine Mindesthöhe dieser lebenslangen Zahlung (Mindesthöhe) zur Auszahlung des nach § 1 Absatz 2 Nummer 2 des Betriebsrentengesetzes zur Verfügung zu stellenden Versorgungskapitals vorsieht,
3. eine planmäßige Verwendung dieses Versorgungskapitals sowie der darauf entfallenden Zinsen und Erträge für laufende Leistungen festgelegt ist und
4. der Pensionsfonds die Zusage des Arbeitgebers nachweist, selbst für die Erbringung der Mindesthöhe einzustehen, und die Zustimmung der Tarifvertragsparteien nach Nummer 1 der Aufsichtsbehörde vorlegt.

[2]Absatz 2 Satz 2 gilt entsprechend.

(4) Als Arbeitnehmer im Sinne dieser Vorschrift gelten auch ehemalige Arbeitnehmer sowie die unter § 17 Absatz 1 Satz 2 des Betriebsrentengesetzes fallenden Personen.

(5) Pensionsfonds bedürfen zum Geschäftsbetrieb der Erlaubnis der Aufsichtsbehörde.

(6) [1]Das Bundesministerium der Finanzen wird ermächtigt, durch Rechtsverordnung im Fall des Absatzes 3 nähere Bestimmungen zu erlassen zu

1. einer Auszahlungsbegrenzung des Pensionsfonds für den Fall, dass der Arbeitgeber die Mindesthöhe zu erbringen hat,
2. Vorschriften für die Ermittlung und Anpassung der lebenslangen Zahlung sowie für die Ermittlung der Mindesthöhe,
3. Form und Inhalt der Zusage des Arbeitgebers, selbst für die Erbringung der Mindesthöhe einzustehen, sowie des Nachweises dieser Zusage.

[2]Die Ermächtigung kann durch Rechtsverordnung auf die Bundesanstalt übertragen werden. [3]Diese erlässt die Vorschriften im Benehmen mit den Versicherungsaufsichtsbehörden der Länder. [4]Rechtsverordnungen nach den Sätzen 1 bis 3 bedürfen nicht der Zustimmung des Bundesrates.

§ 237
Anzuwendende Vorschriften

(1) [1]Für Pensionsfonds gelten die auf Lebensversicherungsunternehmen, die Pensionskassen sind, anwendbaren Vorschriften entsprechend, soweit dieser Teil keine abweichenden Regelungen enthält. [2]Dabei treten

1. die Pensionspläne an die Stelle der allgemeinen Versicherungsbedingungen,
2. die Belange der Versorgungsanwärter und Versorgungsempfänger an die Stelle der Belange der Versicherten,
3. die Versorgungsverhältnisse an die Stelle der Versicherungsverhältnisse.

[3]Pensionspläne sind die im Rahmen des Geschäftsplans ausgestalteten Bedingungen zur planmäßigen Leistungserbringung im Versorgungsfall.

(2) Nicht anwendbar sind § 8 Absatz 2, § 10 Absatz 4, § 13 Absatz 2, § 125 Absatz 5 und 6, § 139 Absatz 3 und 4, die §§ 210, 232 und 233, 234 Absatz 3 Satz 1, 2 und 4 sowie Absatz 5 und 6, die §§ 234i und 234j Absatz 1, die §§ 235 und 312 Absatz 4 Satz 1, 3 und 4 sowie Absatz 5 Satz 2 und § 313.

(3) [1]Die Erlaubnis zum Geschäftsbetrieb darf nur Aktiengesellschaften einschließlich der Europäischen Gesellschaft und Pensionsfondsvereinen auf Gegenseitigkeit erteilt werden. [2]Auf Pensionsfondsvereine sind die Vorschriften über Versicherungsvereine auf Gegenseitigkeit entsprechend anzuwenden, soweit nichts anderes bestimmt ist.

(4) [1]In § 140 Absatz 2 tritt die auf Grund des § 240 Satz 1 Nummer 7 erlassene Rechtsverordnung an die Stelle der auf Grund des § 145 Absatz 2 erlassenen Rechtsverordnung. [2]In § 141 Absatz 5 Satz 1 Nummer 1 und 2 treten die Grundsätze der auf Grund des § 240 Satz 1 Nummer 10 bis 12 erlassenen Rechtsverordnung an die Stelle der Grundsätze der auf Grund des § 88 Absatz 3 erlassenen Rechtsverordnung.

§ 238
Finanzielle Ausstattung

(1) [1]Für Pensionsfonds treten die Absätze 2 bis 5 an die Stelle des § 234g. [2]In § 234f Absatz 2 Satz 2 tritt Absatz 4 an die Stelle von § 234g Absatz 3.

(2) Pensionsfonds müssen stets über Eigenmittel mindestens in Höhe der Solvabilitätskapitalanforderung verfügen, die sich nach dem gesamten Geschäftsumfang bemisst.

(3) [1]Die Solvabilitätskapitalanforderung wird durch die Rechtsverordnung zu § 240 Satz 1 Nummer 9 bestimmt. [2]Ein Drittel der Solvabilitätskapitalanforderung gilt als Mindestkapitalanforderung.

(4) Für die Ermittlung der Eigenmittel ist die auf Grund des § 240 Satz 1 Nummer 9 erlassene Rechtsverordnung maßgebend.

(5) Pensionsfonds haben der Aufsichtsbehörde jährlich eine Berechnung der Solvabilitätskapitalanforderung vorzulegen und ihr die Eigenmittel nachzuweisen.

§ 239
Vermögensanlage

(1) [1]Pensionsfonds haben unter Berücksichtigung der jeweiligen Pensionspläne Sicherungsvermögen zu bilden. [2]Sie haben dafür zu sorgen, dass die Bestände der Sicherungsvermögen in einer der Art und Dauer der zu erbringenden Altersversorgung entsprechenden Weise unter Berücksichtigung der Festlegungen des jeweiligen Pensionsplans angelegt werden.

(2) [1]Pensionsfonds haben der Aufsichtsbehörde eine Erklärung zu den Grundsätzen ihrer Anlagepolitik vorzulegen

1. spätestens vier Monate nach Ende eines Geschäftsjahres und
2. unverzüglich nach einer wesentlichen Änderung der Anlagepolitik.

[2]Die Erklärung muss Angaben enthalten über das Verfahren zur Risikobewertung und zur Risikosteuerung sowie zur Strategie in Bezug auf den jeweiligen Pensionsplan, insbesondere die Aufteilung der Vermögenswerte je nach Art und Dauer der Altersversorgungsleistungen. [3]Außerdem ist auf die Frage einzugehen, wie die Anlagepolitik ökologischen, sozialen und die Unternehmensführung betreffenden Belangen Rechnung trägt. [4]Pensionsfonds müssen die Erklärung öffentlich zugänglich machen. [5]Spätestens nach drei Jahren ist die Erklärung zu überprüfen.

(3) [1]Die dauernde Erfüllbarkeit eines Pensionsplans kann auch bei einer vorübergehenden Unterdeckung als gewährleistet angesehen werden, wenn die Unterdeckung 5 Prozent des Betrags der versicherungstechnischen Rückstellungen im Sinne der §§ 341e bis 341h des Handelsgesetzbuchs nicht übersteigt und die Belange der Versorgungsanwärter und Versorgungsempfänger gewahrt sind. [2]In diesem Fall ist ein zwischen Arbeitgeber und Pensionsfonds vereinbarter Plan zur Wiederherstellung der Bedeckung des Sicherungsvermögens (Bedeckungsplan) erforderlich, der der Genehmigung der Aufsichtsbehörde bedarf. [3]Der Plan muss folgende Bedingungen erfüllen:

1. aus dem Plan muss hervorgehen, wie die zur vollständigen Bedeckung der versicherungstechnischen Rückstellungen im Sinne der §§ 341e bis 341h des Handelsgesetzbuchs erforderliche Höhe der Vermögenswerte innerhalb eines angemessenen Zeitraums erreicht werden soll; der Zeitraum darf drei Jahre nicht überschreiten, und
2. bei der Erstellung des Plans ist die besondere Situation des Pensionsfonds zu berücksichtigen, insbesondere die Struktur seiner Aktiva und Passiva, sein Risikoprofil, sein Liquiditätsplan, das Altersprofil der Versorgungsberechtigten sowie gegebenenfalls die Tatsache, dass es sich um ein neu geschaffenes System handelt.

[4]Die Genehmigung ist zu erteilen, wenn durch den Arbeitgeber die Erfüllung der Nachschusspflicht zur vollständigen Bedeckung der versicherungstechnischen Rückstellungen im Sinne der §§ 341e bis 341h des Handelsgesetzbuchs durch Bürgschaft oder Garantie eines geeigneten Kreditinstituts oder in anderer geeigneter Weise sichergestellt ist. [5]Der Pensionsfonds hat dem Pensionssicherungsverein die Vereinbarung unverzüglich zur Kenntnis zu geben.

(4) [1]Für Pensionspläne nach § 236 Absatz 2 ist Absatz 3 mit der Maßgabe anzuwenden, dass die Unterdeckung 10 Prozent des Betrags der versicherungstechnischen Rückstellungen im Sinne der §§ 341e bis 341h des Handelsgesetzbuchs nicht übersteigt. [2]Die Frist, bis zu der die vollständige Bedeckung wieder erreicht werden muss, kann von der Aufsichtsbehörde verlängert werden; sie darf insgesamt zehn Jahre nicht überschreiten.

§ 240
Verordnungsermächtigung

[1]Das Bundesministerium der Finanzen wird ermächtigt, für Pensionsfonds, die nicht der Aufsicht durch die Aufsichtsbehörden der Länder unterliegen, durch Rechtsverordnung Vorschriften zu erlassen über

1. den Wortlaut der versicherungsmathematischen Bestätigung, den Inhalt, den Umfang und die Vorlagefrist des Erläuterungsberichts gemäß § 141 Absatz 5 Satz 1 Nummer 2 sowie über den Inhalt, den Umfang und die Vorlagefrist des Berichts gemäß § 141 Absatz 5 Satz 1 Nummer 4, jeweils in Verbindung mit § 237 Absatz 1;
2. die Buchführung, den Inhalt, die Form, die Frist und die Stückzahl des bei der Aufsichtsbehörde einzureichenden internen Berichts, bestehend aus einer für Aufsichtszwecke gegliederten Bilanz und einer Gewinn-und-Verlust-Rechnung sowie besonderen Erläuterungen zur Bilanz und zur Gewinn-und-Verlust-Rechnung, soweit dies zur Durchführung der Aufsicht nach diesem Gesetz erforderlich ist;
3. den Inhalt, die Form, die Frist und die Stückzahl des bei der Aufsichtsbehörde vierteljährlich einzureichenden internen Zwischenberichts, bestehend aus einer Zusammenstellung von aktuellen Buchhaltungs- und Bestandsdaten sowie aus Angaben über die Anzahl der Versorgungsfälle, soweit dies zur Durchführung der Aufsicht nach diesem Gesetz erforderlich ist;
4. den Inhalt, die Frist und die Form der Einreichung des bei der Aufsichtsbehörde einzureichenden Prüfungsberichts nach § 341k des Handelsgesetzbuchs, soweit dies zur Durchführung der Aufsicht nach diesem Gesetz erforderlich ist, insbesondere, um einheitliche Unterlagen zur Beurteilung der von den Pensionsfonds durchgeführten Geschäfte zu erhalten;
5. den Gegenstand der Prüfung sowie den Inhalt, die Form und die Frist des Prüfungsberichts gemäß § 35 Absatz 1 Satz 1, soweit dies zur Erfüllung der Aufgaben der Aufsichtsbehörde erforderlich ist, insbesondere, um einheitliche Unterlagen zur Beurteilung der von den Pensionsfonds durchgeführten Geschäfte zu erhalten;
6. die Art und Weise der Datenübermittlung, die zu verwendenden Datenformate sowie die einzuhaltende Datenqualität;
7. die Zuführung zur Rückstellung für Beitragsrückerstattung gemäß § 145 Absatz 2 in Verbindung mit § 237 Absatz 1;
8. Anlagegrundsätze qualitativer und quantitativer Art für das Sicherungsvermögen ergänzend zu § 124 Absatz 1 Satz 1 und 2 Nummer 1 Buchstabe a, Nummer 2, 3, 5 bis 8 sowie § 234h Absatz 1 bis 3, um die Kongruenz und die dauernde Erfüllbarkeit des jeweiligen Pensionsplans sicherzustellen, wobei die Anlageformen des § 215 Absatz 2 Satz 1 Nummer 1 bis 7 sowie weitere durch diese Verordnung zugelassene Anlageformen sowie die Festlegungen im Pensionsplan hinsichtlich des Anlagerisikos und des Trägers dieses Risikos zu berücksichtigen sind, sowie über Beschränkungen von Anlagen beim Trägerunternehmen; Artikel 18 der Richtlinie 2003/41/EG ist zu beachten;
9. die Berechnung und die Höhe der Solvabilitätskapitalanforderung, den für Pensionsfonds maßgeblichen Mindestbetrag der Mindestkapitalanforderung sowie damit zusammenhängende Genehmigungsbefugnisse einschließlich des Verfahrens, darüber, was als Eigenmittel im Sinne des § 238 Absatz 2 anzusehen ist, darüber, dass der Aufsichtsbehörde über die Solvabilitätskapitalanforderung und die Eigenmittel zu berichten ist sowie über die Form und den Inhalt und die Frist für die Einreichung dieses Berichts bei der Aufsichtsbehörde;
10. Höchstwerte für den Rechnungszins bei Verträgen mit Zinsgarantie;
11. weitere Vorgaben zur Ermittlung der Diskontierungszinssätze nach § 341f Absatz 2 des Handelsgesetzbuchs sowie
12. die versicherungsmathematischen Rechnungsgrundlagen und die Bewertungsansätze für die Deckungsrückstellung.

[2]Die Ermächtigung kann durch Rechtsverordnung auf die Bundesanstalt übertragen werden. [3]Rechtsverordnungen nach den Sätzen 1 und 2 bedürfen nicht der Zustimmung des Bundesrates. [4]Rechtsverordnungen nach Satz 1 Nummer 4 und 10 bis 12 und nach Satz 2, soweit sie die Ermächtigungen nach Satz 1 Nummer 4 und 10 bis 12 erfassen, ergehen im Einvernehmen mit dem Bundesministerium der Justiz und für Verbraucherschutz.

§ 241
Grenzüberschreitende Geschäftstätigkeit

(1) [1]Grenzüberschreitende Geschäftstätigkeit einer Einrichtung der betrieblichen Altersversorgung liegt vor, wenn sie ein Altersversorgungssystem betreibt, bei dem der Tätigkeitsstaat ein anderer Mitglied- oder Vertragsstaat als der Herkunftsstaat der Einrichtung ist. [2]Tätigkeitsstaat ist der Mitglied- oder Vertragsstaat, dessen sozial- und arbeitsrechtliche Vorschriften im Bereich der betrieblichen Altersversorgung auf die Beziehung zwischen dem Trägerunternehmen und seinen Versorgungsanwärtern und Versorgungsempfängern angewendet werden.

(2) [1]Auf Pensionskassen und Pensionsfonds sind die §§ 57 bis 60 nicht anwendbar. [2]Für Einrichtungen der betrieblichen Altersversorgung, deren Herkunftsstaat ein anderer Mitglied- oder Vertragsstaat ist, sind die §§ 61 bis 66 nicht anwendbar.

§ 242
Grenzüberschreitende Geschäftstätigkeit von Pensionskassen und Pensionsfonds

(1) [1]Pensionskassen und Pensionsfonds haben ihre Absicht, für ein Trägerunternehmen die betriebliche Altersversorgung im Wege der grenzüberschreitenden Geschäftstätigkeit durchzuführen, der Aufsichtsbehörde anzuzeigen. [2]Dabei haben sie anzugeben

1. den Tätigkeitsstaat,
2. Name und Standort der Hauptverwaltung des Trägerunternehmens und
3. die Hauptmerkmale des Altersversorgungssystems, das für das Trägerunternehmen betrieben werden soll.

[3]Die Aufsichtsbehörde prüft, ob die beabsichtigte Geschäftstätigkeit rechtlich zulässig ist und ob die Verwaltungsstruktur, die Finanzlage sowie die Zuverlässigkeit und die fachliche Eignung der Geschäftsleiter der beabsichtigten grenzüberschreitenden Geschäftstätigkeit angemessen sind. [4]Sie kann verlangen, dass für das zu betreibende Altersversorgungssystem ein gesondertes Sicherungsvermögen einzurichten ist. [5]Auf die grenzüberschreitende Geschäftstätigkeit einer Pensionskasse ist § 232 Absatz 1 Nummer 2 und 3 nicht anzuwenden. [6]Im Fall eines Pensionsfonds sind § 236 Absatz 1 Satz 1 Nummer 2 bis 4 und Satz 2 sowie Absatz 2 und § 239 Absatz 3 und 4 nicht anzuwenden.

(2) [1]Sobald die Anzeige nach Absatz 1 Satz 1 und 2 vollständig vorliegt, entscheidet die Aufsichtsbehörde innerhalb von drei Monaten, ob die Anforderungen nach Absatz 1 Satz 3 erfüllt sind. [2]Sind die Anforderungen erfüllt, übermittelt sie die Angaben nach Absatz 1 Satz 2 den zuständigen Behörden des Tätigkeitsstaats und teilt der Pensionskasse oder dem

Pensionsfonds mit, dass diese Behörden informiert wurden. [3]Andernfalls untersagt sie der Pensionskasse oder dem Pensionsfonds die Aufnahme der grenzüberschreitenden Geschäftstätigkeit.

(3) [1]Im Fall des Absatzes 2 Satz 2 übermittelt die Aufsichtsbehörde der Pensionskasse oder dem Pensionsfonds die von den zuständigen Behörden des Tätigkeitsstaats erteilten Informationen über

1. die einschlägigen arbeits- und sozialrechtlichen Vorschriften im Bereich der betrieblichen Altersversorgung, die bei der Durchführung des für das Trägerunternehmen betriebenen Altersversorgungssystems einzuhalten sind, sowie
2. die Vorschriften des Tätigkeitsstaats, die nach Titel IV der Richtlinie (EU) 2016/2341 erlassen worden sind.

[2]Pensionskassen und Pensionsfonds sind berechtigt, die grenzüberschreitende Geschäftstätigkeit im Einklang mit den in Satz 1 Nummer 1 und 2 genannten Vorschriften aufzunehmen, sobald ihnen die Mitteilung der Aufsichtsbehörde nach Satz 1 vorliegt, spätestens aber sechs Wochen, nachdem sie die Mitteilung nach Absatz 2 Satz 2 erhalten haben.

(4) Wird die Aufsichtsbehörde von den zuständigen Behörden des Tätigkeitsstaats über wesentliche Änderungen der in Absatz 3 Satz 1 Nummer 1 und 2 genannten Vorschriften benachrichtigt, hat sie diese Informationen an die Pensionskasse oder an den Pensionsfonds weiterzuleiten.

(5) [1]Die Aufsichtsbehörde trifft in Abstimmung mit den zuständigen Behörden des Tätigkeitsstaats die erforderlichen Maßnahmen, um sicherzustellen, dass die Pensionskasse oder der Pensionsfonds die von den zuständigen Behörden des Tätigkeitsstaats festgestellten Verstöße gegen die in Absatz 3 Satz 1 Nummer 1 und 2 genannten Vorschriften unterbindet. [2]Die Aufsichtsbehörde kann die grenzüberschreitende Geschäftstätigkeit untersagen oder einschränken, wenn die Pensionskasse oder der Pensionsfonds die Anforderungen nach Absatz 3 Satz 1 Nummer 1 nicht einhält.

(6) [1]Bei Pensionskassen und Pensionsfonds, die der Landesaufsicht unterliegen, informiert die zuständige Landesaufsichtsbehörde die Bundesanstalt über eine Anzeige nach Absatz 1 Satz 1 und 2. [2]Die Bundesanstalt unterstützt die Landesaufsichtsbehörde auf Anforderung bei der Durchführung des Verfahrens nach den Absätzen 2 und 3 und bei der Durchführung von Maßnahmen nach Absatz 5.

(7) [1]Die Aufsichtsbehörde informiert die Europäische Aufsichtsbehörde für das Versicherungswesen und die betriebliche Altersversorgung darüber, in welchen Mitglied- und Vertragsstaaten die Pensionskasse oder der Pensionsfonds grenzüberschreitend tätig ist. [2]Sie teilt ihr Änderungen dieser Angaben laufend mit.

§ 243
Grenzüberschreitende Geschäftstätigkeit von Einrichtungen, deren Herkunftsstaat ein anderer Mitglied- oder Vertragsstaat ist

(1) Die Absätze 2 bis 6 sind anzuwenden auf Altersversorgungssysteme,

1. die von einer Einrichtung, deren Herkunftsstaat ein anderer Mitglied- oder Vertragsstaat ist und eine Zulassung im Sinne des Artikels 9 Absatz 1 der Richtlinie (EU) 2016/2341 hat, im Rahmen einer grenzüberschreitenden Geschäftstätigkeit für das Trägerunternehmen betrieben werden und
2. bei denen der Tätigkeitsstaat Deutschland ist.

(2) [1]Hat die Bundesanstalt von den zuständigen Behörden des Herkunftsstaats der Einrichtung die in Artikel 11 Absatz 3 Satz 2 der Richtlinie (EU) 2016/2341 genannten Angaben erhalten, informiert sie innerhalb von sechs Wochen diese Behörden über

1. die einschlägigen arbeits- und sozialrechtlichen Vorschriften im Bereich der betrieblichen Altersversorgung, die einzuhalten sind, wenn in Deutschland Altersversorgungssysteme für ein Trägerunternehmen durchgeführt werden, sowie
2. die Vorschriften, die nach Titel IV der Richtlinie (EU) 2016/2341 erlassen worden sind.

[2]Die Einrichtung ist berechtigt, die grenzüberschreitende Geschäftstätigkeit im Einklang mit den in Satz 1 Nummer 1 und 2 genannten Vorschriften aufzunehmen, sobald sie von den zuständigen Behörden des Herkunftsstaats die von der Bundesanstalt übermittelten Informationen erhalten hat, spätestens aber nach Ablauf der in Satz 1 genannten Frist.

(3) Die Bundesanstalt stellt fest, welchem Durchführungsweg im Sinne des § 1b Absatz 2 bis 4 des Betriebsrentengesetzes die Einrichtung zuzuordnen ist, und übermittelt die Feststellung an die Einrichtung und den Pensions-Sicherungs-Verein Versicherungsverein auf Gegenseitigkeit.

(4) Die Bundesanstalt benachrichtigt die zuständigen Behörden des Herkunftsstaats über wesentliche Änderungen der in Absatz 2 Satz 1 Nummer 1 und 2 genannten Vorschriften.

(5) [1]Die Bundesanstalt überwacht laufend, ob die Einrichtung die in Absatz 2 Satz 1 Nummer 1 und 2 genannten Vorschriften einhält. [2]Bei Verstößen gegen diese Vorschriften unterrichtet sie unverzüglich die zuständigen Behörden des Herkunftsstaats. [3]Verstößt die Einrichtung weiterhin gegen die Vorschriften, kann die Bundesanstalt nach Unterrichtung der zuständigen Behörden des Herkunftsstaats selbst geeignete Maßnahmen ergreifen, um die Verstöße zu beenden oder zu ahnden. [4]Kommt eine andere Lösung nicht in Betracht, kann sie der Einrichtung untersagen, weiter im Inland für das Trägerunternehmen tätig zu sein.

(6) Für die Zwecke des Absatzes 5 Satz 1 ist § 305 Absatz 1 Nummer 1, Absatz 2 Nummer 1 und 2 sowie Absatz 5 entsprechend anwendbar.

(7) Auf Antrag der Aufsichtsbehörde des Herkunftsstaats kann die Bundesanstalt die freie Verfügung über Vermögenswerte untersagen, die sich im Besitz eines Verwahrers oder einer Verwahrstelle mit Standort im Inland befinden.

§ 244

– aufgehoben –

Gesetz über den Versorgungsausgleich (Versorgungsausgleichsgesetz – VersAusglG)[1]

vom 3.4.2009 (BGBl. I S. 700),
zuletzt geändert durch Art. 1 G vom 12.5.2021 (BGBl. I S. 1085)

– Auszug –

TEIL 1
Der Versorgungsausgleich

KAPITEL 1
Allgemeiner Teil

§ 1
Halbteilung der Anrechte

(1) Im Versorgungsausgleich sind die in der Ehezeit erworbenen Anteile von Anrechten (Ehezeitanteile) jeweils zur Hälfte zwischen den geschiedenen Ehegatten zu teilen.

(2) [1]Ausgleichspflichtige Person im Sinne dieses Gesetzes ist diejenige, die einen Ehezeitanteil erworben hat. [2]Der ausgleichsberechtigten Person steht die Hälfte des Werts des jeweiligen Ehezeitanteils (Ausgleichswert) zu.

§ 2
Auszugleichende Anrechte

(1) Anrechte im Sinne dieses Gesetzes sind im In- oder Ausland bestehende Anwartschaften auf Versorgungen und Ansprüche auf laufende Versorgungen, insbesondere aus der gesetzlichen Rentenversicherung, aus anderen Regelsicherungssystemen wie der Beamtenversorgung oder der berufsständischen Versorgung, aus der betrieblichen Altersversorgung oder aus der privaten Alters- und Invaliditätsvorsorge.

(2) Ein Anrecht ist auszugleichen, sofern es

1. durch Arbeit oder Vermögen geschaffen oder aufrechterhalten worden ist,
2. der Absicherung im Alter oder bei Invalidität, insbesondere wegen verminderter Erwerbsfähigkeit, Berufsunfähigkeit oder Dienstunfähigkeit, dient und
3. auf eine Rente gerichtet ist; ein Anrecht im Sinne des Betriebsrentengesetzes oder des Altersvorsorgeverträge-Zertifizierungsgesetzes ist unabhängig von der Leistungsform auszugleichen.

(3) Eine Anwartschaft im Sinne dieses Gesetzes liegt auch vor, wenn am Ende der Ehezeit eine für das Anrecht maßgebliche Wartezeit, Mindestbeschäftigungszeit, Mindestversicherungszeit oder ähnliche zeitliche Voraussetzung noch nicht erfüllt ist.

(4) Ein güterrechtlicher Ausgleich für Anrechte im Sinne dieses Gesetzes findet nicht statt.

§ 3
Ehezeit, Ausschluss bei kurzer Ehezeit

(1) Die Ehezeit im Sinne dieses Gesetzes beginnt mit dem ersten Tag des Monats, in dem die Ehe geschlossen worden ist; sie endet am letzten Tag des Monats vor Zustellung des Scheidungsantrags.

(2) In den Versorgungsausgleich sind alle Anrechte einzubeziehen, die in der Ehezeit erworben wurden.

(3) Bei einer Ehezeit von bis zu drei Jahren findet ein Versorgungsausgleich nur statt, wenn ein Ehegatte dies beantragt.

UNTERABSCHNITT 2
Interne Teilung

§ 10
Interne Teilung

(1) Das Familiengericht überträgt für die ausgleichsberechtigte Person zulasten des Anrechts der ausgleichspflichtigen Person ein Anrecht in Höhe des Ausgleichswerts bei dem Versorgungsträger, bei dem das Anrecht der ausgleichspflichtigen Person besteht (interne Teilung).

(2) [1]Sofern nach der internen Teilung durch das Familiengericht für beide Ehegatten Anrechte gleicher Art bei demselben Versorgungsträger auszugleichen sind, vollzieht dieser den Ausgleich nur in Höhe des Wertunterschieds nach Verrechnung. [2]Satz 1 gilt entsprechend, wenn verschiedene Versorgungsträger zuständig sind und Vereinbarungen zwischen ihnen eine Verrechnung vorsehen.

(3) Maßgeblich sind die Regelungen über das auszugleichende und das zu übertragende Anrecht.

§ 11
Anforderungen an die interne Teilung

(1) [1]Die interne Teilung muss die gleichwertige Teilhabe der Ehegatten an den in der Ehezeit erworbenen Anrechten sicherstellen. [2]Dies ist gewährleistet, wenn im Vergleich zum Anrecht der ausgleichspflichtigen Person

1. für die ausgleichsberechtigte Person ein eigenständiges und entsprechend gesichertes Anrecht übertragen wird,
2. ein Anrecht in Höhe des Ausgleichswerts mit vergleichbarer Wertentwicklung entsteht und
3. der gleiche Risikoschutz gewährt wird; der Versorgungsträger kann den Risikoschutz auf eine Altersversorgung beschränken, wenn er für das nicht abgesicherte Risiko einen zusätzlichen Ausgleich bei der Altersversorgung schafft.

(2) Für das Anrecht der ausgleichsberechtigten Person gelten die Regelungen über das Anrecht der ausgleichspflichtigen Person entsprechend, soweit nicht besondere Regelungen für den Versorgungsausgleich bestehen.

§ 12
Rechtsfolge der internen Teilung von Betriebsrenten

Gilt für das auszugleichende Anrecht das Betriebsrentengesetz, so erlangt die ausgleichsberechtigte Person mit der Übertragung des Anrechts die Stellung eines ausgeschiedenen Arbeitnehmers im Sinne des Betriebsrentengesetzes.

§ 13
Teilungskosten des Versorgungsträgers

Der Versorgungsträger kann die bei der internen Teilung entstehenden Kosten jeweils hälftig mit den Anrechten beider Ehegatten verrechnen, soweit sie angemessen sind.

1) **Anm. d. Verlages:** Dieses Gesetz wurde verkündet als Art. 1 des Gesetzes zur Strukturreform des Versorgungsausgleichs vom 3.4.2009 (BGBl. I S. 700) und ist am 1.9.2009 in Kraft getreten.

UNTERABSCHNITT 3

Externe Teilung

§ 14

Externe Teilung

(1) Das Familiengericht begründet für die ausgleichsberechtigte Person zulasten des Anrechts der ausgleichspflichtigen Person ein Anrecht in Höhe des Ausgleichswerts bei einem anderen Versorgungsträger als demjenigen, bei dem das Anrecht der ausgleichspflichtigen Person besteht (externe Teilung).

(2) Eine externe Teilung ist nur durchzuführen, wenn

1. die ausgleichsberechtigte Person und der Versorgungsträger der ausgleichspflichtigen Person eine externe Teilung vereinbaren oder
2. der Versorgungsträger der ausgleichspflichtigen Person eine externe Teilung verlangt und der Ausgleichswert am Ende der Ehezeit bei einem Rentenbetrag als maßgeblicher Bezugsgröße höchstens 2 Prozent, in allen anderen Fällen als Kapitalwert höchstens 240 Prozent der monatlichen Bezugsgröße nach § 18 Abs. 1 des Vierten Buches Sozialgesetzbuch beträgt; sind mehrere Anrechte im Sinne des Betriebsrentengesetzes bei einem Versorgungsträger auszugleichen, so ist die Summe der Ausgleichswerte der Anrechte maßgeblich, deren externe Teilung der Versorgungsträger verlangt.

(3) § 10 Abs. 3 gilt entsprechend.

(4) Der Versorgungsträger der ausgleichspflichtigen Person hat den Ausgleichswert als Kapitalbetrag an den Versorgungsträger der ausgleichsberechtigten Person zu zahlen.

(5) Eine externe Teilung ist unzulässig, wenn ein Anrecht durch Beitragszahlung nicht mehr begründet werden kann.

§ 15

Wahlrecht hinsichtlich der Zielversorgung

(1) Die ausgleichsberechtigte Person kann bei der externen Teilung wählen, ob ein für sie bestehendes Anrecht ausgebaut oder ein neues Anrecht begründet werden soll.

(2) Die gewählte Zielversorgung muss eine angemessene Versorgung gewährleisten.

(3) Die Zahlung des Kapitalbetrags nach § 14 Abs. 4 an die gewählte Zielversorgung darf nicht zu steuerpflichtigen Einnahmen oder zu einer schädlichen Verwendung bei der ausgleichspflichtigen Person führen, es sei denn, sie stimmt der Wahl der Zielversorgung zu.

(4) Ein Anrecht in der gesetzlichen Rentenversicherung, bei einem Pensionsfonds, einer Pensionskasse oder einer Direktversicherung oder aus einem Vertrag, der nach § 5 des Altersvorsorgeverträge-Zertifizierungsgesetzes zertifiziert ist, erfüllt stets die Anforderungen der Absätze 2 und 3.

(5) [1]Übt die ausgleichsberechtigte Person ihr Wahlrecht nicht aus, so erfolgt die externe Teilung durch Begründung eines Anrechts in der gesetzlichen Rentenversicherung. [2]Ist ein Anrecht im Sinne des Betriebsrentengesetzes auszugleichen, ist abweichend von Satz 1 ein Anrecht bei der Versorgungsausgleichskasse zu begründen.

§ 17

Besondere Fälle der externen Teilung von Betriebsrenten

Ist ein Anrecht im Sinne des Betriebsrentengesetzes aus einer Direktzusage oder einer Unterstützungskasse auszugleichen, so darf im Fall des § 14 Abs. 2 Nr. 2 der Ausgleichswert als Kapitalwert am Ende der Ehezeit höchstens die Beitragsbemessungsgrenze in der allgemeinen Rentenversicherung nach den §§ 159 und 160 des Sechsten Buches Sozialgesetzbuch erreichen.

UNTERABSCHNITT 4

Ausnahmen

§ 18

Geringfügigkeit

(1) Das Familiengericht soll beiderseitige Anrechte gleicher Art nicht ausgleichen, wenn die Differenz ihrer Ausgleichswerte gering ist.

(2) Einzelne Anrechte mit einem geringen Ausgleichswert soll das Familiengericht nicht ausgleichen.

(3) Ein Wertunterschied nach Absatz 1 oder ein Ausgleichswert nach Absatz 2 ist gering, wenn er am Ende der Ehezeit bei einem Rentenbetrag als maßgeblicher Bezugsgröße höchstens 1 Prozent, in allen anderen Fällen als Kapitalwert höchstens 120 Prozent der monatlichen Bezugsgröße nach § 18 Abs. 1 des Vierten Buches Sozialgesetzbuch beträgt.

§ 19

Fehlende Ausgleichsreife

(1) [1]Ist ein Anrecht nicht ausgleichsreif, so findet insoweit ein Wertausgleich bei der Scheidung nicht statt. [2]§ 5 Abs. 2 gilt entsprechend.

(2) Ein Anrecht ist nicht ausgleichsreif,

1. wenn es dem Grund oder der Höhe nach nicht hinreichend verfestigt ist, insbesondere als noch verfallbares Anrecht im Sinne des Betriebsrentengesetzes,
2. soweit es auf eine abzuschmelzende Leistung gerichtet ist,
3. soweit sein Ausgleich für die ausgleichsberechtigte Person unwirtschaftlich wäre,
4. wenn es bei einem ausländischen, zwischenstaatlichen oder überstaatlichen Versorgungsträger besteht oder
5. wenn sich bei einem Anrecht aus der betrieblichen Altersversorgung oder der privaten Altersvorsorge nach dem Ende der Ehezeit der Kapitalwert als maßgebliche Bezugsgröße und damit der Ausgleichswert verändert hat, weil die ausgleichspflichtige Person innerhalb der bisher bestehenden Leistungspflicht eine Versorgung aus dem Anrecht bezogen hat, und die ausgleichsberechtigte Person verlangt, dass das Anrecht vom Wertausgleich bei der Scheidung ausgenommen wird.

(3) Hat ein Ehegatte nicht ausgleichsreife Anrechte nach Absatz 2 Nr. 4 erworben, so findet ein Wertausgleich bei der Scheidung auch in Bezug auf die sonstigen Anrechte der Ehegatten nicht statt, soweit dies für den anderen Ehegatten unbillig wäre.

(4) Ausgleichsansprüche nach der Scheidung gemäß den §§ 20 bis 26 bleiben unberührt.

ABSCHNITT 3
Ausgleichsansprüche nach der Scheidung

UNTERABSCHNITT 1
Schuldrechtliche Ausgleichszahlungen

§ 20
Anspruch auf schuldrechtliche Ausgleichsrente

(1) [1]Bezieht die ausgleichspflichtige Person eine laufende Versorgung aus einem noch nicht ausgeglichenen Anrecht, so kann die ausgleichsberechtigte Person von ihr den Ausgleichswert als Rente (schuldrechtliche Ausgleichsrente) verlangen. [2]Die auf den Ausgleichswert entfallenden Sozialversicherungsbeiträge oder vergleichbaren Aufwendungen sind abzuziehen. [3]§ 18 gilt entsprechend.

(2) Der Anspruch ist fällig, sobald die ausgleichsberechtigte Person

1. eine eigene laufende Versorgung im Sinne des § 2 bezieht,
2. die Regelaltersgrenze der gesetzlichen Rentenversicherung erreicht hat oder
3. die gesundheitlichen Voraussetzungen für eine laufende Versorgung wegen Invalidität erfüllt.

(3) Für die schuldrechtliche Ausgleichsrente gelten § 1585 Abs. 1 Satz 2 und 3 sowie § 1585b Abs. 2 und 3 des Bürgerlichen Gesetzbuchs entsprechend.

§ 21
Abtretung von Versorgungsansprüchen

(1) Die ausgleichsberechtigte Person kann von der ausgleichspflichtigen Person verlangen, ihr den Anspruch gegen den Versorgungsträger in Höhe der Ausgleichsrente abzutreten.

(2) Für rückständige Ansprüche auf eine schuldrechtliche Ausgleichsrente kann keine Abtretung verlangt werden.

(3) Eine Abtretung nach Absatz 1 ist auch dann wirksam, wenn andere Vorschriften die Übertragung oder Pfändung des Versorgungsanspruchs ausschließen.

(4) Verstirbt die ausgleichsberechtigte Person, so geht der nach Absatz 1 abgetretene Anspruch gegen den Versorgungsträger wieder auf die ausgleichspflichtige Person über.

§ 22
Anspruch auf Ausgleich von Kapitalzahlungen

[1]Erhält die ausgleichspflichtige Person Kapitalzahlungen aus einem noch nicht ausgeglichenen Anrecht, so kann die ausgleichsberechtigte Person von ihr die Zahlung des Ausgleichswerts verlangen. [2]Im Übrigen sind die §§ 20 und 21 entsprechend anzuwenden.

Gesetz über die Versorgungsausgleichskasse (VersAusglKassG)[1])

vom 15.7.2009 (BGBl. I S. 1939, 1947),
zuletzt geändert durch Art. 426 V vom 31.8.2015 (BGBl. I S. 1474)

– Auszug –

§ 1
Aufgabe

Aufgabe der Versorgungsausgleichskasse ist es ausschließlich, die Versorgung der ausgleichsberechtigten Person bei der externen Teilung eines Anrechts im Sinne des Betriebsrentengesetzes durchzuführen, wenn die ausgleichsberechtigte Person ihr Wahlrecht hinsichtlich der Zielversorgung nach § 15 des Versorgungsausgleichsgesetzes nicht ausübt.

§ 2
Rechtsform, anzuwendendes Recht

(1) Die Versorgungsausgleichskasse ist eine Pensionskasse im Sinne des § 323 des Versicherungsaufsichtsgesetzes in der Rechtsform eines Versicherungsvereins auf Gegenseitigkeit.

(2) Auf sie ist das Versicherungsaufsichtsgesetz anzuwenden, sofern dieses Gesetz nichts anderes bestimmt.

§ 4
Leistungsumfang

(1) Die von der Versorgungsausgleichskasse durchgeführte Versicherung muss die Voraussetzungen nach § 1 Absatz 1 Satz 1 Nummer 2 und 4 Buchstabe a des Altersvorsorgeverträge-Zertifizierungsgesetzes erfüllen.

(2) Die Versorgungsausgleichskasse muss einen Zins in einer Höhe garantieren, die dem Höchstwert für den Rechnungszins nach *nach*[2]) der gemäß § 235 Absatz 1 Satz 1 Nummer 4 des Versicherungsaufsichtsgesetzes erlassenen Rechtsverordnung zum Zeitpunkt der Begründung des Anrechts bei der Versorgungsausgleichskasse entspricht.

(3) Ab Rentenbeginn müssen sämtliche auf den Rentenbestand entfallenden Überschussanteile zur Erhöhung der laufenden Leistungen verwendet werden.

(4) [1]Die Versorgungsausgleichskasse kann angemessene Verwaltungskosten in Abzug bringen. [2]Abschluss- und Vertriebskosten dürfen nicht erhoben werden.

§ 5
Beschränkung des Anrechts

(1) [1]Ein bei der Versorgungsausgleichskasse bestehendes Anrecht ist nicht übertragbar, nicht beleihbar und nicht veräußerbar. [2]Es darf vorbehaltlich des Satzes 3 nicht vorzeitig verwertet werden. [3]Die Versorgungsausgleichskasse kann ein Anrecht ohne Zustimmung der ausgleichsberechtigten Person bis zu der Wertgrenze in § 3 Absatz 2 Satz 1 des Betriebsrentengesetzes abfinden.

---
1) **Anm. d. Verlages:** Dieses Gesetz wurde verkündet als Art. 9e des Gesetzes zur Änderung des Vierten Buches Sozialgesetzbuch vom 15.7.2009 (BGBl. I S. 1939) und ist am 22.7.2009 in Kraft getreten.
2) **Anm. d. Verlages:** Wortlaut amtlich.

(2) Eine Fortsetzung der Versorgung mit eigenen Beiträgen ist nicht möglich.

Gesetz über den Versicherungsvertrag (Versicherungsvertragsgesetz – VVG)[1])

vom 23.11.2007 (BGBl. I S. 2631),
zuletzt geändert durch Art. 4 G vom 11.4.2024 (BGBl. I Nr. 119)

– Auszug –

KAPITEL 5
Lebensversicherung

§ 150
Versicherte Person

(1) Die Lebensversicherung kann auf die Person des Versicherungsnehmers oder eines anderen genommen werden.

(2) [1]Wird die Versicherung für den Fall des Todes eines anderen genommen und übersteigt die vereinbarte Leistung den Betrag der gewöhnlichen Beerdigungskosten, ist zur Wirksamkeit des Vertrags die schriftliche Einwilligung des anderen erforderlich; dies gilt nicht bei Lebensversicherungen im Bereich der betrieblichen Altersversorgung. [2]Ist der andere geschäftsunfähig oder in der Geschäftsfähigkeit beschränkt oder ist für ihn ein Betreuer bestellt und steht die Vertretung in den seine Person betreffenden Angelegenheiten dem Versicherungsnehmer zu, kann dieser den anderen bei der Erteilung der Einwilligung nicht vertreten.

(3) Nimmt ein Elternteil die Versicherung auf die Person eines minderjährigen Kindes, bedarf es der Einwilligung des Kindes nur, wenn nach dem Vertrag der Versicherer auch bei Eintritt des Todes vor der Vollendung des siebenten Lebensjahres zur Leistung verpflichtet sein soll und die für diesen Fall vereinbarte Leistung den Betrag der gewöhnlichen Beerdigungskosten übersteigt.

(4) Soweit die Aufsichtsbehörde einen bestimmten Höchstbetrag für die gewöhnlichen Beerdigungskosten festgesetzt hat, ist dieser maßgebend.

§ 151
Ärztliche Untersuchung

Durch die Vereinbarung einer ärztlichen Untersuchung der versicherten Person wird ein Recht des Versicherers, die Vornahme der Untersuchung zu verlangen, nicht begründet.

§ 152
Widerruf des Versicherungsnehmers

(1) Abweichend von § 8 Abs. 1 Satz 1 beträgt die Widerrufsfrist 30 Tage.

(2) [1]Der Versicherer hat abweichend von § 9 Satz 1 auch den Rückkaufswert einschließlich der Überschussanteile nach § 169 zu zahlen. [2]Im Fall des § 9 Satz 2 hat der Versicherer den Rückkaufswert einschließlich der Überschussanteile oder, wenn dies für den Versicherungsnehmer günstiger ist, die für das erste Jahr gezahlten Prämien zu erstatten.

(3) Abweichend von § 33 Abs. 1 ist die einmalige oder die erste Prämie unverzüglich nach Ablauf von 30 Tagen nach Zugang des Versicherungsscheins zu zahlen.

§ 153
Überschussbeteiligung

(1) Dem Versicherungsnehmer steht eine Beteiligung an dem Überschuss und an den Bewertungsreserven (Überschussbeteiligung) zu, es sei denn, die Überschussbeteiligung ist durch ausdrückliche Vereinbarung ausgeschlossen; die Überschussbeteiligung kann nur insgesamt ausgeschlossen werden.

(2) [1]Der Versicherer hat die Beteiligung an dem Überschuss nach einem verursachungsorientierten Verfahren durchzuführen; andere vergleichbare angemessene Verteilungsgrundsätze können vereinbart werden. [2]Die Beträge im Sinn des § 268 Abs. 8 des Handelsgesetzbuchs bleiben unberücksichtigt.

(3) [1]Der Versicherer hat die Bewertungsreserven jährlich neu zu ermitteln und nach einem verursachungsorientierten Verfahren rechnerisch zuzuordnen. [2]Bei der Beendigung des Vertrags wird der für diesen Zeitpunkt zu ermittelnde Betrag zur Hälfte zugeteilt und an den Versicherungsnehmer ausgezahlt; eine frühere Zuteilung kann vereinbart werden. [3]Aufsichtsrechtliche Regelungen zur Sicherstellung der dauernden Erfüllbarkeit der Verpflichtungen aus den Versicherungen, insbesondere die §§ 89, 124 Absatz 1, § 139 Absatz 3 und 4 und die §§ 140 sowie 214 des Versicherungsaufsichtsgesetzes bleiben unberührt.

(4) Bei Rentenversicherungen ist die Beendigung der Ansparphase der nach Absatz 3 Satz 2 maßgebliche Zeitpunkt.

§ 154
Modellrechnung

(1) [1]Macht der Versicherer im Zusammenhang mit dem Angebot oder dem Abschluss einer Lebensversicherung bezifferte Angaben zur Höhe von möglichen Leistungen über die vertraglich garantierten Leistungen hinaus, hat er dem Versicherungsnehmer eine Modellrechnung zu übermitteln, bei der die mögliche Ablaufleistung unter Zugrundelegung der Rechnungsgrundlagen für die Prämienkalkulation mit drei verschiedenen Zinssätzen dargestellt wird. [2]Dies gilt nicht für Risikoversicherungen und Verträge, die Leistungen der in § 124 Absatz 2 Satz 2 des Versicherungsaufsichtsgesetzes bezeichneten Art vorsehen.

(2) Der Versicherer hat den Versicherungsnehmer klar und verständlich darauf hinzuweisen, dass es sich bei der Modellrechnung nur um ein Rechenmodell handelt, dem fiktive Annahmen zugrunde liegen, und dass der Versicherungsnehmer aus der Modellrechnung keine vertraglichen Ansprüche gegen den Versicherer ableiten kann.

§ 155
Standmitteilung

(1) [1]Bei Versicherungen mit Überschussbeteiligung hat der Versicherer den Versicherungsnehmer jährlich in Textform über den aktuellen Stand seiner Ansprüche unter Einbeziehung der Überschussbeteiligung zu unterrichten. [2]Dabei hat er mitzuteilen, inwieweit diese Überschussbeteiligung garantiert ist. [3]Im Einzelnen hat der Versicherer Folgendes anzugeben:

1) **Anm. d. Verlages:** Das Gesetz wurde als Artikel 1 des Gesetzes zur Reform des Versicherungsvertragsrechts vom 23.11.2007 (BGBl. I S. 2631) verkündet und ist am 1.1.2008 in Kraft getreten. § 7 Abs. 2 und 3 ist am 30.11.2007 in Kraft getreten.

1. die vereinbarte Leistung bei Eintritt eines Versicherungsfalles zuzüglich Überschussbeteiligung zu dem in der Standmitteilung bezeichneten maßgeblichen Zeitpunkt,
2. die vereinbarte Leistung zuzüglich garantierter Überschussbeteiligung bei Ablauf des Vertrags oder bei Rentenbeginn unter der Voraussetzung einer unveränderten Vertragsfortführung,
3. die vereinbarte Leistung zuzüglich garantierter Überschussbeteiligung zum Ablauf des Vertrags oder zum Rentenbeginn unter der Voraussetzung einer prämienfreien Versicherung,
4. den Auszahlungsbetrag bei Kündigung des Versicherungsnehmers,
5. die Summe der gezahlten Prämien bei Verträgen, die ab dem 1. Juli 2018 abgeschlossen werden; im Übrigen kann über die Summe der gezahlten Prämien in Textform Auskunft verlangt werden.

(2) [1]Weitere Angaben bleiben dem Versicherer unbenommen. [2]Die Standmitteilung kann mit anderen jährlich zu machenden Mitteilungen verbunden werden.

(3) Hat der Versicherer bezifferte Angaben zur möglichen zukünftigen Entwicklung der Überschussbeteiligung gemacht, so hat er den Versicherungsnehmer auf Abweichungen der tatsächlichen Entwicklung von den anfänglichen Angaben hinzuweisen.

§ 156
Kenntnis und Verhalten der versicherten Person

Soweit nach diesem Gesetz die Kenntnis und das Verhalten des Versicherungsnehmers von rechtlicher Bedeutung sind, ist bei der Versicherung auf die Person eines anderen auch deren Kenntnis und Verhalten zu berücksichtigen.

§ 157
Unrichtige Altersangabe

[1]Ist das Alter der versicherten Person unrichtig angegeben worden, verändert sich die Leistung des Versicherers nach dem Verhältnis, in welchem die dem wirklichen Alter entsprechende Prämie zu der vereinbarten Prämie steht. [2]Das Recht, wegen der Verletzung der Anzeigepflicht von dem Vertrag zurückzutreten, steht dem Versicherer abweichend von § 19 Abs. 2 nur zu, wenn er den Vertrag bei richtiger Altersangabe nicht geschlossen hätte.

§ 158
Gefahränderung

(1) Als Erhöhung der Gefahr gilt nur eine solche Änderung der Gefahrumstände, die nach ausdrücklicher Vereinbarung als Gefahrerhöhung angesehen werden soll; die Vereinbarung bedarf der Textform.

(2) [1]Eine Erhöhung der Gefahr kann der Versicherer nicht mehr geltend machen, wenn seit der Erhöhung fünf Jahre verstrichen sind. [2]Hat der Versicherungsnehmer seine Verpflichtung nach § 23 vorsätzlich oder arglistig verletzt, beläuft sich die Frist auf zehn Jahre.

(3) § 41 ist mit der Maßgabe anzuwenden, dass eine Herabsetzung der Prämie nur wegen einer solchen Minderung der Gefahrumstände verlangt werden kann, die nach ausdrücklicher Vereinbarung als Gefahrminderung angesehen werden soll.

§ 159
Bezugsberechtigung

(1) Der Versicherungsnehmer ist im Zweifel berechtigt, ohne Zustimmung des Versicherers einen Dritten als Bezugsberechtigten zu bezeichnen sowie an die Stelle des so bezeichneten Dritten einen anderen zu setzen.

(2) Ein widerruflich als bezugsberechtigt bezeichneter Dritter erwirbt das Recht auf die Leistung des Versicherers erst mit dem Eintritt des Versicherungsfalles.

(3) Ein unwiderruflich als bezugsberechtigt bezeichneter Dritter erwirbt das Recht auf die Leistung des Versicherers bereits mit der Bezeichnung als Bezugsberechtigter.

§ 160
Auslegung der Bezugsberechtigung

(1) [1]Sind mehrere Personen ohne Bestimmung ihrer Anteile als Bezugsberechtigte bezeichnet, sind sie zu gleichen Teilen bezugsberechtigt. [2]Der von einem Bezugsberechtigten nicht erworbene Anteil wächst den übrigen Bezugsberechtigten zu.

(2) [1]Soll die Leistung des Versicherers nach dem Tod des Versicherungsnehmers an dessen Erben erfolgen, sind im Zweifel diejenigen, welche zur Zeit des Todes als Erben berufen sind, nach dem Verhältnis ihrer Erbteile bezugsberechtigt. [2]Eine Ausschlagung der Erbschaft hat auf die Berechtigung keinen Einfluss.

(3) Wird das Recht auf die Leistung des Versicherers von dem bezugsberechtigten Dritten nicht erworben, steht es dem Versicherungsnehmer zu.

(4) Ist der Fiskus als Erbe berufen, steht ihm ein Bezugsrecht im Sinn des Absatzes 2 Satz 1 nicht zu.

§ 161
Selbsttötung

(1) [1]Bei einer Versicherung für den Todesfall ist der Versicherer nicht zur Leistung verpflichtet, wenn die versicherte Person sich vor Ablauf von drei Jahren nach Abschluss des Versicherungsvertrags vorsätzlich selbst getötet hat. [2]Dies gilt nicht, wenn die Tat in einem die freie Willensbestimmung ausschließenden Zustand krankhafter Störung der Geistestätigkeit begangen worden ist.

(2) Die Frist nach Absatz 1 Satz 1 kann durch Einzelvereinbarung erhöht werden.

(3) Ist der Versicherer nicht zur Leistung verpflichtet, hat er den Rückkaufswert einschließlich der Überschussanteile nach § 169 zu zahlen.

§ 162
Tötung durch Leistungsberechtigten

(1) Ist die Versicherung für den Fall des Todes eines anderen als des Versicherungsnehmers genommen, ist der Versicherer nicht zur Leistung verpflichtet, wenn der Versicherungsnehmer vorsätzlich durch eine widerrechtliche Handlung den Tod des anderen herbeiführt.

(2) Ist ein Dritter als Bezugsberechtigter bezeichnet, gilt die Bezeichnung als nicht erfolgt, wenn der Dritte vorsätzlich durch eine widerrechtliche Handlung den Tod der versicherten Person herbeiführt.

§ 163
Prämien- und Leistungsänderung

(1) [1]Der Versicherer ist zu einer Neufestsetzung der vereinbarten Prämie berechtigt, wenn

1. sich der Leistungsbedarf nicht nur vorübergehend und nicht voraussehbar gegenüber den Rechnungsgrundlagen der vereinbarten Prämie geändert hat,
2. die nach den berichtigten Rechnungsgrundlagen neu festgesetzte Prämie angemessen und erforderlich ist, um die dauernde Erfüllbarkeit der Versicherungsleistung zu gewährleisten, und
3. ein unabhängiger Treuhänder die Rechnungsgrundlagen und die Voraussetzungen der Nummern 1 und 2 überprüft und bestätigt hat.

[2]Eine Neufestsetzung der Prämie ist insoweit ausgeschlossen, als die Versicherungsleistungen zum Zeitpunkt der Erst- oder Neukalkulation unzureichend kalkuliert waren und ein ordentlicher und gewissenhafter Aktuar dies insbesondere anhand der zu diesem Zeitpunkt verfügbaren statistischen Kalkulationsgrundlagen hätte erkennen müssen.

(2) [1]Der Versicherungsnehmer kann verlangen, dass an Stelle einer Erhöhung der Prämie nach Absatz 1 die Versicherungsleistung entsprechend herabgesetzt wird. [2]Bei einer prämienfreien Versicherung ist der Versicherer unter den Voraussetzungen des Absatzes 1 zur Herabsetzung der Versicherungsleistung berechtigt.

(3) Die Neufestsetzung der Prämie und die Herabsetzung der Versicherungsleistung werden zu Beginn des zweiten Monats wirksam, der auf die Mitteilung der Neufestsetzung oder der Herabsetzung und der hierfür maßgeblichen Gründe an den Versicherungsnehmer folgt.

(4) Die Mitwirkung des Treuhänders nach Absatz 1 Satz 1 Nr. 3 entfällt, wenn die Neufestsetzung oder die Herabsetzung der Versicherungsleistung der Genehmigung der Aufsichtsbehörde bedarf.

§ 164
Bedingungsanpassung

(1) [1]Ist eine Bestimmung in Allgemeinen Versicherungsbedingungen des Versicherers durch höchstrichterliche Entscheidung oder durch bestandskräftigen Verwaltungsakt für unwirksam erklärt worden, kann sie der Versicherer durch eine neue Regelung ersetzen, wenn dies zur Fortführung des Vertrags notwendig ist oder wenn das Festhalten an dem Vertrag ohne neue Regelung für eine Vertragspartei auch unter Berücksichtigung der Interessen der anderen Vertragspartei eine unzumutbare Härte darstellen würde. [2]Die neue Regelung ist nur wirksam, wenn sie unter Wahrung des Vertragsziels die Belange der Versicherungsnehmer angemessen berücksichtigt.

(2) Die neue Regelung nach Absatz 1 wird zwei Wochen, nachdem die neue Regelung und die hierfür maßgeblichen Gründe dem Versicherungsnehmer mitgeteilt worden sind, Vertragsbestandteil.

§ 165
Prämienfreie Versicherung

(1) [1]Der Versicherungsnehmer kann jederzeit für den Schluss der laufenden Versicherungsperiode die Umwandlung der Versicherung in eine prämienfreie Versicherung verlangen, sofern die dafür vereinbarte Mindestversicherungsleistung erreicht wird. [2]Wird diese nicht erreicht, hat der Versicherer den auf die Versicherung entfallenden Rückkaufswert einschließlich der Überschussanteile nach § 169 zu zahlen.

(2) Die prämienfreie Leistung ist nach anerkannten Regeln der Versicherungsmathematik mit den Rechnungsgrundlagen der Prämienkalkulation unter Zugrundelegung des Rückkaufswertes nach § 169 Abs. 3 bis 5 zu berechnen und im Vertrag für jedes Versicherungsjahr anzugeben.

(3) [1]Die prämienfreie Leistung ist für den Schluss der laufenden Versicherungsperiode unter Berücksichtigung von Prämienrückständen zu berechnen. [2]Die Ansprüche des Versicherungsnehmers aus der Überschussbeteiligung bleiben unberührt.

§ 166
Kündigung des Versicherers

(1) [1]Kündigt der Versicherer das Versicherungsverhältnis, wandelt sich mit der Kündigung die Versicherung in eine prämienfreie Versicherung um. [2]Auf die Umwandlung ist § 165 anzuwenden.

(2) Im Fall des § 38 Abs. 2 ist der Versicherer zu der Leistung verpflichtet, die er erbringen müsste, wenn sich mit dem Eintritt des Versicherungsfalles die Versicherung in eine prämienfreie Versicherung umgewandelt hätte.

(3) Bei der Bestimmung einer Zahlungsfrist nach § 38 Abs. 1 hat der Versicherer auf die eintretende Umwandlung der Versicherung hinzuweisen.

(4) Bei einer Lebensversicherung, die vom Arbeitgeber zugunsten seiner Arbeitnehmerinnen und Arbeitnehmer abgeschlossen worden ist, hat der Versicherer die versicherte Person über die Bestimmung der Zahlungsfrist nach § 38 Abs. 1 und die eintretende Umwandlung der Versicherung in Textform zu informieren und ihnen eine Zahlungsfrist von mindestens zwei Monaten einzuräumen.

§ 167
Umwandlung zur Erlangung eines Pfändungsschutzes

[1]Der Versicherungsnehmer einer Lebensversicherung kann jederzeit für den Schluss der laufenden Versicherungsperiode die Umwandlung der Versicherung in eine Versicherung verlangen, die den Anforderungen des § 851c Abs. 1 der Zivilprozessordnung entspricht. [2]Die Kosten der Umwandlung hat der Versicherungsnehmer zu tragen.

§ 168
Kündigung des Versicherungsnehmers

(1) Sind laufende Prämien zu zahlen, kann der Versicherungsnehmer das Versicherungsverhältnis jederzeit für den Schluss der laufenden Versicherungsperiode kündigen.

(2) Bei einer Versicherung, die Versicherungsschutz für ein Risiko bietet, bei dem der Eintritt der Verpflichtung des Versicherers gewiss ist, steht das Kündigungsrecht dem Versicherungsnehmer auch dann zu, wenn die Prämie in einer einmaligen Zahlung besteht.

(3) [1]Die Absätze 1 und 2 sind nicht auf einen für die Altersvorsorge bestimmten Versicherungsvertrag anzuwenden,

1. wenn die Vertragsparteien bei einem nach § 5a des Altersvorsorgeverträge-Zertifizierungsgesetzes zertifizierten Ba-

sisrentenvertrag die Verwertung der Ansprüche gemäß § 10 Absatz 1 Nummer 2 Satz 1 Buchstabe b des Einkommensteuergesetzes ausgeschlossen haben oder

2. soweit die Vertragsparteien eine Verwertung unwiderruflich ausgeschlossen haben und dieser Ausschluss erforderlich ist, um den Pfändungsschutz nach § 851c der Zivilprozessordnung oder § 851d der Zivilprozessordnung herbeizuführen.

§ 169
Rückkaufswert

(1) Wird eine Versicherung, die Versicherungsschutz für ein Risiko bietet, bei dem der Eintritt der Verpflichtung des Versicherers gewiss ist, durch Kündigung des Versicherungsnehmers oder durch Rücktritt oder Anfechtung des Versicherers aufgehoben, hat der Versicherer den Rückkaufswert zu zahlen.

(2) [1]Der Rückkaufswert ist nur insoweit zu zahlen, als dieser die Leistung bei einem Versicherungsfall zum Zeitpunkt der Kündigung nicht übersteigt. [2]Der danach nicht gezahlte Teil des Rückkaufswertes ist für eine prämienfreie Versicherung zu verwenden. [3]Im Fall des Rücktrittes oder der Anfechtung ist der volle Rückkaufswert zu zahlen.

(3) [1]Der Rückkaufswert ist das nach anerkannten Regeln der Versicherungsmathematik mit den Rechnungsgrundlagen der Prämienkalkulation zum Schluss der laufenden Versicherungsperiode berechnete Deckungskapital der Versicherung, bei einer Kündigung des Versicherungsverhältnisses jedoch mindestens der Betrag des Deckungskapitals, das sich bei gleichmäßiger Verteilung der angesetzten Abschluss- und Vertriebskosten auf die ersten fünf Vertragsjahre ergibt; die aufsichtsrechtlichen Regelungen über Höchstzillmersätze bleiben unberührt. [2]Der Rückkaufswert und das Ausmaß, in dem er garantiert ist, sind dem Versicherungsnehmer vor Abgabe von dessen Vertragserklärung mitzuteilen; das Nähere regelt die Rechtsverordnung nach § 7 Abs. 2. [3]Hat der Versicherer seinen Sitz in einem anderen Mitgliedstaat der Europäischen Union oder einem anderen Vertragsstaat des Abkommens über den Europäischen Wirtschaftsraum, kann er für die Berechnung des Rückkaufswertes an Stelle des Deckungskapitals den in diesem Staat vergleichbaren anderen Bezugswert zugrunde legen.

(4) [1]Bei fondsgebundenen Versicherungen und anderen Versicherungen, die Leistungen der in § 124 Absatz 2 Satz 2 des Versicherungsaufsichtsgesetzes bezeichneten Art vorsehen, ist der Rückkaufswert nach anerkannten Regeln der Versicherungsmathematik als Zeitwert der Versicherung zu berechnen, soweit nicht der Versicherer eine bestimmte Leistung garantiert; im Übrigen gilt Absatz 3. [2]Die Grundsätze der Berechnung sind im Vertrag anzugeben.

(5) [1]Der Versicherer ist zu einem Abzug von dem nach Absatz 3 oder 4 berechneten Betrag nur berechtigt, wenn er vereinbart, beziffert und angemessen ist. [2]Die Vereinbarung eines Abzugs für noch nicht getilgte Abschluss- und Vertriebskosten ist unwirksam.

(6) [1]Der Versicherer kann den nach Absatz 3 berechneten Betrag angemessen herabsetzen, soweit dies erforderlich ist, um eine Gefährdung der Belange der Versicherungsnehmer, insbesondere durch eine Gefährdung der dauernden Erfüllbarkeit der sich aus den Versicherungsverträgen ergebenden Verpflichtungen, auszuschließen. [2]Die Herabsetzung ist jeweils auf ein Jahr befristet.

(7) Der Versicherer hat dem Versicherungsnehmer zusätzlich zu dem nach den Absätzen 3 bis 6 berechneten Betrag die diesem bereits zugeteilten Überschussanteile, soweit sie nicht bereits in dem Betrag nach den Absätzen 3 bis 6 enthalten sind, sowie den nach den jeweiligen Allgemeinen Versicherungsbedingungen für den Fall der Kündigung vorgesehenen Schlussüberschussanteil zu zahlen; § 153 Abs. 3 Satz 2 bleibt unberührt.

§ 170
Eintrittsrecht

(1) [1]Wird in die Versicherungsforderung ein Arrest vollzogen oder eine Zwangsvollstreckung vorgenommen oder wird das Insolvenzverfahren über das Vermögen des Versicherungsnehmers eröffnet, kann der namentlich bezeichnete Bezugsberechtigte mit Zustimmung des Versicherungsnehmers an seiner Stelle in den Versicherungsvertrag eintreten. [2]Tritt der Bezugsberechtigte ein, hat er die Forderungen der betreibenden Gläubiger oder der Insolvenzmasse bis zur Höhe des Betrags zu befriedigen, dessen Zahlung der Versicherungsnehmer im Fall der Kündigung des Versicherungsverhältnisses vom Versicherer verlangen könnte.

(2) Ist ein Bezugsberechtigter nicht oder nicht namentlich bezeichnet, steht das gleiche Recht dem Ehegatten oder Lebenspartner und den Kindern des Versicherungsnehmers zu.

(3) [1]Der Eintritt erfolgt durch Anzeige an den Versicherer. [2]Die Anzeige kann nur innerhalb eines Monats erfolgen, nachdem der Eintrittsberechtigte von der Pfändung Kenntnis erlangt hat oder das Insolvenzverfahren eröffnet worden ist.

§ 171
Abweichende Vereinbarungen

[1]Von § 152 Abs. 1 und 2 und den §§ 153 bis 155, 157, 158, 161 und 163 bis 170 kann nicht zum Nachteil des Versicherungsnehmers, der versicherten Person oder des Eintrittsberechtigten abgewichen werden. [2]Für das Verlangen des Versicherungsnehmers auf Umwandlung nach § 165 und für seine Kündigung nach § 168 kann die Schrift- oder die Textform vereinbart werden.

§ 211
Pensionskassen, kleinere Versicherungsvereine, Versicherungen mit kleineren Beträgen

(1) Die §§ 37, 38, 165, 166, 168 und 169 sind, soweit mit Genehmigung der Aufsichtsbehörde in den Allgemeinen Versicherungsbedingungen abweichende Bestimmungen getroffen sind, nicht anzuwenden auf

1. Versicherungen bei Pensionskassen im Sinn des § 233 Absatz 1 und 2 des Versicherungsaufsichtsgesetzes,
2. Versicherungen, die bei einem Verein genommen werden, der als kleinerer Verein im Sinn des Versicherungsaufsichtsgesetzes anerkannt ist,
3. Lebensversicherungen mit kleineren Beträgen und
4. Unfallversicherungen mit kleineren Beträgen.

(2) Auf die in Absatz 1 Nr. 1 genannten Pensionskassen sind ferner nicht anzuwenden

1. die §§ 6 bis 9, 11, 150 Abs. 2 bis 4 und § 152 Abs. 1 und 2; für die §§ 7 bis 9 und 152 Abs. 1 und 2 gilt dies nicht für Fernabsatzverträge im Sinn des § 312c des Bürgerlichen Gesetzbuchs;

2. § 153, soweit mit Genehmigung der Aufsichtsbehörde in den Allgemeinen Versicherungsbedingungen abweichende Bestimmungen getroffen sind; § 153 Abs. 3 Satz 1 ist ferner nicht auf Sterbekassen anzuwenden.

(3) Sind für Versicherungen mit kleineren Beträgen im Sinn von Absatz 1 Nr. 3 und 4 abweichende Bestimmungen getroffen, kann deren Wirksamkeit nicht unter Berufung darauf angefochten werden, dass es sich nicht um Versicherungen mit kleineren Beträgen handele.

§ 212
Fortsetzung der Lebensversicherung nach der Elternzeit

Besteht während einer Elternzeit ein Arbeitsverhältnis ohne Entgelt gemäß § 1a Abs. 4 des Betriebsrentengesetzes fort und wird eine vom Arbeitgeber zugunsten der Arbeitnehmerin oder des Arbeitnehmers abgeschlossene Lebensversicherung wegen Nichtzahlung der während der Elternzeit fälligen Prämien in eine prämienfreie Versicherung umgewandelt, kann die Arbeitnehmerin oder der Arbeitnehmer innerhalb von drei Monaten nach der Beendigung der Elternzeit verlangen, dass die Versicherung zu den vor der Umwandlung vereinbarten Bedingungen fortgesetzt wird.

Verordnung betreffend die Aufsicht über Pensionsfonds und über die Durchführung reiner Beitragszusagen in der betrieblichen Altersversorgung (Pensionsfonds-Aufsichtsverordnung – PFAV)

vom 18.4.2016 (BGBl. I S. 842),
zuletzt geändert durch Art. 3 V vom 11.12.2024 (BGBl. I Nr. 414)

– Auszug –

§ 33
Anwendungsbereich

[1]Die Vorschriften dieses Teils gelten, soweit eine durchführende Einrichtung reine Beitragszusagen nach § 1 Absatz 2 Nummer 2a des Betriebsrentengesetzes durchführt. [2]Durchführende Einrichtung im Sinne dieser Verordnung ist ein Pensionsfonds, eine Pensionskasse oder ein anderes Lebensversicherungsunternehmen.

§ 39
Risikomanagement

(1) Im Rahmen des Risikomanagements sind die Vorgaben des Betriebsrentengesetzes sowie die zugrunde liegenden Vereinbarungen, insbesondere zur Begrenzung der Volatilität des Versorgungskapitals und der lebenslangen Zahlungen, zu berücksichtigen.

(2) [1]Zu den Vereinbarungen im Sinne des Absatzes 1 gehören die den Zusagen zugrunde liegenden Tarifverträge nach § 1 Absatz 2 Nummer 2a des Betriebsrentengesetzes sowie die der Durchführung dieser Zusagen zugrunde liegenden schriftlichen Vereinbarungen mit der durchführenden Einrichtung. [2]Die durchführende Einrichtung hat vor dem Abschluss einer Vereinbarung zur Durchführung von Zusagen nach § 1 Absatz 2 Nummer 2a des Betriebsrentengesetzes zu prüfen, ob die Durchführung dieser Zusagen in der vorgesehenen Form mit den bestehenden aufsichtsrechtlichen Regelungen vereinbar ist.

(3) Die Risikostrategie im Sinne von § 26 Absatz 2 des Versicherungsaufsichtsgesetzes hat Art, Umfang und Komplexität des Geschäfts der Durchführung reiner Beitragszusagen und der mit diesem Geschäft verbundenen Risiken ausdrücklich zu berücksichtigen.

(4) [1]Das Risikomanagement hat Verfahren zur Messung, Überwachung, Steuerung und Begrenzung der Volatilität der lebenslangen Zahlungen vorzusehen. [2]Die Festlegungen der Tarifvertragsparteien sind dabei zu berücksichtigen.

(5) [1]Das Risikomanagement muss konsistent sein mit den Informationen der durchführenden Einrichtung gegenüber den Versorgungsanwärtern, Rentenempfängern und Tarifvertragsparteien. [2]Dies betrifft insbesondere die Informationen zur erwarteten Höhe der lebenslangen Zahlungen und zu ihrer erwarteten Volatilität sowie zu der erwarteten Volatilität des Versorgungskapitals.

§ 41
Laufende Informationspflichten gegenüber den Versorgungsanwärtern und Rentenempfängern

(1) Über die sonstigen verpflichtenden Informationen hinaus stellt die durchführende Einrichtung den Versorgungsanwärtern mindestens einmal jährlich folgende Informationen kostenlos zur Verfügung:

1. die Höhe des planmäßig zuzurechnenden Versorgungskapitals des Versorgungsanwärters und die Höhe der lebenslangen Zahlung, die sich ohne weitere Beitragszahlung allein aus diesem Versorgungskapital ergäbe, jeweils mit dem ausdrücklichen Hinweis, dass diese Beträge nicht garantiert sind und sich bis zum Rentenbeginn verringern oder erhöhen können,
2. die Höhe der bisher insgesamt eingezahlten Beiträge und gesondert die Höhe der während des letzten Jahres eingezahlten Beiträge,
3. die jährliche Rendite des Sicherungsvermögens nach § 244c des Versicherungsaufsichtsgesetzes, zumindest für die letzten fünf Jahre, und
4. Informationen über Wahlrechte, die der Versorgungsanwärter während der Anwartschaftsphase oder bei Rentenbeginn ausüben kann.

(2) Über die sonstigen verpflichtenden Informationen hinaus stellt die durchführende Einrichtung den Rentenempfängern mindestens einmal jährlich folgende Informationen kostenlos zur Verfügung:

1. Informationen über die allgemeinen Regelungen zur Anpassung der Höhe der lebenslangen Zahlung mit dem ausdrücklichen Hinweis, dass die aktuelle Höhe der lebenslangen Zahlung nicht garantiert ist und sich verringern oder erhöhen kann,
2. die Höhe des zuletzt ermittelten Kapitaldeckungsgrads,
3. eine Einschätzung darüber, ob und gegebenenfalls wann mit einer Anpassung der Höhe der lebenslangen Zahlungen zu rechnen ist.

§ 42
Berichterstattung gegenüber der Aufsichtsbehörde

(1) Schließt eine durchführende Einrichtung eine Vereinbarung zur Durchführung reiner Beitragszusagen ab, so hat sie der Aufsichtsbehörde unverzüglich die folgenden Unterlagen vorzulegen:

1. die Vereinbarung,

2. den zugrunde liegenden Tarifvertrag nach § 1 Absatz 2 Nummer 2a des Betriebsrentengesetzes sowie
3. das Ergebnis ihrer Prüfung nach § 39 Absatz 2 Satz 2.

(2) [1]Die durchführende Einrichtung hat der Aufsichtsbehörde spätestens sieben Monate nach dem Ende eines Geschäftsjahres Folgendes mitzuteilen:

1. die Höhe des Kapitaldeckungsgrads und die Höhe der maßgebenden Obergrenze,
2. die Annahmen und Methoden zur Festlegung der anfänglichen Höhe der lebenslangen Zahlung,
3. das Ausmaß der Anpassungen der lebenslangen Zahlungen sowie die den Anpassungen zugrunde liegenden Annahmen und Methoden.

[2]Bei Pensionsfonds haben diese Ausführungen im Rahmen des versicherungsmathematischen Gutachtens nach § 10 Absatz 1 Satz 1 Nummer 4 zu erfolgen, bei Pensionskassen im Rahmen des versicherungsmathematischen Gutachtens nach § 17 der Versicherungsberichterstattungs-Verordnung.

Verordnung über Informationspflichten in der betrieblichen Altersversorgung, die von Pensionsfonds, Pensionskassen und anderen Lebensversicherungsunternehmen durchgeführt wird (VAG-Informationspflichtenverordnung – VAG-InfoV)[1])

vom 17.6.2019 (BGBl. I S. 871)

Aufgrund des § 235a Satz 1 Nummer 1 bis 3 und 5 bis 8, auch in Verbindung mit § 144 Absatz 1 und § 62 Absatz 1 Satz 2 Nummer 5 sowie § 237 Absatz 1 Satz 1 des Versicherungsaufsichtsgesetzes vom 1. April 2015 (BGBl. I S. 434), von denen § 235a durch Artikel 1 Nummer 28 des Gesetzes vom 19. Dezember 2018 (BGBl. I S. 2672) eingefügt worden ist sowie § 144 Absatz 1 durch Artikel 1 Nummer 14 des Gesetzes vom 19. Dezember 2018 (BGBl. I S. 2672) und § 237 durch Artikel 1 Nummer 30 des Gesetzes vom 19. Dezember 2018 (BGBl. I S. 2672) geändert worden ist, verordnet das Bundesministerium der Finanzen im Einvernehmen mit dem Bundesministerium für Arbeit und Soziales:

§ 1
Anwendungsbereich

[1]Diese Verordnung gilt für durchführende Einrichtungen, die der Aufsicht durch die Bundesanstalt für Finanzdienstleistungsaufsicht unterliegen. [2]Durchführende Einrichtung im Sinne dieser Verordnung ist ein Pensionsfonds, eine Pensionskasse oder ein anderes Lebensversicherungsunternehmen, soweit es Leistungen der betrieblichen Altersversorgung erbringt.

§ 2
Bereitstellung der Informationen

(1) Die durchführende Einrichtung stellt die Informationen, die nach den §§ 234l bis 234p des Versicherungsaufsichtsgesetzes und nach dieser Verordnung vorgeschrieben sind, den Versorgungsanwärtern und Versorgungsempfängern elektronisch oder in Papierform zur Verfügung.

(2) Der Versorgungsanwärter kann verlangen, die Renteninformation nach § 234o Absatz 1 des Versicherungsaufsichtsgesetzes in Papierform zu erhalten.

(3) [1]Soweit die in den Absätzen 1 und 2 genannten Informationen den Versorgungsanwärtern und Versorgungsempfängern nicht in Textform mitgeteilt werden, stellt die durchführende Einrichtung sicher, dass sie den Versorgungsanwärtern und Versorgungsempfängern dauerhaft auf einfache Weise zugänglich sind. [2]Die durchführende Einrichtung teilt den Versorgungsanwärtern und Versorgungsempfängern mit, wo und wie sie diese Informationen erhalten.

§ 3
Allgemeine Informationen zu einem Altersversorgungssystem

(1) Die Informationen nach § 234l Absatz 1 des Versicherungsaufsichtsgesetzes umfassen zumindest

1. die Bezeichnung des Altersversorgungssystems;
2. den Namen, die Anschrift, die Rechtsform und den Sitz der durchführenden Einrichtung, die Kontaktmöglichkeiten für Versorgungsanwärter und Versorgungsempfänger sowie die Angabe
   a) des Mitglied- oder Vertragsstaats, in dem die durchführende Einrichtung die Zulassung erhalten hat, und
   b) des Namens und der Anschrift der zuständigen Aufsichtsbehörde in diesem Mitglied- oder Vertragsstaat;
3. Angaben dazu,
   a) welche Leistungselemente das Altersversorgungssystem umfasst und in welcher Form die jeweiligen Leistungen erbracht werden,
   b) welche Wahlmöglichkeiten den Versorgungsanwärtern und Versorgungsempfängern in Bezug auf die Inanspruchnahme der Leistungen offenstehen;
4. Angaben dazu, ob und welche Garantieelemente das Altersversorgungssystem für den Aufbau der Anwartschaften auf Altersversorgungsleistungen und für die Leistungen vorsieht, wobei die maßgebenden Bestimmungen für die Garantieelemente anzugeben sind;
5. die Vertragsbedingungen des Altersversorgungssystems;
6. Informationen über die Struktur des Anlagenportfolios;
7. Informationen über die mit dem Altersversorgungssystem verbundenen finanziellen, versicherungstechnischen und sonstigen Risiken sowie die Art und Aufteilung dieser Risiken, wobei insbesondere auf die Art der finanziellen Risiken einzugehen ist, die von den Versorgungsanwärtern und Versorgungsempfängern getragen werden;
8. eine Darstellung der gegebenenfalls bestehenden Mechanismen
   a) zum Schutz der Anwartschaften,
   b) zur Minderung der Versorgungsansprüche;
9. Informationen über die Struktur der von den Versorgungsanwärtern und Versorgungsempfängern zu tragenden Kosten, wenn es sich um ein Altersversorgungssystem handelt, bei dem die Versorgungsanwärter und Versorgungsempfänger ganz oder teilweise das Anlagerisiko tragen oder Anlageentscheidungen treffen können;

1) **Anm. d. Verlages:** Diese Verordnung dient der Umsetzung der Richtlinie (EU) 2016/2341 des Europäischen Parlaments und des Rates vom 14. Dezember 2016 über die Tätigkeiten und die Beaufsichtigung von Einrichtungen der betrieblichen Altersversorgung (EbAV) (Neufassung) (ABl. L 354 vom 23.12.2016, S. 37).

10. Informationen über die Modalitäten, nach denen Anwartschaften im Fall der Beendigung des Arbeitsverhältnisses auf eine andere durchführende Einrichtung übertragen werden können.

(2) Bei Altersversorgungssystemen, bei denen Versorgungsanwärter ganz oder teilweise das Anlagerisiko tragen oder Anlageentscheidungen treffen können, sind Angaben über die frühere Entwicklung der Investitionen im Zusammenhang mit dem Altersversorgungssystem mindestens über den Zeitraum der letzten fünf Jahre seit Einführung des Altersversorgungssystems zu machen.

(3) [1]Bei Altersversorgungssystemen, bei denen die Versorgungsanwärter ganz oder teilweise das Anlagerisiko tragen und die mehrere Optionen mit verschiedenen Anlageprofilen umfassen, ist auch darüber zu informieren, welche Bedingungen für die angebotenen Anlageoptionen und gegebenenfalls für die Standardanlageoption gelten. [2]Werden aufgrund von Bestimmungen des Altersversorgungssystems die Anlageoptionen den einzelnen Versorgungsanwärtern zugewiesen, sind Angaben zu diesen Bestimmungen zu machen.

§ 4
Renteninformation

(1) Die Renteninformation nach § 234o Absatz 1 Satz 2 des Versicherungsaufsichtsgesetzes enthält zumindest folgende Informationen:

1. Stichtag des Informationsstands an hervortretender Stelle;
2. Name und Geburtsdatum des Versorgungsanwärters sowie die Nummer seines Versorgungsverhältnisses, soweit vorhanden;
3. Bezeichnung des Altersversorgungssystems mit dem Zusatz, dass es sich um betriebliche Altersversorgung handelt, sowie Name und Kontaktdaten der durchführenden Einrichtung;
4. Angabe, welche Leistungselemente das Versorgungsverhältnis umfasst;
5. das Alter, ab dem der Versorgungsanwärter nach den Bestimmungen des Altersversorgungssystems Altersversorgungsleistungen erhalten wird, und Angabe des Datums, an dem der Bezug der Altersversorgungsleistungen beginnt;
6. Höhe des gebildeten Versorgungskapitals des Versorgungsanwärters oder Höhe seiner bis zum Stichtag erworbenen Anwartschaft auf Leistungen, wobei den Besonderheiten des Altersversorgungssystems Rechnung getragen wird und zu erläutern ist, in welchem Umfang die angegebenen Beträge garantiert sind;
7. Informationen über die Garantieelemente, die das Altersversorgungssystem für den Aufbau der Anwartschaften auf Altersversorgungsleistungen und für die Leistungen vorsieht;
8. Projektionen der Altersversorgungsleistungen gemäß § 234o Absatz 3 Satz 1 des Versicherungsaufsichtsgesetzes, wobei das in Nummer 5 angegebene Alter als Renteneintrittsalter anzusetzen ist und die Vorgaben des § 8 zu beachten sind;
9. einen Hinweis darauf, dass Leistungen im Versorgungsfall
   a) grundsätzlich steuerpflichtig sind und
   b) grundsätzlich der Beitragspflicht in der gesetzlichen Kranken- und Pflegeversicherung unterliegen;
10. Angabe der Beiträge, die in den vergangenen zwölf Monaten oder in einem längeren Zeitraum in das Versorgungsverhältnis eingezahlt worden sind, soweit dem Versorgungsverhältnis eine beitragsorientierte Leistungszusage, eine Beitragszusage mit Mindestleistung oder eine reine Beitragszusage zugrunde liegt;
11. eine Aufschlüsselung der Kosten in Euro, die die durchführende Einrichtung im maßgebenden Zeitraum von zwölf Monaten einbehalten hat, wenn es sich um ein Altersversorgungssystem handelt, bei dem die Versorgungsanwärter und Versorgungsempfänger ganz oder teilweise das Anlagerisiko tragen;
12. Angaben zur Mittelausstattung des Altersversorgungssystems insgesamt.

(2) Trägt der Versorgungsanwärter ganz oder teilweise das Anlagerisiko, sind zusätzlich anzugeben die Anlagemöglichkeiten und die Struktur des Anlagenportfolios sowie Informationen über das Risikopotenzial, soweit der Versorgungsanwärter das Anlagerisiko trägt.

(3) In der Renteninformation ist anzugeben, wo und wie der Versorgungsanwärter ergänzende Informationen erhalten kann, insbesondere Informationen

1. zu den Wahlmöglichkeiten des Versorgungsanwärters;
2. der folgenden Art:
   a) den Jahresabschluss und den Lagebericht des vorangegangenen Geschäftsjahres,
   b) den Jahresbericht für das Investmentvermögen nach § 234 Absatz 4, auch in Verbindung mit § 237 Absatz 1 Satz 1 des Versicherungsaufsichtsgesetzes, soweit für das Altersversorgungssystem ein derartiges Sondervermögen geführt wird,
   c) die Erklärung zu den Grundsätzen der Anlagepolitik;
3. über die Annahmen, mit denen sich aus dem Versorgungskapital die Leistungen ergeben, wenn die Leistungen in Form einer laufenden Zahlung angegeben werden, insbesondere bezüglich der Rentenhöhe, der Art des Leistungserbringers und der Laufzeit der Zahlungen;
4. zur Höhe der Leistungen im Fall der Beendigung des Arbeitsverhältnisses;
5. über die Modalitäten, nach denen Anwartschaften im Fall der Beendigung des Arbeitsverhältnisses auf eine andere durchführende Einrichtung übertragen werden können;
6. über die Garantieelemente nach Absatz 1 Nummer 7;
7. zu den steuerlichen Regelungen und zur Beitragspflicht in der gesetzlichen Kranken- und Pflegeversicherung.

(4) Wird bei einem Altersversorgungssystem nach § 3 Absatz 3 Satz 2 dem Versorgungsanwärter eine Anlageoption zugewiesen, hat die Renteninformation darüber Angaben zu machen, wo zusätzliche Informationen erhältlich sind.

§ 5
Information der Versorgungsempfänger

(1) Dem Versorgungsempfänger werden mindestens alle fünf Jahre die in § 234p Absatz 1 des Versicherungsaufsichtsgesetzes genannten Informationen übermittelt.

(2) Trägt der Versorgungsempfänger ein wesentliches Anlagerisiko, ist er jährlich zu informieren über

1. die Anlagemöglichkeiten und die Struktur des Anlagenportfolios sowie das Risikopotenzial, soweit der Versorgungempfänger das Anlagerisiko trägt, und
2. die Kosten der Vermögensverwaltung sowie sonstige mit der Anlage verbundene Kosten.

§ 6
Zusätzliche Informationen vor dem Beitritt zu einem Altersversorgungssystem

Versorgungsanwärter, die nicht automatisch in das Altersversorgungssystem aufgenommen werden, erhalten die in § 3 Absatz 1 Nummer 9 und Absatz 2 bezeichneten Informationen vor dem Beitritt zum Altersversorgungssystem.

§ 7
Information auf Anfrage

[1]Die durchführende Einrichtung stellt den Versorgungsanwärtern und Versorgungsempfängern auf Anfrage die in § 4 Absatz 3 Nummer 2 genannten Unterlagen zur Verfügung. [2]Versorgungsanwärter erhalten auf Anfrage auch die Informationen zu den Annahmen, die den Projektionen nach § 234o Absatz 3 Satz 1 des Versicherungsaufsichtsgesetzes zugrunde liegen.

§ 8
Projektion der Altersversorgungsleistungen

(1) Für die Projektion der Altersversorgungsleistungen nach § 234o Absatz 3 Satz 1 des Versicherungsaufsichtsgesetzes müssen angemessene Annahmen verwendet werden, die alle wesentlichen Faktoren berücksichtigen, die sich auf die Höhe der Leistungen an die Versorgungsempfänger auswirken können.

(2) [1]Die Renteninformation enthält die Projektion zum Elementarszenario nach Absatz 3 und

1. die Projektion zu einem Ertragsszenario nach Absatz 4 oder
2. die Projektion zu einem Szenario zum besten Schätzwert nach Absatz 5.

[2]Die Altersversorgungsleistungen werden dabei unter der Voraussetzung bestimmt, dass das Versorgungsverhältnis bis zum Renteneintrittsalter unverändert fortgeführt wird. [3]Beitragsanpassungen, die der durchführenden Einrichtung bereits bekannt sind, werden berücksichtigt. [4]In den Projektionen nach Satz 1 sind die gleichen Annahmen zu treffen, soweit sich aus den Szenarien keine Unterschiede ergeben. [5]Die Projektionen nach Satz 1 Nummer 1 und 2 entfallen, wenn sich in verschiedenen Szenarien keine anderen Werte als im Elementarszenario ergeben können. [6]In die Renteninformation ist zusätzlich die Projektion der Altersversorgungsleistungen im Elementarszenario unter der Voraussetzung eines beitragsfrei gestellten Versorgungsverhältnisses aufzunehmen.

(3) [1]Im Elementarszenario werden der Projektion der Altersversorgungsleistungen die Garantien des Altersversorgungssystems zugrunde gelegt. [2]Soweit der Versorgungsanwärter das Anlagerisiko trägt, wird zur Projektion des entsprechenden Versorgungskapitals eine Verzinsung von null Prozent angesetzt. [3]Können die späteren Altersversorgungsleistungen niedriger ausfallen, als es im Elementarszenario projiziert wird, ist darauf hinzuweisen.

(4) Im Ertragsszenario legt die durchführende Einrichtung eine realistische Einschätzung der künftigen Kapitalerträge zugrunde.

(5) Werden ökonomische Szenarien verwendet, um Altersversorgungsleistungen zu projizieren, ist ein Szenario zum besten Schätzwert zu ermitteln.

(6) In die Renteninformation können weitere Projektionen aufgenommen werden.

§ 9
Inkrafttreten

Diese Verordnung tritt am Tag nach der Verkündung[1]) in Kraft.

1) **Anm. d. Verlages:** Verkündet am 27.6.2019.